SCHÜLER-
DUDEN

Die Pflanzen

DUDEN für Schüler

Rechtschreibung und Wortkunde
Vom 4. Schuljahr an

Grammatik
Vom Aktiv bis zum zweiten Futur

Wortgeschichte
Weil Sprachgeschichte und Etymologie im modernen Sprachunterricht eine zentrale Rolle spielen

Bedeutungswörterbuch
Weil viele Wörter mehrdeutig sind

Fremdwörterbuch
Von relaxed bis marginal: Fremdwörter sicher im Griff

Die richtige Wortwahl
Auf einen Schlag den inhaltlich und stilistisch treffenden Ausdruck

Lateinisch-Deutsch
Die Neufassung des »Taschen-Heinichen«

Der Sport
Vom Fallrückzieher bis zur Trainingslehre

Die Kunst
Von der Farbenlehre bis zur Aktionskunst

Die Musik
Bach und Bebop, Farbenhören und farbiges Rauschen

Die Literatur
Absurdes Theater, Naturalismus, Hinkjambus: die Literatur in ihrer Vielseitigkeit

Die Chemie
Von Ammoniak bis Zucker, von der ersten Chemiestunde bis zum Abiturwissen

Die Ökologie
Biotop, Ozonloch, Nahrungskette: von der klassischen Ökologie bis zur modernen Umweltproblematik

Die Pflanzen
Vom Gänseblümchen bis zum Mammutbaum: Antwort auf Fragen, die im Unterricht offen bleiben

Die Biologie
Ob Aminosäuren oder Zwischenwirt – immer auf dem neuesten Stand der Forschung

Die Tiere
Rötelfalken und Rötelmäuse. Für kleine und große Biologen

Die Physik
Vom Atom bis zum Zweitaktmotor: die wichtigsten Begriffe und Methoden der Physik

Die Geographie
Von der Geomorphologie bis zur Sozialgeographie

Wetter und Klima
Vom Heidelberger Talwind bis zu den Passaten

Die Geschichte
Ob Merkantilismus oder UN: alles Wissenswerte leicht zugänglich

Die Wirtschaft
Vom Break-even-point bis zur Schattenwirtschaft

Politik und Gesellschaft
Vom Bruttosozialprodukt bis zur Pressefreiheit

Die Religionen
Aberglaube, Christentum, Zwölfgöttersystem: die Welt der Religion auf einen Blick

Die Philosophie
»Logik des Herzens« und kategorischer Imperativ: die wichtigsten Modelle und Schulen

Die Psychologie
Vom Alter ego bis zur Zwillingsforschung

Die Informatik
Algorithmen und Zufallsgenerator: das Informationszentrum für Anfänger und Fortgeschrittene

Die Mathematik I
5.–10. Schuljahr

Die Mathematik II
11.–13. Schuljahr

Das Wissen von A bis Z
Ein allgemeines Lexikon: die ideale Ergänzung zu den »Spezialisten«

DUDEN-Schülerlexikon
Ein Lexikon nicht nur für die Schule

SCHÜLER-DUDEN

Die Pflanzen

Herausgegeben und bearbeitet
von Meyers Lexikonredaktion

DUDENVERLAG
Mannheim/Leipzig/Wien/Zürich

Redaktionelle Leitung:
Karl-Heinz Ahlheim

Redaktionelle Bearbeitung:
Marlies Arenth

Pädagogische Beratung und Mitarbeit:
Dr. Wolfgang Lathe

CIP-Titelaufnahme der Deutschen Bibliothek
Schülerduden »Die Pflanzen« / hrsg. u. bearb. von Meyers Lexikonred. [Red. Leitung: Karl-Heinz Ahlheim. Red. Bearb.: Marlies Arenth. Pädag. Beratung u. Mitarb.: Wolfgang Lathe]. Mannheim; Wien; Zürich: Dudenverl., 1988
ISBN 3-411-02223-X
NE: Ahlheim, Karl-Heinz [Red.]: Die Pflanzen

Satz: Bibliographisches Institut & F. A. Brockhaus AG, Mannheim (DIACOS Siemens) und Mannheimer Morgen Großdruckerei und Verlag GmbH
Druck und Einband: Klambt-Druck GmbH, Speyer
Printed in Germany
ISBN 3-411-02223-X

VORWORT

Pflanzen sind ein wichtiger Bestandteil unserer Umwelt und daher ein häufiger Gegenstand des Unterrichts. Die in den üblichen Schulbüchern vorhandenen Informationen über Pflanzen sind jedoch meist recht spärlich, insbesondere bei außereuropäischen Pflanzen, und es ist schwer, schnell an sie heranzukommen. Viele Fragen bleiben daher offen. Diese Lücken zu schließen war unser Grundgedanke bei der Erarbeitung dieses Schülerdudens.

Der vorliegende Band umfaßt rund 5000 Pflanzennamen in alphabethischer Reihenfolge, eingeschlossen die wissenschaftlichen Benennungen und landschaftlichen Synonyme. Bei der Auswahl der Stichwörter haben wir uns an die für den Unterricht wichtigen und für die Schüler interessanten Pflanzen gehalten. Hierbei haben wir uns nicht auf die europäischen Arten beschränkt, sondern haben alle wichtigen Pflanzen dieser Welt berücksichtigt, ebenso alle wichtigen Kategorien der Pflanzensystematik.

Die Artikel sind methodisch so angelegt, daß die einzelnen Informationsbausteine in einer bestimmten Reihenfolge angeordnet sind: Jeder Artikel beginnt mit dem halbfetten Stichwort, eventuellen Aussprachehilfen und etymologischen Angaben sowie den synonymen Bezeichnungen. Die sich daran anschließenden Ausführungen enthalten nicht nur Angaben über Verbreitungsgebiet und Aussehen, sondern geben darüber hinaus wertvolle Informationen u. a. über die ökologische Bedeutung der Pflanzen, über Inhaltsstoffe und ihre Wirkung, über die Bedeutung der Pflanzen als Zier-, Gift-, Heil- und Nutzpflanzen sowie über die Kulturgeschichte. Insgesamt eignet sich somit der Schülerduden „Die Pflanzen" aufgrund seines umfassenden Informationsangebotes als unterrichtsbegleitendes Hilfsmittel gleichermaßen für Schüler, Lehrer und Eltern.

Mannheim, im Herbst 1988 — Verlag und Herausgeber

Die Zeichen der Internationalen Lautschrift

Bei schwer auszusprechenden Stichwörtern ist im Stichwortkopf in eckigen Klammern die korrekte Aussprache in phonetischer Umschrift angegeben. Die Ausspracheangaben bedienen sich der folgenden Zeichen des Internationalen Phonetischen Alphabets (IPA):

a	helles bis mittelhelles a	hat [hat], Rad [ra:t]
ɑ	dunkles a	Father *englisch* ['fɑ:ðə]
æ	sehr offenes ä	Catch *englisch* [kætʃ]
ʌ	abgeschwächtes dunkles a	Butler *englisch* ['bʌtlə]
aɪ	ei-Diphthong	reit! [raɪt]
aʊ	au-Diphthong	Haut [haʊt]
b	b-Laut	Bau [baʊ]
ç	Ich-Laut	ich [ɪç]
d	d-Laut	Dampf [dampf]
ð	stimmhafter englischer th-Laut	Father *englisch* ['fɑ:ðə]
dʒ	d~~sch~~-Laut („weich")	Gin [dʒɪn]
e	geschlossenes e	lebt [le:pt]
ɛ	offenes e	hätte ['hɛtə]
ɛ̃	nasales [ɛ]	Teint [tɛ̃:]
ə	Murmellaut	halte ['haltə]
f	f-Laut	fast [fast]
g	g-Laut	Gans [gans]
h	h-Laut	Hans [hans]
i	geschlossenes i	Elisa [e'li:za]
i̯	unsilbisches [i]	Mario *italienisch* ['ma:ri̯o]
ɪ	offenes i	bist [bɪst]
ɨ	zwischen [i] und [u] ohne Lippenrundung	Gromyko *russisch* [gra'mɨkɐ]
j	j-Laut	just [just]
k	k-Laut	kalt [kalt]
l	l-Laut	Last [last]
ʎ	lj-Laut	Sevilla *spanisch* [se'βiʎa]
m	m-Laut	man [man]
n	n-Laut	Nest [nɛst]
ŋ	ng-Laut	lang [laŋ]
ɲ	nj-Laut	Champagne *französisch* [ʃã'paɲ]
o	geschlossenes o	Lot [lo:t]
õ	nasales o	Bon [bõ:]
ɔ	offenes o	Post [pɔst]
ø	geschlossenes ö	mögen ['mø:gən]
œ	offenes ö	könnt [kœnt]
œ̃	nasales ö	Parfum [par'fœ̃:]
ɔʏ	eu-Laut	heute ['hɔʏtə]
p	p-Laut	Pakt [pakt]

pf	pf-Laut	Pfau [pfaʊ]
r	r-Laut	Rast [rast]
s	ß-Laut („scharf")	Rast [rast]
ʃ	sch-Laut	schalt! [ʃalt]
t	t-Laut	Tau [taʊ]
θ	stimmloser englischer th-Laut	Commonwealth *engl.* ['kɔmənwɛlθ]
ts	z-Laut	Zelt [tsɛlt]
tʃ	tsch-Laut	Matsch [matʃ]
u	geschlossenes u	Kur [ku:r]
u̯	unsilbisches [u]	Capua *italienisch* ['ka:pu̯a]
ʊ	offenes u	Pult [pʊlt]
v	w-Laut	Wart [vart]
w	konsonantisches u	Winston *englisch* ['wɪnstən]
x	Ach-Laut	Bach [bax]
y	ü-Laut	Tüte ['ty:tə]
ʏ	offenes ü	rüste ['rʏstə]
ɥ	konsonantisches ü	Suisse *französich* [sɥis]
z	s-Laut („weich")	Hase ['ha:zə]
ʒ	sch-Laut („weich")	Genie [ʒe'ni:]
:	Längenzeichen, bezeichnet Länge des unmittelbar davor stehenden Vokals	bade ['ba:də]
'	Hauptbetonung, steht unmittelbar vor der betonten Silbe; wird nicht gesetzt bei einsilbigen Wörtern und nicht, wenn in einem mehrsilbigen Wort nur ein silbischer Vokal steht.	Acker ['akər], Apotheke [apo'te:kə] Haus [haʊs] Johnson *englisch* [dʒɔnsn]
-	Bindestrich, bezeichnet Silbengrenze	Wirtschaft ['vɪrt-ʃaft]

Zur Einrichtung des Wörterverzeichnisses

Die Hauptstichwörter dieses Lexikons sind Pflanzennamen; sie stehen in streng alphabetischer Folge und sind in **fetter Groteskschrift** gesetzt. Unterstichwörter im fortlaufenden Text sind in **halbfetter Grundschrift** gesetzt. Derartige Unterstichwörter erscheinen an der jeweiligen alphabetischen Stelle zugleich als Verweisstichwörter in fetter Groteskschrift (**A** ↑ B oder **A** svw. ↑ B). Zur besseren Übersicht und zur Gliederung des Stoffes sind besonders in größeren Artikeln manche Wörter oder Wortfolgen *kursiv* hervorgehoben.
Bei Fremdwörtern wird die Hauptbetonungsstelle angegeben; dabei kennzeichnet ein untergesetzter Punkt eine betonte Kürze, ein untergesetzter Strich eine betonte Länge. Schwer auszusprechende Pflanzennamen erhalten im Stichwortkopf Ausspracheangaben in internationaler Lautschrift (vgl. Seite 6).
Hat ein Stichwort mehrere, stark voneinander abweichende Bedeutungen, werden diese durch das Zeichen ◇ differenziert.

Abkürzungen

Abgekürzt werden die Stichwörter im fortlaufenden Text mit ihren Anfangsbuchstaben; dabei gelten die Buchstabenfolgen Ch., Ph., Qu., Sch., Sp., St. und Th. als Einheit. Bei den Sprachangaben im Stichwortkopf werden in der Regel die Endungen -lich und -isch abgekürzt. Darüber hinaus werden folgende Abkürzungen verwendet:

Abb.	Abbildung
ahd.	althochdeutsch
allg.	allgemein
Bed.	Bedeutung
Bez.	Bezeichnung
bzw.	beziehungsweise
chin.	chinesisch
d. h.	das heißt
dt.	deutsch
eigtl.	eigentlich
frz.	französisch
gleichbed.	gleichbedeutend
insbes.	insbesondere
jap.	japanisch
Kurzbez.	Kurzbezeichnung
lat.	lateinisch
mex.	mexikanisch
mhd.	mittelhochdeutsch
Mill.	Million(en)
mlat.	mittellateinisch
n. Chr.	nach Christus
niederl.	niederländisch
nlat.	neulateinisch
Sammelbez.	Sammelbezeichnung

skand.	skandinavisch	v. Chr.	vor Christus
sog.	sogenannt	vgl.	vergleiche
svw.	soviel wie	z. T.	zum Teil
u. a.	und andere(s), unter anderem		
u. ä.	und ähnliche(s)		
v. a.	vor allem		

Zeichen

♂ männlich, Männchen
♀ weiblich, Weibchen

Die wichtigsten systematischen Kategorien der Pflanzen (in absteigender Reihenfolge, am Beispiel der Latsche)

systematische Kategorien (deutsch, lateinisch, Abk.)	systematische Einheiten der Latsche
Reich (Regnum)	Pflanzen
Unterreich (Subregnum)	Kormophyten (Cormobionta)
Abteilung (Phylum)	Samenpflanzen (Spermatophyta)
Unterabteilung (Subphylum)	Nacktsamer (Gymnospermae)
Klasse (Classis)	Pinatea
Unterklasse (Subclassis)	Nadelhölzer (Coniferae)
Ordnung (Ordo)	Pinales
Familie (Familia)	Kieferngewächse (Pinaceae)
Gattung (Genus)	Kiefer (Pinus)
Art (Species, spec. oder sp.)	Bergkiefer (Pinus mugo)
Unterart (Subspecies, subsp. oder ssp.)	Latsche (Pinus mugo ssp. pumilo)
Varietät (Varietas, var.)	–
Form (Forma, f.)	–

Bei den Kulturpflanzen wird statt der Varietät die Bez. Konvarietät (Convarietas, Abk. conv.) und statt der Form die Bez. Sorte (Cultivar, Abk. cv.) verwendet.

A

Aakerbeere ['o:kər; skand. Ursprungs (vgl. gleichbed. schwed. åkerbär)] (Arktische Brombeere, Rubus arcticus): mit der Brombeere nah verwandtes Rosengewächs in den kälteren Regionen der Nordhalbkugel (nicht in Deutschland); stachellose, bis 30 cm hohe Staude mit drei- bis fünfzählig gefiederten Blättern, hellpurpurfarbenen Blüten und braunroten, himbeerähnlichen, eßbaren Früchten.

Aasblume (Ordenskaktus, Ordensstern, Stapelia): Gattung der Schwalbenwurzgewächse mit rund 100 Arten in Süd- und Südwestafrika; stammsukkulente Pflanzen mit zahlreichen einfachen, vierkantigen, kakteenartigen Sprossen; Blättchen schuppenförmig; Blüten meist am Grund der Sprosse einzeln oder zu mehreren, 3–30 cm im Durchmesser, einem fünfarmigen Seestern ähnlich, meist trübrot oder bräunlich gefärbt; die unangenehm riechenden Blüten locken Aasfliegen an. Mehrere Arten werden als Zimmerpflanzen kultiviert. – Abb. S. 233.

Abbiß ↑ Teufelsabbiß.

Abelie (Abelia) [nach dem brit. Botaniker C. Abel, * 1780, † 1826]: Gattung der Geißblattgewächse mit rund 25 Arten, v.a. in Ostasien; bis etwa 4 m hohe Sträucher mit weißen oder rosafarbenen, röhren- bis glokkenförmigen Blüten. Verschiedene Arten sind als (nicht sehr winterharte) Freiland- oder Topfpflanzen in Kultur.

Abendlichtnelke: Art der Gattung ↑ Nachtnelke.

Abessinische Gladiole: Art der Gattung ↑ Acidanthera.

Abies [...i-ɛs]: wissenschaftlicher Name der Gattung ↑ Tanne.

Abrus: wissenschaftlicher Name der Gattung ↑ Paternostererbse.

Absinth (Absinthpflanze): die Art ↑ Wermut.

Abutilon: wissenschaftlicher Name der Gattung ↑ Schönmalve.

Acacia: wissenschaftlicher Name der ↑ Akazie.

Acajoubaum [aka'ʒu:...]: andere Bez. für den ↑ Nierenbaum.

Acalypha: wissenschaftlicher Name der Gattung ↑ Kupferblatt.

Acanthaceae: wissenschaftlicher Name der ↑ Akanthusgewächse.

Acantholimon: wissenschaftlicher Name der Gattung ↑ Igelpolster.

Acanthus: wissenschaftlicher Name der Gattung ↑ Bärenklau.

Acer: wissenschaftlicher Name der Gattung ↑ Ahorn

Aceraceae: wissenschaftlicher Name der Ahorngewächse (↑ Ahorn).

Aceras: wissenschaftlicher Name der Gattung ↑ Fratzenorchis.

Acetabularia: wissenschaftlicher Name der Gattung ↑ Schirmalge.

Achillea: wissenschaftlicher Name der Gattung ↑ Schafgarbe.

Achimenes: wissenschaftlicher Name der Gattung ↑ Schiefteller.

Acidanthera [zu griech. akís = Spitze und griech. anthērós = blühend]: Gattung der Schwertliliengewächse mit rund 25 Arten in Afrika; mit langen, schmalen Blättern. Als Gartenzierpflanze bekannt ist die äthiopische Art **Sterngladiole** (**Abes-**

sinische Gladiole, A. bicolor): mit weißen, innen purpurfarben bis kastanienrot gefleckten Blüten in sehr lockerer, wenigblütiger Ähre an 30 bis 50 cm hohem Stengel.

Ackerbohne: andere Bez. für ↑Pferdebohne.

Ackerdistel: Art der Gattung ↑Kratzdistel.

Ackererbse: Kulturform der ↑Saaterbse.

Ackerfuchsschwanzgras (Akkerfuchsschwanz, Alopecurus myosuroides): bis 45 cm hohe Grasart der Gattung ↑Fuchsschwanzgras, v. a. auf Äckern und an Wegrändern; die bis 8 cm lange, schlanke, an beiden Enden zugespitzte Ährenrispe ist mitunter rötlich bis violett getönt; schwer bekämpfbares Ackerunkraut.

Ackergauchheil: Art der Gattung ↑Gauchheil.

Ackerglockenblume (Campanula rapunculoides): bis 60 cm hohe Art der Gattung ↑Glockenblume, v. a. auf Äckern und in Wäldern; obere Blätter länglich, langgestielt, Grundblätter herzförmig, spitzgekerbt; Blüten 2–3 cm lang, blau.

Ackerhellerkraut: Art der Gattung ↑Pfennigkraut.

Ackerhohlzahn: Art der Gattung ↑Hohlzahn.

Ackerhundskamille: Art der Gattung ↑Hundskamille.

Ackerklee: andere Bez. für ↑Hasenklee.

Ackerkratzdistel: Art der ↑Kratzdistel.

Ackerkrummhals: Art der Gattung ↑Wolfsauge.

Ackermennig: Art der Gattung ↑Odermennig.

Ackerpfennigkraut: Art des ↑Pfennigkrauts.

Ackerröte (Nolde, Sherardia): Gattung der Rötegewächse mit der einzigen, v. a. auf Äckern und Schutt vorkommenden Art **Sherardia arvensis**; heimisch im Mittelmeergebiet, heute weitverbreitet; der vierkantige Stengel niederliegend bis aufsteigend, mit meist lilafarbenen Blüten in kleinen Blütenköpfchen.

Ackersalat: andere Bez. für ↑Feldsalat.

Ackerschachtelhalm: Art der Gattung ↑Schachtelhalm.

Ackerschotendotter (Ackerschöterich): Art der Gattung ↑Schöterich.

Ackersenf: Art der Gattung ↑Senf.

Ackersteinsame: Art der Gattung ↑Steinsame.

Ackertäschelkraut: Art der Gattung ↑Pfennigkraut.

Ackerwachtelweizen: Art der Gattung ↑Wachtelweizen.

Ackerwicke: andere Bez. für ↑Saatwicke.

Ackerwinde: Art der Gattung ↑Winde.

Aconitum: wissenschaftlicher Name der Gattung ↑Eisenhut.

Acorus: wissenschaftlicher Name der Gattung ↑Kalmus.

Actaea [ak'tɛ:a]: wissenschaftlicher Name der Gattung ↑Christophskraut.

Actinidia: wissenschaftlicher Name der Gattung ↑Strahlengriffel.

Adansonia: wissenschaftlicher Name der Gattung ↑Affenbrotbaum.

Adenophora: wissenschaftlicher Name der Gattung ↑Schellenblume.

Adenostyles: wissenschaftlicher Name der Gattung ↑Alpendost.

Adiantum: wissenschaftlicher Name der Gattung ↑Frauenhaarfarn.

Adlerfarn (Pteridium): fast weltweit verbreitete Gattung der Tüpfelfarngewächse mit der einzigen Art **Pteridium aquilinum**, die dichte Bestände v. a. in lichten Wäldern bildet. Die bis 2 m langen, 2- bis 4fach gefiederten Blätter haben schwach gekerbte Endfiederchen. Der Querschnitt durch den Blattstiel zeigt die Leitbündel in Form eines Doppeladlers (Name).

Adonisröschen [nach Adonis, aus dessen Blut die Pflanze der Sage nach entstanden ist] (Teufelsauge, Adonis): Gattung der Hahnenfußgewächse mit rund 20 Arten (vier einheimisch); mit meist feingeschlitzten Blättern und einzelnstehenden, in der Regel gelben oder roten Blüten.

Adoxaceae: wissenschaftlicher Name der Moschuskrautgewächse (↑ Moschuskraut).

Adventsstern: anderer Name des ↑ Weihnachtssterns.

Adzukibohne: Schreibvariante für ↑ Asukibohne.

Aechmea [ε...; zu griech. aichmḗ = Lanzenspitze (wohl nach der Form der Hochblätter)] (Lanzenrosette): Gattung der Ananasgewächse mit rund 150 Arten in Süd- und Mittelamerika; meist auf Bäumen lebende Kräuter (Epiphyten), mit langen, starren, rosettig oder gedrängt stehenden Blättern; Blüten in Ähren, Rispen, Zapfen oder Kolben. Viele Arten sind Warmhaus- und Zimmerpflanzen.

Aegopodium [εgo...]: wissenschaftlicher Name der Gattung ↑ Geißfuß.

Aeonium [ε...; zu gr. aiṓnios = immerwährend]: Gattung der ↑ Dickblattgewächse mit rund 40 Arten, v. a. im Mittelmeerraum; bis 1 m große, rosettige Halbsträucher oder Stauden mit gelben, weißlichen oder roten Blüten in dichten, rispen- oder doldenähnlichen Blütenständen. Viele Arten sind (nicht winterharte) Gartenpflanzen.

Aeschynanthus [εsçy...]: wissenschaftlicher Name der Gattung ↑ Schamblume.

Aesculus ['εs...]: wissenschaftlicher Name der Gattung ↑ Roßkastanie.

Aethusa [ε...]: wissenschaftlicher Name der Gattung ↑ Hundspetersilie.

Affenbrotbaum (Adansonia): Gattung der Wollbaumgewächse mit rund 15 Arten auf Madagaskar, in Afrika und Nordaustralien; bis 20 m hohe Bäume mit säulen- bis flaschenförmigen, wasserspeichernden Stämmen; u. a. **Afrikanischer A.** (**Baobab**, Adansonia digitata): Charakterbaum der afrikanischen Savanne, mit (zur Regenzeit) großen, gefingerten Blättern, großen, weißen, von Fledermäusen bestäubten Blüten und halbmeterlangen, gurkenförmigen Früchten (holzige Schale; eßbares, trockenes Fruchtmark; ölhaltige Samen).

Affodill [aus griech. asphódelos = eine lilienartige Pflanze] (Asphodill, Asphodelus): Gattung der Liliengewächse mit rund zehn Arten im Mittelmeergebiet; am bekanntesten der **Weiße A.** (Asphodelus albus): etwa 1 m hoch; Blätter schwertförmig, gekielt; Blüten weiß, in dichter, aufrechter Traube; Gartenpflanze. Die Wurzeln werden als Abführmittel und gegen Menstruationsstörungen verwendet.

Afzelia [nach dem schwed. Botaniker A. Afzelius, * 1750, † 1837]: Gattung der Caesalpiniengewächse mit über zehn Arten in den tropischen Baumsteppen und Savannen v. a. Afrikas; meist mittelgroße Bäume.

Agapanthus: wissenschaftlicher Name der Gattung ↑ Schmucklilie.

Agaricales: wissenschaftlicher Name der ↑ Lamellenpilze.

Agaricus: wissenschaftlicher Name der Gattung ↑ Champignon.

Agathis [griech. agathís = Knäuel (nach dem dichten Stand der Blüten)]: Gattung der Araukariengewächse mit rund 35 zu den Nadelhölzern zählenden Arten, v. a. auf der Südhalbkugel; bis 40 m hohe, äußerst harzreiche, z. T. das in der Lackindustrie verwendete Harz **Kopal** liefernde Bäume mit häufig breitflächigen, gestielten Blattorganen. Manche Arten liefern wertvolles Holz, z. B. ↑Kopalfichte, ↑Dammarafichte.

Agavaceae: wissenschaftlicher Name der ↑Agavengewächse.

Agave [aus gleichbed. frz. agave, zu griech. agauós = edel]: Gattung der Agavengewächse mit rund 300 im tropischen und subtropischen Amerika beheimateten Arten; Blätter z. T. bis 2 m lang, fleischig, meist lanzettlich, dornig gezähnt oder ganzrandig, in einer Blattrosette am Boden, aus der oft erst nach 10–15 Jahren einmalig eine bis 8 m hohe Blütenrispe mit trichterförmigen Blüten hervorgeht. Nach der Fruchtreife stirbt die ganze Pflanze (bis auf Ausläuferrosetten) ab. Von manchen Arten, v. a. der oft (z. B. auch in Afrika und Indonesien) angebauten **Echten Sisalagave** (A. sisalana), werden wichtige Blattfasern gewonnen, die unter der Bez. **Sisal** zur Herstellung von Seilen, Matten usw. in den Handel kommen. Der Saft einiger Arten wird, v. a. in Mexiko, zu einem süßen, stark berauschenden Getränk **(Pulque)** vergoren. – Im Mittelmeergebiet verbreitet ist die im 16. Jahrhundert dort eingebürgerte **Amerikanische A.** (A. americana).

Agavengewächse (Agavaceae): Familie der Einkeimblättrigen (ihre Vertreter wurden auch den Amaryllis- und Liliengewächsen zugeordnet) mit über 550 Arten in 18 Gattungen (u. a. ↑Agave, ↑Drachenlilie, ↑Palmlilie, ↑Bogenhanf) in den Tropen und Subtropen.

Agrimonia: wissenschaftlicher Name der Rosengewächsgattung ↑Odermennig.

Agropyron (Agropyrum): wissenschaftlicher Name der Gattung ↑Quecke.

Agrostemma: wissenschaftlicher Name der Gattung ↑Rade.

Agrostis: wissenschaftlicher Name der Gattung ↑Straußgras.

Agrumen: seltene Bez. für die Zitrusfrüchte (↑Zitruspflanzen).

Ahlbeere: norddt. Bez. für die ↑Schwarze Johannisbeere.

Ahlkirsche: landschaftlicher Name der ↑Traubenkirsche.

Ahorn (Acer): auf der nördlichen Halbkugel verbreitete Gattung der **Ahorngewächse** (Aceraceae; über 100 Arten, fast alle zur Gattung Ahorn gehörend); Bäume oder Sträucher (wenige Arten immergrün) mit meist gelappten Blättern, ziemlich kleinen, häufig eingeschlechtigen, in Ähren, Trauben, Dolden oder Rispen stehenden Blüten von strahligem, vier- bis fünfgliedrigem Bau; charakteristische Früchte (Spaltfrüchte) aus zwei einseitig geflügelten Teilfrüchten. Viele Arten sind beliebte Park- und Chausseebäume. In Europa heimisch: ↑Spitzahorn, ↑Feldahorn, ↑Bergahorn, ↑Französischer Ahorn. – Das helle *Holz* vieler A.arten (besonders das des Berg-, Spitz-, Silber- und Zucker-A.s) ist gut bearbeitbar und wird je nach A.art für Tischplatten, Fußböden (Zucker-A.), Drechslerarbeiten, Furniere und Geigenteile verwendet.

Ahorngewächse: eine Pflanzenfamilie (↑Ahorn).

Ailanthus: wissenschaftlicher Name der Gattung ↑Götterbaum.

Aizoaceae: wissenschaftlicher Name der ↑Eiskrautgewächse.

Ajuga: wissenschaftlicher Name der Gattung ↑Günsel.

Akanthusgewächse (Acanthaceae): Familie der Blütenpflanzen mit über 2 500 Arten in den Tropen und Subtropen; u.a. die Gattungen ↑Aphelandra und ↑Bärenklau.

Akazie [von griech. akakía = Akazie, Ginster]:

◇ (Acacia) Gattung der Mimosengewächse mit rund 800 Arten in den Tropen und Subtropen; Bäume oder Sträucher mit gefiederten Blättern oder mit blattartig verbreiterten Blattstielen (Phyllodien); Nebenblätter nicht selten als Dornen ausgebildet; Blüten meist gelb, auch weiß, häufig in Köpfchen, die ährenoder rispenartig zusammenstehen; z.T. Zierpflanzen (die Blütenstengel werden fälschlich Mimosen genannt). Manche Arten liefern Gummiarabikum, andere Gerb- oder Arzneimittel (z.B. **Katechu,** einen getrockneten, dunkelbraunen Extrakt aus dem Kernholz; wird gegen Durchfall und zum Gurgeln verwendet) oder Möbelholz (z.B. das sehr dekorative, nach Veilchen duftende **Veilchenholz**). A.n mit schirmförmigem Kronenwuchs (**Schirm-A.n**) sind charakteristisch für die afrikanische Baumsteppe.

Geschichte: A.nholz diente im alten Ägypten zur Herstellung von Götterstatuen. In hellenistischer Zeit wurden A.nbäume als heilig verehrt. Das Gummiarabikum mehrerer Arten wurde im Bereich der frühen Mittelmeerkulturen vielseitig verwendet, in Mitteleuropa seit dem 14. Jahrhundert als Klebstoff und Heilmittel. Die ätherischen Öle aus A.nblüten dienen zur Parfümherstellung.

◇ (Falsche Akazie) ↑Robinie.

Akelei [aus gleichbed. lat. aquilegia] (Aquilegia): Gattung der Hahnenfußgewächse mit rund 70 Arten in den gemäßigten Zonen der Nordhalbkugel; Stauden mit großen, meist blau, orange oder gelb gefärbten Blüten, deren fünf innere Blütenblätter (Honigblätter) in je einen langen, nach hinten gerichteten, den Nektar bergenden Sporn ausgezogen sind. In Mitteleuropa (v.a. in den Gebirgen) sind vier Arten heimisch, am bekanntesten die geschützte **Gemeine A.** (Aquilegia vulgaris) und die **Alpen-A.** (Aquilegia alpina). Viele Arten werden kultiviert.

Geschichte: Die A. wurde im Mittelalter als beliebte Zier- und Arzneipflanze angebaut. Die Blüten wurden in der Renaissance zur Parfümbereitung verwendet. Hauptsächlich diente die A. bis zum 18. Jahrhundert als zauberabwehrendes Heilmittel, besonders bei Impotenz.

Alant [Herkunft unsicher] (Inula): Gattung der Korbblütler mit über 100 Arten in Eurasien und Afrika. Unter den neun einheimischen Arten ist besonders der **Echte A.** (Helenenkraut, Inula helenium) zu nennen: auf feuchten Wiesen; Blätter sehr groß, ungleich gezähnt, unterseits graufilzig; Blütenkörbchen bis 7 cm groß, gelb. Der Wurzelstock wird in der Volksmedizin gegen Magen- und Lungenleiden, als harntreibendes Mittel sowie zur Förderung der Gallensekretion und gegen Würmer verwendet.

Alaria: wissenschaftlicher Name der Gattung ↑Rippentang.

Albrechtapfel: ein Tafel- und Kochapfel (↑Apfelsorten, Übersicht S. 24).

Alchemilla: wissenschaftlicher Name der Gattung ↑Frauenmantel.

Aldrovanda: wissenschaftlicher Name der Gattung ↑Wasserfalle.

Alectorolophus: wissenschaftlicher Name der Gattung ↑Klappertopf.

Aleppokiefer (Seekiefer, Pinus halepensis): bis 15 m hohe Kiefer im Mittelmeerraum; mit schirmförmiger Krone, aschgrauer Rinde, schlaffen, graugrünen Nadeln und rotbraunen oder hellgelben Zapfen an einem langen, bogenförmigen Stiel; Holz hart, sehr harzreich (die A. ist Harzlieferant).

Alepponuß: anderer Name der Echten Pistazie (↑Pistazie).

Aleurites: wissenschaftlicher Name der Gattung ↑Lackbaum.

Alexander Lucas: eine Tafelbirne (↑Birnensorten, Übersicht S. 48).

Alfagras: Art der Gattung ↑Federgras.

Algarrobo: andere Bez. für den ↑Courbarilbaum.

Algen [lat. alga = Seegras, Seetang] (Phycophyta): Abteilung des Pflanzenreichs mit über 25 000 Arten; autotrophe, meist im Wasser (knapp 50% im Meer) lebende freischwebende oder festgewachsene niedere Organismen (Lagerpflanzen; nicht zu den A. gehören die Blaualgen, die Prokaryonten darstellen). Nur wenige A. leben als Luft-A. z. B. an Baumstämmen oder an feuchten, schattigen Stellen von Felsgestein, andere Arten oft in großer Anzahl in der oberen Bodenschicht als Bodenalgen. Manche Grün-A. kommen als Symbionten vor, v. a. im Thallus von ↑Flechten. Die Mannigfaltigkeit der A. reicht von wenigen µm großen Einzellern bis zu hochorganisierten Groß-A. (**Tange**) von mehreren Metern Länge (größte Alge ↑Birntang), deren Grundform jedoch immer der Thallus ist, d. h., kompliziertere Gewebsdifferenzierungen fehlen. A. treten in folgenden Erscheinungsformen auf: 1. als unbegeißelte oder begeißelte Einzeller; 2. als lockere Zellkolonien (Zönobien), in denen die Einzelzellen durch Gallerte verbunden sind; 3. als Aggregationsverbände, die entstehen, wenn sich freibewegliche Zellen zusammenschließen; 4. als Zellkolonien, die eine funktionale Einheit von bestimmter Gestalt bilden; 5. in Form von unverzweigten oder verzweigten Fäden; 6. als gewebeähnliche sog. Flechtthalli, die eine dicht verflochtene Masse verzweigter Zellfäden darstellen, die nachträglich durch Membranverquellung oder Verwachsung verfestigt sind; 7. in Form von querwandlosen, meist vielkernigen Schläuchen (siphonale oder Schlauchthalli); 8. als Gewebsthalli (bei den Braun-A.), die bereits aus wenigen einfachen Gewebearten aufgebaut sind. – In allen Klassen der A. finden sich sowohl ungeschlechtliche als auch geschlechtliche Fortpflanzungsweisen. Bei vielen Arten kommt ein Generationswechsel vor, in dessen Verlauf meist diploide und haploide Phasen abwechseln (Kernphasenwechsel).

Die bekanntesten Klassen der A. sind die ↑Grünalgen, zu denen auch die ↑Armleuchteralgen gehören, die ↑Braunalgen, ↑Rotalgen und die ↑Goldbraunen Algen (einschließlich der ↑Kieselalgen). – Die Wissenschaft, die sich speziell mit den Algen beschäftigt, heißt **Phykologie.**

A. werden zur Aufklärung des Feinbaus und der chemischen Zusammensetzung von Pflanzenzellen bevorzugt untersucht. Vertreter der Grünalgengattung Acetabularia (↑Schirmalge) stellen ideale Modelle zur Erforschung der Gestaltbildung (Morphogenese) bei Pflanzen dar. Weiterhin ist die Erforschung v. a. der (relativ schnell sich vermehrenden) einzelligen A. im Hinblick auf ihre Eignung für die menschliche Ernährung von besonderer Bedeutung. Als Nahrungs- bzw. Futtermittel oder auch als Ausgangsstoff für Nahrungsmittel oder als Zusatz (in Form von **A.mehl**) zu solchen sind A. deshalb von besonders großem Wert,

weil sie durchschnittlich 30% Eiweiß enthalten; außerdem sind A. reich an Vitaminen und Spurenelementen. In Japan stehen A., v. a. Rot-A. der Gattung Porphyra, die gezüchtet werden, im Mengenverbrauch der Lebensmittel an vierter Stelle. Eine weitere Bedeutung haben A. als Düngemittel, außerdem liefern sie Rohstoffe für die Industrie. So spielen in der Wirtschaft aller Industrieländer die aus Rot- und Braun-A. gewonnenen Gelier- und Schleimstoffe eine beachtliche Rolle (z. B. das u. a. für Bakteriennährböden verwendete **Agar-Agar** und die in der Lebensmittelindustrie vielfältig benutzte **Alginsäure**).
Die Fähigkeit der A., durch Photosynthese organische Substanzen aufzubauen, ist die Grundlage allen tierischen Lebens im Wasser und damit auch der Fische, die A. sind daher auch in dieser Hinsicht von größter wirtschaftlicher Bedeutung. Die Zonen höchster Produktivität liegen in der Nähe der Kontinentalsockel im Bereich aufsteigenden, nährstoffreichen Tiefenwassers; diese sind als die klassischen Fischfanggebiete bekannt. Bei der Verwendung der A. bzw. von algenfressenden Tieren und deren Freßfeinden als Nahrung muß allerdings das Speichervermögen der A.zellen für Gifte aus Schädlingsbekämpfungsmitteln und für radioaktive Elemente beachtet werden, auch enthalten manche A. Giftstoffe. – Große Bedeutung haben auch die Boden-A. (v. a. Grün-A.). Auf Rohböden sind sie unter den Erstbesiedlern. Sie tragen als Festiger und Humuslieferanten zur Vorbereitung des Bodens für höhere Pflanzen bei. – Bestimmte Süßwasser-A. können als Indikatoren zur Beurteilung der Wassergüte herangezogen werden. – In Europa und den USA baut man Lager von fossilen Kiesel-A. ab, um die u. a. als Filter- und Absorptionsmaterial verwendete **Kieselgur** zu gewinnen.

Geschichte: Die Bez. „Algae" verwendete erstmals A. W. Roth 1797 im heutigen Sinne. Eine systematische Zusammenstellung aller seinerzeit bekannten A. lieferte der italienische Botaniker G. B. de Toni mit seinem Werk „Sylloge algarum omnium" (6 Bände, 1889–1924). In den 40er und 50er Jahren des 19. Jahrhunderts begannen besonders G. Thuret, C. W. Nägeli und M. J. Schleiden die Sexualität der A. an Fucusarten zu erforschen. N. Pringsheim gelang 1856 die Beobachtung einer sexuellen Befruchtung bei der Braunalgengattung Fucus.

Algenfarn (Wasserfarn, Azolla): einzige Gattung der **Algenfarngewächse** (**Azollaceae**; Familie der Farne) mit sechs Arten, v. a. in den tropischen Zonen; in Mitteleuropa zwei aus Amerika stammende Arten; auf ruhigen Gewässern frei schwimmende, zierliche, reich verzweigte Pflanzen mit in zwei Reihen dachziegelartig angeordneten, schuppenförmigen Blättern, von denen die obere Hälfte ganz aus dem Wasser ragt, Photosynthese betreibt und unterseits in einer Höhlung eine den Luftstickstoff bindende Blaualge beherbergt; die andere Blatthälfte liegt dem Wasser auf und dient hauptsächlich (neben Wurzeln an den Stengelunterseiten) der Wasseraufnahme.

Algenfarngewächse ↑ Algenfarn.

Algenpilze (Phycomycetes): frühere Bez. für die „niederen Pilze" im Unterschied zu den „höheren Pilzen"; wurden früher als chlorophyllos gewordene Algen betrachtet.

Alisma: wissenschaftlicher Name der Gattung Froschlöffel (↑ Froschlöffelgewächse).

Alismataceae: wissenschaftlicher Name der ↑ Froschlöffelgewächse.

Alkanna [durch span. Vermittlung aus arab. al-ḥinnā', eigtl. = die Henna, der Hennastrauch]: Gattung der Rauhblattgewächse mit rund 40 Arten, v. a. im Mittelmeerraum; bekannteste Art ↑ Schminkwurz.

Alkmene: ein Tafelapfel (↑ Apfelsorten, Übersicht S. 24).

Allermannsharnisch (Siegwurz, Allium victorialis): Liliengewächs (Gattung ↑ Lauch), v. a. in den Gebirgen der Nordhalbkugel; mit grünlichweißen bis gelblichen Blüten in kugeliger Scheindolde.

Alliaria: wissenschaftlicher Name der Gattung ↑ Knoblauchsrauke.

Allium: wissenschaftlicher Name der Gattung ↑ Lauch.

Almenrausch ↑ Almrausch.

Almond (Terminalia): Gattung der Langfadengewächse mit rund 200 tropischen Arten; meist laubabwerfende Bäume mit häufig büschelig an den Zweigenden stehenden Blättern; Blüten unscheinbar (ohne Kronblätter), in Ähren und Köpfchen; bekannt der ↑ Katappenbaum. Die Früchte **(Myrobalanen)** mancher Arten enthalten Gerbstoffe und werden zur Herstellung von Adstringenzien (z. B. Gurgelmittel) verwendet. Wertvolle Hölzer liefern z. B. die westafrikanische Art Terminalia superba (das Holz **Limba**) und die ebenfalls in Westafrika heimische Art Terminalia ivorensis (das Holz **Framiré**).

Almrausch (Almenrausch): volkstümliche Bez. für die Behaarte Alpenrose und die Rostrote Alpenrose.

Alnus: wissenschaftlicher Name der ↑ Erle.

Aloe [...o-e; gleichbed. griech. alóē]: Gattung der Liliengewächse mit rund 250 Arten in den Trockengebieten Afrikas; bis 15 m hohe Bäume mit wasserspeichernden, dicken, oft dornig gezähnten Blättern, meist in dichten, bodenständigen Rosetten oder schopfig zusammengedrängt am Stamm oder Astende; Blüten röhrenförmig, in aufrechtstehenden, traubigen bis rispenartigen Blütenständen; die Kapselfrüchte mit zahlreichen schwarzen Samen. Viele Arten werden als Zierpflanzen kultiviert.

Geschichte: A.arten waren bereits im 3. und 2. Jahrtausend v. Chr. in Babylonien und Indien für Heil- und Räuchermittel, in Ägypten zusammen mit Myrrhe für Konservierungsmittel beim Einbalsamieren in Gebrauch. Beim altjüdischen Bestattungsritus wurde das kostbare dunkelbraune, wohlriechende A.holz verwendet. Bei Griechen und Römern und noch bei Byzantinern wurde das Holz zur Verbesserung des Mundgeruchs gekaut. Über die Araber wurden A.arten in Mitteleuropa eingeführt, wo sie dann im Mittelalter in Arzneigärten für Heilmittel (Wunden, Geschwüre, Magenbeschwerden) kultiviert wurden. Als Abführmittel erhielt sich der bittere A.saft (**Bärengalle,** „Aloe") bis heute im offizinellen Arzneischatz.

Alopecurus: wissenschaftlicher Name der Gattung ↑ Fuchsschwanzgras.

Alpenazalee: andere Bez. für die ↑ Alpenheide.

Alpenbalsam (Alpenleberbalsam, Erinus alpinus): einzige Art der Gattung **Erinus**; Rachenblütler in den Pyrenäen und Alpen, v. a. auf Kalkgrund; rasenbildende Staude, deren keilförmige, gesägte Blätter grundständige Rosetten bilden, aus denen bis 20 cm hohe, beblätterte Stengel mit hellvioletten Blüten in einseitigen Blütenständen hervorgehen; beliebte Steingartenpflanze in verschiedenen Kultursorten.

Alpenbrandlattich: Art der Gattung ↑Alpenlattich.

Alpendost (Drüsengriffel, Adenostyles): Gattung der Korbblütler mit vier Arten in den Gebirgen Europas und Kleinasiens; Blätter langgestielt, groß, oft nierenförmig; Stengel bis 1,5 m hoch, mit roten, violetten oder weißen Röhrenblüten in Köpfchen, die ihrerseits nach Art einer Doldenrispe angeordnet sind.

Alpenfrauenmantel: Art der Gattung ↑Frauenmantel.

Alpenglöckchen: andere Bez. für die Gattung ↑Troddelblume.

Alpenheide (Alpenazalee, Felsenröschen, Loiseleuria procumbens): einzige Art der Gattung **Loiseleuria**; Heidekrautgewächs in der Arktis und auf Matten, Fels und Geröll der Alpen; immergrüner Zwergstrauch mit rosafarbenen bis weißlichen Blüten in endständigen Büscheln.

Alpenlattich (Brandlattich, Homogyne): Gattung der Korbblütler mit drei Arten in den Gebirgen Europas, darunter als Charakterpflanze der subalpinen Zwergstrauchgesellschaften Mittel- und Südeuropas der **Gemeine A.** (**Alpenbrandlattich**, Homogyne alpina): Rosettenstaude mit derben, langgestielten, rundlichen Blättern; Blüten weißlichviolett, in einem Köpfchen mit oft purpurn überlaufenen Hüllblättern, an wollig behaartem 10–40 cm hohem Stengel.

Alpenleberbalsam: andere Bez. für den ↑Alpenbalsam.

Alpenmannstreu: Art der Gattung ↑Mannstreu.

Alpenrachen (Tozzia): Gattung der Rachenblütler mit nur wenigen Arten. Der v. a. in den Alpen auf nährstoffreichen Böden vorkommende **Gemeine A.** (Tozzia alpina) ist eine ausdauernde, 10–50 cm hohe Pflanze mit gegenständigen, eiförmigen Blättern, vierkantigem Stengel und goldgelben Blüten mit rot punktierter Unterlippe, die eine lockere Traube bilden.

Alpenrebe (Alpenwaldrebe): Art der Gattung ↑Waldrebe.

Alpenrose (Rhododendron): Gattung der Heidekrautgewächse mit rund 300 Arten, v. a. in den Gebirgen Zentral- und Ostasiens und im gemäßigten Nordamerika, in Europa sechs Arten; immergrüne oder laubabwerfende Sträucher oder Bäume mit oft ledrigen Blättern und meist roten, violetten, gelben oder weißen Blüten, die häufig in Doldentrauben stehen. Bekannte Arten in den Alpen sind die **Behaarte A.** (**Steinrose**, Rhododendron hirsutum; auf Kalkboden; mit langhaarig bewimperten Blättern) und die **Rostrote A.** (**Rostblättrige A.**, Rhododendron ferrugineum; meist auf kalkarmem Boden; Blätter unterseits von rostroten Drüsenschuppen überdeckt). Viele ausländische Arten werden als Zierpflanzen kultiviert.

Alpenveilchen (Cyclamen): Gattung der Primelgewächse mit rund 20 Arten in den Alpen und im Mittelmeerraum, bis Transkaukasien; Kräuter mit knollenförmigem, (durch das Saponin Cyclamin) giftigem Wurzelstock (nach Rösten oder Kochen eßbar), gestielten, herz- oder nierenförmigen Blättern und einzeln an langem, kräftigem Stiel sitzender weißer oder rosa- bis purpurfarbener, nickender Blüte mit kleinem, kugeligem Röhrenteil und fünf freien, zurückgeschlagenen Kronblattabschnitten. Die einzige Art in Deutschland (bayrische Alpen) ist das unter Naturschutz stehende **Europäische A.** (**Erdscheibe,** Cyclamen purpurascens): in steinigen Laubwäldern und Gebüsch; kalkliebend; mit kugeliger bis scheibenförmig abgeplatteter Hypokotylknolle, weißfleckigen, unterseits karminroten Blättern und stark duftender, karminroter Blüte. Viele Arten sind beliebte Zierpflanzen.

Geschichte: In der Antike wurde die Wurzelknolle von A.arten zu drastischen Abführ- und Abtreibungsmitteln verarbeitet und äußerlich bei Schwellungen und Hautkrankheiten angewendet. Als Arzneimittel empfahlen sie noch die Kräuterbücher des späten Mittelalters. Heute wird die Knolle noch in der Homöopathie verwendet.

Alraunwurzel: Art der Gattung ↑Mandragora.

Alsophila: wissenschaftlicher Name der Gattung ↑Hainfarn.

Alternanthera: wissenschaftlicher Name der Gattung ↑Papageienblatt.

Althaea [...'tɛ:a]: wissenschaftlicher Name der Gattung ↑Stockmalve.

Amalia von Brabant: svw. Schinkenbirne (↑Birnensorten, Übersicht S. 49).

Amanita: wissenschaftlicher Name der Gattung ↑Wulstlinge.

Amarant: wissenschaftlicher Name der Gattung ↑Fuchsschwanz.

Amarantgewächse: andere Bez. für ↑Fuchsschwanzgewächse.

Amaranthaceae: wissenschaftlicher Name der ↑Fuchsschwanzgewächse.

Amaranthus: wissenschaftlicher Name der Gattung ↑Fuchsschwanz.

Amarelle: eine Sorte der ↑Sauerkirsche.

Amaryllidaceae: wissenschaftlicher Name der ↑Amaryllisgewächse.

Amaryllis [griech., nach dem Namen einer von Vergil besungenen Hirtin]:

◇ Gattung der A.gewächse mit der einzigen, in Südafrika heimischen Art **Belladonnalilie** (A. belladonna); bekannt als beliebte, in vielen Sorten gezüchtete Zierpflanze mit etwa faustgroßer Zwiebel, riemenförmigen, glatten Blättern (meist erst nach der Blüte) und 6–12 großen, trichterförmigen, meist roten Blüten in endständiger Dolde an kräftigem, kahlem, bis 75 cm hohem Schaft.

◇ irreführende Bez. für verschiedene Arten und Sorten des ↑Rittersterns, die als Zierpflanzen kultiviert werden.

Amaryllisgewächse (Narzissengewächse, Amaryllidaceae): mit den Liliengewächsen nah verwandte Familie der Einkeimblättrigen mit über 800 Arten, v. a. in den Tropen und Subtropen (besonders Afrika); Zwiebelpflanzen, deren häufig sehr schöne Blüten einen unterständigen Fruchtknoten haben (im Unterschied zu den Lilien). Viele Arten sind beliebte Zierpflanzen, z. B. aus den Gattungen Amaryllis, Klivie, Narzisse, Schneeglöckchen.

Amberbaum (Liquidambar): Gattung der Zaubernußgewächse mit fünf Arten, v. a. in Asien und Amerika; bis 45 m hohe, laubabwerfende Bäume mit ahornblattähnlichen Blättern; Blüten unscheinbar; einige Arten, z. B. die asiatische Art **Liquidambar orientalis,** liefern den nach Zimt riechenden und in der Parfümindustrie verwendeten **Storax.**

Ameisenbaum: anderer Name der Gattung ↑Cecropia.

Amelanchier: wissenschaftlicher Name der Gattung ↑Felsenbirne.

Amerikanerrebe: als Unterlage für Pfropfreben dienende amerikanische Wildrebe; auch Bez. für die in der BR Deutschland nicht zugelassenen Bastarde aus dieser und europäischen Kultursorten. Die A. ist resistent gegen Befall mit der Wurzellausform der Reblaus.

Ammophila: wissenschaftlicher Name der Süßgrasgattung ↑Strandhafer.

Ampelopsis: wissenschaftlicher Name der Gattung ↑ Doldenrebe.

Ampfer [ahd. amph[a]ra, eigtl. = der Saure, Bittere] (Rumex): Gattung der Knöterichgewächse mit rund 200 Arten, v. a. in den gemäßigten Regionen; meist Kräuter mit nicht selten großen, meist pfeilförmigen Blättern und kleinen, häufig unscheinbar grünen oder rötlichen Blüten in einem aufrechten Blütenstand; in Mitteleuropa rund 20 Arten, u. a.: der säuerlich schmeckende, für Salate und Suppen verwendete **Große Sauerampfer** (Rumex acetosa) auf nährstoffreichen Wiesen; der aus Südosteuropa stammende, bis 2 m hohe **Garten-A.** (Gemüse-A., Englischer Spinat, Ewiger Spinat, Perennierender Spinat, Winterspinat, Rumex patientia), dessen große, langgestielte, oft rote, am Rand gewellte Blätter während des ganzen Jahres für spinatähnliches Gemüse geerntet werden können; der in Südeuropa für Blattgemüse kultivierte **Römische A.** (Römischer Spinat, Französischer Spinat, Schildampfer, Rumex scutatus), eine Gebirgspflanze mit blaugrünen, meist rundlich-herzförmigen Blättern.

Anacardiaceae: wissenschaftlicher Name der ↑ Anakardiengewächse.

Anagallis: wissenschaftlicher Name der Gattung ↑ Gauchheil.

Anakardiengewächse [angeblich zu griech. aná = hinauf, entlang und griech. kardía = Herz (nach der herzähnlichen Form der Fruchtstiele)] (Sumachgewächse, Terebinthengewächse, Anacardiaceae): mit den Ahorngewächsen nah verwandte Familie der Zweikeimblättrigen mit rund 600 Arten, v. a. in den Tropen und Subtropen; meist Bäume oder Sträucher; Blüten in meist ansehnlichen Rispen; Früchte als Kapseln, trockene Schließ- oder saftige Steinfrüchte. Mehrere Arten liefern Obst (↑ Mangobaum, ↑ Nierenbaum, Arten der ↑ Balsampflaume u. a.), andere Arten Gewürze (v. a. die Echte Pistazie; ↑ Pistazie) und/oder technische Rohstoffe (z. B. Harze, Firnis, Gerbstoffe, auch Holz). Einige Arten sind als Ziergehölze geschätzt (z. B. ↑ Perückenstrauch).

Ananas [durch portugies. Vermittlung aus Guarani naná = Ananasfrucht]: Gattung der Ananasgewächse mit fünf bodenbewohnenden mittel- und südamerikanischen Arten, darunter die ↑ Ananaspflanze.

Ananaserdbeere: svw. Gartenerdbeere (↑ Erdbeere).

Ananasgewächse (Bromeliengewächse, Bromeliazeen, Bromeliaceae): Familie der Blütenpflanzen, v. a. in tropischen Regenwäldern und Trockengebieten besonders der südlichen USA und Südamerikas; bodenbewohnende oder auf Bäumen wachsende (epiphytische) Rosettenpflanzen, deren meist schmale, z. T. dornig gezähnte Blätter ledrig oder fleischig sein können (bei Epiphyten häufig Blattgrund mit Wassergewebe); die dreizähligen, z. T. röhrigen, oft lebhaft gefärbten Blüten in meist ährigen oder traubigen Blütenständen mit bunten Hochblättern und/oder Deckblättern; Früchte sind Kapseln oder Beeren. Wirtschaftlich am wichtigsten ist die ↑ Ananaspflanze; viele Zimmerpflanzen, besonders aus den Gattungen ↑ Vriesea, ↑ Billbergie, ↑ Tillandsie, ↑ Nidularie, ↑ Aechmea und Bromelia (↑ Bromelien).

Ananaspflanze (Ananas comosus, Ananas sativus): vermutlich in Zentralamerika und auf den Westindischen Inseln heimisches Ananasgewächs; wird heute als Obstpflanze vielerorts in den Tropen (z. T. auch

Subtropen) oft in großen Plantagen kultiviert; Hauptanbaugebiet: Hawaii ($^4/_5$ der Weltproduktion), Brasilien, Florida. Die in Europa erhältlichen Frischfrüchte kommen hauptsächlich aus Treibhäusern auf den Azoren. – Aus einer Rosette steifer, bis über 1 m langer und bis 6 cm breiter, oft dornig gezähnter Blätter entwickelt sich (etwa 12–20 Monate nach dem Auspflanzen) ein ährigkolbiger Blütenstand mit etwa 30 cm langem Stiel und mit oft über 100 unscheinbaren, grünlichweißen oder schwach violetten Blüten in den Achseln von Deckblättern, von denen die obersten laubartig ausgebildet sind und einen Blätterschopf (die „Krone") bilden. Bei der Fruchtentstehung verwachsen Blütenteile (die zu Beeren werden), die basalen Teile der Deckblätter und die Blütenstandsachse miteinander und werden fleischig-saftig (bis auf eine rauhe, ungenießbare Außenschicht); der freie Teil der Deckblätter wird pergamentartig. Der sich bildende zapfenförmige, gelbe bis orangefarbene Beerenfruchtstand **(Ananas[frucht], Pineapple)** ist je nach Sorte unterschiedlich groß (meist etwa 20 cm; kann bis über 3,5 kg schwer werden) und besitzt weißliches oder gelbes, angenehm süßsäuerlich schmeckendes Fruchtfleisch, das reich an Mineralstoffen (besonders Eisen und Calcium) und an Vitaminen (v.a. Vitamin A und B, C in geringeren Mengen) ist; Verwendung als Frischobst, Konserve oder zur Saftbereitung. – Die Blattfasern **(Ananashanf)** dienen für feine Gewebe (von im Halbschatten gezogenen Pflanzen) oder für Seile, Netze, Hängematten. – Da die Kultursorten selbststeril, daher im allg. samenlos sind, erfolgt ihre Vermehrung vegetativ.

Geschichte: Nachdem Kolumbus, G. Jiménez de Quesada und Sir Walter Raleigh erstmals über die A. berichtet hatten, brachten Portugiesen 1502 die Pflanze nach Sankt Helena. 1514 tauchte sie in Spanien auf, 1550 in Indien. Bis gegen Ende des 16. Jahrhunderts war sie in den meisten tropischen Gebieten der Welt eingeführt.

Anaphalis: wissenschaftlicher Name der Gattung ↑ Perlkörbchen.

Anattostrauch: andere Bez. für den ↑ Orleanbaum.

Anchusa: wissenschaftlicher Name der Gattung ↑ Ochsenzunge.

Andel: niederdeutsche Bez. für ↑ Salzgras.

Andentanne: andere Bez. für die ↑ Chilefichte.

Andorn (Marrubium): Gattung der Lippenblütler mit rund 30 Arten im Mittelmeergebiet und gemäßigten Eurasien; in Mitteleuropa zwei Arten, besonders der **Gemeine A.** (Mauer-A., Marrubium vulgare), ein bis 60 cm hohes, weißwolliges Kraut, v.a. auf Weiden und an Wegrändern; mit krausen, später verkahlenden Blättern und kleinen, weißen, in Wirteln stehenden Blüten; enthält den Bitterstoff **Marrubiin,** der in der Volksmedizin gegen Katarrhe angewandt wird.

Andromeda: wissenschaftlicher Name der Gattung ↑ Rosmarinheide.

Androsace: wissenschaftlicher Name der Gattung ↑ Mannsschild.

Anemone [gewöhnlich mit griech. ánemos = Wind in Verbindung gebracht] (Windröschen): mit rund 120 Arten weltweit verbreitete Gattung der Hahnenfußgewächse; Stauden (seltener kleine Sträucher) mit ausläuferartigem oder knolligem Wurzelstock, meist gelappten oder geteilten Blättern und oft einzelnstehenden Blüten. Von den sechs einheimischen Arten ist das v. a. in Laubwäldern wachsende **Buschwindröschen** (A. nemorosa) am bekanntesten: Blütenstiel mit Quirl aus drei fiederschnittigen Hochblättern und weißer Blüte. Häufige Zierpflanzen sind die ↑Gartenanemone und die ↑Japanische Anemone. – Abb. S. 270.

Anethum: wissenschaftlicher Name der Gattung ↑Dill.

Angelica: wissenschaftlicher Name der Gattung ↑Engelwurz.

Angiospermen (Angiospermae): wissenschaftlicher Name der ↑Bedecktsamer.

Angosturabaum [nach dem früheren Namen Angostura der Stadt Ciudad Bolívar] (Cuspabaum, Cusparia trifoliata): Rautengewächs im nördlichen Südamerika und auf den Westindischen Inseln; mit dreizähligen Blättern, in Rispen stehenden Blüten und bitterer, u. a. mehrere Alkaloide, Chinolinderivate und ätherisches Öl enthaltender Rinde (**Angosturarinde**; für Würzmittel verwendet).

Anis [lat., von griech. ánēthon, ánēson = Dill] (Pimpinella anisum): bis 50 cm hohes Doldengewächs (Gattung ↑Bibernelle) aus dem Süden, in Gärten und auf Feldern weit verbreitet; mit ein- bis dreifach fiederteiligen Stengelblättern und weißen Doldenblüten. Besonders die weichbehaarten, ovalen Früchte enthalten ätherisches Öl (**Anisöl;** enthält zu 80–90% **Anethol**) von würzigem Geruch und süßlichem Geschmack, das zum Würzen von Speisen und Backwaren, für Liköre (Anisette) und (medizinisch) gegen Verdauungsstörungen und als Hustenmittel verwendet wird; nicht selten Ersatz durch Sternanisöl (↑Sternanis).

Annattostrauch: andere Bez. für den ↑Orleanbaum.

Annonaceae: wissenschaftlicher Name der Familie ↑Annonengewächse.

Annone (Annona) [durch span. Vermittlung (span. anona) aus einer Indianersprache der Antillen]: Gattung der Annonengewächse mit über 100 Arten in den Tropen Amerikas und Afrikas; Bäume oder Sträucher mit meist ledrigen Blättern und großen, fleischigen Blüten. – Wegen der oft köstlich schmeckenden Früchte (Sammelfrüchte) werden manche Arten kultiviert. Am bekanntesten ist die ↑Chirimoya. Der etwa apfelgroße, zimtähnlich schmeckende **Zimtapfel** hat eine schuppige Oberfläche. Die apfelgroße, süße, schmackhafte **Netz-A. (Custardapfel)** hat eine Oberfläche aus fünfeckigen Feldern. Die bis 2 kg schwere, zapfenförmige **Stachel-A.** zeigt Reihen von Stachelspitzen auf sonst glatter Oberfläche.

Annonengewächse (Flaschenbaumgewächse, Annonaceae): den Magnoliengewächsen nahestehende Pflanzenfamilie; Bäume, Sträucher oder Lianen; v. a. in den tropischen Regenwäldern; die Balg- oder Beerenfrüchte oft zu Sammelfrüchten verwachsen. Manche Arten liefern Obst, Gewürze oder Öl, z. B. Arten der Gattung ↑Annone, der ↑Ylang-Ylang-Baum und der ↑Guineapfeffer.

Antennaria: wissenschaftlicher Name der Gattung ↑Katzenpfötchen.

Anthemis: wissenschaftlicher Name der Gattung ↑Hundskamille.

Anthericum: wissenschaftlicher Name der Gattung ↑Graslilie.

Anthophyten (Anthophyta): wissenschaftlicher Name der ↑Samenpflanzen.

Anthoxanthum: wissenschaftlicher Name der Gattung ↑Ruchgras.

Anthriscus: wissenschaftlicher Name der Gattung ↑Kerbel.

Anthurium: wissenschaftlicher Name der Gattung ↑Flamingoblume.
Anthyllis: wissenschaftlicher Name der Gattung ↑Wundklee.
Antirrhinum: wissenschaftlicher Name der Gattung ↑Löwenmaul.
Apfelbaum (Malus): Gattung der Rosengewächse mit rund 25 Arten in der nördlichen gemäßigten Zone; Bäume oder Sträucher mit ungeteilten, scharf gesägten bis teilweise gelappten Blättern. Die weißen bis rötlichen Blüten stehen zu mehreren zusammen. Die Früchte **(Äpfel)** sind unterschiedlich große Sammelfrüchte, die botanisch gesehen einen Balgapfel aus Balgfrüchtchen darstellt. An den pergamentartig werdenden Fruchtblättern liegen die Samen **(Apfelkerne).** Insgesamt bilden diese Teilfrüchtchen das Kernhaus, das in ein oft sehr aromatisch schmeckendes Fruchtfleisch eingebettet ist. Letzteres geht aus dem krugförmig auswachsenden Blütenstiel hervor.
Die bekanntesten Arten sind **Malus sylvestris** (mit dem einheimischen ↑Holzapfelbaum) und **Malus pumila (Süßapfelbaum).** Von letzterem stammen die auf der Balkanhalbinsel heimische Varietät **Paradiesapfelbaum** (strauchartig wachsend; Früchte nur etwa 1,5 cm im Durchmesser groß) und die Varietät **Hausapfelbaum** ab. Besonders aus diesen Varietäten sind durch Auslese und Kreuzungen mit anderen A.arten bzw. -varietäten die meisten europäischen Kulturapfelsorten hervorgegangen. In Europa gibt es rund 1600 Sorten (bekanntestes Sortiment in Faversham/England), auf der Erde annähernd 20000. Vom Paradiesapfelbaum stammen die Veredelungsunterlagen der **EM-Typen** bzw. **M-Typen** (nach der englischen Versuchsstation East Malling bei Maidstone). Durch Einkreuzung anderer (z. B. nordostasiatischer) Arten wie des **Beeren-A.s** (**Kirsch-A.**, Malus baccata) entstanden Veredelungsunterlagen und Stammbildner mit erhöhter Frostresistenz.
Die *Kulturapfelbäume* bevorzugen feuchten, lehmigen Boden, besitzen flach verlaufende Wurzeln, eine breit ausladende Krone (ursprüngliche Baumform) und rotbraune bis schwärzliche, glatte, in dünnen Schuppen abblätternde Borke. Die Knospen sind meist stark behaart und nicht so spitz wie beim Birnbaum, die Blätter oval, am Rand gesägt, oft beidseitig leicht behaart. Die schwachrosa- bis karminroten, selten ganz weißen Blüten stehen an Kurztrieben in Büscheln (Dolden) zusammen. Die Sorten sind in der Regel selbststeril.
Die *Früchte* enthalten pro 100 g eßbaren Anteil rund 86 g Wasser, 12 g Kohlenhydrate (hauptsächlich Zukker), 0,3 g Eiweiß, 0,4 g Mineralstoffe, 0,25 g Fruchtsäuren und 12 mg Vitamin C. Die Lagerfähigkeit ist besser als bei Birnen, auch ist das Fruchtfleisch im allgemeinen fester. Je nach dem Zeitpunkt der Genußreife spricht man von **Sommeräpfeln** (z. B. Klarapfel, James Grieve), **Herbstäpfeln** (z. B. Gravensteiner, Goldparmäne) und **Winteräpfeln** (z. B. Boskop, Golden Delicious, Cox' Orange). Diese Tafelapfelsorten werden bevorzugt für den Frischverzehr verwendet, andere Sorten (z. B. Bohnapfel, Jakob Lebel) dienen hauptsächlich der Mostgewinnung. – In der Medizin wird der Apfel gegen Verdauungsstörungen angewandt (z. B. roh gerieben gegen Durchfall). Aus den getrockneten Schalen kann Tee bereitet werden. Das harte, schwere *Holz* besitzt einen rötlichbraunen bis braunroten, streifigen Kern und einen rötlichweißen

Splint; es wird v. a. für Tischler- und Drechslerarbeiten verwendet.
Gefürchtete *Schädlinge* des A.s sind u. a.: Rote Spinne, Apfelwickler, Blutlaus, Apfelblütenstecher, Apfelschalenwickler, Apfelbaumgespinstmotte, Apfelblattsauger und Apfelsägewespe.
Verschiedene A.arten, Varietäten und Bastarde (rund 300 sind bekannt) werden wegen ihrer auffallenden Blüten und Früchte als *Zierpflanzen* angebaut (z. B. der Beerenapfel).

Geschichte: Apfelreste v. a. aus jungsteinzeitlichen und bronzezeitlichen Pfahlbausiedlungen zeugen von einem frühen A.anbau in Mitteleuropa. Bei den Römern stand die Kultur des A.s in voller Blüte. Die Methoden seiner Kultivierung führten die Römer ebenso wie einzelne Apfelsorten in das Gebiet nördlich der Alpen ein, wo man nach Tacitus nur einen „ländlichen Apfel" kannte. In der karolingischen Landgüterordnung (812) werden bereits neun Apfelsorten erwähnt. Über die mittelalterlichen Klöster gelangte der A. in die Bauerngärten. Die Frucht, der Apfel, spielt in der griechischen und nordischen Mythologie eine große Rolle; er wurde zum Symbol der Liebe und der Fruchtbarkeit. In der nordischen Mythologie sind Äpfel die verjüngende Speise der Asen. Nach altgermanischer Vorstellung ist der Apfel Sinnbild der Mutterbrust und der nährenden Liebe, auch Symbol für Leben und Tod. Im Mittelalter galt der Apfel (aufgrund der biblischen Erzählung vom Sündenfall) als Sinnbild des Sinnenreizes und der Erbsünde. Auf Marienbildern ist seit dem 11. Jahrhundert der Apfel in der Hand der Muttergottes oder Christi Symbol des Weltalls. Profan ist der Apfel als Reichsapfel Sinnbild der Weltherrschaft (im Christentum meist mit einem Kreuz bekrönt). – ↑auch Übersicht Apfelsorten S. 24–27.

Apfelmehltau (Podosphaera leucotricha): Mehltaupilz an Apfelbäumen (auch an Steinobst), v. a. an den austreibenden Blättern, die dann einen mehlartigen Überzug aufweisen, sich einrollen und vom Rand her vertrocknen; befallene Blüten bilden keine Früchte aus.

Aphelandra [nlat., zu griech. aphelḗs = einfach und griech. anḗr, andrós = Mann (nach den einfächerigen Staubbeuteln)] (Glanzkölbchen): Gattung der Akanthusgewächse mit rund 100 Arten im wärmeren Amerika; Sträucher oder große Kräuter mit meist großen, buntgeäderten Blättern und endständiger, auch verzweigter Blütenähre mit dicht und dachziegelig angelegten, oft farbigen Hochblättern und großen, gelben oder roten, zweilippigen Röhrenblüten in deren Achseln; z. T. beliebte Zierpflanzen.

Apiaceae: wissenschaftlicher Name der ↑Doldengewächse.

Apium: wissenschaftlicher Name der Gattung ↑Sellerie.

Apocynaceae: wissenschaftlicher Name der ↑Hundsgiftgewächse.

Aprikose [u. a. durch arab. und span. Vermittlung von vulgärlat. (persica) praecocia = frühreifer Pfirsich (zu lat. praecoquus = vorzeitig Früchte tragend)]:
◊ Kurzbez. für ↑Aprikosenbaum.
◊ (Japanische A., Prunus mume) mit dem Aprikosenbaum eng verwandte, aus Japan stammende Steinobstart, die bei uns als Gartenzierbaum angepflanzt wird; mit weißen bis dunkelrosafarbenen Blüten und kleinen, kugeligen, gelben oder grünlichen Früchten, die sauer und bitter schmecken.

APFELSORTEN (Übersicht)

Name	Frucht (Form, Farbe)	Fruchtfleisch	Geschmack	Genußreife	Verwendung
Albrechtapfel (Prinz Albrecht)	groß, breitrund, auf grüngelbem Grund rot überzogen	fast weiß, zur Schale hin rötlich, saftig	süßsäuerlich	Nov.–Jan.	Tafel- und Kochapfel
Alkmene	mittelgroß bis klein, stumpfkegelig, stielbauchig, grünlich bis goldgelb, sonnenseits orange bis ziegelrot	gelblich bis cremefarben	süßfruchtig, aromatisch	Sept.–Nov.	Tafelapfel
Berlepsch (Goldrenette Freiherr von Berlepsch)	mittelgroß, flachkugelig, mit fünf regelmäßig verteilten kräftigen Rippen, gelb bis goldgelb, rot marmoriert, zahlr. Punkte	gelblich, sehr saftig	angenehm weinsäuerlich	Dez.–März	Tafelapfel
Bohnapfel (Rheinischer Bohnapfel)	klein bis mittelgroß, etwas walzenförmig, gelbgrün, trübrot gestreift	grünlichweiß, saftig	etwas säuerlich	Jan.–Juni	Tafel-, Koch- und Mostapfel
Boskop (Schöner aus Boskoop)	groß bis sehr groß, Schale ziemlich rauh, matt grünlich bis goldgelb, bräunlich berostet, teilweise karmin- bis ziegelrot verwaschen	gelblich bis grüngelb, saftig	säuerlich	Dez.–April	Tafel-, Koch- und Backapfel
Champagnerrenette	klein bis mittelgroß, strohgelb, z. T. leicht rot angehaucht, plattrund, leicht rippig	fast weiß, saftig	süßsäuerlich	Dez.–April	Tafel-, Koch- und Mostapfel
Cox' Orange (Cox' Orangenrenette)	mittelgroß, fast kugelig, goldgelb bis orangefarben, meist rot marmoriert	goldgelb, sehr saftig	süß, würzig	Okt.–Febr.	Tafelapfel
Danziger Kantapfel (Schwäb. Rosenapfel, Roter Kantapfel)	mittelgroß, unregelmäßig wulstig gerippt, karminrot	grünlichweiß, saftig	weinsüßsäuerlich	Okt.–Dez.	Tafel- und Mostapfel
Finkenwerder Prinzenapfel	groß, konisch geformt, gelb, sonnenseits rot gestreift	gelblichweiß	süßsäuerlich, würzig	Jan.–Febr.	Tafel- und Kochapfel

Geheimrat Oldenburg	kegelförmig, zum Kelch hin abgeflacht, hell- bis goldgelb, rot verwaschen oder rot gestreift	leicht gelblich, saftig	süßsäuerlich, schwach würzig	Okt.–Dez.	Tafel- und Kochapfel
Gelber Bellefleur (Metzgers Kalvill)	spitzkegelförmig, nach dem Kelch zu gerippt, zitronengelb, bräunlich punktiert, sonnenwärts rötlich angehaucht	hellgelb, mürbe	süßsauer, aromatisch	Okt.–März	Tafel- und Kochapfel
Glockenapfel	groß bis mittelgroß, glockenähnlich, grünlichgelb bis gelb, sonnenseits rötlich bis ziegelrot	weiß, fest, wenig saftig	säuerlich, erfrischend	Febr.–Juni	Tafelapfel
Golden Delicious (Delicious, Gelber Köstlicher)	mittelgroß, länglich-kegelförmig, grün- bis goldgelb, sonnenseits leicht gerötet, bräunlich punktiert	gelblich, saftig	süß, mit feiner Säure	Dez.–Febr.	Tafelapfel
Goldparmäne (Wintergoldparmäne)	mittelgroß, stumpfkegelförmig, rötlichgelb, rot gestreift	gelblichweiß, saftig	süß, mit leicht säuerlichem Nachgeschmack	Nov.–März	Tafelapfel
Goldrenette (Blenheimer Goldrenette)	groß, plattrund, ledrige, rötlichgelbe Schale mit trübroten Streifen	gelblichweiß, mittelsaftig	süßsauer, mit edlem, charakterist. Aroma	Nov.–Febr.	Tafelapfel
Granny Smith	groß, gleichmäßig rund, grasgrün bis gelblichgrün, sonnenseits braunrot bis trübrot, wachsige Schale	cremefarben bis grünlichweiß, fest, saftig	feinsäuerlich	Jan.–April	Tafelapfel
Gravensteiner	mittelgroß, wulstig, zum Kelch hin gerippt, glatte, stark duftende, hellgrüne bis gelbe, sonnenseits leuchtend geflammte Schale	gelblich, vollsaftig	süßsäuerlich, mit erfrischendem, charakterist. Aroma	Sept.–Nov.	Tafelapfel
Idared	mittelgroß bis groß, rund bzw. kugelig, sehr fein gerippt, gelblichgrün bis weißlichgelb, mit verwaschener dunkel- bis hellroter Streifung	weißlich bis cremefarben, fest, saftig	ähnlich wie Jonathan	Jan.–April	Tafelapfel
Ingrid Marie	mittelgroß bis groß, mattglänzend, mit überwiegend rotgeflammter, goldgelber Schale	grünlichweiß	süßsäuerlich	Nov.–Jan.	Tafelapfel

APFELSORTEN (Übersicht; Fortsetzung)

Name	Frucht (Form, Farbe)	Fruchtfleisch	Geschmack	Genußreife	Verwendung
Jakob Lebel	groß, bauchig, mit glatter, lederartiger, schwach grünlichgelber, sonnenseits etwas geröteter Schale	grünlichweiß, saftig	leicht säuerlich	Okt.–Dez.	Tafel-, Most-, Koch- und Backapfel
James Grieve	mittelgroß, gleichmäßig hellgelb grundiert, sonnenwärts stärker hellrot geflammt	gelblichweiß, saftig	erfrischend saftig	Sept.-Nov.	Tafelapfel
Jonagold (Kreuzung aus Golden Delicious und Jonathan)	groß, rund, stielbauchig, grünlichgelb bis gelb, sonnenseits orangefarben	gelblich bis cremefarben, saftig	süßfruchtig, aromatisch	Okt.–März	Tafelapfel
Jonathan	mittelgroß, stumpfkegelig, mattglänzend, fast völlig purpurrot mit charakterist. dunklen Flecken	gelblichweiß, saftig	angenehm säuerlich	Dez.-April	Tafelapfel
Klarapfel (Weißer Klarapfel, Transparentapfel)	mittelgroß, kugelig, mit fettiger, hellgrüner bis hellgelber Schale	grünlichweiß, locker, saftig	mäßig süß	Juli–Aug.	Tafelapfel, nicht lagerfähig
Krügers Dickstiel (Sulzbacher Liebling)	mittelgroß, grün bis gelb, mit vielfacher Marmorierung, sonnenseits verwaschen zinnoberrot, Stiel dick, sehr kurz	weiß	erfrischend säuerlich	Dez.–Jan.	Tafel-, Koch- und Backapfel
Landsberger Renette	mittelgroß, stielbauchig, hellgelb, braun punktiert	gelblichweiß, locker, saftig	mild süßsäuerlich, angenehm würzig	Nov.–Febr.	Tafelapfel
Martiniapfel	mittelgroß, grüngelb, etwas rot gestreift	fest	angenehm süßsäuerlich	Jan.–April	Tafel-, Koch- und Backapfel
Melrose	groß bis mittelgroß, unregelmäßig flachkantig, gelblichgrün bis gelb, dreiviertel der Frucht ist dunkelrot mit bräunl. Stich	cremefarben bis gelblichweiß, saftig	süßfruchtig, aromatisch	Dez.–Mai	Tafelapfel

Morgenduft (Imperatore, Gillets' Seeling)	groß, gleichmäßig kugelig, gelblichgrün, sonnenseits gestreift bis flächig rot	festgrob, saftig	wäßrig-süßlich	Dez.–Juli	Tafel- und Wirtschaftsapfel
Mutsu	sehr groß bis groß, stielbauchig, gelblichgrün bis grünlichgelb, sonnenseits rötlichbraun bis orangerot gefärbt	grünlichweiß, saftig, fest	süßfruchtig, erfrischend	März–Juli	Tafelapfel
Ontarioapfel (Ontario)	groß bis sehr groß, mit leicht gerippter Oberfläche, duftend, grünlichgelb, sonnenwärts verwaschen rot, mit kleinen, gelbgrünlichen Punkten übersät	gelblichweiß, saftig	süßsäuerlich	Dez.–Mai	Tafel- und Küchenapfel
Prinzenapfel	mittelgroß, etwas länglich, duftend, weißlichgelb, rötl. gestreift	gelblichweiß, locker, saftig	feinsäuerlich, würziges Aroma	Okt.–Jan.	Tafel- und Dörrapfel
Rheinischer Krummstiel	mittelgroß, an Stiel und Kelch leicht gerippt, karminrot gestreift	grünlichgelb, knackig, saftig	leicht würzig	Febr.–Mai	Tafel- und Wirtschaftsapfel
Rheinischer Winterrambour	groß bis sehr groß, plattrund, meist stärker gerippt, gelbgrün, rot verwaschen und gestreift, mit hellen Punkten	gelblichweiß, fest	süß	Dez.–April	Tafel- und Wirtschaftsapfel
Rosenapfel (Berner Rosen, Berner Rosenapfel, Neuer Berner Rosenapfel)	mittelgroß, kugelig bis stumpfkegelig, duftend, meist rot bis bläulichrot und weiß gepunktet	gelblichweiß, stellenweise rötlich, saftig	säuerlich, würzig	Okt.–Jan.	Tafelapfel
Roter Trierer (Roter Trierer Winterapfel)	relativ klein, meist mehr länglich als breit, verwaschen rot gestreift	grünlich bis gelblichweiß, körnig, saftig	viel Süße und Säure	Nov.–März	Mostapfel
Zuccalmaglio Renette	klein, walzenförmig, hoch, grünlichgelb, zur Reifezeit zitronengelb, orangefarben angehaucht mit hellbraunen Punkten	gelblich, saftig, abknackend	süßsäuerlich, mit feinem Aroma	Nov.–Febr.	Tafelapfel

Aprikosenbaum (Marillenbaum, Prunus armeniaca): Steinobstart (Rosengewächs) aus Zentral- und Ostasien; Baum mit rötlicher Rinde; Blätter glänzend, breiteiförmig und zugespitzt, gekerbt und gesägt. Die vor dem Laub erscheinenden, relativ großen Blüten stehen einzeln oder zu zweien, sind weiß oder hellrosa, fast stiellos und duften schwach. Die 4–8 cm dicken, rundlichen, samtig behaarten Früchte (**Aprikosen**, besonders österreichisch: **Marillen**) besitzen eine Längsfurche, sind gelb bis orange und oft rotwangig. Ihr orangegelbliches oder weißliches Fruchtfleisch ist wohlschmeckend, bei Vollreife etwas mehlig. Es enthält 70 bis 80% Wasser, etwa 19% Kohlenhydrate (besonders Zucker), 0,5–1% Eiweiß, 1% Fruchtsäuren sowie Mineralsalze und Vitamin A, C und P. Der Aprikosenstein ist bauchig-linsenförmig, glatt, scharfkantig. Sein Kern enthält Bittermandelöl und fettes Öl (rund 50%). Die Früchte kommen frisch oder getrocknet in den Handel; ferner dienen sie zur Likörbereitung.

Aquifoliaceae: wissenschaftlicher Name der ↑Stechpalmengewächse.

Aquilegia: wissenschaftlicher Name der Gattung ↑Akelei.

Arabis: wissenschaftlicher Name der Gattung ↑Gänsekresse.

Araceae: wissenschaftlicher Name der ↑Aronstabgewächse.

Araliaceae: wissenschaftlicher Name der ↑Araliengewächse.

Aralie [Herkunft unsicher] (Aralia): Gattung der Araliengewächse mit rund 25 in Asien, Australien und Nordamerika weit verbreiteten Arten; Sträucher oder Kräuter, seltener Bäume (mit Laubwechsel); Blätter mehrfach gefiedert. Die weißlichen oder grünlichen Blüten stehen in meist aus Dolden zusammengesetzten Blütenständen. Die Früchte sind meist schwarze Beeren. Einige strauchige Arten, wie die 1,5–2 m hohe **Stachelige A.** (Aralia spinosa) aus Nordamerika und die bis etwa 7 m hoch werdende **Hohe A.** (Aralia elata) aus Nordostasien, sind beliebte Zierpflanzen. Nicht zur Gattung A. gehört die ↑Zimmeraralie.

Araliengewächse (Efeugewächse, Araliaceae): Familie zweikeimblättriger Pflanzen; 70 Gattungen mit rund 700 Arten (in Deutschland nur der Gemeine Efeu; ↑Efeu); meist tropische Bäume oder Sträucher, selten Kräuter oder Schlingpflanzen; Blüten meist klein, in aus Dolden, Köpfchen, seltener Trauben oder Ähren bestehenden Blütenständen; bekannte Gattungen: ↑Aralie, ↑Efeu, ↑Zimmeraralie.

Araucariaceae: wissenschaftlicher Name der ↑Araukariengewächse.

Araukarie (Araucaria) [nach der chilenischen Provinz Arauco]: Gattung der Araukariengewächse mit rund 15 Arten in Südamerika und im australisch-ozeanischen Raum; hohe Bäume mit wirtelig stehenden Ästen und oft dachziegelartig übereinanderliegenden, spiralig angeordneten, schuppen- bis nadelförmigen Blättern; weibliche Blüten in eiförmigen oder kugeligen Kätzchen, die beim Reifen zu (z. T. bis kindskopfgroßen) Zapfen auswachsen. Bekannte Zierbäume sind die ↑Chilefichte und die ↑Zimmertanne. Die ↑Brasilkiefer liefert Nutzholz.

Araukariengewächse (Araucariaceae): Familie der Nadelhölzer mit den Gattungen ↑Agathis und ↑Araukarie.

Arbuse: anderer Name der Echten ↑Wassermelone.

Arbutus: wissenschaftlicher Name der Gattung ↑Erdbeerbaum.

Archegoniaten: zusammenfassende Bez. für Moose und Farnpflanzen (die ein Archegonium ausbilden).

Arctium: wissenschaftlicher Name der Gattung ↑ Klette.

Arctostaphylos: wissenschaftlicher Name der Gattung ↑ Bärentraube.

Ardisia: wissenschaftlicher Name der Gattung ↑ Spitzenblume.

Areca: wissenschaftlicher Name der Gattung ↑ Arekapalme.

Arecaceae: wissenschaftlicher Name der ↑ Palmen.

Arekapalme [durch portugies. Vermittlung aus Malajalam atecca = Arekanuß] (Areca): Palmengattung mit rund 90 Arten auf dem Malaiischen Archipel, auf Neuguinea und in Australien; schlanker, ringförmig genarbter Stamm und gefiederte Blattwedel; bekannteste Art ↑ Betelnußpalme.

Aristolochiaceae: wissenschaftlicher Name der ↑ Osterluzeigewächse.

Arktische Brombeere: andere Bez. für ↑ Aakerbeere.

Armeria: wissenschaftlicher Name der Gattung ↑ Grasnelke.

Armleuchteralgen (Charales): seit dem Devon bekannte Algenordnung; besteht nur mehr aus einer rezenten Familie (**Characeae**) mit noch rund 300 in Teichen und Bächen vorkommenden Arten. Die A. haben ein schachtelhalmähnliches Aussehen. Ihr Thallus ist in Internodien und Knoten gegliedert. Die Pflanzen sind durch wurzelähnliche Gebilde (Rhizoiden) im Boden (Schlamm oder Sand) verankert. Die Fortpflanzung erfolgt ungeschlechtlich durch „Ausläufer“ und geschlechtlich durch Oogamie (mit zweigeißeligen Spermatozoiden). – Oft verkalken die Zellwände, fossile Arten waren daher an der Bildung von Kalktuffen beteiligt. – Abb. S. 319.

Arnika [Herkunft unsicher] (Wohlverleih, Arnica): Korbblütlergattung mit rund 30 Arten in den nördlichen gemäßigten Breiten. Die einzige mitteleuropäische Art ist der kurz auch nur A. genannte **Bergwohlverleih** (**Berg-A.**, Arnica montana): 30 bis 60 cm hoch, aromatisch duftend, v. a. auf kalkarmen Bergwiesen; Stengel mit Drüsenhaaren, am Grund meist zwei Paar gegenständige Blätter; das Blütenköpfchen aus orangegelben Röhren- und einer Reihe gelber Strahlenblüten. Medizinisch werden die Blüten v. a. als Tinktur gegen Quetschungen, Blutergüsse und zur Wundheilung verwendet.

Geschichte: Wahrscheinlich wurde der Bergwohlverleih erstmals durch die Benediktinerin Hildegard von Bingen (1098–1179) als „wolfesgelegena“ erwähnt, danach von C. Gesner 1561 beschrieben und durch C. Clusius 1583 A. genannt. In der Volkskunde spielt die A. („Johanniskraut“) auch und wegen der sonnenähnlichen Gestalt der Blüte eine Rolle im Zauber um die Sommersonnenwende.

Aronstab [griech. áron = Aronstab] (Arum): Gattung der A.gewächse mit zwölf Arten in Europa und im Mittelmeergebiet (bis Persien); Stauden mit pfeil- oder spießförmigen Blättern und knolligem Wurzelstock. Die blumenblattlosen Blüten stehen an einem von einem tütenförmigen Hüllblatt (Spatha) umgebenen Kolben. Die obersten ♂ Blüten des Kolbens besitzen zu starren Borsten umgewandelte (sterile) Staubblätter. Spatha und Blütenstand bilden eine Kesselfalle für Insekten, die die Bestäubung sicherstellt.

Die einzige Art in Deutschland ist der **Gefleckte A.** (**Zehrwurz,** Arum maculatum): in feuchten Laubwäldern; mit bisweilen dunkel gefleckten Blättern; Beerenfrüchte scharlachrot, sehr giftig. Der Wurzelstock wird für appetit- und verdauungsanregende Arzneimittel sowie zur Behandlung von Wunden und Geschwüren verwendet.

Aronstabgewächse (Araceae): Familie der Einkeimblättrigen Pflanzen, v. a. in tropischen und subtropischen Wäldern; meist auf Bäumen wachsende (epiphytische) Lianen mit Luftwurzeln oder großblättrige Pflanzen mit Erdsprossen oder Knollen, darunter wertvolle Stärkelieferanten (↑ Taro). Die unscheinbaren Blüten stehen in von einem Hochblatt (Spatha) umgebenen Kolben oder Ähren. Die Früchte sind Beeren. Einige Arten, hauptsächlich der tropischen Gattungen Anthurium (↑ Flamingoblume), ↑ Dieffenbachia, ↑ Philodendron, ↑ Scindapsus und ↑ Zantedeschia, sind wertvolle Zierpflanzen. In Deutschland kommen nur drei Arten der A. vor: Gefleckter Aronstab (↑ Aronstab), ↑ Drachenwurz und Echter Kalmus (↑ Kalmus).

Arrhizophyten: wissenschaftlicher Name der ↑ Lagerpflanzen.

Arrowroot ['ɛroru:t]: svw. Pfeilwurz (↑ Maranta).

Artemisia: wissenschaftlicher Name der Gattung ↑ Beifuß.

Articulatae: wissenschaftlicher Name der ↑ Schachtelhalme.

Artischocke [aus gleichbed. norditalien. articiocco] (Cynara scolymus): mit den Disteln nah verwandter, bis 2 m hoher, nur als Kulturpflanze bekannter Korbblütler; Blätter fiederteilig, unterseits mehr oder weniger weißfilzig, fast stachellos. Die bis 15 cm großen Blütenköpfe haben hellviolette, zwittrige Röhrenblüten und große, starre Hüllblätter, deren im Knospenzustand fleischig verdickter unterer Teil ebenso wie der fleischige Blütenstandsboden roh oder als Feingemüse gekocht gegessen wird (Ernte vor dem Aufblühen der Köpfchen). Als Gemüse werden auch die jungen, gebleichten Sprosse verwendet. Die verschiedenen (etwa 3–4 Jahre lang ertragsfähigen) Sorten werden v. a. im Mittelmeergebiet, auch im Süden der USA, angebaut, in Deutschland nur als (kälteempfindliche) Zierpflanzen. – Als Stammform der A. gilt die aus Südeuropa und Nordafrika stammende, v. a. in Spanien der Blattstiele und -rippen wegen als Gemüsepflanze angebaute **Kardone** (Cardy, Kardy-A., Gemüse-A., Gemüsekarde, Spanische A., Kardunkel-A., Cynara cardunculus), deren Blütenhüllblätter eine dornige Spitze haben. – Abb. S. 75.

Arum: wissenschaftlicher Name der Gattung ↑ Aronstab.

Aruncus: wissenschaftlicher Name der Gattung ↑ Geißbart.

Arve (Zirbelkiefer, Pinus cembra): eine Kiefernart; über 1 000 Jahre alt und 12–22 m hoch werdender Hochgebirgsbaum v. a. der Karpaten, des Urals und der Alpen (bis etwa 2 500 m Höhe); mit im Alter graubrauner (innen rotbrauner) Schuppenborke. Die in der Regel in Fünfzahl an Kurztrieben stehenden Nadeln sind 5–12 cm lang, steif, am Rand fein gesägt und enden stumpf. Die dickschuppigen Fruchtzapfen sind kurzgestielt, in der Jugend violett, später braun, werden 6 bis 8 cm lang und etwa 5 cm breit. Sie springen nicht auf, sondern fallen samt den flügellosen, bis 1,2 cm langen, eßbaren Samen **(Zirbelnüsse)** im Frühjahr des dritten Jahres nach der Befruchtung ab. – Das wertvolle *Holz* der A. ist weich, feinfaserig, gleichmäßig strukturiert, harzreich, im Kern hellrötlich, nachdunkelnd; es wird besonders für Möbel, Schnitzereien und Vertäfelungen verwendet. – Abb. S. 156.

Asarum: wissenschaftlicher Name der Gattung ↑Haselwurz.

Aschenpflanze: anderer Name für die ↑Zinerarie.

Aschwatthabaum: anderer Name des ↑Bodhibaums.

Asclepiadaceae: wissenschaftlicher Name der ↑Schwalbenwurzgewächse.

Asclepias: wissenschaftlicher Name der Gattung ↑Seidenpflanze.

Ascomycetes (Askomyzeten): wissenschaftlicher Name der ↑Schlauchpilze.

Asparagus: wissenschaftlicher Name der Gattung ↑Spargel.

Aspergillus: wissenschaftlicher Name der Gattung ↑Gießkannenschimmel.

Asperula: wissenschaftlicher Name der Gattung ↑Waldmeister.

Asphodeline: wissenschaftlicher Name der Gattung ↑Junkerlilie.

Asphodelus: wissenschaftlicher Name der Gattung ↑Affodill.

Aspidistra: wissenschaftlicher Name der Gattung ↑Schusterpalme.

Asplenium: wissenschaftlicher Name der Gattung ↑Streifenfarn.

Aster [griech. = Stern, Sternblume]: weltweit verbreitete Gattung der Korbblütler mit rund 500 Arten; überwiegend ausdauernde Halbsträucher, seltener ein- oder zweijährige Kräuter. Die Blütenköpfchen stehen häufig in Rispen oder Doldenrispen. Die Blätter sind oft ungestielt, ganzrandig oder gesägt; Blätter und Stengel können behaart sein. In Deutschland kommen fünf Arten vor: Hauptsächlich in den Alpen trifft man bis in etwa 2 500 m Höhe die **Alpen-A.** (A. alpinus) mit violettblauen Zungen- und gelben Scheibenblüten an; von ihr leiten sich verschiedene Gartenformen mit weißen, dunkelblauen oder rosafarbenen Zungenblüten ab. In lichten Wäldern, auf feuchten, steinigen Abhängen der Alpen und süddeutschen Gebirge wächst das **Alpenmaßliebchen** (A. bellidiastrum) mit rötlichen oder weißen Zungenblüten und einer grundständigen Blattrosette. Bei der außer in Mitteleuropa auch in Kleinasien verbreiteten **Berg-A.** (Kalk-A., A. amellus) sind die Zungenblüten blaulila, selten rötlich oder weiß; die Blütenköpfchen stehen in einer Doldenrispe auf einem bis 60 cm hohen Stengel mit oft gezähnten Blättern; einige Unterarten sind Zierpflanzen. Auf Steppenhängen und Heidewiesen bis in 1 000 m Höhe wächst die kalkliebende **Gold-A.** (Lein-A., A. linosyris), deren Blütenköpfchen nur aus goldgelben Röhrenblüten bestehen (nur eine Gartenvarietät hat weiß oder lila gefärbte Zungenblüten), die in einer Doldentraube angeordnet sind. An den europäischen Meeresküsten und auf salzhaltigen Böden des Binnenlandes wächst die **Salz-A.** (Strand-A., A. tripolium) mit zartlila bis hellblauen, selten weißen Zungenblüten; die Blütenköpfchen stehen in einer endständigen Doldentraube; ihre Blätter sind lanzettlich, ungestielt und etwas sukkulent. Im Spätsommer und Herbst blühen die v. a. aus Nordamerika stammenden **Herbst-A.n** (Stauden-A.n) mit rötlichen, blauen oder weißen Zungenblüten, z. B. die **Neuenglische A.** (Rauhblattaster, A. novae-angliae) mit rauh behaartem Stengel und doldenrispig angeordneten Blütenköpfchen.

Keine eigentlichen A.n, da anderen Gattungen zugehörig, sind die ↑Sommeraster und die Winter-A.n (↑Chrysanthemen).

Asteraceae: wissenschaftlicher Name der ↑Korbblütler.

Astilbe [griech. = die Glanzlose] (Prachtspiere, Scheingeißbart): Gattung der Steinbrechgewächse mit rund 35 Arten in Asien und im östlichen Nordamerika; mit weißen oder rötlichen Blüten in großen Rispen. Viele Arten sind Zierstauden.

Astragalus: wissenschaftlicher Name der Gattung ↑Tragant.

Asukibohne [jap. asuki = eine Bohnenart, eigentlich = rotbraun] (Adzukibohne, Phaseolus angularis): Art der Gattung ↑Bohne; wahrscheinlich in Ostasien heimisch, nur als Kulturpflanze bekannt; Nahrungspflanze in asiatischen Tropenländern und China.

Athyrium: wissenschaftlicher Name der Gattung ↑Frauenfarn.

Atlasblume: anderer Name der ↑Godetie.

Atlaszeder: Art der Gattung ↑Zeder.

Atriplex: wissenschaftlicher Name der Gattung ↑Melde.

Atropa: wissenschaftlicher Name der Gattung ↑Tollkirsche.

Attalea: wissenschaftlicher Name der Gattung ↑Pindowapalme.

Attich: Art der Gattung ↑Holunder.

Aubergine [obɛrˈʒiːnə; arab.-frz.] (Eierpflanze, Solanum melongena): bis 1 m hohes, einjähriges Nachtschattengewächs mit großen, gelappten bis oval-eiförmigen, behaarten Blättern und blauen bis blauvioletten Blüten. Die Frucht **(Aubergine, Eierfrucht)** ist eine dunkelviolette bis weißliche, ei- bis gurkenförmige Beerenfrucht, die ein Gewicht von rund 1 kg erreichen kann. Sie wird, v. a. geschmort oder in Öl gebacken, als Gemüse gegessen.
Beheimatet ist die A. in Hinterindien, kultiviert und angebaut wird sie aber in vielen tropischen und subtropischen Ländern. – A.n mit weißen oder orangefarbenen Früchten sind als Zierpflanzen verbreitet. – Abb. S. 75.

Auferstehungspflanze: andere Bez. für die ↑Jerichorose.

Augentrost (Euphrasia): v. a. auf der Nordhalbkugel verbreitete Gattung der Rachenblütler mit rund 200 Arten meist kleiner Halbschmarotzer. Die vorwiegend weißen, violett oder gelb gezeichneten Blüten, deren Oberlippe helmartig und deren Unterlippe in drei kleine Lappen geteilt ist, stehen in Ähren.
In Deutschland kommt auf Wiesen und an Waldrändern der **Aufrechte A.** (Steifer A., Euphrasia officinalis, Euphrasia stricta) vor: mit spitz-eiförmigen, gesägten Blättern; wird als volkstümliches Heilmittel bei Augenleiden, Husten und als Magenmittel verwendet. Ebenfalls weit verbreitet ist der **Gemeine A.** (Wiesen-A., Euphrasia rostkoviana). In den Alpen in 3 200 m Höhe kommt der etwa 2–10 cm hohe **Zwerg-A.** (Euphrasia minima) vor: Blütenkrone meist gelb, mit lila Oberlippe. – Abb. S. 234.

Auricularia [zu lat. auricula = Öhrchen]: Gattung der Ohrlappenpilze mit 15 Arten; ihre gallertigen Fruchtkörper erinnern an Menschenohren. Eine bekannte Art ist das einheimische ↑Judasohr.

Aurikel [aus lat. auricula = Öhrchen (nach der Form der Blätter)] (Primula auricula): alpines Primelgewächs (v. a. auf Kalkböden) mit fleischigen, umgekehrt eiförmigen, häufig graugrün verfärbten Blättern; Blüten gelb, wohlriechend, zu mehreren in einer Dolde an einem bis 25 cm hohen Schaft; viele Gartenformen.

Austernseitling (Austernpilz, Muschelpilz, Pleurotus ostreatus): meist in Büscheln an Stämmen und Stümpfen besonders von Buchen und Pappeln wachsender Lamellenpilz mit 3–15 cm breitem, muschelförmigem Hut (oberseits in der Jugend meist graublau, später bräunlich bis schwärzlich, unterseits weißlich). Der A. ist jung ein schmackhafter Speisepilz und kann auf totem Holz kultiviert werden.

Avena [lat.]: wissenschaftlicher Name für den ↑ Hafer.

Avicennie (Avicennia) [nach dem islamischen Philosophen und Arzt Avicenna, * 980, † 1037]: Gattung der Eisenkrautgewächse mit rund zehn Arten; Hochsträucher oder Bäume mit Atemwurzeln; Bestandteil der Mangrove aller tropischer Küsten. Die Embryonen keimen auf der Mutterpflanze aus (Viviparie) und bleiben nach dem Abfallen im Schlammuntergrund stecken, um sofort anzuwachsen.

Avocado [indianischen Ursprungs] (Avocato, Persea americana, Persea gratissima): in Mittel- und im nördlichen Südamerika beheimatetes Lorbeergewächs; bis 20 m hoher immergrüner Baum mit etwa 20 cm langen, derben Blättern. Die Früchte **(Avocados, Avocatos, A.birnen)** sind birnenförmige, dunkelgrüne bis braunrote Beerenfrüchte mit einem großen, bitteren Kern. Ein Teil der Fruchtwand, das fleischige, stark fetthaltige Mesokarp, wird als Frischobst, Salat oder Mus gegessen; es hat einen hohen Anteil an ungesättigten Fettsäuren, Stärke und Eiweiß. – Angebaut wird die A. in den meisten wärmeren Ländern, v. a. in Kalifornien, Florida, Südafrika und Israel.

Azaleen [zu griech. azaléos = trokken, dürr]: gärtnerische Bez. v. a. für die als Topf- und Gartenpflanzen kultivierten, aus Ostasien stammenden Alpenrosen. Stammform der Topf-A. ist die in Japan und China heimische, oft als **Indische Azalee** bezeichnete Art Rhododendron simsii. Chinesische und japanische Gartenformen kamen um 1800 nach Europa.

Azaroldorn [span. acerola, von arab. az-za'rūr = Mispel] (Azerolobaum, Crataegus azarolus): in Vorderasien heimische, im Mittelmeergebiet (hauptsächlich Spanien) der eßbaren Früchte wegen angebaute Weißdornart; Baum oder Strauch mit 3- bis 5teiligen, besonders unterseits rauh behaarten Blättern; Blütenstände mit weißer Behaarung, Staubblätter rot; die apfelartig schmeckenden, etwa 2 cm großen Früchte **(Azarolen)** sind gelblich- bis orangerot.

Azerolobaum: anderer Name für den ↑ Azaroldorn.

Azolla: wissenschaftlicher Name der Gattung ↑ Algenfarn.

B

Bajonettpflanze (Schwertsansevierie, Sansevieria trifasciata): Art der Gattung ↑ Bogenhanf aus dem tropischen Afrika; mit etwa 1,5 m langen, bis 7 cm breiten, steif hochstehenden, spitz endenden Blättern und röhrenförmigen, weißlichgrünen Blüten in einer Rispe. Bei einigen Kulturformen sind die Blätter weißlichgelb gesäumt und quer gebändert; anspruchslose Blattzierpflanze.

Baldrian [aus gleichbed. lat. valeriana] (Speik, Valeriana): Gattung der B.gewächse, deren rund 250 Arten als Kräuter, Sträucher (auch Lianen) auf der Nordhalbkugel und in Südamerika vorkommen. Der eurasiatische **Gemeine B.** (Arznei-B., Valeriana officinalis) ist eine feuchte Stellen bevorzugende Sammelart. Er hat gefiederte Blätter und kleine rötlichweiße Blüten in einer Trugdolde. Sein charakteristischer Geruch lockt Katzen an **(Katzenkraut, Hexenkraut).** Aus dem getrockneten Wurzelstock werden leichte Beruhigungsmittel wie Baldriantee, -tinktur und -dispert hergestellt. Wirksubstanzen sind v. a. das ätherische **B.öl** (Ausbeute je nach Erntezeitpunkt bis zu 1,5 %, Hauptbestandteile sind Bornylacetat und -isovalerianat), die Alkaloide Valerin und Chatinin sowie die Valepotriate. Die ätherischen Öle der geschützten Alpenpflanze **Echter Speik** (Valeriana celtica) werden zur Parfüm- und Seifenherstellung genutzt.

Geschichte: B. war bereits im Altertum bekannt. Die B.wurzel wurde im Mittelalter zum Aromatisieren von Zimmern, Kleidern und Wäsche sowie zum „Ausräuchern" des Teufels und der vom Teufel Besessenen verwendet. B. im Stall schützte nach dem Volksglauben das Vieh vor Hexen. B. galt auch als eines der vielen volkstümlichen Heilmittel gegen die Pest. Die Fülle der volkstümlichen Namen deutet an, daß der Gebrauch besonders in Deutschland sehr verbreitet war.

Baldriangewächse (Valerianaceae): Familie der Zweikeimblättrigen mit 13 Gattungen (u. a. ↑Baldrian, ↑Feldsalat, ↑Spornblume) und über 350 Arten auf der Nordhalbkugel und in Südamerika.

Balsabaum (Ochroma lagopus): Wollbaumgewächs im tropischen Süd- und Mittelamerika (einschließlich Westindische Inseln); raschwüchsige Bäume mit dickem Stamm, glatter, heller Rinde, bis 50 cm langen Blättern, malvenähnlichen Blüten und länglichen Kapselfrüchten. Das weißlich-gelbe bis hellbräunliche, weiche, großporige, elastische, sehr leichte Holz (**Balsa, Balsaholz;** Dichte 0,05–0,3 g/cm^3) findet v. a. im Modellbau Verwendung.

Balsamine: anderer Name für das ↑Springkraut.

Balsaminengewächse (Springkrautgewächse, Balsaminaceae): Familie meist krautiger Pflanzen, deren 450 (fast ausschließlich der Gattung ↑Springkraut zugeordnete) Arten überwiegend in den Tropen der Alten Welt verbreitet sind, aber auch in den gemäßigten Regionen Eurasiens heimisch wurden; wenige Arten sind auch in Nordamerika vertreten. Alle B. bevorzugen Gebirgswälder oder feuchtere Talschluchten. Ihre Blätter haben Höckerchen, deren Ausscheidungen sie als extraflorale Nektarien kennzeichnen. Die roten, gelben oder weißen Blüten sind einzeln oder in traubigen Blütenständen angeordnet. Je nachdem, ob der (Nektardrüsen bergende) Blütensporn kurz oder bis 10 cm lang ist, erfolgt die Bestäubung durch bienenähnliche Insekten oder langrüsselige Schmetterlinge (z. B. Schwärmer) und Kolibris.

Balsampflanzen (Terebinthales): Ordnung der Zweikeimblättrigen, die vorwiegend Holzgewächse der Tropen und Subtropen umfaßt. Zahlreiche Familien zeichnen sich durch das Vorhandensein von Öldrüsen, Ölzellen oder Harzgängen aus und liefern Balsame, Öle, Drogen und Gewürze, ferner Nutzhölzer. Wichtige Familien: Balsambaumgewächse, Rautengewächse, Zedrachgewächse, Malpighiengewächse, Seifenbaumgewächse, Ahorngewächse.

Balsampflaume (Spondias): Gattung der Anakardiengewächse mit sechs Arten in den Tropen; Bäume mit unpaarig gefiederten Blättern, kleinen, gelben Blüten und großen Rispen und saftigen, angenehm schmeckenden, pflaumenförmigen Früchten, z. B. ↑Tahitiapfel, ↑Mombinpflaume.

Balsamtanne (Abies balsamea): bis 25 m hohe nordamerikanische Tannenart mit glatter, schwarzer Rinde, 1–3 cm langen, dünnen, beim Zerreiben würzig duftenden Nadeln und stark verharzten Knospen; in Gärten oft Zuchtformen von strauchförmigem oder halbkugeligem Wuchs. – Die B. liefert den in der optischen Technik z. B. als Kitt für Linsensysteme verwendeten **Kanadabalsam.**

Bambus [von gleichbed. malai. bambu]: Bez. für die zu den ↑Bambusgewächsen zählenden Grasarten, bes. die der Gattung Bambusa.

Bambusgewächse (Bambusoideae): Unterfamilie meist tropischer und subtropischer Süßgräser; rund 200 (ausdauernde) Arten, die z. T. waldartige Bestände bilden. Der stammartige Halm verholzt, ist knotig und hohl, von unten bis oben gleich dick und verzweigt sich erst nach der Spitze zu. Bei einigen Arten (z. B. Gigantochloa verticillata) wird er bis 40 m hoch (diese Höhe erreichen die Pflanzen bereits in 2–3 Monaten). Die Blätter sind in eine geschlossene Scheide und eine kurz gestielte, lanzettliche, später abfallende Spreite gegliedert. Die Blüten stehen in Rispen oder Trauben.
Die Früchte sind Karyopsen, selten steinfrucht- bis beerenartig. – Die apfelgroßen, orangeroten Früchte der indischen Art Melocanna bambusoides und ihre Samen werden wie die vieler anderer B. gegessen. Junge **Bambussprosse** liefern ein geschätztes Gemüse. Die Halme haben in Asien Bedeutung für den Hausbau, für die Herstellung von Hausgerät u. a. – ↑auch Zwergbambus.

Bambusoidea: wissenschaftlicher Name der Unterfamilie ↑Bambusgewächse.

Banane [portugies., afrikan. Ursprungs] (Musa): Gattung der Bananengewächse mit rund 100 tropischen und subtropischen Arten; 2–9 m hohe Stauden, die aus einem knolligen Wurzelstock mit steifen Blattscheiden einen nahezu hohlen Scheinstamm bilden. Er trägt die schopfigen, fiedernervigen, oft vom Wind zerschlitzten, 4–6 m langen, gestielten Blattspreiten. Der große, bald herabhängende Blütenstand trägt zahlreiche, später abfallende Hüllblätter, die in ihren Achseln jeweils mehrere Querreihen von Blüten entwickeln (unten die weiblichen, in der Mitte sterile zwittrige, oben männliche Blüten); sie werden meist von Vögeln oder Fledermäusen bestäubt. Die Früchte **(Bananen)** sind Beerenfrüchte und bei mehreren Arten genießbar.
B.n werden heute überall in den Tropen (z. T. auch in subtropischen Gebieten) angebaut. Die oberirdische Bananen„pflanze“ stirbt nach der Fruchtreife ab; der sich aus dem Wurzelstock neu entwickelnde Sproß kann schon nach 9 Monaten wieder fruchten. Die Pflanzen verlangen ein gleichmäßig feuchtwarmes Klima.

Bei der **Obst-B.** (Musa paradisiaca var. sapientum) entwickeln sich die Beerenfrüchte ohne Befruchtung nur aus den rein weiblichen Blüten, wobei sich die Fruchtstärke während der Reife z. T. in Zucker umwandelt. Die Früchte werden „grünreif" geerntet und in Reiferäumen bis zur Genußreife nachgereift (heute nicht mehr als Staude, sondern in „Händen" in Kartons à 12 oder 18 kg).

B. enthalten rund 20% verdauliche Kohlenhydrate sowie – je 100 g – etwa 450 kJ, 0,23 mg Vitamin A und 10 mg Vitamin C; sie sind geschätzt als Kleinkindernahrung, in der Rohkosternährung und als Diät für Nieren- und Darmkranke. Die roh ungenießbaren Früchte der **Mehl-B.** (Musa paradisiaca var. normalis) sind in zahlreichen tropischen Ländern Grundnahrungsmittel. Die nur 2–3 m hohe, kleinfrüchtige **Zwerg-B.** (Musa nana) wird für den Export auf verschiedenen Inseln (z. B. auf den Kanarischen Inseln) angebaut. Die **Faser-B.** (Musa textilis) liefert aus den Fasersträngen der Blattscheiden eine ausgezeichnete, sehr feste Spinnfaser (**Manilafaser,** Abacá; 1–2,5 m lang), aus der Taue, Netze, grobe Garne, Papier u. a. hergestellt werden.

Geschichte: Die B. ist zuerst in Südostasien nachweisbar; sie war schon im Altertum den Assyrern und Ägyptern bekannt, die Soldaten Alexanders des Großen fanden sie am Indus vor. Im westlichen Süd- und Mittelamerika wurden B. in vorkolumbischer Zeit angebaut, sie waren zur Inkazeit allgemeines Nahrungsmittel. 1516 brachte Pater Thomas de Berlengas die B. von den Kanarischen Inseln nach Westindien (Santo Domingo), von wo aus sie nach Brasilien gelangte. Da die B. als Speise der (indischen) Weisen galt, nannte der schwedische Naturforscher C. von Linné sie Musa sapientum. Als biblischer Baum der Erkenntnis hieß sie später auch **Paradiesfeige** oder **Adamsapfel.** Im tropischen Afrika war die Mehl-B. vor Einführung des aus Amerika stammenden Maniok die wichtigste Nutzpflanze. Sie hat daher vielerorts große religiöse Bedeutung.

Bananengewächse (Musaceae): Familie Einkeimblättriger Pflanzen mit rund 220 tropischen und subtropischen Arten; große Stauden mit einfachen, sehr großen Blättern, deren Basen Scheinstämme bilden können. Die kompliziert gebauten Blüten stehen mit auffälligen Deckblättern in langgestielten Blütenständen und werden von Vögeln, auch von Fledermäusen bestäubt. Viele wichtige Nutz- und Zierpflanzen, z. B. ↑Banane, ↑Strelitzie.

Banyanbaum [Hindi baniyā = Großkaufmann]: Bez. für einige südasiatische Feigenbaumarten mit mächtigem Wuchs, hauptsächlich für den **Bengalischen B.** (Ficus bengalensis): im Himalaja und in den Gebirgen Südindiens beheimateter immergrüner Urwaldbaum, angepflanzt in ganz Indien; Höhe 20–30 m, Stammdurchmesser bis etwa 1,5 m, Krone weit ausladend (bis 90 m Durchmesser), Äste durch zahlreiche Luftwurzeln abgestützt; keimt oft auf Bäumen aus (Epiphyt; gehört zu den ↑Würgerfeigen).

Baobab: anderer Name für den Afrikanischen ↑Affenbrotbaum.

Barbadoskirsche (Acerola, Malpighia punicifolia): auf den Westindischen Inseln beheimateter Strauch oder kleiner Baum. Die kirschenartigen, roten Steinfrüchte haben einen außergewöhnlich hohen Vitamin-C-Gehalt; sie werden roh oder als Kompott gegessen oder zu Saft verarbeitet. Anbaugebiete: ganz Mittelamerika, Florida, Texas.

Barbarakraut (Barbelkraut, Barbenkraut, Barbarea): meist gelb blühende Kreuzblütlergattung mit 12 Arten in Eurasien und Nordamerika. Das **Echte B.** (Barbarea vulgaris) dient zur Öl- und Futtergewinnung (Hubertuskraut) und (seines säuerlich-herben Geschmacks wegen) als Salatpflanze (Winterkresse). B. bevorzugt Sandböden und feuchte Biotope.

Bärenfenchel: anderer Name der ↑ Bärwurz.

Bärenklau:

◊ (Acanthus) Gattung der Akanthusgewächse mit rund 30 Arten; v. a. Steppen- und Wüstenpflanzen Afrikas, Asiens und des Mittelmeergebietes; Kräuter oder Sträucher mit buchtig-gezähnten oder fiederspaltigen Blättern und mit Dornen in den Blattachseln. Die weißen, blaßvioletten oder bläulichen Blüten sitzen in den Achseln oft dornig gezähnter Deckblätter, in endständigen Ähren vereinigt. Eine in Europa vorkommende Art ist der bis über 1 m hohe **Stachel-B.** (Acanthus mollis) mit bis 60 cm langen, tief fiederteiligen Blättern und weißen Blüten in langen Ähren. Einige Arten sind Zierpflanzen.

◊ (Herkuleskraut, Heracleum) Gattung der Doldengewächse mit rund 60 Arten in Eurasien und Nordamerika; kräftige Stauden. In Deutschland ist am häufigsten der bis 1,5 m hohe **Wiesen-B.** (Heracleum sphondylium) mit großen, einfach gefiederten Blättern, aufgeblasenen Blattscheiden, rein weißen Blüten und borstig rauher Behaarung; kommt auf Wiesen, an Rainen und Waldrändern vor.

Bärenkümmel: anderer Name der ↑ Bärwurz.

Bärenlauch (Zigeunerlauch, Allium ursinum): stark nach Knoblauch riechende Lauchart in Eurasien; bildet in feuchten Laubwäldern oft Massenbestände.

Bärenschote (Astragalus glycyphyllos): häufigste einheimische Tragantart; Staude mit bis über 1 m langen, niederliegenden Stengeln, unpaarig gefiederten Blättern und grünlichgelben Blüten in seitlichen Trauben; wächst v. a. auf Kahlschlägen und in lichten Wäldern.

Bärentraube (Arctostaphylos): Gattung der Heidekrautgewächse auf der Nordhalbkugel; in Heiden und Nadelwäldern wächst die geschützte, bis 30 cm hohe **Immergrüne B.** (Arctostaphylos uva-ursi), ein preiselbeerähnlicher Halbstrauch mit roten mehligen Beeren und ledrigen Blättchen. Die im Aussehen ähnliche **Alpen-B.** (Arctostaphylos alpina) ist sommergrün mit zuletzt blauschwarzen Beeren. – Die im Frühjahr gesammelten, schnell getrockneten Blätter wildwachsender Pflanzen (enthalten bis zu 12% Arbutin) werden bei Blasen- und Nierenleiden verwendet.

Bärlapp (Lycopodium, Schlangenmoos): mit rund 250 Arten in gemäßigten und tropischen Regionen verbreitete Gattung der Bärlappgewächse. Ihre häufig kriechenden Sprosse richten sich an den Enden auf, an denen die Sporangien in Ähren angeordnet sind. Männliche und weibliche Geschlechtsorgane sind in einen langlebigen, bleichen und unterirdischen Vorkeim (Prothallium) eingesenkt.

In Deutschland kommen zwei Arten vor, die stark saure Humusböden bevorzugen: der **Sprossende B.** (Lycopodium annotinum) mit bis zu 1 m langem kriechendem Sproß, an dem bis zu 30 cm hohe, aufrechte Äste sitzen, und der **Kolben-B. (Keulen-B.**, Lycopodium clavatum), dessen Sporangienähren zu 2–3 an einem langen, wenig beblätterten Stiel abgehen. Beide sind, zumindest in Deutschland, geschützt.

B.-Sporen sind ein altes Heilmittel und werden heute noch als Wundpuder und Pillenzusatz verwendet. – Abb. S. 320.

Bärlappe (Lycopsida, Lycopodiinae): Klasse der Farnpflanzen mit den Ordnungen Bärlapppflanzen, Moosfarne, Brachsenkräuter und den fossilen Urbärlappen, ferner den baumförmigen Schuppenbäumen. Die charakteristischen Merkmale der B. sind die gabelig (dichotom) verzweigten Sprosse und die nadelförmigen Blätter.

Bärlappgewächse (Lycopodiaceae): einzige Familie der Bärlapppflanzen; ausdauernde, krautige Pflanzen mit nadelförmigen Blättern und sproßbürtiger Bewurzelung. Die Sporen entstehen in endständigen, kolbenförmigen Sporangienständen. Die Sporenblätter (Sporophylle) weichen in ihrer Gestalt meistens von den Laubblättern deutlich ab. Dem *Entwicklungsgang* der B. liegt ein heterophasischer Generationswechsel zugrunde: Aus den gleichwertigen Sporen (Isosporie) des di + 16iden Sporophyten geht die haploide, knollen- oder rübenförmige, unterirdisch lebende Geschlechtsgeneration hervor (Gametophyt, Prothallium). Sie lebt heterotroph in Symbiose mit Pilzen, erreicht nur eine Größe von 1 bis 2 cm und erzeugt ♂ und ♀ Geschlechtsorgane (Antheridien und Archegonien). Aus der befruchteten Eizelle geht wieder ein diploider Embryo hervor, der zum Sporophyten heranwächst. Die Entwicklung verläuft ungewöhnlich langsam, so daß zwischen Sporenaussaat und neuer Jungpflanze ein Zeitraum von 15–18 Jahren liegt.
Wichtigste Gattungen: ↑ Bärlapp, ↑ Tannenbärlapp, ↑ Sumpfbärlapp, ↑ Flachbärlapp.

Bärlapppflanzen (Lycopodiales): Ordnung der Bärlappe mit der einzigen Familie ↑ Bärlappgewächse.

Bartflechten (Usneaceae): Familie der Flechten mit strauchig aufrechtem oder bartförmig von Bäumen herabhängendem Thallus. Die B. im engeren Sinn gehören zur Gattung **Usnea,** die mit rund 450 überwiegend graugrünen Arten besonders in den Nebellagen der Gebirge verbreitet ist; dazu zählt u. a. die Art **Usnea longissima,** die eine Größe bis zu 19 m erreichen kann und somit die größte Flechtenart überhaupt ist.

Die aus den B. gewinnbare **Usninsäure** zeigt antibiotische Wirkung, kann aber auch allergische Kontaktdermitis hervorrufen.

Bartnelke (Dianthus barbatus): etwa 20–50 cm hohe Nelkenart in den Gebirgen Südeuropas, einschließlich Südalpen; Blätter breitlanzettlich, Blüten kurzgestielt, in Büscheln stehend, von schmallanzettlichen Hochblättern umgeben; beliebte Gartenpflanze in verschiedenen Sorten (Blüten meist weiß, rosa bis dunkelrot, auch gestreift oder gescheckt).

Barttrüffel: anderer Name der ↑ Wurzeltrüffel.

Bartweizen: eine Sorte des ↑ Weizens.

Bärwurz (Bärenfenchel, Bärenkümmel, Meum athamanticum): stark würzig riechendes Doldengewächs; bis 60 cm hoch werdende Staude mit fiederschnittigen Blättern und gelblichweißen bis rötlichen Blüten in mittelgroßen Dolden. Der B. wird als Gewürz und (der Wurzelstock) als Schnapszutat verwendet.

Basidiomycetes: wissenschaftlicher Name der ↑Ständerpilze.

Basilienkraut [zu griech. basíleios = königlich, fürstlich (wohl mit Bezug auf den edlen Geruch und die Heilkräfte)] (Ocimum): Lippenblütlergattung mit rund 60 Arten v.a. in den Tropen; Kräuter und Halbsträucher, darunter das als Gewürz-, Heil- und Zierpflanze schon seit langer Zeit in Mitteleuropa angebaute, auch verwilderte, vermutlich aus Vorderindien stammende **Basilikum** (B. im engeren Sinne, Basilie, Ocimum basilicum): 20–40 cm hohes, einjähriges, buschig verzweigtes, würzig duftendes Kraut mit gegenständigen, gestielten, spitz-ovalen, zuweilen krausen Blättern und weißen, auch lila Blüten. Die Blüten stehen meist zu sechs in zwei Halbquirlen und bilden insgesamt eine ährenförmige Traube. Das aus den Blättern gewonnene **Basilikumöl** wird als Einreibemittel gegen Nerven- und Muskelschmerzen verwendet und ist ein wertvoller Rohstoff in der Parfüm- und Likörindustrie.

Geschichte: Basilikum war bereits in der Antike als Gewürz-, Heil- und Zierpflanze geschätzt. In der magischen Literatur der Antike und des Mittelalters war es auch ein Mittel zum Liebeszauber. – Abb. S. 77.

Basilikum: Art der Gattung ↑Basi+10nkraut.

Bassia: wissenschaftlicher Name der Gattung ↑Dornmelde.

Bastardzeder: Bez. für einige ↑Zedrachgewächse und deren Hölzer.

Bastpalme: andere Bez. für die ↑Raphiapalme.

Batate [span. indian. Ursprungs] (Süßkartoffel, Ipomoea batatas): vermutlich aus dem tropischen Amerika stammendes einjähriges Windengewächs; mit 3–4 trichterförmigen, weißen oder roten Blüten in einem Blütenstand. An den niederliegenden Stengeln bilden sich an der Ansatzstelle der (herzförmigen bis tief gelappten) Blätter mehrere sproßbürtige Wurzeln, die sich zu rettichartigen, gelblichen bis rötlichen, 1–2 kg schweren, süß schmeckenden Wurzelknollen verdicken. Diese werden gekocht, gebacken oder gebraten gegessen oder zur Stärkegewinnung genutzt. Durch Vergärung erhält man alkoholische Getränke.

Die B. wird in zahlreichen Kulturformen in vielen warmen Gebieten der Erde angebaut (entspricht dort unserer Kartoffel). Haupterzeugerländer sind China (einschließlich Taiwan), Indonesien und Vietnam.

Batrachospermum: wissenschaftlicher Name der ↑Froschlaichalge.

Bauchpilze (Gastromycetidae): vielgestaltige Unterklasse der ↑Ständerpilze; umfaßt zahlreiche Arten mit (in verschiedener Weise sich öffnendem) knollenförmigem Fruchtkörper (wie Kartoffelbofist, Eierbofist) oder solche mit sternförmig aufreißender Hülle (z.B. Erdstern, Wetterstern). Manche Arten zeigen sehr auffällige Formen („Pilzblumen“), bei denen aus der eiförmigen Fruchtkörperanlage („Hexenei“) absonderliche, z.T. intensiv gefärbte Pilzformen hervorgehen, z.B. Gitterpilz, Laternenpilz, Tintenfischpilz, Stinkmorchel, Schleierdame. Das Innere (Gleba) der Fruchtkörper enthält entweder unregelmäßig verteilte Basidien oder besondere Kammern, die mit einer Fruchtschicht ausgekleidet sind. Im reifen Zustand zerfällt die Gleba zu einer pulverigen Masse (z.B. beim Flaschenbofist) oder verschleimt (z.B. bei der Stinkmorchel), wobei aasartige Gerüche auftreten, die Aasinsekten anlocken. Der größte Bauchpilz ist der ↑Riesenbofist.

Baum der Reisenden: Art der Gattung ↑ Ravenala.

Baum des Propheten: anderer Name für ↑ Bodhibaum.

Baumfarne:

◇ zusammenfassende Bez. für baumförmige (bis 20 m hohe) tropische und subtropische Farne.

◇ (Cyatheaceae) Familie leptosporangiater Farne, deren unverzweigter, holziger Stamm eine endständige Rosette aus schraubig stehenden, mehrfach gefiederten, bis 3 m langen Blattwedeln trägt; bekannteste Gattung: **Becherfarn** (Cyathea), rund 300 Arten in feuchten tropischen und subtropischen Bergwäldern.

Baumhasel: anderer Name für die ↑ Türkische Hasel.

Baumheide (Erica arborea): hauptsächlich im Mittelmeergebiet vorkommendes, 1 m bis über 6 m hohes Heidekrautgewächs mit weißen, wohlriechenden, in Trauben stehenden Blüten; wesentliches Florenelement immergrüner mediterraner Formationen und Steineichenwaldungen; liefert das Bruyèreholz.

Baumkohl: anderer Name für den ↑ Markstammkohl.

Baumstachelbeere: anderer Na + 10der Gattung ↑ Gurkenbaum.

Baumweichsel: svw. Glaskirsche (↑ Sauerkirsche).

Baumwollbaum ↑ Kapokbaum, ↑ Seidenwollbaum.

Baumwollbaumgewächse ↑ Wollbaumgewächse.

Baumwollpflanze (Gossypium): Gattung der Malvengewächse mit mehreren Arten in den Tropen und Subtropen; bis 6 m hohe, meist strauchige, mitunter auch krautige oder fast baumförmige Pflanzen. Die Blätter sind in der Regel langgestielt und handförmig gelappt, die oft großen Blüten weiß, gelb oder rosa bis purpurfarben mit zahlreichen Staubblättern, deren Filamente zu einer Röhre verwachsen sind, und einer dreizipfligen Narbe. Die rund vier Wochen nach der Befruchtung (meist Selbstbestäubung, seltener Insektenbestäubung) gereifte Kapsel ist rundlich bis länglich zugespitzt. Die ölhaltigen Samen (werden u. a. zur Herstellung von Speiseöl und Margarine verwendet) sind mit einem Büschel bis zu 4 cm langer Samenhaare, der **Baumwolle,** versehen. Die 2–3 m lange Pfahlwurzel verlangt einen tiefgründigen, nicht zu salzhaltigen Boden. Kultiviert werden zwei altweltliche (Gossypium arboreum, Gossypium herbaceum) und zwei neuweltliche Arten (Gossypium hirsutum, Gossypium vitifolium), aus denen jedoch durch Kreuzung und Züchtung eine große Sortenvielfalt hervorgegangen ist. B.n sind in der Regel mehrjährig, werden jedoch in Kultur einjährig gehalten. Sie sind frostempfindlich und bevorzugen warmes, trockenes Klima, wobei während der Frühentwicklung ausreichend Wasser vorhanden sein muß, später aber trockenes Wetter nötig ist. Der Anbau ist zwischen 47° nördlicher und 28° südlicher Breite möglich. Hauptanbaugebiete sind u. a. China, USA, UdSSR und Indien.

Geschichte: Älteste Reste von Baumwollgeweben wurden in Indien gefunden (ca. 3000 v. Chr.). Im Altertum schätzten Griechen und Römer die Baumwolle wegen ihrer Feinheit und Weiße. Die altamerikanischen Völker kannten Baumwolle, lange bevor im Mittelalter ihr Anbau und ihre Verarbeitung durch die Araber über Spanien und Italien in Europa eingeführt wurden. Bereits Ende des 14. Jahrhunderts zog Venedig die Führung im Handel mit levantinischer Baumwolle an sich und behielt sie bis ins 17. Jahrhundert. Zugleich nahm an den großen Umschlagplätzen nördlich der Alpen die Verarbeitung dieses neuen Rohstoffs stark zu. Mittelpunkt des Gewerbes wurde Augsburg, das fast alle europäischen Märkte versorgte. Mit dem aufblühenden Handel mit Ostindien wuchs die Einfuhr gesponnener Rohgarne über die Niederlande, so daß die Monopolstellung Venedigs allmählich erschüttert wurde. Ihren großen Aufschwung nahm die Baumwollindustrie aber erst mit der Erfindung der Spinnmaschine im 18. Jahrhundert, zuerst in England, dann in Frankreich und Deutschland. Der Anbau von Baumwolle in Nordamerika begann 1621 in Florida; er erlangte in den Südstaaten der USA v.a. in der ersten Hälfte des 19. Jahrhunderts wirtschaftliche Bedeutung.

Baumwürger:
◊ (Celastrus) Gattung der Spindelbaumgewächse mit rund 35 Arten, v.a. in Ost- und Südasien, in Amerika und auf Madagaskar; meist Schlingpflanzen mit gesägten oder gekerbten Blättern und zweihäusigen, kleinen, grünlichen Blüten in Rispen. Die Früchte sind Kapselfrüchte, die bei der Reife mit drei Klappen aufspringen; Samen mit rotem Samenmantel. Ihr Stamm kann den Baum, den er umschlingt, zum Absterben bringen.
◊ andere Bez. für die ↑Würgerfeigen.

Becherfarn ↑Baumfarne.

Becherflechte (Cladonia): fast über die ganze Erde verbreitete Flechtengattung mit rund 300 Arten. Die bekannteste Art ist die ↑Rentierflechte.

Becherglocke: svw. ↑Schellenblume.

Becherpilze (Becherlinge, Pezizaceae): Familie der Schlauchpilze mit becherförmigen, z.T. handtellergroßen Fruchtkörpern von bräunlicher oder violetter Farbe. Zu den B.n im weiteren Sinne werden auch Morcheln und Lorcheln gerechnet.

Becherprimel: anderer Name für die ↑Giftprimel.

Bedecktsamer (Decksamer, Magnoliophytina, Angiospermae): mit rund 250 000 Arten weltweit verbreitete Unterabteilung der Samenpflanzen, die die beiden Klassen ↑Einkeimblättrige und ↑Zweikeimblättrige umfaßt und seit rund 100 Mill. Jahren (mittlere Kreide) den Hauptteil der Landpflanzen bildet. B. sind Holzpflanzen oder krautige Gewächse, deren Samenanlage im Gegensatz zu den Nacktsamern fest in dem Fruchtknoten eingeschlossen ist. Aus dem Fruchtknoten und eventuell anderen Blütenteilen entwickelt sich die Frucht, die den (oder die) Samen schützend bis zur Reife umschließt und meist auch einer erhöhten Samenverbreitung dient. Die Blüten sind überwiegend zwittrig und von einer Blütenhülle umgeben. Die Bestäubung erfolgt häufig durch Tiere (meist Insekten).
Die *Entwicklung* vollzieht sich in Form eines Generationswechsels, wobei gegenüber den Nacktsamern eine weitere Reduktion des Gametophyten zu erkennen ist. Der aus dem Pollenkorn (Mikrospore) sich entwickelnde *männliche Gametophyt* besteht zuerst nur aus zwei Zellen, einer vegetativen und einer generativen Zelle. Aus der vegetativen Zelle entsteht durch starke Zellstreckung der **Pollenschlauch,** während sich die generative Zelle in zwei **Spermazellen** teilt.
Der *weibliche Gametophyt* setzt sich nur noch aus 8 Zellen bzw. Zellkernen im Embryosack (Megaspore) zusammen: drei nebeneinanderliegende Zellen am oberen Pol **(Eiapparat),**

wobei die größte, mittlere zur Eizelle wird; die beiden anderen werden zu Hilfszellen **(Gehilfinnen, Synergiden).** Ihnen gegenüber liegen drei kleinere Zellen, die **Antipoden (Gegenfüßlerzellen, Gegenfüßlerinnen).** In der Mitte befinden sich zwei, nicht als Zellen abgegrenzte Kerne, die zum diploiden, **sekundären Embryosackkern** verschmelzen.
Die *Befruchtung* erfolgt in Form einer doppelten Befruchtung: Nach der Bestäubung treibt das auf die Narbe gelangte Pollenkorn den Pollenschlauch durch den Griffel bis zu dem Embryosack. Der Pollenschlauch öffnet sich beim Eindringen in den Embryosack, und die beiden Spermazellen werden frei; der Kern der vegetativen Zelle geht zugrunde. Der Kern der einen Spermazelle verschmilzt mit dem Kern der Eizelle zum (diploiden) **Zygotenkern,** der Kern der anderen mit dem diploiden sekundären Embryosackkern zum triploiden **Endospermkern.** Aus der befruchteten Eizelle entsteht der Embryo, aus dem später die Keimpflanze hervorgeht; aus dem Endospermkern und dem restlichen Plasma des Embryosacks entwickelt sich das Endosperm (Nährgewebe) des Samens.

Beerenapfelbaum: Art der Gattung ↑Apfelbaum.

Beerennelke: anderer Name für das Nelkengewächs ↑Taubenkropf.

Beerentang (Sargassum): Gattung der Braunalgen mit rund 250, oft meterlangen Arten, v.a. in den wärmeren Meeren (z.B. der Sargassosee); Thallus strauchartig verzweigt, mit blattähnlichen Gebilden (Phylloiden), in deren Achsel fertile Kurztriebe mit basalen, kugeligen Schwimmblasen („Beeren") sitzen.

Beggiatoa [bɛdʒa...; nach dem italienischen Botaniker F. S. Beggiato, * 1806, † 1883]: Gattung der Blaualgen; farblose, fädige Organismen, die kreisende Bewegungen (verursacht durch Schleimausscheidungen aus spiralig angeordneten Mikroporen) ausführen. Die sechs bekannten Arten leben chemoautotroph.

Begonie: anderer Name der Gattung ↑Schiefblatt.

Begoniengewächse: gleichbedeutend mit ↑Schiefblattgewächse.

Beifuß (Edelraute, Artemisia): Korbblütlergattung mit rund 250 Arten (etwa 10 Arten in Mitteleuropa heimisch), v.a. auf der nördlichen Halbkugel (meist Steppenpflanzen); Kräuter, Halbsträucher oder Sträucher mit ganzrandigen, eingeschnittenen oder gefiederten Blättern, oft aromatisch duftend; die kleinen, aus wenigen gelben, grünlichweißen oder rötlichen Röhrenblüten bestehenden Köpfchen bilden Rispen, Trauben oder Ähren. Mehrere Arten sind Gewürz- und Heilpflanzen, z.B. Zitronell (↑Eberraute), ↑Estragon, ↑Wermut, ↑Gemeiner Beifuß.

Beinwell (Symphytum): Gattung der Rauhblattgewächse mit rund 20 Arten in Europa (in Deutschland sind zwei Arten heimisch), Sibirien und Westasien; Kräuter oder Stauden mit steifhaarigen Blättern und zylindrischen bis glockigen Blüten in Wickeln. Bekannte Arten sind der auf feuchten Wiesen, an Ufern und in Sümpfen verbreitete, bis über 1 m hohe **Gemeine B.** (Symphytum officinale) mit gelblichen, hellrosafarbenen oder roten Blüten und der für Grünfutter stellenweise angebaute, auch verwilderte, in Kleinasien heimische, bis 1,7 m hohe **Comfrey** (Rauher B., Symphytum asperum) mit anfangs karminroten, später himmelblauen Blüten. – Abb. S. 234.

Belladonna: die Schwarze Tollkirsche (↑Tollkirsche).

Belladonnalilie: anderer Name für die Gattung ↑ Amaryllis.

Bellis: wissenschaftlicher Name der Gattung ↑ Gänseblümchen.

Benediktenkraut [zu lat. benedictus = gesegnet (mit Bezug auf die Heilkräfte)] (Benediktenkarde, Benediktendistel, Bitterdistel, Cnicus benedictus): distelartiger Korbblütler im Mittelmeergebiet und Orient, in Deutschland aus früheren Kulturen stellenweise verwildert; bis 50 cm hohe, krautige Pflanze mit buchtigen bis fiederspaltigen, gezähnten, stachelig berandeten Blättern und einzelnen dicken, zunächst gelben, später orangeroten Blütenköpfchen. B. wurde wegen seiner Bitter- und Gerbstoffe früher gegen Darmstörungen sowie als Husten- und Brechmittel verwendet.

Bengalhanf: gleichbed. mit ↑ Sunnhanf.

Bennettitales (Bennettiteen) [nach dem englischen Botaniker J. J. Bennett, * 1801, † 1876]: ausgestorbene Ordnung der Nacktsamer mit über 1 000 Formen vor rund 200 (obere Trias) bis vor 70 Millionen Jahren (Kreidezeit); älteste bekannte Pflanzen mit vermutlich von Insekten bestäubten, echten Zwitterblüten mit Blütenhülle; entweder mit dicken, langen **(Williamsonia)** oder kurzen, knolligen Stämmen **(Cycadeoidea),** durch die schopfig gestellten Fiederblätter an Palmfarne erinnernd, oder mit dünneren, gabelig verzweigten Sprossen und ungeteilten oder unregelmäßig eingeschnittenen Blättern **(Wielandiella).**

Bennußgewächse: anderer Name der Familie ↑ Moringagewächse.

Benzoebaum [...tso-e...] (Styrax benzoin): Art der Gattung ↑ Styraxbaum in Hinterindien und im Malaiischen Archipel; Baum mit elliptischen, zugespitzten, schwach gezähnten, immergrünen, ledrigen Blättern und vierzähligen Blüten in traubigen Blütenständen; liefert das **Benzoeharz,** das als Räuchermittel sowie zur Herstellung von Parfümen verwendet wird.

Berberidaceae: wissenschaftlicher Name der ↑ Sauerdorngewächse.

Berberis: wissenschaftlicher Name der Gattung ↑ Sauerdorn.

Berberitze: anderer Name für die Gattung ↑ Sauerdorn.

Berberitzengewächse: anderer Name der ↑ Sauerdorngewächse.

Bereifte Brombeere: anderer Name der ↑ Kratzbeere.

Bergahorn (Acer pseudoplatanus): eine Ahornart: Gebirgspflanze in Mitteleuropa; bis etwa 25 m hoher Baum mit fünflappigen, ungleich grob gezähnten Blättern, gelbgrünen Blüten in hängenden Rispen und geflügelten Früchten; Allee- und Parkbaum; kann 400 bis 500 Jahre alt werden.

Bergamotte [frz., aus gleichbed. italien. bergamotta, in Anlehnung an den Namen der Stadt Bergamo von türk. beg armudy = Herrenbirne] (Citrus aurantium ssp. bergamia): der ↑ Pomeranze nahestehendes Rautengewächs mit süßlich riechenden Blüten und meist runden, glatten, blaßgelben Früchten, deren Schalen das (u. a. in der Parfümindustrie verwendete) **Bergamottöl** liefern; wird v. a. in Kalabrien und auf Sizilien sowie im Westen Indiens kultiviert.

Bergarnika: Art der Gattung ↑ Arnika.

Bergaster: Art der Gattung ↑ Aster.

Bergerle: svw. Grünerle (↑ Erle).

Bergföhre: svw. ↑ Bergkiefer.

Bergholunder: Art der Gattung ↑ Holunder.

Bergkiefer (Bergföhre, Pinus mugo): meist strauchig wachsende Kiefernart (Sammelart) im Gebirge (von den Pyrenäen über die Alpen bis zum Balkan sowie in den deutschen Mittelgebirgen); an der Nord- und Ostsee wird sie zum Aufforsten von Dünen und Sandflächen angepflanzt; mit schwärzlicher Rinde und dichtstehenden Nadelpaaren; Zapfen fast sitzend, waagrecht oder schief abstehend, im reifen Zustand glänzend.

Man unterscheidet vier in vielen Formen vorkommende Unterarten: 1. **Latsche** (Legföhre, Knieholz, Krummholz, Pinus mugo ssp. pumilio): kalkmeidend, bis etwa 1,5 m hoch, mehrstämmig-strauchig, niederliegend, mit aufwärts gerichteten, dichtstehenden Ästen, Zapfen fast kugelig; 2. **Mugokiefer** (Pinus mugo ssp. mugo): in den Ostalpen, niederliegend-kriechend; Zapfen regelmäßig kegel- bis länglich eiförmig; 3. **Hakenkiefer** (Hakenföhre, Spirke, Bergspirke, Pinus mugo ssp. uncinata): v. a. auf Schotter und humös-felsigen Böden; bis über 10 m hoher Baum; Zapfen unsymmetrisch kegelförmig, 2–6 cm lang, Ende der Schuppen (Schuppenschild) hakig zurückgekrümmt, höher als breit; 4. **Moorkiefer** (Pinus mugo ssp. rotundata): auf Hochmooren; strauchig oder niedriger Baum; Zapfen unsymmetrisch ei- bis kegelförmig; Schuppenschild breiter als lang, nur schwach zurückgekrümmt.

Bergreis: Bez. für besondere Reissorten (↑ Reis).

Bergrüster (Bergulme): Art der Gattung ↑ Ulme.

Bergwohlverleih: Art der Gattung ↑ Arnika.

Besenginster (Besenstrauch, Bram, Sarothamnus scoparius): Schmetterlingsblütler in Mitteleuropa; bis 2 m hoher, dornenloser Strauch mit rutenförmigen, gerillten, in der Jugend grünrindigen Zweigen, bis 1 cm langen, früh abfallenden Blättern und großen, gelben, einzeln oder zu zweien stehenden Blüten; in trockenen Wäldern, auf Heiden und Sandboden, kalkmeidend. Die Zweige wurden früher zu Besen und grobem Flechtwerk verarbeitet.

Besenheide: anderer Name für ↑ Heidekraut.

Besenkorn: svw. Mohrenhirse (↑ Sorghumhirse).

Besenstrauch: svw. ↑ Besenginster.

Betelnußpalme (Areca catechu): von den Sundainseln stammende, in ganz Südasien sowie in Ostafrika, Südchina und auf Taiwan angepflanzte Arekapalmenart; bis 15 m hoher Baum mit einem Schopf gefiederter Blätter, verzweigten Fruchtständen und bis eigroßen Früchten, deren dicke, faserige Fruchtwand einen rotbraunen Samen **(Betelnuß, Arekasamen, Arekanuß)** mit zerklüftetem Nährgewebe umschließt, das neben Fetten, Zucker und einem roten Farbstoff v. a. Alkaloide und Gerbstoffe enthält.

Das **Betelkauen** ist v. a. in Südasien und Afrika verbreitet. Dabei werden kleine Stücke der nicht ganz reifen Betelnuß in ein mit gelöschtem Kalk bestrichenes Betelpfefferblatt (Chavica betle) eingewickelt und dann intensiv gekaut. Meist werden aromatische Zutaten beigemischt, v. a. Katechu und Gambir, neuerdings auch Tabak. Betelkauen hat eine euphorisierend-stimulierende Wirkung, die die Arbeitsfähigkeit nicht einschränkt, hervorgerufen durch Alkaloide (besonders Arecolin), die durch die Kalkbeimengung freigesetzt werden. Sie fördern die Sekretion der Drüsen von Mund, Magen und Darm und haben wurmtreibende Wirkung. Bei Mißbrauch treten chronische Entzündungen im Mundbereich und später mitunter Geschwülste (Zungen- und Mundkrebs) auf.

Betonie (Betonica): frühere Lippenblütlergattung, deren Arten heute meist der Gattung ↑Ziest zugerechnet werden.

Betula: wissenschaftlicher Name der Gattung ↑Birke.

Betulaceae: wissenschaftlicher Name der ↑Birkengewächse.

Bibernelle:

◇ (Pimpernelle, Pimpinella) Gattung der Doldenblütler mit etwa 150 Arten; Kräuter oder Stauden mit meist einfach gefiederten Blättern und zusammengesetzten Dolden aus Zwitterblüten; in Mitteleuropa kommen, neben dem angebauten ↑Anis, zwei bis 60 cm bzw. 1 m hohe, weiß bis dunkelrosa blühende Arten vor, deren junge Blätter Gemüse oder Salat ergeben.

◇ Art der Gattung ↑Wiesenknopf.

Bibernellrose: eine Art der Gattung ↑Rose.

Bickbeere: norddt. für ↑Heidelbeere.

Bidens: wissenschaftlicher Name der Gattung ↑Zweizahn.

Bignoniengewächse (Trompetenbaumgewächse, Bignoniaceae) [nach dem frz. Bibliothekar J. P. Bignon, * 1662, † 1743]: in tropischen und subtropischen Gebieten verbreitete Familie der Zweikeimblättrigen mit rund 800 Arten in 120 Gattungen; v. a. Bäume, Sträucher oder Lianen mit gegenständigen, häufig zu Blattranken umgebildeten Blättern und meist trichter- oder glockenförmigen Blüten.

Eine als Gartenzierpflanze häufige (besonders in Südeuropa), in verschiedenen Formen kultivierte Art ist die **Bignonie** (Kreuzrebe, Bignonia capreolata; einzige Art der Gattung Bignonia): im südöstlichen Nordamerika beheimatete Kletterpflanze mit zwei- bis dreizählig gefiederten, in einer Ranke mit drei krallenartigen Haken endenden Blättern und glockenförmigen, tief orangeroten Blüten in Trugdolden. Weitere bekannte B. sind ↑Kalebassenbaum, ↑Palisanderbaum und ↑Trompetenbaum.

Billbergie (Billbergia) [nach dem schwed. Botaniker G. J. Billberg, * 1772, † 1844]: Gattung der Ananasgewächse mit rund 50 Arten im tropischen Amerika; meist auf anderen Pflanzen wachsend (Epiphyten), selten Erdbewohner; Blätter in Rosetten, Blüten in Ähren oder Trauben, mit roten Hochblättern; bekannt als anspruchslose Zimmerpflanze ist die **Nickende B.** (Zimmerhafer, Billbergia nutans) aus Brasilien; stammlos, Ausläufer treibend, mit blauen Kelch- und grünen Kronblättern.

Bilsenkraut (Hyoscyamus niger): giftiges Nachtschattengewächs in Europa, Nordafrika und Indien (anderwärts eingebürgert), v. a. an stickstoffreichen Standorten; bis 80 cm hohes, 1- bis 2jähriges, drüsig behaartes, unangenehm riechendes Kraut mit buchtig gezähnten Blättern, glockenförmigen, gelben, violett geaderten Blüten und Kapselfrüchten; Blätter und Samen enthalten Hyoscyamin bzw. Atropin sowie Scopolamin. Der Genuß von B. ruft Rauschzustände hervor.

Bimli: anderer Name der Art ↑Gambohanf.

Bingelkraut (Mercurialis): Gattung der Wolfsmilchgewächse mit acht Arten, v. a. in Eurasien und im Mittelmeergebiet; meist zweihäusige, gegenständig beblätterte Pflanzen mit unscheinbaren, grünlichen, drei- bis vierblättrigen Blüten. Die Frucht ist eine Springkapsel mit einsamigen Teilfrüchten. Bekannte Arten sind das, in schattigen Gebüschen und Wäldern wachsende **Ausdauernde B.** (Mercurialis perennis) und das **Einjährige B.** (Mercurialis annua), eine auf nährstoffreichen Äckern, in Gärten und Weinbergen häufig vorkommende Pflanze mit vierkantigem, verzweigtem Stengel.

Binse:

◇ (Juncus) Gattung der Binsengewächse mit über 200 Arten, besonders in gemäßigten und kalten Breiten sowie in tropischen Gebirgen; in Mitteleuropa mehr als 30 Arten, v. a. an feuchten Standorten; teils kleine, teils bis über 1 m hohe Kräuter oder Stauden; Stengel meist knotenlos, Blätter grasartig oder röhrig und stengelähnlich; Blüten in köpfchenförmigen, doldigen oder rispigen Blütenständen, unscheinbar, braun oder grünlich, windblütig; mehrsamige Kapselfrüchte.

◇ anderer Name für die Gattung ↑Simse.

Binsengewächse (Juncaceae): Familie der Einkeimblättrigen mit acht Gattungen und rund 300 Arten in gemäßigten und kalten Gebieten, in den Tropen v. a. in höheren Lagen; grasähnliche Kräuter oder Stauden mit meist knotenlosem Stengel und unscheinbaren Blüten, meist in Köpfchen, Dolden oder Rispen. Einheimische Vertreter gehören zur Gattung ↑Binse und ↑Hainsimse.

Birke (Betula): Gattung der Birkengewächse mit rund 40 Arten auf der nördlichen Halbkugel; Bäume oder Sträucher mit wechselständigen, derben, rundlichen bis rautenförmigen, gezähnten Blättern; Blüten einhäusig, stehen in ♂ (größeren) und ♀ Kätzchen; Früchte (Nußfrüchtchen) ein- bis zweisamig, geflügelt. Viele Arten der B. sind in Mooren und Tundren vorherrschend. In Mitteleuropa sind fünf Arten heimisch, darunter ↑Hängebirke, ↑Moorbirke, ↑Strauchbirke und ↑Zwergbirke. Nordamerikanische Nutz- und Ziergehölze sind u. a: **Gold-B.** (Gelb-B., Betula lutea; hoher, breitkroniger Baum mit im Herbst goldgelben Blättern), die schlankwüchsige **Papier-B.** (Betula papyrifera; mit papierartig sich ablösender, weißer Borke) und die bis 15 m hohe **Zukker-B.** (Betula lenta; mit kugelförmiger Krone; vom zuckerhaltigen Blutungssaft bereiten die Indianer ein alkoholisches Getränk).

Verwendung: Das nicht witterungsbeständige, gelblichweiße *Holz* mit gleichmäßiger Struktur wird als Schälholz für Sperrplatten und als Ausstattungs-, Möbel-, Drechsler- und Wagnerholz verwendet. **Maser-B.** liefert Furniere mit lebhafter Zeichnung, verursacht durch erbliche Wuchsanomalien. – Die im Frühjahr gesammelten, getrockneten Blätter enthalten u. a. Saponine mit harntreibender Wirkung; Birkenblättertee findet Anwendung bei Rheuma und Stoffwechselleiden. Aus Rinde und Holz wird Birkenteer (Pix Betulina) gewonnen, ein Mittel u. a. gegen Schuppenflechte, Ekzem.

Kulturgeschichte: B. genossen bei Germanen und Slawen kultische Verehrung. Nach altem Volksglauben sollen in der Walpurgisnacht die Hexen auf B.nbesen zum Blocksberg reiten. Die Verwendung als Maigrün zu Pfingsten geht wohl auf das Frühlingsfest der Germanen zurück. B.nzweige wurden vielfach als Abwehrmittel gegen Zauberei verwendet.

Birkenfeige (Ficus benjamina): in Indien heimische Feigenart; großer, breitkroniger Baum mit hängenden Zweigen und kleinen, ovalen bis eiförmig-elliptischen oder lanzettlichen Blättern; beliebte Zimmerpflanze.

Birkengewächse (Betulaceae): Familie der Zweikeimblättrigen Pflanzen mit den beiden Gattungen ↑ Birke und ↑ Erle.

Birkenpilz: anderer Name für den ↑ Birkenröhrling.

Birkenröhrling (Graukappe, Birkenpilz, Kapuziner, Leccinum scabrum): etwa 15 cm hoher Röhrenpilz mit grau- bis schwarzbraunem Hut, weißlichem Porenfeld und weißlichem, grau bis hellbraun beschupptem Stiel; findet sich von Juli bis Oktober meist unter Birken, Pappeln und Weißbuchen auf Heiden und Mooren und in lichten Gehölzen. Der junge B. ist ein wohlschmeckender Speisepilz.

Birnbaum (Pyrus, Piris): Gattung der Rosengewächse mit rund 25 Arten in Eurasien und Nordafrika; sommergrüne Bäume (seltener Sträucher) mit schwarz- bis hellgrauer, würfelförmig zerfallender Borke. Die Blätter sind gesägt oder ganzrandig, die Blüten meist reinweiß, fünfzählig und zu mehreren an Kurztrieben sitzend; sie erscheinen entweder vor oder gleichzeitig mit den Blättern. Im Gegensatz zu den Apfelblüten sind die Griffel nicht verwachsen, und die Staubblätter weisen rote Staubbeutel auf. Die B.frucht **(Birne)** ist eine Sammelfrucht (Balgapfel) und ähnlich wie der Apfel aufgebaut. Ihr Fruchtfleisch enthält Steinzellen. Es geht aus dem krugförmig sich entwickelnden Blütenboden und dem Fruchtknoten hervor, dessen 4–5 Fruchtblätter je zwei braune Samen enthalten.

In Mitteleuropa kommt der in Wäldern wachsende **Wilde B.** (Pyrus piraster) vor, ein Baum mit dornigen Zweigen und kleinen, holzigen Früchten. Der heute weit verbreitete **Kultur-B.** (Pyrus domestica) ist aus dem **Holz-B.** (Pyrus communis) und wahrscheinlich weiteren Wildformen hervorgegangen. Er ist ein bis 15 m hoher Baum mit breitpyramidenförmiger Krone, eiförmigen Blättern und völlig weißen, in dichten, kleinen Doldentrauben angeordneten Blüten. Diese Art gehört zu den Hauptobstarten in Deutschland und wird in vielen Sorten kultiviert (↑ Birnensorten, Übersicht S. 48–49). Der Holz-B. liebt tiefgründigen, warmen, durchlässigen Boden ohne stauende Nässe. Die Früchte werden z. B. zu Marmelade, Konservenobst, Dörrobst oder Obstwein verarbeitet. – Das *Holz* ist wertvoller als das des Apfelbaums. Es ist dicht, hart, blaßgrau bis rötlichbraun, besonders gut polierfähig und wird als Furnier sowie massiv verarbeitet.

Geschichte: Bereits in der Jungsteinzeit wurden die Früchte des Wilden B.s gesammelt. In Persien und Armenien wurden die ersten Birnbäume kultiviert und gelangten von dort nach Griechenland und über die Römer später nach Nordeuropa. Die Römer kannten zahlreiche Birnensorten. – In *kultischer Beziehung* tritt die Birne weniger hervor als der Apfel. Mitunter erscheint sie als Fruchtbarkeitssymbol. In der christlichen Ikonographie wurde sie Maria zugeordnet. Im Volksglauben galten B.zweige als Abwehrmittel gegen Zauberer und Hexen.

Birntang (Macrocystis pyrifera): in Küstennähe an Felsen oder anderen ähnlichen Substraten verankerte Braunalge, deren bis 60 m lange, gefiederten Blättern ähnelnde Thalluszweige birnenförmige Schwimmblasen aufweisen. Der B. ist die größte heute lebende Algenart.

Bisamkraut: anderer Name der Art ↑ Moschuskraut.

BIRNENSORTEN (Übersicht)

Name	Frucht (Form, Farbe)	Fruchtfleisch	Geschmack	Genußreife	Verwendung
Alexander Lucas	groß, stumpfkegelförmig, zum Kelch hin dickbauchig	weiß, saftig	süß und leicht gewürzt	Nov.–Dez.	Tafelbirne
Boscs Flaschenbirne	mittelgroß bis groß, flaschen- bis keulenförmig, kelchbauchig, rauhe, trockene Schale, hellgrün bis goldgelb, berostet	gelblich, saftig, schmelzend	süß, fein gewürzt	Okt.–Nov.	Tafelbirne
Champagnerbratbirne (Deutsche Bratbirne)	klein, mittel- bis kelchbauchig, gelblichgrün, fein bräunlich punktiert	weiß, grobkörnig, saftig			Mostbirne
Clapps Liebling	mittelgroß bis groß, dickbauchig, nach dem Stiel zu länglich ausgezogen, hellgrün bis goldgelb, fein rot punktiert, sonnenseits zinnoberrot verwaschen	gelblichweiß, saftig	angenehm aromatisch	Aug.–Sept. wird schnell überreif	Tafelbirne
Diels Butterbirne	groß bis sehr groß, breitbauchig, hellgrün bis ockergelb, rostrot punktiert bis rotfleckig	gelblichweiß, saftig, halbschmelzend	süß und würzig	Nov.–Dez.	Tafelbirne
Frühe aus Trévoux	mittelgroß, länglich bis länglichrund, grünlichgelb, später gelb, sonnenseits rotstreifig und getupft	weiß, schmelzend, saftig	wohlschmeckend, fein säuerlich gewürzt	Ernte im August, Genußreife 10–14 Tage später	Tafel- und Einmachbirne
Gellerts Butterbirne (Hardys Butterbirne)	mittelgroß bis groß, länglich-bauchig, rauhe, grünlich bis ockergelbe Schale, bisweilen zimtfarbig berostet	gelblichweiß, sehr saftig	süßsäuerlich, stark aromatisch	Okt.	Tafelbirne
Gräfin von Paris	groß, lang, gelblichgrün bis strohgelb, mit starker Berostung	schmutzigweiß, schmelzend	süß, schwach aromatisch	Dez.–Febr.	Tafelbirne
Grüne Jagdbirne	kaum mittelgroß, rundlich, graugrün, braun gepunktet mit rötlichem Schimmer	rötlichweiß, saftig	sehr herb	Nov.–Dez.	Mostbirne

Gute Luise (Gute Luise von Avranches)	mittelgroß, lang, hellgrün bis hellockerfarben, sonnenwärts rote, bräunlich punktierte Schale	gelblichweiß, saftig	fein würzig, süß	Sept.–Okt.	Tafelbirne
Köstliche von Charneu (Bürgermeisterbirne)	mittelgroß, unregelmäßig geformt, grüngelb bis zitronengelb, sonnenseits bräunlichrot verwaschen, wachsartig bereift	gelblichweiß, saftig	süß, feinwürzig	Okt.	Tafelbirne
Madame Verté	mittelgroß, breit kegelförmig, Schale hart, hellgelb bis orangefarben, berostet	gelblichweiß, schmelzend	süß, mit feinsäuerlichem Aroma	Dez.–Jan.	Tafel- und Wirtschaftsbirne
Pastorenbirne (Grüne Langbirne)	groß, lang, kelchbauchig, grüngelb, sonnenseits hellbräunlich, gepunktet	schmutzigweiß, halbschmelzend	süßsäuerlich, schwachwürzig	Nov.–Jan.	Tafel- und Wirtschaftsbirne
Präsident Drouard	meist groß, kelchbauchig, grüngelblich	gelblichweiß, sehr saftig, schmelzend	süß, leicht gewürzt	Nov.–Dez.	Tafelbirne
Schinkenbirne (Hardenponts Winterbutterbirne, Amalia von Brabant)	mittelgroß bis groß, stark bauchig und beulig, derbe, hellgelbe Schale	weiß bis gelblich, sehr saftig	erfrischend	Nov.–Jan.	Tafelbirne
Vereins-Dechantsbirne	mittelgroß bis groß, kelchbauchig, zum Kelch hin gerippt, grün bis gelb, sonnenseits blaßrotbraun, punktiert	weißgelb, schmelzend, sehr saftig	angenehm würzig	Okt.–Nov.	Tafelbirne
Williams Christbirne	mittelgroß bis groß, mit deutlichen Erhebungen, kelchwärts schmal gerippt, gelbgrün bis hellgelb, mit zahlreichen zimtfarbenen Punkten	gelblichweiß, schmelzend, sehr saftig	feines, eigenartiges Aroma	Sept.–Okt.	Tafel- und Einmachbirne
Winter-Dechantsbirne	mittelgroß bis groß, rundlich, auch leicht beulig, dicke, schmutziggrüne bis gelbliche, sonnenwärts rötliche Schale, stark berostet	gelblichweiß, schmelzend, saftig	würzig	Jan.–März	Tafel- und Wirtschaftsbirne

Bischofsmütze: gärtnerische Bez. für zwei nah verwandte Kakteenarten: **Astrophytum capricorne,** ein bis 25 cm hoher, aus dem nördlichen Mexiko stammender Kaktus mit unregelmäßig gebogenen Dornen und zitronengelben Blüten mit tiefrotem Schlund; **Astrophytum myriostigma,** ein in Mittelamerika beheimateter, dornenloser, aber dicht mit weißen Wollflöckchen bedeckter Kaktus mit hellgelben Blüten. Von beiden Arten existieren mehrere Formen; beliebte Zierpflanzen.

Bitteres Schaumkraut: anderer Name der Art ↑Bitterkresse.

Bittereschengewächse (Bitterholzgewächse, Simarubaceae): Familie Zweikeimblättriger Pflanzen mit rund 100 Arten in 24 Gattungen, v. a. in den Tropen; z. T. Nutz-, Heil- und Zierpflanzen; bekannte Gattungen ↑Götterbaum, ↑Quassia.

Bitterklee: svw. ↑Fieberklee.

Bitterkresse (Bitteres Schaumkraut, Falsche Brunnenkresse, Cardamine amara): ausdauernder Kreuzblütler in Europa und Asien; in Bächen und an sumpfigen Orten; mit markhaltigem, kantigem Stengel, fiederteiligen Blättern und weißen Blüten mit violetten Staubbeuteln.

Bitterpilz: anderer Name des ↑Dickfußröhrlings.

Bittersüß (Bittersüßer Nachtschatten, Solanum dulcamara): Nachtschattengewächs in den gemäßigten Zonen Eurasiens sowie in Nordafrika, in Deutschland in feuchtem Gebüsch und Auwäldern; niederliegender oder bis 3 m hoch kletternder Halbstrauch mit etwa herzförmigen unteren und dreilappigen oberen Blättern, fünfzähligen Blüten in Doldentrauben und roten, giftigen Beeren.

Bittersüßer Nachtschatten: svw. ↑Bittersüß.

Blasenbinse (Blumenbinse, Scheuchzeria palustris): einzige Art der **Blasenbinsengewächse** (Blumenbinsengewächse, Scheuchzeriaceae); auf Zwischenmooren und Hochmoorschlenken der Nordhalbkugel vorkommende Pflanzen mit schmalen Blättern und zwittrigen, gelblichgrünen Blüten in lockeren Rispen. Der Name kommt von den blasig aufgetriebenen Früchten.

Blasenfarn (Cystopteris): Gattung der Farne mit fünf Arten; zierliche Pflanzen, die mehrfach gefiederte Blattspreiten besitzen. Die Sporangienhäufchen (Sori) auf der Blattunterseite sind von blasenartigen Schleiern (Indusium) eingehüllt. Eine bekannte Art ist der fast weltweit verbreitete, bis 40 cm hohe **Zerbrechliche B.** (Cystopteris fragilis); er kommt in Gebirgen häufig in Fels- und Mauerspalten vor.

Blasenkirsche: anderer Name der ↑Judenkirsche.

Blasenstrauch (Blasenschote, Colutea): Gattung der Schmetterlingsblütler mit rund 20 Arten; v. a. von Südeuropa über Vorderasien bis zum Himalaya verbreitet; überwiegend giftige Sträucher mit blasig aufgetriebenen Fruchthülsen. Einige Arten, z. B. der gelbblühende, bis 6 m hohe **Gelbe B.** (Colutea arborescens), werden als Zierpflanzen kultiviert.

Blasentang (Fucus vesiculosus): Braunalgenart in der mittleren Gezeitenzone kalttemperierter Meere; mit Haftscheibe und rund 60 cm langem, ledrigem, riemenartigem, gablig verzweigtem Thallus. Zu beiden Seiten der Mittelrippe entsteht pro Jahr ein Paar Gasblasen. Eier und Spermien werden in Höhlungen (Konzeptakeln) gebildet und, von der Mondphase gesteuert, entleert. Die Zellwand enthält bis zu 0,1 %

Jod und große Mengen an Alginaten. – Abb. S. 319.

Blätterkohl: Kulturform des ↑Gemüsekohls.

Blätterpilze: anderer Name der ↑Lamellenpilze.

Blattflechten: anderer Name der ↑Laubflechten.

Blattkakteen: volkstümliche Bez. für Kakteen mit blattartigen Flachsprossen; z. B. ↑Blattkaktus und ↑Gliederkaktus.

Blattkaktus (Epiphyllum, Phyllocactus): Kakteengattung mit rund 20 Arten in Mittel- und Südamerika; auf Bäumen wachsende (epiphytische) Sträucher mit langen, blattartigen, zweikantig geflügelten Flachsprossen und großen, oft wohlriechenden, trichterförmigen Blüten mit langer Röhre; mehrere Arten in Kultur. – Abb. S. 233.

Blattkohl: Kulturform des ↑Gemüsekohls.

Blaualgen (Zyanobakterien, Cyanophyceae): Klasse einfacher, Photosynthese zeigender, vorwiegend blaugrüner Organismen, die zusammen mit den Bakterien als Prokaryonten gegenüber Pflanzen und Tieren eine selbständige systematische Einheit bilden. B. kommen als Einzeller, Zellkolonien, unverzweigte oder verzweigte Fäden (oft mit Gallertscheiden oder große Gallertlager bildend) v. a. im Süßwasser vor, besiedeln jedoch auch extreme Standorte und sind Erstbesiedler auf Rohböden und nacktem Gestein.

Die *Fortpflanzung* der B. erfolgt nur durch Zellteilung. Ihre *zelluläre Organisation* ist elektronenmikroskopisch gut untersucht. Der Zellkern fehlt; Sitz der genetischen Information ist das Zentroplasma mit seinen DNS-haltigen Strukturen (Kernäquivalent). Das periphere Chromatoplasma enthält (neben diffus verteilter RNS) in Stapeln oder parallel zur Zellwand angeordnete Lamellen (Thylakoide; sind nicht wie Plastiden durch eine Membran abgegrenzt) mit den Photosynthesepigmenten Chlorophyll a, Carotinoiden (v. a. β-Carotin) und zwei wasserlöslichen Chromoproteiden (Phycobiline): das blaue Phycocyan und (nur bei manchen Arten) das rote Phycoerythrin; echte Chromatophoren fehlen. Der chemische Aufbau der Zellwand ähnelt dem bei Bakterien. Einige B. bilden mit Pflanzen Symbiosen, z. B. mit Schlauchpilzen (↑Gallertflechte), mit Algen- und Palmfarnen.

Blaubeere: anderer Name der ↑Heidelbeere.

Blaufichte: Kulturform der ↑Stechfichte.

Blaugras: anderer Name für die Gattung ↑Kopfgras.

Blaugummibaum: Art der Gattung ↑Eukalyptus.

Blaukissen (Aubrieta): Gattung der Kreuzblütler mit rund 10 Arten. Einige Arten sind beliebte Zierpflanzen für Steingärten und Rabatten. Besonders verbreitet ist **Aubrieta deltoidea,** eine ausdauernde, 10–20 cm hohe, polsterbildende Pflanze mit grob gezähnten, einfachen Blättern und relativ großen, blauen bis purpurvioletten Blüten.

Blaukraut (Blaukohl, Rotkohl, Rotkraut): blaurote Kulturform des ↑Gemüsekohls mit Kopfbildung (Kopfkohl).

Blauregen: anderer Name der Gattung ↑Glyzine.

Blauschimmel (Peronospora tabacina): zu den Falschen Mehltaupilzen gehörender Pilz, der an Tabakpflanzen, auch an Tomaten- und Paprikapflanzen erheblichen Schaden anrichten kann. – Um 1900 aus Australien bekanntgeworden, breitete sich 1921 in Florida und seit 1959 in Europa aus.

Blauschwingel: Varietät des ↑ Schafschwingels.

Blaustern: anderer Name der Gattung ↑ Szilla.

Blautanne: Kulturform der ↑ Stechfichte.

Blechnum: wissenschaftlicher Name der Gattung ↑ Rippenfarn.

Bleichsellerie: Kultursorte des Echten Selleries (↑ Sellerie).

Blumenesche: svw. Mannaesche (↑ Esche).

Blumenkohl (Karfiol): Kulturform des ↑ Gemüsekohls, dessen junger Blütenstand mit verdickten, noch nicht gestreckten Ästen samt Knospen und kräftiger Hauptachse gekocht gegessen wird; die Pflanze ist zur Ausbildung normaler Blüten und Früchte nach Streckung des Blütenstandes befähigt.

Blumenkresse: anderer Name der ↑ Kapuzinerkresse.

Blumennessel: anderer Name der ↑ Buntnessel.

Blumenrohr (Canna): einzige Gattung der **B.gewächse** (Cannaceae) mit rund 50 Arten an sumpfigen, sonnigen Standorten im tropischen Amerika; einige Arten sind in Afrika und Asien als verwilderte Kulturpflanzen verbreitet; bis etwa 2 m hohe Stauden mit meist knollig verdicktem Wurzelstock, langen, fiedernervigen Blättern und ährigen, traubigen oder rispigen Blütenständen; Blüten asymmetrisch mit drei Kelch- und drei Kronblättern sowie 1–5 kronblattartigen Staubblättern.
Die Wurzelstöcke einiger Arten (z. B. von Canna edulis) werden wie Kartoffeln gegessen. Das aus dem Wurzelstock gewonnene Stärkemehl kommt als **Queensland-Arrowroot** in den Handel. Einige Arten und die unter dem Namen **Canna generalis** zusammengefaßten Hybriden mehrerer Arten, aus denen zahllose Sorten mit grünen, braunroten oder rötlichen Blättern sowie Blüten in vielen Gelb- und Rottönen hervorgingen, sind beliebte, nicht winterharte Zierpflanzen.

Blutalgen: Bez. für einige einzellige Grünalgenarten aus den Gattungen **Haematococcus** und **Chlamydomonas,** deren Chlorophyll durch sekundär entstehende orangefarbene oder rote Farbstoffe verdeckt wird, so daß sie rot erscheinen. In Gebirgen und Polargebieten kommt es durch Massenvermehrung von B. zu rötlich verfärbtem Schnee **(Blutschnee);** Massenentwicklungen können auch Regenpfützen rot färben **(Blutregen).** Bei verschiedenen Völkern (u. a. Inder, Römer, Griechen) wurde Blutregen als Vorzeichen für Unheil (Mord, Krieg, Seuchen) gedeutet.

Blutbuche: Kulturform der Rotbuche mit anfangs schwarzroten, später tief dunkelbraunen Blättern.

Blutdorn: svw. ↑ Rotdorn.

blütenlose Pflanzen: gleichbedeutend mit ↑ Kryptogamen.

Bluthasel: Kulturform des ↑ Haselnußstrauchs und der ↑ Lambertsnuß.

Blutreizker: Art der Pilzgattung ↑ Milchlinge.

Blutschwamm: volkstümliche Bez. für verschiedene Pilzarten, v. a. für den ↑ Leberpilz und den ↑ Zunderschwamm.

Blutströpfchen: volkstümliche Bez. für verschiedene Pflanzenarten mit kleinen, roten Blüten, v. a. für den Ackergauchheil und einige Adonisröschenarten.

Blutweide: svw. ↑ Roter Hartriegel.

Blutweiderich (Lythrum salicaria): Weiderichgewächs auf der nördlichen Halbkugel, an Ufern und sumpfigen Stellen; bis 120 cm hohe

Staude mit lanzettlichen, gegenständigen Blättern und sechszähligen, bläulichen bis purpurroten Blüten.

Blutwurz (Aufrechtes Fingerkraut, Waldfingerkraut, Ruhrwurz, Tormentill, Potentilla erecta, Potentilla tormentilla): Rosengewächs (Gattung ↑Fingerkraut) in Eurasien; auf Wiesen, Heiden, Mooren und in Wäldern; Staude mit etwa 10 bis 40 cm hohem, abstehend behaartem Stengel, dreizählig gefingerten Blättern mit keilförmigen, grob gesägten Fiedern und zwei großen Nebenblättern sowie einzelnen, meist vierzähligen, gelben Blüten; Wurzelstock bis 3 cm dick, oft knollig, innen rot, gerbstoffreich, wird als Mittel bei Darmstörungen und zur Pinselung der Mundhöhle verwendet.

Bobaum: anderer Name für den ↑Bodhibaum.

Bockbeere: anderer Name der ↑Kratzbeere.

Bocksbart:

◊ (Tragopogon) Gattung der Korbblütler mit rund 45 in Eurasien beheimateten Arten. Die Pflanzen sind milchsaftführend und haben grasartige Blätter und Blütenköpfchen, die aus gelben, purpurnen oder violetten Zungenblüten bestehen. Diese weisen einen spitzzipfeligen Hüllkelch auf; die Früchte haben einen langgestielten Haarschopf (Pappus) aus fedrig verzweigten Borsten. Einheimisch ist u. a. der auf Wiesen und an Wegrainen vorkommende **Wiesen-B.** (Tragopogon pratensis); er wird bis zu 80 cm hoch und trägt große, kräftig gelbe Blütenköpfchen. Die violettblütige **Haferwurz** (Tragopogon porrifolius) hat eine weiß berindete Rübe und ist ein der Schwarzwurzel ähnliches Wurzelgemüse Südeuropas und Englands.

◊ anderer Name der Pilzgattung ↑Keulenpilz.

Bocksorchis: anderer Name der Orchideengattung ↑Riemenzunge.

Bodhibaum (Bobaum, Aschwatthabaum, Götzenbaum, Baum des Propheten, Heiliger Feigenbaum, Pepulbaum, Ficus religiosus): Art der Gattung Feige in Ostindien und auf Ceylon; immergrüner Baum mit langgestielten, herzförmigen, zugespitzten Blättern; sehr lichtbedürftige Zimmerpflanze.

Boehmeria [bø...; nach dem dt. Botaniker G. R. Boehmer, *1723, †1803]: Gattung der Nesselgewächse mit rund 60 Arten, v. a. in den Tropen; Kräuter, Sträucher oder Bäume mit meist großen Blättern und unscheinbaren Blüten. Als **Ramiepflanzen** (Ramien) bekannte Kulturpflanzen sind: **Weiße Nessel** (Chinesische Nessel, B. nivea; 2-2,5 m hoch; mit breit-herzförmigen, etwa 15 cm langen, unterseits weißfilzigen Blättern); **Grüne Nessel** (Indische Nessel, B. utilis, bis 4 m hoch; Blätter unterseits grün). Beide Arten sind krautig und ausdauernd; sie sind in Ost- und Südostasien heimisch. Die Bastfaser ihrer Rinde wird zur verspinnbaren **Ramiefaser** verarbeitet.

Bofist (auch: Bovist) [eigentlich = Füchsinfurz]: Bez. für verschiedene ↑Bauchpilze mit keulig-knollenförmigem Fruchtkörper, v. a. die Arten der Gattungen **Bovista** (B. im engeren Sinne; etwa 15 Arten; auf Weiden und an sandigen Orten in Europa, Nordamerika und Australien; u. a. Eier-B., Zwerg-B.) und ↑Stäublinge, deren Fruchtkörper in jungem Zustand weich, schwammig und eßbar ist; außerdem die Gattung **Hart-B.** (Scleroderma; rund 40 Arten; jung mit hartem, ungenießbarem Fruchtkörper; u. a. Kartoffelbofist).

Bogenhanf (Sansevieria): Gattung der Agavengewächse mit rund 50 Arten in den Tropen (von Afrika bis

Birma); Blätter fleischig, entweder flach (lang und schmal oder kurz und breit) oder stielrund, grundständig, einem dicken, kurzen Wurzelstock entspringend; Blüten in rispigem Blütenstand, röhrenförmig, mit kurzen oder längeren Zipfeln; Frucht beerenartig; z.T. beliebte Zimmerpflanzen, z. B. die ↑ Bajonettpflanze, deren Blattfasern, wie die einiger anderer Arten, den **Sansevieriahanf** als wichtigen Rohstoff für Seile liefern.

Bohnapfel: ein Winterapfel (↑ Apfelsorten, Übersicht).

Bohne (Phaseolus): Gattung der Schmetterlingsblütler mit rund 200 Arten, v. a. in den Tropen und Subtropen (besonders Amerikas, seltener Asiens); meist windende Kräuter mit dreizähligen Blättern, weißen, gelben oder roten Blüten und mehrsamigen, charakteristisch geformten Hülsenfrüchten **(Bohnen).** Einige Bohnenarten sind wichtige Kulturpflanzen, z. B. ↑ Gartenbohne, ↑ Feuerbohne, ↑ Asukibohne, ↑ Mondbohne. – Nicht in diese Gattung gehören die ↑ Pferdebohne, ↑ Helmbohne, ↑ Kalabarbohne, ↑ Sojabohne und ↑ Spargelbohne.

Geschichte: Griechen und Römer brachten den Göttern und Geistern der Unterwelt Bohnenopfer dar; Germanen und Slawen verwendeten B.n bei Totenopfern. Im Mittelalter waren B.n (neben Erbsen und Linsen) eine beliebte Fastenspeise. – Garten-B., Feuer-B. und Mond-B. wurden im 16. Jahrhundert aus Süd- und Mittelamerika, wo B.n ebenfalls schon seit vorgeschichtlicher Zeit gegessen wurden, nach Europa eingeführt.

Bohnenkraut:

◊ (Sommer-B., Echtes B., Gartenquendel, Pfefferkraut, Satureja hortensis) einjähriger, weiß bis lila blühender Lippenblütler mit lanzettlichen Blättern; aus Südeuropa und dem Orient stammend; Küchengewürz, v. a. für Bohnengemüse.

◊ (Winter-B., Satureja montana) mit dem Sommer-B. nah verwandter, ähnlich verwendeter, stark verzweigter Halbstrauch mit rosafarbenen oder violetten, 7–10 mm großen Blüten; selten angebaute, bis 40 cm hohe Gewürzpflanze aus dem Mittelmeergebiet.

Boletaceae: wissenschaftlicher Name der Pilzfamilie ↑ Röhrlinge.

Bombacaceae: wissenschaftlicher Name der ↑ Wollbaumgewächse.

Bombax: wissenschaftlicher Name der Gattung ↑ Seidenwollbaum.

Bombayhanf ['bɔmbe]: anderer Name für die beiden Faserpflanzen ↑ Gambohanf und ↑ Sunnhanf.

Bonsai [jap.]: japanischer Zwergbaum (Höhe etwa 15 bis 80 cm); aus Samen, Stecklingen oder Pfropfreisern durch besondere Behandlung (Beschneiden und Einengen der Wurzeln, Auskneifen des Austriebs, Anzucht in kleinen Töpfen mit fester Erde, geringe Düngung) gezogen. Die Pflanzen können mehrere hundert Jahre alt werden; sehr alte japanische Kunst. – Abb. S. 157.

Boraginaceae: wissenschaftlicher Name der ↑ Rauhblattgewächse.

Borago: Gattung der Rauhblattgewächse mit drei Arten im Mittelmeergebiet, darunter der ↑ Borretsch.

Borassus: wissenschaftlicher Name der Gattung ↑ Weinpalme.

Boretsch: andere Schreibweise für ↑ Borretsch.

Boretschgewächse: svw. ↑ Rauhblattgewächse.

Borretsch [durch roman. Vermittlung (frz. bourrache, italien. borragine) von mlat. bor(r)ago, weitere Herkunft unsicher] (Boretsch, Gurkenkraut, Borago officinalis): einjähriges Rauhblattgewächs aus dem Mittelmeergebiet, in Mitteleuropa nicht selten verwildert; Blüten himmelblau, radförmig, nickend; als Gewürzpflanze angebaut; gute Binsenweide.

Borretschgewächse: anderer Name der ↑ Rauhblattgewächse.

Borstengerste: anderer Name der Gattung ↑ Borstenhirse.

Borstenhirse (Borstengerste, Fennich, Setaria): mit der Hirse nah verwandte Gattung der Süßgräser mit rund 120 weltweit verbreiteten Arten, in Mitteleuropa vier Arten auf Brachland, Schuttplätzen und in Gärten; Ährchen in ährenförmigen, meist zylindrischen Rispen, mit drei Hüllspelzen und mehreren, vom Ährchenstiel ausgehenden, meist rauhen Borsten; als Getreide angebaute Art ↑ Kolbenhirse.

Borstenkiefer: anderer Name der ↑ Grannenkiefer.

Boskop: ein Winterapfel (↑ Apfelsorten, Übersicht).

Botrydium: eine Algengattung (↑ Xanthophyceae).

Botrytis [zu griech. bótrys = Weintraube (angeblich nach den kugeligen Sporidien an der Spitze der fruchtbaren Stiele)]: Gattung der Schlauchpilze mit rund 50 Arten, hauptsächlich an verletzten, faulenden Pflanzenteilen. Am bekanntesten ist **B. cinerea** (heute als Nebenfruchtform von Sclerotina fuckeliana erkannt); verursacht Grauschimmel.

Bougainvillea [bugɛ̃'vɪlea; nach dem frz. Offizier und Seefahrer L.-A. Comte de Bougainville, * 1729, † 1811]: Gattung der Wunderblumengewächse mit 14 Arten im tropischen und subtropischen Südamerika; Sträucher oder kleine Bäume mit rundlichen oder lanzettlich-eiförmigen Blättern; Blüten mit einfacher, röhriger Blütenhülle, rosa, gelblich oder weiß, einem oft rot, violett oder weiß gefärbten Hochblatt angewachsen, einzeln oder zu dreien gruppiert; z. T. beliebte Zierpflanzen.

Bovista: wissenschaftlicher Name der Pilzgattung ↑ Bofist.

Boysenbeere [nach dem amerikan. Gärtner R. Boysen]: durch Kreuzungen von Brombeeren mit Himbeeren gezüchtetes Rosengewächs mit großen, brombeerähnlichen, dunkelroten bis fast schwarzen, aromatisch schmeckenden Früchten.

Brachrübe: anderer Name der Wasserrübe (↑ Rübsen).

Brachsenkraut (Isoetes): Gattung der Bärlappgewächse, deren rund 100 Arten in wärmeren Gebieten der Nord- und Südhalbkugel (auch Mittelmeerländer) verbreitet sind. Die meist am Grund von Seen lebenden Pflanzen besitzen eine knollenförmige Sproßachse mit sekundärem Dickenwachstum und dichtstehende, binsenförmige Blätter, an deren verbreiterter Basis Sporangien sitzen. In Mittel- und Nordeuropa kommen zwei Arten vor, die beide vom Aussterben bedroht sind: das dunkelgrüne **See-B.** (Isoetes lacustris) und das **Stachelsporige B.** (Isoetes echinospora) mit hellgrünen, fein zugespitzten Blättern.

Brandlattich: anderer Name für ↑ Alpenlattich.

Brandpilze: parasitische Ständerpilze, die vorwiegend Blütenpflanzen befallen. Das befallene Gewebe verfärbt sich schwärzlich und stirbt ab **(Brandkrankheit, Brand).** Ein starker Befall mit B.n kann schließlich zum Absterben der ganzen Pflanze führen.

Die B. sind in zwei Ordnungen eingeteilt: Die **Ustilaginales** besitzen quergeteilte Basidien; Vertreter sind z. B. **Ustilago caries** und **Ustilago**

hordei, die den Flugbrand des Weizens und der Gerste verursachen, sowie **Ustilago maydis,** der den Maisbeulenbrand bewirkt, erkennbar an beulen- bis faustgroßen, von Silberhäutchen überzogenen, mit Brandsporen gefüllten Gebilden auf Blättern und Blütenständen. Zur Ordnung **Tilletiales** (mit ungeteilten Basidien) zählen z. B. **Tilletia caries** (Stein-, Stink- oder Schmierbrand des Weizens), dessen schwarze Sporen nach Heringslake riechen und zunächst schmierig, später steinhart sind, sowie **Urocystis occulta** (Roggenstengelbrand); hier sitzen die Sporen in schwielenartig aufgetriebenen, später aufreißenden Streifen auf Stengeln und Blättern.

Die Infektion ist möglich als Keimlings- oder Blüteninfektion. Bei Arten mit Keimlingsinfektion wird die Pflanze von im Boden gekeimten Sporen befallen; die Verbreitung erfolgt v. a. beim Dreschen. Durch Beizen des Saatguts (vorwiegend mit organischen Quecksilberverbindungen) kann der Befall weitgehend verhindert werden. Bei der Blüteninfektion werden die Sporen schon während der Blütezeit der Wirtspflanze verbreitet und befallen sofort neue Blüten. Der Pilz überwintert im Samenkorn, der Keimling ist schon vor der Keimung infiziert; diese Arten sind durch Beizung nicht bekämpfbar.

Brasilkiefer (Brasilianische Araukarie, Araucaria angustifolia): Araukariengewächs in Südbrasilien und Nordargentinien; bestandbildender Nadelbaum mit etwa 25–45 m hohem, etwa 1 m dickem, weitgehend astfreiem Stamm und hoch angesetzter Krone; Holz mit hellgelbem Splint und gelbbraunem Kern, oft rötlichbraun gestreift (für Möbel, Sperrholz).

Brätling: Art der Pilzgattung ↑ Milchlinge.

Braunalgen (Phaeophyceae): hochentwickelte Klasse der ↑ Algen mit rund 2 000, überwiegend marinen Arten. B. sind, mit Ausnahme der in riesigen Mengen in der Sargassosee treibenden Sargassumarten, festsitzend; einzellige Formen fehlen. Die einfachsten B. besitzen fädige, verzweigte Thalli. In den echten Geweben der großen B. (Tange) finden sich bereits Assimilations-, Speicher- und Leitgewebe. Die B.zelle führt mehrere meist linsenförmige Farbstoffträger (Chromatophoren), in denen (neben Chlorophyll) u. a. das für die braune bis olivgrüne Farbe der meisten B. verantwortliche Carotinoid Fucoxanthin vorkommt. Die aktiv beweglichen Stadien (Zoosporen, Gameten) besitzen zwei ungleich lange Geißeln.

Von ständig wachsender Bedeutung ist die aus B. gewonnene **Alginsäure,** deren Salze und Ester als Verdikkungs-, Emulgierhilfs- und Geliermittel z. B. in Lebensmitteln, als Appetitzügler, in Druckpasten für den Textildruck und Cremes sowie als Schutzkolloide bei der Herstellung von Leimen und Appreturmitteln verwendet werden. – Bekannte Arten sind z. B. ↑ Blasentang, ↑ Riementang.

Braunelle:

◇ (Brunelle, Prunella, Brunella) Lippenblütlergattung mit fünf Arten, von Europa bis Nordafrika verbreitet; niedrige Stauden mit meist gestielten, gegenständigen Blättern; Blüten in endständigen Scheinähren. In Mitteleuropa drei Arten auf Wiesen, an Waldrändern, in lichten Wäldern, mit blauvioletten bis rötlichen oder weißen Blüten.

◇ anderer Name der Orchideengattung ↑ Kohlröschen.

Braunwurz (Scrophularia): v. a. in Eurasien verbreitete Gattung der Rachenblütler mit rund 150 Arten. Die bekannteste in Mitteleuropa vorkommende Art ist die rund 1 m hohe **Knotige B.** (Scrophularia nodosa) mit kleinen, braunroten Blüten; ist v. a. in krautreichen Wäldern verbreitet.

Braunwurzgewächse: anderer Name der ↑ Rachenblütler.

Brechnußbaum (Strychnos nux-vomica): bis 15 m hoher Baum der Gattung Strychnos in Südasien; Blätter eiförmig, gekreuzt gegenständig; Blüten grünlich-gelb, in endständigen, gabelig verzweigten Trugdolden; Früchte beerenartig, 2,5–6 cm groß, orangerot, mit dünner, fester Schale und meist 2–4 scheibenförmigen, in der Medizin als **Brechnuß** (etwa 1 % Strychnin, bis 3,5 % weitere Alkaloide; Brech- und Abführmittel) verwendeten Samen in bitterem Fruchtfleisch.

Breiapfel: Frucht des ↑ Sapotillbaums.

Breitlauch: anderer Name für ↑ Porree.

Breitwegerich: Art der Gattung ↑ Wegerich.

Brennende Liebe: Name zweier Gartenpflanzen (↑ Lichtnelke, ↑ Eisenkraut).

Brennessel (Nessel, Urtica): Gattung der Nesselgewächse mit über 30 Arten in den gemäßigten Breiten; Blüten unscheinbar, an Blättern und Stengeln Brennhaare. – In Mitteleuropa zwei einheimische Arten: **Große B.** (Urtica dioica), bis 1,5 m hohe, mehrjährige zweihäusige Ruderalpflanze mit gegenständigen, länglich-eiförmigen, am Rand grob gesägten Blättern; als Zuchtform dient die **Fasernessel** (bzw. deren Bastfasern) zur Gewinnung von Nesselfasern für Nesseltuch und Garne; **Kleine B.** (Urtica urens), bis 50 cm hohes, einjähriges, einhäusiges Gartenunkraut mit rundlich-eiförmigen bis elliptischen, tiefgesägten Blättern.

Briza: wissenschaftlicher Name der Gattung ↑ Zittergras.

Brockelerbse: anderer Name der ↑ Pflückerbse.

Brokkoli [aus italien. broccoli, Mehrz. von broccolo = Blumenkohl] (Broccoli, Spargelkohl, Sprossenkohl, Brassica oleracea convar. botrytis var. cymosa): mit dem Blumenkohl verwandte Varietät des ↑ Gemüsekohls mit meist grünem, weniger als beim Blumenkohl gestauchtem Blütenstand. Die einzelnen Blütensprosse sind bei den meisten Sorten langstielig. Gegessen werden die grünen Sprossen mit dem Blütenstand im frühen Knospenstadium.

Brombeere (Rubus fruticosus): formenreiche Sammelart der Gattung ↑ Rubus mit zahlreichen, z. T. schwer unterscheidbaren Kleinarten und vielen Bastarden, in Wäldern und Gebüsch; Sprosse zweijährig, mit der Spitze bogig dem Erdboden zuwachsend, dort wurzelnd und erneut austreibend (Wandersprosse); mit kräftigen Stacheln, 3- bis 7zählig gefiederten Blättern und schwarzroten bis schwarzen Sammelfrüchten aus einzelnen Steinfrüchten (Sammelsteinfrucht); zahlreiche, v. a. in Nordamerika gezüchtete Kultursorten (z. B. ↑ Loganbeere), manche auch stachellos. Die Früchte **(Brombeeren)** werden frisch gegessen oder zu Marmelade und Säften verarbeitet, die Blätter für Tee verwendet.

Bromeliaceae (Bromeliazeen): wissenschaftlicher Name der ↑ Ananasgewächse.

Bromelien [nach dem schwedischen Botaniker O. Bromel, * 1639, † 1705]: Sammelbez. für die als Zierpflanzen kultivierten ↑ Ananasgewächse; im engeren Sinne Bez. für die Gattung **Bromelia:** rund 35 Arten im tropischen Amerika; meist große, an Trockenklima angepaßte Rosettenpflanzen, die Wasser größtenteils über Schuppenhaare ihrer eine Zisterne bildenden Blattbasen aufnehmen; Blätter lang und starr, am Rand mit Dornen besetzt; Blüten in rispigen Blütenständen.

Bromus: wissenschaftlicher Name der Gattung ↑Trespe.

Brotfruchtbaum (Artocarpus communis): auf Neuguinea und den Molukken heimisches, Milchsaft führendes Maulbeergewächs; bis 20 m hoher Baum, weit ausladende Krone; 30 bis 90 cm lange, fiederspaltige Blätter, einhäusige Blüten mit Perigon. Aus den ♀ Blütenständen entwickeln sich kopfgroße, bis 2 kg schwere Scheinfrüchte **(Brotfrüchte)** mit verdickter, stärkereicher Achse und ölreichen Samen. Die Früchte und Samen werden gekocht oder geröstet gegessen.

Brotpilz:

◊ ein Speisepilz (↑Milchlinge).

◊ (Roter B., Bäckereipilz, Neurospora sitophila) Schlauchpilz der Gattung Neurospora mit orangerotem Myzel; kann Backwaren ungenießbar machen.

Brunnenkresse:

◊ (Nasturtium) weltweit verbreitete Gattung der Kreuzblütler mit rund 40 Arten; Stauden mit größtenteils gefiederten Stengelblättern. Die Blüten bilden meist end- oder achselständige Trauben. Die Kronblätter sind weiß und verfärben sich lila; die Kelchblätter stehen ab. Eine bekannte einheimische Art ist die 30–80 cm hohe **Echte B.** (Nasturtium officinale): in Wasserläufen mit schlammigem Grund wildwachsend, aus den Blattachseln wurzelnd; die Blätter schmecken scharf; wird stellenweise als Wintergemüse gezogen. Das Kraut enthält ein ätherisches Öl **(Raphanol),** Bitterstoffe, die Vitamine A, C und D und ein antibiotisch wirkendes Senfölglykosid.

◊ (Falsche B.) anderer Name der ↑Bitterkresse.

Brunnenlebermoos: Art der Lebermoosgattung ↑Marchantia.

Bubikopf (Bubiköpfchen, Soleirolia soleirolii, Helxine soleirolii): auf Korsika endemisches Nesselgewächs; krautige, kriechende Pflanze mit fadendünnen, dicht mit winzigen Blättern besetzten Zweigen; hohe Luftfeuchtigkeit liebende Zierpflanze, auch Bodendecker in Pflanzkästen.

Buche (Fagus): Gattung der Buchengewächse mit rund 10 Arten in der gemäßigten Zone der nördlichen Halbkugel. Die Pflanzen sind sommergrüne Bäume mit ungeteilten, ganzrandigen oder feingezähnten Blättern. Die ♀ Blüten sitzen in den Achseln von Laubblättern, und jeweils 2–3 sind von einer gemeinsamen Hülle umgeben; die ♂ Blüten bilden kugelige, langgestielte Büschel. Die Früchte **(Bucheckern, Bucheln)** sind dreikantige Nußfrüchte, die zu je 2–3 in einem vierklappigen, außen bestachelten Fruchtbecher sitzen.

Die einzige in Mitteleuropa heimische Art ist die bis 30 m hohe **Rot-B.** (Fagus sylvatica) mit glatter, grauer Rinde; Blätter spitzeiförmig, oberseits glänzend dunkelgrün, unterseits hellgrün, im Herbst rötlichbraun; ♂ Blüten in kugeligen, hängenden Kätzchen, ♀ Blüten zu zweien in aufrechten Köpfchen. In den Fruchtbechern sind jeweils zwei dreikantige, einsamige Nüsse. Die Samen enthalten bis zu über 40% Fett sowie Eiweiß und Stärkemehl; sie haben einen nußartigen Geschmack; durch

Saponine leicht giftig. Die Früchte werden erstmals nach 40 Jahren gebildet, besonders reichlich nur alle 5–10 Jahre **(Buchelmast, Mastjahre)** und dann zur Schweinemast und Speiseölgewinnung verwendet. – Das schwere, harte rötlichweiße *Holz* der Rot-B. wird vielseitig verwendet (Bau-, Furnier-, Möbelholz u. a.), auch zur Fertigung von Holzwerkstoffen.

Buchengewächse (Fagaceae, Cupuliferae): Familie zweikeimblättriger Holzgewächse mit sieben Gattungen und rund 600 Arten in den gemäßigten Breiten und den Tropen; Früchte (einsamige Nußfrucht) einzeln oder gruppenweise von einem Fruchtbecher umgeben; sommergrüne oder immergrüne Bäume (selten Sträucher) mit einfachen Blättern und unscheinbaren, meist eingeschlechtigen, einhäusigen, einzeln in Büscheln oder Kätzchen stehenden Blüten; bekannte Gattungen: Buche, Eiche, Kastanie, Scheinbuche.

Buchsbaum (Buxus): Gattung der Buchsgewächse mit etwa 40 weitverbreiteten Arten; immergrüne, einhäusige Sträucher oder kleine Bäume; Blätter lederartig; Blüten unscheinbar, ohne Kronblätter, in Büscheln; die rundlich-eiförmigen Kapselfrüchte mit drei Hörnern. – Bekannteste Art: **Immergrüner B.** (Buxus sempervirens), heimisch im Mittelmeergebiet und in Westeuropa; 0,5 bis (selten) 8 m hoher, dichter Strauch mit bis 3 cm langen, eiförmigen Blättern; Zierstrauch; Holz sehr hart, zum Drechseln und Schnitzen.

Buchsgewächse (Buchsbaumgewächse, Buxaceae): Familie zweikeimblättriger, meist immergrüner Holzgewächse; sechs Gattungen (z. B. Buchsbaum, Pachysandra) mit etwa 60 Arten, v. a. in gemäßigten und subtropischen Gebieten der Alten Welt; Blätter meist ledrig und ganzrandig; die unscheinbaren eingeschlechtigen Blüten stehen einzeln, in Ähren oder Knäueln.

Buchweizen (Heide[n]korn, Fagopyrum): Gattung der Knöterichgewächse mit zwei einjährigen Arten; am bekanntesten der **Echte B.** (Fagopyrum esculentum, Fagopyrum sagittatum), kultiviert in Asien und (v. a. auf Sand- und Heideböden) Mitteleuropa; bis 60 cm hoch, Blätter dreieckig-herzförmig, zugespitzt, Blüten mit 5 weißen oder rötlichen Blütenhüllblättern, in Doldenrispen; Nußfrüchte etwa 5 mm lang, scharf dreikantig, zugespitzt; die enthülsten Samen werden hauptsächlich als Rohkost, Suppeneinlage und als B.grütze verwendet.

Buddleja: anderer Name der Gattung ↑ Schmetterlingsstrauch.

Buffalogras (Büffelgras, Buchloe dactyloides): in den Kurzprärien der mittleren USA vorherrschendes, bestandbildendes Süßgras, einzige Art der Gattung B.; niedriges, zartes, äußerst dürrefestes Weidegras mit oberirdischen Ausläufern.

Büffelbeere (Shepherdia): Gattung der Ölweidengewächse mit drei Arten in Nordamerika; zweihäusige Sträucher oder bis 6 m hohe Bäume mit kleinen, in Ähren oder Trauben stehenden Blüten und länglichen Blättern; Beerenfrüchte gelblichrot bis braunrot, die der **Silber-B.** (Shepherdia argentea) eßbar.

Büffelgras: gleichbed. mit ↑ Buffalogras.

Bunium: wissenschaftlicher Name der Gattung ↑ Erdknolle.

Buntnessel (Blumennessel, Ziernessel, Coleus): Gattung der Lippenblütler mit rund 200 Arten in Afrika und im tropischen Asien; Kräuter und Halbsträucher, Blattform wie bei der Taubnessel; Blüten in endständigen, meist blattlosen Scheinähren aus Halbquirlen; einige Arten mit vielen buntblättrigen Sorten; beliebte Gartenzierpflanzen.

Burgunderreben (Pinotreben): Sammelbez. für mehr als 20 wahrscheinlich vom **Blauen Spätburgunder** (**Pinot noir,** tiefdunkle Beeren) abstammende Rebsorten. Die wichtigsten davon sind: **Ruländer** (frz. **Pinot gris,** dt. auch Grauburgunder), benannt nach J. S. Ruland aus Speyer, der die Rebe 1711 aus Burgund in die Pfalz brachte. Andere Namen: im Wallis „Malvoisie", im Elsaß und in der Westschweiz „Tokajer" (nicht verwandt mit der Furmintrebe des ungarischen echten Tokajers). Der Ruländer ist eine durch Selektion aus dem Pinot noir entstandene helle Farbvarietät. – **Weißburgunder:** durch weitere Auslese aus dem Ruländer entstandene noch hellere Varietät. – Als älteste weiße Burgundertraube gilt der **Pinot Chardonnay** (benannt nach dem Flecken Chardonnay unweit von Mâcon in Burgund), als ihre Mutationen der **Pinot blanc** und der **Pinot Auxerrois.** – Weitere Abkömmlinge sind der **Pinot meunier** (dt. **Müller-Rebe** oder **Schwarzriesling**) und **Samtrot** (Klonenzüchtung aus Pinot meunier), beide in Württemberg angebaut. Eine Spielart des Blauen Spätburgunders ist der leichte, hellfarbige **Blaue Frühburgunder.** Der **Blaue Spätburgunder** stammt wahrscheinlich von der Rebe der Allobroger aus der Gegend von Vienne ab; sie ist noch heute die wertvollste Burgunderrebe.

B. beanspruchen warme, tiefgründige, nahrhafte, kalkhaltige Böden und mittlere Niederschläge; sie bevorzugen flache Lage in warmem Klima. In Deutschland werden sie v.a. in Baden (Kaiserstuhl, Ortenau), jedoch auch in der Rheinpfalz, im Rheingau, an der Ahr und in Württemberg angebaut.

Buschbohne: Varietät der ↑Gartenbohne.

Büschelschön (Phacelia): Gattung der Wasserblattgewächse mit der bekannten, aus Kalifornien stammenden Art **Rainblättriges B.** (Phacelia tanacetifolia): 30–70 cm hohes, einjähriges, behaartes Kraut mit fiederschnittigen Blättern und blauen Blüten, aus denen die Staubblätter weit herausragen. In Deutschland wird diese Art als Bienenfutterpflanze angebaut; zuweilen kommt sie auch verwildert vor.

Buschwindröschen: Art der Gattung ↑Anemone.

Butterbirne: Sammelbez. für Birnensorten, die durch ihr schmelzendweiches Fruchtfleisch gekennzeichnet sind; z.B. die Sorten Alexander Lucas, Gellerts Butterbirne.

Butterblume: volkstümliche Bez. für Löwenzahn, Sumpfdotterblume und andere gelbblühende Pflanzen.

Butterpilz (Butterröhrling, Suillus luteus, Boletus luteus, Ixocomus luteus): bis 10 cm hoher Röhrling mit gelb- bis schokoladenbraunem, bei Feuchtigkeit schleimig glänzendem Hut mit zitronengelber Unterseite und Stielring; kommt v.a. in sandigen Kiefernwäldern vor; wohlschmeckender Speisepilz.

Butterröhrling: anderer Name für den ↑Butterpilz.

Buxaceae: wissenschaftlicher Name der ↑Buchsbaumgewächse.

Buxus: wissenschaftlicher Name der Gattung ↑Buchsbaum.

C

Caesalpiniaceae [tsɛ...]: wissenschaftlicher Name der ↑Caesalpiniengewächse.

Caesalpinie (Caesalpinia) [tsɛ...; nach dem italien. Philosophen, Botaniker und Mediziner A. Cesalpino, * 1519, † 1603]: Gattung der Caesalpiniengewächse mit rund 120 Arten in den Tropen und Subtropen; Bäume und Sträucher mit doppelt gefiederten Blättern, in Rispen stehenden, gelben oder roten Blüten und zusammengedrückt erscheinenden, ledrigen Hülsenfrüchten. Mehrere Arten liefern Farbhölzer.

Caesalpiniengewächse [tsɛ...] (Caesalpiniaceae): Familie tropischer und subtropischer Holzpflanzen mit zweiseitig symmetrischen Blüten und einfach oder doppelt gefiederten Blättern. Zu den C.n gehören u.a. die Gattungen ↑Afzelia, ↑Caesalpinie, ↑Gleditsia, ↑Johannisbrotbaum, ↑Judasbaum.

Cakile: wissenschaftlicher Name der Gattung ↑Meersenf.

Calamagrostis: wissenschaftlicher Name der Gattung ↑Reitgras.

Calamites: Gattung der ↑Kalamiten.

Calamophyton [griech. kálamos = Rohr und griech. phytón = Gewächs]: Gattung weniger als 1 m hoher, sich mehrfach gabelig verzweigender, strauchartig wachsender, fossiler Farnpflanzen (Vorläufer der Schachtelhalme) mit zwei Arten im Mitteldevon (vor rund 380 Mill. Jahren). Die Blätter sind etwa 1 cm lang, keilförmig und vorn leicht gabelig geteilt.

Calamitaceae: wissenschaftlicher Name der ↑Kalamiten.

Calamus: wissenschaftlicher Name der ↑Rotangpalmen.

Calanthe: wissenschaftlicher Name der Gattung ↑Schönorchis.

Calathea [zu griech. kálathos = Korb (nach der Form des Labellums)] (Korbmarante): Gattung der Marantengewächse mit rund 100 Arten im tropischen Südamerika; Stauden mit am Grunde oft langgestielten, großen, buntgefärbten Blättern und meist in dichten Köpfchen stehenden Blüten. Einige Arten sind beliebte Zierpflanzen.

Calceolaria: wissenschaftlicher Name der Gattung ↑Pantoffelblume.

Calendula: wissenschaftlicher Name der Gattung ↑Ringelblume.

Calla: wissenschaftlicher Name der Gattung ↑Drachenwurz.

Callicarpa: wissenschaftlicher Name der Gattung ↑Schönfrucht.

Calliopsis: wissenschaftlicher Name der Gattung ↑Mädchenauge.

Callipteris [zu griech. kállos = Schönheit und griech. ptéris = Farnkraut]: Gattung ausgestorbener farnartiger Pflanzen (vermutlich Samenfarne); lebten vor rund 350–250 Mill. Jahren (Karbon bis Perm). Die Art **C. conferta** mit doppelt gefiederten, bis etwa 80 cm langen Blattwedeln ist das wichtigste pflanzliche Leitfossil des Rotliegenden (vor rund 240–290 Mill. Jahren).

Callistemon: wissenschaftlicher Name der Gattung ↑Schönfaden.

Callistephus: wissenschaftlicher Name der Gattung ↑Sommeraster.

Callitriche: wissenschaftlicher Name der Gattung ↑ Wasserstern.

Calluna: wissenschaftlicher Name der Gattung ↑ Heidekraut.

Caltha: wissenschaftlicher Name der Gattung ↑ Dotterblume.

Calycanthus: wissenschaftlicher Name der Gattung ↑ Gewürzstrauch.

Camelina: wissenschaftlicher Name der Gattung ↑ Leindotter.

Camellia: wissenschaftlicher Name der Gattung ↑ Kamelie.

Campanula: wissenschaftlicher Name der Gattung ↑ Glockenblume.

Campanulaceae: wissenschaftlicher Name der Gattung ↑ Glockenblumengewächse.

Campsis: wissenschaftlicher Name der ↑ Klettertrompete.

Canangabaum: gleichbed. mit ↑ Ylang-Ylang-Baum.

Candida [zu lat. candidus = weiß]: heterogene und artenreichste Gattung der Hefen. Die Art **C. albicans** gehört zur normalen Flora der Schleimhäute des Menschen, kann aber auch Infektionen (z. B. den besonders bei Säuglingen auftretenden **Soor,** einen grauweißen Belag der Mundschleimhaut) hervorrufen.

Canarium: wissenschaftlicher Name der Gattung ↑ Kanaribaum.

Canellabaum: anderer Name des ↑ Zimtrindenbaums.

Canellaceae: wissenschaftlicher Name der ↑ Kaneelbaumgewächse.

Canna: wissenschaftlicher Name der Gattung ↑ Blumenrohr.

Cannabaceae: wissenschaftlicher Name der ↑ Hanfgewächse.

Cannabis: wissenschaftlicher Name der Gattung ↑ Hanf.

Cannaceae: wissenschaftlicher Name der Blumenrohrgewächse (↑ Blumenrohr).

Cantharellaceae: wissenschaftlicher Name der Pilzfamilie ↑ Leistenpilze.

Cantharellus: wissenschaftlicher Name der Pilzgattung ↑ Pfifferling.

Capparaceae (Capparidaceae): wissenschaftlicher Name der ↑ Kaperngewächse.

Capparis: wissenschaftlicher Name der Gattung ↑ Kapernstrauch.

Caprifoliaceae: wissenschaftlicher Name der ↑ Geißblattgewächse.

Capsella: wissenschaftlicher Name der Gattung ↑ Hirtentäschelkraut.

Capsicum: wissenschaftlicher Name der Gattung ↑ Paprika.

Caragana: wissenschaftlicher Name der Gattung ↑ Erbsenstrauch.

Carapa: wissenschaftlicher Name der Gattung ↑ Crabbaum.

Cardamine: wissenschaftlicher Name der Gattung ↑ Schaumkraut.

Cardaminopsis: wissenschaftlicher Name der Gattung ↑ Schaumkresse.

Cardaria: wissenschaftlicher Name der Gattung ↑ Pfeilkresse.

Carduus: wissenschaftlicher Name der Gattung ↑ Distel.

Carex: wissenschaftlicher Name der Gattung ↑ Segge.

Carica: wissenschaftlicher Name der Gattung ↑ Melonenbaum.

Caricaceae: wissenschaftlicher Name der ↑ Melonenbaumgewächse.

Carlina: wissenschaftlicher Name der Gattung ↑ Eberwurz.

Carnegiea: wissenschaftlicher Name der Gattung ↑ Riesenkaktus.

Carpinus: wissenschaftlicher Name der Gattung ↑ Hainbuche.

Carthamus: wissenschaftlicher Name der Gattung ↑ Saflor.

Carum: wissenschaftlicher Name der Gattung ↑ Kümmel.

Carya: wissenschaftlicher Name der Gattung ↑ Hickorybaum.

Caryophyllaceae: wissenschaftlicher Name der ↑ Nelkengewächse.

Cashewbaum ['kɛʃu..., kə'ʃu:...]: anderer Name des ↑ Nierenbaums.

Cashewnuß ['kɛʃu..., kə'ʃu:...]: Frucht des ↑ Nierenbaums.
Cassia: wissenschaftlicher Name der Gattung ↑ Kassie.
Castanea: wissenschaftlicher Name der Gattung ↑ Kastanie.
Catalpa: wissenschaftlicher Name der Gattung ↑ Trompetenbaum.
Catananche: wissenschaftlicher Name der Gattung ↑ Rasselblume.
Catasetum: wissenschaftlicher Name der Gattung ↑ Rasselstendel.
Cattleya [nach dem britischen Botaniker W. Cattley, † 1832]: Orchideengattung mit über 60 Arten im tropischen Amerika; Baum- und Felsenbewohner mit meist 1–2 dickledertigen Blättern und großen, prächtig gefärbten Blüten in meist wenigblütigen Blütenständen; Blütenhüllblätter frei, meist abstehend; die (als Labellum bezeichnete) Lippe groß, tütenförmig, am Rande gekräuselt. C. zählt mit ihren vielen Arten und zahlreichen Züchtungen zu den beliebtesten Gewächshausorchideen (die auch als Schnittblumen lange haltbar sind).
Caucalis: wissenschaftlicher Name der Gattung ↑ Haftdolde.
Caytoniales [kaɪ..., ke...; nach dem ersten Fundort Cayton Bay (Yorkshire)]: fossile Ordnung hochentwickelter ↑ Samenfarne; lebten v.a. vor rund 200–150 Mill. Jahren (von der Trias bis zum mittleren Jura); mit handförmig geteilten oder gefiederten Blättern.
Ceanothus: wissenschaftlicher Name der Gattung ↑ Säckelblume.
Ceará-Kautschukbaum [sia'ra...]: Art der Gattung ↑ Manihot.
Cecropia [nach Kekrops, dem sagenhaften Gründer von Athen] (Ameisenbaum, Trompetenbaum, Surenbaum): Gattung der Maulbeerbaumgewächse mit rund 70 Arten im tropischen Amerika; Bäume mit großen, fingerförmig geteilten (unterseits oft schneeweiß behaarten) Blättern und kleinen Blüten in Kolben. Die dünnen, gekammerten Stämme werden bei einigen Arten von Ameisen angebohrt und bewohnt. Die Früchte verschiedener C.arten sind eßbar.
Cedrus: wissenschaftlicher Name der Gattung ↑ Zeder.
Ceiba ['saɪba]: wissenschaftlicher Name der Gattung ↑ Kapokbaum.
Celastraceae: wissenschaftlicher Name der ↑ Spindelbaumgewächse.
Celastrus: wissenschaftlicher Name der Gattung ↑ Baumwürger.
Centaurea: wissenschaftlicher Name der Gattung ↑ Flockenblume.
Centaurium: wissenschaftlicher Name des ↑ Tausendgüldenkrautes.
Centrospermae: wissenschaftlicher Name der ↑ Zentralsamer.
Cephalanthera: wissenschaftlicher Name der Gattung ↑ Waldvögelein.
Cephalanthus: wissenschaftlicher Name der Gattung ↑ Knopfblume.
Cerastium: wissenschaftlicher Name der Gattung ↑ Hornkraut.
Ceratium [griech. = Hörnchen]: Gattung pflanzlicher Flagellaten (gehören zur Algenklasse ↑ Dinoflagellaten) mit rund 80 Arten v.a. im Meer; Zellulosepanzer des Zellkörpers mit meist 2–4 horn- bis stachelförmigen Schwebefortsätzen; Filopodien aus vielen Poren dienen dem Nahrungsfang; gelbbraune Farbstoffträger (Chromatophoren) ermöglichen Photosynthese.
Ceratonia: wissenschaftlicher Name der Gattung ↑ Johannisbrotbaum.
Ceratophyllum: wissenschaftlicher Name der Gattung ↑ Hornblatt.
Ceratopteris: wissenschaftlicher Name der Gattung ↑ Hornfarn.
Cercis: wissenschaftlicher Name der Gattung ↑ Judasbaum.

Cereus [...re-ʊs]: wissenschaftlicher Name der Gattung ↑ Säulenkaktus.
Cerinthe: wissenschaftlicher Name der Gattung ↑ Wachsblume.
Ceropegia: wissenschaftlicher Name der Gattung ↑ Leuchterblume.
Chabaudnelke [frz. ʃa'bo...]: Zuchtform der ↑ Nelke.
Chaenomeles [çε...]: wissenschaftlicher Name der ↑ Scheinquitte.
Chaerophyllum [çε...]: wissenschaftlicher Name der Gattung ↑ Kälberkropf.
Chamaecyparis [çamε...]: wissenschaftlicher Name der ↑ Lebensbaumzypresse.
Chamaedaphne [çamε...]: wissenschaftlicher Name der Gattung ↑ Torfgränke.
Chamaenerion [çamε...]: wissenschaftlicher Name der Gattung ↑ Feuerkraut.
Chamaerops [ça'mε:rɔps]: wissenschaftlicher Name der ↑ Zwergpalme.
Chamorchis [ç...]: wissenschaftlicher Name der Gattung ↑ Zwergstendel.
Champagnerbratbirne [ʃam'panjər...] (Deutsche Bratbirne) ↑ Birnensorten (Übersicht).
Champagnerrenette [ʃam'panjər...] ↑ Apfelsorten (Übersicht).
Champignon ['ʃampınjɔŋ, 'ʃã:pınjõ; frz., eigtl. = der auf freiem Feld Wachsende (zu lat. campania = flaches Feld)] (Egerling, Agaricus): Gattung der Lamellenpilze mit rund 30 Arten, hauptsächlich in den gemäßigten Breiten, davon rund 20 Arten in Deutschland; Hut des weißlichen bis bräunlichen Fruchtkörpers meist von Hautfetzen (Reste des Velums) bedeckt, in der Jugend stärker gewölbt, im Alter flacher werdend; die Lamellen auf der Hutunterseite zuerst weiß, dann durch die reifenden Sporen rosarot, zuletzt schokoladenbraun (im Unterschied zu den ähnlichen, giftigen Knollenblätterpilzen); der mit einer Manschette (Armilla) versehene Stiel ist kräftig und oft am Grunde verdickt; das Fleisch einiger Arten läuft bei Verletzung rot an.
Bekannte einheimische eßbare Arten: Der auf Wiesen und in Gärten vorkommende **Garten-Ch.** (Agaricus bisporus) hat einen graubraunen Hut und einen kurzen, dicken, weißen, innen hohlen Stiel; Geschmack nußartig. Seine besonders auf Pferdemist in Kellern, stillgelegten Bergwerken oder Bunkern u. a. bei Temperaturen unter 22 °C und bei etwa 95 % Luftfeuchtigkeit gezüchteten Formen sowie die so gezüchteten Formen des Wiesen-Ch.s werden als **Zucht-Ch.** (Kultur-Ch.) bezeichnet. – Auf Humus in Laub- und Nadelwäldern vom Juni bis zum Herbst wächst der **Schaf-Ch.** (**Anisegerling,** Agaricus arvensis): mit bis 15 cm breitem, glockigem, später flach ausgebreitetem, schneeweißem bis cremefarbenem Hut; Geruch angenehm nach Anis und Mandeln. – Besonders auf Kalkböden der Fichtenwälder von Juli bis Oktober kommt der oft in Büscheln stehende **Wald-Ch.** (Agaricus silvaticus) vor: mit zimtbraunem, kurzfaserig-kleinschuppigem, bis 8 cm breitem Hut; Fleisch weiß, beim Anschneiden karminrot anlaufend. – Oft in Ringen auf gedüngten Wiesen, auf Weiden und in Gärten wächst vom Sommer bis Herbst der **Wiesen-Ch.** (**Feld-Ch.,** Agaricus campestris): mit weißseidigem, bis 12 cm breitem Hut; Geruch nach frisch geschlagenem Holz. – Leicht zu verwechseln mit dem Schaf-Ch. ist der schwach giftige **Tinten-Ch.** (**Karbol-Ch., Giftegerling,** Agaricus xanthoderma), der vom Hochsommer bis zum Spät-

herbst auf Kalk- und Lehmböden, auf Wiesen und an Waldrändern vorkommt; Stiel und Hut färben sich bei Verletzung sofort intensiv chromgelb; Geruch schwach nach Tinte, beim Kochen nach Karbol. – Abb. S. 316.

Chayote [tʃa'jo:tə]: anderer Name der ↑Stachelgurke.

Cheiranthus [ç...]: wissenschaftlicher Name der Gattung ↑Goldlack.

Chelidonium [ç...]: Gattung der Mohngewächse; einzige Art ↑Schöllkraut.

Chenopodiaceae [ç...]: wissenschaftlicher Name der ↑Gänsefußgewächse.

Chenopodium [ç...]: wissenschaftlicher Name der Gattung ↑Gänsefuß.

Chicorée ['ʃikore, ʃiko're:]: anderer Name der ↑Salatzichorie.

Chilefichte (Chilenische Araukarie, Chiletanne, Andentanne, Schuppentanne, Araucaria araucana, Araucaria imbricata): bis 45 m hohe, pyramidenförmige Araukarienart in Chile und Argentinien; Stämme bis 2 m dick, Nadeln bis 5 cm lang, dunkelgrün, in dichter, dachziegelartiger Anordnung; Fruchtzapfen etwa kopfgroß, mit bis 3 cm großen Samen, die geröstet gegessen, auch zu Branntwein vergoren werden. – Das *Holz* ist schön geadert, schwer und hart; es wird als Bau- und Möbelholz sowie zur Papierherstellung verwendet. – Die Ch. ist ein in Parkanlagen häufig angepflanzter, doch frostempfindlicher Zierbaum. – Abb. S. 155.

Chilenische Araukarie: anderer Name der ↑Chilefichte.

Chiletanne: anderer Name der ↑Chilefichte.

Chinakohl:
◇ (Chinesischer Kohl, Pekingkohl, Chinesenkohl, Brassica chinensis) Kohlart aus Ostasien; alte chinesische Kulturpflanze mit zahlreichen Varietäten, in den gemäßigten Zonen Europas und Nordamerikas zunehmend kultiviert; zweijähriges oder ausdauerndes Kraut mit lockerem, strunklosem Kopf aus aufrechten, schmalen oder spateligen Blättern, die als Salat oder Gemüse gegessen werden; die Samen liefern ein Speise- und Brennöl.
◇ svw. ↑Schantungkohl.

Chinarindenbaum (Fieberrindenbaum, Cinchona): tropische Gattung der Rötegewächse mit 16 Arten in Südamerika; meist hohe Bäume (seltener Sträucher) mit großen, elliptischen oder fast eiförmigen Blättern und rosafarbenen oder gelblich-weißen Blüten in großen Blütenrispen. Die Rinde **(Chinarinde, Fieberrinde)** einiger Wildarten sowie mehrerer in Südostasien, Ostafrika, Australien und im Kaukasus kultivierten Kreuzungen enthält 2–14% **Chinarindenalkaloide** (z. B. Chinin), Bitterstoffe und das Glykosid Chinovin und wird als Fieber- und Malariamittel sowie als Bittermittel verwendet.

Geschichte: Die Heilwirkung der Chinarinde war bei den Indianern schon vor dem 17. Jahrhundert bekannt. Später wurde die Chinarinde besonders von Jesuiten verwendet, die sie auch in Europa verbreiteten, wo sie lange als „Jesuitenrinde" bekannt war. Die erste botanische Beschreibung gab 1738 der französische Forschungsreisende Ch. M. de La Condamine, der sie Quinquina nannte. Der schwedische Naturforscher C. von Linné führte jedoch 1742 die Bez. Cinchona für die Gattung ein.

Chinarose: Art der Gattung ↑Kamelie.

Chinesenkohl: gleichbed. mit ↑Chinakohl.

Chinesernelke: Art der Gattung ↑Nelke.

Chinesische Nelke: svw. Chinesernelke (↑Nelke).

Chinesische Nessel: Art der Gattung ↑Boehmeria.

Chinesischer Kohl: gleichbed. mit ↑Chinakohl.

Chirimoya [tʃ...; span., vermutlich indian. Ursprungs] (Cherimoya, Rahmapfelbaum, Annona cherimola): aus dem tropischen Amerika stammendes, bereits von den Inka kultiviertes, baumartiges Annonengewächs mit magnolienähnlichen Blüten, aus denen sich wohlschmekkende Sammelbeerenfrüchte **(Chirimoya, Cherimoya, Rahmapfel)** entwickeln. Diese sind kugelig bis eiförmig und bis 20 cm groß. Ihre Oberfläche ist netzartig oder schuppig, mit Warzen. Das Fruchtfleisch ist weiß und schmeckt ähnlich wie Erdbeeren oder Birnen. – Abb. S. 74.

Chlamydomonas [griech. chlamýs, chlamýdos = Oberkleid der Männer und griech. monás, monádos = allein, einzeln]: Gattung einzelliger Grünalgen; in Süßwasser und feuchter Erde, nur wenige Arten im Meer; Zellen meist ellipsoidisch, 15 bis 18 µm groß. Die frei beweglichen Arten tragen zwei gleichlange Geißeln. Einige im Schnee der Arktis und der Gebirge lebende Arten verursachen durch ihre von Hämatochrom rot gefärbten Zellen den Blutschnee.

Chlorella [k...; zu griech. chlōrós = grüngelb]: weltweit verbreitete Grünalgengattung mit rund zehn Arten in Gewässern, feuchten Böden und als Symbionten in Flechten und niederen Tieren (Zoochlorellen); Zellen kugelig bis ellipsoid, 2–12 µm groß.

Chlorophytum [k...]: wissenschaftlicher Name der Gattung ↑Grünlilie.

Choripetalae [ç...]: wissenschaftlicher Name der ↑Freikronblättrigen.

Chornelken: Zuchtformen der Gartennelke (↑Nelke).

Christdorn (Paliurus spina-christi): Art der Gattung ↑Stechdorn; 2–3 m hoher Dornstrauch mit 2–4 cm langen, asymmetrisch-eiförmigen Blättern und zu einem Dornpaar (aus einem geraden und einem gebogenen Dorn) umgewandelten Nebenblättern; Blüten etwa 2 mm groß, gelb, in kleinen Blütenständen; auf steinigen Böden von Südeuropa bis Persien; auch Zierstrauch.

Christophskraut (Actaea): Gattung der Hahnenfußgewächse mit sieben Arten auf der nördlichen Halbkugel; Stauden mit kleinen, weißen Blüten in aufrechten Trauben; Beerenfrüchte; in Mitteleuropa nur das 30–60 cm hohe, giftige **Ährige Ch.** (Actaea spicata) in Laubwäldern, Gebüsch, mit 2- bis 3fach gefiederten Blättern und schwarzen Beeren.

Christrose: svw. Schwarze ↑Nieswurz.

Christusdorn:

◊ (Euphorbia splendens) Wolfsmilchgewächs auf Madagaskar, in den Tropen und Subtropen als Heckenpflanze weit verbreitet; bis 2 m hoher Strauch mit fleischigem Stamm und 1–1,5 (selten bis 4) cm langen, paarigen Nebenblattdornen; Blätter oval bis spatelig, kurzgestielt; Scheinblüten klein, gelb, jeweils von einem Paar breit herzförmiger, zinnoberroter oder hellgelber Hochblätter umgeben, in endständigen, wiederholt gabelig verzweigten Trugdolden.

◊ fälschlich für: Gleditsia triacanthos (↑Gleditsia)

◊ fälschlich für ↑Christdorn.

Chrysanthemen [ç... oder k...; griech. = Goldblumen] (Winterastern): Bez. für die als Ziergewächse kultivierten Pflanzen aus der Gattung Chrysanthemum (↑Wucherblume). Als Stammformen der **Gärtner-Ch.** gelten die aus Ostasien kommenden Arten Chrysanthemum indicum und Chrysanthemum morifolium (Chrysanthemum sinense). – Ch. sind einjährig oder ausdauernd, meist winterhart, niedrig- oder hochwachsend (etwa 30–150 cm). Die verschiedenfarbigen Blütenkörbchen können groß oder klein, einfach, halbgefüllt oder gefüllt sein. Bei einigen Arten bilden verlängerte Röhrenblüten ein zentrales Kissen. Die Zungenblüten sind unregelmäßig oder gleichartig, dicht zusammenschließend nach innen gebogen oder gerade abstehend, bei einigen Arten auch zurückgebogen. Die Laubblätter sind meist gelappt bis geschlitzt.

Geschichte: Ch. werden als Garten-, auch als Balkon- und Zimmerpflanzen und als Schnittblumen kultiviert. Sie wurden bereits um 500 v. Chr. von Konfuzius erwähnt. Um 730 n. Chr. kamen sie nach Japan (Nationalblume; Wappen- und Siegelabzeichen des Kaisers); 1688 wurden sie erstmals (jedoch ohne Erfolg) in Europa (Holland) eingeführt. Erst die 1789 nach Frankreich gebrachten Sorten wurden zur Grundlage der europäischen Chrysanthemenkultur.

Chrysanthemum [ç...]: wissenschaftlicher Name der Gattung ↑Wucherblume.

Chrysobalanus [ç...]: wissenschaftlicher Name der Gattung ↑Goldpflaume.

Chrysophyta [ç...]: wissenschaftlicher Name der ↑Goldbraunen Algen.

Chrysosplenium [ç...]: wissenschaftlicher Name der Gattung ↑Milzkraut.

Chytridiomycetes: wissenschaftlicher Name der ↑Urpilze.

Cicendia: wissenschaftlicher Name der Gattung ↑Zindelkraut.

Cicerbita: wissenschaftlicher Name der Gattung ↑Milchlattich.

Cichorium [tsɪ'ço:...]: wissenschaftlicher Name der Gattung ↑Wegwarte.

Cicuta: wissenschaftlicher Name der Gattung ↑Wasserschierling.

Cimicifuga: wissenschaftlicher Name der Gattung ↑Wanzenkraut.

Cinchona [sɪn'tʃo:na]: wissenschaftlicher Name der Gattung ↑Chinarindenbaum.

Cineraria: wissenschaftlicher Name der Gattung ↑Zinerarie.

Cinnamomum: wissenschaftlicher Name der Gattung ↑Zimtbaum.

Circaea [tsɪr'tsɛ:a]: wissenschaftlicher Name der Gattung ↑Hexenkraut.

Cirsium: wissenschaftlicher Name der Gattung ↑Kratzdistel.

Cissus: wissenschaftlicher Name der Gattung ↑Klimme.

Cistaceae: wissenschaftlicher Name der Gattung ↑Zistrosengewächse.

Cistus: wissenschaftlicher Name der Gattung ↑Zistrose.

Citrullus: wissenschaftlicher Name der ↑Wassermelone.

Citrus: wissenschaftlicher Name der Gattung ↑Zitruspflanzen.

Cladonia: wissenschaftlicher Name der ↑Becherflechte.

Cladophora: wissenschaftlicher Name der ↑Zweigfadenalge.

Clairette [klɛ'rɛt; frz.]: in Südfrankreich weit verbreitete, ergiebige Rebsorte, die einen leichten, säurearmen Weißwein mit geringem Bukett liefert.

Clapps Liebling: eine Tafelbirne (↑Birnensorten, Übersicht S. 48).

Clarkie (Clarkia) [nach dem amerikan. Forschungsreisenden W. Clark,

* 1770, † 1838]: Gattung der Nachtkerzengewächse mit sieben Arten im westlichen Nordamerika; einjährige Kräuter mit lanzettlichen oder linealischen Blättern und vierzähligen, einzeln oder in endständiger, lockerer Traube stehenden Blüten. Fast alle Arten werden wegen ihrer etwa 2,5–3 cm großen, von weiß bis rotviolett variierenden Blüten als Zierpflanzen kultiviert.

Clavaria: wissenschaftlicher Name der Gattung ↑ Keulenpilz.

Claviceps: wissenschaftlicher Gattungsname des ↑ Mutterkornpilzes.

Claytonie (Claytonia) [kle...; nach dem engl. Botaniker J. Clayton, * 1685, † 1773]: Gattung der Portulakgewächse mit rund 20 Arten in Nordamerika und in der Arktis; kahle, fleischige Stauden mit langgestielten, grundständigen Blättern; Blüten meist klein, weiß oder rosarot, in endständigen Wickeln. Als Zierpflanze wird v. a. **Claytonia virginica** mit dunkelrot geaderten Blüten kultiviert.

Cleistocactus [griech. kleistós = verschlossen (bezogen auf die fast geschlossen aussehenden Blüten)]: Gattung strauchig wachsender Kakteen mit etwa 25 Arten in Südamerika; Triebe schlank, säulenförmig, zuweilen 2–3 m hoch, dicht bedornt. Als Zierpflanze bekannt ist die **Silberkerze** (Cleistocactus strausii), mit dicht von schneeweißen, borstenartigen Dornen und weißfilzigen Areolen eingehüllten Trieben und bis 9 cm langen, dunkelkarminroten Blüten.

Clematis ['kle:matıs, kle'ma:tıs]: wissenschaftlicher Name der Gattung ↑ Waldrebe.

Cleome: wissenschaftlicher Name der Gattung ↑ Senfklapper.

Clerodendrum: wissenschaftlicher Name der Gattung ↑ Losbaum.

Clethra: wissenschaftlicher Name der Gattung ↑ Scheineller.

Clianthus: wissenschaftlicher Name der Gattung ↑ Ruhmesblume.

Clitocybe: wissenschaftlicher Name der Pilzgattung ↑ Trichterling.

Clivia: wissenschaftlicher Name der Gattung ↑ Klivie.

Closterium: Gattung der ↑ Zieralgen.

Cneorum: wissenschaftlicher Name der Gattung ↑ Zeiland.

Cnicus: wissenschaftlicher Gattungsname des ↑ Benediktenkrauts.

Cobaea [ko'bɛ:a]: wissenschaftlicher Name der Gattung ↑ Glockenrebe.

Cochlearia: wissenschaftlicher Name der Gattung ↑ Löffelkraut.

Cochlioda: wissenschaftlicher Name der Gattung ↑ Schneckenstendel.

Cocos: wissenschaftlicher Name der Gattung ↑ Kokospalme.

Codiaeum [kodi'ɛ:ʊm]: wissenschaftlicher Name der Gattung ↑ Wunderstrauch.

Codonopsis: wissenschaftlicher Name der ↑ Glockenwinde.

Coeloglossum [tsø...]: wissenschaftlicher Name der Gattung ↑ Hohlzunge.

Coelogyne [tsø...]: wissenschaftlicher Name der Gattung ↑ Hohlnarbe.

Coffea: wissenschaftlicher Name der Gattung ↑ Kaffeepflanze.

Cohunepalme [kolonialspan. cohune, indian. Ursprungs] (Corozopalme, Orbignya cohune): bis 20 m hohe, schlankstämmige Palme in Mittelamerika, wo sie (zusammen mit Kiefern) ausgedehnte Wälder **(Corozales)** bildet; Früchte kokosnußähnlich; die eßbaren Samen liefern **Cohunefett,** das als Speisefett und zur Seifenherstellung verwendet wird.

Cola: wissenschaftlicher Name der Gattung ↑ Kolabaum.

Colchicum: wissenschaftlicher Name der Gattung ↑ Zeitlose.
Collema: wissenschaftlicher Name der Gattung ↑ Gallertflechte.
Collybia: wissenschaftlicher Name der Pilzgattung ↑ Rüblinge.
Colocasia: wissenschaftlicher Name der Gattung ↑ Taro.
Columnea [nach dem italien. Gelehrten F. Colonna (latin. Columna), * 1567, † 1650]: Gattung der Gesneriengewächse mit rund 160 Arten im tropischen Amerika; Sträucher, Halbsträucher oder immergrüne Kräuter, oft kletternd oder kriechend, mit gegenständigen Blättern und einzeln oder zu mehreren stehenden Blüten; Blütenkrone mit langer Röhre und meist schiefem oder lippenartigem Saum. Verschiedene Arten werden wegen ihrer großen (5–10 cm langen), leuchtend roten (auch gelb gefleckten) Blüten kultiviert.
Colza: wissenschaftlicher Name der Gattung ↑ Raps.
Combretaceae: wissenschaftlicher Name der ↑ Langfadengewächse.
Comfrey ['kʌmfrɪ]: Art der Gattung ↑ Beinwell.
Commiphora: wissenschaftlicher Name der Gattung ↑ Myrrhenstrauch.
Compositae: wissenschaftlicher Name der ↑ Korbblütler.
Coniferae: wissenschaftlicher Name der ↑ Nadelhölzer.
Conium: wissenschaftlicher Name der Gattung ↑ Schierling.
Conjugales: wissenschaftlicher Name der ↑ Jochalgen.
Conjugatae: wissenschaftlicher Name der ↑ Jochalgen.
Convallaria: wissenschaftlicher Name der Gattung ↑ Maiglöckchen.
Convolvulaceae: wissenschaftlicher Name der ↑ Windengewächse.
Convolvulus: wissenschaftlicher Name der Gattung ↑ Winde.
Copaifera: wissenschaftlicher Name der Gattung ↑ Kopaivabaum
Coprinaceae: wissenschaftlicher Name der Pilzfamilie ↑ Tintlinge.
Corallorhiza: wissenschaftlicher Name der Gattung ↑ Korallenwurz.
Corchorus [...çorʊs]: wissenschaftlicher Name der Gattung ↑ Jute.
Cordyline: wissenschaftlicher Name der Gattung ↑ Keulenlilie.
Coreopsis: wissenschaftlicher Name der Gattung ↑ Mädchenauge.
Coriandrum: wissenschaftlicher Name der Gattung ↑ Koriander.
Coriaria: wissenschaftlicher Name der Gattung ↑ Gerberstrauch.
Coriolus: wissenschaftlicher Name der Pilzgattung ↑ Lederporling.
Cornaceae: wissenschaftlicher Name der ↑ Hartriegelgewächse.
Cornus: wissenschaftlicher Name der Gattung ↑ Hartriegel.
Cornwallheide ['kɔːnwəl...] (Wanderheide, Erica vagans): bis 30 cm hohes Heidekrautgewächs (Gattung ↑ Glockenheide) in Westeuropa; mit dunkelgrünen, glänzenden Blättchen und fast kugeligen, langgestielten, rosafarbenen oder weißen Blüten in endständigen, walzenförmigen, dicht beblätterten Rispen; winterharte Zierpflanze.
Coronilla: wissenschaftlicher Name der Gattung ↑ Kronwicke.
Coronopus: wissenschaftlicher Name der Gattung ↑ Krähenfuß.
Cortinarius: wissenschaftlicher Name der Pilzgattung ↑ Schleierling.
Corydalis: wissenschaftlicher Name der Gattung ↑ Lerchensporn.
Corylaceae: wissenschaftlicher Name der ↑ Haselnußgewächse.
Corylopsis: wissenschaftlicher Name der Gattung ↑ Scheinhasel.
Corynephorus: wissenschaftlicher Name der Gattung ↑ Silbergras.

Corypha: wissenschaftlicher Name der Gattung ↑Schopfpalme.
Cosmarium: wissenschaftlicher Name der ↑Schmuckjochalge.
Cosmea: wissenschaftlicher Name der Gattung ↑Schmuckkörbchen.
Cosmos: wissenschaftlicher Name der Gattung ↑Schmuckkörbchen.
Cotinus: wissenschaftlicher Name der Gattung ↑Perückenstrauch.
Cotoneaster: wissenschaftlicher Name der Gattung ↑Zwergmispel.
Courbarilbaum [frz. kurba'ril...] (Heuschreckenbaum, Lokustbaum, Algarrobo, Hymenaea courbaril): Caesalpiniengewächs in Mittel- und Südamerika; bis etwa 25 m hoher Baum mit süßen, eßbaren Früchten, der in den Tropen oft in Holzplantagen kultiviert wird und ein rötlichbraunes, häufig dunkel gestreiftes und glänzendes, hartes Holz für Tischler- und Drechslerarbeiten, Furniere, Parkett und für den Schiffbau liefert. Das Harz (und das verwandter Arten) kommt als amerikanisches Kopal oder **Courbaril** in den Handel.
Crabbaum [kræb...] (Carapa): Gattung der Zedrachgewächse mit rund 15 Arten im tropischen Amerika und in Westafrika. Am bekanntesten ist die Art **Carapa guianensis** (C. im engeren Sinne), ein bis 30 m (selten bis 50 m) hoher, von Mittelamerika bis Brasilien verbreiteter Baum mit gefiederten Blättern. Die Samen liefern das sehr bittere **Carapaöl,** das vorwiegend zur Herstellung von Seifen verwendet wird. Sein ziemlich hartes, mahagoniähnliches, hellrötlich- bis dunkelbraunes, häufig goldglänzendes Holz **(Crabholz, Crabwood)** wird besonders für Möbel, Innenausstattungen und Parkettböden verwendet.
Crassula: wissenschaftlicher Name der Gattung ↑Dickblatt.
Crassulaceae: wissenschaftlicher Name der ↑Dickblattgewächse.
Crataegus: wissenschaftlicher Name der Gattung ↑Weißdorn.
Crepis: wissenschaftlicher Name der Gattung ↑Pippau.
Crescentia: wissenschaftlicher Name der Gattung ↑Kalebassenbaum.
Crinum: wissenschaftlicher Name der Gattung ↑Hakenlilie.
Crithmum: wissenschaftlicher Name der Gattung ↑Meerfenchel.
Crocus: wissenschaftlicher Name der Gattung ↑Krokus.
Croton [griech. = Wunderbaum (ein Wolfsmilchgewächs)]:
◇ Gattung der Wolfsmilchgewächse mit rund 600 Arten, v. a. in den Tropen; Kräuter, Sträucher oder Bäume mit unterschiedlich gestalteten Blättern und Kapselfrüchten; bekanntere Arten: **C.eluteria,** Strauch auf Kuba und den Bahamainseln, kultiviert auf Java und in China; liefert die **Kaskarillrinde** (mit den Bitterstoffen Cascarillin und Cascarin), die als Aromatikum, Kräftigungsmittel und gegen Verdauungsstörungen verwendet wird; **C.ölbaum** (Krotonölbaum, Tiglibaum, C. tiglium), Strauch oder kleiner Baum im tropischen Asien, vielfach kultiviert; die Samen liefern das abführend und hautreizend wirkende **Crotonöl.**
◇ gärtnerische Bez. für die als Zierpflanze in vielen Sorten gezüchtete buntblättrige Art **Codiaeum variegatum** der Gattung ↑Wunderstrauch.
Cruciferae: wissenschaftlicher Name der ↑Kreuzblütler.
Cryptanthus: wissenschaftlicher Name der Gattung ↑Versteckblüte.
Cryptocoryne [griech. kryptós = verborgen und griech. korýnē = Keule, Kolben (der Blütenkolben ist in die Spatha eingeschlossen)]: Gattung der Aronstabgewächse mit rund 40 Arten in Süd- und Südostasien;

kleine, Ausläufer treibende Sumpf- und Wasserpflanzen; die den dünnen Blütenkolben umhüllende braune, rötliche, seltener grünliche oder gelbliche Spatha ist an der Basis kesselartig erweitert. Verschiedene Arten sind (unter der Bez. „Wasserkelch") beliebte Aquarienpflanzen.

Cucubalus: wissenschaftlicher Name der Gattung ↑Taubenkropf.

Cucumis [lat. = Gurke]: Gattung der Kürbisgewächse mit rund 40 Arten in der Alten Welt, eine Art im tropischen Amerika; einhäusige, mit einfachen Ranken kletternde Kräuter mit meist gelbgrünen Blüten. Etwa 10 Arten werden als Gemüse-, Obst- und Heilpflanzen genutzt, darunter ↑Gurke und ↑Melone.

Cucurbita: wissenschaftlicher Name der Gattung ↑Kürbis.

Cuminum: wissenschaftlicher Gattungsname des ↑Kreuzkümmels.

Cunninghamia: wissenschaftlicher Name der Gattung ↑Spießtanne.

Cupressaceae: wissenschaftlicher Name der ↑Zypressengewächse.

Cupressus: wissenschaftlicher Name der Gattung ↑Zypresse.

Cupuliferae: wissenschaftlicher Name der ↑Buchengewächse.

Curcuma: wissenschaftlicher Gattungsname der ↑Gelbwurzel.

Curcumaceae: wissenschaftlicher Name der ↑Ingwergewächse.

Cyclamen: wissenschaftlicher Name der Gattung ↑Alpenveilchen.

Cydonia: wissenschaftlicher Gattungsname der ↑Quitte.

Cymbalaria: wissenschaftlicher Name der Gattung ↑Zymbelkraut.

Cynanchum: wissenschaftlicher Name der Gattung ↑Schwalbenwurz.

Cynara: wissenschaftlicher Gattungsname der ↑Artischocke.

Cynosurus: wissenschaftlicher Name der Gattung ↑Kammgras.

Cyperaceae: wissenschaftlicher Name der ↑Riedgräser.

Cypripedium: wissenschaftlicher Name der Gattung ↑Frauenschuh.

D

Dachwurz: svw. ↑Hauswurz.

Daemonorops [dɛ...]: wissenschaftlicher Name der Gattung ↑Rattanpalme.

Dahlie [nach dem schwed. Botaniker A. Dahl, * 1751, † 1780] (Georgine, Dahlia): Gattung der Korbblütler mit 15 Arten in den Gebirgen Mexikos und Guatemalas; Stauden mit spindelförmigen, knollig verdickten, gebüschelten Wurzeln, gegenständigen, fiederteiligen Blättern und großen, flachen, verschiedenfarbenen Blütenköpfchen mit röhrigen Scheiben- und zungenförmigen Randblüten. Die größten Arten sind die 2 m bis über 6 m hohen **Baum-D.n** Dahlia excelsa (im allg. unverzweigt) und Dahlia imperialis (baumförmig): mit bis 70 cm langen, bis 50 cm breiten Blättern. Durch Kreuzungen entstanden mehrere zehntausend Sorten (einfache, halbgefüllte, gefüllte), die unter der Bez. **Dahlia-Hybriden** gehandelt werden. Die D. benötigen während des Wachstums Volldüngung, Wasser und lockeren Boden.

Geschichte: Die „Acocotli" der Azteken wird erstmals von einem

1571–77 in Mexiko ansässigen spanischen Arzt erwähnt. Die ersten D.nsamen gelangten Ende des 18. Jahrhunderts nach Spanien, von wo aus sie in die anderen europäischen Länder eingeführt wurden. Um 1800 kam die D. nach Deutschland, wo 1808 in Karlsruhe die erste gefüllte D. gezüchtet wurde.

Dalbergie [nach dem schwed. Botaniker N. Dalberg, * 1730, † 1820] (Dalbergia): Gattung der Schmetterlingsblütler mit rund 200 Arten in den Tropen; Bäume oder Sträucher mit unpaarig gefiederten Blättern; bestimmte Arten liefern wertvolle Hölzer, v.a. Palisander, auch Cocobolo, Grenadill und Rosenholz.

Damaszenerrose: Zuchtform der ↑ Rose.

Dammarafichte (Agathis dammara, Agathis alba): immergrünes Araukariengewächs in Südostasien; hoher Baum mit gestielten, lanzettlichen bis elliptischen Blättern; das Harz ist als Manilakopal im Handel.

Danziger Kantapfel: ein Tafel- und Mostapfel (↑ Apfelsorten, Übersicht S. 24).

Daphne: wissenschaftlicher Name der Gattung ↑ Seidelbast.

Dari: anderer Name der ↑ Zuckerhirse.

Darlingtonia: eine Gattung der ↑ Schlauchpflanzengewächse.

Dattelpalme (Phoenix): Gattung der Palmen mit 13 Arten im tropischen und subtropischen Afrika und Asien; mit einem endständigen Büschel zurückgekrümmter, zweizeilig gefiederter Blätter und zweihäusigen Blüten in Blütenständen.

Die bekannteste Art ist die **Echte D.** (Phoenix dactylifera), eine von den Kanarischen Inseln über Afrika und Indien bis Australien und Amerika (v.a. Kalifornien) verbreitete Kulturpflanze (Hauptanbaugebiete: Irak, Iran, Saudi-Arabien, Algerien, Ägypten, Marokko, Tunesien; in Europa werden die Früchte nur in Südspanien und auf einigen griechischen Inseln reif); wichtigster Oasenbaum Afrikas und Südwestasiens (Wassernutzung bis in 6 m Bodentiefe); wird 10–30 m hoch und über 100 Jahre alt; mit unverzweigtem, von Blattnarben rauhem Stamm; entwikkelt pro Jahr 10–12 blaugrüne, 3–8 m lange, kurzgestielte, gefiederte Blätter (Fiederblättchen 20–40 cm lang, steif, nach der Blattbasis hin dornartig werdend) sowie (aus fester, holziger Blattscheide) 6–12 reich verzweigte, langgestielte ♂ (mit über 1 000 Blüten) und ♀ Blütenrispen („Kolben"; mit etwa 100–200 Blüten). Die kugel- bis walzenförmigen, 3–8 cm langen, gelbgrünen oder rötlichen bis dunkelbraunen Beerenfrüchte **(Datteln)** reifen nach 5–6 Monaten heran; sie enthalten einen länglichen, sehr harten Samen **(Dattelkern)** mit tiefer Längsfurche, sind reich an Kohlenhydraten (bis 70% des Trockengewichts Invertzucker), Eiweiß, Mineralsalzen, Vitamin A und B und werden frisch oder getrocknet, gekocht oder gebacken **(Dattelbrot)** verzehrt; ihr Saft wird zu **Dattelsirup** und **-honig** eingedickt oder zu **Dattelschnaps** vergoren. Die Kerne enthalten bis 10% Öl (**Dattelkernöl;** goldgelb) und 6% Eiweiß und werden aufgequollen und zerkleinert als Futtermittel verwertet. Ein Baum liefert im Vollertragsalter (zwischen 20 und 40 Jahren) pro Jahr durchschnittlich 80 kg (maximal bis 200 kg) Datteln.

Weitere bekannte Arten der D. sind die **Wald-D.** (Phoenix sylvestris), die v.a. in Bengalen heimisch ist, und die auf den Kanarischen Inseln endemische **Kanarenpalme** (Phoenix canariensis); sie wird in Südeuropa

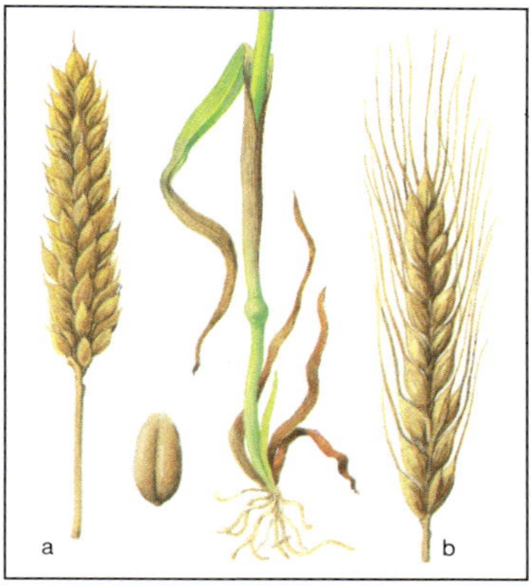

Links, von oben nach unten: Saatweizen (a unbegrannte, b begrannte Ährenform); Dickhirse. – Rechts, von oben nach unten: Reis (erntereife Rispen); Roggen (reife Ähren)

Oben, links: Chirimoya. – Oben, Mitte und rechts: Mangobaum (unreife und reife Frucht). – Mitte: Kakipflaume. – Unten, links: Passionsfrucht (Frucht der Purpurgranadilla). – Unten, rechts: Preiselbeere

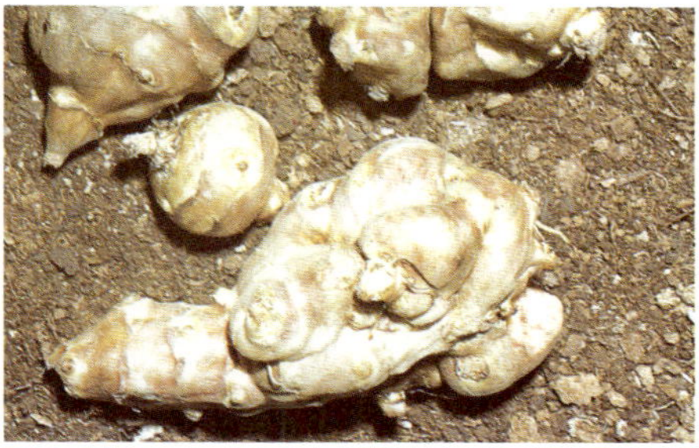

Links, von oben nach unten: Cashewnuß (Zweig mit Früchten); Rambutan (Früchte); Topinambur (Knollen). – Rechts, von oben nach unten: Aubergine; Artischocke (blühend)

Oben, von links nach rechts: Estragon; Maggikraut; Echter Rosmarin. – Mitte, links: Gartensalbei. – Mitte, rechts: Feldthymian. – Unten, rechts: Echter Lorbeer

Oben, links: Echter Kapernstrauch. – Mitte, links: Echter Majoran. – Mitte, rechts: Basilikum. – Unten, links: Gartenfenchel. – Unten, Mitte und rechts: Pfefferstrauch; Blätter und Früchte des Echten Pfeffers (Mitte) und des Peruanischen Pfefferstrauchs (rechts)

Oben, links: Gemeiner Huflattich. – Oben, rechts: Schwarze Tollkirsche. – Mitte: Gemeiner Seidelbast (Früchte und Blüten). –

Unten, links: Echte Kamille. – Unten, rechts: Großes Schöllkraut

Links, von oben nach unten: Herbstzeitlose; Grüne Nieswurz; Gemeiner Faulbaum. – Rechts, von oben nach unten: Roter Fingerhut; Drachenwurz

SONSTIGE NUTZPFLANZEN

Oben, von links nach rechts: Kakaobaum; Blüte, Frucht und Samen in der geöffneten Frucht. – Mitte, links: Kaffeepflanze (fruchtend). – Mitte, rechts: Sojabohne; Pflanze mit Schoten (links), reife Schoten (Mitte) sowie Blüte und Bohnen (rechts). – Unten, von links nach rechts: Teestrauch (Zweig mit Blüten); Erdnuß, blühende (Mitte) und fruchtende (rechts) Pflanze

häufig als Zierbaum angepflanzt (Stamm dick, hell; Früchte klein, goldgelb). Niedrig oder buschförmig wachsende Arten, v. a. Phoenix loureiri aus Assam, sind als Topf- oder Zimmerpflanzen in Kultur.

Geschichte: Mindestens seit dem 4. Jahrtausend v. Chr. war die Echte D. sowohl in Babylonien als auch in Ägypten bekannt, ebenso ihre Kultivierung durch künstliche Bestäubung. Im alten Ägypten wurde die D. als heiliger Baum verehrt; sie war auch Symbol des Friedens, diente als Vorbild für die Palmensäule und seit der 4. Dynastie als Wappenpflanze Oberägyptens. Griechen und Römern galten die Zweige als Siegessymbol; diese Bedeutung wurde vom Christentum übernommen.

Dattelpflaume: zusammenfassende Bez. für die Früchte bestimmter Arten (auch für die Arten selbst) der Ebenholzgewächsgattung **Diospyros** (rund 200 tropische und subtropische Arten; Bäume oder Sträucher): ↑Lotuspflaume, ↑Persimone, ↑Kakipflaume.

Daucus: wissenschaftlicher Name der Gattung ↑Möhre.

Decksamer: andere Bez. für die ↑Bedecktsamer.

Dekhanhanf: anderer Name für ↑Gambohanf.

Delphinium: wissenschaftlicher Name der Gattung ↑Rittersporn.

Dendrobium (Baumstendel): Orchideengattung mit rund 1 500 Arten im tropischen Asien, in Polynesien und Australien; verschiedenfarbige und vielgestaltige, auf anderen Pflanzen (epiphytisch) lebende Orchideen; Blüten meist in Trauben. Als Zimmerpflanze kultiviert wird v. a. D. nobile; eine haltbare Schnittblume ist D. phalaenopsis.

Deodar: svw. Himalajazeder (↑Zeder).

Dermatophyten: wissenschaftlicher Name der ↑Hautpilze.

Deschampsia: wissenschaftlicher Name der Süßgrasgattung ↑Schmiele.

Desmidiaceae: wissenschaftlicher Name der ↑Zieralgen.

Deuteromyzeten (Deuteromycetes, Fungi imperfecti): systematische Kategorie, in der diejenigen Pilzarten (rund 20 000) ohne Rücksicht auf ihre Verwandtschaft zusammengefaßt werden, die fast nur noch die ungeschlechtliche Nebenfruchtformen ausbilden. Viele D. haben praktische Bedeutung u. a. in der technischen Mikrobiologie (liefern z. B. Antibiotika). Bekannt sind D. auch als Parasiten bei Mensch und Tier. Zahlreiche D. sind Pflanzenschädlinge, andere bewirken das Verderben von Lebensmitteln und Rohstoffen.

Deutsche Bratbirne: svw. Champagnerbratbirne (↑Birnensorten, Übersicht S. 48).

Deutsche Kicher: anderer Name für die ↑Saatplatterbse.

Deutzie (Deutzia) [nach dem Amsterdamer Ratsherrn J. van der Deutz, * 1743, † 1788 (?)]: Gattung der Steinbrechgewächse mit rund 60 Arten in Ostasien und im südlichen Nordamerika; Sträucher mit ei- oder lanzettförmigen, gekerbten oder gesägten, anliegend behaarten Blättern; Blüten weiß oder rötlich, in Blütenständen oder einzeln; z. T. beliebte Gartensträucher.

Diatomeen: anderer Name der ↑Kieselalgen.

Dicentra: wissenschaftlicher Gattungsname der Art ↑Tränendes Herz.

Dickblatt (Crassula): Gattung der Dickblattgewächse mit rund 300 Arten, v. a. in Südafrika (in Mitteleuropa drei Arten); Kräuter, Stauden oder bis 3 m hohe Sträucher, mit meist dickfleischigen, gegenständigen Blättern und kleinen Blüten meist in trugdoldigen oder kopfigen Blütenständen; z. T. beliebte Zierpflanzen.

Dickblattgewächse (Crassulaceae): Familie der Zweikeimblättrigen Pflanzen mit über 1 400 Arten, v. a. in trockenen Gebieten besonders Südafrikas, Mexikos und der Mittelmeerländer; Kräuter, Stauden oder (bis 3 m hohe) Sträucher mit einfachen, fleischigen, nicht selten Rosetten bildenden Blättern, meist kleinen, fünfzähligen Blüten in Blütenständen und mit Balgfrüchten; in Mitteleuropa etwa 20 Arten in den Gattungen ↑Dickblatt, ↑Fetthenne, ↑Hauswurz; viele beliebte Zierpflanzen.

Dickfußröhrling (Bitterpilz, Schönfußröhrling, Roßpilz, Boletus calopus): in Laub- und Nadelwäldern vorkommender Röhrenpilz; Fruchtkörper (im Sommer und Herbst) bitter, ungenießbar (schwach giftig), mit hell- bis olivgrauem Hut; Röhren zitronengelb, bei Druck blau anlaufend; Stiel nach oben zu gelb, unten dunkelkarminrot mit gelblichweißem bis rötlichem Adernetz.

Dickhirse: Varietät der Echten ↑Hirse.

Dickrübe volkstümliche Bez. für verschiedene Rübensorten, v. a. für die Runkelrübe.

Dieffenbachia (Dieffenbachie) [nach dem österr. Botaniker J. Dieffenbach, * 1796, † 1863]: Gattung der Aronstabgewächse mit rund 30 Arten im tropischen und subtropischen Amerika; Sträucher mit länglichen, dickrippigen Blättern und nackten, eingeschlechtigen Blüten an aufrechtem Kolben mit röhrenförmiger Scheide; zahlreiche buntblättrige Arten und Kulturformen sind als Blattpflanzen im Handel; meist sehr giftig.

Diels Butterbirne: eine Tafelbirne (↑Birnensorten, Übersicht S. 48).

Dierv̱illa [di-ɛr...; nach dem frz. Arzt M. Dierville (18. Jahrhundert)]: Gattung der Geißblattgewächse mit drei Arten im östlichen Nordamerika; sommergrüne Sträucher mit Ausläufern, gegenständigen Blättern und grünlichen bis schwefelgelben, röhrenförmigen, schwach zweilippigen Blüten in Trugdolden; als anspruchslose, winterharte Parksträucher oft angepflanzt.

Digitalis: wissenschaftlicher Name der Gattung ↑Fingerhut.

Dill (Anethum): Gattung der Doldengewächse mit zwei vom Mittelmeer bis Indien verbreiteten Arten, darunter der als Gewürz- und Heilpflanze bekannte, häufig angebaute **Echte D.** (D.fenchel, Gurkenkraut, Anethum graveolens) aus Südwestasien; stark duftendes, bis 1,2 m hohes Kraut mit 3- bis 4fach fein gefiederten Blättern (jung als Gewürz für Salate, Suppen, Soßen), gelblichen Blüten in großen, bis 50strahligen Dolden und Spaltfrüchten, die hauptsächlich als Gurkengewürz, aber auch als harntreibendes Mittel und gegen Blähungen verwendet werden.

Geschichte: Der echte D. war als Gewürz- und Heilpflanze bereits im alten Ägypten bekannt. Die alten Griechen verwendeten ihn als Heilmittel u. a. bei Leibschmerzen und als harntreibendes Mittel. Durch die Römer gelangte D. nach Mitteleuropa, wo er seit dem Mittelalter ein Bestandteil der Kräutergärten war. Im Klosterplan von Sankt Gallen und in der Landgüterordnung Karls des Großen wird D. aufgeführt. D. erscheint auch in den Kräuterbüchern seit dem Mittelalter. Wegen ihres starken Geruchs galt die Pflanze im Volksglauben als Zauberei abwehrendes, besonders das Vieh schützendes Mittel.

Dillfenchel: svw. Echter ↑ Dill.

Dingel (Dingelorchis, Limodorum abortivum): saprophytische Erdorchidee (einzige Art der Gattung) in Mittel- und Südeuropa; ohne grüne Blätter, der dunkelviolette Stengel nur mit scheidigen Schuppenblättern; Blüten bis 4 cm breit, langgespornt, hellviolett, in mehrblütiger Traube. Der D. kommt v. a. in lichten, trockenen Kiefernwäldern und auf Kalkböden vor.

Dinkel (Spelt, Speltweizen, Spelz, Schwabenkorn, Triticum spelta): anspruchslose, winterharte, hexaploide Weizenart mit lockerer, überwiegend unbegrannter **(Kolben-D.),** aber auch begrannter Ähre **(Grannen-D.)** und brüchiger Ährenspindel (wird daher oft grün geerntet; gedörrt und geschält ergibt es den **Grünkern**); Körnerfrucht schmal, scharfkantig, fest von Spelz umschlossen; liefert Mehl von hohem Backwert und ist ein Bestandteil der Vollwerternährung.
Der D. war in der späten Jungsteinzeit in ganz Europa verbreitet. Heute wird D. v. a. noch in regenreichen Lagen des schwäbisch-alemannischen Gebietes, im Alpenraum, in Luxemburg, Belgien, Spanien, im nordwestlichen Iran und in den USA angebaut. Im Zuge des biologischen Anbaus gewinnt der D. aber wieder mehr an Bedeutung.

Dinobryon [griech. dīnos = Wirbel und griech. brýon = Moos]: artenreiche Gattung süßwasserbewohnender, häufig koloniebildender pflanzlicher Flagellaten. Jedes Einzelindividuum ist von einem röhren- bis urnenförmigen Zellulosegehäuse umgeben, an dessen Grund es mit einem kontraktilen Stiel festgeheftet ist.

Dinoflagellaten [griech. dīnos = Wirbel] (Pyrrhophyceae): Klasse der Algen (pflanzliche Flagellaten); einzellige, mit zwei langen Geißeln und oft mit Schwebefortsätzen ausgestattete, gelbbraune bis rötliche Chromatophoren (mit Chlorophyll a und c und verschiedenen Carotinoiden) führende Organismen, hauptsächlich im Plankton des Meeres, aber auch im Süßwasser. Bei der wichtigsten Ordnung, den **Peridinales,** ist oft ein komplizierter Zellulosepanzer aus vieleckigen Blättchen ausgebildet, durch dessen Poren feine Plasmafäden austreten. In einer äquatorialen Querfurche verläuft eine Flimmergeißel (bewirkt eine Rotationsbewegung), in einer Längsfurche eine Peitschengeißel als Schubgeißel (für die Vorwärtsbewegung).
Manche D. (Zooxanthellen) leben symbiontisch mit niederen Meerestieren. Fortpflanzung meist durch schräge Längsteilung; sexuelle Vorgänge wurden beobachtet. Einige Arten (z. B. der Gattungen Noctiluca, Ceratium, Peridinium) sind für das Meeresleuchten verantwortlich. Von manchen D. gebildete Toxine können z. B. Fische vergiften.

Dioscorea: wissenschaftlicher Name der Gattung ↑ Jamswurzel.

Diospyros: Gattung der Ebenholzgewächse (↑ Dattelpflaume).

Diplotaxis: wissenschaftlicher Name der Gattung ↑ Doppelsame.

Dipsacus: wissenschaftlicher Name der Gattung ↑ Karde.

Diptam [mlat., von dem griech. Pflanzennamen díktamnon] (Brennender Busch, Dictamnus albus): von Mittel- und Südeuropa bis Nordchina verbreitetes, in Deutschland nur selten auf Trockenhängen und in lichten Wäldern vorkommendes, kalkliebendes Rautengewächs; bis 1 m hohe Staude mit 7- bis 9zählig gefiederten Blättern und etwa 5 cm großen, zweiseitig-symmetrischen, weißen bis rötlichen, rotgeaderten Blüten in aufrechten Trauben. Der auch als Zierpflanze kultivierte D. ist reich an Drüsen und duftet zitronenartig; die besonders an heißen Tagen verdunstenden ätherischen Öle lassen sich entzünden. – Abb. S. 234.

Distel:

◊ (Carduus) Gattung der Korbblütler mit rund 100 Arten in Eurasien (sechs Arten in Deutschland) und Afrika; 0,3–2 m hohe Kräuter oder Stauden mit stacheligen Blättern und 5spaltigen, purpurnen oder weißen (seltener gelben) Röhrenblüten in meist großen, einzeln oder zu mehreren gehäuft stehenden Blütenköpfchen; Früchte mit Haarkelch. Die häufigste Art in Mitteleuropa ist die an trockenen Orten wie Schuttstellen und Wegrändern wachsende **Nickende D.** (Carduus nutans) mit purpurfarbenen, hängenden Blütenköpfchen, deren Hüllblätter zurückgebogen sind und in einen Stachel auslaufen.

◊ volkstümliche Bez. für stachelige Korbblütler aus verschiedenen Gattungen (z. B. Kratzdistel, Kugeldistel, Eberwurz).

Doldenblütler:

◊ (Umbelliflorae) Ordnung der Blütenpflanzen mit zyklischen, meist vier- bis fünfzähligen kleinen Blüten überwiegend in Dolden oder Köpfchen; sieben Familien, u. a. Doldengewächse, Araliengewächse, Hartriegelgewächse, Tupelobaumgewächse.

◊ anderer Name der ↑Doldengewächse.

Doldengewächse (Doldenblütler, Apiaceae, Umbelliferae): Familie der Zweikeimblättrigen Pflanzen mit rund 300 Gattungen und über 3 000, weltweit in außertropischen Gebieten verbreiteten Arten; meist Kräuter oder Stauden mit Pfahlwurzel oder Wurzelstock; Stengel hohl, an den Knoten verdickt und oft gerillt; Blätter wechselständig, Blattspreite meist mehrfach zerteilt, Blattgrund bildet oft eine Scheide; Blüten in einfachen oder zusammengesetzten Dolden, klein, meist weiß, mit fünf Staubblättern, zwei Griffeln und einem unterständigen Fruchtknoten. Aus den Blüten entwickeln sich Spaltfrüchte (Doppelachäne). Zahlreiche Arten werden als Gemüse-, Gewürz-, Heil- oder Zierpflanzen kultiviert (z. B. Sellerie, Fenchel, Möhre, Anis, Kümmel, Liebstöckel, Bärenklau).

Doldenrebe (Scheinrebe, Ampelopsis): Gattung der Weinrebengewächse mit rund 20 Arten im subtropischen Asien und östlichen Nordamerika; sommergrüne, mit Ranken (aber ohne Haftscheiben) kletternde Sträucher mit langgestielten Blättern. Mehrere Arten werden zur Bekleidung von Mauern kultiviert.

Donnerwurz: anderer Name der Gattung ↑Hauswurz.

Doppelkamille: Art der ↑Hundskamille.

Doppelsame (Mauersenf, Diplotaxis): Gattung der Kreuzblütler mit über 30 Arten in Mitteleuropa und vom Mittelmeerraum bis Indien; Kräuter mit ungeteilten oder fiederschnittigen Blättern und weißen oder gelben Blüten; Samen in den Schoten in zwei Längsreihen.

Dorant (Orant) [von griech. oróntion (Pflanzenname)]: volkstümliche Bez. für verschiedene Pflanzen (z. B. Ackerlöwenmaul, Blauer Eisenhut, Echter Salbei, Schwalbenwurzenzian, Wegrauke), die im Volksglauben als dämonen- und zauberabwehrend gelten.

Dorema [zu griech. dóry = Lanze (mit Bezug auf den langen, schlanken Stengel)]: Gattung der Doldenblütler mit vier Arten in den Trokkengebieten Armeniens bis Turkmenistan; bis 4 m hohe Stauden; liefern z. T. Ammoniakgummi.

Dornapfel: anderer Name des ↑Stechapfels.

Dornfarn (Dorniger Wurmfarn, Dryopteris carthusiana): Wurmfarnart mit bis 50 cm langen, doppelt gefiederten, dünn gestielten Blättern an kurzem, stark beschupptem Wurzelstock; verbreitet in feuchten Wäldern der gemäßigten und kühlen Gebiete der nördlichen Erdhalbkugel.

Dorniger Wurmfarn: anderer Name des ↑Dornfarns.

Dornkronenbaum: anderer Name der Gattung ↑Gleditsia.

Dornmelde (Bassia): Gattung der Gänsefußgewächse mit rund zehn Arten, verbreitet im südlichen und gemäßigten Europa (bis Sibirien); in Deutschland kommt nur die **Rauhhaarige D.** (Bassia hirsuta) auf Salz- und Sandböden der Nord- und Ostseeküsten vor; bis 30 cm hoch, rauhhaarig, mit linealischen Blättern.

Doronicum: wissenschaftlicher Name der Gattung ↑Gemswurz.

Doryanthes: wissenschaftlicher Name der Gattung ↑Speerblume.

Dost [mhd. doste, eigtl. = Büschel (nach den büscheligen Blütenständen)] (Origanum): Gattung der Lippenblütler mit rund zehn Arten v. a. im Mittelmeergebiet; Stauden oder Halbsträucher. Die einzige einheimische Art ist der auf Trockenrasen und an Waldrändern wachsende **Gemeine D.** (Echter D., Wilder Majoran, Origanum vulgare): bis 40 cm hohe Staude mit zahlreichen Öldrüsen, kleinen Blättern und fleischfarbenen bis karmin- oder braunroten Blüten in zusammengesetzten, endständigen Doldenrispen mit purpurnen Hochblättern; gelegentlich als Gewürz verwendet (zuweilen kultiviert), in der Volksmedizin als Magenmittel und für Gurgelwässer. – Die aus dem europäischen Süden und Westen stammende Unterart Origanum vulgare ssp. prismaticum (**Wintermajoran,** Staudenmajoran) wird bei uns zuweilen als Gewürzpflanze kultiviert und ist stellenweise verwildert.

Dotterblume (Caltha): Gattung der Hahnenfußgewächse mit rund 20 außertropischen Arten; Sumpfstauden. Die einzige Art in Mitteleuropa ist die **Sumpf-D.** (Caltha palustris), mit niederliegenden bis aufrechten, bis 50 cm langen, hohlen Stengeln und glänzend grünen, herzförmigen bis runden oder nierenförmigen, am Rand gekerbten oder gezähnten Blättern; Blüten mit fünf dottergelben, glänzenden Kelchblättern (die Kronblätter fehlen).

Dotterweide: Kultursorte der ↑Weißweide.

Douglasfichte ['du:...]: gleichbed. mit ↑Douglasie.

Douglasia [du...]: wissenschaftlicher Name der ↑Goldprimel.

Douglasie [du...; nach dem britischen Botaniker D. Douglas, * 1798, † 1834] (Douglastanne, Douglasfichte, Oregonzeder, Pseudotsuga taxifolia, Pseudotsuga douglasii): bis 100 m hoch werdendes, raschwüchsiges Kieferngewächs, heimisch im westlichen Nordamerika; Krone kegelförmig, mit quirligen, waagerechten Ästen; Borke braun, in der Jugend glatt, im Alter tief rissig und sehr dick; Nadeln fast zweizeilig gestellt, weich, lebhaft grün, unterseits mit zwei weißlichen Streifen; Fruchtzapfen hängend, hellbraun, länglich, 5–10 cm lang; Deckschuppen dreispitzig, überragen die

Fruchtschuppen beträchtlich; wertvoller Forst- und Parkbaum. Das (helle) Holz **(Oregon-pine)** wird als Bau- und Möbelholz genutzt. – Abb. S. 155.

Douglastanne ['du:...]: gleichbed. mit ↑Douglasie.

Draba: wissenschaftlicher Name der Pflanzengattung ↑Felsenblümchen.

Dracaena: wissenschaftlicher Gattungsname der ↑Drachenlilie.

Drachenapfelbaum (Dracontomelum): Gattung der Anakardiengewächse mit rund zehn Arten in Südostasien; hohe Bäume mit großen Fiederblättern und großen, glockigen, grünlichen Blüten in Rispen. Die rundlichen, säuerlich schmekkenden Steinfrüchte **(Drachenäpfel)** der als tropischer Obstbaum bekannten Art **Dracontomelum mangiferum** werden von den Malaien zum Würzen von Fischspeisen verwendet.

Drachenauge: anderer Name des ↑Longanbaums.

Drachenbaum (Dracaena draco): auf den Kanarischen Inseln heimisches Agavengewächs der Gattung ↑Drachenlilie; Strauch oder bis etwa 20 m hoher, stark verzweigter, mehrere hundert Jahre alt werdender Baum; Blätter schopfig angeordnet, bis 60 cm lang und bis 4 cm breit, vielnervig; Blüten knapp 1 cm groß, grünlichweiß; in Mitteleuropa als dekorative Blattpflanze im Topf, im Mittelmeergebiet als Zierbaum kultiviert. – Das Harz **(Drachenblut)** wurde früher als roter Farbstoff und als Arzneimittel verwendet.

Drachenkopf: anderer Name der ↑Gelenkblume.

Drachenlilie (Drazäne, Dracaena): Gattung der Agavengewächse mit rund 80 Arten in den Tropen und Subtropen Asiens, Australiens und Afrikas; meist holzige Bäume oder Sträucher mit lanzettlichen, an den Zweigenden büschelig stehenden Blättern und weißen oder grünlichweißen Blüten in Rispen; z. T. grün- oder buntblättrige Topfpflanzen; bekannteste Art: ↑Drachenbaum.

Drachenwurz (Schlangenkraut, Schweinsohr, Sumpfwurz, Kalla, Calla palustris): v. a. in Waldsümpfen und an Teichrändern in Eurasien und Nordamerika vorkommendes Aronstabgewächs; niedrige, giftige Staude mit kriechendem Wurzelstock, rundlich-herzförmigen Blättern, kolbenförmigem, grünlichem, von einer innen weißen, außen grünen Spatha umhülltem Blütenstand und roten Beerenfrüchten. – Abb. S. 79.

Dracontomelum: wissenschaftlicher Name der Gattung ↑Drachenapfelbaum.

Dracunculus: wissenschaftlicher Name der Gattung ↑Schlangenwurz.

Drahtschmiele: Art der Süßgrasgattung ↑Schmiele.

Drazäne: anderer Name der Gattung ↑Drachenlilie.

Drehfrucht (Streptocarpus): Gattung der Gesneriengewächse mit rund 90 Arten in Afrika und Südostasien; meist zottig oder wollig behaarte, bis 40 cm hohe Kräuter mit einem einzigen großen Blatt (Keimblatt) oder wenigen, meist grundständigen Blättern; Blüten röhrig oder trichterförmig, purpurn, blau oder weißlich; Fruchtkapsel spiralig gedreht. Zahlreiche Arten sind als Topfpflanzen im Handel.

Drehmoos (Funaria): mit rund 120 Arten weltweit verbreitete Gattung bis wenige Zentimeter hoher, rasenbildender Laubmoose; in Mitteleuropa häufig auf Mauern und Ödland das **Wettermoos** (Funaria hygrometrica), mit orangebraunen Mooskapseln. Ihre Stiele sind bei trockener

Witterung spiralig gedreht, bei feuchter Witterung gestreckt. – Abb. S. 319.

Drehwurz: anderer Name der Akkerwinde (↑ Winde).

Dreizack (Triglochin, Juncago): Gattung der Dreizackgewächse mit 15 Arten in den gemäßigten und kälteren Gebieten der Erde, v. a. in Australien; Sumpfpflanzen mit grasartigen Blättern und kleinen, grünen, dreizähligen Blüten in Ähren. In Mitteleuropa heimisch sind **Strand-D.** (Triglochin maritima) mit grünlichen oder rötlichen Blüten und **Sumpf-D.** (Triglochin palustris) mit gelblichgrünen Blüten.

Dreizackgewächse (Juncaginaceae): mit 18 Arten weltweit verbreitete Familie der einkeimblättrigen Blütenpflanzen, v. a. an feuchten Orten; Sumpfpflanzen mit meist grundständigen, linealischen Blättern und unscheinbaren, blütenhüllosen, ein- bis vierzähligen Blüten, die durch den Wind bestäubt werden; bekannteste Gattung ↑ Dreizack.

Drosera: wissenschaftlicher Name der Gattung ↑ Sonnentau.

Droseraceae: wissenschaftlicher Name der ↑ Sonnentaugewächse.

Drüsengriffel: anderer Name der Gattung ↑ Alpendost.

Dryas: wissenschaftlicher Name der Gattung ↑ Silberwurz.

Dryopteris: wissenschaftlicher Name der Gattung ↑ Wurmfarn.

Dschamma: das Kürbisgewächs ↑ Wassermelone.

Duchesnea [dy'ʃɛnea]: wissenschaftlicher Name der Gattung ↑ Scheinerdbeere.

Duffinbohne: anderer Name der ↑ Mondbohne.

Duftblüte (Osmanthus): Gattung der Ölbaumgewächse mit 15 Arten in Süd- und Ostasien und Nordamerika; immergrüne, stechpalmenähnliche Sträucher oder Bäume. Die kleinen Blüten sind weißlich, bilden Büschel und duften stark. Aus ihnen entwickeln sich blaue bis schwärzliche Steinfrüchte; beliebte Ziersträucher.

Dumpalme [arab.-frz. doum] (Hyphaene): Gattung 12–15 m hoher Fächerpalmen der Steppengebiete mit 32 Arten von Afrika bis Indien; Fruchtfleisch der kugeligen Steinfrüchte eßbar; Samen mit hornartigem Nährgewebe, das zur Herstellung von Knöpfen verwendet wird. Am bekanntesten ist die **Ägyptische D.** (Hyphaene thebaica).

Dünenrose: eine Rosenart (↑ Rose).

Durrha: Art der Sorghumhirse (↑ Mohrenhirse).

Durumweizen: anderer Name für den ↑ Hartweizen.

E

Ebenaceae: wissenschaftlicher Name der ↑ Ebenholzgewächse.

Ebenholzgewächse (Ebenaceae): Familie der Zweikeimblättrigen Pflanzen mit vier Gattungen und rund 450 Arten in den Tropen und Subtropen; Bäume oder Sträucher mit ganzrandigen Blättern und Beerenfrüchten. Das Kernholz ist oft sehr hart und schwer (z. B. Ebenholz). Die artenreichste Gattung ist die ↑ Dattelpflaume.

Eberesche (Vogelbeerbaum, Sorbus aucuparia): im nördlichen Europa und in Westasien verbreitetes Rosengewächs; strauchartiger oder bis 16 m hoher Baum mit lockerer Krone und glattem, hell- bis dunkelgrau berindetem Stamm; Fiederblätter etwa 30 cm lang, die Blättchen scharf gesägt. Die in großen, filzig behaarten Doldenrispen stehenden, kleinen, weißen, unangenehm riechenden Blüten entwickeln sich nach der Befruchtung zu kugeligen, glänzend scharlachroten, beerenähnlichen, kleinen Balgapfelfrüchten **(Vogelbeeren),** die – ausgenommen die Varietät **Mährische E.** (Eßbare E.; mit größeren, angenehm süß schmeckenden Früchten) – ungenießbar bitter sind (Verwendung zur Alkoholbereitung). Es werden verschiedene Gartensorten kultiviert.

Eberraute (Eberreis, Zitronenkraut, Zitronell, Stabwurz, Artemisia abrotanum): Beifußart aus dem Mittelmeergebiet; bis 1 m hohe, nach Zitronen duftende Staude; die doppelt fiederspaltigen Blätter mit fadenartig ausgezogenen Zipfeln, die kleinen, gelblichen Blütenköpfchen in schmaler Rispe; alte, nur noch selten angebaute Gewürz- und Heilpflanze (Wurm- und Magenmittel).

Eberreis: anderer Name der ↑ Eberraute.

Eberwurz (Wetterdistel, Carlina): Gattung der Korbblütler mit rund 20 Arten in Europa, Vorderasien und im Mittelmeergebiet; distelartige Pflanzen mit Milchsaft; Blätter fiederspaltig oder gelappt, dornig gezähnt; die innersten Hüllblätter des Blütenköpfchens strahlenblütenähnlich verlängert, weiß bis gelb. – In Mitteleuropa auf Magerrasen kommen vor: die bis 80 cm hohe, ästige, mehrköpfige **Gemeine E.** (Golddistel, Kleine Wetterdistel, Carlina vulgaris; mit goldgelben Hüllblättern) und die kurzstengelige oder stengellose, einköpfige **Silberdistel** (Stengellose E., Carlina acaulis; Blütenköpfchen 5–13 cm breit, mit silberweißen Hüllblättern, Laubblätter in einer Rosette).

Ecballium: Gattung der Kürbisgewächse; einzige Art ↑ Spritzgurke.

Echeverie (Echeveria) [ɛtʃe...; nach dem mex. Pflanzenzeichner A. Echeverría (19. Jahrhundert)]: Gattung der Dickblattgewächse mit über 150, von Texas über Kalifornien und Mexiko bis Peru verbreiteten Arten; sukkulente, stammlose Stauden oder kurzstämmige Sträucher mit spiralig angeordneten Blättern in Rosetten; Blüten stets fünfzählig, Blütenstände als Wickeltraube oder Trugdolde; viele Zierpflanzen mit zahlreichen Zuchtformen.

Echinocactus: wissenschaftlicher Name der Gattung ↑ Igelkaktus.

Echium: wissenschaftlicher Name der Pflanzengattung ↑ Natternkopf.

Eckerbse: anderer Name der ↑ Saatplatterbse.

Edeldistel: eine Pflanzengattung (↑ Mannstreu).

Edelkastanie (Echte Kastanie, Eßkastanie, Castanea sativa): Buchengewächs in Westasien, kultiviert und eingebürgert in Südeuropa und Nordafrika, seit der Römerzeit auch in wärmeren Gebieten (im Weinbauklima) Deutschlands; sommergrüner, bis über 1 000 Jahre alt und über 20 m hoch werdender Baum mit zuerst olivbrauner, glatter, später (durch Flechten) weißfleckiger Rinde, die allmählich in eine bräunlichgraue, netzartig längsrissige Borke übergeht; Blätter groß, derb, länglich-lanzettlich, stachelig gezähnt, gerbstoffreich; Blüten getrenntgeschlechtlich, weiß, gebüschelt, in aufrechter, langer Ähre, ungestielt;

die Nußfrüchte **(Eßkastanien, Maronen, Maroni)** mit stacheliger Fruchthülle (Cupula) sind eßbar (gekocht oder geröstet; 49% Stärkegehalt); erste Fruchterträge bei Bäumen im Alter zwischen 20 und 60 Jahren, alle 2–3 Jahre Hauptfruchtzeit (Vollmast).

Geschichte: Die Frucht der E. war den Griechen unter dem Namen „kástanon" bekannt. Bei den Römern und auch im deutschen Mittelalter wurde die Pflanze angebaut. Dioskurides und in Anlehnung an ihn auch Autoren des 16. Jahrhunderts erwähnen die arzneiliche Verwendung besonders der inneren Fruchtschale. Daneben werden seit dem 16. Jahrhundert die äußere Fruchtschale und die ganze Frucht (gegen Diarrhö) als Arzneimittel verwendet. Die Frucht war außerdem Nahrungsmittel; sie diente zur Schweinemast und geröstet auch als Kaffee-Ersatz. – Abb. S. 154.

Edelminze: Kreuzung aus zwei Arten der Gattung ↑Minze.

Edelraute: anderer Name der Pflanzengattung ↑Beifuß.

Edelreizker: Art der Pilzgattung ↑Milchlinge.

Edeltanne: anderer Name der ↑Weißtanne.

Edelweiß (Leontopodium): Gattung der Korbblütler mit 50 Arten in Gebirgen Asiens und Europas; niedrige, dicht behaarte, weißliche bis grüne Stauden mit kleinen Blütenköpfchen in dichten Trugdolden, die von strahlig abstehenden Hochblättern umstellt sind; in Mitteleuropa nur die Art **Leontopodium alpinum** in den Alpen an Felsspalten und auf steinigen Wiesen ab 1700 m Höhe; durch Sammler fast ausgerottete und daher geschützte Pflanze. – Asiatische Arten werden häufig als Zierpflanzen kultiviert.

Efeu (Hedera): Gattung der Araliengewächse mit sieben Arten in Europa, Nordafrika und Asien; immergrüne, meist mit Haftwurzeln kletternde Sträucher mit lederartigen, gezähnten oder gelappten Blättern und grünlichgelben Blüten in Doldentrauben. – Der **Gemeine E.** (Hedera helix) ist in Europa bis zum Kaukasus verbreitet. Er wächst an Mauern und Bäumen (bis zu 30 m hoch kletternd) oder auf dem Erdboden und wird in vielen Zuchtformen kultiviert. Als Herbstblüher entwikkeln sich bei ihm die schwarzen, kugeligen Beerenfrüchte meist erst im Frühjahr. Die Pflanze enthält u.a. das giftige Saponin Hederin. – Der ebenfalls kultivierte **Kaukasus-E.** (Hedera colchica) aus Kleinasien und dem Kaukasus besitzt überwiegend ganzrandige Blätter und ist in allen Teilen größer als der Gemeine Efeu.

Geschichte: E. war im alten Ägypten dem Osiris, bei Griechen und Römern dem Dionysos (Bacchus) heilig und galt als Symbol der Jugend. Man versuchte zur Zeit des Alexanderzuges E. auch in Babylon zu kultivieren, allerdings ohne Erfolg. In den Hippokratischen Schriften gilt E. als Mittel gegen eiternde Geschwüre. Als Volksheilmittel waren E.blätter noch im 19. Jahrhundert zur Behandlung von Wunden und Geschwüren (äußerlich) und von Skrofeln (innerlich) gebräuchlich.

Efeuaralie (Fatshedera lizei): durch Kreuzung von Zimmeraralie und Efeu entstandenes Araliengewächs mit 3- bis 5lappigen, großen Blättern und unscheinbaren, sterilen Blüten in einem filzig behaarten Blütenstand; als Dekorations- und Zimmerpflanze weit verbreitet.

Efeugewächse: anderer Name der ↑Araliengewächse.

Egerling: anderer Name der Pilzgattung ↑Champignon.

Ehrenpreis (Veronica): Gattung der Rachenblütler mit rund 300 Arten v.a. auf der Nordhalbkugel; meist Kräuter, z.T. auch Sträucher oder Bäume mit gegenständigen Blättern und häufig blauen (seltener weißen, gelben oder rosafarbenen) Blüten in Trauben; in Mitteleuropa fast 40 Arten, meist Wiesenpflanzen oder Ackerunkräuter, auch Gebirgspflanzen. Manche Arten werden in der Volksmedizin verwendet, z.B. der auf Heiden und in Wäldern vorkommende **Echte E.** (Heilsamer E., Wald-E., Grundheil, Veronica officinalis), v.a. gegen Blasenleiden und Gicht.

Eibe (Taxus): Gattung der Eibengewächse mit acht Arten auf der Nordhalbkugel; immergrüne, zweihäusige Nadelhölzer; in Europa die geschützte Art **Gemeine E.** (Taxus baccata), ein bis über 1 000 Jahre alt und bis 15 m hoch werdender Baum mit flachschuppig abblätternder, im Alter graubrauner Rinde. Die bis 3 cm langen, 2 mm breiten, beiderseits dunkelgrünen Nadeln sind in zwei Zeilen angeordnet. Die erbsengroßen Samen sind von einem roten oder gelben, fleischigen Samenmantel umgeben, der unschädlich ist. Die Pflanze selbst und die Samen enthalten dagegen giftige Alkaloide (v.a. das Herzgift Taxin). – Das *Holz* gehört zu den dichtesten und härtesten europäischen Hölzern, ist hochelastisch, im Kern braunrot, im Splint gelblichweiß, ist gut polierbar und wird v.a. für feine Kunsttischler-, Drechsler- und Schnitzarbeiten verwendet.

Geschichte: Die E. wurde schon in prähistorischer Zeit für die Herstellung von Gebrauchsgegenständen und Waffen verwendet. In der Volksmedizin dienten Abkochungen (sehr giftig! bei 50–100 g E.nnadeln unter Umständen tödlich) als Wurmmittel, als die Menstruation förderndes Mittel und als Abortivum. In der Homöopathie (seit dem 19. Jahrhundert) werden die Nadeln der Gemeinen E. für Mittel gegen Herz-, Leber-, Hautleiden sowie gegen Gicht und Rheuma verwendet. – Abb. S. 155.

Eibengewächse (Taxaceae): Familie der Nacktsamer mit fünf Gattungen (in Mitteleuropa nur die ↑Eibe) in der gemäßigten Zone der nördlichen Erdhälfte; Sträucher oder kleine Bäume mit nadelförmigen Blättern und getrenntgeschlechtigen Blüten; Samenverbreitung durch Vögel.

Eibenzypresse: svw. Küstensequoia (↑Mammutbaum).

Eibisch:

◊ (Hibiscus) Gattung der Malvengewächse mit über 200 meist tropischen Arten; Kräuter, Sträucher oder Bäume. Die verschiedenfarbigen Blüten sind trichterartig, groß und stehen meist einzeln in den Blattachseln. – ↑auch Roseneibisch.

◊ gleichbed. mit ↑Stockmalve.

Eiche (Quercus): Gattung der Buchengewächse mit rund 500 Arten auf der Nordhalbkugel; sommer- oder immergrüne, einhäusige, über 700 Jahre alt und bis 60 m hoch werdende Bäume mit meist knorriger, starkästiger, unregelmäßiger Krone, rissiger Borke und gesägten bis gelappten Blättern. Die ♂ Blüten stehen in lockeren, gelbgrünen, hängenden Kätzchen, die ♀ Blüten einzeln oder zu mehreren in Ähren. Die im ersten oder zweiten Jahr reifende *Nußfrucht* wird **Eichel** genannt. Sie ist einsamig, rund bis eiförmig und reich an Stärke und Gerbsäure. An ihrer Basis wird sie von einem napf-

bis becherförmigen, beschuppten oder filzig behaarten Fruchtbecher (Cupula) umschlossen, aus dem sie nach der Reife herausfällt. – Das *Holz* der E. ist meist ringporig und hat einen gelblich- bis dunkelbraunen, sehr dauerhaften Kern. Es ist schwer und elastisch und dient u. a. für Furniere, als Möbel- und Bauholz sowie für Parkettböden. – An den Blättern der E. verursachen Gallwespen durch Eiablage kugelige Gewebswucherungen **(Eichengallen),** in denen sich die Gallwespen entwickeln. – Bekannte Arten sind ↑Stieleiche, ↑Traubeneiche und ↑Korkeiche.

Geschichte: Schon im Altertum wurden Teile der Stieleiche als Arzneimittel verwendet. Im 16. Jahrhundert wurden Eichenblätter, Eicheln samt Fruchtbecher, auch Eichelmehl arzneilich verwendet, seit dem frühen 19. Jahrhundert jedoch nur noch die Eichenrinde in Abkochungen als adstringierendes Mittel (gegen Blähungen, für Bäder). Eicheln dienten geröstet als Kaffee-Ersatz, zur Branntweingewinnung und in Notzeiten auch zur Brotbereitung. In südlichen Ländern wurde aus Honigtau der E.n **Eichenhonig (Eichenmanna)** gewonnen. Als Futter für Schweine **(Eichelmast)** spielen Eicheln in einigen Ländern bis heute eine gewisse Rolle. Wirtschaftlich von großer Bedeutung war die Rinde einiger Eichenarten als Gerbmittel (Gerbstoffgehalt etwa 13–15%).

Religions- und *kulturgeschichtlich* ist die E. von hervorragender Bedeutung. Sie galt v. a. bei indogermanischen Völkern, aber auch bei den Japanern als heilig. Eichenhaine waren indogermanische Kultstätten. Am bekanntesten jedoch ist die E. als heiliger Baum des germanischen Gottes Donar (die Donar-E., vermutlich in Geismar bei Fritzlar, ließ Bonifatius im Jahre 724 fällen). Außerhalb der religiösen Sphäre gilt die E. als Sinnbild der Stärke, heldenhafter Standhaftigkeit sowie als Sinnbild des Sieges.

Eichhase (Astiger Porling, Polyporus umbellatus): graubrauner, an alten Baumstümpfen von Eichen und Buchen vorkommender, bis 30 cm hoher Pilz (Familie Porlinge). Die zahlreichen Seitenäste tragen an ihrem Ende kleine (Durchmesser 1–5 cm), dünnfleischige, in der Mitte oft vertiefte Hütchen. Jung ist der E. ein angenehm duftender, nach Nüssen schmeckender Speisepilz.

Eichhọrnia: wissenschaftlicher Name der Pontederiengewächsgattung ↑Wasserhyazinthe.

Eierbofist (Kugelbofist, Schwärzender Bofist, Bovista nigrescens): walnuß- bis hühnereigroßer Pilz der Gattung ↑Bofist; mit weißer, glatter Außenhaut, die sich bei der Reife in Fetzen ablöst, so daß die glänzendbraune, papierdünne Innenhaut sichtbar wird; sie öffnet sich am Scheitel und gibt dabei die braunen Sporen frei, die als feiner Staub verbreitet werden. Der E. wächst auf Wiesen und ist jung eßbar.

Eierfrucht: anderer Name für die Frucht der ↑Aubergine.

Eierpflanze: anderer Name der ↑Aubergine.

Eierporling: anderer Name des Pilzes ↑Schwefelporling.

Eierschwamm: anderer Name des Pilzes ↑Pfifferling.

Einbeere (Paris): Gattung der Liliengewächse mit rund 20 Arten in Europa und im gemäßigten Asien. Von den netzaderigen Blättern der mit einem Wurzelstock kriechenden Stauden stehen jeweils vier oder mehr in einem Quirl zusammen. Die vier- bis fünfzähligen Blüten entwikkeln sich zu Beeren- oder fleischigen Kapselfrüchten. Einzige mitteleuropäische Art ist die in Laubwäldern weitverbreitete, bis 40 cm hohe Art **Paris quadrifolia** (mit endständiger schwarzer, giftiger Beere).

Einkeimblättrige (Einkeimblättrige Pflanzen, Monokotyledonen, Monocotyledoneae, Liliatae): Klasse der Blütenpflanzen, deren Keimling nur ein Keimblatt ausbildet, das als Laubblatt oder (im Samen) als Saugorgan auftreten kann; Laubblätter meist mit unverzweigten, parallel verlaufenden Hauptnerven; Blüten vorwiegend aus dreizähligen Blütenorgankreisen aufgebaut. Die Primärwurzel ist meist kurzlebig und wird durch sproßbürtige Wurzeln ersetzt. Die Leitbündel sind geschlossen und meist zerstreut über den Sproßquerschnitt angeordnet. Sekundäres Dickenwachstum kommt nur selten vor. E. sind z. B. alle Gräser, Liliengewächse, Orchideen und Palmen. Fossil sind sie seit der unteren Kreide (etwa gleichzeitig mit den ersten Zweikeimblättrigen) nachweisbar.

Einkorn (Triticum monococcum): seit der jüngeren Steinzeit bekannte, heute kaum mehr angebaute diploide Weizenart mit kurzen, dichten, flachen Ähren; die Ährchen sind lang begrannt und meist zweiblütig, oft wird jedoch nur eine Frucht ausgebildet.

Eisenbaum: anderer Name der Gattung ↑ Nagasbaum.

Eisenhut (Sturmhut, Aconitum): Gattung der Hahnenfußgewächse mit rund 300 Arten v. a. auf der Nordhalbkugel; meist Stauden mit handförmig zerteilten, gestielten Blättern. Die blauen, gelben oder weißen Blüten bilden endständige, traubige, meist verzweigte Blütenstände. Das obere der fünf Blütenblätter ist helmförmig ausgebildet und schließt zwei langgestielte, an der Spitze mützenförmige Honigblätter ein. Alle Arten, v. a. deren Wurzelknollen **(Akonitknollen, Teufelswurzeln),** sind reich an Alkaloiden (u. a. Aconitin) und daher oft sehr giftig. Einige Arten sind bekannte Zierstauden, u. a. der bis 1,5 m hohe, blauviolett blühende **Blaue E.** (Echter Sturmhut, Aconitum napellus), eine Sammelart mit rund zehn Kleinarten in den Gebirgen Mitteleuropas.

Eisenkraut (Verbena): Gattung der Eisenkrautgewächse mit über 200 Arten hauptsächlich in den Tropen und Subtropen; Kräuter, Stauden und Halbsträucher mit röhrigen, schwach zweilippigen Blüten, die in endständigen, dichten, bisweilen doldenartig verkürzten Ähren stehen. – In Deutschland kommt nur das **Echte E.** (Verbena officinalis) an Wegen und Ackerrändern vor: Staude mit kleinen, blaßlilafarbenen Blüten in rutenförmigen, drüsigen Ähren. – Mehrere amerikanische Arten und deren Zuchtformen werden als Sommerblumen **(Gartenverbenen)** kultiviert, z. B. die meist einjährige, etwa 15 cm hohe, zinnoberrot blühende Art **Brennende Liebe** (Verbena peruviana).

Eisenkrautgewächse (Verbenaceae): mit den Lippenblütlern nah verwandte Familie der Zweikeimblättrigen mit rund 100 Gattungen und über 2 600 Arten, hauptsächlich in den Tropen und Subtropen sowie in den südlichen gemäßigten Gebieten; Bäume, Sträucher, Lianen oder Kräuter mit trichterförmigen, oft zweilippigen Blüten; bekannte Gattungen: ↑ Eisenkraut, ↑ Teakbaum.

Eiskrautgewächse (Mittagsblumengewächse, Ficoideaceae, Aizoaceae): Familie der Zweikeimblättrigen mit rund 2500 Arten in über 130 Gattungen, hauptsächlich in Afrika und Australien; Kräuter, Halbsträucher oder Sträucher mit fleischigen, meist gekreuzt-gegenständigen, paarweise miteinander verwachsenen Blättern, die häufig mit wassergefüllten, z. T. wie Eisperlen glänzenden Papillen besetzt sind; Blüten bis 12 cm groß, mit zahlreichen linealischen Blütenblättern; bekannte Gattungen: ↑Mittagsblume, ↑Fenestraria, ↑Lebende Steine.

Elaeagnaceae [elɛa...]: wissenschaftlicher Name der ↑Ölweidengewächse.

Elaeagnus [elɛ...]: wissenschaftlicher Name der Gattung ↑Ölweide.

Elaeis [e'lɛːɪs]: wissenschaftlicher Name der Gattung ↑Ölpalme.

Elaeocarpaceae [elɛo...]: wissenschaftlicher Name der ↑Ölfruchtgewächse.

Elatinaceae: wissenschaftlicher Name der ↑Tännelgewächse.

Elatine: wissenschaftlicher Name der Gattung ↑Tännel.

Elbling (Alben, Räuschling, Kleinberger): weiße Rebsorte; vermutlich von den Römern aus Italien an die Mosel gebracht und dort angebaut, heute nur noch an der Obermosel vorkommend.

Elefantenfuß (Schildkrötenpflanze, Dioscorea elephantopus, Testudinaria elephantipes): Jamswurzelgewächs in Südafrika; knolliger Stamm mit gefelderter Korkrinde, die an einen Schildkrötenpanzer erinnert; bis 6 m lange, dünne, kletternde, krautige, jährlich absterbende Zweige, bis 5 cm breite, dünne herzförmige Blätter und kleine, grünlichgelbe Blüten in Trauben; Knollen eßbar **(Hottentottenbrot)**, stärkereich, bis 100 kg schwer; Pflanze vom Aussterben bedroht und streng geschützt.

Elefantengras (Mariankagras, Pennisetum purpureum): bis 7 m hohes, bestandbildendes Süßgras (Federborstengras); wird in den afrikanischen Savannen als Futterpflanze sowie für Umzäunungen und Hüttenwände verwendet.

Elefantenohr (Haemanthus albiflos): südafrikanisches Amaryllisgewächs mit 2–4 relativ kurzen, breiten, immergrünen, fleischigen Blättern und einer dicken Schuppenzwiebel; Blüten weiß, mit vorragenden gelben Staubbeuteln, in dichter, fast kugeliger Dolde auf abgeflachtem, bis 30 cm hohem Schaft; widerstandsfähige Zimmerpflanze.

Elettaria: Gattung der Ingwergewächse mit zwei Arten, darunter das gewürzliefernde ↑Kardamom.

Eleusine: wissenschaftlicher Name der Gattung ↑Kreuzgras.

Elfenbeinpalme (Steinnußpalme, Phytelephas): Palmengattung mit rund 15 Arten im tropischen Amerika; stammlose oder kurzstämmige, zweihäusige Fiederpalmen. Der bis 4 cm dicke, runde Samen **(Elfenbeinnuß, Steinnuß, Taguanuß)** ist steinhart durch das Reservezellulose speichernde Nährgewebe (Hornendosperm) und wird als **vegetabilisches Elfenbein** zur Herstellung von Knöpfen und Schnitzereien verwendet.

Elodea: wissenschaftlicher Name der Gattung ↑Wasserpest.

Elsbeere (Sorbus torminalis): kalkliebendes Rosengewächs in Mittel- und Südeuropa, in Gebüsch und lichten, warmen Wäldern; Strauch oder bis 15 m hoher Baum mit eiförmigen, drei- bis vierlappigen Blättern und weißen Blüten in lockeren Trugdolden. Die zunächst roten, länglichen Apfelfrüchte sind reif lederbraun mit hellen Punkten; sie sind erst überreif genießbar. – Das *Holz* der E. ist hart und geflammt; es ist besonders für Drechslerarbeiten und Musikinstrumente geeignet. – Die E. wird auch als Zierbaum angepflanzt.

Elymus: wissenschaftlicher Name der Gattung ↑ Haargerste.

Emmer (Flachweizen, Gerstenspelz, Zweikorn, Stärkeweizen, Triticum dicoccum): seit rund 5 000 v. Chr. bekannte, nicht winterharte, tetraploide Kulturweizenart mit abgeflachter Ähre, lang begrannten, zwei- bis dreiblütigen Ährchen und fest in den Spelzen eingeschlossenen Früchten; wird heute nur noch auf dem Balkan angebaut.

Emmerreihe: Sammelbez. für die Weizenarten Emmer, Hart-, und Rauhweizen.

Empetrum: wissenschaftlicher Name der Gattung ↑ Krähenbeere.

Empusa: Gattungsname des Algenpilzes ↑ Fliegenschimmel.

Endivie [durch roman. Vermittlung (frz. endive, italien. endivia) aus lat. intubus (spätlat. intiba), von griech. entýbion, eigtl. = im Januar wachsende Pflanze (zu ägypt. tōbi = Januar)]:

◊ (Binde-E., Winter-E., Cichorium endivia) aus dem östlichen Mittelmeergebiet stammende, einjährige, aus der (wilden) Zwergzichorie (Cichorium pusillum) hervorgegangene Kulturpflanze (Gattung Wegwarte); entwickelt in der Jugend eine Rosette aus breiten (Breitblättrige E., **Eskariol,** Varietät „latifolium") oder schmalen, krausen, zerschlitzten Blättern (Krause E., Varietät „crispum"). Die leicht bitter schmeckenden Blätter werden meist rund 2–3 Wochen vor der Ernte oben zusammengebunden, damit das „Herz" zart und bleich bleibt und weniger Bitterstoffe gebildet werden.

Geschichte: Die E. war seit der Antike in erster Linie Salatpflanze, wurde aber auch als Arzneimittel verwendet. In den Apotheken führte man schon vor 1500 neben der Gemeinen Wegwarte E. (Kraut, Samen). Ende des 18. Jahrhunderts verschwanden beide Arten aus dem Arzneischatz.

◊ (Sommer-E.) unkorrekte Bez. für den Römischen Salat (↑ Kopfsalat).

Engelstrompete (Datura suaveolens): Nachtschattengewächs (Stechapfelart) in Brasilien; bis 5 m hoher, baumartiger Strauch mit eiförmigen, bis 30 cm langen Blättern. Die 20–30 cm langen, hängenden, trichterförmigen Blüten sind weiß (bei Zuchtformen auch z. B. rosafarben oder gelb) und wohlriechend. Die E. ist ein beliebter Zierstrauch. – Abb. S. 157.

Engelsüß: anderer Name des Gemeinen ↑ Tüpfelfarns.

Engelwurz (Angelika, Angelica): Gattung der Doldenblütler mit rund 50 Arten auf der nördlichen Erdhälfte und in Neuseeland; zwei- bis mehrjährige meist stattliche Kräuter mit doppelt fiederteiligen Blättern und großen Doppeldolden. – In Mitteleuropa in Wäldern und auf feuchten Wiesen kommt häufig die bis 1,5 m hohe **Wald-E.** (Angelica silvestris) vor, mit weißen oder rötlichen Blüten; ferner an Ufern und auf feuchten Wiesen die seltenere, bis 2,5 m hohe, aromatisch duftende und grünlich blühende **Echte E.** (Angelica archangelica, Angelica officinalis), die auch als Gewürz- und Heilpflanze kultiviert wird, da ihre Wurzeln und Rhizome appetitanregende und schweiß- und harntreibende Gerb- und Bitterstoffe sowie das krampflösende, auch in der Likörindustrie verwendete sogenannte **Angelikaöl** enthalten.

Englischer Spinat: svw. Gartenampfer (↑ Ampfer).

Englischer Weizen: anderer Name für ↑Rauhweizen.

Englisches Raigras: Art der zu den Süßgräsern gehörenden Gattung ↑Lolch.

Ensete [amhar.]: Gattungsgruppe der Bananengewächse; die stärkereichen Rhizome und Scheinstämme der in Äthiopien kultivierten **E.banane** (E. ventricosum) sind ein wichtiges Grundnahrungsmittel. – ↑auch Zierbanane.

Entengrütze: anderer Name der Gattung ↑Wasserlinse.

Entenlinse: anderer Name der Gattung ↑Wasserlinse.

Enzian [altes Lehnwort aus gleichbed. lat. gentiana] (Gentiana): Gattung der Enziangewächse mit über 450 Arten (z. T. Sammelarten), v. a. in den Gebirgen der Nordhalbkugel und in den Anden; einjährige oder ausdauernde Kräuter mit ganzrandigen, kahlen Blättern und trichter-, glocken- oder stieltellerförmigen Blüten; in Mitteleuropa rund 30 unter Naturschutz stehende Arten, u. a.: **Brauner E.** (Ungarischer E., Pannonischer E., Gentiana pannonica), mit 15–60 cm hohem, unverzweigtem, hohlem Stengel und großen, glockigen, trübpurpurnen oder bläulichroten, schwarzrot punktierten Blüten zu mehreren in den Blattachseln, an der Spitze kopfig gehäuft; **Deutscher E.** (Gentiana germanica), mit verzweigtem, 2 cm bis über 30 cm hohem Stengel und trichterförmig-röhrigen, im Schlund bärtigen, violetten Blüten; **Feld-E.** (Gentiana campestris), bis etwa 10 cm hoch, verzweigt, mit zahlreichen vierzähligen, violetten, weißen oder rosafarbenen Blüten mit ungleich großen Kelchblättern; **Fransen-E.** (Gefranster E., Gentiana ciliata), bis 30 cm hoch, mit meist nur einer endständigen, bis 5 cm langen, gestielten, blauen Blüte, deren vier Kronzipfel (halb so lang wie die Kronröhre) am Rand lang gefranst sind; der (lockere Rasen bildende) **Frühlings-E.** (Gentiana verna), mit grundständiger Blattrosette, die kurzgestielten, tief azurblauen Einzelblüten mit langer Kronröhre; **Gelber E.** (Gentiana lutea), sehr stattlich, mit unverzweigtem, bis 2 m hohem, fingerdickem, hohlem Stengel und großen, breit-eiförmigen, dick längsnervigen Blättern, die kurzgestielten, etwa 2,5 cm langen, gelben Blüten mit radförmiger, tiefgeteilter Krone bilden dichte Scheinquirle; der rübenförmige, mehrköpfige Wurzelstock kann bis zu 10 kg schwer werden; **Lungen-E.** (Wiesen-E., Gentiana pneumonanthe), 15 bis 50 cm hoch, mit linealischen Blättern und end- und blattachselständigen, großen, gestielten, glockenförmigen, innen grünstreifigen, blauen Blüten; **Punktierter E.** (Gentiana punctata), 40–60 cm hoch, mit hohlem, etwas kantigem Stengel und sitzenden, glockigen, blaßgelben, dunkelviolett punktierten Blüten, einzeln oder zu mehreren in den Blattachseln, an der Spitze kopfig gehäuft; **Schlauch-E.** (Gentiana utriculosa), bis 25 cm hoch, mit aufgeblasenem Kelch, dessen Kanten breit geflügelt sind, Blüten azurblau, außen oft grünlich; **Schnee-E.** (Gentiana nivalis), bis 15 cm hoch, einjährig, zart, dünnstengelig, meist vom Grund an verzweigt, mit kleinen, sternförmigen, azurblauen, einzelnen Blüten; **Schwalbenwurz-E.** (Gentiana asclepiadea), bis 80 cm hoch, mit 5–8 cm langen, ungestielten, lang zugespitzten, netzadrigen Blättern und einzeln oder zu zweien oder dreien in den oberen Blattachseln stehenden, glockigen, blauen, selten weißen, innen rotviolett punktierten und hell gestreiften

Blüten; **Stengelloser E.** (Glocken-E., Großblütiger E., Gentiana acaulis), mit einer einzelnen, kurzgestielten, etwa 5–6 cm langen, glockig-trichterförmigen, blauen Blüte aus grundständiger Blattrosette.
Die Wurzeln verschiedener E.arten (v. a. die des Gelben E.s) enthalten viele Bitterstoffe **(Bitterwurzeln)** und werden sowohl in der Medizin als appetitanregendes Mittel und bei der Behandlung von Verdauungsstörungen als auch zur Herstellung von E.branntwein und Kräuterlikör verwendet. – Abb. S. 236.

Enziangewächse (Gentianaceae): Familie zweikeimblättriger Samenpflanzen mit 70 Gattungen, weltweit verbreitet; meist Kräuter oder Stauden, seltener Holzpflanzen mit gegenständigen, ganzrandigen Blättern und meist zu einer Röhre verwachsenen Blütenblättern; bekannteste Gattungen: ↑Enzian, ↑Tausendgüldenkraut.

Ephedra: einzige Gattung der ↑Ephedragewächse.

Ephedraceae: wissenschaftlicher Name der ↑Ephedragewächse.

Ephedragewächse [der griech. Pflanzenname éphedra, eigtl. = das Daraufsitzen] (Ephedraceae): Familie der Nacktsamer mit der einzigen Gattung **Meerträubel** (Ephedra); rund 40 Arten, v. a. im Mittelmeerraum und in den Trockengebieten Asiens und Amerikas; bis 2 m hohe Rutensträucher mit gekreuzt-gegenständigen Schuppenblättern; Blüten klein, mit blumenkronartiger Hülle, in Zapfen; Frucht ein fleischiger oder trockener Zapfen; z. T. Heilpflanzen, z. B. das **Zweiährige Meerträubel** (Ephedra distachya): im Mittelmeergebiet, in der Schweiz, von der Nordküste des Schwarzen Meeres bis Ostsibirien; bis 1 m hoher, ginsterartiger Strauch mit scharlachroten, kugeligen, erbsengroßen Beerenzapfen; enthält das (dem Hormon Adrenalin chemisch sehr ähnliche) Alkaloid **Ephedrin,** das ein wertvolles Heilmittel bei Kreislaufschwäche und (wegen seiner schleimhautabschwellenden Wirkung) bei Bronchialasthma und Bronchitis ist.

Epidendrum [griech. déndron = Baum]: Gattung der Orchideen mit rund 800 Arten in den Tropen und Subtropen Amerikas; Epiphyten mit länglichen, meist ledrigen Blättern und teils unscheinbar, teils auffallend gefärbten Blüten in traubigen oder rispigen Blütenständen; haltbare Zierpflanzen.

Epilobium: wissenschaftlicher Name der Gattung ↑Weidenröschen.

Epipactis: wissenschaftlicher Name der Orchideengattung ↑Sumpfwurz.

Epiphyllum: wissenschaftlicher Name der Gattung ↑Blattkaktus.

Equisetaceae: wissenschaftlicher Name der ↑Schachtelhalmgewächse.

Equisetum: wissenschaftlicher Name des ↑Schachtelhalms.

Eragrostis: wissenschaftlicher Name der Gattung ↑Liebesgras.

Erbse (Pisum): Gattung der Schmetterlingsblütler mit sieben vom Mittelmeergebiet bis Vorderasien verbreiteten Arten; einjährige, kletternde Pflanzen mit kantigem Stengel und paarig gefiederten Blättern, die in Ranken auslaufen. Die rötlichen, gelben, weißen oder grünlichen Blüten stehen in kurzen, achselständigen Trauben. Die Frucht ist eine zweiklappige Hülse, in der die kugeligen oder würfelförmigen, grünen, gelben oder weißlichen Samen zu 5–10 stehen. An den Wurzeln befinden sich zahlreiche kleine Wurzelknöllchen, durch die bei Gründüngung der Boden mit Stickstoff angereichert wird. Diese Knöllchen werden durch die Stickstoff fixierenden Knöllchenbakterien (Gattung Rhizobium) verursacht. – E.narten werden in verschiedenen Kulturformen angebaut, deren eiweiß- und stärkereiche Samen **(Erbsen)** als Gemüse gegessen werden und deren Laub bzw. Stroh ein wertvolles Futtermittel darstellt. Eine bekannte Kulturpflanze ist die ↑Saaterbse, aus der u. a. die Acker- und Garten-E. hervorgegangen sind.

Geschichte: Die E.npflanze wird spätestens seit dem 6. Jahrtausend v. Chr. in Vorderasien kultiviert, um 4000 v. Chr. wurde sie in Mitteleuropa angebaut. Früher eine Kostbarkeit, wurde sie erst im 19. Jahrhundert zu einem Nahrungsmittel für breitere Volksschichten.

Erbsenstrauch (Caragana): Gattung der ↑Schmetterlingsblütler mit über 60 vom südlichen Rußland bis China verbreiteten Arten; sommergrüne, bis 6 m hohe Sträucher mit oft büschelig stehenden, paarig gefiederten Blättern, deren Blattspindel im Herbst oft stehen bleibt und verdornt; Blüten 1–3 cm groß, gelb oder rötlichweiß, einzeln oder in Büscheln; Hülsenfrucht meist walzenförmig; z. T. Zierpflanzen.

Erdbeerbaum (Arbutus): Gattung der Heidekrautgewächse mit rund 20 Arten im Mittelmeergebiet, auf den Kanarischen Inseln und in Nord- und Mittelamerika; immergrüne Sträucher oder Bäume mit kugeligen oder urnenförmigen Blüten in büscheligen Rispen; mehrsamige Beerenfrüchte mit mehligem Fruchtfleisch. Eine bekannte Art der südeuropäischen Macchie ist **Arbutus unedo;** die kirschgroßen, scharlachroten, eßbaren Früchte erinnern durch ihre warzige Oberfläche an Erdbeeren. Als Charakterbaum der Macchie Griechenlands und Kleinasiens gilt **Arbutus andrachne** (mit orangeroten, netzartig gerieften Früchten).

Erdbeere:
◊ (Fragaria) Gattung der Rosengewächse mit rund 30 Arten in den gemäßigten und subtropischen Gebieten der nördlichen Halbkugel und in den Anden; Ausläufer treibende Stauden mit grundständiger, aus dreizählig gefiederten, gesägten Blättern bestehender Blattrosette und weißen, zwittrigen oder (seltener) eingeschlechtigen Blüten. Die meist eßbaren Früchte **(Erdbeeren)** sind Sammelnußfrüchte, die aus der stark vergrößerten, fleischigen, meist roten Blütenachse und ihr aufsitzenden, kleinen, braunen Nüßchen bestehen. – Bekannte Arten sind: die formenreiche, anliegend behaarte **Wald-E.** (Fragaria vesca) im gemäßigten Eurasien, v. a. an Wegrändern, 8–20 cm hoch, Frucht relativ klein, wohlschmeckend; eine Kulturform der Wald-E. stellt die mehrmals im Jahr blühende und fruchtende **Monats-E.** dar; die im wärmeren Europa vorkommende **Zimt-E.** (Muskateller-E., Moschus-E., Fragaria moschata) mit abstehend behaarten, die Blätter überragenden Blütenstengeln und an der Basis birnenförmig verdickten Früchten; die in Europa und Westasien verbreitete **Hügel-E.** (Knackelbeere, Knorpelbeere, Fragaria viridis), bei der der große Fruchtkelch der harten, gelblichen Frucht fest anliegt (wird beim Pflücken der Frucht unter knackendem Geräusch mit abgerissen); die großfrüchtige **Garten-E.** (Ananas-E., Fragaria ananassa), die im 18. Jahrhundert in Holland aus der Kreuzung einer süd- mit einer nordamerikanischen Art entstanden ist; sie ist die Stammform der vielen heutigen Kultursorten.

◊ (Indische E.) Art der Gattung ↑Scheinerdbeere.

Erdbeerspinat: Name zweier Arten der Gattung Gänsefuß mit fleischigen, rötlichen, an Erdbeeren erinnernden Fruchtständen (Scheinfrüchte): der von Südeuropa bis Mittelasien verbreitete **Echte E.** (Chenopodium foliosum) mit tief gezähnten Blättern und bis zur Spitze dicht beblättertem Blütenstand; ferner der aus Südeuropa stammende **Ährige E.** (Chenopodium capitatum), dessen Blütenknäuel keine Tragblätter besitzen. Beide Arten werden als Blattgemüse angebaut.

Erdglöckchen: anderer Name für das ↑Moosglöckchen.

Erdkastanie: anderer Name der Pflanzengattung ↑Erdknolle und des Knollenkerbels (Gattung ↑Kälberkropf).

Erdkirschen: Bez. für die eßbaren, aromatisch schmeckenden Beerenfrüchte einiger in den Subtropen und Tropen kultivierter Arten der Gattung Lampionblume, darunter die **Ananaskirsche** (Kapstachelbeere; von Physalis peruviana in Südamerika) und die **Erdbeertomate** (Erdkirsche im engeren Sinne; von Physalis pruinosa in Nordamerika).

Erdknolle:

◊ (Erdkastanie, Bunium) Gattung der Doldengewächse mit rund 30 Arten in Europa bis Westasien; Stauden mit 2- bis 3fach gefiederten Blättern und eßbaren Knollen (Hypokotylknollen); in Mitteleuropa nur die 30–100 cm hohe **Gewöhnliche E.** (Bunium bulbocastanum) auf Äckern und Weiden.

◊ svw. Knollenkerbel (↑Kälberkropf).

Erdkohlrabi: anderer Name der ↑Kohlrübe.

Erdnuß (Arachis hypogaea): einjähriger südamerikanischer Schmetterlingsblütler; alte, in den Tropen und Subtropen in verschiedenen Sorten angebaute, etwa 15–70 cm hohe Kulturpflanze mit bis über 30 cm langer Pfahlwurzel; Fiederblätter mit zwei Paar 2–5 cm langen, kurzgestielten Fiederblättchen; die gelben, in wenigen Stunden abblühenden, meist zu 3–7 in den Blattachseln sitzenden Schmetterlingsblüten haben Selbstbestäubung. Nach der Befruchtung entwickelt sich ein bis 15 cm langer Fruchtstiel (Gynophor), der sich zur Erde krümmt (positiver Geotropismus) und den Fruchtknoten 4–8 cm tief ins Erdreich drückt, wo dann in etwa zwei Monaten die 2–6 cm lange, strohgelbe Hülsenfrucht **(Erdnuß)** heranwächst (ein Fall von Geokarpie). Diese hat eine zähfaserige, sich nicht öffnende Fruchtwand (E.schale) und 1–5 (meist 2) länglichovale, etwa 1–2,5 cm lange Samen mit papierartiger, rotbrauner Samenschale; zwischen den beiden weißen, wohlschmeckenden Samenhälften, den durch Nährstoffe verdickten Keimblättern, liegt die relativ weit entwikkelte, weiße Sproßknospe (Plumula). Die Vitamin-B- und Vitamin-E-reichen Samen enthalten etwa 50% Öl, 25% Eiweiß und 3–8% Kohlenhydrate.

Die E.kerne werden geröstet, gesalzen oder gezuckert gegessen. Sie liefern **E.öl** (ein Speiseöl), der Preßrückstand (E.preßkuchen) wird als ein hochwertiges Viehfutter verwendet. Außerdem werden Erdnüsse zu Mehl **(E.mehl)** oder zu **E.mark** verarbeitet.

Die Ernte der E. erfolgt durch Heraushacken oder -pflügen und Trocknen von Kraut samt Früchten, dann Abpflücken oder Abdreschen der Früchte. Das Kraut wird als Viehfutter **(E.heu)** verwendet.

Hauptanbauländer sind: Indien, China, die USA und Senegal. – Abb. S. 80.

Erdrauch (Fumaria): Gattung der Mohngewächse mit rund 50 Arten in Mitteleuropa und vom Mittelmeergebiet bis Zentralasien; liegende bis aufrechte oder kletternde einjährige Kräuter mit mehrfach fiederteiligen Blättern und kleinen Blüten in Trauben. In Mitteleuropa als Ackerunkraut v. a. der **Gemeine E.** (Fumaria officinalis) mit purpurroten, an der Spitze schwärzlichen, kleinen Blüten.

Erdstern (Geastrum): Gattung der Bauchpilze mit rund 30 Arten, davon etwa 15 in Mitteleuropa (v. a. in Nadelwäldern). Die derbe Außenhülle des knollenförmigen Fruchtkörpers löst sich bei der Reife von der dünnen Innenhülle, reißt oben von der Mitte her sternförmig ein und krümmt sich nach außen und unten, so daß der freigelegte Innenkörper auf den zurückgekrümmten Zipfeln wie auf Stelzen ruht. – Abb. S. 315.

Erdweizen: svw. Ackerwachtelweizen (↑ Wachtelweizen).

Eremurus: wissenschaftlicher Name der Gattung ↑ Steppenkerze.

Erica ['e:rika, e'ri:ka]: wissenschaftlicher Name der Heidekrautgewächsgattung ↑ Glockenheide.

Ericaceae: wissenschaftlicher Name der ↑ Heidekrautgewächse.

Erika: anderer Name der Gattung ↑ Glockenheide.

Erikagewächse: anderer Name der ↑ Heidekrautgewächse.

Erinus ['e:rinʊs, e'ri:nʊs]: Rachenblütlergattung; einzige Art ↑ Alpenbalsam.

Eriophorum: wissenschaftlicher Name der Gattung ↑ Wollgras.

Erle (Eller, Alnus): Gattung der Birkengewächse mit rund 30 Arten in der nördlichen gemäßigten Zone und in den Anden; Bäume oder Sträucher mit unterseits graugrünen, am Rand leicht gelappten oder gesägten Blättern; ♀ Blüten in gestielten, kleinen, eiförmigen Kätzchen, die zu mehreren unterhalb der hängenden, länglichen ♂ Kätzchen stehen; rundliche, verholzende Fruchtzapfen mit kleinen, rundlichen bis fünfeckigen, schmal geflügelten Nußfrüchten; Wurzeln mit Wurzelknöllchen.
Wichtige Arten sind: **Schwarz-E.** (Rot-E., Alnus glutinosa), an Flußufern und in Auenwäldern, bis 25 m hoher, oft mehrstämmiger Baum mit schwarzbrauner, rissiger Borke, rundlichen, bis 10 cm langen Blättern und schwarzen Fruchtzapfen; **Grau-E.** (Weiß-E., Alnus incana), bis 20 m hoher Baum mit heller, grauer Borke, Blätter dunkelgrün, unterseits graugrün; **Grün-E.** (Berg-E., Alnus viridis), im Mittel- und Hochgebirge, 1–3 m hoher Strauch mit glatter Borke mit bräunlichen Korkwülsten, Blätter spitz, doppelt gesägt, grün, unterseits auf den Adern kurz behaart; wird z. T. als Schutz gegen Lawinen und Steinrutsch angepflanzt. – Abb. S. 153.

Erodium: wissenschaftlicher Name der Gattung ↑ Reiherschnabel.

Erophila: wissenschaftlicher Name der Kreuzblütlergattung ↑ Hungerblümchen.

Ertragsrübe: Zuchtform der ↑ Zuckerrübe.

Eryngium: wissenschaftlicher Name der Gattung ↑ Mannstreu.

Erysiphales: wissenschaftlicher Name der Echten Mehltaupilze (↑ Mehltaupilze).

Erythraea [...'trɛ:a]: wissenschaftlicher Name der Gattung ↑ Tausendgüldenkraut.

Erythrina: wissenschaftlicher Name der Gattung ↑ Korallenbaum.

Esche (Fraxinus): Gattung der Ölbaumgewächse mit über 60 Arten, v.a. in der nördlichen gemäßigten Zone; Bäume mit gegenständigen, meist unpaarig gefiederten Blättern und unscheinbaren, in Rispen, Trauben oder büschelig angeordneten, vor dem Laubaustrieb erscheinenden Blüten; Früchte mit zungenförmigem Flügelfortsatz (Flügelnuß). – Bekannte Arten: **Gemeine E.** (Fraxinus excelsior), bis 30 m hoch und etwa 250 Jahre alt werdende Bäume der Niederungen und Flußtäler; Krone ei- bis kegelförmig, Rinde grünlichgrau, glatt, später Borke schwarzbraun, dichtrissig; die kronblattlosen, dunkelpurpurnen, in Büscheln stehenden Blüten sind windblütig; das gelbliche oder rötlichweiße, ringporige *Holz* der Gemeinen E. ist hochelastisch, fest und tragfähig; es wird u.a. im Möbel- und Waggonbau sowie für Sportgeräte und Werkzeuge verwendet; **Manna-E.** (Blumen-E., Fraxinus ornus), in Südeuropa und Kleinasien, 6–8 m hoher Baum mit runder Krone, Blüten weiß, duftend, in dichten, bis 10 cm langen und breiten Rispen; z.T. Zierbaum; der durch Rindeneinschnitte gewonnene, getrocknete, über 75 % den Zuckeralkohol Mannit enthaltende Baumsaft **(Manna)** dient medizinisch als mildes Abführmittel.

Geschichte: Der E.nbaum, der in der germanischen Mythologie eine besonders große Rolle spielte, wird auch von griechischen, römischen und arabischen Autoren erwähnt. Blätter, Rinde und Holz werden seit der Antike für Arzneimittel verwendet. E.nmanna bzw. E.nzucker (Mannit) wurde wahrscheinlich erst seit der ersten Hälfte des 15. Jahrhunderts (zuerst in Süditalien) gesammelt. – Abb. S. 154.

Eschenahorn (Acer negundo): nordamerikanisches Ahorngewächs; bis 20 m hoher, raschwüchsiger Baum mit sperriger, überhängender Krone und eschenblattartig gefiederten, mitunter gelb- oder weißgescheckten Fiederblättern. Der E. ist ein (v.a. in der weißgescheckten Form) beliebter Park- und Gartenbaum.

Eschscholtzia: wissenschaftlicher Name der Gattung ↑Goldmohn.

Eselsdistel (Onopordum): Gattung der Korbblütler mit rund 40 Arten in Europa, Nordafrika und Westasien; Köpfchen der distelartigen, zweijährigen Pflanzen mit flachem, fleischigem Köpfchenboden, in den wabenförmige Gruben oder Felder eingesenkt sind; Blätter fiederspaltig oder buchtig gezähnt, mit randständigen Stacheln; Blüten (Röhrenblüten) purpurfarben, violett oder weiß.

Eselsfeige: anderer Name des ↑Maulbeerfeigenbaums.

Eselsgurke: anderer Name der ↑Spritzgurke.

Eselsohr (Peziza onotica, Otidea onotica): rötlich-ockergelber, rosa- oder orangefarbener, eßbarer Schlauchpilz aus der Familie der Becherpilze; mit kurzgestieltem, unterseits bereiftem, bis 8 cm hoch werdendem Fruchtkörper, der einseitig ohrförmig ausgezogen ist.

Eskariol: breitblättrige Form der ↑Endivie.

Esparsette [frz.] (Onobrychis): Gattung der Schmetterlingsblütler mit rund 170 Arten in Europa, Asien und Nordafrika; in Mitteleuropa auf trockenen Kalkböden, häufig als Kulturpflanze und verwildert; u.a. die **Futter-E.** (Ewiger Klee, Hahnenkopf, Onobrychis viciifolia, Onobrychis sativa), an deren bis 1 m hohen Stengeln unpaarig gefiederte Blätter und in schmalen Trauben rosarote, 1–1,5 cm große Blüten stehen. Die

Hülsenfrüchte sind rhombisch und stachelhöckerig; wertvolle Futterpflanze, auch Bienenweide.

Esparto: Art der Gattung ↑Federgras.

Espe (Aspe, Zitterpappel, Populus tremula): Art der Gattung ↑Pappel in Buchenwäldern und in Eichen-Birken-Wäldern Europas und Asiens; bis 25 m hohe Bäume mit lichter, kleiner Krone und geradem, gelblichgrau berindetem Stamm; Blätter eiförmig bis kreisrund, gezähnt, mit langem, seitlich zusammengedrücktem Stiel; Blüten zweihäusig (mit roten Staubbeuteln und Narben) in bis 11 cm langen, dicken, hängenden, pelzig behaarten Kätzchen.

Espeletia: Korbblütlergattung mit rund 35 Arten; hochwüchsige Stauden mit Schopfbaumcharakter; Charakterpflanzen der andinen Hochgebirgsregionen.

Essigbaum: anderer Name des ↑Hirschkolbensumachs.

Essigrose: Art der Gattung ↑Rose.

Eßkastanie: svw. ↑Edelkastanie.

Estragon [frz., von arab. tarḫūn] (Artemisia dracunculus): bis 1,5 m hohe Staude (Gattung Beifuß) mit kleinen, gelblichen, kugeligen Blütenkörbchen und schmalen, linealisch-lanzettlichen, bis 10 cm langen Blättern; stark duftende, v.a. für Soßen, Fischgerichte, Salate und Gemüse verwendete Gewürzpflanze aus Osteuropa und Westasien. – Abb. S. 76.

Euglena [griech. glḗnē = Augapfel, Pupille] (Schönauge): Gattung der Algenklasse **Euglenophyceae;** mikroskopisch kleine, freischwimmende, einzellige Geißelalgen (↑Flagellaten) mit rund 150 Arten, v.a. in nährstoffreichen (nicht selten verschmutzten) Süßgewässern, aber auch in Brack- und Meeresgewässern; mit langer Flimmergeißel und rotem Stigma (Augenfleck) am Vorderende; Chromatophoren grün.

Eukalyptus (Eucalyptus) [zu griech. eũ = gut, wohl, schön und griech. kalýptein = verhüllen, also eigtl. = der Wohlverhüllte (nach dem haubenartig geschlossenen Blütenkelch)]: mit rund 600 Arten, v.a. in Australien und auf Tasmanien; Sträucher und bis 120 m hohe, immergrüne Bäume mit einfachen, ganzrandigen Blättern. Die vier Blumenkronblätter der achselständigen Blüten sind zu einer deckelartigen, zur Blütezeit abfallenden Mütze verwachsen. Die zahlreichen langgestielten, weißgelben oder roten Staubblätter stehen am Rande des krugförmigen Blütenbodens. Die Frucht besteht aus einer holzigen Kapsel. Einige Arten sind wichtige Kulturpflanzen, die in den Subtropen zur raschen Bewaldung und zur Trockenlegung von (malariaverseuchten) Sümpfen angepflanzt werden, so v.a. der **Blaugummibaum** (Fieberbaum, Eucalyptus globulus): mit glattem, weißlichem Stamm und langen, sichelförmigen Altersblättern. – Von manchen Arten werden Holz, Rinde, Harz und Blätter (für Fiebermittel, E.öl) wirtschaftlich genutzt.

Euonymus: wissenschaftlicher Name der Gattung ↑Spindelstrauch.

Eupatorium: wissenschaftlicher Name der Gattung ↑Wasserdost.

Euphorbia: wissenschaftlicher Name der Gattung ↑Wolfsmilch.

Euphorbiaceae: wissenschaftlicher Name der ↑Wolfsmilchgewächse.

Euphrasia: wissenschaftlicher Name der Gattung ↑Augentrost.

Europäerreben: aus europäischen und vorderasiatischen Wildreben hervorgegangene Kultursorten der Weinrebe.

Eurotiales: Ordnung der Schlauchpilze mit kugelförmigen, einzeln angeordneten, geschlossenen Fruchtkörpern; die 4 oder 8 Sporen werden nach Zersetzung der Fruchtkörperwand frei. Die E. leben vorwiegend saprobiontisch, einige sind Tier- oder Pflanzenparasiten.

Ewiger Spinat: svw. Gartenampfer (↑ Ampfer).

F

Fabaceae: wissenschaftlicher Name der ↑ Schmetterlingsblütler.

Fächerpalmen: Palmen mit handförmig geteilten Blättern; z. B. Delebpalme, Dumpalme, Palmyrapalme.

Fackellilie (Kniphofia, Tritoma): Gattung der Liliengewächse mit über 70 Arten in Südafrika und auf Madagaskar; Stauden mit langen, schmalen, grundständigen Blättern; Blüten in dichten Trauben oder Ähren am Ende eines bis über 1 m langen, unverzweigten Schaftes; z. T. beliebte Gartenpflanzen.

Fadenkraut: svw. ↑ Filzkraut.

Fagaceae: wissenschaftlicher Name der ↑ Buchengewächse.

Fagopyrum: wissenschaftlicher Name der Gattung ↑ Buchweizen.

Fagus: wissenschaftlicher Name der Gattung ↑ Buche.

Falsche Brunnenkresse: gleichbed. mit ↑ Bitterkresse.

Falsche Mehltaupilze ↑ Mehltaupilze.

Faltenlilie (Lloydia): Gattung der Liliengewächse mit knapp 20 Arten in den höheren Gebirgen der nördlichen Erdhalbkugel. In Mitteleuropa kommt nur die **Späte F.** (Lloydia serotina) auf Felsen und Matten der Alpen vor; mit bis 1,5 cm breiten, weißen, innen meist rötlich gestreiften Blüten und langen, fadenförmigen Grundblättern.

Falterblume: anderer Name der Gattung ↑ Schmetterlingsstrauch.

Färberdistel: anderer Name des Korbblütlers ↑ Färbersaflor.

Färbereiche (Quercus velutina, Quercus tinctoria): nordamerikanische Eichenart mit unterseits filzigen, stumpflappigen Blättern; die Rinde (Quercitronrinde) enthält den gelben Farbstoff **Quercetin** (z. T. in Form des Glykosids **Quercitrin**), der früher in der Woll- und Baumwollfärberei verwendet wurde.

Färberginster (Färberkraut, Genista tinctoria): ein Schmetterlingsblütler (Ginsterart); sommergrüner Strauch auf trockenen Wiesen und in lichten Wäldern Europas und Westasiens; mit aufrechten, rutenförmigen Stengeln und goldgelben Blüten in endständigen Trauben.

Färberkamille: Art der Gattung ↑ Hundskamille.

Färberkraut:
◇ anderer Name des ↑ Färberginsters.
◇ anderer Name des Rauhblattgewächses ↑ Schminkwurz.

Färberresede: anderer Name des Resedagewächses ↑ Färberwau.

Färberröte (Krapp, Rubia tinctorum): bis 80 cm hohe, ausdauernde Pflanze (Röteart) im Mittelmeergebiet und in Vorderasien; mit eiförmig-lanzettlichen Blättern in 4- bis 6zähligen Quirlen und gelben Blüten in Trugdolden oder Dichasien; wurde früher oft angebaut, da die Wurzel zur Gewinnung des Farbstoffs Alizarin diente; medizinisch spielt die Wurzel noch eine Rolle in homöopathischen Arzneimiteln u.a. gegen Nieren-, Blasen- und Darmleiden.

Färbersaflor (Färberdistel, Falscher Safran, Florsafran, Carthamus tinctorius): in Süd- und (selten) Mitteleuropa aus früheren Kulturen verwilderter orientalischer Korbblütler; bis 80 cm hohes Kraut mit herzförmig stengelumfassenden, am Rand gezähnten Blättern und gelben bis orangeroten Röhrenblüten in bis 3 cm breiten Köpfchen. – Die Blüten wurden früher zum Färben von Seide verwendet, das Öl der Früchte wurde als Brennöl (in Ägypten auch als Speiseöl) genutzt.

Färberscharte: Art der Gattung ↑ Scharte.

Färberwaid (Deutscher Indigo, Isatis tinctoria): bis 140 cm hoch werdender Kreuzblütler, einziger einheimischer Vertreter der Gattung **Waid;** an Wegen und in Schuttunkrautgesellschaften; Blüten gelb, in dicht verzweigten Blütenständen, Blätter blaugrün. Der F. wurde früher zur Gewinnung des Farbstoffs **Indigo** (aus den Blättern) häufig angebaut. – Abb. S. 234.

Färberwau (Gelbkraut, Färberresede, Reseda luteola): bis etwa 1 m hohes Resedagewächs in Europa und im Mittelmeergebiet an Wegrändern und auf Schuttplätzen; zweijährige Pflanzen mit steif aufrechten Stengeln, schmalen, ungeteilten Blättern und blaßgelben, vierzähligen Blüten in langen Trauben. – Der F. wurde früher zur Gewinnung des gelben Farbstoffs **Luteolin (Schüttgelb)** häufig angebaut.

Farne (Filicatae, Filicopsida, Pteropsida): Klasse der Farnpflanzen; meist krautige Gefäßkryptogamen mit großen, meist gestielten und gefiederten Blättern (Farnwedel). Auf der Unterseite der (in der Jugend stark eingerollten) Blätter befinden sich in kleinen Häufchen (Sori) oder größeren Gruppen die Sporenbehälter (Sporangien). – Der *Entwicklungsgang* der F. ist durch einen ausgeprägten Generationswechsel gekennzeichnet: Der Gametophyt (das Prothallium) ist meist zart und kurzlebig, der Sporophyt (die eigtl. Farnpflanze) kräftig und langlebig. Die Befruchtung der Eizellen durch die Spermatozoiden ist nur im Wasser (feuchter Untergrund, Tautropfen) möglich.

Die F. umfassen folgende *Unterklassen*: **Primofilices**, mit ausschließlich im Paläozoikum (vor rund 225–570 Mill. Jahren) verbreiteten Arten; **Eusporangiatae** (eusporangiate F.), mit rund 280 Arten, deren Sporangien (Eusporangien) mehrschichtige Wände haben (z.B. Natterzunge, Mondraute); **Leptosporangiatae** (leptosporangiate F.), mit rund 9000, weltweit (v.a. in den Tropen) verbreiteten, krautigen oder baumförmigen Arten, deren Sporangien (Leptosporangien) einschichtige Wände aufweisen (z. B. Wurm-, Adler-, Tüpfelfarn); **Kleefarne** (Marsiliales), mit rund 80 Arten (v.a. die Gattung ↑ Pillenfarn); **Schwimmfarne** (Salviniales), mit der einzigen Gattung ↑ Schwimmfarn.

Farnpflanzen (Pteridophyta): Abteilung der Pflanzen; Archegoniaten mit den Klassen ↑ Urfarne, ↑ Bärlappe, ↑ Schachtelhalme, ↑ Farne. Gemeinsames Merkmal der F. ist ein Generationswechsel zwischen einem einfach gestalteten, haploiden Gametophyten (Prothallium) und einem in einen echten Stamm mit Blättern und echten Wurzeln (Kormus) gegliederten, diploiden Sporophyten.

Farnsamer: gleichbed. mit ↑Samenfarne.

Faselbohne: anderer Name der ↑Helmbohne.

Faserbanane: Art der Gattung ↑Banane.

Faserhanf: eine Kulturform des ↑Hanfs.

Faserlein: gleichbed. mit Gespinstlein (↑Flachs).

Faserling: anderer Name der Pilzgattung ↑Zärtling.

Fasernessel: eine Zuchtform der ↑Brennessel.

Fatsia: wissenschaftlicher Name der Gattung ↑Zimmeraralie.

Faulbaum: Name zweier Arten der Gattung ↑Kreuzdorn.

Faulbaumgewächse: anderer Name der ↑Kreuzdorngewächse.

Federborstengras (Pennisetum): Gattung der Süßgräser mit rund 150 Arten, hauptsächlich in Afrika; Ährchen am Grund von einem Kranz langer, auch gefiederter Borsten umgeben; Blütenstand eine oder mehrere walzenförmige Ähren oder Ährenrispen. Nutzpflanzen sind das ↑Elefantengras und die ↑Negerhirse. Einige Arten werden als Ziergräser kultiviert.

Federgras (Pfriemengras, Stipa): Gattung der Süßgräser mit rund 250 Arten in Steppen und Wüsten der ganzen Welt; meist hohe, rasenbildende Gräser mit armblütigen, schmalen Rispen und langen, pfriemförmigen oder federig behaarten Grannen. In Mitteleuropa kommen zwei (geschützte) Arten vor: **Echtes F.** (Stipa pennata) mit bis über 30 cm langen, federigen Grannen und **Haar-F.** (Stipa capillata) mit 10–25 cm langen, kahlen Grannen. Hauptsächlich in Spanien und Nordwestafrika ist das **Alfagras** (Halfagras, Esparto, Stipa tenacissima) verbreitet: mit bis 1 m hohen, scharfkantigen Halmen, fast fadenförmigen Blättern (dienen u. a. zur Herstellung von **Alfapapier**) und bis 30 cm langen Blütenrispen. – Abb. S. 157.

Federmoos:

◊ (Ptilium crista-castrensis) hell- bis gelbgrünes, kalkmeidendes Laubmoos mit bis 20 cm langen Stengeln, die dicht zweizeilig gefiedert sind; Blättchen spiralig angeordnet, lanzettlich, an den straußenfederartig ausgebreiteten Ästchen sichelförmig; auf feuchtem, schwach saurem Waldboden.

◊ (Amblystegium riparium) Art der Gattung Stumpfdeckelmoose; hellgrünes, zierlich gefiedertes Moos, das in und an Gewässern zu finden ist; beliebte Aquarienpflanze.

Federnelke ↑Nelke.

Federtang (Bryopsis): Gattung der Grünalgen mit rund 30 Arten in den gemäßigten und wärmeren Meeren an Küstenfelsen; querwandlose, federförmige, büschelig verzweigte, grüne Thalli mit zahlreichen Zellkernen.

Feige [lat.]:

◊ (Ficus) Gattung der Maulbeergewächse mit rund 1 000, fast ausnahmslos tropischen Arten; vorwiegend Milchsaft führende Holzpflanzen (Bäume, Sträucher, Lianen; ↑auch Würgerfeigen) mit sommergrünen oder immergrünen Blättern und krug- bis hohlkugelförmigen Blütenständen, in deren Innerem die sehr kleinen, getrenntgeschlechtigen Blüten stehen. Bekannte Arten sind ↑Feigenbaum, ↑Gummibaum, ↑Bodhibaum und ↑Maulbeerfeigenbaum.

◊ Frucht des ↑Feigenbaums.

Feigenbaum (Ficus carica): Art der Gattung ↑Feige; wild vorkommend vom Mittelmeergebiet bis

Nordwestindien, kultiviert und eingebürgert in vielen tropischen und subtropischen Ländern; Milchsaft führende Sträucher oder bis 10 m hohe Bäume mit großen, fingerförmig gelappten, derben Blättern und sehr kleinen, getrenntgeschlechtigen Blüten, die auf der Innenseite der krugförmig eingesenkten Blütenstandsachse stehen. Die „Frucht" des F.s, die 3–10 cm lange, birnenförmige, grüne, gelbe, rötliche oder schwarzviolette **Feige,** stellt einen Fruchtstand dar, der aus der fleischig und (bei Eßfeigen) zuckerhaltig gewordenen Blütenstandsachse mit Steinfrüchtchen im Innern besteht. Ein enger Kanal nach außen ist durch schuppenförmige Hochblätter verschlossen.

Aus der Wildform haben sich zwei Varietäten, der **Eß-F.** (Haus-, Domestica-F.) und der **Bocks-F.** (Geiß-, Ziegen-, Holz-, Caprificus-F.) herausgebildet, die untereinander in einem engen *Entwicklungszusammenhang* stehen. Beide bringen jährlich drei Generationen von Blütenständen (Februar/März, Mai/Juni und August/September) hervor, die jeweils 3–5 Monate später zu den Fruchtständen reifen. Da der Eß-F. nur ♀ langgriffelige Blüten besitzt, der Bocks-F. aber neben kurzgriffeligen ♀ Blüten auch ♂, muß der Pollenstaub des Bocks-F.s auf die Blüten des Eß-F.s übertragen werden. Dies geschieht durch eine Erzwespe, die Gemeine Feigenwespe (Blastophaga psenes), die ihre Entwicklung in den kurzgriffeligen ♀ Blüten des Bocks-F.s durchmacht. Dabei wird die Samenanlage zerstört, und der Fruchtknoten entwickelt sich zu einer Galle (daher werden diese Blüten auch **Gallblüten** genannt). Die befruchteten ♀♀ verlassen dann wieder die Bocksfeige, passieren dabei die sich erst jetzt entwickelnden ♂ Blüten und werden mit Pollen beladen. Auf der Suche nach einem geeigneten Blütenstand zur Eiablage kommt es dabei auch zur Bestäubung des Eß-F.s. Ein erfolgreiches Belegen mit Eiern gelingt jedoch nicht, da der Legestachel der Wespen kürzer als der Blütengriffel ist. Während alle drei Generationen von Feigen des Bocks-F.s holzig, ungenießbar und in der Regel samenlos sind, bringt der Eß-F. bis zu dreimal im Jahr eßbare, samenhaltige Früchte hervor. Um eine ausreichende Bestäubung zu gewährleisten, hat man seit alters her in Kulturen des Eß-F.s einige Bocksfeigenbäume gepflanzt oder deren Zweige in die blühreifen Eßfeigenbäume gehängt **(Kaprifikation).** Heutzutage gibt es jedoch auch Sorten, deren Fruchtstände parthenogenetisch, d.h. ohne Bestäubung, heranreifen.

Die Vitamin-B_1- und mineralstoffreichen (v.a. Calcium) **Feigen** werden frisch oder getrocknet gegessen und auch zur Herstellung von Marmelade, Alkohol, Wein oder Kaffee-Ersatz verwendet. Frische Feigen enthalten rund 16 % Zucker, getrocknete rund 60 %. – In der Medizin dienen Feigen v.a. als mildes Abführmittel. – Das weiche *Holz* des F.s eignet sich für Drechsler- und Tischlerarbeiten.

Geschichte: Von Vorderasien aus verbreitete sich der Anbau des F.s während des Mittleren Reiches nach Ägypten und später nach Kleinasien. Im 1. Jahrhundert n. Chr. kultivierte man im westlichen Mittelmeerraum 29 F.sorten. Die Feige wurde ein so wichtiges Nahrungsmittel, daß der F. in allen alten Mittelmeerkulturen als Symbol der Fruchtbarkeit und des Wohlbefindens galt. In Griechenland war der F. dem Dionysos heilig. Seit Hippokrates und Dioskurides wurden Feigen gegen Hautkrankheiten und als Abführ- und Diätmittel verwendet.

Volkskunde: Die Feige (auch Neidfeige, Verschreifeige genannt) wird als Amulett aus Elfenbein, Metall u. a. gegen Behexung und bösen Blick verwendet. Sie ist zugleich Name für die obszöne Handgeste, bei der der Daumen zwischen Zeige- und Mittelfinger der geschlossenen Hand hindurchgesteckt wird. Diese Gebärde ist wie das Amulett schon in der Antike bekannt und gilt als Zeichen sexueller Anträge. Neben ihrer apotropäischen (Unheil abwehrenden) Funktion und obszönen Bedeutung wird die Feige auch als schlimmes Mittel der Verhöhnung angesehen und findet sich unter den sog. „arma Christi" (Leidenswerkzeuge) als Zeichen der Verspottung Christi.

Feigenkaktus: Art der Gattung ↑Opuntie.

Feldahorn (Maßholder, Acer campestre): europäische Art der Gattung ↑Ahorn, verbreitet in Laubwäldern, Feldgehölzen und an Waldrändern; bis 20 m hoher Baum mit kurzem Stamm und unregelmäßiger Krone oder 1–3 m hoher Strauch; Blätter grob fünflappig, gegenständig, langgestielt, Blüten gelbgrün, zweihäusig, in aufrechten Doldenrispen; die Früchte sind geflügelte Nüßchen.

Feldbohne: anderer Name der ↑Pferdebohne.

Feldchampignon: svw. Wiesenchampignon (↑Champignon).

Feldegerling: svw. Wiesenchampignon (↑Champignon).

Felderbse: Kulturform der ↑Saaterbse.

Feldrose: Art der Gattung ↑Rose.

Feldrüster: svw. Feldulme (↑Ulme).

Feldsalat (Ackersalat, Valerianella): Gattung der Baldriangewächse mit rund 60 Arten auf der Nordhalbkugel; einjährige Kräuter mit grundständiger Blattrosette und gabelig verzweigten Stengeln; Blüten klein, bläulich, in kleinen, köpfchenartigen Trugdolden; Früchte einsamige Nüßchen. Die bekannteste Art ist der **Gemeine F.** (Rapunzel, Valerianella locusta), ein Unkraut auf Äckern und Wiesen, das in seiner Kulturform als Blattsalat gegessen wird.

Feldulme: Art der Gattung ↑Ulme.

Feldwinde: Art der Gattung ↑Winde.

Felsenbeere: svw. ↑Steinbeere.

Felsenbirne (Felsenmispel, Amelanchier): Gattung der Rosengewächse mit etwa 25 Arten in Nordamerika, Eurasien und Nordafrika; Sträucher oder kleine Bäume mit ungeteilten Blättern und weißen Blüten in Trauben. Die einzige in Mitteleuropa heimische Art ist die bis 4 m hohe **Gemeine F.** (Amelanchier ovalis): mit ovalen, scharf gesägten, in der Jugend unterseits weißfilzigen Blättern und etwa 1 cm großen, kugeligen, bläulichschwarzen, von Kelchblättern gekrönten, eßbaren Früchten.

Felsenblümchen (Draba): Gattung der Kreuzblütler mit über 250 Arten (früher einschließlich der Gattung Hungerblümchen), hauptsächlich in Hochgebirgen und Polargebieten; meist kleine, Rasen oder Polster bildende, behaarte Kräuter oder Stauden mit grundständiger Blattrosette und kleinen, weißen oder gelben Blüten in Trauben. In Felsspalten und auf Gesteinsschutt wächst das kalkliebende **Immergrüne F.** (Immergrünes Hungerblümchen, Draba aizoides; mit blattlosen Blütenstengeln).

Felsenkirsche (Steinweichsel, Prunus mahaleb): Rosengewächs der Gattung ↑ Prunus in lichten Wäldern und Gebüschen Europas und Westasiens; sperriger Strauch oder bis 6 m hoher Baum mit weißen Blüten in aufrechten Doldentrauben und kugeligen, schwarzen, bitteren Früchten; dient als Pfropfunterlage für Sauerkirschen.

Felsenmispel: anderer Name der Gattung ↑ Felsenbirne.

Felsenröschen: anderer Name der ↑ Alpenheide.

Fenchel [altes Lehnwort aus lat. feniculum (in gleicher Bedeutung), zu lat. fenum = Heu (wegen des Duftes)] (Foeniculum): Gattung der Doldenblütler mit drei Arten im Mittelmeergebiet und Orient; gelbblühende, würzig riechende, bis 1,5 m hohe Stauden mit mehrfach fein fiederschnittigen Blättern. Die bekannteste Art ist der **Echte F.** (Foeniculum vulgare) mit bis 8 mm langen, gefurchten Spaltfrüchten. Die Unterart **Garten-F.** (ssp. vulgare) wird seit dem Altertum v. a. in Südosteuropa kultiviert, wobei zwei Sorten zu unterscheiden sind: der **Gewürz-F.** (Süßer F.; var. dulce), dessen Früchte zum Würzen z. B. von Fisch- und Fleischgerichten (charakteristischer Anisgeschmack) und zur Herstellung von F.öl und F.tee (gegen Husten, Blähungen) verwendet werden, sowie der **Gemüse-F.** (Knollen-F., Zwiebel-F.; var. azoricum) mit zwiebelartig verdickten, grundständigen Blattscheiden (für Gemüse und Salat) – Abb. S. 77.

Fenestraria [zu lat. fenestra = Fenster] (Oberlichtpflanze): Gattung der Eiskrautgewächse in Südafrika mit zwei Arten; Polsterpflanzen mit grundständigen, zylindrisch oder keulenförmig verdickten Blättern (sog. Fensterblätter), von denen nur der blattgrünfreie, fensterartig lichtdurchlässige Spitzenteil aus dem Sandboden herausragt (↑ auch Lebende Steine); Blüten groß, weiß oder orangefarben; Zierpflanzen. – Abb. S. 233.

Fennich: anderer Name der Gattung ↑ Borstenhirse.

Fensterblatt (Monstera deliciosa): fälschlicherweise auch als Philodendron bezeichnetes Aronstabgewächs aus Mexiko; Kletterstrauch mit zahlreichen Luftwurzeln, herzförmigen, ganzrandigen Jugend- und ovalen, fensterartig durchlöcherten oder fingrig gelappten, bis 100 cm langen und etwa 70 cm breiten Altersblättern; Blüten mit etwa 25 cm langem, cremeweißem Hüllblatt; Früchte violett, beerenartig, wohlschmekkend; beliebte, dankbare Zimmerpflanze.

Fesen: im alemannischen Sprachgebiet Bez. für ↑ Dinkel.

Feste: anderer Name der Korbblütlergattung ↑ Pippau.

Festuca: wissenschaftlicher Name der Gattung ↑ Schwingel.

Fetthenne (Sedum): Gattung der Dickblattgewächse mit rund 500 Arten auf der Nordhalbkugel, davon etwa 25 Arten in Mitteleuropa; ausdauernde Stauden oder Halbsträucher, seltener ein- oder zweijährige Kräuter mit fleischigen Blättern und gelben, weißen bis roten oder blauen Blüten, meist in Trugdolden. Bekannte einheimische Arten sind u. a.: die bis 80 cm hohe, breitblättrige **Große F.** (Sedum maximum), mit 3–4 mm großen, gelblichgrünen Blüten; die **Rote F.** (Sedum purpureum), mit purpurroten Blüten; ferner die niedrigen, z. T. polsterwüchsigen Arten, wie z. B. die **Weiße F.** (Sedum album; mit weißen Blüten) und die **Felsen-F.** (Felsenmauerpfeffer, Sedum rupestre; mit gelben Blüten; die

Form **Tripmadam** mit nickenden Blütenstandsästen) auf Felsen, Mauern und steinigen Böden, sowie die **Scharfe F.** (Mauerpfeffer, Sedum acre); mit gelben Blüten, rasenbildend (u.a. auf Trockenrasen); Blätter pfefferartig scharf schmeckend.

Fettkraut (Pinguicula): Gattung der Wasserschlauchgewächse mit über 30 Arten auf der nördlichen Erdhalbkugel; insektenfressende Pflanzen mooriger Stellen mit langgestielten, veilchenähnlichen, gespornten Blüten und rosettigen, dicklichen, oft hellgrünen Blättern mit Kleb- und Verdauungsdrüsen auf der Oberseite. – In Mitteleuropa vier Arten, darunter das **Gemeine F.** (Pinguicula vulgaris) mit blauvioletten und das **Alpen-F.** (Pinguicula alpina) mit weißen, gelbgestreiften Blüten.

Feuerahorn (Acer ginnala): baum- oder strauchförmige ostasiatische Art der Gattung Ahorn; mit 4–8 cm langen, dreilappigen, scharf gesägten Blättern; Ziergehölz mit leuchtend rotem Herbstlaub.

Feuerbohne (Türkenbohne, Prunkbohne, Phaseolus coccineus): wahrscheinlich aus Mittelamerika stammende Art der Gattung ↑Bohne; mit windenden Sprossen, scharlachroten oder weißen Blüten in achselständigen Trauben und langen, rauhen Fruchthülsen; in zahlreichen Sorten als Gemüse, seltener als Zierpflanze kultiviert.

Feuerdorn (Pyracantha): Gattung der Rosengewächse mit acht Arten in Eurasien; dornige Sträucher mit immergrünen, meist gekerbten Blättern, kleinen Blüten in reichblütigen Trugdolden und kleinen, fleischigen Früchten (Steinäpfel). Ein beliebter Zierstrauch aus Südeuropa ist die Art **Pyracantha coccinea,** ein 1 bis 2 (seltener bis 4) m hoher Strauch, der im Herbst und Winter leuchtend hell- bis scharlachrote Früchte trägt.

Feuerkraut (Chamaenerion): der Gattung Weidenröschen nahestehende Gattung der Nachtkerzengewächse mit vier Arten, davon drei auch in Mitteleuropa; bekannteste Art ist das **Stauden-F.** (Chamaenerion angustifolium), eine bis über 1,2 m hohe Staude auf Kahlschlägen und Waldlichtungen; mit lanzettlichen Blättern und langen, endständigen, purpurnen Blütentrauben.

Feuerlilie: eine Lilienart (↑Lilie).

Feuermohn: svw. Klatschmohn (↑Mohn).

Feuerschwamm (Phellinus igniarius): zur Familie Porlinge gehörender Ständerpilz mit hartem, holzigem, huf- bis konsolenförmigem Fruchtkörper; Oberfläche schwarzbraun, rissig, konzentrisch gefurcht; gefährlicher Parasit an Pappeln und Weiden, Erreger der Weißfäule.

Ficaria: wissenschaftlicher Name der Gattung ↑Scharbockskraut.

Fichte (Picea): Gattung der Kieferngewächse mit über 40 Arten auf der nördlichen Erdhalbkugel; immergrüne Nadelhölzer mit einzeln spiralig um den Zweig stehenden Nadeln und hängenden Zapfen. – Die F. im engeren Sinne ist die **Rottanne** (**Rot-F.,** Picea abies), der wichtigste Waldbaum Nord- und Mitteleuropas: anspruchslos, in den Alpen bis 2 000 m Höhe vorkommend; wird bis 60 m hoch und bis 1 000 Jahre alt; mit spitzer Krone und flacher, weitreichender Bewurzelung; Borke des bis 1,50 m starken Stamms rötlich bis graubraun, in runden Schuppen abblätternd; Nadeln vierkantig, glänzend grün, stachelspitzig; Blüten einhäusig, ♂ Blüten in erdbeerförmigen, roten, später gelben Kätzchen, ♀ in purpurroten bis grünen, aufrechten Zapfen, reife Zapfen braun, hängend; Samen eiförmig, mit ausgezogener, gedrehter Spitze (bleibt bis 6 Jahre lang keimfähig); Zierbaum in vielen Varietäten. – Weitere F.narten sind u.a. ↑Omorikafichte, ↑Sitkafichte, ↑Stechfichte, ↑Weißfichte. – Das aus natürlichen oder künstlichen Rindenwunden austretende Harz ist das Rohmaterial für Terpentinöl und Kolophonium. – Das *Holz* der F. ist meist gelblichweiß, aber auch rotgetönt. Es ist leicht (0,3–0,65 g/cm^3), elastisch, sehr tragfähig und gut bearbeitbar. Es wird v.a. im Hochbau, als Grubenholz, in Tischlereien, in der Papierindustrie und z.T. auch für Musikinstrumente verwendet.

Fichtenspargel (Monotropa): Gattung der früher zu den Wintergrüngewächsen zählenden, heute meist als eigene Familie angesehene **Fichtenspargelgewächse** (Monotropaceae); von den vier Arten kommen zwei in Mitteleuropa vor: der z.T. behaarte **Echte F.** (Monotropa hypopitys) in Nadelwäldern und der kahle **Buchenspargel** (Monotropa hypophegea) in Laubwäldern. Beide Arten sind bleiche, chlorophyllose, spargelähnliche Schmarotzerpflanzen mit eiförmigen Schuppenblättern und röhrenförmigen Blüten in anfangs überhängender Traube. – Abb. S. 235.

Ficus: wissenschaftlicher Name der Gattung ↑Feige.

Fieberbaum:

◊ (Alstonia constricta) Hundsgiftgewächs im östlichen Australien; Baum oder Strauch mit gegenständigen, ganzrandigen Blättern. Die alkaloidhaltige Rinde liefert ein als **Bitterrinde** (Alstoniarinde, Fieberrinde) bezeichnetes, fiebersenkendes Mittel.

◊ Name des Blaugummibaums (↑Eukalyptus).

Fieberklee (Bitterklee, Sumpfklee, Menyanthes trifoliata): Art der früher zu den Enziangewächsen gehörenden, heute aber aufgrund der deutlichen morphologischen Unterschiede als eigene Familie betrachteten **Fieberkleegewächse** (Menyanthaceae; fünf Gattungen mit rund 40 Arten). Die auf Sumpfwiesen, in Verlandungszonen und Flachmooren der nördlichen Erdhalbkugel verbreiteten Stauden besitzen ein Rhizom, dreizählige Blätter und rötlichweiße Blüten in aufrechten Trauben. Die Blätter werden medizinisch als Bitterstoff, in der Volksheilkunde als Fiebermittel, bei Magen- und Leberleiden, Gicht und Migräne angewandt.

Fieberrindenbaum: gleichbed. mit ↑Chinarindenbaum.

Fiederspiere (Sorbaria): Gattung der Rosengewächse mit neun Arten in Asien; Sträucher mit unpaarig gefiederten Blättern und weißen Blüten in großen Rispen; Ziersträucher.

Filago: wissenschaftlicher Name der Gattung ↑Filzkraut.

Filderkraut: Weißkohlsorte mit spitz und lang auslaufendem Kopf; in Württemberg (v.a. auf den Fildern, einer Landschaft südlich von Stuttgart) zur Sauerkrautherstellung angebaut.

Filipendula: wissenschaftlicher Name der Gattung ↑Mädesüß.

Filzkraut (Schimmelkraut, Fadenkraut, Filago): Gattung der Korbblütler mit rund 20 Arten, v.a. in Europa und in den Mittelmeerländern. Die graufilzig behaarten, einjährigen Pflanzen besitzen zahlreiche kleine Blütenköpfe, die dichte Knäuel bilden. Fast alle in Mitteleuropa beheimateten Arten sind in ihrem Bestand stark gefährdet.

Fingerhut (Digitalis): Gattung der Rachenblütler mit rund 25 Arten in

Eurasien und im Mittelmeergebiet; zwei- oder mehrjährige, oft hohe Stauden mit zweilippigen, langröhrigen, meist nickenden, roten, weißen oder gelben Blüten in langen, endständigen Trauben; in Mitteleuropa drei Arten (alle giftig und geschützt): **Großblütiger F.** (Digitalis grandiflora), in lichten Gebirgswäldern; Blüten 3–4 cm lang, gelb, innen netzförmig braun geadert, außen behaart; **Gelber F.** (Digitalis lutea), in Wäldern und an steinigen Hängen; Blüten gelb, innen purpurn geadert; **Roter F.** (Digitalis purpurea), auf Kahlschlägen und an Hängen; zweijährig; filzig behaart; Blüten purpurrot, seltener rosa oder weiß, innen behaart. – Mehrere Arten werden als Zierpflanzen kultiviert, z. B. **Wolliger F.** (Digitalis lanata), aus Südosteuropa; zweijährig; bis 80 cm hoch; oberer Stengel filzig behaart; Blüten bräunlich, innen braun oder violett geadert. – Roter F. und Wolliger F. liefern die Grundstoffe für herzwirksame Arzneimittel (Digitalisglykoside). – Abb. S. 79.

Fingerkraut (Potentilla): Gattung der Rosengewächse mit über 300 Arten, fast ausnahmslos auf der nördlichen Erdhalbkugel; Kräuter, seltener Halbsträucher oder Sträucher mit meist fingerförmig, seltener unpaarig gefiederten Blättern und gelben oder weißen Blüten. In Mitteleuropa kommen rund 30 Arten mit zahlreichen Unterarten vor, z. B. die Art ↑ Blutwurz.

Fingertang: eine Braunalgenart (↑ Laminaria).

Finkenwẹrder Prinzenapfel: ein Tafel- und Kochapfel (↑ Apfelsorten, Übersicht).

Fisọle: gleichbed. mit ↑ Gartenbohne.

Fissidentạceae: wissenschaftlicher Name der ↑ Spaltzahnmoose.

Flachbärlapp (Diphasium): Gattung der Bärlappgewächse mit vierzeiliger Beblätterung der abgeflachten Sprosse; einheimisch sind fünf Arten, darunter der **Gemeine F.** (Diphasium complanatum) in Nadelwäldern und auf Heiden.

Flachs [verwandt mit nhd. flechten] (Echter Lein, Linum usitatissimum): vorwiegend in der nördlichen gemäßigten Zone verbreitete Leinart; einjähriges, 30 bis 120 cm hohes Kraut mit lanzettlichen Blättern und himmelblauen oder weißen, selten rosafarbenen Blüten in endständigen, überhängenden Wickeln; fünffächerige Kapselfrüchte mit 5–10 öl- und eiweißhaltigen Samen mit quellbarer, brauner Schale. Man unterscheidet zwischen den Kulturformen **Gespinstlein** (Faserlein; Stengel nicht oder kaum verzweigt; v. a. in Ost- und Westeuropa angebaut zur Gewinnung von F.fasern) und **Öllein** (stark verzweigt, reich- und großsamig; Samen **[Leinsamen]** mit einem Rohfettgehalt von 32–34 %, ergeben Leinöl).

Flachslilie (Phormium): Gattung der Liliengewächse mit zwei in Neuseeland heimischen Arten; ausdauernde Rosettenpflanzen mit langen, harten, schwertförmigen, zweizeilig gestellten Blättern und großen, glockigen Blüten in endständiger Rispe; bekannteste Art: **Neuseeländer Flachs** (Phormium tenax; bis 3 m lange Blätter, rote bis gelbe Blüten), wegen der Blattfasern (für Segel, Tauwerk, Fußbodenmatten) angebaut in Neuseeland, Argentinien, auf den Norfolkinseln.

Flachweizen: anderer Name für den ↑ Emmer.

Flacourtie [fla'kʊrtsiə; nach dem frz. Kolonisator É. Flacourt, * 1607, † 1660] (Flacourtia): Gattung der Familie **Flacourtiengewächse** (Flacourtiaceae; 86 Gattungen mit über 1300 tropischen und subtropischen Arten); rund 20 Arten in den altweltlichen Tropen; Sträucher oder Bäume mit kleinen, kronblattlosen Blüten und gelben bis purpurroten, kirschenartigen, eßbaren Steinfrüchten. Mehrere Arten werden kultiviert, z. B. die **Madagaskarpflaume** (Flacourtia rukam): dorniger Baum mit rotbraunen, mehrkernigen, sauer-süßen Früchten, die v. a. zu Marmelade und Sirup verwertet werden.

Flagellaten [zu lat. flagellum = Geißel] (Geißelträger, Geißelinfusorien): Sammelbez. für eine nichtsystematische, heterogene Gruppe von Einzellern, deren zahlreiche Arten zur Fortbewegung eine oder mehrere Geißeln aufweisen. F. leben v. a. in Gewässern; mehrere Arten sind gefährliche Parasiten.

Zu den F. gehören sowohl photoautrophe als auch heterotrophe Organismen. Die Grenze zwischen Pflanzen- und Tierreich verläuft somit durch diese Gruppe. Gewöhnlich faßt man F. mit (der Photosynthese dienenden) Plastiden oder farblose, die man direkt von solchen ableiten kann, als **Phyto-F. (pflanzliche F.**, inkorrekt auch **Geißelalgen** genannt) zusammen. Die übrigen F. bezeichnet man als **Zoo-F. (tierische F., Geißeltierchen).** Zur ersten Gruppe gehören z. B. Dinoflagellaten (u. a. Ceratium, Noctiluca) und Euglena, zur zweiten z. B. die Trypnanosomen (u. a. die Erreger der Schlafkrankheit).

Flamboyant [flãboa'jã:; frz. = flammend] (Delonix regia): bis 12 m hohes Caesalpiniengewächs auf Madagaskar; mit zierlichen, doppeltgefiederten Laubblättern und scharlachroten, gelb gestreiften Blüten in traubigen Blütenständen; als prächtig blühender Zierbaum in den Tropen und Subtropen häufig angepflanzt (z. B. in Spanien).

Flamingoblume (Anthurium): Gattung der Aronstabgewächse mit über 500 Arten im tropischen Amerika; mehrjährige, stammlose oder stammbildende Pflanzen mit kolbenförmigen, von einer offenen, oft lebhaft gefärbten Blütenhülle (Spatha) umhüllten Blütenständen und langgestielten, herzförmigen Blättern. Zahlreiche Arten werden als Zierpflanzen kultiviert.

Flammenblume: anderer Name der Gattung ↑ Phlox.

Flammendes Herz: Art der Gattung ↑ Tränendes Herz.

Flaschenbaum (Brachychiton): Gattung der Sterkuliengewächse mit elf Arten in Australien. Typisch für die Bäume ist der flaschenförmige, wasserspeichernde Stamm.

Flaschenbaumgewächse: anderer Name der ↑ Annonengewächse.

Flaschenbofist: Art der Pilzfamilie ↑ Stäublinge.

Flaschenkürbis (Lagenaria vulgaris): tropisches Kürbisgewächs; einjährige, krautige Windepflanze mit rundlichen bis herzförmigen Blättern, zweispaltigen Ranken und weißen Blüten; Früchte (dienen u. a. zur Herstellung von Gefäßen sog. **Kalebassen**) bis kopfgroß, flaschenförmig, reif mit holziger Schale und schwammigem Fruchtfleisch; Nutz- und Zierpflanze in vielen Sorten in den Tropen und Subtropen.

Flaschenstäubling: svw. Flaschenbofist (↑ Stäublinge).

Flatterulme: eine Ulmenart (↑ Ulme).

Flaumeiche (Flaumhaarige Eiche, Quercus pubescens): bis 20 m hohe, sommergrüne, wärmeliebende Eichenart des Mittelmeergebiets; mit in der Jugend unterseits dicht weißfilzigen, buchtig gelappten Blättern;

in Deutschland wildwachsend nur im Südwesten.

Flaumhaarige Eiche: anderer Name der ↑Flaumeiche.

Flechten (Lichenes): Pflanzenabteilung mit über 20 000 Arten in rund 400 Gattungen; Lagerpflanzen, die in Gestalt und Lebensleistung einen zur Einheit gewordenen Verband (Symbiose) aus Grün- oder Blaualgen und Schlauchpilzen darstellen. Die Algen versorgen den Pilz mit organischen Nährstoffen (Kohlenhydrate), während das Pilzgeflecht als Wasserspeicher (der auch die Mineralstoffe enthält) dient. Die Vermehrung der F. erfolgt meist ungeschlechtlich durch abgeschnürte, Grün- oder Blaualgen enthaltende Pilzhyphen (**Soredien**) oder durch stift- oder korallenförmige Auswüchse auf der Thallusoberfläche (**Isidien**), seltener geschlechtlich durch Ausbildung von Fruchtkörpern des Pilzes.
Nach der Gestalt unterscheidet man **Krusten-F.** (haften flach auf der Unterlage), **Laub-F.** (großflächige, blattartige Ausbildung) und **Strauch-F.** (ähneln strauchigen höheren Pflanzen). – Als anspruchsloseste aller Pflanzen sind die auf der ganzen Erde verbreiteten F. fast überall zu finden, an Felsen der Hochgebirge, an Steilufern der Meeresküsten, an Baumrinden, an Mauerwerk und am Boden. Sie gehören zu den Pionierpflanzen und sind oft Erstbesiedler unwirtschaftlicher Unterlagen. Da fast alle F.arten sehr empfindlich gegen Luftverschmutzung sind, ist ihr Vorhandensein bzw. Fehlen (z. B. in Ballungsräumen) ein Kriterium für die jeweilige Luftqualität. – Bekannte F. sind ↑Isländisch Moos, ↑Mannaflechte, ↑Rentierflechte.

Fleischerpalme: gleichbed. mit ↑Metzgerpalme.

Fleißiges Lieschen: volkstümliche Bez. für verschiedene Zierpflanzen, für Impatiens walleriana (↑Springkraut) und einige Begonien.

Flieder:
◇ (Syringa) Gattung der Ölbaumgewächse mit rund 30 Arten in Südosteuropa und Asien; Sträucher oder kleine Bäume mit gegenständigen, meist ganzrandigen Blättern, vierzähligen, duftenden Röhrenblüten in endständigen Rispen und mit länglichen, ledrigen Kapselfrüchten. Die bekannteste Art ist der **Gemeine F.** (Syringa vulgaris) aus Südosteuropa, der heute in mehr als 500 Sorten (weiß, lila bläulich oder rot, auch mit gefüllten Blüten) kultiviert wird.
◇ (Deutscher F.) volkstümliche Bez. für den Schwarzen ↑Holunder.

Fliederspeer: anderer Name der Gattung ↑Schmetterlingsstrauch.

Fliegenorchis: Art der Gattung ↑Ragwurz.

Fliegenpilz (Narrenschwamm, Amanita muscaria): häufiger, sehr giftiger Lamellenpilz; Hut etwa 6–20 cm breit, halbkugelig bis ausgebreitet, scharlachrot, orangerot oder feuerfarben (im Alter verblassend), mit weißen losen Hautschuppen; Lamellen dichtgedrängt, weiß; Stiel weiß, bis 25 cm lang, mit weißl., hängender Manschette und verdickter Knolle; von August bis November unter Nadelbäumen und Birken. – Der F. enthält die Gifte Muskarin und Muskaridin („Pilzatropin"), die bei Genuß des Pilzes zu gesteigerter Erregung, Muskelzuckungen, Rauschzuständen, Tobsucht und schließlich zu tiefer Bewußtlosigkeit bis zum Tod führen. – Abb. S. 318.

Fliegenschimmel (Empusa muscae): Art der niederen Pilze, die eine epidemische Fliegenkrankheit hervorruft: Das Pilzmyzel durchdringt den Fliegenkörper; die nach außen wachsenden Konidienträger überziehen dann den Körper des Insekts wie ein weißer, dichter Filz. – Da der F. gezielt nur Fliegen befällt, versucht man, ihn zur biologischen Schädlingsbekämpfung einzusetzen.

Flockenblume (Centaurea): Gattung der Korbblütler mit über 500 Arten, v.a. in den gemäßigten Zonen; meist flockig behaarte Kräuter mit in Köpfchen stehenden, großen Röhrenblüten. Bekannte mitteleuropäische Arten sind u.a.: **Wiesen-F.** (Gemeine F., Centaurea jacea), 10 bis 80 cm hohe Staude auf Wiesen und Trockenrasen, mit rauhhaarigen, lanzettlichen Blättern und rötlichen Blütenköpfchen aus Röhrenblüten mit zerschlitzten Hüllblättern; **Kornblume** (Centaurea cyanus), bis 60 cm hohe, verzweigte Pflanze auf Getreidefeldern, Schuttplätzen, an Feldrainen, mit schmalen, lanzettlichen Blättern und einzelnstehenden Blütenköpfchen, deren röhrenförmige Randblüten leuchtend blau, die Scheibenblüten dagegen purpurfarben sind.

Flohkraut (Pulicaria): Gattung der Korbblütler mit knapp 50 Arten, v.a. im Mittelmeergebiet; flaumig bis drüsig behaarte Kräuter mit gelben Zungen- und Röhrenblüten.

Florentiner Salat: svw. Sommerendivie (↑ Kopfsalat).

Florideen (Florideae): Unterklasse der ↑ Rotalgen.

Flügelfruchtgewächse (Dipterocarpaceae): Pflanzenfamilie mit 22 Gattungen und rund 400 Arten in den Tropen Asiens und Afrikas.

Flügelginster (Genista sagittalis): Schmetterlingsblütler (Ginsterart) in Mittel- und Südeuropa; verbreitet auf Trockenhängen, Wiesen und in lichten Wäldern; bis 50 cm hoher Zwergstrauch mit breit geflügelten, aufrechten Zweigen, kleinen, elliptischen Blättchen und gelben Blüten in dichten Trauben.

Foeniculum [fø...]: wissenschaftlicher Name der Gattung ↑ Fenchel.

Föhre: anderer Name der ↑ Waldkiefer.

Forche: anderer Name der ↑ Waldkiefer.

Forle: anderer Name der ↑ Waldkiefer.

Forsythie [fɔr'zy:tsiə, fɔr'zy:tiə; nach dem engl. Botaniker W. Forsyth, * 1737, † 1804] (Goldflieder, Forsythia): Gattung der Ölbaumgewächse mit nur wenigen Arten in Ostasien und einer Art in Südosteuropa; frühblühende, sommergrüne Sträucher mit gelben, vor den Blättern erscheinenden, achselständigen Blüten. Mehrere Arten werden in vielen Sorten und Hybriden als Ziergehölze und zum Treiben kultiviert.

Fragaria: wissenschaftlicher Name der Gattung ↑ Erdbeere.

Fransenenzian: Art des ↑ Enzians.

Franzosenkraut: gleichbed. mit ↑ Knopfkraut.

Französischer Ahorn (Acer monspessulanum): Ahorn des Mittelmeergebietes; in Süddeutschland selten an felsigen, warmen Kalkhängen; bis 10 m hoher Baum mit kleinen, dreilappigen Blättern und gelblichbraunen Blüten in wenigblütigen, aufrechten bis überhängenden Doldentrauben.

Französischer Spinat: eine Gemüsepflanze (↑ Ampfer).

Fratzenorchis: anderer Name der Orchideengattung ↑ Ohnhorn.

Frauenfarn (Athyrium): Gattung der Farne mit rund 200 Arten in den gemäßigten Zonen (v.a. in Ostasien); in Mitteleuropa in Wäldern und auf Bergweiden nur zwei Arten, darunter der **Wald-F.** (Athyrium filix-femina), mit feinzerteilten, bis

1 m langen, hellgrünen Wedeln, deren Unterseite längliche Sporangienhäufchen aufweisen.

Frauenflachs: svw. ↑ Leinkraut.

Frauenhaar:

◊ (Goldenes F., Gemeines Widertonmoos, Polytrichum commune) bis 40 cm hohes, lockere Polster bildendes Laubmoos auf sauren Wald- und Heideböden. – Abb. S. 320.

◊ beliebte Zimmerpflanze (↑ Simse).

Frauenhaarfarn (Adiantum): Gattung der Tüpfelfarngewächse mit über 200 Arten in allen wärmeren Gebieten der Erde, vorwiegend in feuchten, schattigen Wäldern und an Kalkfelsen. Am bekanntesten ist der **Echte F.** (Adiantum capillus-veneris) mit vielen haarfein gestielten Fiederchen.

Frauenmantel (Alchemilla): Gattung der Rosengewächse mit über 20 Arten, v. a. in gemäßigten und kühlen Gebieten und Hochgebirgen; meist Stauden mit kleinen, gelblichen oder grünen Blüten und rundlichen, häufig fingerförmig eingeschnittenen Blättern mit lockerer oder dicht seidiger Behaarung. – Bekannte Arten sind: **Gemeiner F.** (Marienmantel, Alchemilla vulgaris), auf feuchten Wiesen und in lichten Wäldern; Blätter mit 9–13 stark gesägten Lappen; **Alpen-F.** (Silbermantel, Alchemilla alpina), mit bis zum Grund geteilter Blattspreite; verbreitet auf Weiden, Felsen und Geröll der Alpen und der hohen Mittelgebirge. – Abb. S. 235.

Frauenschuh (Cypripedium): Gattung der Orchideen mit rund 50 Arten auf der nördlichen Halbkugel; Erdorchideen mit büschelartig verzweigtem Wurzelstock und ungegliederten, meist behaarten Blättern; Blüten einzeln oder in wenigblütigen Trauben mit großer, schuhförmiger Unterlippe; in Europa in lichten Wäldern der geschützte **Rotbraune F.** (Cypripedium calceolus), mit bis 10 cm langen, rotbraunen Blütenhüllblättern und goldgelber Lippe. – Abb. S. 160.

Fraxinus: wissenschaftlicher Gattungsname der ↑ Esche.

Freesie (Freesia) [nach dem dt. Arzt F. H. T. Freese, † 1876]: Gattung der Schwertliliengewächse mit drei Arten in Südafrika; Stauden mit schmalen, langen Blättern und glokkigen, weißen oder bunten Blüten in nach einer Seite gerichteten Wikkeln; beliebte, in vielen Sorten kultivierte Schnitt- und Gartenblumen.

Freikronblättrige (Choripetalae): Bez. für Zweikeimblättrige Pflanzen mit nichtverwachsenen Kronenblättern (z. B. Rosengewächse).

Fritillaria [mlat., eigtl. = Schachbrettblume (zu lat. fritillus = Würfelbecher, nlat. auch = Brettspiel), nach der Musterung der Blütenblätter]: Gattung der Liliengewächse mit rund 100 Arten in der nördlichen gemäßigten Zone; Zwiebelpflanzen mit beblätterten Stengeln und großen, glockigen, hängenden Blüten. Mehrere Arten werden als Zierpflanzen kultiviert, z. B. die aus dem Himalaja und Iran stammende, bis 1 m hohe **Kaiserkrone** (Fritillaria imperialis): mit mehreren, kronenähnlich unterhalb eines Blattschopfes angeordneten Blüten von roter bis gelber Farbe; ferner die bis 30 cm hohe, unter Naturschutz stehende **Schachbrettblume** (Schachblume, Fritillaria meleagris), verbreitet im gemäßigten Europa bis zum Kaukasus; Blüten schachbrettartig purpurrot und weißlich gefleckt.

Froschbißgewächse (Hydrocharitaceae): Familie der Einkeimblättrigen mit rund 100 Arten in Süß- und Salzgewässern der wärmeren und gemäßigten Zonen; meist ausdauernde, untergetauchte oder schwimmende Kräuter, deren meist eingeschlechtige, weiße Blüten einzeln oder in Trugdolden stehen. In Mitteleuropa kommen u. a. vor: 1. ↑ Wasserpest. 2. **Froschbiß** (Hydrocharis morsus-anae), eine Schwimmpflanze stehender oder langsam fließender Süßgewässer; mit rundlich-herzförmigen, dicken Blättern. 3. **Krebsschere** (Wasseraloe, Stratiotes aloides), verbreitet in nährstoffreichen, stehenden Gewässern Europas und Nordwestasiens. – Abb. S. 240.

Froschkraut: Art der ↑ Froschlöffelgewächse.

Froschlaichalge (Batrachospermum): Gattung der Rotalgen mit rund 50, nur in Süßgewässern vorkommenden Arten, davon sechs in Deutschland; bis 10 cm lange, reichverzweigte Algen mit langgliedrigem Zentralfaden und locker gestellten, in Wirteln stehenden Kurztriebbüscheln.

Froschlöffel ↑ Froschlöffelgewächse.

Froschlöffelgewächse (Alismataceae): Familie der Wasser- und Sumpfpflanzen mit rund 70 Arten, hauptsächlich auf der Nordhalbkugel; Blüten dreizählig, meist zwittrig, oft in Rispen. In Mitteleuropa kommen u. a. vor: 1. ↑ Pfeilkraut; 2. die Gattung **Froschlöffel** (Alisma), mit grundständigen, eiförmigen oder lanzettlichen Blättern und kleinen, weißlichen bis rötlichen Blüten; dazu als häufige Art in Deutschland: **Gemeiner Froschlöffel** (Alisma plantago-aquatica), in Sümpfen, an Teichen und Gräben; 3. die Art **Froschkraut** (Froschzunge, Luronium natans), in stehenden Gewässern; mit untergetauchten, schwimmenden, elliptischen Blättern; Blüten weiß, zu mehreren an den Stengelknoten auf der Wasseroberfläche schwimmend.

Froschzunge: svw. Froschkraut (↑ Froschlöffelgewächse).

Frühe aus Trévoux [frz. tre'vu]: eine Tafelbirne (↑ Birnensorten, Übersicht S. 48).

Frühjahrslorchel: Art der ↑ Lorchelpilze.

Frühlingsenzian: Art der Gattung ↑ Enzian.

Frühlingsknotenblume: Art der Gattung ↑ Knotenblume.

Frühlingskrokus: ein Schwertliliengewächs (↑ Krokus).

Frühlingskuhschelle: Art der Gattung ↑ Kuhschelle.

Frühlingslorchel: Art der ↑ Lorchelpilze.

Frühlingsmorchel: Art der ↑ Lorchelpilze.

Frühlingsschlüsselblume (Duftende Schlüsselblume, Primula veris): formenreiche Art der Primel auf sonnigen Wiesen und Waldrändern Eurasiens; mehrjährige Pflanzen mit wohlriechenden, dottergelben, am Schlund orangerot gefleckten Blüten in einseitswendiger Dolde auf 10–30 cm langem Schaft; Blätter behaart, länglich gezähnt, in grundständiger Blattrosette.

Frühlingswicke: svw. Frühlingsplatterbse (↑ Platterbse).

Frühlorchel: Art der ↑ Lorchelpilze.

Fuchsflechte (Letharia vulpina): intensiv gelb gefärbte, bis 5 cm hohe Strauchflechte mit arktisch-alpiner Verbreitung; vorwiegend auf Nadelhölzern; einzige giftige Flechte Europas; wurde früher zum Vergiften von Füchsen und Wölfen verwendet.

Fuchsie ['fʊksiə; zu Ehren des dt. Arztes und Botanikers Leonhart Fuchs, * 1501, † 1566] (Fuchsia): Gattung der Nachtkerzengewächse mit rund 100 Arten in Amerika und Neuseeland; Halbsträucher, Sträucher oder kleine Bäumchen mit gezähnten Laubblättern; Blüten mit krugförmiger Blütenachse, oft hängend und auffällig rot, rosa, weiß oder violett gefärbt; viele Arten und Sorten sind als Park-, Balkon- und Zimmerpflanzen in Kultur.

Fuchsschwanz (Amarant, Amaranthus): Gattung der Fuchsschwanzgewächse mit rund 50 Arten, v.a. in subtropischen und gemäßigten Gebieten; meist Kräuter mit unscheinbaren, kleinen Blüten in dichten Blütenständen. Als Zierpflanze sehr verbreitet ist der **Garten-F.** (Amaranthus caudatus), ein bis 1 m hohes Gewächs mit langen, hängenden, roten Blütenähren. – Abb. S. 160.

Fuchsschwanzgewächse (Amarantgewächse, Amaranthaceae): Familie der Zweikeimblättrigen mit rund 900 weltweit verbreiteten Arten in über 60 Gattungen; hauptsächlich Kräuter mit kleinen Blüten, oft in knäueligen Teilblütenständen, die zusammen oft lebhaft gefärbte Ähren, Trauben oder Köpfchen bilden; bekannte Gattung ↑ Fuchsschwanz.

Fuchsschwanzgras (Alopecurus): Gattung der Süßgräser mit dichten, weichen Ährenrispen; etwa 40 Arten auf der Nordhalbkugel; in Mitteleuropa sieben Arten auf Wiesen, Äckern und an feuchten Stellen, z.B. ↑ Wiesenfuchsschwanzgras, ↑ Ackerfuchsschwanzgras.

Fuchsschwanzkiefer: gleichbed. mit ↑ Grannenkiefer.

Fuchsschwanzziest: Art der Gattung ↑ Ziest.

Fucus [lat. = eine Flechte]: Gattung der ↑ Braunalgen mit rund 30 Arten; in der Nordsee u.a. der ↑ Blasentang.

Fumana: wissenschaftlicher Name der Gattung ↑ Heideröschen.

Fumaria: wissenschaftlicher Name der Gattung ↑ Erdrauch.

Funaria: wissenschaftlicher Name der Gattung ↑ Drehmoos.

Fungi imperfecti: wissenschaftlicher Name der ↑ Deuteromyzeten.

Funkie [nach dem dt. Apotheker H.Ch. Funk, * 1771, † 1839] (Hosta, Funkia): Gattung der Liliengewächse mit rund 40 Arten in Japan und China; Stauden mit grundständigen Blättern; Blüten blau, violett oder weiß, glockig, hängend; z.T. Gartenzierpflanzen.

Futterbohne: anderer Name der ↑ Pferdebohne.

Futtererbse: anderer Name der Ackererbse (↑ Saaterbse).

Futteresparsette: eine landwirtschaftliche Nutzpflanze (↑ Esparsette).

Futterkohl: gleichbed. mit ↑ Staudenkohl.

Futterrübe (Futterrunkel) ↑ Runkelrübe.

Futterwicke: anderer Name der ↑ Saatwicke.

G

Gagelstrauch (Myrica): in den gemäßigten und subtropischen Gebieten (außer Australien) vorkommende Gattung der zweikeimblättrigen Pflanzenfamilie **G.gewächse** (Myricaceae). Von den rund 50 Arten kommt in den norddeutschen Moor- und Heidegebieten der **Heide-G.** (Heidemyrte, Myrica gale) vor: sommergrüner, 1–1,5 m hoher

Strauch mit ungeteilten, harzig-drüsigen, duftenden Blättern und kleinen, zweihäusigen, braunen (♂) bzw. grünen (♀) Blüten; Steinfrüchte.

Gaillardia [ga'jardia]: wissenschaftlicher Name der Gattung ↑Kokardenblume.

Galanthus: wissenschaftlicher Name der Gattung ↑Schneeglöckchen.

Galega: wissenschaftlicher Name der Gattung ↑Geißraute.

Galeopsis: wissenschaftlicher Name der Gattung ↑Hohlzahn.

Galgant [letztlich von arab. ḫalanǧān = dem Ingwer verwandte Pflanze in Indien und China] (Alpinia officinarum): etwa 1,5 m hohes Ingwergewächs aus Südchina; der an ätherischem Öl reiche Wurzelstock wird als **G.wurzel** für Magenmittel und als Gewürz verwendet.

Galinsoga: wissenschaftlicher Name der Gattung ↑Knopfkraut.

Galium: wissenschaftlicher Name der Gattung ↑Labkraut.

Gallenröhrling (Bitterling, Bitterpilz, Bitterschwamm, Tylopilus felleus): von Juni bis Oktober an feuchten Stellen in Nadelwäldern wachsender Ständerpilz aus der Familie der Röhrenpilze; mittelgroßer Pilz mit braunem Hut, bauchigem Stiel und weißen, später rosaroten Poren (dem Steinpilz sehr ähnlich); ungenießbar (bitter!), aber ungiftig.

Gallertartiger Zitterzahn: ein Ständerpilz (↑Gallertpilze).

Gallertflechte (Collema): durch Symbiose von Schlauchpilzen mit Blaualgen gekennzeichnete Gattung von Flechten; bilden grünlichschwarze Flechtenlager, die (angefeuchtet) gallertartig aufquellen; auf Lehm-, Ton- und Kalkböden.

Gallertpilze (Zitterpilze, Tremellales): Ordnung der Ständerpilze; vorwiegend auf abgestorbenem Holz wachsende Pilze mit wachsartigem, knorpeligem oder gallertartigem Fruchtkörper. Häufigere Arten sind der besonders auf Kalkböden wachsende orangerote, ohrförmige bis muschelartige, eßbare **Rotbraune Gallertpilz** (Guepinia helvelloides) und der **Gallertartige Zitterzahn** (Eispilz, Tremellodon gelatinosum) mit weißlichem oder grau durchscheinendem, gallertartigem Fruchtkörper.

Galtonie [nach dem britischen Naturforscher Sir F. Galton, * 1822, † 1911] (Galtonia): südafrikanische Gattung der Liliengewächse mit drei Arten, darunter die **Riesenhyazinthe** (**Sommerhyazinthe,** Galtonia candicans), eine über 1 m hohe Zwiebelpflanze mit hängenden, glockenförmigen, weißen Blüten in großen Blütentrauben; beliebte, nicht ganz winterharte Gartenzierpflanze.

Gamander [mlat.] (Teucrium): Gattung der Lippenblütler mit mehr als 100 Arten in den gemäßigten und wärmeren Zonen; Kräuter, Halbsträucher oder Sträucher mit ährigen, traubigen oder kopfigen Blütenständen. Von den fünf einheimischen Arten ist am bekanntesten der karminrot blühende **Echte G.** (Teucrium chamaedrys), ein v. a. in Süddeutschland verbreiteter Zwergstrauch. – Abb. S. 235.

Gambohanf (Bimli, Bombayhanf, Dekhanhanf, Javajute, Kenaf, Hibiscus cannabinus): tropisches Malvengewächs, das besonders in Vorderindien, Thailand, teilweise auch in Java und Spanien als Faserpflanze angebaut und als Juteersatz verwendet wird.

Gamskraut (Gemskraut): volkstümliche Bez. für verschiedene Gebirgspflanzen, z. B. Arnika, Schwarze Scharfgabe und Stengelloses Leimkraut.

Gamswurz: anderer Name der Gattung ↑Gemswurz.

Gänseblümchen (Maßliebchen, Bellis): Gattung der Korbblütler mit zehn Arten in Europa, darunter als einzige deutsche Art das 5–15 cm hohe, auf Weiden, Wiesen, Rainen und Grasplätzen wachsende G. im engeren Sinne (Bellis perennis); fast das ganze Jahr hindurch blühende, ausdauernde Pflanzen mit grundständiger Blattrosette; Blütenköpfchen auf unbeblättertem Stiel mit zungenförmigen, weißen bis rötlichen Strahlenblüten und röhrigen, gelben Scheibenblüten. Verschiedene, v. a. gefüllte Zuchtformen des G.s (z. B. **Tausendschön, Pomponette**) sind beliebte Gartenzierpflanzen.

Gänsedistel (Saudistel, Sonchus): Gattung der Korbblütler mit über 60 Arten in Eurasien und Afrika; von den vier einheimische Arten, die als Unkräuter auf Äckern, an Wegrändern und auf Schuttplätzen zu finden sind, ist die bekannteste die **Akker-G.** (Sonchus arvensis), eine bis 1,50 m hohe Staude mit fiederspaltigen Blättern und goldgelben Blütenköpfchen.

Gänsefuß (Chenopodium): Gattung der Gänsefußgewächse mit rund 250 Arten in den gemäßigten Zonen, darunter 15 in Deutschland, von denen zwei als Gemüse (↑ Erdbeerspinat) kultiviert werden.

Gänsefußgewächse (Chenopodiaceae): Familie zweikeimblättriger Kräuter mit wechselständigen, einfachen Blättern und unscheinbaren, kleinen Blüten in knäueligen Blütenständen. Bekannte Gattungen sind Gänsefuß, Melde, Queller, Spinat und Runkelrübe.

Gänsekresse (Arabis): Gattung der Kreuzblütler mit rund 100 Arten, v. a. in den Gebirgen Eurasiens, Afrikas und Nordamerikas verbreitet; niedrige, rasen- oder polsterförmig wachsende Kräuter mit weißen, bläulichen, rötlichen oder gelben Blüten in Trauben. Einige polsterbildende Arten, z. B. die weiß blühende **Alpengänsekresse** (Arabis alpina), sind beliebte Steingartenpflanzen.

Gardenie (Gardenia) [nach dem schottischen Naturforscher A. Garden, * 1730 (?), † 1791]: Gattung der Rötegewächse mit rund 60 Arten in den Tropen und Subtropen Asiens und Afrikas; meist Sträucher mit lederartigen Blättern und großen, gelben oder weißen Blüten. Am bekanntesten ist die weißblühende Art **Gardenia jasminoides,** ein aus China stammender Strauch.

Gartenampfer: ein Knöterichgewächs (↑ Ampfer).

Gartenanemone (Anemone coronia): Anemonenart im Mittelmeergebiet und in Vorderasien; bis 40 cm hohe Stauden mit handförmig geteilten Blättern und 4–6 cm großen, leuchtend gefärbten Blüten; beliebte Gartenpflanze in vielen Zuchtformen.

Gartenbohne (Fisole, Phaseolus vulgaris): in Südamerika (Anden und argentinische Mittelgebirge) beheimatete, heute weltweit verbreitete Bohnenart; einjährige Pflanzen mit windendem oder aufrechtem Stengel, dreizählig gefiederten Blättern und weißen, gelblichen, rosafarbenen oder violetten Blüten; wird in zwei Sorten **(Buschbohne** und **Stangenbohne)** kultiviert, deren unreife Hülsen **(grüne Bohnen)** und reife Samen **(weiße Bohnen)** als Gemüse gegessen werden.

Gartenchampignon: Art der Gattung ↑ Champignon.

Gartenerbse: Kulturform der ↑ Saaterbse.

Gartenerdbeere: Zuchtform der ↑ Erdbeere.

Gartenfenchel: Zuchtform des ↑ Fenchels.

Gartenfuchsschwanz: Art der Gattung ↑Fuchsschwanz.

Gartengloxinie: Zuchtform der ↑Gloxinie.

Gartenlattich: svw. Gartensalat (↑Kopfsalat).

Gartenmelisse: svw. Zitronenmelisse (↑Melisse).

Gartenmohn: svw. Schlafmohn (↑Mohn).

Gartennelke: Art der Gattung ↑Nelke.

Gartenquendel: ein Lippenblütler (↑Bohnenkraut).

Gartenringelblume: Art der Gattung ↑Ringelblume.

Gartensalat: Ausgangsform des ↑Kopfsalats.

Gartensalbei: Art der Gattung ↑Salbei.

Gartenschierling: gleichbed. mit ↑Hundspetersilie.

Gartenschwarzwurzel: Art der Gattung ↑Schwarzwurzel.

Gastromycetidae: wissenschaftlicher Name der ↑Bauchpilze.

Gauchblume: anderer Name des Wiesenschaumkrauts (↑Schaumkraut).

Gauchheil (Anagallis): Gattung der Primelgewächse mit rund 40 weltweit verbreiteten Arten, davon drei in Deutschland; kriechende oder aufrechte, kleine, ein- bis mehrjährige Pflanzen, in deren Blattachseln rad- bis glockenförmige Blüten stehen. Die häufigste einheimische Art ist der **Acker-G.** (Roter G., Anagallis arvensis), ein weitverbreitetes, häufig niederliegendes Acker- und Gartenunkraut; mit gegenständigen Blättern und kleinen, radförmigen, meist roten, selten blauen Blüten; durch Gehalt an Saponinen giftig.

Gaultheria [nach dem kanadischen Arzt und Botaniker J.-F. Gaultier, * 1708, † 1756] (Scheinbeere): Gattung der Heidekrautgewächse mit rund 150 Arten in Nord- und Südamerika, Ost- und Südasien, Australien und Neuseeland; niedrige, immergrüne Sträucher mit gesägten, eiförmigen Blättern; Blüten glockenförmig, einzeln oder in lockeren Trauben.

Gazanie (Gazania) [nach dem byzantinischen Humanisten Th. Gazes, * um 1400, † 1476]: Gattung der Korbblütler mit rund 20 Arten in Südafrika; ein- oder mehrjährige Kräuter oder Halbsträucher mit meist grundständigen Blättern und großen Blüten. Mehrere Arten und Sorten werden als Zierpflanzen kultiviert. – Abb. S. 160.

Geastrum: wissenschaftlicher Name der Pilzgattung ↑Erdstern.

Gehaltsrüben ↑Runkelrübe.

Geheimrat Oldenburg: Apfelsorte (↑Apfelsorten, Übersicht S. 25).

Geißbart (Aruncus): Gattung der Rosengewächse mit zwei Arten in der nördlichen gemäßigten Zone; Stauden mit kleinen, weißen, zweihäusigen Blüten in Ähren, die zusammen eine große Rispe bilden; Blätter mehrfach gefiedert, mit gesägten Abschnitten. Die einzige Art in Mitteleuropa ist der **Wald-G.** (Aruncus dioicus), in Wäldern und Gebüschen; bis 2 m hohe Staude mit giftigen Balgfrüchten.

Geißblatt (Heckenkirsche, Lonicera): Gattung der G.gewächse mit rund 180 Arten auf der Nordhalbkugel und in den Anden; windende oder aufrechte Sträucher mit gegenständigen Blättern; in vielen Arten und Formen als Ziersträucher in Kultur, z. B.: **Wohlriechendes G.** (**Jelängerjelieber,** Lonicera caprifolium), aus dem südlichen und südöstlichen Mitteleuropa; bis 2 m hoch, windend; Blüten dem obersten Blattpaar aufsitzend, gelblichweiß, mit außen oft rot überlaufener Röhre, duftend; Früchte korallenrot; **Schwarze Heckenkirsche** (Lonicera nigra), Mitteleuropa; bis 1,5 m hoch; Blüten rötlich oder weiß; Früchte blauschwarz.

Geißblattgewächse (Caprifoliaceae): Pflanzenfamilie der Zweikeimblättrigen mit etwa 15 Gattungen und rund 400 Arten, meist auf der Nordhalbkugel; Bäume, Sträucher oder Stauden mit einfachen oder gefiederten, gegenständigen Blättern. Bekannte Gattungen sind ↑Abelie, ↑Geißblatt, ↑Holunder, ↑Schneeball und ↑Weigelie.

Geißelalgen: ungenaue Bez. für pflanzliche ↑Flagellaten.

Geißfeigenbaum: Kulturvarietät des ↑Feigenbaums.

Geißfuß (Aegopodium): Gattung der Doldengewächse mit zwei Arten in Europa und Sibirien, darunter der **Gewöhnliche G.** (Giersch, Aegopodium podagraria): Ausläufer bildende Staude mit doppelt dreizähligen, oft unvollständig geteilten (ziegenfußähnlichen) Blättern, schmutzigweißen Blüten und kümmelähnlichen Früchten; häufig an feuchten, buschigen Stellen und oft als lästiges Unkraut in Gärten.

Geißklee (Zytisus, Cytisus): Gattung der Schmetterlingsblütler mit rund 50 Arten in Mitteleuropa und im Mittelmeergebiet; hauptsächlich Sträucher mit gelben, weißen oder roten Blüten in Trauben oder Köpfchen.

Geißraute (Galega): Gattung der Schmetterlingsblütler mit vier Arten in Europa und Vorderasien; einzige einheimische Art: **Echte G.** (Galega officinalis), bis 1,5 m hohe Staude mit 1- bis 17zählig gefiederten Blättern und weißen bis bläulichen Blüten in großen, achselständigen Trauben; wird v. a. in Südeuropa als Futterpflanze kultiviert. – Abb. S. 235.

Gelbbirke: Art der Gattung ↑Birke.

Gelbe Luzẹrne: svw. Sichelklee (↑Schneckenklee).

Gelber Bellefleur [bɛl'flø:r]: Tafel- und Kochapfel (↑Apfelsorten, Übersicht S. 25).

Gelbe Rübe: anderer Name der ↑Karotte.

Gelbkraut: anderer Name des ↑Färberwaus.

Gelbschwämmchen: anderer Name des Pfifferlings.

Gelbstern: anderer Name der Gattung ↑Goldstern.

Gelbweiderich: anderer Name der Gattung ↑Gilbweiderich.

Gelbwurzel (Safranwurzel, Curcuma longa): aus Süd- und Südostasien stammendes, in den Tropen vielfach kultiviertes Ingwergewächs; niedrige Stauden mit lanzettlichen Blättern und dichter, blaßgelber Blütenähre. Der knollige Wurzelstock und die fingerförmigen Nebenknollen kommen in gekochter und anschließend geschälter und getrockneter Form als **Rhizoma Curcumae** in den Handel. Sie enthalten u. a. ätherische Öle, Stärke, Curcumin und werden als Gewürz (**Kurkuma,** Hauptbestandteil des Currys), als Magen- und Nierenmittel sowie technisch als Farbstoff (Curcumin) verwendet.

Gelenkblume (Drachenkopf, Physostegia): nach ihren seitwärts beweglichen Blüten benannte Gattung der Lippenblütler mit fünf Arten in Nordamerika; hohe Kräuter mit meist gesägten, gegenständigen Blättern und fleischfarbenen, purpurfarbenen oder weißen Blüten in dichten Ähren. Die Art **Physostegia virginiana** wird als Gartenblume kultiviert.

Gelịdium [zu lat. gelidus = eiskalt (mit Bezug auf die gallertige Beschaffenheit der Alge)]: Gattung der Rotalgen mit rund 40 in allen Meeren verbreiteten Arten; meist fiederig verzweigte Algen mit stielrundem, knorpeligem Thallus; viele Arten, v. a. **G. amansii,** werden zur Herstellung von Agar-Agar verwendet.

Gellerts Butterbirne: eine Tafelbirne (↑ Birnensorten, Übers. S. 48).

Gemeiner Beifuß (Pfefferkraut, Artemisia vulgaris): an Wegrändern und auf Schuttplätzen verbreitete Beifußart; mehrjährige, bis 120 cm hohe, stark verzweigte Pflanze mit zweifach gefiederten, unterseits filzigen Blättern; Blütenköpfchen sehr klein, rötlichbraun, von filzigen Hüllblättern umgeben; wird wegen seines Gehaltes an aromatischen Ölen als Gewürz für Braten und Geflügel verwendet.

Gemskraut: svw. ↑ Gamskraut.

Gemswurz (Gamswurz, Doronicum): Gattung der Korbblütler mit über 30 Arten in Europa und Asien, v.a. in Mittel- und Hochgebirgen; Stauden mit wechselständigen, ungeteilten Blättern und einem oder wenigen großen, gelben Blütenköpfchen mit röhrenförmigen Scheiben- und einer Reihe langer, zungenförmiger Strahlblüten; z. T. beliebte Zierpflanzen.

Gemüseampfer: svw. Gartenampfer (↑ Ampfer).

Gemüsefenchel: Sorte des Gartenfenchels (↑ Fenchel).

Gemüsekarde: svw. Kardone (↑ Artischocke).

Gemüsekohl (Brassica oleracea): zweijähriger bis ausdauernder (als Kulturform auch einjähriger) Kreuzblütler; wildwachsend an Strandfelsen; bis 3 m hohe Pflanze (blühend) mit kräftigem, strunk- oder stammartigem Stiel und dicken, blaugrünen, leierförmig-fiederschnittigen Laubblättern; Blüten schwefelgelb (seltener weiß) in locker verzweigtem, traubigem Blütenstand; Frucht linealisch, bis 7 cm lang, mit kurzem „Schnabel". – Der G. ist eine alte (wahrscheinlich vom Wildkohl, Brassica oleracea var. oleralia, abstammende) Kulturpflanze mit zahlreichen Kulturformen, die sich in folgende morphologische Gruppen unterteilen lassen: **Stammkohl** mit besonders kräftig entwickelter Sproßachse, die genutzt wird (z. B. Markstammkohl, Kohlrabi); **Blätterkohl (Blattkohl),** dessen Blätter sich entfalten und dann genutzt werden (Grünkohl); **Kopfkohl,** bei dem die Blätter die Knospenlage beibehalten und sich zu einem Kopf zusammenschließen. **Infloreszenzkohl,** dessen fleischig verdickte Blütenstandsachsen gegessen werden (z. B. Blumenkohl, Spargelkohl). – ↑ auch Staudenkohl.

Genista: wissenschaftlicher Name der Gattung ↑ Ginster.

Genlisea [ʒãˈliːzea]: Gattung der Wasserschlauchgewächse mit etwa 15 Arten im tropischen Amerika und Afrika; wurzellose, durch fadenartige, in zwei gabelige, schraubig gewundene Arme auslaufende Schlauchblätter, die durch innere Reusenhaare eine Reusenfalle darstellen; im Substrat verankerte fleischfressende Pflanzen (fängt kleine Bodentiere).

Gentiana: wissenschaftlicher Name der Gattung ↑ Enzian.

Gentianaceae: wissenschaftlicher Name der ↑ Enziangewächse.

Georgine: anderer Name der ↑ Dahlie.

Geraniaceae: wissenschaftlicher Name der ↑ Storchschnabelgewächse.

Geranie: gärtnerische Bez. für die ↑ Pelargonie.

Geranium: wissenschaftlicher Name der Gattung ↑ Storchschnabel.

Gerbera [nach dem dt. Arzt T. Gerber, † 1743]: Gattung der Korbblütler mit über 40 Arten in Afrika und Asien; Stauden mit grundständigen Blättern und meist großen, leuchtend gefärbten Blütenköpfen mit 1 bis 2 Reihen langer, zungenförmiger Strahlenblüten; beliebte Schnittblumen in mehreren Zuchtsorten.

Gerberstrauch (Lederstrauch, Coriaria): einzige Gattung der **G.gewächse** (Coriariaceae) mit zehn Arten in den Tropen und Subtropen; meist giftige Sträucher und Kräuter mit ledrigen Blättern und fünfzähligen, radiären Blüten; beerenartige, giftige Sammelfrüchte, gelb oder rot bis schwarz; bisweilen Zierpflanzen, wie z. B. der **Gerbersumach** (Coriaria myrtifolia) aus dem Mittelmeergebiet, dessen Blätter und Rinde zum Gerben verwendet werden.

Gerbersumach: Art der Gattung ↑Gerberstrauch.

Germer (Veratrum): Gattung der Liliengewächse mit über 40 in Europa, Nordasien und Nordamerika verbreiteten Arten; Blätter breit, längsfaltig genervt, mit breiter Blattscheide an der Basis; Blüten in zu Rispen angeordneten Trauben. In Europa zwei Arten: **Schwarzer G.** (Veratrum nigrum), bis 1 m hohes, mehrjähriges Kraut mit schwarzpurpurfarbenen Blüten; **Weißer G.** (Veratrum album), bis über 1 m hoch, Blüten gelblichweiß, Wurzelstock durch Alkaloidgehalt sehr giftig.

Gerste (Hordeum): Gattung der Süßgräser mit rund 25 Arten auf der Nordhalbkugel und in Südamerika; Blütenstand eine Ähre mit zwei Gruppen von je drei einblütigen, meist langbegrannten Ährchen an jedem Knoten.

Die bekannteste Art ist die in vielen Varietäten und Sorten angebaute **Saat-G.** (Hordeum vulgare): einjähriges **(Sommer-G.)** oder einjährig überwinterndes **(Winter-G.),** 0,5 bis 1,3 m hohes Getreide; Ährchen einblütig, mit zwei schmalen, in lange Grannen auslaufenden Hüllspelzen; in klimatisch extremen Gebieten als Brotgetreide verarbeitet, sonst zur Herstellung von Graupen, Grütze und als Brau-G. sowie als Viehfutter verwendet. Die Hauptanbaugebiete liegen zwischen dem 55. und 65. nördlichen Breitengrad **(Gerstengürtel).** – Die Haupterzeugerländer sind: UdSSR, China, Frankreich, Großbritannien, Kanada, USA, BR Deutschland.

Als Unkraut bekannt ist die an Weg- und Straßenrändern in Mittel- und Südeuropa, Nordafrika, Vorderasien und Amerika wachsende, bis 40 cm hohe **Mäuse-G.** (Hordeum murinum): Ähren 4–9 cm lang; die Spindel zerbricht bei der Reife. – An den Küsten Westeuropas, des Mittelmeers und Amerikas kommt die 10 bis 40 cm hohe **Strand-G.** (Hordeum marinum) vor; mit bis zur Ähre beblätterten Halmen.

Geschichte: Bei Jarmo (Irak) älteste Funde von G.nkörnern vermutlich aus dem 7. Jahrtausend v. Chr. Mit Sicherheit wurden um 4000 v. Chr. in Ägypten und Mesopotamien viele wilde G.nformen angebaut. G. wurde zunächst geröstet und zerkleinert als Brei, bei den Pfahlbauern auch als fladenartiges Brot gegessen. G.nabkochung (Tisana) war seit Hippokrates als Kräftigungsmittel gebräuchlich.

Geruchgras: svw. ↑Ruchgras.

Gesneriengewächse (Gesneriaceae): in den Tropen und Subtropen verbreitete Familie der Zweikeimblättrigen mit rund 1800 Arten; Kräuter (z. T. Epiphyten), Sträucher oder kleine Bäume mit meist gegen- oder quirlständigen Blättern und fünfzähligen, radförmigen bis langröhrigen, leicht zweilippigen Blüten in leuchtenden Farben; u.a. Drehfrucht, Gloxinie, Usambaraveilchen.

Gespinstlein: Kulturform des ↑Flachses.

Getreide [ursprünglich = Ertrag, Einkünfte, Besitz (eigtl. = das, was getragen wird]: Sammelbez. für die aus verschiedenen Arten von Gräsern gezüchteten landwirtschaftlichen Kulturpflanzen Roggen, Weizen, Gerste, Hafer, Reis, Mais und verschiedene Hirsen. Die **G.körner** (hoher Stärke- und Eiweißgehalt, Eiweiß in der Aleuronschicht) werden als Nahrungsmittel, zur Herstellung von Branntwein, Malz, Stärke und als Viehfutter verwendet. Die Halme dienen als Futter, Streu, Flechtmaterial sowie zur Zellstoffgewinnung.

Geschichte: Die ältesten G.sorten sind (aus Asien stammend) Weizen und Gerste; viel später erst kam der zunächst in Mittelmeerländern heimische Roggen hinzu. Die (vermutlich zunächst unbeabsichtigte) Züchtung von festen Ähren (im Gegensatz zu den natürlichen, brüchigen) und von großen Körnern gelang erst nach Seßhaftwerdung des Menschen im Neolithikum. Ein auf Überschußerzeugung abgestellter G.anbau wurde nördlich der Alpen erst im Mittelalter mit Einführung des von Ochsen oder Pferden gezogenen Pflugs und mit der Anwendung der Sense (seit dem 14. Jahrhundert) möglich. 1770 kam erstmals amerikanisches G. nach Südeuropa. Die Verbesserung der Düngung und die Einführung der Dränage und des Dampfpflugs (um 1860) führten zum modernen Getreideanbau.

Geum: wissenschaftlicher Gattungsname der ↑Nelkenwurz.

Geweihfarn:
◊ (Platycerium) Gattung der Tüpfelfarngewächse mit 17 (epiphytischen) Arten in den tropischen Regenwäldern; Rhizompflanzen mit aufrechten, ledrigen, gabelig verzweigten, geweihähnlichen Blättern; als Zimmerpflanze der **Elchfarn** (Platycerium alcicorne).
◊ Art der Gattung ↑Hornfarn.

Gewürznelkenbaum (Syzygium aromaticum): ursprünglich auf den Molukken verbreitetes Myrtengewächs; bis 10 m hoher Baum mit länglich-eiförmigen Blättern und roten Blüten in Trugdolden; heute v.a. auf Sansibar und Madagaskar zur Gewinnung von Gewürznelken kultiviert.

Gewürzstrauch (Calycanthus): Pflanzengattung mit fünf Arten in Nordamerika und Australien; Bäume oder Sträucher mit nach den Blättern erscheinenden, mittelgroßen Blüten, bei denen die zahlreichen Blütenblätter schraubig angeordnet sind. Viele Arten sind beliebte Ziersträucher, z. B. der **Erdbeer-G.** (Calycanthus floridus) mit dunkelrotbraunen, stark nach Erdbeeren duftenden Blüten.

Gewürzvanille: Art der Gattung ↑Vanille.

Gichtrose: Art der Gattung ↑Pfingstrose.

Giersch: Art der Gattung ↑Geißfuß.

Gießkannenschimmel (Kolbenschimmel, Aspergillus): Gattung der Schlauchpilze mit rund 60 Arten; bilden am Ende ihrer Hyphen radial ausstrahlende Konidienketten aus (den Brausestrahlen einer Gießkanne ähnlich); häufig auf Lebensmitteln, z.T. auch Krankheitserreger (Aspergillose).

Giftbeere (Nicandra): Gattung der Nachtschattengewächse mit der einzigen Art **Blasen-G.** (Nicandra physaloides), in Peru; bis über 1 m hohes Kraut mit stark ästigem Stengel, grob buchtig gezähnten Blättern und großen, weitglockigen, blauen Blüten; Beerenfrucht vom grün und rot gezeichneten Kelch umschlossen; giftig. Oft Gartenzierpflanze kultiviert; im südlichen Mitteleuropa ist sie zuweilen verwildert.

Giftegerling: giftige Champignonart (↑ Champignon).

Gifthahnenfuß: Art der Gattung ↑ Hahnenfuß.

Giftlattich: Art der Gattung ↑ Lattich.

Giftlorchel: eine Art der ↑ Lorchelpilze.

Giftmilchling: gleichbed. mit ↑ Giftreizker.

Giftprimel (Becherprimel, Primula obconica): rot bis weiß blühende, weichbehaarte asiatische Primelart mit 2- bis 13blütiger Dolde und becherförmigem Kelch; beliebte Topfpflanze; das Sekret der Drüsenhaare wirkt stark hautreizend.

Giftreizker (Birkenreizker, Giftmilchling, Pferdereizker, Lactarius torminosus): bis 8 cm hoher, fleischfarbener Lamellenpilz in lichten Wäldern, oft unter Birken; Hut 5 bis 15 cm breit, jung trichterförmig, mit kreisförmigen, karminrosafarbenen Hutzonen; Lamellen blaßweiß bis orangegelb; Stiel zylindrisch, hohl; roh giftig, abgebrüht bedingt genießbar. – Abb. S. 313.

Gilbweiderich (Felberich, Lysimachia): Gattung der Primelgewächse mit rund 150 Arten, v. a. in den gemäßigten Regionen Europas und Ostasiens; meist Kräuter oder Stauden mit radiären, fünfzähligen Blüten. In Mitteleuropa kommen fünf Arten vor, darunter der **Gemeine G.** (Lysimachia vulgaris), eine bis über 1 m hohe Staude mit gelben Blüten, und das **Pfennigkraut** (Lysimachia nummularia; niederliegend; mit kreisrunden, an eine Münze erinnernden, gelben Blüten).

Ginkgo: bekannteste Gattung der ↑ Ginkgogewächse.

Ginkgobaum ↑ Ginkgogewächse.

Ginkgogewächse [jap. ginkio] (Ginkgoaceae): seit dem Unterperm (vor rund 270 Mill. Jahren) bekannte Familie der Nacktsamer mit vielen (v. a. vom Jura bis zum Tertiär verbreiteten) Arten auf der Nordhalbkugel; zweihäusige Bäume mit fächerförmigen Blättern und kätzchenförmigen ♂ Blüten. Die einzige rezente Art ist der **Ginkgobaum** (Fächerbaum, Ginkgo biloba; Gattung **Ginkgo**): heute noch wild wachsend in China, sonst häufig in Parks und Anlagen angepflanzt; sommergrün, bis 30 m hoch; Blätter meist zweiteilig gelappt; Samen kirschenähnlich, mit gelber, fleischiger äußerer Samenschale und Steinkern. – Abb. S. 160.

Ginseng [chin.]: Bez. für zwei Araliengewächse, aus deren rübenförmigem Wurzelstock ein allg. anregendes Mittel gewonnen wird: **Asiatischer G.** (Roter G., G. im engeren Sinne, Panax ginseng), bis 50 cm hohe Staude; noch selten in der Mandschurei und in Korea wild vorkommend; heute in Korea in einigen kleinen Plantagen angebaut; mit gefingerten Blättern und grünlichweißen Blüten; **Amerikanischer G.** (Panax quinquefolius), aus dem östlichen Nordamerika; bis 40 cm hohe Staude mit fünf- bis siebenzählig gefingerten Blättern (Wurzelstock weniger wertvoll).

Geschichte: Die echte G.wurzel des asiatischen G.s ist seit etwa 2 000 Jahren in Ostasien ein geschätztes Allheilmittel, dessen Anwendung mit mystischen Vorstellungen verbunden war. Besonders beliebt war die menschenähnlich geformte Wurzel. Sie war so selten und teuer, daß bereits seit Anfang des 18. Jahrhunderts der Amerikanische G. nach Ostasien exportiert wurde. – G. wurde 1620 von den Holländern nach Europa gebracht. Seit etwa 20 Jahren wird die G.wurzel auch hier als Mittel zur Steigerung der Leistungsfähigkeit verwendet.

Ginster [altes Lehnwort aus gleichbed. lat. genista] (Genista): Gattung der Schmetterlingsblütler mit rund 90 von Europa und Nordafrika bis Westasien verbreiteten Arten; gelbblühende, gelegentlich dornige Sträucher mit grünen, elastischen Zweigen, kleinen, ein- bis dreifiedrigen (manchmal fehlenden) Blättern und traubigen, büscheligen oder kopfigen Blütenständen; vorwiegend an warmen, trockenen Stellen; z. T. beliebte Zierpflanzen; fünf einheimische Arten, u. a. ↑ Färberginster und ↑ Flügelginster. – Nicht zu dieser Gattung gehören ↑ Besenginster und ↑ Stechginster.

Gipskraut (Gypsophila): Gattung der Nelkengewächse mit rund 130, v. a. vom Mittelmeergebiet bis zum mittleren Asien verbreiteten Arten; niedrige Kräuter oder Stauden mit kleinen, weißen oder rosafarbenen Blüten in Trugdolden oder Rispen; in Mitteleuropa u. a. das dichte Rasen bildende **Kriechende G.** (Gypsophila repens) in trockenen Gebirgsregionen. Eine beliebte Gartenpflanze und Schnittblume ist das **Schleierkraut** (Rispiges G., Gypsophila paniculata), ein bis etwa 1 m hoher Rispenbusch mit zahlreichen kleinen Blüten.

Gladiole [lat. = kleines Schwert (mit Bezug auf die schwertförmigen Blätter)]:

◊ gleichbed. mit ↑ Siegwurz.

◊ allg. Bez. für die v. a. aus afrikanischen Siegwurzarten gezüchteten Gartenformen; mehrjährige, nicht winterharte, bis 1 m hohe Pflanzen mit Knollen und schwertförmigen Blättern; Blüten trichterförmig, in vielen Farben, in dichtem einseitswendigem Blütenstand.

Gladiolus: wissenschaftlicher Name der Gattung ↑ Siegwurz.

Glanzgras (Phalaris): Gattung der Süßgräser mit zehn, v. a. im Mittelmeergebiet verbreiteten Arten; Blätter flach, schilfartig; Ährchen einblütig, in einer Rispe; einzige einheimische Art: **Kanariengras** (Phalaris canariensis), einjährig; 15–50 cm hoch; Hüllspelzen weiß, grün gestreift.

Glanzkölbchen: anderer Name der Gattung ↑ Aphelandra.

Glanzkraut (Glanzwurz, Liparis): Gattung der Orchideen mit über 250 Arten in den gemäßigten Gebieten. Die einzige auf der Nordhalbkugel in Flachmooren und in Torfsümpfen verbreitete Art ist das **Sumpf-G.** (Torf-G., Liparis loeselii), bis 15 cm hoch, mit zwei länglich-elliptischen, stark fettig glänzenden Blättern und blaß grüngelben Blüten.

Glanzmispel (Photinia): Gattung der Rosengewächse mit rund 40 Arten in Süd- und Ostasien; Sträucher oder Bäume mit wechselständigen, ledrigen, ganzrandigen oder gesägten Blättern; Blüten meist weiß, in Doldenrispen; z. T. Zierpflanzen.

Glanzwurz: anderer Name der Gattung ↑ Glanzkraut.

Glaskirsche: Varietät der ↑ Sauerkirsche.

Glatthafer (Wiesenhafer, Arrhenatherum): Gattung der Süßgräser mit rund 50 Arten in Europa, Asien, in trop. Gebirgen Afrikas, in Südafrika und Nordamerika; einzige einheimische Art: **Hoher G.** (Arrhenatherum elatius), 0,5–1,8 m hoch, in Horsten; Ährchen in Rispen; gutes Futtergras.

Glaux: wissenschaftlicher Name der Gattung ↑ Milchkraut.

Glechoma: wissenschaftlicher Name der Gattung ↑Gundermann.

Gleditsia [nach dem dt. Botaniker J. G. Gleditsch, * 1714, † 1786] (Dornkronenbaum, Gleditschia, Gleditschie): Gattung der Caesalpiniengewächse mit rund 15 Arten im gemäßigten Asien, in Nordamerika und im tropischen Amerika; hohe Bäume mit gefiederten Blättern und kleinen, weißen oder grünlichen Blüten in Trauben; Stämme, Äste und Zweige meist mit Gruppen stark verästelter Dornen. Als Parkbaum kultivierte Art: **Gleditsia triacanthos,** mit 20–40 cm langen und 3–4 cm breiten, ledrigen, braunen Hülsenfrüchten.

Gletscherhahnenfuß: Art der Gattung ↑Hahnenfuß.

Gliederkaktus (Weihnachtskaktus, Zygocactus): Kakteengattung mit mehreren Arten in Ostbrasilien; epiphytische, kleine Sträucher mit aus zweikantig geflügelten Gliedern zusammengesetzten Flachsprossen; große, an den Gliederenden stehende Blüten. Bekannteste Art ist **Zygocactus truncatus** mit rosafarbenen bis tiefroten Blüten; beliebte, von Dezember bis Februar blühende Topfpflanze.

Gliedkraut (Sideritis): Gattung der Lippenblütler mit rund 60 Arten, verbreitet vom Mittelmeergebiet bis Vorderasien. Die einzige einheimische Art ist das an Schuttplätzen, Wegen und Dämmen vorkommende **Berg-G.** (Sideritis montana): einjährig, bis 30 cm hoch, wollig-zottig behaart; Blätter lanzettförmig, an der Spitze gezähnt; Blüten klein, zitronengelb, rotbraun gesäumt, in Scheinquirlen.

Globularia: wissenschaftlicher Name der Gattung ↑Kugelblume.

Glockenapfel: ein Winterapfel (↑Apfelsorten, Übersicht S. 25).

Glockenblume (Campanula): Gattung der Glockenblumengewächse mit rund 300, fast ausschließlich in den arktischen, gemäßigten und subtropischen Gebieten der Nordhalbkugel verbreiteten Arten: meist Stauden mit glockigen, trichter- bis radförmigen Blüten in Trauben; in Deutschland 18 Arten, darunter neben der ↑Ackerglockenblume u. a. noch: **Kleine G.** (Campanula cochleariifolia), bis 15 cm hoch; rasenartig wachsend; Blüten hellblau oder weiß, glockig, in zwei- bis sechsblütiger Traube; Blätter ei- bis lanzettförmig; **Nesselblättrige G.** (Campanula trachelium), bis 1 m hoher, rauh behaarter, scharfkantiger Stengel; 3 bis 5 cm große, blauviolette oder hellblaue Blüten; untere Stengelblätter langgestielt, tief herzförmig; **Rundblättrige G.** (Campanula rotundifolia), 10 bis 30 cm hoch; mit linealisch-lanzettförmigen Stengelblättern und violettblauen Blüten; **Wiesen-G.** (Campanula patula), Stengelblätter länglich; blauviolette Blüten mit ausgebreiteten Zipfeln in armblütigen Rispen. – Abb. S. 235.

Glockenblumengewächse (Campanulaceae): Familie der Zweikeimblättrigen mit rund 70 Gattungen und rund 2 000 Arten, v. a. in den gemäßigten und subtropischen Gebieten; meist Kräuter, auch Halbsträucher; Blüten meist fünfzählig, verwachsen-kronblättrig; bekannte einheimische Gattungen u. a. ↑Glockenblume, ↑Lobelie, ↑Sandglöckchen und ↑Teufelskralle.

Glockenheide (Heide, Erika, Erica): Gattung der Heidekrautgewächse mit rund 500 v. a. in Südafrika verbreiteten Arten, wenige Arten auch im tropischen Afrika, im Mittelmeerraum (↑Baumheide) und vom Alpengebiet bis Großbritannien (Grauheide); meist niedrige, dicht verzweigte, immergrüne Sträucher mit nadelförmigen Blättern; Blüten glocken-, krug-, röhren- oder tellerförmig, zu mehreren an den Astenden. Einheimische Arten: **Grauheide** (Erica cinerea), im äußersten Nordwesten (atlantische Verbreitung); 20–60 cm hoch; Zweige aufrecht; Blätter zu dreien wirtelig zusammenstehend, linealisch bis fadenförmig, stark eingerollt; Blüten in dichten, endständigen Trauben oder Dolden, violett- oder fleischrot; **Moorheide** (Erica tetralix, G. im engeren Sinne), v.a. auf Torfmooren; bis 40 cm hoch; mit weichhaarigen, grauen, am Rand drüsigen Blättern und rosafarbenen Blüten; **Schneeheide** (Erica carnea), in den Alpen und östlichen Mittelgebirgen; 15–30 cm hoher Zwergstrauch; grüne, nadelförmige Blätter in vierzähligen Scheinwirteln; Blüten rosafarben bis hell karminrot (von Dezember bis April).

Glockenrebe (Cobaea): Gattung der Sperrkrautgewächse mit rund zehn Arten im tropischen Amerika; bis 10 m hoch kletternde Sträucher; gefiederte Blätter mit Blattranken; Blüten einzeln in den Blattachseln, langgestielt, groß, glockenförmig, nickend oder hängend, violett bis grün, auch weiß; z.T. nicht winterharte Zierpflanzen.

Glockenwinde (Codonopsis): Gattung der Glockenblumengewächse mit 40–50 Arten in den Gebirgen Ostasiens; windende oder niederliegende Stauden mit knolligen Wurzeln; Blüten groß, glocken- oder breit röhrenförmig, grünlich, blau oder weißlich; z.T. Zierpflanzen für Steingärten.

Gloriosa: wissenschaftlicher Name der Gattung ↑Ruhmeskrone.

Gloxinie [nach dem elsässischen Arzt B. P. Gloxin (18. Jahrhundert)]:
◊ (Gloxinia) Gattung der Gesneriengewächse mit sechs im tropischen Südamerika verbreiteten Arten; mit Wurzelstöcken und glocken- bis röhrenförmigen Blüten. Als Zierpflanze bekannt: **Gloxinia perennis,** bis 70 cm hoch; mit herzförmigen Blättern und purpurblauen, in langen Ähren stehenden, nach Pfefferminz duftenden Blüten.
◊ (Sinningia speciosa) Gesneriengewächs aus Südbrasilien; bis 20 cm hoch, mit knolligem Wurzelstock; Blätter oval, weich behaart; Blüten groß, glockenförmig, violettblau; Ausgangsform für die in vielen Farben blühenden, als **Garten-G.** (Sinningia hybrida) bekannten Zuchtformen; v.a. Topfpflanzen.

Glücksklee:
◊ volkstümliche Bez. für einheimische Kleearten, v.a. für den Wiesenklee, wenn er (selten) vierzählige Blätter bildet.
◊ Bez. für zwei bis 25 cm hohe Arten der Gattung Sauerklee (mit vierzählig gefingerten Blättern), die als Topfpflanzen kultiviert werden: **Oxalis deppei,** aus Mexiko; mit eßbarer, rübenförmiger Wurzel; Blätter gestielt; Fiederchen oberseits mit purpurbrauner Binde; Blüten rosen- oder purpurrot, am Grunde gelb, in 5- bis 12blütiger Scheindolde; **Oxalis tetraphylla,** aus Mexiko; Fiederblättchen fast halbmondförmig ausgeschnitten; Blüten purpurfarben.

Glyceria: wissenschaftlicher Name der Gattung ↑Schwaden.

Glyzine [zu griech. glykýs = süß (mit Bezug auf die süßschmeckende Wurzel)] (Glyzinie, Blauregen, Wisteria): Gattung der Schmetterlingsblütler mit neun Arten in Nordamerika und Ostasien; sommergrüne, hochwindende Kletterstäucher mit unpaarig gefiederten Blättern; Blüten groß, duftend, in langen, hängenden Trauben, blau, weiß oder lilafarben; z.T. beliebte, raschwachsende Zierpflanzen für Pergolen und (mit Gerüst versehene) Hauswände oder Mauern.

Gnadenkraut (Gratiola): Gattung der Rachenblütler mit 20 Arten in den gemäßigten Zonen und tropischen Gebirgen; einzige einheimische Art: **Gottes-G.** (Purgierkraut, Gratiola officinalis), mehrjährig; bis 60 cm hoch; mit lanzettförmigen, scharf gesägten Blättern und langgestielten, weißen, rötlich geäderten Blüten; auf nassen Wiesen, an Ufern, in Sümpfen.

Gnaphalium: wissenschaftlicher Name der Gattung ↑Ruhrkraut.

Goabohne (Psophocarpus tetragonolobus): Schmetterlingsblütler im tropischen Asien; Windepflanze mit dreizählig gefiederten Blättern und violetten Blüten in Trauben; Hülsenfrüchte mit vier längsverlaufenden Flügeln; wird in den Tropen als Gemüsepflanze kultiviert, da Wurzeln, Blätter, junge Sprosse, die Früchte sowie die gerösteten Samen eßbar sind.

Godetie [nach dem schweizerischen Botaniker Ch.-H. Godet, * 1797, † 1879] (Atlasblume, Godetia): Gattung der Nachtkerzengewächse mit rund 20 Arten im westlichen Amerika; etwa 40 cm hohe Kräuter mit bis zu 10 cm breiten, trichterförmigen, rosafarbenen, violetten oder weißen Blüten in beblätterten Trauben oder Ähren; v.a. die Art **Sommerazalee** (Godetia grandiflora) mit rosafarbenen bis roten, azaleenähnlichen Blüten wird in vielen Sorten als Gartenzierpflanze kultiviert.

Goldaster: Art der Gattung ↑Aster.

Goldbirke: ein Zierbaum (↑Birke).

Goldblatt (Sternapfel, Chrysophyllum cainito): ein Seifenbaumgewächs; immergrüner, bis 15 m hoher Baum mit 7–12 cm langen, oberseits glänzend dunkelgrünen, unterseits seidiggolden behaarten Blättern und wohlschmeckenden, apfelgroßen, violetten Früchten; Kulturpflanze der Tropen.

Goldblume: svw. Gartenringelblume (↑Ringelblume).

Goldbraune Algen (Chrysophyceae): Klasse der Algen (früher: Abteilung **Chrysophyta**) mit rund 10 000 Arten im Süßwasser (nur wenige im Meer); einzellige, bewegliche oder festsitzende, goldbraune bis braune Algen, die einzeln oder in Gallertkolonien leben; bekannteste Ordnung ↑Kieselalgen.

Goldeiche: Kulturform der ↑Stieleiche.

Golden Delicious [engl. 'goʊldən dɪl'ɪʃəs]: ein Tafelapfel (↑Apfelsorten, Übersicht S. 25).

Goldflieder: anderer Name der Gattung ↑Forsythie.

Goldhafer (Grannenhafer, Trisetum): Gattung der Süßgräser (↑Gräser) mit rund 70 Arten, v.a. in der nördlichen gemäßigten Zone; Ährchen in ausgebreiteter oder ährenähnlicher Rispe, bei der Reife oft mit Gold- oder Silberschimmer; Deckspelzen zweispitzig. Die bekannteste Art ist der häufig auf Gebirgswiesen vorkommende **Wiesen-G.** (Trisetum flavescens) mit meist goldgelben Ährchen.

Goldkugelkaktus: Art der Gattung ↑Igelkaktus.

Goldlack (Lack, Cheiranthus): Gattung der Kreuzblütler mit rund zehn Arten auf der Nordhalbkugel; flaumig behaarte Kräuter oder Halbsträucher mit schmalen Blättern und gelben, braunen oder dunkelroten Blüten in traubigen Blütenständen. Die bekannteste Art ist **Cheiranthus cheiri** (G. im engeren Sinn, Gelbveigelein), ein bis 80 cm hoher Halbstrauch mit gelben bis schwarzbraunen, ein- oder mehrfarbigen, stark duftenden Blüten in endständigen Trauben; wird als Zierpflanze seit dem Altertum in vielen Formen kultiviert.

Goldlärche (Pseudolarix amabilis): Kieferngewächs aus China; lärchenähnlicher, 15–40 m hoher Nadelbaum mit 3–7 cm langen und bis 2,5 mm breiten, weichen, hellgrünen, im Herbst goldgelben, in Büscheln stehenden Nadeln und hängenden, bei der Reife zerfallenden Zapfen; Zierbaum.

Goldmohn (Eschscholtzia): Gattung der Mohngewächse mit über 120 Arten im westlichen Nordamerika: mit einzelnstehenden, gelben bis orangegelben Blüten, deren beide Kelchblätter kappenartig miteinander verwachsen sind und beim Aufblühen abfallen; Frucht eine schotenförmige, zweiklappige Kapsel. Mehrere Arten des G.s werden als Zierpflanzen kultiviert, z. B. der **Kalifornische Mohn** (Eschscholtzia californica) mit einfachen oder gefüllten Blüten.

Goldnessel: Art der Gattung ↑Taubnessel.

Goldorange: ein Gartenzierstrauch (↑Metzgerpalme).

Goldparmäne: ein Tafelapfel (↑Apfelsorten, Übersicht S. 25).

Goldpflaume (Chrysobalanus): Gattung der **G.ngewächse** (Chrysobalanaceae; 12 Gattungen mit rund 300 Arten) mit fünf Arten im tropischen und subtropischen Amerika und Afrika; Holzgewächse mit radiären Blüten, fünf kurzen, freien Kronblättern und zahlreichen Staubblättern. Eine Nutzpflanze ist die Art **Ikakopflaume** (Kakaopflaume, Chrysobalanus icaco), ein immergrüner Strauch oder Baum mit rundlichen Blättern, kleinen, weißen Blüten und pflaumenähnlichen, gelben, roten oder schwarzen, eßbaren Früchten.

Goldpippau: Art der Gattung ↑Pippau.

Goldprimel (Douglasia): Gattung der Primelgewächse mit sieben Arten in Europa und Nordamerika; niedrige, polsterbildende Stauden mit dichten Blattrosetten und primelähnlichen Blüten in kurzgestielten, bis siebenblütigen Dolden. In den Alpen kommt die Art **Douglasia vitaliana** vor, eine bis 5 cm hohe, kriechende Staude mit kleinen, linealischen Blättern und meist einzelnen, goldgelben Blüten.

Goldraute: anderer Name der Gattung ↑Goldrute.

Goldregen (Bohnenbaum, Laburnum): Gattung der Schmetterlingsblütler mit drei Arten in Südeuropa und Westasien; Sträucher oder Bäume mit langgestielten, dreizähligen Blättern und langen, hängenden, gelben Blütentrauben; sehr giftig durch Atemlähmung hervorrufende Alkaloide. Als Ziersträucher werden der **Traubige G.** (Laburnum anagyroides) mit unterseits seidig behaarten Blättern, etwa 2 cm langen, goldgelben Blüten und behaarten Hülsen sowie der **Alpen-G.** (Laburnum alpinum) mit am Rand gewimperten Blättchen, bis 1,5 cm langen, hellgelben Blüten und kahlen Fruchthülsen in verschiedenen Zuchtformen angepflanzt.

Goldrenette: ein Tafelapfel (↑Apfelsorten, Übersicht).

Goldröhrling (Goldgelber Lärchenröhrling, Boletus elegans): Ständerpilz (Familie Röhrlinge); goldgelb, 5–12 cm breit, kuppelartig gewölbt, mit schwefelgelber Röhrenschicht; Stiel rötlichgelb, weiß beringt; Fleisch gelb; guter, unter Lärchen wachsender Speisepilz.

Goldröschen: ein Rosengewächs (↑ Kerrie).

Goldrute (Goldraute, Solidago): Gattung der Korbblütler mit rund 100 v. a. in Nordamerika verbreiteten Arten; Blütenköpfchen in schmalen Rispen, klein, goldgelb, mit Röhren- und Zungenblüten. Die häufigsten Arten sind: **Gemeine G.** (Echte G., Solidago virgaurea), eine bis 70 cm hohe Staude in trockenen Wäldern und Gebüschen; **Kanadische G.** (Solidago canadensis); **Riesen-G.** (Solidago gigantea), bis 2,5 m hohe Staude mit sehr kurzen Zungenblüten; als verwilderte Zierpflanzen in Auwäldern, an Ufern und auf Ödland.

Goldschmiele ↑ Schmiele.

Goldstern (Gelbstern, Gagea): Gattung der Liliengewächse mit rund 90 Arten in Europa, Asien und Nordafrika; niedrige Zwiebelgewächse mit sternförmigen, schwefel- bis grünlichgelben Blüten in wenigblütigen Trugdolden; Blätter linealisch, röhrig oder rinnig; in Mitteleuropa rund 10 Arten als Frühlingsblüher auf Äckern, Wiesen und Alpenmatten.

Goldweide: svw. Dotterweide (↑ Weißweide).

Gombofrucht (Bamioafrucht, Okra): Frucht des (oft angebauten) **Eßbaren Eibischs** (Hibiscus esculentus): fingerlange, schleimreiche Schote, die unreif (grün) oder nahezu reif (gelb) geerntet und in den Tropen und Subtropen häufig als Gemüse gegessen wird.

Gommer (Riesenroggen, Polnischer Weizen, Triticum polonicum): selten angebaute Getreideart; Nacktweizen der Emmerreihe mit großen, dicken Ähren und schmalen Körnern; wird v. a. in Marokko, Äthiopien und Kleinasien kultiviert.

Gonium [zu griech. gōnía = Ecke, Winkel]: Grünalgengattung mit sieben Arten in nährstoffreichen, kleinen Süßwasseransammlungen; bilden tafelförmige Kolonien aus maximal 16 Einzelzellen, von denen jede in maximal vier Teilungsschritten eine neue Kolonie mit 16 durch Gallerte aneinandergebundenen Tochterzellen zu bilden vermag.

Gossypium: wissenschaftlicher Gattungsname der ↑ Baumwollpflanze.

Götterbaum (Ailanthus): Gattung der Bittereschengewächse mit zehn Arten in Indien, Ostasien und Australien. Die bekannteste Art ist der häufig als Park- und Alleebaum gepflanzte **Chinesische G.** (Ailanthus altissima) aus China; mit kräftigen Zweigen, großen, unpaarig gefiederten Blättern und grünlichen Blüten in endständigen Rispen.

Gottesgnadenkraut: Art der Gattung ↑ Gnadenkraut.

Gottesurteilbaum (Erythrophloeum): Gattung der Caesalpiniengewächse mit 17 Arten in den altweltlichen Tropen; Bäume mit doppelt gefiederten Blättern und radiären Blüten; bekannteste Art: **Echter G.** (Erythrophloeum guineense), im tropischen Afrika; mit giftigem Alkaloid in der Rinde, das ein Betäubungs-, Herz-, Darm- und Augenmittel liefert. Rindenabkochungen wurden früher bei Eingeborenen in Hexenprozessen verwendet.

Götzenbaum: anderer Name des ↑ Bodhibaums.

Gräfin von Paris: eine Tafelbirne (↑ Birnensorten, Übersicht S. 48).

Gramineae: wissenschaftlicher Name der Süßgräser (↑ Gräser).

Granatapfelbaum [lat. malum granatum = kernreicher Apfel] (Granatbaum, Punica): einzige Gattung der **Granatapfelgewächse** (Punicaceae; Ordnung Myrtenartige) mit zwei Arten, von denen der **Granat-**

baum (G. im engeren Sinn, Punica granatum), verbreitet von Südosteuropa bis zum Himalaja, heute in den Subtropen der ganzen Welt kultiviert wird; bis 1,5 m hoher Strauch oder bis 10 m hoher Baum mit sommergrünen, einfachen Blättern; Blüten trichter- bis radförmig, mit becherförmigem Blütenboden und bis acht korallenroten („granatroten") Kronblättern.
Die apfelähnlichen, 1,5–12 cm breiten, roten *Früchte* **(Granatäpfel, Punische Äpfel, Paradiesäpfel)** sind Scheinbeeren mit vielsamigen Fächern. Sie finden Verwendung als Obst sowie zur Herstellung von Sirup **(Grenadine)** und als Gewürz für Fleischgerichte. – Die gerbstoffreiche *Rinde* des G.s **(Cortex granati)** wird medizinisch als Wurmmittel und als Adstringens genutzt.

Geschichte: Der G. (insbesondere seine Früchte) spielt in den alten Kulturen eine wichtige Rolle im Zusammenhang mit kultischen Vorstellungen. Es finden sich Darstellungen bereits in der 18. und 20. Dynastie der Ägypter, ferner literarische Erwähnungen und Münzdarstellungen bei den Juden und in den griechischen Mythen, u. a. als Symbol der Fruchtbarkeit (wegen der vielen Kerne in den Früchten).

Granatbaum: gleichbed. mit ↑Granatapfelbaum.

Gränke: anderer Name der Gattung ↑Rosmarinheide.

Grannenhafer:
◊ (Ventenata dubia) ein- bis zweijährige Art der Süßgräser mit bis zu 20 cm langer, haferähnlicher Rispe; auf warmen Böden in Unkrautgesellschaften, auf Rasen, in lichten Wäldern; selten im mittleren und südlichen Deutschland.
◊ anderer Name der Gattung ↑Goldhafer.

Grannenkiefer (Borstenkiefer, Fuchsschwanzkiefer, Pinus aristata): in den USA beheimatete Art der Gattung ↑Kiefer; bis 18 m hoher Baum; Nadeln fuchsschwanzartig an den Enden der Zweige (etwa 12–15 Jahre bleibend), mit weißen Harzausscheidungen; Zapfen sitzend, zylindrisch bis eiförmig, 4–9 cm lang und bis 4 cm dick. G.n erreichen ein Alter von über 4 000 Jahren (ältestes gefundenes Exemplar über 4 600 Jahre) und sind somit die ältesten Bäume der Erde.

Granny Smith [engl. 'grænı 'smıθ]: ein Tafelapfel (↑Apfelsorten, Übersicht S. 25).

Grapefruitbaum [engl. 'grεıpfru:t] (Citrus paradisi): Art der ↑Zitruspflanzen; hohe, kräftige Bäume; Blätter mit stark geflügelten Stielen; Blüten in traubigen oder trugdoldigen Blütenständen. Die gelben, kugeligen Früchte **(Grapefruits),** die das bittere Glykosid Naringin enthalten, werden als Obst und für Obstsäfte verwendet (reich an Vitamin C und B_1). – Anbaugebiete v. a. in Israel, USA (Florida), auch in Spanien und Marokko.

Gras ↑Gräser.

Grasbaum (Xanthorrhoea): wichtigste Gattung der einkeimblättrigen **G.gewächse** (Xanthorrhoeaceae); mit zwölf Arten in Australien und auf Tasmanien; baumförmige Pflanzen mit einem Schopf über 1 m langer, grasartiger Blätter; Charakterpflanzen der australischen Trockenvegetation.

Gräser:
◊ (Süßgräser, Gramineen, Gramineae, Poaceae) weltweit verbreitete Familie der Einkeimblättrigen mit rund 8 000 Arten (in Deutschland über 200 Arten) in rund 700 Gattungen; windblütige, krautige, einjährige oder ausdauernde Pflanzen; Hal-

me in Knoten und Internodien gegliedert; Blätter schmal, spitz, parallelnervig, am Halm zweizeilig angeordnet, mit röhrenförmiger, halmumfassender Scheide und einem dem Stengel eng anliegenden, häutigen Blattanhängsel zwischen Blattscheide und -spreite **(Ligula).**
Die *Blüten* sind stark vereinfacht, meist zwittrig und zu ein- oder mehrblütigen **Ährchen** angeordnet; mehrere Ährchen bilden die **Ähre.** Das *Ährchen* besteht meist aus zwei an der Basis sitzenden, sterilen **Hüllspelzen** und zweizeilig angeordneten, oft begrannten **Deckspelzen,** in deren Achseln die Blüten stehen. Die Blüten setzen sich aus einer der Ährenachse zugewandten **Vorspelze** (Tragblatt der Blüten), meist drei Staubblättern, einem oberständigen Fruchtknoten mit zwei bis drei federartigen Narben und zwei oberhalb der Vorspelze sitzenden Schwellkörpern **(Lodiculae)** zusammen, die die Deck- und Hüllspelzen zur Erleichterung der Windbestäubung auseinanderdrücken.
Die *Frucht* ist eine Nußfrucht, bei der die hautartige Fruchtwand mit der festen Samenschale verwachsen ist **(Karyopse),** selten (bei einigen Bambusgewächsen) eine Steinfrucht oder beerenartig.
Die G. sind auf Savannen, Steppen, Wiesen, Dünen und anderen Formationen bestandbildend und als Nutzpflanzen für die Viehhaltung **(Futter-G.)** und als ↑Getreide von größter Bedeutung. Bekannte einheimische Gattungen sind ↑Rispengras, ↑Schwingel, ↑Perlgras, ↑Trespe und ↑Straußgras.
◊ (Sauergräser) ↑Riedgräser.

Graslilie:
◊ (Zaunlilie, Anthericum) Gattung der Liliengewächse mit rund 100 Arten in Europa, Afrika und Amerika; Stauden mit grasartigen Blättern. In Deutschland zwei Arten: **Ästige G.** (Anthericum ramosum), in Halbtrokkenrasen, an sonnigen steinigen Abhängen; kalkliebend; mit weißen Blüten in verzweigter, rispiger Traube; **Astlose G.** (Anthericum liliago), auf kalkarmen, warmen, trockenen Böden; mit weißen Blüten in unverzweigter Traube.
◊ gleichbed. mit ↑Grünlilie.

Grasnelke (Strandnelke, Armeria): Gattung der **Bleiwurzgewächse (G.ngewächse,** Plumbaginaceae) mit rund 50 Arten auf der Nordhalbkugel (gemäßigte und arktische Zone) und in den Anden; meist Stauden mit grundständigen, grasartigen Blättern und kopfigen Blütenständen mit trichterförmigen bis röhrenartigen, weißen, rosa- oder karminroten Blüten. In Deutschland drei Arten, darunter die **Gemeine G.** (Armeria maritima) auf Salzwiesen der Küste, auf sandigen und auf zinkhaltigen Böden; mit blaßroten Blüten; z. T. beliebte Zierpflanzen für Stein- und Heidegärten.

Grastopf: svw. Frauenhaargras (↑Simse).

Gratiola: wissenschaftlicher Name der Gattung ↑Gnadenkraut.

Grauerle: anderer Name der Weißerle (↑Erle).

Grauheide: Art der ↑Glockenheide.

Graukappe: svw. ↑Birkenröhrling.

Gravensteiner ['gra:vən...]: ein süßsäuerlicher Tafelapfel (↑Apfelsorten, Übersicht S. 25).

Greisenbart: ein Ananasgewächs (↑Tillandsie).

Greisenhaupt (Cephalocereus senilis): bis 15 m hoch werdende, am Grund öfter verzweigte Kakteenart aus Mexiko; Stamm vielrippig, säulenförmig, mit bis 12 cm langen, lokkigen, grauen bis weißen Borstenhaaren; Blüten bis 7,5 cm im Durchmesser, gelblichweiß; Früchte rot; beliebte Zimmerpflanze.

Greiskraut (Kreuzkraut, Senecio): Gattung der Korbblütler mit über 1 500 weltweit verbreiteten Arten; Kräuter, Halbsträucher, Stamm- oder Blattsukkulenten mit einzeln oder in doldenartigen Trauben stehenden Blütenköpfchen. Bekannte Arten: **Gemeines G.** (Senecio vulgaris), weit verbreitetes Unkraut, bis 50 cm hoch, mit kleinen, gelben Blütenköpfchen, und ↑Zinerarie.

Grenadillen: anderer Name der Passionsfrüchte (↑Passionsblume).

Gretel im Busch (Jungfer im Grünen, Braut in Haaren, Nigella damascena): einjähriges, 40–50 cm hohes Hahnenfußgewächs, verbreitet von Südeuropa bis Nordafrika; Stengel aufrecht verzweigt, Blätter fein zerteilt; Blüten einzeln, blau oder weiß; beliebte Gartenpflanze. – Abb. S. 157.

Grevillea [nach dem schottischen Botaniker Ch. F. Greville, * 1749, † 1809]: Gattung der **Silberbaumgewächse** (Proteusgewächse, Proteaceae) mit rund 170 Arten in Australien, auf Neuguinea, den Molukken und auf Celebes; immergrüne Bäume oder Sträucher. Einige Arten werden als Zimmer- oder Kübelpflanzen kultiviert, v. a. die aus Queensland stammende **Australische Silbereiche** (Seideneiche, G. robusta): mit 15–20 cm langen, doppelt gefiederten, farnähnlichen, zarten Blättern.

Große Bohne: gleichbed. mit ↑Pferdebohne.

Grünalgen (Chlorophyceae): Klasse der ↑Algen mit rund 10 000 v. a. im Benthos oder im Plankton des Süßwassers, manche auch an Land (feuchte Orte, in der Erde) oder symbiontisch in Flechten, in Zellen niederer Tiere vorkommenden Arten. Die grünen Chloroplasten enthalten Chlorophyll a und b, Carotin, Lutein und andere Xanthophylle. Assimilations- und Reservestoffe sind Stärke und Fett (G. besitzen häufig Pyrenoide). Innerhalb der einzelnen G.gruppen lassen sich mehrere Entwicklungslinien von einfachen zu höher differenzierten Formen feststellen, z. B. der Übergang von der Einzelligkeit über mehrzellige Kolonien (mit gleichwertigen Zellen) zu stark differenzierten, vielzelligen Individuen, die äußerlich Ähnlichkeit mit höheren Pflanzen haben (z. B. Meersalat). Die *ungeschlechtliche Vermehrung* der G. erfolgt durch Zellteilung, durch Zerfall des Pflanzenkörpers oder durch Zoosporen. Letzere besitzen vorn zwei oder vier gleichlange Geißeln, kontraktile Vakuolen und meist einen roten Augenfleck. Bei der *geschlechtlichen Vermehrung* sind die ♂ Gameten in der Regel begeißelt, die ♀ können auch unbewegliche Eier sein. Die Pflanzen sind haploid oder diploid; oft tritt Generationswechsel auf.

Bekannte G. sind: ↑Armleuchteralgen, ↑Jochalgen, ↑Schlauchalgen, ↑Chlamydomonas, ↑Chlorella, Cladophora (↑Zweifadenalge), ↑Gonium, ↑Ulothrix und ↑Volvox.

Die G. sind eine sehr *alte Pflanzengruppe,* die nachweislich schon vor rund 500 Mill. Jahren (im Kambrium) existierte, bestimmt aber älter ist. Von den G. nahm mit großer Wahrscheinlichkeit die Entwicklung höher organisierter Landpflanzen ihren Ausgang.

Grundheil: eine Heilpflanze (↑Ehrenpreis).

Grundnessel (Wasserquirl, Hydrilla lithuanica, Hydrilla verticillata): Froschbißgewächs auf dem Grund stehender, nährstoffreicher Gewässer; 15 cm bis 3 m lang werdende, untergetaucht lebende Wasserpflanze mit fein stachelspitzig gezähnten, linealisch-lanzettlichen, in zwei- bis achtzähligen Quirlen stehenden Blättern; Blüten einhäusig; durch die rötlichen Blattrippen von der ähnlichen Wasserpest zu unterscheiden; in Aquarien oft als sauerstoffspendende Pflanze.

Grüne Jagdbirne: eine Mostbirne (↑ Birnensorten, Übersicht S. 48).

Grüne Langbirne: svw. Pastorenbirne (↑ Birnensorten, Übersicht S. 49).

Grüne Mandel: anderer Name der Echten ↑ Pistazie.

Grüner Blattkohl: eine Form des ↑ Staudenkohls.

Grüner Knollenblätterpilz (Grüner Giftwulstling, Grüner Wulstling, Amanita phalloides): Ständerpilz (Familie Wulstlinge) in mitteleuropäischen Laub- und Nadelwäldern; Hut 5–15 cm im Durchmesser, jung eiförmig, später gewölbt, zuletzt flach; Oberseite oliv- bis gelbgrün, Lamellen weiß bis schwach grünlich; Stiel 5–12 cm lang, 1–2 cm dick, zylinderförmig, weiß bis schwach grünlich. Typisch sind die weiße, herabhängende Manschette und v. a. die etwa 3–5 cm große Knolle aus einer lockeren, blättrigen Scheide am Grunde des Stiels.
Der häufig mit dem Champignon verwechselte Pilz ist tödlich giftig! Er enthält u. a. **Phalloidin,** ein starkes Lebergift, und **Amanitin,** das die RNS-Polymerase und damit die Proteinsynthese hemmt. Die ersten Vergiftungserscheinungen zeigen sich erst nach 8–24 Stunden: Erbrechen, Durchfall, Abgeschlagenheit. Eine erst zu diesem Zeitpunkt einsetzende Behandlung kommt meist zu spät. – Abb. S. 318.

Grünerle: Art der Gattung ↑ Erle.

Grünkohl (Braunkohl, Winterkohl, Krauskohl, Brassica oleracea var. acephala): Form des ↑ Gemüsekohls; mit krausen, randlich stark gekräuselten Blättern; anspruchslose, winterharte, in mehreren Sorten angebaute Gemüsepflanze.

Grünlilie (Graslilie, Chlorophytum): Gattung der Liliengewächse mit über 100 Arten in den Tropen der Alten und Neuen Welt. Die bekannteste Art ist **Chlorophytum comosum** aus Südafrika, eine Rosettenpflanze mit 20–40 cm langen, linealisch-lanzettlichen, zugespitzten Blättern; Blütenschaft bis 1 m lang, mit kleinen, weißen Blüten und zahlreichen, Wurzeln bildenden Jungpflanzen. Die bei uns meist in der Kulturform **Variegatum** (mit weißgestreiften oder weißgerandeten Blättern) kultivierte G. ist eine beliebte Zimmerpflanze.

Grünling (Edelritterling, Echter Ritterling, Tricholoma flavovirens): in sandigen Kiefernwäldern und auf Heiden häufig vorkommender Ständerpilz; Hut 4–8 cm breit, olivgelb bis olivgrün, mit fuchsbrauner, schuppiger Mitte; Lamellen schwefelgelb, dichtstehend; Fleisch fest, weiß, nach außen zu gelblich, mild im Geschmack; vorzüglicher Speisepilz.

Grünspanträuschling: Art der Pilzgattung ↑ Träuschling.

Guaiạcum: wissenschaftlicher Name der Gattung ↑ Guajakbaum.

Guajạkbaum [span. guayaco = Guajakbaum, aus dem Karibischen] (Guaiacum): Gattung der Jochblattgewächse mit sechs in Mittelamerika verbreiteten Arten; Bäume oder Sträucher mit gegenständigen, unpaarig gefiederten Blättern und radiären, blauen oder purpurroten Blüten. Die beiden Arten **Guajacum officinale** und **Guajacum sanctum** liefern das wertvolle **Guajakholz** (Pockholz, Franzosenholz; sehr hartes, stark harzhaltiges, gegen Pilz- und Termitenbefall sehr widerstandsfähiges, fein strukturiertes Holz), aus dem **Guajakharz** (u. a. zur Herstellung von Guajakol) gewonnen wird.

Guajavabaum [span. guyaba, aus einer mittelamerikanischen Indianersprache] (Guayavabaum, Psidium guayava): in den Tropen und Subtropen oft als Obstbaum in vielen Sorten angepflanztes Myrtengewächs aus dem tropischen Amerika; Strauch oder bis 10 m hoher Baum mit grünlichbrauner, schuppiger Rinde; Blätter unterseits flaumig behaart; Blüten weiß; Früchte **(Guajaven, Guayaven, Guaven)** birnen- bis apfelförmig, rot oder gelb, mit rosafarbenem, weißem oder gelbem, süßsäuerlichem Fruchtfleisch, reich an Vitamin C; hauptsächlich für Marmelade, Gelee und Saft verwendet.

Guayavabaum: andere Schreibweise für ↑Guajavabaum.

Guineagras [gi...] (Panicum maximum): große afrikanische Hirseart; Rispe bis über 30 cm lang, mehrfach verzweigt, vorzügliches tropisches Futtergras.

Guineapfeffer [gi...] (Mohrenpfeffer, Negerpfeffer, Xylopia aethiopica): baumartiges, in Afrika heimisches Annonengewächs mit gelben Blüten und länglichen, pfefferartig schmeckenden Früchten.

Gummibaum:

◊ (Ficus elastica) Maulbeergewächs der Gattung Feige in Ostindien und im Malaiischen Archipel; bis 25 m hoher Baum mit lederartigen, oberseits glänzend dunkelgrünen, bis 30 cm langen Blättern, die jung eingerollt und von einem roten Nebenblatt umhüllt sind; liefert Kautschuk; beliebte Zimmerpflanze.

◊ gleichbed. mit ↑Kautschukbaum.

Gundelrebe: Art der Gattung ↑Gundermann.

Gundermann (Glechoma): Gattung der Lippenblütler mit fünf Arten im gemäßigten Eurasien. Einzige einheimische Art ist die **Gundelrebe** (G. im engeren Sinne, Efeu-G., Glechoma hederacea): krautige, mehrjährige Pflanze mit kriechenden Stengeln; Blätter rundlich bis nierenförmig; Blüten violett oder blau; Unkraut an Weg- und Waldrändern.

Gunnera [nach dem norweg. Botaniker J. E. Gunnerus, * 1718, † 1773]: Gattung der Meerbeerengewächse mit rund 30 Arten auf der südlichen Halbkugel, darunter als riesige, rhabarberstaudenähnliche Blattzierpflanzen für Gärten und Parks die folgenden Arten: **G. chilensis** (G. scabra), Blätter 1–2 m breit, rundlich-herzförmig, handförmig gelappt und eingeschnitten, stark runzelig, mit Stacheln auf Rippen und Blattstiel; Blütenstand bis 50 cm hoch, kolbenartig; **G. manicata** (G. brasiliensis), der vorigen Art ähnlich, jedoch mit weniger rauhen und weniger stark gelappten Blättern.

Günsel [von dem lat.-mlat. Pflanzennamen consolida, zu lat. consolidare = festmachen (wohl mit Bezug auf die heilende und Wunden schließende Wirkung)] (Ajuga): Gattung der Lippenblütler mit rund 50 Arten in Eurasien, Afrika und Australien; niedrige Kräuter oder Stauden mit rötlichen, blauen oder gelben Blüten in dichten Wirteln in den oberen Blattachseln. Eine bekannte, in Mitteleuropa vorkommende Art ist der **Kriechende Günsel** (Ajuga reptans), auf Wiesen und in Laubwäldern, ein mit oberirdischen Ausläufern kriechendes, bis 20 cm hohes Kraut mit verkehrt-eiförmigen Blättern und blauen oder rötlichen Blüten in Scheinquirlen. – Abb. S. 235.

Gurke [westslaw., von mittelgriech. ágouros (in gleicher Bedeutung); zu griech. áōros = unreif (mit Bezug darauf, daß die G. grün geerntet wird)] (Garten-G., Cucumis sativus): Kürbisgewächs aus dem nördlichen Vorderindien; einjährige, einhäusige, kriechende Pflanze mit großen, herzförmigen, 3- bis 5lappigen, rauhhaarigen Blättern, unverzweigten Blattranken, goldgelben, glockigen Blüten und fleischigen, sehr wasserreichen (bis rund 97%), länglichen Beerenfrüchten mit platten, eiförmigen Samen (G.nkerne). Die G. ist ein sehr wärmebedürftiges, frostempfindliches, häufig in Treibhäusern gezogenes Fruchtgemüse mit vielen Sorten.

Gurkenbaum (Baumstachelbeere, Averrhoa): Gattung der Sauerkleegewächse mit zwei Arten: **Echter G.** (Blimbing, Averrhoa bilimbi) und **Karambole** (Averrhoa carambola) im malaiischen Gebiet; 10–12 m hohe Bäume mit gurkenartigen, eßbaren, säuerlichen Beerenfrüchten **(Blimbing).**

Gurkengewächse: anderer Name der ↑ Kürbisgewächse.

Gurkenkraut:
◇ anderer Name für ↑ Borretsch.
◇ anderer Name für den Echten Dill (↑ Dill).

Gutedel (Chasselas, Fendant): Rebsorte; Trauben groß, mit runden, hell- bis gelbgrünen **(Weißer G.)** oder zartbraunen **(Roter G.)** Beeren; liefert leichte, säurearme Weine (v.a. Markgräfler Land, Elsaß, Westschweiz und Südfrankreich).

Gute Luise: eine Tafelbirne (↑ Birnensorten, Übersicht S. 49).

Guter Heinrich (Dorfgänsefuß, Chenopodium bonus-henricus): Art der Gattung Gänsefuß; mehrjährige, bis 50 cm hohe, mehlig bestäubte Pflanze mit dickfleischigem Wurzelstock, dreieckigen oder spießförmigen Blättern und grünen, unscheinbaren Blütenknäueln in Rispen; Unkrautpflanze.

Guttaperchabaum (Palaquium): Gattung der Seifenbaumgewächse im indomalaiischen Gebiet; bis 25 m hohe, immergrüne Bäume; aus dem Milchsaft einiger Arten wird das kautschukähnliche **Guttapercha** gewonnen.

Guttibaumgewächse (Guttiferae, Clusiaceae): Pflanzenfamilie der Zweikeimblättrigen mit rund 50 Gattungen und rund 900 Arten, v.a. in den Tropen und Subtropen; häufig immergrüne Bäume oder Sträucher mit Öldrüsen und Harzgängen. Die bekannteste Art ist der **Butterbaum** (Pentadesma butyraceum), ein bis 40 m hoher Baum, dessen dunkelbraune, melonenförmige Früchte sehr fetthaltige, kastaniengroße Samen **(Lamynüsse)** enthalten, aus denen Speisefett **(Kanyabutter)** gewonnen wird.

Guttiferae: wissenschaftlicher Name der ↑ Guttibaumgewächse.

Guzmanie [gʊsˈmaːniə; nach dem span. Naturforscher A. Guzmán (18./19. Jahrhundert)]: Gattung der Ananasgewächse mit rund 120 Arten, verbreitet von Peru bis zu den Westindischen Inseln; Rosettenpflanzen mit langen, an der Basis scheidenartig verbreiterten, oft lederartigen, glänzenden Blättern; Hochblätter des Blütenschaftes meist leuchtend rot, dachziegelartig kopfig oder ährenförmig, mit den Blüten einzeln in den Blattachseln; z.T. dekorative Zierpflanzen.

Gymnadenia: wissenschaftlicher Name der Gattung ↑ Händelwurz.

Gymnospermae: wissenschaftlicher Name der ↑ Nacktsamer.

Gypsophila: wissenschaftlicher Name der Gattung ↑ Gipskraut.

H

Haarbinse (Haarsimse, Trichophorum): Gattung der Riedgräser; niedrige Gewächse mit endständigen Blütenährchen. In Deutschland kommen die beiden Arten **Rasen-H.** (Trichophorum caespitosum; auf nassen, sauren, nährstoffarmen Torfböden) und **Alpen-H.** (Alpenwollgras, Trichophorum alpinum; in Moorbülten Norddeutschlands, der höheren Mittelgebirge und der Alpen) vor.

Haarbirke: anderer Name der ↑Moorbirke.

Haarcereus (Trichocereus): Gattung der Kakteen mit rund 30 Arten in Südamerika; strauchige bis baumförmige Pflanzen mit mehrrippigen Stämmen; Blüten trichterförmig, mit lockigen Haaren besetzt; mehrere Arten werden als Zierpflanzen kultiviert.

Haargerste (Elymus): Gattung der Süßgräser mit rund 45 Arten in den gemäßigten Zonen der Erde; Pflanzen mit einem Endährchen an der Spitze der Ährchenspindel; Hüllspelzen kurz begrannt, schmal-linealisch. In Deutschland kommen vor: **Wald-H.** (Elymus europaeus), mit rauh behaarten Blättern, Hüll- und Deckspelzen begrannt; **Strandroggen** (Elymus arenarius), Ährchen unbegrannt.

Haargurke (Sicyos): Gattung der Kürbisgewächse mit rund 50 Arten in Amerika (v. a. tropische Gebiete), Australien und auf den Pazifischen Inseln; mit Ranken kletternde oder niederliegende Kräuter mit kleinen, weißen oder grünlichgelben Blüten; Früchte ledrig-holzig, meist mit Stacheln besetzt.

Haarmoose (Polytrichaceae): Familie der Laubmoose mit 15 Gattungen und rund 350 in den gemäßigten Zonen und in tropischen Gebirgen verbreiteten Arten; Kapsel langgestielt, zylindrisch oder zwei- bis sechskantig, mit auffällig behaarter Haube. Bekannteste Art ist das ↑Frauenhaar.

Haarnixe (Nixblume, Fischgras, Cabomba): Gattung der Seerosengewächse mit sechs Arten im tropischen und subtropischen Amerika; im Wasser wachsende Pflanzen mit fein zerteilten Unterwasserblättern und schildförmigen Schwimmblättern; Blüten klein, weiß bis gelb; Aquarienpflanzen.

Haarsäulenkaktus (Pilosocereus, Pilocereus): Gattung der Kakteen mit rund 50 Arten, verbreitet von Mexiko bis Südamerika; gerippte, säulige oder baumförmig verzweigte Pflanzen mit Wollhaaren an den blühenden Areolen; Blüten weiß oder rötlich, öffnen sich nachts.

Haarstrang (Peucedanum): Gattung der Doldengewächse mit rund 120 Arten in Eurasien und Südafrika; bis 2 m hohe Pflanzen mit fiederteiligen Blättern und kleinen, weißen, gelblichen oder rötlichen Blüten. In Deutschland kommen vor: **Sumpf-H.** (Peucedanum palustre), auf sauren, nassen Böden; **Echter H.** (Peucedanum officinale), mit linealisch zerteilten Blättern; auf Halbtrockenrasen; ferner die früher als Heilpflanze angebaute **Meisterwurz**

(Peucedanum ostruthium, Imperatoria ostruthium), auf Wiesen der Alpen und Mittelgebirge; Stengel gerillt und hohl; Blüten weiß bis rosarot; Wurzel stark aromatisch und bitter.

Habichtskraut (Hieracium): Gattung der Korbblütler mit rund 800 Sammelarten auf der Nordhalbkugel und in den Anden; Kräuter mit meist gelben, orangefarbenen oder roten, ausschließlich Zungenblüten enthaltenden Blütenkörbchen. In Deutschland kommen etwa 15 formenreiche Sammelarten vor, darunter das häufige **Wald-H.** (Hieracium silvaticum), das gleichfalls häufige **Gemeine H.** (Hieracium lachenalii; mit Körbchen in verzweigten Ständen) sowie das **Kleine H.** (Dukatenröschen, Mausohr, Hieracium pilosella; mit meist einköpfigem Stengel und langen Ausläufern).

Hacquetia [ha'ke:tsia]: wissenschaftlicher Name der Gattung ↑Schaftdolde.

Haematococcus [hɛ...]: Gattung süßwasserbewohnender, rundlicher, bis 0,1 mm großer Grünalgen mit zwei Arten; Plastiden oft durch Hämatochrom rot gefärbt (↑Blutalgen).

Hafer (Avena): Gattung der Süßgräser mit über 30 Arten, verbreitet vom Mittelmeergebiet bis Zentralasien und Nordafrika; einjährige Pflanzen mit zwei- bis mehrblütigen Ährchen in Rispen; Deckspelzen zugespitzt, mit Granne, die bei Kulturformen auch fehlen kann. Die bekannteste Art ist der in zahlreichen Sorten v.a. in feuchten und kühlen Gebieten Europas, Westasiens und Nordamerikas angebaute **Saat-H.** (Gemeiner H., Avena sativa): Deckspelzen begrannt; Körner von weißen, gelben, braunen oder schwarzen Hüllspelzen umgeben; v.a. Körnerfutter für Pferde; Halme als Futterstroh verwendet; aus den entspelzten und gequetschten Körnern werden u.a. Haferflocken, Hafergrieß und Hafermehl hergestellt. – Die Haupterzeugerländer sind: UdSSR, USA, BR Deutschland, Kanada, Polen und Frankreich.
In Deutschland wild vorkommende Arten sind u.a. **Wind-H.** (Flug-H., Avena fatua; mit dreiblütigen Ährchen) und **Sand-H.** (Avena strigosa; mit zweiblütigen Ährchen; Deckspelze läuft in zwei grannenartigen Spitzen aus).

Geschichte: Im Mittelmeerraum ist seit der Antike nur die Art Avena byzantina (als Unkraut, Futtergetreide und Arzneimittel) bekannt. Der Saat-H. entstand aus dem Wind-H., der aus Asien stammt. Die Germanen bauten den H. an, der eines ihrer wichtigsten Nahrungsmittel war.

Haferpflaume (Haferschlehe): formenreiche Unterart des ↑Pflaumenbaums.

Haftdolde (Caucalis): Gattung der Doldengewächse mit sechs Arten, zwei in Deutschland; Kräuter mit gefiederten Blättern und weißen oder rötlichen Blüten, die Früchte mit hakigen Stacheln; z.T. Ackerunkräuter auf kalkhaltigen Böden.

Hagebuche: anderer Name der ↑Hainbuche.

Hagebutte: volkstümlicher Name der Heckenrose (↑Rose).

Hahnenfuß (Ranunculus): Gattung der Hahnenfußgewächse mit über 400 weltweit verbreiteten Arten; meist ausdauernde Kräuter mit gelben oder weißen Blüten und hahnenfußartig geteilten Blättern. In Mitteleuropa kommen rund 40 Arten vor, u.a.: **Scharfer H.** (Ranunculus acris), häufig auf Wiesen und Weiden, mit goldgelben Blüten; **Kriechender H.** (Ranunculus repens), auf feuchten Böden, mit dottergelben, bis 3 cm großen Blüten. Beide Arten sowie der **Gift-H.** (Ranunculus sceleratus; mit kleinen, blaßgelben Blüten) sind giftig. In den Alpen bis in 4000 m Höhe wächst der **Gletscher-H.** (Ranunculus glacialis), mit großen, innen weißen, außen meist rosaroten oder tiefroten Blüten. Als Zierpflanzen und Schnittblumen beliebt ist v. a. die **Ranunkel** (Asiatischer H., Ranunculus asiaticus), mit verschiedenfarbigen, einzelnen, gefüllten Blüten. – Abb. S. 236.

Hahnenfußgewächse (Ranunculaceae): Pflanzenfamilie mit rund 60 Gattungen und rund 2000 Arten von weltweiter Verbreitung (besonders auf der Nordhalbkugel); überwiegend Kräuter, seltener Sträucher; Blätter meist hahnenfußartig zerteilt; Blütenhülle meist fünfteilig; Staubblätter zahlreich, z. T. in sterile, Nektar produzierende Honigblätter umgewandelt; meist mehrere, nicht miteinander verwachsene Fruchtknoten. – Die H. enthalten häufig Alkaloide. Bekannte Gattungen: ↑Adonisröschen, ↑Akelei, ↑Eisenhut, ↑Hahnenfuß, ↑Nieswurz, ↑Rittersporn.

Hahnenkamm:

◊ (Italienischer H., Spanische Esparsette) Art der Gattung ↑Süßklee.

◊ (Traubenziegenbart, Rötliche Koralle) Art der Pilzgattung ↑Keulenpilz.

Hahnenkopf: svw. Futteresparsette (↑Esparsette).

Hainblume (Nemophila): Gattung der Wasserblattgewächse mit elf Arten in Nordamerika; einjährige Kräuter mit fiederartig gelappten oder geschlitzten Blättern; Blüten breitglockig, blau, weiß oder gefleckt; mehrere Arten für Beeteinfassungen oder Gartenrabatten.

Hainbuche (Weißbuche, Hagebuche, Hornbaum, Carpinus betulus): bis 25 m hoch und bis 150 Jahre alt werdender Baum der ↑Haselnußgewächse im gemäßigten Europa bis Vorderasien; Stamm glatt, grau, oft mehrstämmig und strauchartig; Blätter elliptisch, scharf doppelt gesägt, längs der Seitennerven gefaltet; Blüten in hängenden, nach ♂ und ♀ getrennten Kätzchen; Früchte büschelig hängende, dreilappig geflügelte Nüßchen.

Hainfarn (Alsophila): Gattung der Baumfarne (Cyatheaceae) mit rund 300 Arten; die bis 20 m hohe Art **Alsophila australis** wird häufig in Gewächshäusern kultiviert.

Hainrispengras: Art der Gattung ↑Rispengras.

Hainsimse (Marbel, Luzula): Gattung der Binsengewächse mit rund 80 in der nördlichen gemäßigten Zone verbreiteten Arten; Stauden mit grasähnlichen, am Rande bewimperten Blättern und bräunlichen bis gelblichen oder weißen, sechszähligen Blüten; in Deutschland u. a.: **Behaarte H.** (Luzula pilosa) und **Wald-H.** (Luzula silvatica), mit lokker gestellten Blüten.

Hakea [nach dem dt. Gartengestalter C. L. von Hake, † 1818]: Gattung der Proteusgewächse mit über 100 Arten in Australien und Tasmanien. Die westaustralische Art **Hakea suaveolens** mit nadelartigen, starren Blättern und weißen, wohlriechenden Blüten wird als Zierpflanze kultiviert.

Hakenföhre: Unterart der ↑Bergkiefer.

Hakenkiefer: Unterart der ↑Bergkiefer.

Hakenlilie (Crinum): Gattung der Amaryllisgewächse mit über 100 Arten in den Tropen und Subtropen; Blüten in mehrblütiger Dolde, groß, weiß, rosafarben oder rot. Mehrere Arten, z. B. **Crinum moorei** und die

Hybride **Crinum powellii,** sind Zierpflanzen.

Halbgräser: anderer Name der ↑ Riedgräser.

Halbkugelige Teufelskralle: Art der Gattung ↑ Teufelskralle.

Halesia: wissenschaftlicher Name der Gattung ↑ Schneeglöckchenbaum.

Hallers Teufelskralle: Art der Gattung ↑ Teufelskralle.

Hallimasch (Armillariella mellea, Clitocybe mellea): zu den Lamellenpilzen zählender mittelgroßer, gelblichbrauner Ständerpilz; Lamellen blaßweiß; Stiel mit häutig-flockigem, weißlichem Ring; in Büscheln an Baumstümpfen und Bäumen (Forstschädling); gekocht eßbar.

Halmrübe: anderer Name der Wasserrübe (↑ Rübsen).

Halmtöter (Ophiobolus graminis): pflanzenschädigender Schlauchpilz; Erreger der Schwarzbeinigkeit.

Haloragaceae: wissenschaftlicher Name der ↑ Meerbeerengewächse.

Haloxylon: wissenschaftlicher Name der Gattung ↑ Saxaul.

Hamamelidaceae: wissenschaftlicher Name der ↑ Zaubernußgewächse.

Hamamelis: wissenschaftlicher Name der Gattung ↑ Zaubernuß.

Händelwurz (Gymnadenia): Gattung der Orchideen mit elf Arten in Europa und im gemäßigten Asien; Blüten im Blütenstand, Lippe gespornt. In Deutschland v. a. auf Flachmooren und feuchten Wiesen die **Mücken-H.** (Große H., Gymnadenia conopea), mit lanzettförmigen Blättern und rosa bis purpurlila gefärbten Blüten mit dreilappiger Lippe.

Hanf (Cannabis): Gattung der Hanfgewächse mit der einzigen Art **Gewöhnlicher H.** (Cannabis sativa) und der Unterart **Indischer H.** (Cannabis sativa var. indica) in Indien, in Iran und in Ostafghanistan; angebaut v. a. in Indien, Vorderasien und im tropischen Afrika; bis 4 m hohe, einjährige, getrenntgeschlechtliche Pflanzen mit fingerförmig gefiederten Blättern. Die Drüsen der Blätter und Zweigspitzen liefern Harz, das als Haschisch bzw. Marihuana geraucht wird.

Eine aus Asien stammende Kulturform des Gewöhnlichen H.s ist der **Faser-H.** (Kultur-H., Cannabis sativa ssp. sativa), angebaut in Asien, Europa, Nordafrika, Nordamerika, Chile und Australien; wird bei weitem Pflanzenabstand bis 3 m hoch und grobfaserig **(Riesen-H., Schließ-H., Seiler-H),** bei dichter Aussaat niedrig und feinfaserig **(Spinn-H.).** Die (aus den Sklerenchymfaserbündeln gewonnenen) Fasern sind etwas länger und gröber als Flachsfasern (Langfasern 1–3 m, Werg 30–40 cm). Sie eignen sich für Segeltuche, Netze und Seile und werden, auch unter Beimischung anderer Fasern, für H.garne verwendet. Die Samen des Faser-H.s liefern ein grünliches Öl und dienen als Vogelfutter.

Geschichte: Älteste Angaben über den Anbau von H. im frühen 3. Jahrtausend v. Chr. stammen aus China. Aus H. wurden damals Kleider und Seile gemacht. Das erste Papier aus H. stellten die Chinesen im 1. Jahrhundert n. Chr. her.

Hanfgewächse (Cannabaceae): Pflanzenfamilie mit zwei Gattungen in der nördlichen gemäßigten Zone: ↑ Hanf, ↑ Hopfen.

Hanfnessel: anderer Name der Gattung ↑ Hohlzahn.

Hängebirke (Warzenbirke, Weißbirke, Betula pendula): v. a. auf nährstoffarmen Sandböden Europas und Asiens verbreitete Birkenart; bis 60 m hoch und bis 120 Jahre alt werdender Baum mit weißer, quer abblätternder Rinde; Blätter dreieckig, grob doppelt gesägt, mit lang ausgezogener Spitze; junge Zweige dicht mit warzigen Drüsen besetzt.

Hängebuche (Trauerbuche): Kulturform der ↑Rotbuche mit waagrechten oder bogig nach oben weisenden Hauptästen und meist senkrecht nach unten hängenden Seitenästen. Neben der grünblättrigen Form gibt es auch H.n mit gelbgrünen und roten Blättern.

Hängeweide:
◇ Bez. für Kulturformen der Weißweide und der Salweide.
◇ andere Bez. für die ↑Trauerweide.

Harfenstrauch (Plectranthus): Gattung der Lippenblütler mit rund 120 Arten in den Tropen und Subtropen Afrikas, Asiens und Australiens; Sträucher, Halbsträucher oder Kräuter mit gespornten Blüten. Eine bekannte Zierpflanze ist die Art **Mottenkönig** (Plectranthus fructicosus), ein bis 1 m hoher Halbstrauch mit nesselartigen Blättern und kleinen, blaßblauen Blüten in Rispen.

Hartbofist: Gattung der Bauchpilze (↑Bofist).

Hartheu: anderer Name des ↑Johanniskrauts.

Hartheugewächse: anderer Name der ↑Johanniskrautgewächse.

Hartmais: Kulturform des ↑Maises.

Hartriegel (Hornstrauch, Cornus): Gattung der Hartriegelgewächse mit 45 Arten in der gemäßigten Zone der Nordhalbkugel; meist Sträucher; in Mitteleuropa der ↑Rote Hartriegel, der ↑Schwedische Hartriegel und die ↑Kornelkirsche.

Hartriegelgewächse (Kornelkirschengewächse, Cornaceae): Pflanzenfamilie mit zwölf Gattungen und rund 100 Arten in tropischen und gemäßigten Zonen; meist Bäume oder Sträucher. Dazu gehören u. a. ↑Metzgerpalme und ↑Hartriegel.

Hartweizen (Durumweizen, Gerstenweizen, Glasweizen, Triticum durum): Weizenart mit länglichen, zugespitzten, harten und glasigen Körnern; Mehl besonders zur Herstellung von Teigwaren geeignet. Der H. ist v. a. im Mittelmeergebiet verbreitet und wird in allen heißen Steppengebieten angebaut.

Hasel (Corylus): Gattung der Haselnußgewächse mit 15 Arten in Eurasien und Nordamerika; Sträucher oder kleine Bäume mit vor der Belaubung erscheinenden Blüten und Nußfrüchten; bekannte Arten: ↑Haselnußstrauch und ↑Lambertsnuß.

Haselnußgewächse (Corylaceae): Familie Zweikeimblättriger Pflanzen mit vier Gattungen (u. a. ↑Hasel, ↑Hainbuche, ↑Hopfenbuche) und rund 50 Arten auf der Nordhalbkugel.

Haselnußstrauch (Gewöhnliche Hasel, Waldhasel, Haselstrauch, Corylus avellana): wärmeliebende europäische Art der ↑Hasel; bis 5 m hoher Strauch in Hecken und lichten Wäldern; mit rundlichen, zugespitzten, grob doppelt gesägten Blättern; ♀ Blüten in knospenartigem Blütenstand mit herausragenden, roten Narben, ♂ Blüten in hängenden, im Vorjahr gebildeten Kätzchen. Die öl- und eiweißreichen, einsamigen Früchte **(Haselnüsse)** werden hauptsächlich als Zutaten für Gebäck und Süßigkeiten (z. B. Nougat) verwendet.
Eine Kulturform ist die **Bluthasel** (Rotblättrige Waldhasel) mit im Sommer sich braun verfärbenden Blättern.

Geschichte: Seit der Antike war die Haselnuß Nahrungs- und Arzneimittel (letzteres z. B. gegen Erkältungen). Im Volksglauben war der H.

Sinnbild der Lebenskraft und wurde für Wünschelruten oder als Mittel gegen Zauberei und Hexerei, Blitzschlag oder Schlangenbiß verwendet.

Haselwurz (Asarum): Gattung der Osterluzeigewächse mit rund 100 Arten in der nördlich-temperierten Zone, besonders artenreich in Südostasien. In Deutschland kommt nur die **Brechwurz** (H. im engeren Sinne, Asarum europaeum) in Laubwäldern vor; bis 10 cm hohe, kriechende Pflanze mit nierenförmigen, dunkelgrünen Blättern und nickender, glokkenförmiger, außen bräunlicher, innen dunkelroter Blüte. Die Wurzel diente früher als Brechmittel.

Hasenbofist (Hasenstäubling, Lycoperdon caelatum, Calvatia utriformis, Calvatia caelatea): bis 15 cm hoher Pilz der Gattung Stäubling; Fruchtkörper im Jugendstadium birnenförmig, rein weiß und kompakt, später dunkel olivbraun und zerfallend. Der H. kommt v. a. auf Bergweiden vor und ist, solange das Fruchtfleisch weiß ist, ein guter Speisepilz; später ungenießbar.

Hasenglöckchen: Art der Gattung ↑Szilla.

Hasenklee (Ackerklee, Trifolium arvense): bis 40 cm hohe Kleeart auf Sandfeldern und Dünen in Europa; weichhaarige, ein- bis zweijährige Pflanze mit sehr kleinen, rosafarbenen oder weißen Blüten in walzenförmigen Blütenköpfen.

Hasenlattich (Prenanthes): Korbblütlergattung mit rund 40 Arten, v. a. auf der Nordhalbkugel. In Deutschland kommt nur der bis 1,5 m hohe **Rote H.** (Prenanthes purpurea) in feuchten Wäldern vor; mehrjährige Pflanze mit lanzettförmigen Blättern und kleinen, purpurfarbenen, langgestielten Blütenköpfchen in lockerer Rispe.

Hasenohr:

◇ (Bupleurum): Gattung der *Doldengewächse* mit rund 150 Arten, v. a. in Eurasien und Afrika; meist Stauden oder einjährige Kräuter mit kleinen, gelben Blüten in meist wenigblütigen, dichten Döldchen. In Deutschland kommen sechs Arten vor, darunter das **Rundblättrige H.** (Acker-H., Bupleurum rotundifolium): eine blaugrüne, einjährige Pflanze mit ungeteilten Blättern; auf Äckern, Schutt und an Wegrändern.

◇ (Otidea leporina) kleiner, ohrförmiger *Schlauchpilz* in Nadel- und Laubwäldern; Fruchtkörper dünnfleischig, ockergelb bis lederbraun; Speisepilz.

Hauhechel (Hechelkraut, Ononis): Gattung der Schmetterlingsblütler mit rund 75 Arten in Eurasien; meist Kräuter oder Halbsträucher mit drüsig behaarten Blättern und rosaroten, gelben oder weißlichen, z. T. traubig angeordneten Blüten. In Mitteleuropa kommen u. a. die Arten **Gelbe H.** (Ononis natrix; gelbe, rotgestreifte Blüten) und **Dornige H.** (Ononis spinosa; rosafarbene Blüten) vor. – Abb. S. 236.

Häuptelsalat: süddt. und österr. Name des ↑Kopfsalats.

Hausminze: anderer Name der Pfefferminze (↑Minze).

Hausschwamm (Echter H., Tränender H., Serpula lacrymans): Ständerpilz, der durch enzymatischen Holzabbau verbautes Holz zerstört; setzt sich zunächst mit weißem, lockerem Myzel auf feuchtem Gebälk fest und kann sich dann von der Infektionsstelle aus mit meterlangen, wasserleitenden, bleistiftdicken Myzelsträngen, die mitunter massives Mauerwerk durchdringen, auch auf trockenes Holz ausbreiten. An der Oberfläche des befallenen Holzes bilden sich flache, bräunliche

Fruchtkörperkuchen mit netzartig verbundenen Wülsten. Der H. kann etwa 5 Jahre im Holz oder Mauerwerk lebensfähig bleiben. – Bei Befall muß das betroffene Holz vollständig vernichtet und das verbliebene und neue Holz chemisch konserviert werden.

Hauswurz (Dachwurz, Donnerwurz, Sempervivum): Gattung der Dickblattgewächse mit rund 30 Arten, v. a. in den Gebirgen des Mittelmeergebietes und Vorderasiens; meist dichte Polster bildende Rosettenpflanzen mit fleischigen Blättern; Blüten rot, gelb, seltener weiß, in Blütenständen. Viele Arten, v. a. die **Echte H.** (Dach-H., Sempervivum tectorum), werden in mannigfachen Zuchtformen in Gärten angepflanzt.

Hautfarne (Schleierfarne, Hymenophyllaceae): Familie der Farne mit rund 650 Arten, v. a. in den Nebelwäldern der Tropen und Subtropen; meist epiphytisch an Baumstämmen lebende Pflanzen mit zarten Wedeln. In Europa kommt nur der **Englische Hautfarn** (Hymenophyllum tunbridgense) vor, der an feuchten, geschützten Stellen moosähnliche Rasen bildet.

Hautpilze (Dermatophyten): zusammenfassende Bez. für krankheitserregende niedere Pilze, die in der Haut und ihren Anhangsgebilden (Haare, Nägel) wachsen und dort eine lokale (meist chronische) Entzündung bewirken. Zu den H.n gehören u. a. die Deuteromyzetengattungen Trichophyton, Epidermophyton und Microsporum, ferner hefeartig wachsende Arten der Gattung Candida und einzelne Schimmelpilze.

Haworthie (Harworthia) [nach dem engl. Botaniker A. H. Haworth, * 1767, † 1833]: Gattung der Liliengewächse mit rund 80 Arten in Südafrika; niedrige, z. T. halbstrauchige, sukkulente Pflanzen mit kurzem Stamm, dichten, zwei- bis mehrreihigen Blattrosetten und grünlichweißen oder blaß rosafarbenen, zylindrischen Blüten in lockerer Traube. Viele Arten sind beliebte Zierpflanzen.

Heckenkirsche: anderer Name der Gattung ↑ Geißblatt.

Heckenrose:

◇ eine Wildrose (↑ Rose).

◇ anderer Name der Hundsrose (↑ Rose).

Heddewigsnelke: Varietät der Chinesernelke (↑ Nelke).

Hedera: wissenschaftlicher Name der Gattung ↑ Efeu.

Hederich:

◇ anderer Name der Gattung ↑ Rettich.

◇ (Falscher H.) ↑ Senf.

Hedysarum: wissenschaftlicher Name der Gattung ↑ Süßklee.

Hefepilze (Hefen, Saccharomycetaceae): Familie der Schlauchpilze mit kugeligen oder ovalen, einkernigen, mikroskopisch kleinen Zellen, die sich meist durch Zellsprossung vermehren und dann in Zellketten verbunden bleiben; Zellen enthalten Glykogen als Reservestoff und zahlreiche Vitamine (v. a. der B-Gruppe).

Heide: svw. ↑ Glockenheide.

Heidekorn (Heidenkorn): anderer Name für die Knöterichgewächsgattung ↑ Buchweizen.

Heidekraut (Besenheide, Calluna): Gattung der Heidekrautgewächse mit der einzigen Art **Calluna vulgaris** (H. im engeren Sinn) auf Moor- und Sandböden Europas und an den Küsten Nordamerikas; 20–100 cm hoher Zwergstrauch mit bis 3 mm langen, nadelförmigen Blättern; Blüten in einseitswendigen Trauben; Blütenkrone hellviolett, selten weiß, tief vierspaltig, kürzer als der Kelch. Das

H. wird in vielen Gartenformen kultiviert und ist eine gute Bienenweide.

Heidekrautgewächse (Erikagewächse, Ericaceae): weltweit verbreitete Pflanzenfamilie mit über 2 500 Arten in 82 Gattungen; meist kleine, v. a. auf sauren Böden wachsende Sträucher; häufig immergrün; Kapsel- oder Beerenfrüchte. Bekannte Gattungen sind ↑Heidekraut, ↑Glockenheide, ↑Alpenrose, ↑Heidelbeere und ↑Liebestraube.

Heidelbeere [eigtl. = die in der Heide wachsende Beere] (Vaccinium): Gattung der Heidekrautgewächse mit rund 150 Arten in Europa und Nordasien. Eine auf sauren Böden in Nadel- und Laubwäldern weit verbreitete Art ist die **Blaubeere** (H. im engeren Sinn, Bickbeere, Vaccinium myrtillus), ein sommergrüner Zwergstrauch mit einzelnstehenden, kugeligen, grünlichen bis rötlichen Blüten, grünen, kantigen Stengeln und eiförmigen, fein gesägten Blättern. Die wohlschmeckenden blauschwarzen, bereiften Beeren **(Heidelbeeren)** werden u. a. zu Saft, Wein, Kompott, Marmelade und Gelee verarbeitet sowie wegen ihres Gerbstoffgehalts v. a. in der Volksmedizin besonders bei Durchfall angewendet. – Weitere bekannte Arten sind ↑Preiselbeere, ↑Rauschbeere.

Heidelbeerkaktus (Myrtillocactus): Kakteengattung mit vier Arten in Mexiko und Mittelamerika; kurze, mehrrippige, blau bereifte Stämme mit kleinen, weißen Blüten und heidelbeerähnlichen eßbaren Früchten; beliebte Zierpflanzen.

Heidemyrte: svw. Heidegagelstrauch (↑Gagelstrauch).

Heidenelke ↑Nelke.

Heideröschen (Fumana): Gattung der Zistrosengewächse mit zehn v. a. im Mittelmeergebiet und Vorderasien verbreiteten Arten; meist Halbsträucher mit filziger Behaarung; Blüten einzeln oder in traubenähnlichen Wickeln. Bekannt ist das 10–20 cm hohe **Zwerg-H.** (Fumana procumbens) mit nadelförmigen Blättern und gelben Blüten; auf Trokkenrasen und Sandböden Süddeutschlands.

Heiderotkappe: ein wertvoller Speisepilz (↑Rotkappen).

Heidewacholder: Art der Gattung ↑Wacholder.

Heiligenblume: anderer Name des ↑Heiligenkrauts.

Heiligenkraut (Heiligenblume, Santolina): Gattung der Korbblütler mit acht Arten im Mittelmeergebiet; meist kleine, aromatisch duftende Halbsträucher mit fein zerteilten Blättern und gelben oder weißen, langgestielten Blütenköpfchen ohne Strahlenblüten; z. T. beliebte Zierpflanzen, z. B. das bis 50 cm hohe **Zypressenkraut** (Santolina chamaecyparissus).

Heiliger Feigenbaum: gleichbed. mit ↑Bodhibaum.

Heilsamer Ehrenpreis: ein Rachenblütler (↑Ehrenpreis).

Helenenkraut: ein Korbblütler (↑Alant).

Helianthemum: wissenschaftlicher Gattungsname des ↑Sonnenröschens.

Helianthus: wissenschaftlicher Name der Korbblütlergattung ↑Sonnenblume.

Helichrysum: wissenschaftlicher Name der Gattung ↑Strohblume.

Heliotrop (Sonnenwende, Heliotropium): Gattung der Rauhblattgewächse mit mehr als 250 Arten in den Tropen und Subtropen sowie in den wärmeren gemäßigten Gebieten; Kräuter oder Halbsträucher. In Deutschland (im südlichen Bereich; wohl aus früherer Kultur) kommt nur das bis 50 cm hohe, weißbläulich blühende, einjährige **Skorpionskraut** (Heliotropium europaeum) in Unkrautgesellschaften und in Weinbergen vor. Verschiedene mehrjährige Arten sind beliebte Topf- und Gartenpflanzen, einige Arten wurden früher zur Parfümherstellung verwendet.

Helmbohne (Faselbohne, Lablab, Dolichos lablab): 3–4 m hoch windender, ästiger Schmetterlingsblütler; in den Tropen und Subtropen in mehreren Kulturformen angebaut; Blüten in Trauben, meist violett; Hülsenfrüchte bis 6 cm lang, glänzend, purpurviolett; Samen etwas abgeplattet, braun, heller punktiert. Die jungen Hülsen und die Samen sind proteinreich; sie werden als Gemüse gegessen. Auch als Futter- und Gründüngungspflanze wird die H. verwendet.

Helmkraut (Scutellaria): Gattung der Lippenblütler mit rund 180 Arten, v. a. in den Tropen und den gemäßigten Zonen; Kräuter oder Halbsträucher mit blauen, violetten, roten oder gelben Blüten in zweiblütigen Quirlen; Kelch zweilippig. In Deutschland kommt hauptsächlich das 10–50 cm hohe **Sumpf-H.** (Scutellaria galericulata; mit blauvioletten Blüten) vor.

Helobiae: wissenschaftlicher Name der ↑Sumpflilien.

Hemlocktanne [engl. hemlock = Schierling] (Schierlingstanne, Tsuga): Gattung der Kieferngewächse mit 14 Arten in Asien und Nordamerika; immergrüne Bäume mit linealischen Nadelblättern, auf deren Unterseite sich zwei silbrige Streifen befinden; Zapfen meist kugelförmig. Die beiden Arten **Mertenstanne** (Tsuga heterophylla) und **Kanadische H.** (Tsuga canadensis) gewinnen in Deutschland immer stärker forstwirtschaftliche Bedeutung.

Hennastrauch (Ägyptisches Färbekraut, Lawsonia inermis): ligusterähnlicher Strauch der Weiderichgewächse; Blätter gegenständig; Blüten in Rispen, duftend, gelblichweiß bis ziegelrot. Der ursprünglich in Vorderindien bis Ostafrika heimische H. wird heute in den asiatischen und afrikanischen Tropen und Subtropen zur Gewinnung von **Henna,** einem rotgelben Farbstoff (altes orientalisches Haarfärbemittel) angebaut.

Hepatica: wissenschaftlicher Name der Gattung ↑Leberblümchen.

Hepaticae: wissenschaftlicher Name der ↑Lebermoose.

Heracleum: wissenschaftlicher Name der Gattung ↑Bärenklau.

Herbstanemone: svw. ↑Japanische Anemone.

Herbstlorchel: Art der ↑Lorchelpilze.

Herbstzeitlose (Herbstlilie, Wiesensafran, Colchicum autumnale): Liliengewächs der Gattung ↑Zeitlose; auf feuchten Wiesen und in Auwäldern Süd-, Mittel- und Westeuropas; mehrjährige Pflanze mit braunschuppiger Zwiebelknolle; Blätter breitlanzettförmig, spitz, wie die dreiklappigen Fruchtkapseln im Frühjahr erscheinend; Blüten hell lilarosa, krokusähnlich; Blütezeit im Herbst. Die H. enthält das äußerst giftige Alkaloid Colchicin (Kolchizin). – Abb. S. 79.

Herkuleskeule: ein ↑Keulenpilz.

Herrenpilz: svw. ↑Steinpilz.

Herzblatt (Parnassia): Gattung der Steinbrechgewächse mit rund 50 Arten in den kühleren Bereichen der Nordhalbkugel; Stauden mit eiförmigen oder länglichen Blättern und großen Blüten an einem mit einem Blatt besetzten Blütenschaft. In Deutschland kommt nur das 15–25 cm hohe **Sumpf-H.** (Studentenröschen, Parnassia palustris) vor: Blüten mit fünf weißen, durchscheinend gestreiften Kronblättern.

Herzblume: anderer Name der Gattung ↑Tränendes Herz.

Herzgespann (Leonurus): Gattung der Lippenblütler mit neun Arten in Westeuropa bis Zentralasien. In Deutschland kommen die beiden Arten **Echtes H.** (Löwenschwanz, Leonurus cardiaca; mit handförmig zerteilten, beiderseits weichhaarigen Blättern und rötlichen Blüten in dichten Scheinquirlen) und **Filziges H.** (Katzenschwanz, Leonurus marrubiastrum; mit gezähnten, unterseits graufilzigen Blättern und bleichrosa Blüten) vor.

Herzkirsche: Kulturform der ↑Süßkirsche.

Herznußbaum (Anacardium): Gattung der ↑Anakardiengewächse mit 15 Arten; bekannt ist der ↑Nierenbaum.

Hevea: eine Wolfsmilchgewächsgattung (↑Parakautschukbaum).

Hexenkraut:

◇ (Circaea) Gattung der Nachtkerzengewächse mit sieben Arten in den gemäßigten Gebieten der Nordhalbkugel; Stauden mit wechselständigen Blättern und kleinen, weißen Blüten in end- und seitenständigen Trauben. In Deutschland kommen das **Gemeine H.** (Circaea lutetiana) in feuchten Laub- und Mischwäldern sowie das **Alpen-H.** (Circaea alpina) in höheren Mittelgebirgen und den Alpen vor.

◇ volkstümliche Bez. für Pflanzen, die früher als Zaubermittel Verwendung fanden; z. B. Arten der Gattung Wolfsmilch, Mistel, Tüpfeljohanniskraut.

Hexenröhrling: Bez. für zwei Arten der Pilzfamilie Röhrlinge: **Flokkenstieliger H.** (Schusterpilz, Donnerschwamm, Donnerpilz, Boletus erythropus), großer Pilz mit breitem, schwarzbraunem Hut; Röhren grüngelb bis rotgelb, Stiel geschuppt; **Netzstieliger H.** (Boletus luridus), mit olivgelbem bis bräunlichem Hut; Röhren gelb bis gelbgrün; Stiel mit maschenförmigem Adernetz. Beide Arten sind roh giftig. – Abb. S. 318.

Hibalebensbaum (Hiba, Thujopsis): Gattung der Zypressengewächse mit der einzigen Art **Thujopsis dolabrata** in feuchten Wäldern Japans; immergrüner Baum (bis 15 m hoch) oder Strauch mit lang ausgebreiteten oder überhängenden Zweigen; Seitenzweige flach zweizeilig, in einer Ebene; Blätter breit schuppenförmig, oberseits glänzend dunkelgrün, unten deutlich weiß gezeichnet; beliebter Zierbaum.

Hibiscus: wissenschaftlicher Name der Gattung ↑Eibisch.

Hickorybaum [...ri; engl.-amerikan. hickory, kurz für pokahickory, von indian. pawcohiccora (Bez. für ein milchiges Getränk aus gestoßenen Nüssen des H.s und Wasser)] (Hickorynußbaum, Carya): Gattung der Walnußgewächse mit rund 25 Arten im östlichen Nordamerika und in China; meist 20 bis 30 m hohe Bäume mit gefiederten Blättern, einhäusigen Blüten und glattschaligen Nüssen, deren Außenschale sich mit vier Klappen öffnet. Alle Arten liefern ein wertvolles, hartes, elastisches Holz **(Hickory),** das u. a. für Sportartikel, in der Wagnerei und im Maschinenbau verwendet wird. Man unterscheidet: Kernholz braun **(rotes Hickory),** Splint hellrötlich **(weißes Hickory).** Einige Arten haben auch wegen der eßbaren Nüsse Bedeutung, v. a. der **Pekannußbaum** (Carya illinoensis), dessen hellbraune, süßschmeckende Samen als **Pekannüsse** bezeichnet werden, und der **Schuppenrindenhickory** (Carya ovata), dessen hellgraue Rinde in langen Streifen mit beiden Enden bis 50 cm weit vom Stamm abstehen.

Himalajazeder: Art der ↑Zeder.

Himbeere [eigtl. = Hirsch(kuh)-beere, Hindinbeere (Sinn der Benennung nicht sicher geklärt)] (Rubus idaeus): in Europa, Nordamerika und Sibirien heimische Art der Rosengewächsgattung ↑Rubus; meist an frischen, feuchten Waldstellen und in Kahlschlägen; halbstrauchige, vorwiegend durch Wurzelschößlinge sich vermehrende Pflanze; Sprosse bestachelt, rötlich 1–2 m hoch; Blätter gefiedert; Blüten klein, weiß, in trauben- bis rispenförmigen Blütenständen; Frucht **(Himbeere)** eine beerenartige Sammelsteinfrucht auf verlängerter, weißer Blütenachse, rot (bei Gartenformen auch weiß oder gelb). – Die H. wird seit der Jungsteinzeit gesammelt und seit dem Mittelalter in vielen Sorten kultiviert.

Himmelsherold (Eritrichum): Gattung der Rauhblattgewächse mit rund 30 Arten, v. a. in den Hochgebirgen Asiens und Amerikas. In Europa kommt nur die Art **Eritrichum nanum** auf Urgestein der Alpen und Karpaten sowie des Kaukasus zwischen 2 500 m und 3 000 m Höhe vor; 2–5 cm hohe Polsterstaude mit vergißmeinnichtähnlichen Blüten.

Himmelsleiter: anderer Name der Gattung ↑Sperrkraut.

Himmelsleitergewächse: die Familie der ↑Sperrkrautgewächse.

Himmelsschlüssel: anderer Name der ↑Primel.

Hippeastrum: wissenschaftlicher Name der Gattung ↑Ritterstern.

Hippocastanaceae: wissenschaftlicher Name der ↑Roßkastaniengewächse.

Hirschbrunst: Art der Gattung ↑Hirschtrüffel.

Hirschkolbensumach (Essigbaum, Rhus typhina): Art der Gattung ↑Sumach aus der Familie der Anakardiengewächse; kleiner, meist mehrstämmiger, 5–12 m hoher, häufig als Ziergehölz angepflanzter Baum aus dem östlichen Nordamerika; Zweige samtig behaart; Blätter gefiedert; Herbstfärbung orange bis scharlachrot; Blüten grünlich, in 15 bis 20 cm langen, dichten Rispen; Früchte rot, in kolbenartigen Ständen.

Hirschtrüffel (Elaphomyces): Gattung der Schlauchpilze mit rund 20 Arten. Die unterirdischen, trüffelähnlichen Fruchtkörper besitzen eine netzig-wabig strukturierte Oberfläche. Viele Arten sind Mykorrhizapilze zahlreicher Bäume. Die bekannteste Art ist der v. a. in Nadelwäldern vorkommende **Warzige H.** (Hirschbrunst, Elaphomyces granulatus, Elaphomyces cervinus) mit gelbbraunem, hartem, ungenießbarem Fruchtkörper; wurde früher als Brunstmittel für Rinder und Schweine verwendet.

Hirschzunge (Phyllitis): Gattung der Streifenfarngewächse mit zwei Arten. Auf feuchtem, schattigem Kalkgestein in den Mittelgebirgen und Kalkalpen kommt die **Gemeine H.** (Phyllitis scolopendrium) vor: mit 15–60 cm langen, ungeteilten, immergrünen, in Rosetten angeordneten Blättern; geschützt.

Hirse (Panicum): Gattung der Süßgräser mit rund 500 Arten, v. a. in den wärmeren Gebieten der Erde; einjährige oder ausdauernde Gräser mit ährenartiger Rispe; Ährchen flach; Frucht von den beiden Blütenspelzblättern völlig eingehüllt. Die wichtigste Art ist die als Getreide verwendete **Echte H.** (Rispen-H., Panicum miliaceum), eine 0,5–1 m hohe, einjährige Pflanze mit behaarten, lanzettförmigen Blättern; Ährchen zweiblütig in bis 20 cm langer, locker überhängender **(Flatter-H.)** oder aufrechter kompakter **(Dick-H.)** Rispe. – Die Früchte der H.arten sind fast runde Körner von hohem Nährwert (10% Eiweiß, 4% Fett, hoher Gehalt an Vitamin B_1 und B_2). Sie werden zur Bereitung von Brei und brotartigen Fladen, ferner zur Herstellung von Bier und Branntwein verwendet. Die Hauptanbaugebiete liegen in Zentralasien, Ostasien, Indien und in den Donauländern.

Geschichte: Heimat der Echten H. ist wahrscheinlich Ostasien. Sie wurde in prähistorischer Zeit in China, Indien und Kleinasien angebaut und war in Griechenland seit der minoisch-mykenischen Zeit Brot- und Breigetreide. Seit etwa 8000–10000 Jahren (dem Neolithikum) wurde sie im Alpenraum angebaut. Im Mittelalter gab es in Mitteleuropa ausgedehnte Felder mit Echter Hirse. – Abb. S. 73.

Hirtentäschelkraut (Capsella, Hirtentäschel): Gattung der Kreuzblütler mit fünf weltweit verbreiteten Arten; niedrige, ein- bis zweijährige Kräuter mit weißen Blüten und dreieckigen, verkehrt-herzförmigen Schotenfrüchten. In Deutschland kommt als Unkraut auf Äckern und an Wegrändern das **Gemeine H.** (Echtes H., Capsella bursa-pastoris) vor.

Höckerblume (Köcherblümchen, Cuphea): Gattung der Weiderichgewächse mit über 200 Arten in Nord- und Südamerika; Kräuter, Halbsträucher oder Sträucher mit gegen- oder quirlständigen Blättern; Blüten mit verlängerter, gekrümmter, hökkerartig ausgestülpter oder gespornter Röhre. Einige Arten dienen als Zierpflanzen, z. B. das bis 30 cm hohe **Zigarettenblümchen** (Cuphea ignea): einzelnstehende Blüten mit roter Kronröhre, an ihrer Mündung mit schwarzem Ring und weißem Fleck.

höhere Pilze (Eumycetes): zusammenfassende Bez. für ↑Schlauchpilze, ↑Deuteromyzeten und ↑Ständerpilze.

Hohlnarbe (Coelogyne): Gattung epiphytischer und terrestrischer Orchideen mit rund 130 Arten in den Monsungebieten von Ceylon bis Samoa; Pseudobulben und Blätter immergrün; Blüten meist klein, in lockerer Blütentraube. Bekannteste Art: **Coelogyne cristata,** aus dem Himalaja; mit 9–10 cm breiten, weißen, auf der Lippe orangegelb gezeichneten Blüten.

Hohlzahn (Hanfnessel, Daun, Galeopsis): Gattung der Lippenblütler mit rund zehn eurasischen Arten; Blütenkrone purpurn oder gelblich bis weiß; Unterlippe mit zwei hohlen, zahnförmigen Höckern. Von den sieben einheimischen Arten sind am weitesten verbreitet: **Gemeiner H.** (Acker-H., Galeopsis tetrahit), 20 bis 100 cm hoch, mit zugespitzt-eiförmigen Blättern, verdickten Stengelenden, schwarzdrüsigen Kelchen und roten bis weißen Blüten in Scheinquirlen an den Zweigenden; auf Äckern, Schutt und in Gebüschen; **Sand-H.** (Gelber H., Galeopsis segetum), 10–45 cm hoch; mit seidenhaarigen, keilförmigen Blättern und großen, gelblichweißen Blüten mit dunklem Fleck auf der Unterlippe; auf sandigen Böden.

Hohlzunge (Coeloglossum): Gattung der Orchideen mit vier Arten im gemäßigten Eurasien und in Nordamerika. In Deutschland kommt nur die **Grüne H.** (Grünstendel, Coeloglossum viride) vor: mit bis 25 cm hohen Sprossen und grünlichen, schwach duftenden, kleinen Blüten in lockeren Ähren; vereinzelt auf Borstgrasrasen der Alpen und Voralpen.

Holobasidiomycetes: Unterklasse der ↑Ständerpilze.

Holunder (Holder, Sambucus): Gattung der Geißblattgewächse mit rund 20 Arten in den gemäßigten und subtropischen Gebieten; meist Sträucher oder kleine Bäume mit markhaltigen Zweigen, gegenständigen, unpaarig gefiederten Blättern und fünfzähligen Blüten in Doldentrauben oder Rispen; Frucht eine beerenartige, drei- bis fünfsamige Steinfrucht.

Heimische Arten: **Attich** (Zwerg-H., Sambucus ebulus): 0,5–2 m hohe Staude mit weißen oder rötlichen Blüten; auf Schuttplätzen und Kahlschlägen; **Schwarzer H.** (Flieder, Sambucus nigra), bis 6 m hoch; mit tiefgefurchter Borke und gelblichweißen, stark duftenden Blüten; in der Volksmedizin werden die Blüten von Schwarzem H. zu Fliedertee (gegen Erkältungen) verwendet; **Trauben-H.** (Sambucus racemosa), 1–4 m hoher Strauch mit gelblichweißen Blüten und scharlachroten, viel Vitamin C enthaltenden Früchten.

Holzapfel: volkstümliche Bez. für die gerbstoffreiche Frucht verschiedener wilder Arten des Apfelbaums (z. B. des Holzapfelbaums).

Holzapfelbaum (Wilder Apfelbaum, Malus sylvestris): Art der Gattung Apfelbaum; bis 7 m hoher Baum oder Strauch; in lichten Wäldern Europas und Vorderasiens; Kurztriebe mehr oder weniger verdornend; Blüten rötlichweiß, etwa 4 cm breit; Früchte kugelig, 2–4 cm breit, in reifem Zustand gelbrot; herbsauer.

Holzbirne: Stammart des kultivierten ↑Birnbaums.

Honigbaumgewächse ↑Honigstrauch.

Honiggras (Holcus): Gattung der Süßgräser mit rund zehn Arten in der gemäßigten Zone Eurasiens und in Nordafrika; mehrjährige Pflanzen mit wollig behaarten Blättern; Rispen reichblütig, oft rötlich oder violett, zur Blütezeit zuweilen nach Honig duftend. In Mitteleuropa kommt das 30–60 cm hohe **Wollige H.** (Holcus lanatus) auf Wiesen und in lichten Wäldern vor.

Honigpalme (Jubaea): Palmengattung mit der einzigen Art **Jubaea chilensis** in Chile (an der Westküste Nordamerikas kultiviert); bis 20 m hohe Fiederpalme mit kokosnußähnlichen Früchten (Samen eßbar: **Coquillos**). Aus dem zuckerhaltigen Saft des Stammes wird Palmhonig und Palmwein hergestellt.

Honigstrauch (Melianthus): Gattung der Honigbaumgewächse (**Melianthaceae;** drei Gattungen mit rund 40 Arten) mit sechs Arten in Südafrika; eigentümlich riechende, graugrüne oder weißgraue Sträucher mit stark honigführenden, braunrötlichen Blüten in Trauben. Die Art **Melianthus major** wird bisweilen als Zierpflanze kultiviert.

Hopfen [wahrscheinlich verwandt mit schweizer. Huppi = knollen- oder kugelförmiger Auswuchs (Benennung der Pflanze also vermutlich nach den für das Bierbrauen benötigten weiblichen Zapfen)] (Humulus): Gattung der Hanfgewächse mit drei Arten in der nördlichen gemäßigten Zone; zweihäusige Stauden mit rechtswindenden Trieben (Lianen), gegenständigen, herzförmigen oder handförmig gelappten Blättern und amboßförmigen Hafthaaren; Blüten mit einfacher, grünlicher Blütenhülle, die ♂♂ in lockeren Rispen, die ♀♀ in gestielten, kätzchenförmi-

gen, mit großen Tragblättern versehenen Ähren (Zapfen).
Die wichtigste Art ist der **Gemeine H.** (Humulus lupulus), eine Liane der Auwälder, Erlenbrüche und Ufer der nördlichen gemäßigten Zone; bis 6 m hoch rankende Pflanze mit tiefreichendem Wurzelsystem und unterirdischen Ausläufern. Die Fruchtzapfen **(H.dolden)** sind dicht mit drüsigen Schuppen besetzt, die abgeschüttelt das **Lupulin (Hopfenmehl)** ergeben. Dieses enthält v.a. Bitterstoffe (Humulon, Lupulon), die dem Bier Haltbarkeit, Schäumvermögen und Bittergeschmack verleihen. In den feldmäßigen Anlagen **(H.gärten)** werden nur ♀♀ Pflanzen kultiviert, die vegetativ durch unterirdische Abschnitte vorjähriger Triebe (sog. **Fechser**) vermehrt werden.

Geschichte: Die H.kultur ist in Mitteleuropa seit der Karolingerzeit nachweisbar. H. wurde wegen des strengen Flurzwangs der Dreifelderwirtschaft zunächst nicht in Feldern, sondern in Klostergärten **(Humularia)** gezogen. Seit dem 14. Jahrhundert wird er in Mitteleuropa in größeren Kulturen angebaut.

Hopfenbuche (Ostrya): Gattung der Haselnußgewächse mit fünf Arten auf der Nordhalbkugel; der Hainbuche sehr ähnliche Bäume und Sträucher; Nußfrüchte einzeln von einem sackartigen Vorblatt umhüllt; Fruchtstände an die Fruchtzapfen des Hopfens erinnernd. Die Art **Gemeine H.** (Ostrya carpinifolia) aus Südosteuropa mit doppelt gesägten, behaarten Blättern wird häufig als Ziergehölz angepflanzt.

Hopfenklee: Art der Gattung ↑Schneckenklee.

Hopfenseide: Art der Gattung ↑Kleeseide.

Hordeum [...e-ʊm]: wissenschaftlicher Name der Gattung ↑Gerste.

Hornblatt (Hornkraut, Ceratophyllum): einzige Gattung der **Hornblattgewächse** (Ceratophyllaceae), mit drei Arten in allen Erdteilen; vollständig untergetaucht lebende, im Alter wurzellose Wasserpflanzen mit vielgliedrigen Blattquirlen und unscheinbaren Blüten. In Mitteleuropa kommt das als Aquariumpflanze beliebte **Gemeine H.** (Ceratophyllum demersum) in stehenden, nährstoffreichen Gewässern vor.

Hornfarn (Ceratopteris): Gattung der Farne mit der einzigen, in den Tropen verbreiteten, sehr vielgestaltigen Art **Geweihfarn** (Wasserfarn, Ceratopteris thalictroides): einjähriger, auf dem Wasser schwimmender oder untergetauchter Farn mit kurzem Rhizom und zahlreichen Wurzeln; Blätter in der Form stark variierend, gelappt oder fein zerteilt; beliebte Aquarienpflanze.

Hornklee (Lotus): Gattung der Schmetterlingsblütler mit rund 150 Arten in den gemäßigten Zonen, im subtropischen Eurasien, in Südafrika und Australien; Stauden oder Halbsträucher mit meist doldenförmigen Blütenständen; Blüten mittelgroß, gelb oder rot, mit hornartig verlängertem Schiffchen; Hülsen schmal und gerade. In Mitteleuropa kommt u.a. der **Wiesen-H.** (Gemeiner H., Lotus corniculatus) vor: 10 bis 30 cm hoch; keil- bis linealförmige Fiederblättchen und gelbe Blüten.

Hornkraut:
◊ (Cerastium) Gattung der Nelkengewächse mit rund 100 Arten in Eurasien; Kräuter oder Stauden mit ungeteilten, gegenständigen Blättern und weißen Blüten in endständigen Trugdolden. Eine einheimische Art ist das bis 30 cm hohe **Acker-H.** (Cerastium arvense), das an Wegrändern, Wiesen und auf Äckern vorkommt.

◊ anderer Name der Gattung ↑ Hornblatt.

Hornmohn (Glaucium): Gattung der Mohngewächse mit rund 20 fast ausschließlich im Mittelmeergebiet verbreiteten Arten; ein- bis mehrjährige, graugrüne Kräuter mit gelbem Milchsaft; Blätter gelappt oder fiederteilig; Blüten groß, gelb oder gelbrot. Im Küstengebiet wächst der **Gelbe H.** (Glaucium flavum): mit zitronengelben Blüten; der Fruchtknoten reift zu einer etwa 22 cm langen, hornartigen Kapsel.

Hornmoose (Anthocerotales): Ordnung der Lebermoose mit zwei Familien und vier Gattungen. Eine besonders auf Brachäckern vorkommende Art ist das **Fruchthorn** (Anthoceros levis) aus der Gattung **Hornmoos** (Anthoceros): Thallus gelappt, dünn; Sporenträger bis 3 cm lang; kalkmeidend.

Hornstrauch: anderer Name der Gattung ↑ Hartriegel.

Hornveilchen: Art der Gattung ↑ Veilchen.

Hornzahnmoos (Ceratodon): Gattung der Laubmoose mit zwei weltweit verbreiteten Arten; in Mitteleuropa v. a. die Art **Purpurzahnmoos** (Ceratodon purpureus), das lockere, rötliche bis blaugrüne Polster bildet; Stengel aufrecht, bisweilen gabelig verzweigt; Blätter lanzettlich; Kapsel rotbraun, geneigt, stark gestreift.

Hortẹnsie [von dem frz. Arzt und Botaniker Ph. Commerson (* 1727, † 1773) nach seiner Reisegefährtin Hortense Lepaute benannt] (Hortensia, Hydrangea): Gattung der Steinbrechgewächse mit rund 90 Arten in Ost- und Südostasien sowie in Amerika; meist Sträucher mit gegenständigen, einfachen bis gelappten, oft gesägten, sommer- oder immergrünen Blättern; Blüten klein, weiß, grünlich, rot oder blau, in Rispen oder flachen bis kugeligen Trugdolden (besonders bei Zuchtformen sind einige oder alle Blüten unfruchtbar und zeichnen sich dann durch blumenblattartig vergrößerte Kelchblätter aus); beliebte Zierpflanzen.

Hottentọttenbrot: eßbare Knollen des ↑ Elefantenfußes.

Hoya ['ho:ja]: wissenschaftlicher Name der Gattung ↑ Wachsblume.

Hufeisenklee (Hippocrepis): Gattung der Schmetterlingsblütler mit rund 20 Arten, verbreitet vom Mittelmeergebiet bis Zentralasien; Kräuter oder Halbsträucher mit unpaarig gefiederten Blättern; Blüten klein, meist gelb, einzeln oder in Dolden. In Mitteleuropa kommt nur der **Schopfige H.** (Hippocrepis comosa) vor, eine bis 40 cm hohe Pflanze auf Trockenrasen und Böschungen.

Huflattich (Brustlattich, Tussilago): Gattung der Korbblütler mit der einzigen, auf der Nordhalbkugel verbreiteten Art **Gemeiner H.** (Tussilago farfara): ausdauerndes Acker- und Schuttunkraut mit herzförmigen, unterseits weißfilzigen, grundständigen Blättern; Blütenköpfchen goldgelb, auf 10 bis 25 cm langen, schuppig beblätterten Stengeln. – Der H. wird als Mittel gegen Husten und Bronchialkatarrh verwendet. – Abb. S. 78.

Hügelerdbeere ↑ Erdbeere.

Hühnerbiß: anderer Name der Gattung ↑ Taubenkropf.

Hühnerdarm: anderer Name der ↑ Vogelmiere.

Hülsenfrüchtler (Leguminosen, Fabales, Leguminosae): Ordnung zweikeimblättriger Pflanzen; umfaßt die Familien Schmetterlingsblütler, Mimosengewächse und Caesalpiniengewächse; über 12 000 Arten; holzige oder krautige Pflanzen mit meist wechselständigen Fiederblättern; Blüte nur mit einem oberständigen Fruchtknoten, aus dem meist eine vielsamige Hülse hervorgeht; Wurzeln häufig mit Knöllchenbakterien.

Hummelragwurz: Art der Orchideengattung ↑Ragwurz.

Humulus: wissenschaftlicher Name der Gattung ↑Hopfen.

Hundsflechte (Peltigera canina): Blaualgen führende Laubflechte mit etwa handgroßem, blattartigem, breitgelapptem Thallus; Oberseite weißlich-oliv-graugrün, Unterseite weiß mit zahlreichen Befestigungshyphen; auf feuchten Böden. – Abb. S. 320.

Hundsgiftgewächse (Immergrüngewächse, Apocynaceae): Pflanzenfamilie mit rund 200 Gattungen und über 2000 Arten, vorwiegend in den Tropen und Subtropen; milchsaftführende Gehölze, Stauden oder Lianen mit stielteller- oder trichterförmigen Blüten; Samen oft mit Haarschopf oder Flügeln; bekannte Gattungen: ↑Immergrün, ↑Oleander, ↑Strophanthus.

Hundskamille (Anthemis): Gattung kamillenähnlicher Korbblütler mit rund 100 Arten in Europa und im Mittelmeergebiet; einjährige oder ausdauernde Kräuter mit fiederteiligen Blättern; Blütenköpfchen groß, mit zungenförmigen Randblüten. Bekannte Arten sind: **Färberkamille** (Anthemis tinctoria), mit goldgelben Blütenköpfchen; kommt auf kalkhaltigen, trockenen Abhängen vor; **Acker-H.** (Anthemis arvensis), ein einjähriges, bis 50 cm hohes Ackerunkraut mit weißen Strahlenblüten und goldgelben Scheibenblüten: **Römische Kamille** (Doppelkamille, Anthemis nobilis) aus Südwesteuropa; 15–30 cm hoch; ästig, staudig; Blätter doppelt fiederspaltig, die endständig stehenden Blütenköpfchen mit gelben Röhren- und silberweißen Zungenblüten; Verwendung wie Echte Kamille; oft gefülltblühende Kultursorten. – Abb. S. 237.

Hundslattich: Art der Gattung ↑Löwenzahn.

Hundspetersilie (Gartenschierling, Aethusa): Gattung der Doldengewächse in Europa und Sibirien mit der einzigen Art **Aethusa cynapium:** petersilienähnliches, weißblühendes 10 bis 120 cm hohes, blaugrünes, einjähriges Unkraut in Gärten, auf Äkkern und Schuttplätzen; sehr giftig!

Hundsrose: Art der Gattung ↑Rose.

Hundsveilchen: eine Veilchenart (↑Veilchen).

Hundszunge (Cynoglossum): Gattung der Rauhblattgewächse mit rund 90 Arten in gemäßigten und subtropischen Gebieten; meist zweijährige, behaarte Kräuter mit verlängerten Blütentrauben und Klettfrüchten; in Mitteleuropa zwei Arten, darunter die graufilzige **Gemeine H.** (Cynoglossum officinale) mit braunroten Blüten und rübenförmiger Wurzel.

Hungerblümchen (Erophila): Gattung der Kreuzblütler mit acht z. T. sehr formenreichen Arten in Europa, Westasien und Nordafrika; kurzlebige, 3–20 cm hohe Kräuter mit grundständiger Blattrosette, kleinen weißen oder rötlichen Blüten und Schötchenfrüchten. – ↑auch Felsenblümchen.

Huperzia: wissenschaftlicher Name der Gattung ↑Tannenbärlapp.

Husarenknopf (Sanvitalie, Sanvitalia): Gattung der Korbblütler mit acht Arten, verbreitet von Arizona bis Mittelamerika. Die Art **Sanvitalia procumbens,** ein bis 12 cm hohes, einjähriges Kraut mit orangegelben Strahlenblüten und schwärzlichen Scheibenblüten, wird häufig in Gärten angepflanzt.

Schwarzerle

Pyramidenpappel

Ahornblättrige Platane

Oben: Rotbuche; links Fruchtbecher und Bucheckern, rechts blühend

Mannaesche (blühend)

Edelkastanie (reife Früchte)

Links, von oben nach unten: Chilefichte; Douglasie (Zweig mit weiblichen Blütenständen); Gemeine Eibe. – Rechts, oben: Himalajazeder. – Rechts, unten: Heidewacholder

Links, oben: Pinie. – Links, unten: Arve Rechts, oben und Mitte: Europäische Lärche, oben Blütenzapfen. – Rechts, unten: Lebensbaumzypresse (die Art Chamaecyparis lawsoniana; Zweig mit unreifen Zapfen)

Links, von oben nach unten: Bonsai; Roßschweiffedergras. – Rechts, von oben nach unten: Engelstrompete; Gretel im Busch

Links, von oben nach unten: Kannenpflanze; Klettertrompete (die Art Campsis radicans). – Rechts, von oben nach unten: Tradeskantie (die Art Tradescantia blossfeldiana); Pomponvanille; Schwarze Susanne

Links, von oben nach unten: Vanda (die Art Vanda tricolor); Venusfliegenfalle; Paradiesvogelblume. – Rechts, unten: Schlauchpflanzengewächse (die Art Darlingtonia californica)

Links, von oben nach unten: Rotbrauner Frauenschuh; Gartenfuchsschwanz. – Rechts, von oben nach unten: Ginkgobaum (herbstlich gefärbte Blätter und reife Früchte); Gazanie (die Art Gazania rigens); Chinarose

Hutpilze: volkstümliche Bez. für ↑ Ständerpilze mit gestieltem, hutförmigem Fruchtkörper.

Huxelrebe: Rebsorte, die aus einer Kreuzung der Rebsorten Weißer Gutedel mit Courtillier musqué (Muscat courtillier; südfrz. Tafeltraube) hervorgegangen ist; ertragreiche Rebsorte, deren Trauben rassige Weine mit dezentem Muskatbukett liefern; genießt seit 1968 Sortenschutz. Die Hauptanbaugebiete sind: Rheinhessen, Rheinpfalz, Nahegebiet.

Hyazinthe [von griech. hyákinthos, einem Pflanzennamen (die Pflanze ist nicht mit unserer heutigen Gattung identisch)] (Hyacinthus): Gattung der Liliengewächse mit rund 30 Arten im Mittelmeergebiet und Orient; Zwiebelpflanzen mit trichterförmigen bis glockigen Blüten in Trauben und grundständigen, linealischen oder riemenförmigen Blättern. Eine beliebte Zierpflanze mit duftenden Blüten in vielen Farbvarietäten ist die Art **Hyacinthus orientalis.**

Hydrangea: wissenschaftlicher Gattungsname der ↑ Hortensie.

Hydrocaryaceae: wissenschaftlicher Name der Wassernußgewächse (↑ Wassernuß).

Hydrocharis: eine Gattung der ↑ Froschbißgewächse.

Hydrocharitaceae: wissenschaftlicher Name der ↑ Froschbißgewächse.

Hydrocotyle: wissenschaftlicher Name der Gattung ↑ Wassernabel.

Hydrophyllaceae: wissenschaftlicher Name der ↑ Wasserblattgewächse.

Hymenophyllaceae: wissenschaftlicher Name der ↑ Hautfarne.

Hypericaceae: wissenschaftlicher Name der ↑ Johanniskrautgewächse.

Hypericum: wissenschaftlicher Name der Gattung ↑ Johanniskraut.

Hyphaene [hy'fɛ:nə]: wissenschaftlicher Name der ↑ Dumpalme.

Hyssopus: Lippenblütlergattung mit der einzigen Art ↑ Ysop.

I

Iberis [i'be:rɪs, 'i:berɪs]: wissenschaftlicher Name der Gattung ↑ Schleifenblume.

Igelkaktus (Kugelkaktus, Echinocactus): Kakteengattung mit zehn Arten in Mexiko; kugelige oder zylindrische, oft meterdicke Pflanzen mit kräftig bedornten Längsrippen und gipfelständigen, meist gelben Blüten. Die bekannteste Art ist der in der Regel kugelige **Goldkugelkaktus** (Echinocactus grusonii), mit zahlreichen schmalen, stark hervortretenden, dicht mit gelben Dornen besetzten Rippen und gelben, aus dem wolligen Scheitel hervorbrechenden Blüten.

Igelkolben (Sparganium): einzige Gattung der **I.gewächse** (Sparganiaceae), mit 20 Arten in gemäßigten und kalten Gebieten der Erde; ausdauernde Sumpf- und Wasserpflanzen mit kriechenden Rhizomen, schwertförmigen Blättern und grünlichen Blüten in oberen ♂ und unteren ♀, sternartigen, kugeligen Köpfchen.

Igelpolster (Acantholimon): Gattung der Bleiwurzgewächse mit über 100, in Steppen vom östlichen Mittelmeergebiet bis Mittelasien verbreiteten Arten; Polsterpflanzen mit grasähnlichen, stechenden Blättern und weißen bis roten Blüten in meist kurzgestielten Ähren; z. T. als Steingartenpflanzen kultiviert.

Ikakopflaume: Art der ↑Goldpflaume.

Ilang-Ilang-Baum: ↑Ylang-Ylang-Baum.

Ilex: wissenschaftlicher Name der Gattung ↑Stechpalme.

Illiciaceae: wissenschaftlicher Name der ↑Illiziumgewächse.

Illicium: wissenschaftlicher Name der Gattung ↑Sternanis.

Illiziumgewächse [lat. illicium = Anlockungsmittel (der Name bezieht sich darauf, daß die Chinesen die Pflanzensamen als Speisegewürz verwenden)] (Illiciaceae): den Magnoliengewächsen nahestehende Pflanzenfamilie mit der einzigen Gattung ↑Sternanis.

Immenblatt (Melittis): Gattung der Lippenblütler mit der einzigen Art **Melittis melissophyllum:** bis 60 cm hohe, weich behaarte Staude mit 3–4 cm großen, weißen, meist rosa gefleckten Blüten in den Blattachseln; in lichten Wäldern Mittel- und Südeuropas.

Immergrün (Singrün, Vinca): Gattung der Hundsgiftgewächse mit sechs Arten in Europa, Nordafrika und Vorderasien; Kräuter oder Halbsträucher mit gegenständigen, lederartigen Blättern und einzelnen, blauen, roten oder weißen, trichterförmigen Blüten. Eine häufig als Zierpflanze verwendete Art ist das **Kleine I.** (Vinca minor) mit niederliegenden Stengeln und hellblauen bis blauvioletten Blüten.

Immergrüne Bärentraube: Art der Gattung ↑Bärentraube.

Immergrüngewächse: anderer Name der ↑Hundsgiftgewächse.

Impatiens: wissenschaftlicher Name der Balsaminengewächsgattung ↑Springkraut.

Indianernessel (Monarde, Monarda): Gattung der Lippenblütler mit knapp 20 Arten in Nordamerika; mehrjährige krautige Pflanzen mit gezähnten Blättern; Blüten weiß oder scharlachrot, meist in kopfigen Quirlen; beliebte Gartenzierpflanzen.

Indianerorange: anderer Name für ↑Osagedorn.

Indianerreis: svw. Tuscarorareis (↑Wasserreis).

Indigo (Deutscher I.): die Art ↑Färberwaid.

Indigofera: wissenschaftlicher Name der Gattung ↑Indigostrauch.

Indigostrauch (Indigofera): Gattung der Schmetterlingsblütler mit rund 300 Arten (einige davon Hauptlieferanten des Farbstoffs Indigo) in den Tropen und Subtropen; meist behaarte, sommergrüne Sträucher, Halbsträucher oder Stauden; Blüten in achselständigen Trauben, rosafarben bis purpurfarben. Einige Arten werden als Ziersträucher angepflanzt.

Indische Erdbeere: Art der Gattung ↑Scheinerdbeere.

Indische Nessel: svw. Grüne Nessel (↑Boehmeria).

Indischer Hanf: Unterart des ↑Hanfs.

Indischer Pfeffer: anderer Name des ↑Paprikas.

Indischer Senf (Sareptasenf, Junceasenf, Brassica juncea ssp. juncea): Kreuzblütler der Gattung ↑Kohl aus Süd-, Zentral- und Ostasien; bis 1,50 m hohe Pflanze mit dunklen Samen; v. a. in Indien als Öl- und Senfpflanze kultiviert, in China auch als Gemüse.

Indischer Spinat: gleichbed. mit ↑Malabarspinat.

Infloreszenzkohl: Form des ↑Gemüsekohls.

Ingrid Marie: ein Tafelapfel (↑Apfelsorten, Übersicht S. 25).

Ingwer [in mhd. Zeit aus lat. gingiber (Nebenform von zingiber) = Ingwer entlehnt, über griech. zingiberis von sanskr. śṛngavēra, eigtl. = der Hornförmige (nach der Form der Wurzel)] (Ginger, Zingiber officinale): Art der ↑Ingwergewächse; ursprünglich nur in Ostasien verbreitet, heute überall in den Tropen und Subtropen kultiviert; schilfartige Staude mit knolligem, kriechendem Wurzelstock; Blüten grünlichgelb, in bis 5 cm langen, eiförmigen Blütenähren. Der Wurzelstock wird als Gewürz **(Ingwer)** genutzt und dient als appetitanregendes Mittel.
Handelsformen des I.s sind: **Schwarzer I.** (Barbados-I.; mit ungeschälten Wurzeln), **Bengalischer I.** (mit nur teilweisen geschälten Wurzeln) und **Jamaika-I.** (mit völlig geschälten Wurzeln; bestes Aroma).

Geschichte: I. wird in altindischen und altchinesischen Arzneibüchern oft erwähnt. Griechen und Römer lernten I. (erstmals im 1. Jahrhundert n. Chr.) wahrscheinlich durch die Perser kennen. In Mitteleuropa ist I. seit dem 9. Jahrhundert bekannt. Er spielte im Mittelalter eine fast ebenso bedeutende Rolle wie der Pfeffer.

Ingwergewächse (Zingiberaceae, Curcumaceae): Familie der Einkeimblättrigen mit rund 1 500 Arten in den Tropen und Subtropen; ausdauernde Kräuter oder Stauden mit Wurzelstöcken und oft stark verdickten Wurzeln; zwittrige Blüten mit einem Staubblatt, die in endständigen Ähren, Köpfchen oder Wickeln stehen. Zu den I.n gehören viele Nutzpflanzen, z. B. ↑Gelbwurzel, ↑Ingwer, ↑Kardamom.

Inkarnatklee: Art der Gattung ↑Klee.

Inocybe: Gattung der Lamellenpilze (↑Rißpilze).

Inula: wissenschaftlicher Name der Korbblütlergattung ↑Alant.

Iridaceae: wissenschaftlicher Name der ↑Schwertliliengewächse.

Iris: wissenschaftlicher Gattungsname der ↑Schwertlilie.

Isatis: wissenschaftlicher Name der Gattung ↑Waid.

Isländisch Moos (Isländisches Moos, Cetraria islandica): oberseits dunkelbraune bis hell olivbraune, unterseits weißliche, laubartig wachsende Flechte auf moorigen Böden und in lichten Wäldern von der arktischen Tundra bis Mitteleuropa; mit geweihartig verzweigten Thalli, an deren Enden sich schüsselförmige Fruchtkörper befinden. I. M. wird in der Blumenbinderei verwendet. Wegen seines Gehalts an Lichenin (fördert die Durchblutung der Schleimhäute) dienen Aufgüsse von I. M. als Hustenmittel. Daneben ist I. M. für Rentiere und Hochwild ein wertvolles Winterfutter, für den Menschen stellt es eine Notnahrung (Hungerbrot) dar.

Islandmohn: arktische und subarktische Art des ↑Mohns.

Isop: anderer Name des Lippenblütlers ↑Ysop.

Italienische Hirse: anderer Name der ↑Kolbenhirse.

Italienischer Kohl: gleichbed. mit ↑Palmkohl.

J

Jacaranda: wissenschaftlicher Name des ↑ Palisanderbaums.

Jackbaum [engl. dʒæk] (Jackfruchtbaum, Artocarpus heterophylla): Maulbeergewächs aus Vorderindien; Milchsaft führender Baum mit großen, verkehrt-eiförmigen, länglichen Blättern und kopfgroßen, eßbaren Scheinfrüchten **(Jackfrüchte)**; als wichtiger Obstbaum der Tropen häufig angebaut.

Jagdbirne (Grüne J.): eine Mostbirne (↑ Birnensorten, Übersicht S. 48).

Jakaranda: ein Bignoniengewächs (↑ Palisanderbaum).

Jakob Lebel: ein Tafelapfel (↑ Apfelsorten, Übersicht S. 26).

Jakobsleiter: anderer Name der Gattung ↑ Sperrkraut.

Jambuse (Jambose): eßbare Früchte der Gattung ↑ Syzygium.

Jamesie (Jamesia americana): Steinbrechgewächs im westlichen Nordamerika; bis 150 cm hoher, buschiger Strauch mit großen, weißen bis rosafarbenen, sternförmigen Blüten in doldigen Endrispen; Zierpflanze u. a. für Steingärten.

Jamsbohne [zum ersten Wortbestandteil ↑ Jamswurzel] (Yamsbohne, Pachyrrhizus erosus): Schmetterlingsblütler aus Mittelamerika; in den Tropen vielfach angebaute Nutzpflanze, v. a. in der Alten Welt eingebürgert. Die stärkereichen, rübenförmigen Wurzelknollen der hochwindenden Staude werden gegessen oder zur Gewinnung von Stärke und Mehl verwendet. Die giftigen Samen sind nur gekocht eßbar.

Jamswurzel [engl. yam, von portugies. inhame, eigtl. = eßbar (westafrikan. Ursprungs)] (Yamswurzel, Dioscorea): Gattung der Familie **Jamswurzelgewächse** (Dioscroreaceae), mit mehr als 600 Arten in den Tropen und den wärmeren Bereichen der gemäßigten Zone; windende Stauden mit meist knollen- oder keulenartigem Wurzelstock. Mehrere Arten sind wichtige tropische Nutzpflanzen, z. B. Dioscorea alata, Dioscorea bulbifera und Dioscorea batatas **(Brotwurzel)**, deren bis 20 kg schwere, stärkereiche (wegen des Alkaloids Dioscorin ungekocht oft giftige) Knollen **(Jams, Yams)** wie Bataten und Kartoffeln verwendet werden.

Japanahorn (Fächerahorn, Acer palmatum): strauch- oder baumförmiges Ahorngewächs aus Japan; Zierpflanze mit dünnen, roten Zweigen, fünf- bis elflappigen, im Herbst karminroten Blättern und purpurroten Blüten.

Japanische Anemone (Herbstanemone, Anemone japonica): Bez. für eine Reihe von v. a. aus der Art Anemone hupehensis hervorgegangenen Zuchtformen der Gattung Anemone; im Herbst blühende Stauden mit dreiteiligen Blättern; Blüten rosafarben oder weiß, an verzweigten, bis 1 m hohen Blütenstielen; beliebte Gartenpflanzen.

Japanische Kirschen: Bez. für eine Gruppe von Zierkirschen, die v. a. von der **Japanischen Bergkirsche** (Prunus serrulata var. spontanea) abstammen; meist in Japan gezüchtete, reichblühende Sorten mit weißen bis tiefrosafarbenen, oft gefüllten Blüten; beliebte Blütenbäume und -sträucher.

Japanische Quitte: Art der Gattung ↑Scheinquitte.

Japanischer Sternanis: Art der Gattung ↑Sternanis.

Japanmispel: svw. ↑Wollmispel.

Japanzeder (Sicheltanne, Cryptomeria): Gattung der Sumpfzypressengewächse mit der einzigen Art **Cryptomeria japonica** in Japan und Südchina; meist 30–40 m hoher Baum von schlankem, pyramidenförmigem Wuchs; Nadeln 6–12 mm lang, sichelförmig gekrümmt, steif; Zapfen kugelig, bis 3 cm lang; häufig als Zierbaum angepflanzt.

Jarrah [engl. 'dʒærə; aus einer austral. Sprache] (Jarra, Dscharrabaum, Eucalyptus marginata): bis 40 m hohe Eukalyptusart im SW Australiens, dort oft in Reinkultur **(Jarrahwälder)** auftretend; liefert ein rotes, sehr widerstandsfähiges Holz **(Jarrahholz)**. – ↑auch Eukalyptus.

Jasione: wissenschaftlicher Name der Gattung ↑Sandglöckchen.

Jasmin [durch span. Vermittlung aus gleichbed. arab. yāsmīn (von pers. yāsämīn)]:

◇ (Jasminum) Gattung der Ölbaumgewächse mit rund 200 Arten, meist in tropischen und subtropischen Gebieten; immergrüne oder laubabwerfende, kletternde oder windende Sträucher mit meist kantigen Zweigen; Blüten langröhrig, weiß, rosa oder gelb, z. T. stark duftend, meist in Trugdolden. Mehrere Arten werden als Zierpflanzen kultiviert, z. B. der winterharte, gelbblühende **Winter-J.** (Echter J., Jasminum nudiflorum), aus Nordchina; ein ab Januar blühender Strauch.

◇ (Falscher J.) anderer Name der Gattung ↑Pfeifenstrauch.

Jasminum: wissenschaftlicher Name der Gattung ↑Jasmin.

Jelängerjelieber: svw. Wohlriechendes Geißblatt (↑Geißblatt).

Jerichorose (Auferstehungspflanze, Rose von Jericho): Bez. für verschiedene Pflanzen, die durch hygroskopische Bewegungsmechanismen bei Trockenheit ihre Äste bzw. Hüllblätter nach innen rollen und bei Feuchtigkeit wieder öffnen; z. B. **Echte J.** (Anastatica hierochuntica), ein 10–20 cm hoher Kreuzblütler im Wüstengürtel von Südiran bis Marokko.

Jochalgen (Conjugales, Zygnematales): Ordnung der ↑Grünalgen mit 3–4 Familien (darunter ↑Zieralgen); mitunter auch als eigene Klasse **Conjugatophyceae** betrachtet. Die weltweit fast ausschließlich im Benthos oder Plankton des Süßwassers verbreiteten Algen sind Einzeller oder fadenförmige Algen, die keine begeißelten Fortpflanzungsformen ausbilden. Die vegetative Fortpflanzung erfolgt durch Zweiteilung. Bei der geschlechtlichen Fortpflanzung lagern sich zwei geschlechtsreife Zellen aneinander; die amöboid beweglichen Gameten können sich über einen Verbindungskanal (Joch) zwischen den beiden Zellen vereinigen.

Jochpilze (Zygomyzeten, Zygomycetales): Klasse niederer, vorwiegend saprophytisch, seltener parasitisch auf Pflanzen und Tieren lebender Pilze mit stark entwickeltem, vielkernigem Myzel, ohne Querwände; Zellwände aus Chitin; ungeschlechtliche Vermehrung durch Sporen und Konidien, geschlechtliche Vermehrung durch Gametangiogamie. Am bekanntesten ist die Gattung ↑Köpfchenschimmel.

Johannisbeere:

◇ Sammelbez. für alle unbestachelten Arten der Gattung ↑ Ribes (Familie Steinbrechgewächse); z. B. ↑ Rote Johannisbeere, ↑ Schwarze Johannisbeere.

◊ Bez. für die Beerenfrüchte der als Nutzpflanzen kultivierten Roten J. und Schwarzen J., die reich an Vitamin C, organischen Säuren und Zucker sind und zur Herstellung von Marmeladen, Säften und Wein verwendet werden.

Geschichte: Die J. wurde in Mitteleuropa erst um 1400 in Kultur genommen. Nordamerikanische Johannisbeerarten werden seit 1812 als Ziersträucher in Europa angepflanzt.

Johannisbrotbaum (Karobenbaum, Karrube, Ceratonia): Gattung der Caesalpiniengewächse im Mittelmeergebiet und in Arabien mit der einzigen Art **Ceratonia siliqua;** immergrüner Baum mit lederartigen Fiederblättern und winzigen Blüten in Trauben; zuckerhaltige, eßbare, geschlossen bleibende, bis 20 cm lange Hülsenfrucht **(Johannisbrot);** in subtropischen Ländern eine wichtige Futterpflanze.

Johanniskraut (Hartheu, Hypericum): Gattung der Johanniskrautgewächse mit über 300 Arten in gemäßigten und subtropischen Gebieten, in Deutschland rund zehn Arten; Kräuter oder Sträucher mit häufig durch Öldrüsen punktiert erscheinenden Blättern und meist gelben Blüten. Die in Deutschland verbreitetste Art ist das **Tüpfel-J.** (Echtes J., Hypericum perforatum), eine 30–60 cm hohe Staude, deren gelbe Blüten in Trugdolden stehen.

Johanniskrautgewächse (Hartheugewächse, Hypericaceae): Pflanzenfamilie v. a. in wärmeren Gebieten; meist holzige Pflanzen; Blüten mit zahlreichen, in 2–5 Bündeln zusammengefaßten Staubblättern.

Johannislauch: anderer Name der ↑ Winterzwiebel.

Jojoba [mexikan.] (Simmondsia): Gattung der Buchsbaumgewächse mit der einzigen immergrünen Art **Simmondsia californica,** verbreitet von Mexiko bis Kalifornien; rund 200 Jahre alt werdende, sehr tief im Boden wurzelnde Pflanze, die weitgehend unempfindlich gegen schädliche Umwelteinflüsse ist. J. eignet sich als Begrünungspflanze für sehr trockene Böden und ist gleichzeitig eine gute Futterpflanze. Aus den Früchten **(J.nüsse)** wird ein hochwertiges Öl gewonnen, das in der Technik, Kosmetikindustrie u. a. verwendbar ist.

Jonagold: ein Tafelapfel (↑ Apfelsorten, Übersicht S. 26).

Jonathan: ein Tafelapfel (↑ Apfelsorten, Übersicht S. 26).

Josefskraut: anderer name des ↑ Ysops.

Jubaea: wissenschaftlicher Name der Gattung ↑ Honigpalme.

Judasbaum (Cercis): Gattung der Caesalpiniengewächse mit sieben Arten, verbreitet von Südeuropa bis Ostasien und in Nordamerika; sommergrüne Bäume oder Sträucher mit nierenförmigen Blättern und in Büscheln stehenden Schmetterlingsblüten. Ein bekanntes Ziergehölz ist die bis 10 m hohe Art **Cercis siliquastrum** aus Südeuropa mit vor den Blättern erscheinenden, rosa- bis purpurroten, 2 cm großen Blüten und rotbraunen Fruchthülsen.

Judasohr (Holunderschwamm, Auricularia auricula-judae): an alten Holunderstämmen vorkommender Ständerpilz mit bis 10 cm breitem, muschel- bis ohrförmigem Fruchtkörper; Färbung dunkelbraun bis olivrot; ungenießbar.

Judenbart: Art der Gattung ↑ Steinbrech.

Judendorn: anderer Name der ↑Jujube.

Judenkirsche (Blasenkirsche, Physalis alkegengi): weitverbreitetes Nachtschattengewächs der Gattung Lampionblume; bis 60 cm hohe Staude mit kleinen, weißlichen bis gelblichen Blüten und roten, ungiftigen Beeren, die bei der Fruchtreife vom stark blasig aufgetriebenen, orangerot gefärbten Kelch umhüllt werden; Zierpflanze.

Juglandaceae: wissenschaftlicher Name der ↑Walnußgewächse.

Jujube [frz.] (Judendorn, Dornjujube, Ziziphus jujuba): Kreuzdorngewächs Ostasiens, von China bis zum Mittelmeergebiet kultiviert; Strauch oder kleiner Baum mit länglich-eiförmigen Blättern und achselständigen, gelben Blüten; Früchte (reif) braunrot bis schwärzlich, dattelähnlich, mit weißlichem, süßem Fruchtfleisch, eßbar **(chinesische Datteln).**

Juncaceae: wissenschaftlicher Name der ↑Binsengewächse.

Juncaginaceae: wissenschaftlicher Name der ↑Dreizackgewächse.

Juncago: wissenschaftlicher Name der Gattung ↑Dreizack.

Junceasenf: gleichbed. mit ↑Indischer Senf.

Juncus: wissenschaftlicher Name der Gattung ↑Binse.

Jungfer im Grünen: ein Hahnenfußgewächs (↑Gretel im Busch).

Jungfernrebe (Zaunrebe, Parthenocissus): Gattung der Weinrebengewächse mit rund 15 Arten in Nord- und Mittelamerika sowie in Süd- und Ostasien; sommer- oder immergrüne, z. T. (mit Ranken) kletternde Sträucher mit gefingerten oder gelappten Blättern, trugdoldigen Blütenständen und dunkelblauen bis schwarzen Beeren. Mehrere Arten mit auffallend roter Herbstverfärbung sind Zierpflanzen, z. B. der **Wilde Wein** (Parthenocissus quinquefolia), mit fünfzähligen Fiederblättern. – ↑auch Doldenrebe.

Juniperus: wissenschaftlicher Name der Gattung ↑Wacholder.

Junkerlilie (Asphodeline): Gattung der Liliengewächse mit rund 20 Arten im Mittelmeergebiet und Orient; Pflanzen mit Wurzelstöcken, lineal. Blättern und gelben oder weißen Blüten in langen, dichten, aufrechten Trauben. Einige Arten werden als Zierpflanzen kultiviert, z. B. die gelbblühende **Asphodeline lutea.**

Jupiterblume: eine Gartenpflanze (↑Lichtnelke).

Jute [angloind.] (Corchorus): Gattung der Lindengewächse mit rund 40 Arten in den Tropen; Kräuter oder Halbsträucher mit einfachen, gezähnten Blättern und gelben, achselständigen Blüten. Die beiden wichtigsten (aus Indien stammenden) Arten, die zur Gewinnung der Jutefasern angebaut werden, sind: **Rundkapsel-J.** (Corchorus capsularis), einjähriges, bis 4 m hohes Kraut mit fast kugeligen Kapselfrüchten; vorwiegend auf sehr feuchten Standorten; **Langkapsel-J.** (Gemüse-J., Corchorus olitorius), bis 5 m hohes Kraut mit schotenförmigen Kapseln; vorwiegend an trockenen Standorten; die jungen Sprossen und Blätter werden in vielen Ländern als Gemüse gegessen.

K

Kaffee ['kafe, auch (österr. nur): ka'fe:; durch roman. Vermittlung (frz. café, italien. caffè) aus türk. kahve, von arab. qahwa^h = Kaffee (auch = Wein)]: die ↑ Kaffeepflanze.

Kaffeebaum: die ↑ Kaffeepflanze.

Kaffeepflanze (Kaffee, Kaffeestrauch, Kaffeebaum, Coffea): Gattung der Rötegewächse paläotropischer Verbreitung (meist afrikanischer Herkunft) mit rund 60 Arten; Sträucher oder 4–6 m hohe Bäume; Blätter gegenständig, lederartig oder häutig; Blüten klein, weiß, oft wohlriechend, zu Büscheln gehäuft in den Blattachseln; Früchte kirschenähnliche Steinfrüchte **(Kaffeekirschen)** mit zwei bohnenförmigen oder einem rundlichen Samen **(Perlkaffee, Rundbohne),** die nach Entfernen der Hornschale (Endokarp) und der Silberhaut (Samenschale) die **Kaffeebohnen** (Rohkaffee) ergeben. Diese enthalten neben Theobromin und Theophyllin u. a. 0,7–2,5 % Koffein, 10–30 % fettes Öl, 0,7 % Zucker und Gerbstoffe. Das eigtl. Aroma entwikkelt sich erst beim Rösten. Auch die Blätter und die Rinde der K. enthalten Alkaloide.
Wichtigste Arten der K.: **Arabischer Kaffee** (Bergkaffee, Coffea arabica), ursprünglich wohl aus Äthiopien, heute allg. in den Tropen (v. a. in Brasilien) kultiviert; **Liberia-Kaffee** (Coffea liberica), aus dem tropischen Westafrika, heute v. a. in West- und Ostafrika, auf Ceylon und Java angebaut (wegen weniger guten Geschmacks selten im Handel); **Robusta-Kaffee** (Kongo-Kaffee, Coffea canephora), aus dem tropischen Afrika, angebaut v. a. in Westafrika, Indonesien und Indien. – Die wichtigsten Kaffeeproduzenten sind u. a. Brasilien, Kolumbien und die Elfenbeinküste. – Abb. S. 80.

Kaffeezichorie: svw. Gemeine Wegwarte (↑ Wegwarte).

Kaffernbrot (Encephalartos caffer): afrikanischer Palmfarn mit 2–3 m hohem, knollenartigem Stamm, der von holzigen Schuppen und Blattstielresten bedeckt ist; Wedel paarig gefiedert; Zapfen meist groß, ♂ Zapfen oft zu mehreren. Das Mark liefert Sago.

Kaffernhirse: anderer Name der ↑ Zuckerhirse.

Kaffernkorn (Kafir, Sorghum caffrorum): Art der Gattung Sorghumhirse; als Nutzpflanze im tropischen Afrika und im südlichen Nordamerika; Körner und grüne Pflanzen dienen als Viehfutter.

Kafir: gleichbed. mit ↑ Kaffernkorn.

Kahmhefen: sauerstoffliebende Hefen der Gattungen Mycoderma (auch als **Kahmpilze** bezeichnet), Pichia und Hansenula, die einem hautartigen Bewuchs auf der Oberfläche von [Kultur]flüssigkeiten **(Kahmhaut)** bilden. Sie besitzen nur eine geringe Fähigkeit zur alkoholischen Gärung und können in der Weinkellerei, bei der Essigherstellung und bei der für die Lebensmittelkonservierung eingesetzten Milchsäuregärung schädlich werden.

Kahmpilze ↑ Kahmhefen.

Kahnorchis (Cymbidium): Gattung epiphytischer oder terrestrischer Orchideen mit rund 50 Arten, verbreitet von Madagaskar bis Australien und Japan; Blätter kurz, schmal; Blüten meist gelb oder weiß mit braunroter Zeichnung, in langen Trauben.

Kaiserkrone: ein Liliengewächs (↑ Fritillaria).

Kaiserling (Amanita caesarea): eßbarer Lamellenpilz aus der Gattung Wulstlinge; Hut orangerot, Stiel, Lamellen und Manschette gelb; auf Sandböden unter Eichen in Süddeutschland. – Abb. S. 317.

Kakao [aztek.-span.]: der ↑ Kakaobaum.

Kakaobaum (Kakao, Kakaopflanze, Theobroma): Gattung der Sterkuliengewächse mit 20 Arten im tropischen Amerika; im Unterholz der Regenwälder wachsende immergrüne Bäume und Sträucher. Die wichtigste Art ist **Theobroma cacao** mit einer großen Anzahl von Zuchtformen (z. B. Criollo, Amazonasforastero und Trinitaro): bis 10 m hoher Baum mit knorrigem Stamm und breiter Krone; Blüten in Büscheln aus dem Stamm und aus den Ästen erscheinend (Kauliflorie), klein, gelblichweiß oder rötlich; Früchte gurkenförmig, 10–20 cm lang, gelb oder rotbraun, mit 30–50 weißlichen Samen **(Kakaobohnen)**, die zu Kakao verarbeitet werden. Die Samen enthalten 40–53 % Fett, 15 % Eiweiß, 8 % Stärke, 7 % Gerbstoffe, die Alkaloide Theobromin (1–2 %) und Koffein (0,2–0,3 %). – Die wichtigsten Kakaoproduzenten sind die Elfenbeinküste, Brasilien, Ghana, Nigeria und Kamerun. – Abb. S. 80.

Kakaopflaume: svw. Ikakopflaume (↑ Goldpflaume).

Kakibaum: svw. ↑ Kakipflaume.

Kakipflaume (Chinesische Dattelpflaume, Kakibaum, Diospyros kaki): chinesisches und japanisches Ebenholzgewächs; bis 14 m hoher Obstbaum, der heute in vielen tropischen und subtropischen Gebieten (auch im Süden Europas, bis zum Rheintal) kultiviert wird; Blätter länglichoval, Blüten gelblich bis weiß; Früchte 4–7 cm groß, tomatenartig, gelb bis orange, sehr saftig und süß. Das Holz **(Dattelpflaumenholz)** wird in der Kunsttischlerei verwendet. – Abb. S. 74.

Kakteen: svw. ↑ Kaktusgewächse.

Kaktusgewächse [lat. cactus, von griech. káktos] (Kakteen, Cactaceae): Pflanzenfamilie mit über 2 000 Arten in den tropischen und subtropischen Wüsten und Steppen Amerikas; fast ausschließlich Pflanzen mit wasserspeicherndem Stamm (Stammsukkulenten) und dornigen, borstigen oder behaarten reduzierten Kurztrieben (sog. Areolen); Blüten meist einzeln, werden von Insekten, Vögeln oder Fledermäusen bestäubt; Stämme bzw. Sprosse vielgestaltig, z. B. schlangenförmig (↑ Schlangenkaktus; darunter die ↑ Königin der Nacht), rutenförmig (↑ Rutenkaktus), säulenförmig (↑ Säulenkaktus), kugelig (↑ Igelkaktus), abgeflacht (↑ Opuntie) oder gegliedert (↑ Gliederkaktus). Einige K. sind Nutzpflanzen, z. B. Feigenkaktus (↑ Opuntie) und der ↑ Riesenkaktus, andere Arten liefern Drogen (z. B. die Kakteenart Lophopora williamsii das Halluzinogen Peyotl). Viele K. sind wegen ihrer Anspruchslosigkeit als Zier- und Treibhauspflanzen beliebt.

Kalabarbohne [nach der nigerian. Hafenstadt Calabar] (Physostigma vernosum): Schmetterlingsblütler im tropischen Afrika; die dunkelroten, bohnenförmigen Samen enthalten giftige Alkaloide (u. a. Physostigmin), die u. a. in der Augenheilkunde als pupillenverengendes Mittel verwendet werden.

Kalamiten [zu griech. kálamos = Rohr; Halm] (Calamitaceae): besonders im Karbon (vor rund 300 Mill. Jahren) weit verbreitete, seit etwa 250 Mill. Jahren (dem Perm) ausgestorbene Pflanzenfamilie, aus der die Schachtelhalmgewächse hervorgegangen sind; bis 30 m hohe Bäume, die waldartige Bestände in Verlandungszonen der Gewässer bildeten. Die K. (besonders aus der Gattung **Calamites**) stellten einen wichtigen Bestandteil der Steinkohlenwälder dar und hatten einen wesentlichen Anteil an der Kohlebildung.

Kalanchoe [...ço-e...; griech.]: Gattung der Dickblattgewächse, v. a. auf Madagaskar; Stauden oder Halbsträucher; Blätter gegenständig, fleischig; Blüten vierzählig, in vielblütigen Trugdolden, weiß, gelb oder rot. Zahlreiche Arten und Sorten werden als Topfpflanzen und Schnittblumen kultiviert.

Kälberkropf (Kälberkern, Chaerophyllum): Gattung vorwiegend weiß blühender Doldengewächse mit rund 35 Arten, verbreitet von Europa bis Mittelasien, wenige Arten in Nordamerika. In Deutschland kommen fünf Arten vor, v. a. in feuchten Wäldern, in Unkrautgesellschaften und an Ufern; z. B. der häufige **Rauhhaarige K.** (Chaerophyllum hirsutum), mit rauhhaarigen Stengeln und borstigen Blättern; der giftige **Taumelkerbel** (Taumel-K., Hecken-K., Chaerophyllum temulum), mit meist violett gefleckten oder schmutzigrot überlaufenen Stengeln; der bis 2 m hohe **Knollenkerbel** (Erdkastanie, Erdknolle, Knolliger K., Chaerophyllum bulbosum), mit walnußgroßer Knolle.

Kalebassenbaum (Crescentia): Gattung der Bignoniengewächse mit fünf Arten im tropischen Amerika; Bäume mit trichterförmigen, von Fledermäusen bestäubten Blüten und großen, hartschaligen Früchten, die zur Herstellung von Kalebassen verwendet werden.

Kalkalgen: Bez. für verschiedene Arten der Blau-, Rot- und Grünalgen, die als Strukturbestandteil der Zellwand oder an deren Oberfläche Calciumcarbonat ablagern. Marine K. waren und sind maßgeblich am Aufbau der Korallenriffe beteiligt; K. des Süßwassers sind Kalktuffbildner.

Kalkaster: anderer Name der Bergaster (↑ Aster).

Kalkflagellaten (Kokkolithophoriden, Coccolithophorales): Ordnung der Goldbraunen Algen mit rund 200 Arten. Die 5–30 µm großen, meeresbewohnenden pflanzlichen ↑ Flagellaten sind meist kugelförmige Organismen, die von einem Panzer aus calcithaltigen Plättchen oder Stäbchen **(Kokkolithen)** umhüllt sind. Vom Jura bis zur Gegenwart bekannt, haben die K. einen wesentlichen Anteil an der Bildung gewisser Kalksedimente, z. B. der Schreibkreide (bis 800 Mill. Kokkolithen pro cm^3 Gestein).

Kalmia: wissenschaftlicher Name der Gattung ↑ Lorbeerrose.

Kalmus [griech.-lat., eigtl. = Rohr] (Acorus): Gattung der Aronstabgewächse mit zwei Arten in den gemäßigten und subtropischen Gebieten der Nordhalbkugel; Sumpf- oder Wasserpflanzen. Bekannteste Art ist der aus Asien und Amerika stammende, in fast ganz Europa eingebürgerte **Echte K.** (Deutscher Ingwer, Acorus calamus), an Ufern von Teichen, Seen und Flüssen; mit oft über 1 m langen, schwertförmigen Blättern; Blütenkolben 10–20 cm lang, frei hervorragend; Hüllblatt (Spatha) blattartig, grün. Die Wurzeln enthalten das nach Balsam duftende **K.öl** (Calmusöl), das v.a. in der Parfümindustrie verwendet wird.

Kamelie [nach dem Brünner Jesuitenpater und Missionar G.J. Camel (* 1661, † 1706), der diese Pflanze aus Japan nach Europa brachte] (Kamellie, Camellia): Gattung der Teestrauchgewächse mit rund 80 Arten in Ostasien; immergrüne Sträucher oder Bäume; Blüten weiß, rosafarben, rot oder bunt; Früchte holzige Kapseln. Bekannteste Arten sind der ↑Teestrauch und die als Zierpflanze kultivierte **Chinarose** (K. im engeren Sinne, Camellia japonica): Strauch oder bis 15 m hoher Baum; in Korea, Japan und Nordchina. – Abb. S. 160.

Kamille [in mhd. Zeit aus mlat. camomilla entlehnt, das über lat. chamaemelon auf griech. chamaímēlon (eigtl. = Erdapfel; wohl nach dem apfelähnlichen Duft der Blüten) zurückgeht] (Matricaria): Gattung der Korbblütler mit rund 50 Arten, v.a. im Mittelmeergebiet, aber auch in Asien und Südafrika; ein- bis mehrjährige Kräuter mit weißen oder gelben Blüten und fiederartig zerteilten Blättern. Die bekannteste Art ist die aus dem Ostmittelmeergebiet eingebürgerte **Echte K.** (Feldkamille, Matricaria chamomilla), ein einjähriges, aromatisch duftendes Kraut mit weißen Zungenblüten und gelben Röhrenblüten. Wegen der Inhaltsstoffe (u.a. ätherisches Öl, Glykoside) finden die getrockneten Blütenköpfchen medizinische Verwendung. – ↑auch Hundskamille. – Abb. S. 78.

Kammgras (Cynosurus): Gattung der Süßgräser mit acht Arten in Europa, besonders in den Mittelmeerländern; häufigste deutsche Art: **Wiesen-K.** (Cynosurus cristatus), bis 60 cm hohes Horstgras mit fruchtbaren und sterilen Ährchen (letztere mit kammförmiger Spelzenanordnung).

Kammschmiele: ein Süßgras (↑Schillergras).

Kampferbaum (Cinnamomum camphora): chinesisches und japanisches Lorbeergewächs der Gattung Zimtbaum; bis 40 m hoher Baum mit lederartigen, glänzenden, beim Zerreiben stark nach Kampfer riechenden Blättern; Hauptlieferant des natürlichen Kampfers; wird v.a. in Taiwan, Ostafrika und auf Ceylon kultiviert, z.T. auch in den Mittelmeerländern als Zierbaum angepflanzt.

Kanadische Goldrute: ein Korbblütler (↑Goldrute).

Kanaribaum [malai.; dt.] (Canarium): Gattung der Balsambaumgewächse mit rund 80 Arten in Südasien und Afrika; teilweise riesige Bäume, die ein hervorragendes Holz und die z.T. in der Medizin und in der Technik verwendeten Harze Elemi und Kopal liefern; einige Arten haben stark ölhaltige Früchte und Samen.

Kanariengras: ein Süßgras (↑Glanzgras).

Kanarische Kiefer (Pinus canariensis): auf den Kanarischen Inseln heimische Art der Gattung ↑Kiefer; bis 30 m hoher Baum mit maximal 30 cm langen Nadeln; wegen seines sehr dauerhaften, wetterfesten, zu Bauzwecken verwendbaren Holzes wirtschaftlich wichtig, heute bei Aufforstungen im Mittelmeerraum, in Südafrika, Australien und Kalifornien angepflanzt.

Kandelaberwolfsmilch (Kandelabereuphorbie):

◇ Art der Gattung ↑Wolfsmilch.

◇ Bez. für verschiedene sukkulente Arten der Gattung Wolfsmilch, die v.a. im Alter eine kandelaberartige Verzweigung der Äste aufweisen.

Kaneelbaumgewächse (Canellaceae): Pflanzenfamilie mit rund 20 baumförmigen Arten in den Tropen und Subtropen Nordamerikas; am bekanntesten ist der ↑Zimtrindenbaum.

Kanellabaum: anderer Name des ↑Zimtrindenbaums.

Kannenpflanze (Kannenstrauch, Nepenthes): einzige Gattung der **Kannenstrauchgewächse** (Nepenthaceae) mit über 70 Arten,, v. a. im tropischen Asien und in Australien; fleischfressende, kletternde, teilweise epiphytische Sträucher, häufig mit Blattranken; Blätter (ausgewachsen) meist in einen blattartigen Blattgrund, einen Blattstiel (Ranke) und eine der Spreite entsprechende „Kanne" mit Deckel gegliedert. In der Kanne befindet sich eine von Drüsen ausgeschiedene, eiweißspaltende Enzyme enthaltende Flüssigkeit, in der die in die Kanne geglittenen Tiere ertrinken und zersetzt werden. K.n werden in vielen Hybriden als Zierpflanzen kultiviert. – Abb. S. 158.

Kannenstrauch: anderer Name der ↑Kannenpflanze.

Kanoezeder ['ka:nu]: svw. Riesenlebensbaum (↑Lebensbaum).

Kanonierblume (Kanonierpflanze, Pilea): Gattung der Nesselgewächse mit rund 200 Arten in den Tropen (außer Australien); Kräuter mit gegenständigen Blättern; Blüten getrenntgeschlechtig, in achselständigen Trugdöldchen. Bei Benetzung mit Wasser öffnen sich die kurz vor dem Aufblühen stehenden Blütenknospen, wobei sich die Staubfäden zurückbiegen und dabei den Blütenstaub fortschleudern. Einige Arten werden als Zimmerpflanzen kultiviert.

Kaperngewächse (Kapernstrauchgewächse, Cappar[id]aceae): Familie tropischer und subtropischer Pflanzen mit rund 800 Arten, darunter der Echte ↑Kapernstrauch und die Spinnenpflanze (↑Senfklapper).

Kapernstrauch (Capparis): Gattung der Kaperngewächse mit rund 250 tropischer und subtropischer Arten; Bäume oder kletternde, dornige Sträucher mit einfachen Blättern und meist weißen Blüten. Die bekannteste Art ist der im Mittelmeergebiet heimische **Echte K.** (Capparis spinosa), ein dorniger, bis 1 m hoher Felsenstrauch mit rundlichen, blaugrün bereiften Blättern und großen, weißen Blüten. – Die etwa erbsengroßen, grünlichbraunen Blütenknospen werden (in Salzlake, Essig oder Öl konserviert) v. a. als Gewürz **(Kapern)** verwendet. – Abb. S. 77.

Kapernstrauchgewächse: ↑Kaperngewächse.

Kapokbaum (Baumwollbaum, Wollbaum, Ceiba): Gattung der Wollbaumgewächse mit rund 20 Arten in den Tropen. Die bekannteste Art ist der **Echte K.** (Ceiba pentandra): bis über 50 m hoch werdender Baum (im Alter oft mit mehrere Meter hohen Brettwurzeln); Blätter handförmig gefiedert; Frucht eine bis 15 cm lange Kapsel, deren innere Fruchtwand mit glatten, weißen bis gelblichen Haaren besetzt ist, die das als Polster-, Füll- und Isoliermaterial sowie in der Papierherstellung verwendete **Kapok** liefern. Die etwa 24% Öl enthaltenden Samen liefern das zu technischen und Speisezwekken verwendete **Kapoköl.** Das weiche Holz ist für Kisten-, Spielzeug- und Blindholz geeignet.

Kapuzinerkresse (Blumenkresse, Tropaeolum): Pflanzengattung mit 80 Arten in Südamerika, v. a. in den Anden; meist kletternde, ein- oder mehrjährige Kräuter. Die am häufigsten kultivierte Art ist die **Große K.**

(Tropaeolum majus): Blätter schildförmig; Blüten orangefarben bis goldgelb, mit kaum gekrümmtem Sporn; beliebte Zierpflanzen für Zäune, Mauern und Balkongitter. Die in Essig eingelegten Knospen werden als Ersatz für Kapern verwendet.

Kardamom [griech.-lat.]: Bez. für zwei Arten der Ingwergewächse: für den v. a. an der indischen Malabarküste vorkommenden **Malabar-K.** (Elettaria cardamomum) und für den auf Ceylon beheimateten **Ceylon-K.** (Elettaria major); dort sowie auf Java, den Westindischen Inseln und in Guatemala kultiviert; 2–4 m hohe Stauden; Frucht eine bräunliche Kapsel. Die Samen enthalten ein würzig riechendes, ätherisches Öl und werden als Gewürz (**Kardamom**; brennend würziger Geschmack) für Lebkuchen und Spekulatius verwendet (auch Bestandteil von Curry).

Karde [italien. carda, von lat. carduus = Kardendistel] (Dipsacus): Gattung der Kardengewächse mit 15–20 Arten im Mittelmeergebiet, in Westasien und im tropischen Afrika, wenige Arten auch in Mitteleuropa; oft distelartige Pflanzen mit großen, verlängerten Köpfchen und starren Spreublättern. In Deutschland kommen u. a. die **Behaarte K.** (Dipsacus pilosus; in Auwäldern; mit gelblichweißen Blüten) und die **Wilde K.** (Dipsacus silvester; an Ufern, Dämmen und Wegrändern; mit lila Blüten) vor. Die voll entwickelten, vor dem Aufblühen geernteten Blütenköpfe der nur als Kulturform bekannten **Weber-K.** (**Kardendistel**, Dipsacus sativus) werden getrocknet in der Spinnerei zur Faseraufbereitung und zum Aufrauhen von Wollgewebe verwendet.

Kardendistel ↑ Karde.

Kardengewächse (Dipsacaceae): Pflanzenfamilie mit rund 270 Arten, v. a. im Mittelmeerraum und in Vorderasien; meist ausdauernde Kräuter, selten Halbsträucher mit gegenständigen Blättern; Blüten in von Hochblättern umhüllten Köpfchen. In Deutschland kommen u. a. die Gattungen ↑ Skabiose, ↑ Knautie, ↑ Karde vor.

Kardone (Cardy): Stammform der ↑ Artischocke.

Kardunkelartischocke: svw. Kardone (↑ Artischocke).

Kardyartischocke: svw. Kardone (↑ Artischocke).

Karfiol: süddt. und österr. Bez. für ↑ Blumenkohl.

Karibische Kiefer (Karibenkiefer, Pinus caribaea): wirtschaftlich wichtige Kiefernart, verbreitet auf den Westindischen Inseln und an den Küsten Mittelamerikas; 15–30 m hoher Baum mit meist breiter Krone; Nadeln meist zu dreien, 15–25 cm lang; Zapfen kegelförmig, 5–10 cm lang.

Karlszepter: ein Rachenblütler (↑ Läusekraut).

Karnaubapalme [portugies. carnauba, Pflanzenname indian. Ursprungs] (Carnaubapalme, Copernicia cerifera): bis 12 m hohe Fächerpalme im tropischen Südamerika; Blätter bis 1,5 m breit (werden für Flechtwerk verwendet); Beerenfrüchte eßbar. Die Blattoberfläche ist mit einer Wachsschicht überzogen, aus der Autowachse, Schuhcremes und sonstige Lederpflegemittel hergestellt werden.

Karobenbaum: anderer Name des ↑ Johannisbrotbaums.

Karotte [niederl. karote, aus frz. carotte, von griech. karōtón = Möhre] (Gelbe Rübe, Gartenmöhre, Mohrrübe, Daucus carota ssp. sativus): Kulturform der Möhre mit orangegelber, rübenförmiger Wurzel, die in eine hellere Innenzone (Holzkörper) und dunklere Außenzone (sekundäre Rinde) untergliedert ist; wichtige Gemüsepflanze mit hohem Gehalt an Carotin. Die K. ist eine sehr alte Kulturpflanze (bereits Dioskurides erwähnt sie im 1. Jahrhundert n. Chr.).

Karrube: anderer Name des ↑Johannisbrotbaums.

Kartäusernelke: eine Nelkenart (↑Nelke).

Kartoffel [umgebildet aus älterem Tartuffel, Tartüffel, aus italien. tartufo, tartufolo, eigtl. = Trüffel (die Benennung beruht also auf einer Verwechslung der K. mit den knollenartigen Fruchtkörpern der Trüffel)] (Solanum tuberosum, K.pflanze): wirtschaftlich wichtigste Art der Gattung Nachtschatten aus Südamerika; mehrjährige (in Kultur einjährige) krautige Pflanze mit kantigen Stengeln, unterbrochen gefiederten Blättern, weißen oder blaßvioletten Blüten und grünen, giftigen Beerenfrüchten. Die unterirdischen Ausläufer bilden Sproßknollen (**Kartoffeln,** Erdäpfel, Erdbirnen, Grundbirnen) aus. Diese speichern Reservestoffe, insbesondere Stärke (10–30%). Anbaugebiete sind die subtropischen und gemäßigten Regionen aller Erdteile (Hauptanbaugebiete: UdSSR, Mittel- und Osteuropa). – Je nach Verwendungszweck unterscheidet man zwischen Speise-, Futter-, Wirtschafts- und Saat-K.n (Pflanz-K.), nach der Reifezeit zwischen Früh-, Mittel- und Spätkartoffeln.

Die Vermehrung der K. erfolgt in der Regel vegetativ; Anzucht aus Samen im Frühbeet ist möglich. In unseren Breiten werden K.n etwa Ende April/Anfang Mai in Reihen in den vorbereiteten Boden gelegt. Jede dazu verwendete Knolle muß mindestens eine Knospe (Auge) haben; diese Knospen wachsen dann zu Laubtrieben aus. Nachdem die Laubtriebe den Boden durchbrochen haben, werden die K.n angehäufelt, um ein stärkeres Ausläuferwachstum anzuregen. Die Ausläufer wachsen zuerst in die Länge, dann folgt ein primäres Dickenwachstum, und die Knollenbildung beginnt. Gegen Ende der Vegetationsperiode sterben die oberirdischen Laubtriebe ab. An den Knollen reißt die Epidermis auf und löst sich in Stücken ab. Auch die unterirdischen Ausläufer sterben ab, und die Knollen lösen sich von der Pflanze. Nun beginnt das Ernten.

Die wichtigsten Erzeugerländer sind UdSSR, Polen, China, USA, Indien, DDR und die BR Deutschland.

Krankheiten und Schädlinge: Neben einigen umweltbedingten Krankheiten (z. B. Eisenfleckigkeit, Kindelbildung, Knöllchensucht) kann der K.anbau durch Befall mit Viren, Bakterien und niederen Pilzen stark beeinträchtigt werden, die u. a. Knollenfäule, Krautfäule, K.krebs, K.schorf, Schwarzbeinigkeit, Dürrflecken- und Wurzeltöterkrankheit hervorrufen. Unter den tierischen Schädlingen der K. sind in erster Linie Kartoffelälchen, Kartoffelkäfer, Kartoffelbohrer, Kartoffelerdfloh und Kartoffelmotte zu nennen.

Geschichte: Die Kultur der K. durch Indianer der Hochanden ist durch Ausgrabungen bereits für die Nazca- und Mochekultur nachgewiesen. Die spanischen Eroberer lernten die K. in Südamerika kennen und brachten sie 1526 nach Spanien. Die älteste botanische Beschreibung der K. stammt von dem deutschen Arzt und Botaniker J. Th. Tabernaemontanus (1585). Während des Dreißigjährigen Krieges wurde die K. in Mitteleuropa gelegentlich angebaut.

Der entscheidende Aufschwung setzte jedoch erst im Siebenjährigen Krieg unter oft zwangsweiser Förderung durch die Landesfürsten – besonders durch Friedrich II. den Großen, in Pommern und Schlesien – ein. Seit den Napoleonischen Kriegen ist die Kartoffel in Europa eines der Hauptnahrungsmittel.

Kartoffelbofist (Kartoffelbovist, Scleroderma aurantium): giftiger, kartoffelknollenähnlicher, schmutzig weißgelber, 3–10 cm großer Bauchpilz mit lederartiger, gekörnter, grob beschuppter oder rissiger Hülle; in Wäldern, auf Heiden, bes. auf torfigem Untergrund; widerlicher, stechender Geruch beim Durchschneiden.

Käsepappel: anderer Name der Wegmalve (↑ Malve).

Kassave: anderer Name des Maniokstrauchs (↑ Maniok).

Kassiaakazie (Acacia farnesiana): vermutlich aus Indien stammende Akazienart; dorniger Strauch mit doppelt gefiederten Blättern und kleinen, gelben Blüten, aus denen ein bei der Parfümherstellung verwendetes Öl **(Kassiablütenöl)** gewonnen wird, weswegen die K. heute häufig in den Tropen und Subtropen angepflanzt wird (in Europa besonders Südfrankreich, Italien).

Kassie [fälschlich von lat. cassia, casia (von griech. kasía) = Zimtbaum] (Cassia): Gattung der Caesalpiniengewächse mit rund 500 Arten in wärmeren Gebieten (mit Ausnahme der Mittelmeerländer); Bäume, Sträucher oder Kräuter mit paarig gefiederten Blättern und meist gelben Blüten; Frucht eine röhrenförmige oder flache Hülse. In den Tropen häufig kultiviert wird die **Röhren-K.** (Cassia fistula), deren bis 60 cm lange, eßbare Früchte als Manna bezeichnet werden. In der Volksmedizin werden die getrockneten, sennosidhaltigen Blätter **(Sennesblätter)** und Früchte **(Sennesschoten)** von zwei weiteren K.arten als Abführmittel verwendet.

Kastanie [griech.-lat.]:

◇ (Castanea) Gattung der Buchengewächse mit zwölf Arten in der gemäßigten Zone; bekannteste Art ↑ Edelkastanie.

◇ allg. Bez. für die Arten der ↑ Roßkastanie, für die ↑ Edelkastanie sowie für deren Früchte.

Katalpa: wissenschaftlicheer Name der Gattung ↑ Trompetenbaum.

Katappenbaum [malai. catappan = Katappenbaum] (Katappaterminalie, Indischer Mandelbaum, Almond catappa, Terminalia catappa): tropische Art der Gattung ↑ Almond; meist an Stränden wachsender Baum mit etagenförmigem Aufbau der Äste. Die eßbaren Samen der spindelförmigen Früchte schmecken mandelartig. Die Rinde ist reich an Gerbstoffen.

Kathstrauch [arab. qāt (Pflanzenname)] (Catha edulis): Art der Spindelbaumgewächse, verbreitet vom Süden der Arabischen Halbinsel bis zum Kapland; Strauch mit ledrigen, kerbig gesägten Blättern und kleinen, fünfzähligen Blüten in kurzen, blattachselständigen Blütenständen. Bes. die anregende Alkaloide enthaltenden Blätter werden gekaut, oder es wird daraus ein teeartiger Aufguß bereitet.

Katzenminze (Katzenkraut, Nepeta): Gattung der Lippenblütler mit rund 150 Arten, v. a. in den gemäßigten Regionen Eurasiens; Kräuter mit end- oder achselständigen Blüten. In Deutschland kommen zwei Arten vor, darunter die **Echte K.** (Nepeta cataria) mit gelblich- oder rötlichweißen Blüten. Einige Arten werden als Zierpflanzen verwendet.

Katzenpfötchen (Antennaria): Gattung der Korbblütler mit rund 50 Arten weltweiter Verbreitung (außer Afrika); niedrige, rasenförmig wachsende Stauden mit vielblütigen Blütenköpfchen; bekannteste einheimische Art: **Gemeines K.** (Antennaria dioica), auf Heiden, in trockenen Wäldern und auf Magermatten; mit silbrig behaarten Blättchen und rosafarbenen (♀) oder gelblichweißen (♂) Blütenköpfchen.

Kaukasusefeu: ein Araliengewächs (↑ Efeu).

Kauliang [chin.] (Kaoliang, Sorghum nervosum): Art der Gattung Sorghumhirse; als wichtiges Getreide in Ostasien, v. a. in China, angebaut (meist zur Gewinnung von Mehl).

Kaurifichte: anderer Name der ↑ Kopalfichte.

Kautschukbaum (Gummibaum): Name mehrerer Kautschuk liefernder Baumarten aus verschiedenen Familien (besonders der Wolfsmilchgewächse), darunter der Ceara-K. (↑ Manihot) und der ursprünglich im tropischen Amerika heimische, heute in allen tropischen Ländern kultivierte ↑ Parakautschukbaum (Hevea brasiliensis). Der als Ausgangsprodukt für den Kautschuk verwendete Milchsaft befindet sich v. a. in der Rinde (ein voll entwickelter Baum liefert ab dem 7. Jahr während der etwa sechsmonatigen Zapfzeit 8–5 kg Kautschuk). Aus den Samen (über 40% Öl) wird das **K.öl** gewonnen.

Kawapfeffer: Art der Gattung ↑ Pfeffer.

Kellerhals: svw. Gemeiner ↑ Seidelbast.

Kellerschwamm (Brauner K., Warzenschwamm, Coniophora cerebella): im Freien und auf verbautem Holz lebender Ständerpilz; Fruchtkörper mit warziger Oberfläche, krustenartig das Holz überziehend; Holzschädling, der durch Zelluloseabbau die mechanische Festigkeit des Holzes zerstört.

Kenaf: anderer Name der Art ↑ Gambohanf.

Kerbel (Anthriscus): Gattung der Doldengewächse mit 13 Arten in Europa und im Orient; ein-, zweijährige oder ausdauernde Kräuter mit fiederschnittigen Blättern und weißlichen bis weißen Doldenblüten. In Deutschland kommen drei Arten vor, u. a. der **Wiesen-K.** (Anthriscus silvestris): 60–150 cm hoch; mit kantigem, gefurchtem Stengel. Einige Arten werden als Gewürzpflanzen kultiviert, v. a. der **Garten-K.** (Anthriscus cerefolium): mit bis 60 cm hohem, gerilltem Stengel; wird als Gewürz für Suppen und Salate verwendet.
Nicht in diese Gattung gehören der Knollen- und Taumelkerbel (↑ Kälberkropf).

Kermesbeere [span. carmesi, von arab. qirmizīy = (roter Farbstoff der) Schildlaus] (Phytolacca): Gattung der **Kermesbeergewächse** (Phytolaccaceae) mit rund 35 Arten, meist in den Tropen und Subtropen; Kräuter und Holzpflanzen mit kerzenartigen Blütenständen und meist saftigen, beerenähnlichen, dunkelroten bis schwarzen Früchten. Hauptsächlich in Weinbaugebieten wird vielfach die bis 3 m hohe **Amerikanische K.** (Phytolacca americana) kultiviert; der dunkelrote Saft der Beeren wird im Mittelmeergebiet und in Westasien als Färbemittel, z. B. für Rotwein und Zuckerwaren, verwendet.

Kermeseiche (Scharlacheiche, Quercus coccifera): strauchig wachsende Eichenart an der Mittelmeerküste; mit immergrünen, am Rand stacheligen Blättern.

Kerner: seit 1969 sortengeschützte neue Rebsorte, gezüchtet aus blauem Trollinger und weißem Riesling; ergibt frische, rieslingähnliche Weißweine mit leichtem Muskatbukett.

Kẹrrie [...i-ə; nach dem brit. Gärtner W. Kerr, † 1814] (Goldröschen, Goldnessel, Kerria japonica): in China heimische Art der Rosengewächse; sommergrüner Strauch mit eirunden, lang zugespitzten, grob gesägten Blättern und großen, einzelnstehenden, goldgelben Blüten. Neben der einfachblühenden Stammart wird v. a. die gefülltblühende Form in Gärten kultiviert.

Kerzenbaum (Parmentiera cerifera): ausgedehnte Wälder bildendes Bignoniengewächs in Panama; Strauch oder kleinerer Baum mit dreizähligen Blättern und am Stamm stehenden, glockigen Blüten (Kauliflorie); Früchte gelb, bis meterlang, kerzenähnlich, als Viehfutter verwendet.

Kerzennußbaum: ein Wolfsmilchgewächs († Lackbaum).

Keulenbärlapp: svw. Kolbenbärlapp († Bärlapp).

Keulenbaum (Kasuarine, Casuarina): einzige Gattung der Kasuarinengewächse mit rund 40 Arten, hauptsächlich in Australien und Neukaledonien. Bekannt ist die in den Tropen zur Befestigung sandiger Küsten angepflanzte **Strandkasuarine** (Casuarina equisetifolia), ein bis 25 m hoher Baum mit dünnen, überhängenden, hellgrünen Zweigen.

Keulenlilie (Cordyline): Gattung der Liliengewächse mit rund 20 Arten, v. a. in Südasien, Polynesien und im trop. Australien; Bäume, Sträucher oder Halbsträucher mit schwertförmigen, zu einem dichten Schopf zusammenstehenden Blättern; Blüten in reichverzweigten Rispen. Mehrere Arten werden als Gewächshaus-, Wintergarten- oder Zimmerpflanzen kultiviert.

Keulenpilz (Keulenschwamm, Ziegenbart, Bocksbart, Korallenpilz, Clavaria): mit rund 150 Arten weltweit verbreitete Gattung der Ständerpilze; Fruchtkörper entweder keulenförmig oder (durch reich verzweigte Verästelung) korallenartig. Zur ersteren Gruppe gehören z. B. die 8–20 cm hohe, ockergelbe bis gelbbräunliche **Herkuleskeule** (Clavaria pistillaris; in Laubwäldern) und die dieser ähnliche, bis 15 cm hohe **Gestutzte Keule** (Clavaria truncata; in Nadelwäldern); beide Arten sind nur jung genießbar. Die bekannteste Art der korallenartig verzweigten K.e ist der bis 20 cm hohe **Hahnenkamm** (Traubenziegenbart, Rötliche Koralle, Clavaria botrytis): v. a. in Laubwäldern; Fruchtkörper weißlich bis gelblich, mit dichtverzweigten Endästen, die in der Jugend fleischrot, im Alter ockergelb gefärbt sind; Pilz jung eßbar. – Abb. S. 315.

Keulenschmiele: die Süßgrasgattung † Silbergras.

Keulenschwamm † Keulenpilz.

Keuschlamm: ein Eisenkrautgewächs († Mönchspfeffer).

Khạya [afrikan.]: Gattung der Zedrachgewächse mit zehn Arten im trop. Afrika und auf Madagaskar; meist bis 30 m hohe Bäume, deren Stämme das **Afrikanische Mahagoni** (K. im engeren Sinn) liefern, ein rotbraunes, durch eingelagerte Gerbstoffe vor Verrottung geschütztes Holz, das für Furniere, Möbel, Parkett und im Bootsbau verwendet wird.

Kicher (Deutsche K.): gleichbed. mit † Saatplatterbse.

Kichererbse (Cicer arietinum): ein Schmetterlingsblütler mit gefiederten Blättern und weißlichen oder violetten Blüten; wird häufig in Mittelmeerländern, Mittel- und Südasien sowie in Lateinamerika angebaut, wo ihre Samen wie Erbsen als Gemüse gegessen werden.

Kiefer (Pinus): Gattung der Kieferngewächse mit mehr als 80 Arten auf der Nordhalbkugel, im Süden bis Mittelamerika, Nordafrika und Indonesien; immergrüne Bäume mit nadelförmigen Blättern, die meist zu 2–5 an Kurztrieben stehen; ♂ Blüten achselständig, ährig gehäuft, ♀ Blüten in Zapfen mit holzigen Zapfenschuppen; Samen zu je zwei unter einer Schuppe, meist geflügelt. – Zahlreiche Arten der K. sind wichtige Waldbildner und von erheblicher wirtschaftlicher Bedeutung (Holz, Terpentin, Kolophonium). Eine große Zahl von Arten und Sorten findet als Zierbäume und Ziersträucher Verwendung. Die wichtigsten Arten sind: ↑Waldkiefer, ↑Bergkiefer, ↑Aleppokiefer, ↑Pinie, ↑Strandkiefer, ↑Schwarzkiefer, ↑Rumelische Kiefer, ↑Arve, ↑Karibische Kiefer, ↑Kanarische Kiefer, ↑Weymouthskiefer, ↑Tränenkiefer, ↑Grannenkiefer.

Charakteristisch für das *Holz* sind der dunklere Kern im gelblichen Splintholz und zahlreiche Harzgänge; Verwendung für Möbel und Furniere.

Geschichte: Die K. wird in der Literatur bis etwa 1800 häufig mit Tanne und Fichte verwechselt. Harz, Pech und Terpentin wurden in der griechischen und römischen Antike wahrscheinlich auch aus Kiefernarten gewonnen. Das Harz diente u. a. zur Konservierung des Weins (Retsinawein der Griechen).

Kieferngewächse (Pinaceae): wichtigste und größte Familie der Nadelhölzer mit neun Gattungen auf der gesamten Nordhalbkugel; u. a. ↑Douglasie, ↑Fichte, ↑Hemlocktanne, ↑Lärche, ↑Zeder, ↑Kiefer und ↑Tanne.

Kieselalgen (Diatomeen, Diatomeae): mit rund 10 000 Arten in Süß- und Meeresgewässern weltweit verbreitete Ordnung der ↑Goldbraunen Algen (z. T. auch als eigene Algenklasse **Bacillariophyceae** aufgefaßt); mikroskopisch kleine Einzeller mit meist braunen Chromatophoren; Zellen haben einen zweiteiligen, schachtelartig zusammenpassenden Panzer aus Kieselsäure. Man unterscheidet: **zentrale K.** (Centrales; mit kreisförmigen Schalen) und **pennale K.** (Pennales; mit stab- oder schiffchenförmigen Schalen).

K. bilden einen Großteil des pflanzlichen Planktons. Sie leben freischwebend oder setzen sich am Grund der Gewässer fest (häufig als Aufwuchs von Wasserpflanzen). Einige Arten leben auch im feuchten Boden.

Die ältesten K. kennt man aus dem Jura (vor rund 150 Mill. Jahren). Von der Kreide ab treten sie in großem Artenreichtum auf; ihre Massenentwicklung führte v. a. im Tertiär zu gesteinsartigen Ablagerungen **(Kieselgur)**, die heutzutage u. a. für die Herstellung von Isoliermaterial, Dynamit, Zahnpasta und als Filter- und Absorptionsmaterial (z. B. bei der Chromatographie) verwendet werden.

Kirschapfelbaum: Art des ↑Apfelbaums.

Kirschlorbeer (Lorbeerkirsche, Prunus laurocerasus): Rosengewächs der Gattung ↑Prunus aus Südosteuropa und Kleinasien; immergrüner Strauch oder kleiner Baum; Blätter lederartig, glänzend; Blüten weiß, in aufrechten, 5–12 cm langen Trauben; Früchte schwarzrot. Der K. wird in zahlreichen Gartenformen als Zierstrauch kultiviert.

Kiwifrucht: Frucht des Chinesischen ↑Strahlengriffels.

Klappernuß: svw. die Gattung ↑Pimpernuß.

Klappertopf (Rhinanthus): Gattung der Rachenblütler mit rund 40 Arten auf der Nordhalbkugel; Blattgrün enthaltende Halbschmarotzer an Wurzeln v.a. von Wiesenpflanzen; Samen in reifen Früchten lose, beim Schütteln klappernd. In Deutschland kommen fünf Arten vor, u.a.: **Zottiger K.** (Rhinanthus alectorolophus; 10–80 cm hoch; bis 2 cm lange, hellgelbe Blüten) und **Kleiner K.** (Rhinanthus minor; bis 50 cm hoch; bis 12 mm große, gelbe oder bräunliche Blüten).

Klatschmohn: Art der Gattung ↑Mohn.

Klatschrose: eine Zierpflanze (↑Pfingstrose).

Klebkraut: Art der Gattung ↑Labkraut.

Klebsamengewächse (Pittosporaceae): Pflanzenfamilie mit rund 240 Arten in den tropischen und gemäßigten Gebieten (mit Ausnahme Amerikas); meist Sträucher oder Halbsträucher. Bekannteste Gattung ist **Klebsame** (Pittosporum), von der mehrere Arten als immergrüne Kalthauspflanzen kultiviert werden.

Klee (Trifolium): Gattung der Schmetterlingsblütler mit rund 300 Arten in der gemäßigten und subtropischen Zone; ausdauernde oder einjährige, teils aufrechte, teils niederliegende Kräuter, deren Blätter meist dreizählig sind; Blüten in der Regel in traubigen, kopfigen oder doldigen Blütenständen. In Mitteleuropa kommen mehr als 20 Arten vor. Wirtschaftlich wichtig als Futter- und Gründüngungspflanzen sind vor allem: **Wiesen-K.** (Rot-K., Kopf-K., Fleisch-K., Saat-K., Trifolium pratense), 5–70 cm hoch; mit purpurroten oder rosafarbenen Blüten in Köpfchen; **Weiß-K.** (Schaf-K., Holländischer K., Trifolium repens), mit niederliegenden, 20–50 cm langen Stengeln; Blätter weisen trokkenhäutige, zugespitzte Nebenblätter auf; Blüten in Köpfchen, weiß oder rötlichweiß; **Schweden-K.** (Bastard-K., Alsike, Trifolium hybridum), 30–50 cm hoch; mit meist hohlen Stengeln und verkehrt-eiförmigen oder elliptischen Blättchen; Blüten zuerst weiß, später rosenrot; **Inkarnat-K.** (Blut-K., Trifolium incarnatum), 20 bis 50 cm hoch; unverzweigt; Blütenstände bis 5 cm lang, karminrot, seltener rosa- oder cremefarben. Außerdem gehört in diese Gattung der ↑Hasenklee.

Geschichte: K. diente schon in der Antike als Futterpflanze, einige Arten auch medizinischen Zwecken. Der Anbau von K.arten ist erst seit dem späten Mittelalter nachweisbar, hauptsächlich von Wiesen-K. (in der Lombardei und in Spanien). In Deutschland wurde K. seit dem 16. Jahrhundert angebaut; der Anbau kam im Dreißigjährigen Krieg zum Erliegen und wurde erst nach 1750 in größerem Umfang wieder aufgenommen. – Im Volksglauben gelten vierzählige K.blätter als glückbringend, siebenzählige als unglückbringend.

Kleefarn (Marsilea): Gattung der **K.gewächse** (Marsileaceae) mit rund 70 Arten in den gemäßigten und tropischen Gebieten; Sumpfpflanzen mit vierteiligen, kleeartigen Blättern.

Kleeseide (Hexenseide, Hexenzwirn, Teufelszwirn, Seide, Cuscuta): Gattung der Windengewächse mit rund 170 Arten; chlorophyllfreie, windende Vollparasiten; verursachen v.a. auf Lein, Klee und Hopfen durch oft massenhaftes Auftreten großen Schaden. In Mitteleuropa häufig ist die **Hopfenseide** (Nesselseide, Cuscuta europaea; schmarotzt auf Hopfen, Weide und Brennessel; mit roten Stengeln und rötlichen Blüten in dichten Knäueln).

Kleeteufel: Art der Gattung ↑Sommerwurz.

Kleewürger: Art der Gattung ↑Sommerwurz.

Kleinblütige Sonnenblume: Art der Korbblütlergattung ↑Sonnenhut.

Kleiner Klappertopf: Art der Gattung ↑Klappertopf.

Kleiner Odermennig: Art der Gattung ↑Odermennig.

Klematis [kle'ma:tis, 'kle:matıs]: die Gattung ↑Waldrebe.

Klette (Arctium): Gattung der Korbblütler mit sechs Arten in der nördlich gemäßigten Zone Eurasiens. Die häufigste Art auf Schuttplätzen, Ödland und an Wegrändern ist die **Große K.** (Arctium lappa) mit bis 4 cm großen, rötlichen bis purpurfarbenen Blütenköpfchen, deren Hüllblätter mit einer hakigen Stachelspitze versehen sind. Aus der Wurzel werden Blutreinigungs- und Haarwaschmittel hergestellt.

Klettertrompete (Campsis): Gattung der Bignoniengewächse mit zwei Arten in Ostasien und Nordamerika; sommergrüne, mit Luftwurzeln kletternde Sträucher mit gefiederten Blättern. In wärmeren Gebieten Europas wird v.a. die nordamerikanische Art **Campsis radicans** mit trichterförmigen roten bis gelben Blüten als Kletter- und Spalierstrauch kultiviert. – Abb. S. 158.

Klimme (Cissus): Gattung der Weinrebengewächse mit rund 350 Arten in fast allen tropischen Gebieten, selten in den Subtropen; meist Lianen; z.T. beliebte Zimmerpflanzen.

Klivie (Clivia) [nach Lady Ch. Clive, Herzogin von Northumberland, † 1866]: Gattung der Amaryllisgewächse mit fünf Arten in Südafrika; ausdauernde Pflanzen mit sog. Zwiebelstamm; Blätter linealisch; Blüten rot oder orangefarben, in reichblütiger Dolde auf zusammengedrücktem Schaft; beliebte Zimmerpflanzen.

Knabenkraut [nach den hodenähnlichen Wurzelknollen]: Bez. für bodenbewohnende Orchideenarten, v.a. auf feuchten Wiesen und in lichten Wäldern der Nordhalbkugel, zusammengefaßt in drei Gattungen: 1. **Orchis,** von deren über 30 Arten 13 in Mitteleuropa vorkommen, darunter z.B. das **Purpur-K.** (Purpurorchis, Orchis purpurea): bis 80 cm hoch; Blütentrauben mit zahlreichen purpurbraunen Blüten; Lippe weiß oder hellrosa und braun getüpfelt. Im Mittelmeergebiet, nördlich bis zum Gardasee und Comersee, kommt das **Schmetterlings-K.** (Schmetterlingsorchis, Falterorchis, Orchis papilionacea) vor: 10–30 cm hoch; mit bis zu zehn rosaroten Blüten in einer Blütenähre. 2. **Dactylorhiza,** mit 35 Arten, davon 11 in Mitteleuropa, u.a. das **Gefleckte K.** (Dactylorhiza maculata): mit purpurgefleckten Blättern und hellrosafarbenen, selten weißen Blüten. 3. **Traunsteinera,** mit dem **Kugel-K.** (Kugelorchis, Traunsteinera globosa) als einziger Art; v.a. auf feuchten Wiesen der Alpen; bis 50 cm hoch, mit kleinen, lilafarbenen bis hellroten, purpurgefleckten Blüten in fast kugeligem Blütenstand. – In Deutschland stehen alle Arten des K.s unter Naturschutz. – Abb. S. 237.

Knackelbeere: svw. Hügelerdbeere (↑Erdbeere).

Knackmandelbaum: Varietät des ↑Mandelbaums.

Knäuelgras (Knaulgras, Dactylis): mit sechs Arten weltweit verbreitete Gattung der Süßgräser, deren in Rispen stehende Ährchen knäuelartig vereinigt sind. In Mitteleuropa kommen zwei Arten vor, davon häufig das ausdauernde, horstbildende **Wiesen-K.** (Dactylis glomerata); wird auch als Futtergras kultiviert.

Knautie [nach dem dt. Arzt und Botaniker Ch. Knaut, * 1654, † 1716] (Witwenblume, Knautia): Gattung der Kardengewächse mit 60 Arten in Europa (einschließlich Mittelmeerraum); mehrjährige Pflanzen mit skabiosenähnlichen Blüten. Die häufigste einheimische Art, verbreitet auf trockenen Äckern und Wiesen, ist die bis 150 cm hohe **Acker-K.** (Knautia arvensis).

Knieholz: anderer Name der Latsche (↑ Bergkiefer).

Kniphofia: wissenschaftlicher Name der Gattung ↑ Fackellilie.

Knoblauch (Allium sativum): stark riechendes, ausdauerndes Liliengewächs der Gattung ↑ Lauch; mit doldigem Blütenstand, flachen, etwa 1 cm breiten Blättern und einer rundlichen Zwiebel, die von vielen Gruppen kleiner, aus je einem einzigen verdickten Blatt gebildeter Brutzwiebeln **(K.zehen)** umgeben ist; alte, in Asien beheimatete Gewürz- und Heilpflanze. – K. wird v. a. auf Grund seines Gehaltes an der Aminosäure **Alliin** (wandelt sich bei der Extraktion in das **Allizin** mit v. a. keimtötender Wirkung um) medizinisch u. a. bei Arteriosklerose, hohem Blutdruck, Darmkatarrh sowie bei Leber- und Gallenleiden verwendet.

Knoblauchschwindling: ein Lamellenpilz (↑ Schwindling).

Knoblauchshederich: gleichbed. mit ↑ Knoblauchsrauke.

Knoblauchsrauke (Knoblauchshederich, Lauchkraut, Alliaria): Gattung der Kreuzblütler mit zwei Arten. In Mitteleuropa kommt häufig die **Gemeine K.** (Alliaria petiolata) vor; besonders an Wald- und Gebüschrändern; mit herzförmigen, nach Knoblauch riechenden Blättern und kleinen, weißen Blüten.

Knöllchenknöterich ↑ Knöterich.

Knollenbegonie: eine Zierpflanze (↑ Schiefblatt).

Knollenblätterpilz: Bez. für mehrere, oft tödlich giftige Ständerpilzarten. Allen gemeinsam sind eine deutliche Knolle am Grunde des Stiels (Name!), weiße Lamellen („Blätter") an der Unterseite des Hutes und ein häutiger Ring um den Stiel. Erste Vergiftungserscheinungen treten 5–20 (–40) Stunden nach dem Pilzverzehr auf. Charakteristische Symptome sind starke Durchfälle, Erbrechen, Koliken. Die Pilzgifte (insbesondere α-Amanitin, Phalloidin) zerstören v. a. die Leber- und Herzmuskelzellen. Eine erprobte Behandlung gibt es bisher noch nicht. – Bekannte Vertreter sind z. B. ↑ Grüner Knollenblätterpilz, ↑ Weißer Knollenblätterpilz.

Knollenkerbel: Art der Gattung ↑ Kälberkropf.

Knolliger Kälberkropf: Art der Gattung ↑ Kälberkropf.

Knopfblume (Knopfbusch, Cephalanthus): Gattung der Rötegewächse mit zehn Arten, v. a. in den amerikanischen Tropen und Subtropen; meist Sträucher mit kugeligen Blütenköpfchen; z. T. Zierpflanzen, bes. die Art **Cephalanthus occidentalis:** bis 2 m hoher Strauch mit weißlichgelben Blütenköpfchen.

Knopfbusch: anderer Name der ↑ Knopfblume.

Knopfkraut (Franzosenkraut, Galinsoga): Gattung der Korbblütler mit neun Arten in Amerika. Nach Mitteleuropa wurden im 19. Jahrhundert zwei Arten eingeschleppt, darunter das **Kleinblütige K.** (Galinsoga parviflora), mit zahlreichen, etwa 5 mm großen Köpfchen aus gelben Scheiben- und weißen Strahlenblüten; Acker- und Gartenunkraut.

Knorpelbeere: gleichbed. mit Hügelerdbeere (↑ Erdbeere).

Knorpelkirsche: Zuchtsorte der ↑ Süßkirsche.

Knorpellattich (Knorpelsalat, Chondrilla): Gattung der Korbblütler mit rund 30 Arten in Europa und Zentralasien; Stengel knorpelig; zahlreiche, meist gelbe Köpfchen in Doldenrispen oder Ähren; in Flußschottern, Dünen und Sandtrockenrasen der **Binsen-K.** (Chondrilla juncea).

Knotenblume (Leucojum): Gattung der Amaryllisgewächse mit neun Arten in Europa und im Orient; Zwiebelpflanzen mit schmalen, grundständigen Blättern und weitglockigen, meist hängenden, weißen oder rosafarbenen Blüten. Bekannte Arten sind: **Frühlings-K.** (Märzenbecher, Leucojum vernum), in Wäldern und auf Bergwiesen; Blüten weiß, mit gelblichgrünen Malen am Blütensaum; blüht im März bis April; geschützt. **Sommer-K.** (Leucojum aestivum), auf feuchten und nassen Wiesen Mittel- und Südeuropas sowie Kleinasiens; mit über 40 cm langen, riemenförmigen Blättern; Blüten weiß, in vier- bis achtblütiger Dolde, mit grünem Fleck am Blütensaum; blüht im Mai/Juni; geschützt. Beide Arten werden häufig als Gartenzierpflanzen kultiviert.

Knöterich (Polygonum): mit rund 150 Arten weltweit verbreitete Gattung der zweikeimblättrigen Pflanzenfamilie **K.gewächse** (Polygonaceae); aufrechte oder niederliegende Kräuter mit an den Knoten verdickten Stengeln, ganzrandigen Blättern und meist unscheinbaren Blüten in Büscheln oder Scheinähren. Häufigere Arten sind: **Knöllchen-K.** (Polygonum viviparum), 30–120 cm hoch; mit Ausläufern; Blüten rosafarben; auf feuchten, fetten Wiesen höherer Gebirge und der Arktis; **Vogel-K.** (Polygonum aviculare), in der nördlichen gemäßigten Region; mit kleinen, grünlichen Blüten mit weißem oder rötlichem Rand; **Wiesen-K.** (Schlangen-K., Polygonum bistorta), 30–100 cm hoch; mit rötlichen Blüten; Blätter länglich-eiförmig, bis 15 cm lang; auf Feuchtwiesen und in Auwäldern; **Pfeffer-K.** (Wasserpfeffer, Polygonum hydropiper), 25–60 cm hoch; mit auffallend drusig punktierten grünen bis rötlichen Blüten und pfefferartig schmeckenden Blättern; auf sauren, feuchten Böden und an Gräben; giftig.

Köcherbaum (Drachenbaumaloe, Aloe dichotoma): Liliengewächs im Südwesten Afrikas; 6–10 m hohe, vielfach gabelig verzweigte Aloe mit gelben Blüten, bis 25 cm langen, schmalen Blättern und bis 1 m dikkem Stamm. Die ausgehöhlten Äste werden von den Hottentotten als Köcher verwendet.

Köcherblümchen: gleichbed. mit ↑ Höckerblume.

Kọchia: wissenschaftlicher Name der Gattung ↑ Radmelde.

Koelẹria [kø...]: wissenschaftlicher Name der Gattung ↑ Schillergras.

Kohl (Brassica): Gattung der Kreuzblütler mit rund 200 Arten, v. a. im Mittelmeergebiet; ein- oder zweijährige Kräuter, seltener Stauden; bekannteste Art ist der ↑ Gemüsekohl.

Kohlpalme (Roystonea oleracea): Palmenart Mittelamerikas; bis 40 cm hohe Fiederpalme, die Gemüse (Palmkohl) und Palmwein liefert.

Kohlrạbi (Oberrübe, Brassica oleracea var. gongylides): Kulturform des ↑ Gemüsekohls, bei der durch kräftige Verdickung der Sproßachse apfelgroße, fleischige Knollen entstehen, die roh oder gekocht gegessen werden.

Kohlröschen (Braunelle, Nigritella): Gattung der Orchideen mit zwei geschützten Arten in Gebirgen Nord- und Mitteleuropas; bis 20 cm hohe Pflanzen auf Bergwiesen mit fast kugeligem, schwarzrotem oder hellrosa (**Schwarzes K.,** Nigritella nigra) oder mit eiförmigem bis zylindrischem, leuchtend rotem Blütenstand (**Rotes K.,** Nigritella rubra).

Kohlrübe (Dorsche, Dotsche, Erdkohlrabi, Steckrübe, Wruke, Brassica napus var. napobrassica): Varietät des Kohls mit fleischig verdickter, eßbarer Rübe; Gemüse- und Futterpflanze.

Koka: Kurzbez. für ↑Kokastrauch.

Kokardenblume (Gaillardia): Gattung der Korbblütler mit rund 20 Arten in Amerika; Kräuter oder Stauden mit langgestielten, meist großen, gelben oder purpurroten Blütenköpfchen; Randblüten meist zungenförmig, oft mit anders gefärbtem Grund. Mehrere Arten und zahlreiche Sorten werden als Schnitt- und Rabattenblumen kultiviert.

Kokastrauch [span. coca, von indian. (Aymara) koka = ein Baum] (Koka, Erythroxylon coca): Erythroxylumart in den subandinen Gebieten Perus und Boliviens; immergrüner Strauch mit kleinen, gelblichen oder grünlichweißen Blüten und kleinen, ovalen Blättern, die das als Rausch- und Betäubungsmittel **Kokain** (dämpft das Hungergefühl, überspielt Müdigkeit, hebt die Stimmung, erzeugt meist in kurzer Zeit starke Abhängigkeit mit raschem Abbau der Persönlichkeitsstruktur und körperlichem Zusammenbruch) enthalten.

Geschichte: Der K. wurde in Peru, Bolivien und Kolumbien schon vor der spanischen Eroberung angepflanzt; die Blätter wurden nur zu kultischen Zwecken genossen, ansonsten wurde der Kokaingenuß schwer bestraft; zur Zeit der Eroberung begann sich der Genuß von K.blättern bei den Indianern sehr zu verbreiten, (wahrscheinlich wurde dies sogar von den Eroberern unterstützt). Die Indios formten daraus unter Zusatz von Pflanzenasche, Kalk und Wasser Kügelchen, aus denen beim Kauen das Kokain langsam freigesetzt wurde.

Kokkolithophoriden: wissenschaftlicher Name der ↑Kalkflagellaten.

Kokospälmchen (Microcoelum weddelianum): kleine, zierliche Fiederpalme aus dem tropischen Brasilien; mit kurzem (bis 1,5 m), mit braunen Fasern bedecktem Stamm und maximal 1–1,5 m langen, unterseits gräulichweißen Fiederblättern; Blattstiele im oberen Teil durch verdornte Fiederblättchen stachelig; Wärme und Feuchtigkeit liebende Zimmertopfpflanze.

Kokospalme [span. nuez de coco = Kokosnuß, eigtl. = Butzemann (weil man aus der Schale Gesichter schneiden kann)] (Cocos): Gattung der Palmengewächse mit der einzigen, ursprünglich aus dem tropischen Asien stammenden Art **Cocos nucifera** (K. im engeren Sinn): Charakterpflanze der tropischen Meeresküsten; bis 30 m hohe, schlanke Palme mit meist schwach gebogenem Stamm und einer Krone aus 3–6 m langen Fiederblättern. Die achselständigen, verzweigten, erst im 6. Jahr auftretenden Blütenstände mit getrenntgeschlechtigen Blüten entwickeln jeweils 10–20 etwa kopfgroße, schwimmfähige Steinfrüchte **(Kokosnuß).** Deren Fruchthülle besteht aus einem äußeren faserigen

Teil und einem inneren harten Steinkern. Innerhalb des Steinkerns liegt der von einer dünnen Samenschale umschlossene Samen, der zum größten Teil aus den pflanzlichen Embryo umgebendem Nährgewebe (Endosperm) besteht. Dieses eßbare Endosperm ist in eine feste, ölreiche Phase (liefert das **Kopra,** aus dem durch Auspressen **Kokosöl** oder **Kokosfett** hergestellt wird) und eine flüssige Phase **(Kokosmilch)** gegliedert. – Genutzt werden die Kokosmilch als Getränk, die Blattfiedern als Flechtmaterial, das Holz als widerstandsfähiges Baumaterial und die Endknospen als Gemüse **(Palmkohl).** Der Blutungssaft der Blütenstände („Toddy") wird zu einer Art Sirup („Jaggery") eingedickt oder zu Palmwein und Arrak vergoren. Die Fruchtschalen dienen zur Herstellung von Holzkohle, Holzgas, Furfurol, Essigsäure und Methanol.

Geschichte: Die K. wird in Indien seit etwa 4000 Jahren kultiviert. Der erste Bericht in der europäischen Literatur stammt von dem griechischen Philosophen Theophrast (3. Jahrhundert v. Chr.), der die K. aber nur aus Berichten der Begleiter Alexanders des Großen kannte.

Kolabaum [westafrikan. kola, kolo] (Colabaum, Kolanußbaum, Cola): Gattung der Sterkuliengewächse mit mehr als 100 Arten im tropischen Afrika; 6–20 m hohe Bäume mit ledrigen Blättern und aus mehreren holzigen Balgkapseln bestehenden Früchten. Mehrere Arten werden im Sudan, im tropischen Amerika und tropischen Asien zur Gewinnung der Samen kultiviert, deren harter, gelbbrauner bis rötlicher Keimling **(Kolanuß)** bis 3% Koffein, bis 0,1% Theobromin, etwa 40% Stärke und 4% Gerbstoffe enthält. Die Kolanüsse dienen in Afrika als durstlöschendes Nahrungs- und Genußmittel. In Europa und Amerika werden sie zur Herstellung von Erfrischungsgetränken und Anregungsmitteln verwendet.

Kolanußbaum: gleichbed. mit ↑Kolabaum.

Kolbenbärlapp: Art der Gattung ↑Bärlapp.

Kolbenfaden (Aglaonema): Gattung der Aronstabgewächse mit vier in den Tropen verbreiteten Arten; mehrjährige Pflanzen mit aufrechtem, kurzem Stamm und eirunden bis länglich-lanzettförmigen bunten Blättern; mehrere Arten werden als Topfpflanzen kultiviert.

Kolbenhirse (Vogelhirse, Italienische Hirse, Setaria italica): in Asien beheimatetes Süßgras der Gattung ↑Borstenhirse; bis 1 m hohe, einjährige, kräftige Pflanze mit bis 3 cm dicken Ährenrispen und kleinen Körnerfrüchten. Die K. ist eine der ältesten Kulturpflanzen (in Europa seit der Bronzezeit bekannt). Sie wird in Indien und Ostasien als Nahrungsmittel angebaut. In Europa ist sie v. a. als Vogelfutter bekannt.

Kolbenpalme (Carludovica): Gattung der Scheibenblumengewächse im tropischen Amerika mit mehr als 30 Arten; Holzgewächse mit meist kurzem Stamm und palmblattähnlichen Blättern; kolbenförmige Blütenstände mit eingesenkten, eingeschlechtigen Blüten. Eine bekannte und kultivierte Art ist die **Panamapalme** (Carludovica palmata), aus deren jungen, noch gefalteten Blättern die Panamahüte hergestellt werden.

Kolbenschimmel: anderer Name des ↑Gießkannenschimmels.

Kolokasie: anderer Name der Gattung ↑Taro.

Kommeline [nach dem niederl. Botaniker C. Commelyn, * 1667, † 1731]

(Commelina): Gattung der Kommelinengewächse mit rund 150 Arten in den Tropen und Subtropen; niedrige Stauden mit blauen bis weißen, zweiseitig-symmetrischen Blüten in einem von einem kahnförmigen Hochblatt umhüllten Blütenstand. Einige Arten sind beliebte Zierpflanzen.

Kommelinengewächse (Commelinaceae): Familie der Blütenpflanzen mit rund 600 Arten, v.a. in den Tropen und Subtropen, seltener in den gemäßigten Zonen; viele Zierpflanzen, v.a. aus den Gattungen ↑Tradeskantie, ↑Zebrina, ↑Schneckenfaden und ↑Kommeline.

Kompaßlattich ↑Lattich.

Kompositen: anderer Name der ↑Korbblütler.

Koniferen: anderer Name der ↑Nadelhölzer.

Königin der Nacht: ein Kaktus (↑Schlangenkaktus).

Königsfarn: Art des ↑Rispenfarns.

Königskerze (Wollblume, Verbascum): Gattung der Rachenblütler mit rund 250 Arten in Europa, Nordafrika, West- und Mittelasien; aufrechte, meist wollig behaarte Kräuter mit gelben, weißen oder purpurfarbenen Blüten in Trauben oder Rispen. In Mitteleuropa 15 Arten, u.a. die häufig auf Schuttplätzen und an Wegrändern verbreitete **Großblütige K.** (Verbascum densiflorum; bis 2 m hoch; zweijährig; große, leuchtend gelbe Blüten). – Abb. S. 236.

Königslilie: Art der Gattung ↑Lilie.

Königspalme (Roystonea regia): Palmenart auf Kuba; bis 25 m hoher Baum mit in der Mitte dickerem Stamm und aufrechten Fiederblättern; in den Tropen häufig angepflanzt.

Kopaivabaum [portugies. copaíba, aus einer Indianersprache des östlichen Südamerika] (Copaifera): Gattung der Caesalpiniengewächse mit rund 30 Arten im tropischen Amerika und Afrika; Bäume mit paarig gefiederten Blättern; Blüten meist ohne Blumenkrone. – Das Harz verschiedener Arten **(Kopaivabalsam)** enthält ätherische Öle, Harzsäuren und Bitterstoffe und wird medizinisch als Heilmittel gegen Entzündungen und Hautkrankheiten sowie technisch in der Lackindustrie verwendet. – Einige Arten liefern Nutzhölzer (z.B. das rötlichbraune, eng gestreifte, v.a. für Furniere verwendete **Bubingaholz**).

Kopalbaum (Ostindischer K., Vateria indica): Flügelfruchtgewächs Indiens; auch als Alleebaum kultiviert; liefert das hellgrüne Pineyharz (ostindischer Kopal) zur Firnisherstellung, ferner Nutzholz und das aus dem fetthaltigen Samen **(Butterbohnen)** gewonnene, als Speisefett sowie zur Seifen- und Kerzenherstellung verwendete, talgartige **Vateriafett (Malabar-, Pineytalg).**

Kopalfichte (Kaurifichte, Agathis australis): Araukariengewächs Neuseelands aus der Gattung Agathis; bis 40 m hoher Baum mit schmalen, blattartigen Nadeln und weißlichgelbem, duftendem Holz, das als Bau- und Schiffsholz verwendet wird und sehr viel Harz (Kopal) enthält.

Köpfchenschimmel (Mucor): Gattung der Niederen Pilze mit rund 40 Arten; bilden auf Mist, feuchtem Brot und anderen organischen Substraten weißgraue Schimmelrasen aus querwandlosen Hyphen, an denen zahlreiche köpfchenförmige Sporangien entstehen.

Kopfeibe (Cephalotaxus): einzige rezente Gattung der Nadelholzfamilie **Kopfeibengewächse** (Cephalotaxaceae); mit sechs Arten, verbreitet vom Himalaja bis Ostasien; der ↑Eibe ähnlicher, strauch- oder baumförmige Nadelhölzer mit kleinen, kopfförmigen ♀ Blütenzapfen und zuletzt weit aus dem Fruchtzapfen herausragenden, fleischigen Samen.

Kopfgras (Blaugras, Sesleria): Gattung der Süßgräser mit 30 Arten in Europa und Vorderasien; mit ovalen, dichten, meist bläulichen, ährenförmigen Blütenrispen aus vielen kurzgestielten Ährchen.

Kopfklee: Art der Gattung ↑ Klee.

Kopfkohl: Wuchsform des ↑ Gemüsekohls.

Kopfsalat (Häuptelsalat): Sorte des zur Gattung ↑ Lattich zählenden **Gartensalats** (Gartenlattich, Lactuca sativa); mit Kopfbildung durch Entfaltungshemmung der Rosettenblätter; beliebte Salatpflanze. Weitere Sorten des Gartensalats sind: **Schnittsalat** (Pflück-, Rupfsalat; die Blätter werden vor dem Austreiben der Blütenstengel abgeschnitten oder abgepflückt); **Sommerendivie** (Römischer Salat, Römischer Lattich, Bindesalat; mit steil aufwärts gerichteten, langen, grundständigen, oft locker kopfförmig zusammenstehenden Blättern mit kräftiger Mittelrippe); **Spargelsalat** (die stark verdickten Sproßachsen werden roh oder gekocht gegessen).

Korakan: tropische Getreidepflanze der Gattung ↑ Kreuzgras.

Korallenbaum (Erythrina): Gattung der Schmetterlingsblütler mit rund 100 Arten in den Tropen und Subtropen; Bäume, Sträucher oder Kräuter mit meist großen, roten Blüten (Vogelblumen) in dichten Trauben; mit z.T. roten, korallenperlenähnlichen Samen, die zu Halsketten verarbeitet werden. Eine häufig als Kübelpflanze kultivierte Art ist der **Korallenstrauch** (Erythrina cristagalli) aus Südamerika, mit dicken, dornigen Zweigen und scharlachroten Blüten, deren bis 5 cm lange Fahne meist nach unten weist.

Korallenbäumchen (Korallenstrauch, Solanum pseudocapsicum): Art der Gattung ↑ Nachtschatten; bis über 1 m hoher Strauch auf Madeira; mit 1 cm großen, weißen Blüten und kirschgroßen, roten, bei Zuchtformen auch orangefarbenen oder goldgelben Beeren; beliebte Topfpflanze.

Korallenbeere: anderer Name für ↑ Korallenmoos.

Korallenmoos (Korallenbeere, Nertera): Gattung der Rötegewächse mit acht Arten auf der Südhalbkugel; ausdauernde, kriechende Kräuter mit kleinen, eiförmigen Blättern und kleinen, unscheinbaren Blüten. Als Zimmerpflanze kultiviert wird die rasenartig wachsende Art **Nertera granadensis** mit winzigen weißen Blüten. Die später sehr zahlreich erscheinenden etwa erbsengroßen Früchte sind orangefarben.

Korallenpilz: anderer Name der Gattung ↑ Keulenpilz.

Korallenstrauch: gleichbed. mit ↑ Korallenbäumchen.

Korallenwurz (Corallorhiza): Gattung von faulenden Stoffen lebender Orchideen; mit 15 Arten in Nordamerika und einer Art in Europa und Asien (**Corallorhiza trifida;** mit scheidenförmigen, bleichen Schuppenblättern, gelbgrünen Blüten und korallenartig verzweigtem Wurzelstock).

Korbblütler (Körbchenblütler, Kompositen, Asteraceae, Compositae): eine der größten Pflanzenfamilien mit rund 20 000 Arten in mehr als 900 Gattungen; meist Kräuter oder Stauden, selten Holzpflanzen (v.a. Schopfbäume); Blüten in charakteristischen Blütenständen (Körbchen oder Köpfchen) mit Hüllblättern, die oft eine Einzelblüte vortäuschen; Blütenkelche aus Schuppen oder Borsten, zuweilen fehlend; Blumenkrone, meist fünfzählig, röhren- oder zungenförmig, bei den äußeren Körbchenblüten oft verlängert (strahlend); die fünf Staubblätter bilden oft durch Verkleben ihren Antheren eine Röhre; Fruchtknoten meist unterständig und zweiblättrig; aus ihnen gehen einsamige Nußfrüchte hervor, bei denen Fruchtwand und Samenschale miteinander verwachsen sind (sog. **Achänen**). – Zu den K.n gehören verschiedene Nutzpflanzen (z. B. Artischocke, Gartensalat, Endivie, Schwarzwurzel, Sonnenblume, Topinambur, Kamille, verschiedene Beifußarten) und viele Zierpflanzen (z. B. Aster, Dahlie, Gerbera, Strohblume).

Korbmarante: die Pflanzengattung ↑Calathea.

Korbweide: Art der Gattung ↑Weide.

Kordaiten (Cordaites) [nach dem dt. Botaniker A. K. J. Corda, * 1809, † 1849]: Klasse fossiler Nacktsamer; 20–30 m hohe Bäume mit langen, lanzettlichen, an den Zweigenden dicht zusammengedrängten Blättern. Die K. stellen die höchstentwickelten Pflanzen der Karbonwälder dar.

Koriander (Coriandrum) [griech.-lat., zu griech. kóris = Wanze (nach dem Geruch)]: Gattung der Doldenblütler mit zwei Arten im Mittelmeergebiet, darunter der **Garten-K.** (Coriandrum sativum), ein 30–60 cm hohes, einjähriges Kraut mit weißen Blüten in drei- bis achtstrahligen Dolden; rotbraune, kugelige Früchte, die als Gewürz sowie zur Gewinnung von ätherischen Öl für Parfüms verwendet werden.

Korkeiche (Quercus suber): im Mittelmeergebiet verbreitete Art der Gattung Eiche; immergrüner Baum mit kurz gezähnten Blättern und starker Borkenbildung. Die im Alter gebildete innere Borke, der sog. **Kork,** wird alle 8–10 Jahre in Platten vom Stamm geschält und z. B. für Flaschenkorken, Linoleum und Isolierungen verwendet; alte Kulturpflanze.

Kormophyten [griech. kormós = Stamm und griech. phytón = Gewächs] (Cormophyta, Sproßpflanzen): Sammelbez. für Farn- und Samenpflanzen im Hinblick auf ihre gegenüber den Thallophyten (↑Lagerpflanzen) in Anpassung an das Landleben höhere Organisationsstufe mit echten Geweben. V. a. weist ihr Vegetationskörper (**Kormus;** im Unterschied zum Thallus) zur Sicherung des Wasserhaushalts im Luftraum ein die Transpiration einschränkendes Abschlußgewebe und ein bes. Wasseraufnahme- und Wasserleitungsgewebe (Leitgewebe) auf sowie als Halt und Stütze bes. Festigungselemente als Festigungsgewebe. Für die höheren K. typisch ist die Gliederung des Kormus in Wurzel, Stamm (Sproßachse und Seitenachsen) und Blätter; Stamm und Blätter ergeben den Sproß.

Kornblume: Art der Gattung ↑Flockenblume.

Kornelkirsche [ahd. curnilbaum, aus mlat. corniola, zu lat. cornum, cornus = Kornelkirschenbaum] (Gelber Hartriegel, Cornus mas): in Europa und Westasien verbreitete Art der Gattung Hartriegel; Strauch mit gelben, vor dem Blattaustrieb erscheinenden Blüten und etwa 2 cm großen, leicht säuerlichen, eßbaren, roten Steinfrüchten. Das Holz wird v. a. für Drechslerarbeiten verwendet. – Abb. S. 237.

Kornrade: Art der Nelkengewächsgattung ↑Rade.

Kornschmiele: gleichbed. mit ↑Wiesenfuchsschwanzgras.

Kosmee: die Gattung ↑Schmuckkörbchen.

Köstliche von Charneu [frz. ʃar'nø]: eine Tafelbirne (↑ Birnensorten, Übersicht S. 49).

Krachmandelbaum: Varietät des ↑ Mandelbaums.

Krähenbeere (Grambeere, Empetrum): wichtigste Gattung der **K.ngewächse** (Empetraceae; drei Gattungen) mit sechs Arten, vorwiegend in der nördlichen und südlichen kalten Zone und in Hochgebirgen; immergrüne, heidekrautartige Zwergsträucher mit unscheinbaren Blüten und Beerenfrüchten. Eine bekanntere Art ist die **Schwarze K.** (Empetrum nigrum), auf Hochmooren und Heiden sowie in der subalpinen Gebirgsstufe der Nordhalbkugel; 15–45 cm hoch, ausgedehnte Teppiche bildend; Blätter nadelförmig, Blüten blaßrot bis dunkelpurpurn; Beerenfrüchte mit Steinkernen, erbsengroß, schwarz bis dunkelviolett, eßbar, aber bitter. – Abb. S. 236.

Krähenfuß (Coronopus): Kreuzblütlergattung mit acht z. T. weltweit verbreiteten Arten, davon eine Art (v. a. an feuchten, sandigen Orten) einheimisch; Kräuter mit fiederteiligen Blättern, winzigen weißlichen Blüten in Trauben und runzeligen Schließ- oder Spaltfrüchten.

Kranewitt: svw. Heidewacholder (↑ Wacholder).

Krapp: die ↑ Färberröte.

Krappgewächse: anderer Name der ↑ Rötegewächse.

Kratzbeere (Bockbeere, Bereifte Brombeere, Rubus caesius): v. a. in Europa und Asien vorkommende, bis 80 cm hohe Art der Gattung ↑ Rubus mit dreizähligen Blättern und stark blau bereiften Früchten; kommt häufig z. B. in Auwäldern, an Ufern und an Waldrändern vor.

Kratzdistel (Cirsium): Korbblütlergattung mit rund 250 Arten auf der Nordhalbkugel; Blüten purpurn, seltener gelblich oder weiß; oft Unkräuter, z. B. die bis 1,2 m hohe, meist rispig verzweigte, vielköpfige **Ackerdistel** (Acker-K., Cirsium arvense): mit lanzettlichen, stacheligen Blättern und lilaroten, in doldenartigen Rispen stehenden Blütenköpfchen.

Kraushaaralge: die Grünalgengattung ↑ Ulothrix.

Krauskohl: gleichbed. mit ↑ Grünkohl.

Krebsschere: Art der ↑ Froschbißgewächse.

Kremplinge (Paxillus): Gattung der Ständerpilze mit sechs weltweit verbreiteten Arten; zeichnen sich durch weit herablaufende Lamellen und einem „umgekrempelten" Hutrand aus. Von Juli bis Oktober besonders an Kiefernstümpfen wächst der **Samtfußkrempling** (Paxillus atrotomentosus): Hut 8–25 cm breit, olivfarben bis rostbraun, anfangs feinsamtig, trichter- bis muschelförmig; Lamellen ockergelb; Stiel kurz, mit schwarzbraunem, samtartigem Überzug. Sehr ähnlich ist der etwas kleinere **Kahle Krempling** (Paxillus involutus), der sich an Druckstellen rotbraun verfärbt. Beide Arten sind ungenießbar.

Kresse:

◇ (Lepidium) Gattung der Kreuzblütler mit rund 130 z. T. weltweit verbreiteten Arten; niedrige Kräuter mit fiederspaltigen oder linealischen Blättern, kleinen, weißlichen oder grünlichen Blüten in Trauben und eiförmigen bis rundlichen Schötchen. Die bekannteste Art ist die bis 60 cm hohe **Garten-K.** (Lepidium sativum): mit bläulich gestreiftem Stengel und weißen, seltener rötlichen Blüten; einjährige Kulturpflanze mit hohem Vitamin-C-Gehalt; mehrere Sorten.

◇ allg. Bez. für verschiedene Kreuzblütlerarten, insbesondere für Kulturpflanzen wie Brunnenkresse, Gartenkresse und Gänsekresse.

Kreuzblume (Polygala): Gattung der **Kreuzblumengewächse** (Polygalaceae; 13 Gattungen, rund 800 Arten) mit rund 600 Arten in gemäßigten und wärmeren Klimagebieten; meist Kräuter oder Sträucher mit dorsiventralen Blüten. Eine häufige Art auf trockenen Wiesen und Dünen ist die **Gemeine K.** (Polygala vulgaris): mit weißen, rosafarbenen bis roten oder blauen Blüten. – Abb. S. 237.

Kreuzblütler (Kruziferen, Brassicaceae, Cruciferae): weltweit verbreitete, vielgestaltige Pflanzenfamilie mit rund 3 000 Arten; Kräuter oder Stauden, seltener Holzgewächse; Blüten in Trauben, meist strahlig, in der Regel mit 4 Kronblättern, 4 Kelchblättern, 6 Staubblättern, und 2 Fruchtknoten; Frucht meist eine Schote oder ein Schötchen; Blätter meist wechselständig, ohne Nebenblätter. Zu den K.n zählen viele alte Kulturpflanzen (z. B. Gartenkresse, Gemüsekohl, Rettich, Raps, Senf, Meerrettich) und viele Zierpflanzen (z. B. Goldlack, Levkoje, Schleifenblume). Als verbreitete Unkräuter bekannt sind Hederich und Hirtentäschelkraut.

Kreuzdorn (Rhamnus): Gattung der K.gewächse mit über 150 Arten, meist in der nördlichen gemäßigten Zone; meist Sträucher oder Bäume mit dornigen Zweigen; häufigste Arten in Mitteleuropa: **Gemeiner Faulbaum** (Pulverholz, Rhamnus frangula), bis 5 m hoher Strauch oder kleiner Baum in feuchten Wäldern Europas und Nordwestasiens; Blätter bis 7 cm lang, breit-elliptisch, ganzrandig; Blüten klein, grünlichweiß, sternförmig; Steinfrüchte erbsengroß, zuerst grün, dann rot, zuletzt schwarz; ungenießbar. Aus dem Holz wird Zeichenkohle hergestellt. – **Amerikanischer Faulbaum** (Rhamnus purshianus), verbreitet im westlichen Nordamerika; dem Gemeinen Faulbaum ähnlich, jedoch mit größeren Blättern; liefert die Cascararinde als Abführmittel. – **Purgier-K.** (Hirschdorn, Gemeiner K., Rhamnus cathartica), baumartiger Strauch mit elliptischen Blättern; die etwa erbsengroßen, in reifem Zustand schwarzen Früchte **(K.beeren, Kreuzbeeren, Gelbbeeren)** sind giftig; sie liefern ein Abführmittel. – Abb. S. 79.

Kreuzdorngewächse (Faulbaumgewächse, Rhamnaceae): Familie der Zweikeimblättrigen mit 58 Gattungen und über 900 Arten in den gemäßigten, subtropischen und tropischen Zonen der Erde; Bäume oder Sträucher mit vier- bis fünfzähligen, unscheinbaren zwittrigen Blüten und ungeteilten Blättern mit kleinen Nebenblättern; Früchte meist Steinfrüchte oder Beeren. Bekannteste Gattung ist der ↑ Kreuzdorn.

Kreuzgras (Eleusine): Gattung der Süßgräser mit acht Arten in wärmeren Ländern; Ähren fingerförmig angeordnet **(Fingergräser),** Ährchen wenigblütig. Einige Arten sind wichtige Kulturpflanzen, z. B. **Korakan** (Eleusine coracana), eine kleinkörnige Hirse, die als Getreide- und Futterpflanze in Afrika, Indien und Südostasien angebaut wird.

Kreuzkraut: anderer Name der Gattung ↑ Greiskraut.

Kreuzkümmel (Mutterkümmel, Römischer Kümmel, Weißer Kümmel, Cuminum cyminum): zentralasiatischer Doldenblütler (einzige Art der Gattung Cuminum), in Vorderasien, im Mittelmeergebiet und in Nordamerika kultiviert; dem Echten Kümmel ähnlich und wie dieser verwendet (ist z. T. auch Bestandteil des Currypulvers).

Kreuzrebe: Art der ↑Bignoniengewächse.
Krieche (Kriechenpflaume): anderer Name der Haferpflaume (↑Pflaumenbaum).
Kriechrose: Art der Gattung ↑Rose.
Krokus (Crocus) [lat. crocus, von griech. krókos = Safran]: Gattung der Schwertliliengewächse mit rund 80 Arten besonders im Mittelmeergebiet; stengellose Knollenpflanzen mit grasartigen Blättern und trichterförmiger Blütenhülle. Bekannte Arten: der weiß oder violett blühende **Frühlings-K.** (Crocus vernus), auf feuchten Bergwiesen und Matten Mittel- und Südeuropas (Blätter mit weißem Mittelstreifen); wird in vielen Sorten kultiviert; der wild nicht bekannte, schon im Altertum vom Mittelmeerraum bis Indien kultivierte, im Herbst purpurfarben blühende **Echte Safran** (Safran, Crocus sativus): Die orangeroten, bis 2,5 cm langen Griffeläste (samt Narbe) aus den Blüten werden als Gewürz und v. a. als Lebensmittelfarbstoff, auch als Arznei verwendet. Das sehr lichtempfindliche und hygroskopische Safrangewürz gilt als das teuerste Gewürz der Welt und wird daher oft durch andere Substanzen verfälscht. Als **Safranersatz (Feminell)** finden die Blüten anderer Pflanzen, v. a. der Gemeinen Ringelblume, Verwendung.
Kronenlichtnelke: Art der Gattung ↑Lichtnelke.
Kronwicke (Coronilla): Gattung der Schmetterlingsblütler mit rund 25 Arten in Europa, West- und Mittelasien; Sträucher oder Stauden mit unpaarig gefiederten Blättern und meist mit hängenden Blüten in Dolden; einige Arten, z. B. die gelbblühende **Strauchwicke** (Coronilla emerus), sind beliebte Ziersträucher.
Krügers Dickstiel: Tafel-, Koch- und Backapfel (↑Apfelsorten, Übersicht S. 26).
Krummholz (Knieholz): Unterart der ↑Bergkiefer.
Krüppelfußartige: anderer Name der ↑Stummelfußartigen.
Kryptogramm [zu griech. kryptós = verborgen und griech. gámos = Befruchtung]: zusammenfassende Bez. für die blütenlosen Pflanzen (Bakterien, Blaualgen, Algen, Pilze, Flechten, Moose, Farne) im Ggs. zu den Blütenpflanzen; da ihre Vermehrung meist durch einzellige Keime (v. a. Sporen) erfolgt, werden sie auch **Sporenpflanzen** genannt.
Küchenlauch: svw. ↑Porree.
Küchenschelle: anderer Name der Gattung ↑Kuhschelle.
Küchenzwiebel ↑Zwiebel.
Kuckuckslichtnelke: Art der Gattung ↑Lichtnelke.
Kugelalge: anderer Name der Grünalgengattung ↑Volvox.
Kugelblume (Globularia): Gattung der **Kugelblumengewächse** (Globulariaceae; zwei Gattungen, 27 Arten) mit rund 20 Arten (darunter drei in Deutschland; mit blauen Blüten) in Mitteleuropa und im Mittelmeergebiet; Kräuter oder Sträucher mit kugeligen Blütenständen.
Kugelkaktus: gleichbed. mit ↑Igelkaktus.
Kugelknabenkraut: Orchideenart (↑Knabenkraut).
Kugelorchis: Orchideenart (↑Knabenkraut).
Kugelprimel (Primula denticulata): bis 20 cm hohe Primelart, vom Himalaja bis Westchina verbreitet; Rosettenpflanze mit aufrechten Blüten in dichten, kugeligen Köpfchen; frühblühende Zierpflanze mit vielen Farbsorten.
Kuhschelle (Küchenschelle, Pulsatilla): Gattung der Hahnenfußge-

wächse mit rund 30 Arten auf der Nordhalbkugel. Eine vorwiegend auf Kalkböden vorkommende Art ist die giftige, geschützte **Gemeine K.** (Pulsatilla vulgaris), mit glockigen, hellvioletten Blüten. Auf Bergwiesen, Heiden und in sandigen Kiefernwäldern Mitteleuropas wächst die geschützte **Frühlings-K.** (Pulsatilla vernalis), mit bräunlichgelber Behaarung und nickenden, weißen Blüten; äußere Blumenblätter violett, rosa oder blau überlaufen. Die behaarte, mit bis 40 cm langem Stengel schwefelgelb (die kalkmeidende Unterart **Schwefelanemone,** Pulsatilla alpina ssp. apiifolia) oder weiß mit außen oft blauem bis rötlichem Überflug (die kalkliebende Unterart „alpina") blühende **Alpen-K.** (Alpenwindröschen, Pulsatilla alpina) bildet durch ihre bis 5 cm langen, fedrig behaarten Griffel (Flugorgane) der Nußfrüchte große, zottige, kugelige Fruchtstände aus **(Bergmännlein, Teufelsbart).** – Abb. S. 237.

Kuhweizen: svw. Ackerwachtelweizen (↑Wachtelweizen).

Kukuruz [slaw.]: bes. in Österreich gebräuchliche Bez. für ↑Mais.

Kümmel (Carum): Gattung der Doldenblütler mit rund 25 Arten in Europa, Asien und Nordafrika. Die bekannteste Art ist der oft auf trokkenen Wiesen, Grasplätzen und an Wegrändern wachsende, auch kultivierte, 30 cm bis 1 m hohe **Echte K.** **(Wiesen-K.,** Carum carvi), mit fein gerillten Stengeln, doppelt bis dreifach gefiederten Blättern, rübenförmiger Wurzel und kleinen, weißen bis rötlichen Blüten in Doppeldolden. Die kleinen, länglichen, leicht sichelförmig gebogenen, fünfrippigen Teilfrüchte (Nüßchen) der Spaltfrucht dienen als Gewürz (K. im engeren Sinne) und als Mittel gegen Blähungen. Das aus ihnen gewonnene, Carvon und Limonen enthaltende aromatische **K.öl** wird als Geschmacksstoff für Schnäpse und Liköre verwendet. – ↑auch Kreuzkümmel.

Kumquats [engl., von chin. kam kwat] (Limequats, Zwergorangen): die nur bis 3,5 cm großen, eiförmigen bis kugeligen Früchte verschiedener in Asien, Nord- und Südafrika sowie in Amerika kultivierter Rautengewächse der Gattung **Fortunella** (insgesamt sechs ostasiatische Arten); angenehm bitter-süßsäuerlich schmeckendes Obst mit goldgelber, dünner Schale, die mitgegessen wird.

Kupferblatt (Nesselblatt, Acalypha): Gattung der Wolfsmilchgewächse mit über 400 Arten in den Tropen und Subtropen; bekanntere Art ↑Nesselschön.

Kürbis [altes Lehnwort (ahd. kurbiȝ) aus lat. cucurbita = Kürbis] (Cucurbita): Gattung der K.gewächse mit rund 25 Arten; meist einjährige, liegende oder kletternde Kräuter mit Blattranken, großen, gelben Blüten und fleischigen, oft sehr großen, in Form und Farbe verschiedenen Beerenfrüchten. Bekannte Arten sind: Aus dem südlichen Nordamerika stammt der **Speise-K.** (Garten-K., Cucurbita pepo): mit kriechenden, kantigen Stengeln, 15 bis 30 cm langen, fünflappigen Blättern und einzelstehenden, großen, gelben bis orangefarbenen Blüten; die ganze Pflanze ist borstig behaart; die unreifen Früchte werden als Gemüse gegessen; kleinfrüchtige Formen sind als Zierpflanzen in Kultur. Der **Riesen-K.** (Zentner-K., Cucurbita maxima) stammt aus dem tropischen Südamerika; mit über 4 m langen Stengeln und meist sehr großen, 60 bis 100 kg schweren Früchten, die v. a. für Kompott und Marmelade Verwendung finden. – Nicht zu dieser Gattung gehört der ↑Flaschenkürbis.

Kürbisgewächse (Gurkengewächse, Cucurbitaceae): Pflanzenfamilie mit rund 850 Arten in rund 100 Gattungen; niederliegende oder mit Ranken kletternde Kräuter mit meist gelappten, wechselständigen Blättern. Die meist weißen oder gelben Blüten sind eingeschlechtig und fünfzählig. Der Fruchtknoten ist unterständig und entwickelt sich meist zu einer Beerenfrucht. Viele K. sind wichtige Nahrungspflanzen, v. a. ↑Kürbis, ↑Cucumis (mit ↑Gurke und ↑Melone) und ↑Luffa.

Küstensequoia: Art der Gattung ↑Mammutbaum.

L

Labiatae (Labiaten): wissenschaftlicher Name der ↑Lippenblütler.

Labkraut (Galium): Gattung der Rötegewächse mit rund 300 weltweit verbreiteten Arten, davon in Mitteleuropa 25 Arten. Am bekanntesten sind die folgenden Arten: **Echtes L.** (Galium verum), auf trockenen, kalkhaltigen Wiesen und an Rainen; mit schmallinealischen, stachelspitzigen Blättern, zu 8–12 in Quirlen; zitronengelbe Blüten in Rispen; **Klebkraut** (Kletten-L., Klebriges L.; Klimmendes L., Galium aparine), auf Äckern, Schutt, in Hecken und Auenwäldern; mit vierkantigen, mittels Hafthaaren kletternden Stengeln; Blätter zu 6–8 in Quirlen länglichkeilförmig, mit nach rückwärts gerichteten, feinen Stacheln; Früchte etwa 5 mm groß, kugelig, hakig-borstig (Klettfrüchte); **Waldmeister** (Maiblume, Maikraut, Galium odoratum), verbreitet in Laubwäldern; mit vierkantigen, glänzenden Stengeln; zu 6–9 quirlig angeordnete, lanzettl. Blätter; weiße Blüten in Trugdolden; wegen des hohen Cumaringehalts wird der Waldmeister v. a. als Aromamittel verwendet.

Lablab: anderer Name der ↑Helmbohne.

Laburnum: wissenschaftlicher Name der Gattung ↑Goldregen.

Laccaria: wissenschaftlicher Name der Pilzgattung ↑Lackpilze.

Lack: Kurzbez. für die Gattung ↑Goldlack.

Lackbaum:

◊ (Aleurites) Gattung der Wolfsmilchgewächse mit fünf Arten im tropischen und subtropischen Asien; immergrüne Bäume mit Milchsaft. Wirtschaftlich wichtige Arten sind der **Kerzennußbaum** (Aleurites moluccana), dessen Samen das als Brennöl und zur Firnisherstellung verwendete **Kerzennußöl** (Lumbangöl) liefern, sowie der **Tungbaum** (Aleurites fordii), aus dessen Samen das zur Herstellung von Boden- und Außenlacken verwendete **Holzöl (Tungöl)** gewonnen wird.

◊ anderer Name der Schmetterlingsblütlergattung ↑Palasabaum.

Lackpilze (Lacktrichterlinge, Laccaria): Gattung der Lamellenpilze mit zehn rötlichen bis violetten, oft in Gruppen stehenden Arten in Wäldern. Bekannte Arten sind: **Roter L.** (Laccaria laccata), minderwertig, als Mischpilz verwendbar; **Blauer L.** (Laccaria amethystina), nicht sehr schmackhaft.

Lactarius: wissenschaftlicher Name der Pilzgattung ↑ Milchlinge.

Lactuca: wissenschaftlicher Name der Gattung ↑ Lattich.

Laelia [wohl nach dem römischen Frauennamen Laelia] (Lälie): Orchideengattung mit 35 Arten im tropischen Amerika; epiphytische Pflanzen mit länglichen, fleischigen Pseudobulben und ledrigen oder fleischigen Blättern; Blüten in endständigen, meist langgestielten Trauben. Mehrere Arten werden als Zierpflanzen kultiviert.

Lagerpflanzen (Thalluspflanzen, Thallophyta): Bez. für die Gesamtheit der niederen Pflanzen (Algen, Pilze, Flechten, Moose), deren vielzelliger Vegetationskörper **(Thallus)** nicht in Wurzel, Sproßachse und Blätter gegliedert ist. Die Gestaltung des Thallus reicht von einfachen Zellfäden über verzweigte und flächige, jeweils mittels einer Scheitelzelle wachsende Formen (Grünalgen) bis zu dem aus gewebeähnlichen Zellverbänden (Plektenchym) bestehenden Thallus der Rotalgen bzw. der Fruchtkörper vieler Pilze und den morphologisch hochdifferenzierten Formen mit Ansätzen zu echter Gewebsbildung (Braunalgen, Moose).

Laichkraut (Potamogeton): Gattung der L.gewächse mit rund 90 weltweit verbreiteten Arten; Wasserpflanzen v.a. des Süßwassers; Blätter mit gitterartiger Nervatur; Blüten in einfacher Ähre, zwittrig, ohne Blütenhülle. In Deutschland 24 Arten, darunter das **Krause L.** (Potamogeton crispus) mit vierkantigem Stengel und wellig-krausen Blättern. Einige Arten werden als Aquarienpflanzen verwendet.

Laichkrautgewächse (Potamogetonaceae): Pflanzenfamilie der Einkeimblättrigen mit fünf Gattungen und über 100 Arten; Schwimm- oder Tauchpflanzen mit meist zwittrigen Blüten, die in der Regel in Form einer Ähre aus dem Wasser ragen. Die Blüten besitzen keine Blütenhülle, 4 Staubblätter und 1–4 Fruchtknoten. Bekannte Gattungen sind ↑ Laichkraut und ↑ Seegras.

Lälie: eine Orchideengattung (↑ Laelia).

Lambertsnuß [nach der Lombardei] (Lambertshasel, Corylus maxima): Art der Gattung Hasel in Südosteuropa und Kleinasien; dem einheimischen Haselnußstrauch ähnlicher, bis 5 m hoher Strauch mit wohlschmeckenden Nüssen; in vielen großfrüchtigen Sorten seit langem in Kultur; bekannt als Zierpflanze v.a. die **Bluthasel** mit braunroten Blättern.

Lamellenpilze (Blätterpilze, Agaricales): Ordnung (mit rund 10000 Arten) der ↑ Ständerpilze; meist in Stiel und Hut gegliedert; letzterer trägt unten in gewöhnlich strahlenförmiger Anordnung Blättchen **(Lamellen),** auf denen die Basidiosporen angeordnet sind. Zu den L.n zählen die bekanntesten Speise- und Giftpilze: Champignons, Knollenblätterpilze, Fliegenpilz und Reizker.

Lamiaceae: wissenschaftlicher Name der Familie ↑ Lippenblütler.

Laminaria [zu lat. lamina = Platte, Blatt]: Gattung der Braunalgen mit 30 Arten in den nördlichen gemäßigten Meeren und an der Südspitze Afrikas. Thallus in wurzel-, stengel- und blattartige Organe gegliedert, bis mehrere Meter groß werdend; Zellwände reich an Alginsäure, die u.a. als Eindickungsmittel und Stabilisator für Speiseeis und Marmeladen sowie als Klebstoff Verwendung findet.

In der Nordsee vorkommende Arten: **Fingertang** (L. digitata), auf einem mit Haftkrallen am Untergrund festhaltenden Stiel werden blattartige, handförmig zerteilte, bis 3 m lange Thalluslappen gebildet. **Palmtang** (L. hyperborea), bis 2 m lang; der drehrunde Stiel trägt ein derbes, bandförmig zerschlitztes Blattorgan mit herzförmiger Basis und ist mit einem krallenförmigen Haftorgan am Felsgrund festgewachsen. **Zuckertang** (L. saccharina), Thallus bandförmig, lederartig, bis 4 m lang und bis 30 cm breit, glänzend braun, am Grund in einen biegsamen Stiel verschmälert, der in ein korallen- bis geweihartiges Rhizoid übergeht. Beim Trocknen kristallisiert auf der Thallusoberfläche den Zuckeralkohol Mannit aus.

Lämmersalat (Arnoseris): Gattung der Korbblütler mit der einzigen Art **Arnoseris minima** auf Sandflächen und sandigen Äckern des westlichen Europas; bis 25 cm hohe, einjährige Rosettenpflanze mit gelben Blütenkörbchen; Körbchenstiele oben keulig verdickt.

Lampionblume [lampi'õ:] (Physalis): Gattung der Nachtschattengewächse mit über 100 Arten in den Tropen und Subtropen, vorwiegend in Amerika; Kräuter mit bei der Fruchtreife meist blasig aufgetriebenem Kelch. Einige Arten werden als ↑Erdkirschen angebaut. Bekannte Zierpflanzen sind ↑Laternenpflanze und ↑Judenkirsche.

Landkartenflechte (Rhizocarpon geographicum): auf Fels der Mittel- und Hochgebirge wachsende Krustenflechte mit leuchtendgrünem oder gelbgrünem bis schwarzem Thallus, der oft große Flächen überzieht; benötigt 60 Jahre, um die Fläche von 1 cm^2 zu überwachsen.

Landọlphia [nach dem frz. Kapitän und Forscher J.-F. Landolphe, * 1747, † 1825]: Gattung der Hundsgiftgewächse mit über 50 Arten in Afrika und auf Madagaskar; meist Sträucher oder Lianen; viele Arten liefern Kautschuk, einige Arten eßbare Früchte, die wie Zitronen Verwendung finden.

Lạndsberger Renẹtte ↑Apfelsorten, Übersicht S. 26.

Langfadengewächse (Combretaceae): Pflanzenfamilie der Zweikeimblättrigen mit 18 Gattungen und rund 500 Arten in den Tropen und Subtropen; wichtige Mangrovepflanzen. Einige Arten liefern Holz (Framiré, Limba).

Langsat: Beerenfrucht des ↑Lansibaums.

Lạnsibaum (Lansabaum, Lansium): Gattung der Zedrachgewächse mit sieben Arten in Südasien, darunter die dort und auf den Philippinen oft angepflanzte Art **Lansium domesticum,** ein hoher Obstbaum mit gelben, pflaumengroßen, süßsäuerlichen Beerenfrüchten **(Langsat)** mit glasigem Fruchtfleisch.

Lantana: wissenschaftlicher Name der Gattung ↑Wandelröschen.

Lanzenrosette: deutscher Name der Gattung ↑Aechmea.

Lappenblume (Hypecoum): Gattung der Mohngewächse mit 15 Arten, verbreitet vom Mittelmeergebiet bis Westchina; einige Arten werden als einjährige Zierpflanzen gezogen, z. B. das gelbblühende **Gelbäugelchen** (Hypecoum pendulinum).

Lärche (Larix): Gattung der Kieferngewächse mit zehn Arten in den kühleren Bereichen der Nordhalbkugel; sommergrüne Bäume; Nadeln an Langtrieben spiralig und zerstreut, an Kurztrieben in dichten Büscheln, weich, dünn. Die bekannteste Art ist die bis 50 m hoch und bis 700 Jahre alt werdende **Europäische L.** (Gemeine L., Larix decidua), mit tiefrissiger Borke; verbreitet in den

Karpaten, Alpen und europäischen Mittelgebirgen; Nadeln hellgrün, im Herbst goldgelb; Blüten einhäusig, ♂ in rötlichgelben, eiförmigen, hängenden Kätzchen, ♀ in aufrechten, purpurroten Zapfen; Samen klein, dreieckig, glänzend, hellbraun, mit breitem Flügel. Forstwirtschaftlich bedeutend ist die **Hybrid-L.** (Larix eurolepis), eine aus der Japan-L. (Larix kaempferi) und der Europäischen L. um 1897 entstandene Hybride. – Das *Holz* der meisten Lärchenarten besitzt einen gelblichen, schmalen Splint und einen braunroten Kern und wird v. a. als Bau- und Werkholz verwendet. – Abb. S. 156.

Larix: wissenschaftlicher Name der Gattung ↑ Lärche.

Laserkraut (Laserpitium): Gattung der Doldengewächse mit rund 30 Arten in Europa; meist kräftige Stauden mit großen, zusammengesetzten Dolden. In Deutschland kommen drei Arten vor, u. a. auf kalkreichen Böden das 0,6–1,5 m hohe **Breitblättrige L.** (Laserpitium latifolium) mit breit-eiförmigen Fiederblättchen und weißen Blütendolden.

Laternenpflanze (Physalis franchetii): Nachtschattengewächs der Gattung Lampionblume; der ↑ Judenkirsche sehr ähnlich; wegen der besonders großen, lampionartigen, blutroten, blasigen Fruchtkelche als Zierpflanze kultiviert.

Lathyrus: wissenschaftlicher Name der Gattung ↑ Platterbse.

Latsche: Unterart der ↑ Bergkiefer.

Lattich (Lactuca): Gattung der Korbblütler mit rund 100 Arten, vorwiegend auf der Nordhalbkugel; milchsaftführende Kräuter mit ausschließlich zungenförmigen Blüten. In Deutschland kommen sieben Arten vor, u. a. **Gift-L.** (Lactuca virosa), bis 1,5 m hoch; mit gelben Blüten in Rispen und breiten, ovalen, stengelumfassenden, gezähnten Blättern; Milchsaft giftig; auf steinigen Hängen und in Gebüschen; **Kompaß-L.** (Stachel-L., Lactuca serriola), bis 1,2 m hoch; mit fiederspaltigen, stachelig gezähnten Blättern und gelben Blüten; Stengelblätter mit um 90° gedrehten und meist in dieselbe Richtung orientierten Spreiten; an Wegrändern und auf trockenen Plätzen. Die wirtschaftlich wichtigste Art ist der **Gartensalat** (↑ Kopfsalat).

Laubflechten (Blattflechten): Gruppe flächiger, meist unregelmäßig gelappter Flechten; z. B. Parmeliaarten.

Laubmoose (Musci): rund 16 000 Arten umfassende, weltweit verbreitete Klasse der Moose. Der Pflanzenkörper der eigentlichen Moospflanze ist ein Thallus, der immer in Stämmchen und Blätter gegliedert ist. Das Wachstum erfolgt durch eine drei- oder (seltener) zweischneidige Scheitelzelle. Im Stengel und der meist vorhandenen Blattrippe sind einfache Leitelemente vorhanden. Die Entwicklung erfolgt in Form eines heterophasischen, heteromorphen Generationswechsels (↑ Moose). – L. sind von großer Bedeutung als Wasserspeicher in den Wäldern, als Indikatoren für bestimmte Bodenqualitäten und für den Aufbau der Torfmoore. – Bekannte L. sind: Goldenes Frauenhaarmoos, Drehmoos, Torfmoos, Weißmoos, Etagenmoos.

Lauch (Allium): Gattung der Liliengewächse mit rund 300 Arten auf der Nordhalbkugel; Stauden mit Zwiebeln oder Zwiebelstamm; Blätter grundständig, verschiedenartig, oft gefaltet oder röhrenförmig. In Deutschland kommen mehr als 15 Arten vor, u. a. der häufige ↑ Bärenlauch und der ↑ Allermannsharnisch. Zahlreiche Arten sind Nutzpflanzen,

z. B. ↑Knoblauch, ↑Zwiebel, ↑Porree, ↑Schalotte und ↑Schnittlauch.

Lauchkraut: anderer Name der Gattung ↑Knoblauchsrauke.

Lauraceae: wissenschaftlicher Name der ↑Lorbeergewächse.

Läusekraut (Pedicularis): Gattung der Rachenblütler mit rund 600 Arten auf der Nordhalbkugel, v. a. in den Gebirgen Zentralasiens; Halbparasiten, meist auf Gräsern; Blätter meist mehrfach fiederschnittig bzw. fiederteilig; Blüten zweilippig, in Ähren oder Trauben. Einheimische geschützte Arten sind u. a.: **Wald-L.** (Pedicularis silvatica), mit schmallanzenförmigen Blättern und roten bis hell purpurfarbenen Blüten; auf feuchten Wiesen und Flachmooren Nordwestdeutschlands; **Sumpf-L.** (Pedicularis palustris), bis 50 cm hoch; mit sitzenden oder kurzgestielten Blättern und roten bis purpurfarbenen Blüten; auf Sumpfwiesen und Flachmooren; **Karlszepter** (Pedicularis sceptrum-carolinum), Staude mit grundständiger Blattrosette; mit bis 3 cm großen, gelben Blüten in bis 90 cm hohem Blütenstand; auf feuchten Wiesen, Flachmooren und an Seeufern.

Lavandula: wissenschaftlicher Name der Gattung ↑Lavendel.

Lavendel [italien. lavendola, zu italien. lavanda = was zum Waschen und Baden dienlich ist, weiter zu lat.-italien. lavare = (sich) baden, waschen (mit Bezug auf die Verwendung als Badeessenz)] (Lavandula): Gattung der Lippenblütler mit 26 Arten im Mittelmeergebiet, auf den Kanarischen Inseln und in Vorderindien. Die bekanntesten Arten aus dem westlichen Mittelmeergebiet sind: **Echter L.** (Kleiner Speik, Lavandula angustifolia), bis 60 cm hoher, L.öl enthaltender Halbstrauch mit linealischen, silbergraufilzigen Blättern und blauvioletten Blüten; wird v. a. in Südfrankreich zur Gewinnung von L.öl angebaut; **Großer Speik** (Narde, Lavandula latifolia), 30–40 cm hoher Halbstrauch mit breit-linealischen, bis 6 cm langen und etwa 1 cm breiten, beiderseits graufilzigen Blättern und filzig behaarten blauvioletten Blüten; wird zur Gewinnung von L.öl und Speiköl feldmäßig angebaut.

Lavendelheide: anderer Name der ↑Rosmarinheide.

Lebende Steine:

◇ (Lithops) Gattung der Eiskrautgewächse mit mehr als 70 Arten in Süd- und Südwestafrika; sukkulente, niedrige, meist polsterartig wachsende Wüstenpflanzen mit zu geschlossenen Körperchen verwachsenen Blattpaaren (ähneln Kieselsteinen); Blätter oft mit lichtdurchlässigen, glashellen, blattgrünarmen Bezirken (sog. Fenster); Blüten groß, weiß oder gelb; beliebte Pflanzen für Sukkulentensammlungen.

◇ Bez. für Pflanzen verschiedener Gattungen der Eiskrautgewächse mit kieselsteinartigem Aussehen; u. a. ↑Fenestraria.

Lebensbaum (Thuja): Gattung der Zypressengewächse mit sechs Arten in Nordamerika und Ostasien; immergrüne Bäume, seltener Sträucher; mit mehr oder weniger abgeflachten Zweigen; Blätter schuppenförmig, dicht, dachziegelartig angeordnet. Einige Arten sind giftig. Bekannt ist der an der Westküste Nordamerikas wachsende **Riesen-L.** (Kanoezeder, Rote Zeder, Thuja plicata), 30–60 m hoch, Stammrinde rötlich; wird in milderen Gebieten Europas als Zierbaum kultiviert.

Lebensbaumzypresse (Weißzeder, Scheinzypresse, Chamaecyparis): Gattung der Zypressengewächse mit sieben Arten in Nordamerika und Ostasien; immergrüne, meist kegelförmige, schlanke, hohe Bäume; Zweige mehr oder weniger abgeflacht; Blätter schuppenförmig; häufig als Zierpflanzen. – Abb. S. 156.

Leberbalsam (Ageratum): Korbblütlergattung mit über 30 Arten in Nord- und Südamerika; ästige Kräuter oder Sträucher; Köpfchen aus Röhrenblüten, in dichten Doldentrauben oder in Rispen; eine bekannte, in zahlreichen Sorten kultivierte Beetpflanze ist **Ageratum houstonianum.**

Leberblümchen (Hepatica): Gattung der Hahnenfußgewächse mit sechs Arten in Eurasien und im atlantischen Nordamerika. In Deutschland kommt in Laubwäldern nur das **Echte L.** (Hepatica nobilis) vor: bis 15 cm hohe Staude mit dreilappig-herzförmigen Blättern; Blüten blau, seltener rosafarben oder weiß; früher als Mittel gegen Leberleiden verwendet.

Lebermoose (Hepaticae): mit rund 10 000 Arten weltweit verbreitete Klasse der Moose. Nach dem Bau des Thallus lassen sich zwei große Gruppen unterscheiden: 1. L. mit flächigem, oft gabelig verzweigtem Thallus (**thallose L.;** z. B. die Ordnung Marchantiales); 2. L., die in Stämmchen und Blättchen (ohne Mittelrippe, im Gegensatz zu den Laubmoosen) gegliedert sind (**foliose L.;** in der 90% aller L., v. a. tropischer, umfassenden Ordnung **Jungermaniales**). Die Sporenkapseln der L. haben meist keine zentrale Gewebesäule (Columella), oft aber der Verbreitung dienende Schleuderzellen (sogenannte **Elateren**). Die Entwicklung erfolgt in Form eines heteromorphen, heterophasischen Generationswechsels (↑ Moose).

Leberpilz (Blutschwamm, Fleischpilz, Fleischschwamm, Fistulina hepatica): zur Familie der Reischlinge zählender Ständerpilz mit zungen- bis handförmig abstehendem, braunrotem Fruchtkörper; an den Stümpfen alter Eichen; jung eßbar.

Leberwurstbaum (Wurstbaum, Elefantenbaum, Kigelia): Gattung der Bignoniengewächse mit zehn Arten im tropischen Afrika und auf Madagaskar; Bäume mit gefiederten Blättern; Früchte stark verlängert und an langen Stielen herabhängend, eßbar.

Lederholz (Bleiholz, Dirca): Gattung der Seidelbastgewächse mit zwei Arten in Nordamerika; sommergrüne Sträucher mit kleinen, glockigen bis trichterförmigen Blüten in Büscheln. Die zähe Rinde diente den Indianern zur Herstellung von Stricken.

Lederporlinge (Trametes): Gattung der Porlinge mit acht einheimischen Arten an totem Laub- und Nadelholz; unregelmäßig konsolartige, stiellose Fruchtkörper mit lederartiger, gezonter, z. T. zottiger Oberfläche.

Ledertange (Blattange): Sammelbez. für eine Reihe von marinen Großtangen aus der Gruppe der Braunalgen mit lederartigen, derben Thalli; besonders an Felsküsten der nördlichen und südlichen gemäßigten Meere.

Ledertäubling: Bez. für drei Arten aus der Gattung der Täublinge; mit flach trichterförmigem, braunem bis purpurrot-violettem Hut mit stumpfen Randlamellen: Der **Braune L.** (**Braunroter L.,** Russula integra) kommt in Nadelwäldern, der **Weinrote L.** (Russula alutacea) und der **Rotstielige L.** (Russula olivacea) in Laubwäldern vor. Alle drei Arten sind gute Speisepilze.

Leguminosae: wissenschaftlicher Name der ↑ Hülsenfrüchtler.

Leimflechte: anderer Name der ↑Gallertflechte.

Leimkraut (Silene): Gattung der Nelkengewächse mit über 400 weltweit verbreiteten Arten; Kräuter oder Halbsträucher. In Deutschland kommen rund zehn Arten vor, u. a.: **Taubenkropf** (Aufgeblasenes L., Silene cucubalus), bis 1 m hoch; weiße Blüten mit netzadrigem, kugeligem Kelch; **Stengelloses L.** (Silene acaulis), in den Hochgebirgen der Nordhalbkugel; 1–4 cm hoch, polsterbildend; Blüten einzelnstehend, mit rosafarbenen Kronblättern. – Abb. S. 239.

Leimsaat (Schleimsame, Collomia): Gattung der Sperrkrautgewächse mit 18 Arten im westlichen Nord- und Südamerika; Kräuter mit roten, orangefarbenen oder weißen Blüten in Trugdolden. Einige Arten werden als Zierpflanzen kultiviert. – An Flußufern und an Bahndämmen im Süden Deutschlands kommt die erst gelblich, später rötlich blühende Art **Collomia grandiflora** vor.

Lein (Linum): Gattung der L.gewächse mit rund 200 Arten in den subtropischen und gemäßigten Gebieten der Erde; Kräuter oder Halbsträucher; Blüten blau, weiß, gelb oder rot. In den Pyrenäen, Alpen und in den Gebirgen Südosteuropas kommt der bis 30 cm hohe **Alpen-L.** (Linum alpinum) vor: mit meist dicht stehenden, schmalen Blättern und ziemlich lang gestielten hellblauen Blüten in ein- bis siebenblütigen Wickeln; geschützt. Wirtschaftlich wichtig ist der ↑Flachs.

Leinblatt (Vermainkraut, Thesium): Gattung der L.gewächse mit über 200 Arten, hauptsächlich in Afrika und im Mittelmeergebiet; grüne Halbschmarotzer mit kleinen, trichterförmigen Blüten in Trauben oder Rispen. Auf Bergwiesen und in lichten Wäldern Deutschlands wächst das 10–50 cm hohe **Wiesen-L.** (Thesium pyrenaicum; mit grünlichgelben Blüten).

Leinblattgewächse (Sandelholzgewächse, Santalaceae): Familie zweikeimblättriger Pflanzen mit rund 400 Arten, hauptsächlich in den Tropen und in den gemäßigten Zonen; halbparasitische oder parasitische Bäume, Sträucher oder Kräuter mit meist kleinen, fünfzähligen Blüten. Bekannte Gattung ↑Leinblatt.

Leindotter (Camelina): Gattung der Kreuzblütler mit zehn Arten, verbreitet in Mitteleuropa, im Mittelmeergebiet und in Zentralasien; Kräuter mit einfachen, pfeilförmigen Blättern und gelben Blüten. In Deutschland kommt nur der **Öldotter** (Camelina sativa) vor: 30–100 cm hoch; mit dottergelben Blüten und birnenförmigen Schötchen. Eine Unterart wurde früher zur Gewinnung von Öl kultiviert.

Leingewächse (Linaceae): Pflanzenfamilie der Zweikeimblättrigen mit rund 25 Gattungen und rund 500 Arten, verbreitet von den Tropen bis in die gemäßigten Zonen; Kräuter oder Sträucher mit meist ungeteilten, wechselständigen Blättern ohne Nebenblätter; Blüten meist in ährenförmigen Wickeln oder rispigen Trugdolden. Zu den L.n zählen viele Zier- und Nutzpflanzen, v. a. Arten der Gattung ↑Lein.

Leinkraut (Frauenflachs, Linaria): Gattung der Rachenblütler mit rund 150 Arten auf der Nordhalbkugel, v. a. im Mittelmeergebiet und in Vorderasien; überwiegend Kräuter; Blüten gespornt, zweilippig. In Deutschland kommen sieben Arten vor, u. a. das an Dämmen, auf Dünen und auf Äckern häufige **Gemeine L.** (Linaria vulgaris; mit gelben Blüten). – Abb. S. 239.

Leistenpilze (Leistlinge, Cantharellaceae): Familie der Ständerpilze; Pilze mit fast stets offenen Fruchtkörpern; Fruchtschicht (Hymenium) auf oft gabelig verzweigten Leisten an der Unterseite des kreisel- bis trichterförmigen Hutes; u.a. ↑Pfifferling und ↑Totentrompete.

Leistlinge: anderer Name der ↑Leistenpilze.

Lentinellus: wissenschaftlicher Name der Pilzgattung ↑Zählinge.

Lepidodendraceae: wissenschaftlicher Name der ↑Schuppenbaumgewächse.

Lepidodendron: wissenschaftlicher Name der Gattung Schuppenbaum (↑Schuppenbaumgewächse).

Lepidophyten [griech. lepís, lepídos = Schuppe und griech. phytón = Gewächs]: zusammenfassende Bezeichnung für Schuppenbäume, Siegelbäume und andere fossile Bärlappe.

Lepidopteris [zu griech. lepís, lepídos = Schuppe und griech. pterón = Feder, Flügel] (Schuppenfarn): zu den Samenfarnen zählendes Leitfossil des Räts (vor rund 200 Mill. Jahren); die Mittelrippe der doppelt gefiederten Blattwedel zeigt schuppenartige Papillen.

Lerchensporn (Corydalis): Gattung der Erdrauchgewächse mit rund 300 Arten, v.a. in Eurasien und in Nordamerika; meist ausdauernde Kräuter mit zweiseitig symmetrischen (zygomorphen) roten, weißen oder gelben Blüten. In Deutschland kommen acht Arten vor, wobei die bekannteste Art der **Hohle L.** (Hohlwurz, Corydalis bulbosa) ist: 10–35 cm hoch; mit kugeliger, bald hohl werdender Knolle; Blätter doppelt bis dreizählig gefiedert; Blüten purpurfarben oder weiß, gespornt, zu 10 bis 20 in aufrechter Traube; verbreitet in Laubmisch- und Buchenwäldern Mittel- und Südeuropas. – Abb. S. 238.

Leuchterblume (Ceropegia): Gattung der Schwalbenwurzgewächse mit rund 150 Arten, v.a. in Asien und Afrika; Kräuter oder Halbsträucher mit meist knolligem Erdstamm; Blüten mit verlängerter, am Grund bauchig aufgetriebener Röhre (eine Kesselfallenblume).

Leuchtmoos (Schistostega pinnata): sehr kleines (3–7 mm) Laubmoos schattiger, luftfeuchter, kalkfreier Standorte in den Alpen und Mittelgebirgen; flach zweizeilig beblättert. Der überdauernde Vorkeim ist aus kugeligen Zellen aufgebaut, die wie ein Hohlspiegel schwaches einfallendes Licht gebündelt reflektieren.

Levkoje [von griech. (mit neugriech. Aussprache) leukó-ion = weißes Veilchen] (Matthiola): Gattung der Kreuzblütler mit rund 50 Arten, v.a. im östlichen Mittelmeergebiet; Kräuter oder Halbsträucher mit länglichen oder linealischen Blättern; Blüten in Trauben, einfach oder gefüllt, unterschiedlich gefärbt, oft duftend; bekannte Zierpflanzen, v.a. die je nach Kultur als **Sommer-L.**, **Herbst-L.** oder **Winter-L.** bezeichneten Sortengruppen der Art Matthiola incana. – L.n sind in Deutschland seit dem 16. Jahrhundert (gefüllte Formen seit 1570) beschrieben.

Libanonzeder: svw. Echte Zeder (↑Zeder).

Lichenes: wissenschaftlicher Name der ↑Flechten.

Lichtnelke (Lychnis): Gattung der Nelkengewächse mit 35 Arten in der nördlichen gemäßigten und arktischen Zone; meist dicht behaarte Kräuter mit roten, weißen oder rotgestreiften Blüten. Einzige einheimische Art: **Kuckucks-L.** (Lychnis floscuculi), auf feuchten Wiesen, in Mooren; 20–90 cm hoch; mit rosaroten, 3–4 cm großen, schlitzblättrigen Blüten in lockeren Trugdolden. Bekannte Zierpflanzen sind u. a.: **Brennende Liebe** (Lychnis chalcedonica), aus dem östlichen Rußland; bis 1 m hoch; mit breitlanzettlichen bis eiförmigen, spitzen, rauhhaarigen Blättern und in Trugdolden stehenden, scharlachroten Blüten mit verkehrt-herzförmigen Kronblättern; **Jupiterblume** (Lychnis flos-jovis), aus den Südalpen; bis 50 cm hoch; mit weißfilzigen Blättern und rosafarbenen Blüten; **Kronen-L.** (Vexiernelke, Lychnis coronaria), aus Südosteuropa und Vorderasien; bis 1 m hoch; weiß behaart; mit langgestielten, roten oder rosafarbenen Blüten.

Liebesgras (Eragrostis): Gattung der Süßgräser mit rund 300 Arten in allen wärmeren Ländern, besonders in Afrika; Ährchen mit mehreren Zwitterblüten, meist in Rispen. Viele Arten sind Kultur- und Futterpflanzen, z. B. **Tef** (Eragrostis tef), eine Getreideart in Äthiopien.

Liebestraube (Agapetes): Gattung der Heidekrautgewächse mit rund 30 Arten, v. a. in den feuchten Bergwäldern von Nepal bis Nordaustralien; oft epiphytische Sträucher; Blüten meist rot, in traubenartigen Blütenständen; z. T. Zierpflanzen.

Liebstöckel (Levisticum): Gattung der Doldenblütler mit drei Arten in Kleinasien; hohe, aufrechte Stauden mit aromatisch duftenden, häufig gefiederten Blättern und hellgelben Blüten. Die bekannteste Art ist das **Maggikraut** (L. im engeren Sinn, Levisticum officinale), das in Teilen Europas und Nordamerikas als Gewürzpflanze kultiviert wird: 1–2 m hohe, sellerieartig riechende Staude. – Abb. S. 76.

Lieschgras (Phleum): Gattung der Süßgräser mit zwölf Arten in den gemäßigten Zonen der Nord- und Südhalbkugel; Futter- und Wiesengräser mit walzlichem oder kopfigem Blütenstand (Ährenrispengräser); z. B. **Wiesen-L.** (Timotheegras, Phleum pratense), in Eurasien, Nordafrika und Nordamerika; 20–100 cm hoch, ausdauernd.

Ligụster [lat.] (Rainweide, Ligustrum): Gattung der Ölbaumgewächse mit rund 50 Arten, hauptsächlich im östlichen Asien; immer- oder sommergrüne Sträucher mit ganzrandigen, gegenständigen Blättern und weißen, meist kleinen Blüten in endständigen Rispen. Zahlreiche Arten werden für Zierhecken kultiviert. In Mitteleuropa kommt in Gebüschen der **Gemeine L.** (Ligustrum vulgare) vor: bis 5 m hoch; sommergrün; mit stark duftenden Blüten und schwarzen, giftigen Beeren.

Liliaceae: wissenschaftlicher Name der ↑ Liliengewächse.

Liliatae: wissenschaftlicher Name der ↑ Einkeimblättrigen.

Lilie (Lilium) [lat.]: Gattung der Liliengewächse mit rund 100 Arten in der gemäßigten Zone der Nordhalbkugel; Zwiebelpflanzen mit meist einfachen Stengeln, schmalen Blättern und trichterförmigen bis fast glockigen Blüten; zahlreiche z. T. sehr alte Zierpflanzen; bekannte Arten, u. a.: **Feuer-L.** (Lilium bulbiferum), auf Gebirgswiesen der Alpen und höherer Mittelgebirge; geschützt; 20 cm bis 1 m hoch; mit feuerroten, schwarzgefleckten Blüten; oft Brutzwiebeln in den Blattachseln; **Königs-L.** (Lilium regale), aus Westchina; bis 1,5 m hoch; Blüten dichtgedrängt am Stengelende, außen rosa, innen weiß, am Grund kanariengelb, stark duftend; **Madonnen-L.** (Weiße L., Lilium candidum), verbreitet vom östlichen Mittelmeergebiet bis Südwestasien; bis 1,5 m hoch; mit 10–15 cm langen, rein weißen, abends wohlriechenden Blüten in Trauben; **Pracht-L.** (Lilium speciosum), aus Japan und Korea; 50–150 cm hoch; der kahle, grüne Stengel mit 3–12 weißen, etwas rot verwaschenen, großen Blüten; **Tiger-L.** (Lilium tigrinum), aus China und Japan; bis 1,5 m hoch, Blüten leuchtend orangerot, dunkelpurpurfarben gefleckt, in Trauben; mehrere Kulturformen; **Türkenbund** (Türkenbund-L., Lilium martagon), auf Gebirgswiesen Eurasiens; geschützt; bis 1 m hoch; Blüten in lockerer Traube, nickend, mit hellpurpurfarbenen, dunkel gefleckten, zurückgerollten Blütenhüllblättern (Perigon).

Geschichte: Die Madonnen-L. wurde zur Zeit der antiken Hochkulturen in Salben und Ölen zu Kosmetika und Arzneien verarbeitet. Wohl wegen der weißen Blütenfarbe galt sie als Symbol der Reinheit. – Die Feuer-L. kam vermutlich erst im 15. Jahrhundert in die Gärten Mitteleuropas. – Die Könige von Frankreich führten seit dem späten 12. Jahrhundert den mit goldenen L.n besäten blauen Schild, seit dem späten 14. Jahrhundert mit drei Lilien. Das **Lilienbanner** (weiß, mit L.n besät) war von der Mitte des 17. Jahrhunderts bis 1790 und 1814–30 die Flagge Frankreichs. In Anlehnung an das Königswappen kommt die L. in der französischen Heraldik häufig vor. Als **bourbonische L.** wurde sie seit der Französischen Revolution politisches Abzeichen der Royalisten.

Liliengewächse (Liliaceae): Pflanzenfamilie der Einkeimblättrigen mit über 200 Gattungen und rund 3 500 Arten; meist ausdauernde Kräuter mit Wurzelstöcken, Knollen oder Zwiebeln; Blüten mit einfacher Blütenhülle (Perigon; meist mit 6 Blütenblättern), überwiegend radiär, meist mit 6 Staubblättern und einem 3fächrigen Fruchtknoten; Früchte in der Regel eine Kapsel oder Beere; Insektenbestäubung. Zu den L.n zählen viele Zierpflanzen (z. B. aus den Gattungen Graslilie, Grünlilie, Lilie, Tulpe) und Nutzpflanzen (z. B. Knoblauch, Küchenzwiebel, Schnittlauch, Spargel).

Lilienschweif: anderer Name der Gattung ↑ Steppenkerze.

Limettenbaum (Citrus limetta): in feuchten Tropengebieten, v. a. auf den Westindischen Inseln kultivierte Zitruspflanze mit eiförmigen, grünen bis gelben, dünnschaligen Früchten **(Limetten, Limonellen).** Das saftige Fruchtfleisch wird v. a. zur Herstellung von Limettensaft (Lime juice) genutzt; aus den Schalen wird ätherisches Öl gewonnen.

Limodorum: wissenschaftlicher Gattungsname der Erdorchidee ↑ Dingel.

Limonium: wissenschaftlicher Name der Gattung ↑ Widerstoß.

Linde (Tilia): Gattung der L.ngewächse mit rund 30 meist formenreichen Arten in der nördlich gemäßigten Zone; bis 40 m hohe, z. T. bis 1 000 Jahre alt werdende, sommergrüne Bäume; Blüten gelblich oder weißlich, meist in hängenden, kleinen Trugdolden mit flügelartig vergrößertem unterem Vorblatt; Holz für Schnitz- und Drechslerarbeiten geeignet.

In Mitteleuropa einheimische Arten: **Sommer-L.** (Großblättrige L., Tilia platyphyllos), bis über 30 m hoch; mit bis 12 cm langen, herzförmigen, beiderseits behaarten, unterseits in den Blattaderwinkeln weißbärtigen Blättern; Blüten zu 2–5 zusammenstehend, hängend; Früchte dickwandig, holzig; häufiger Alleebaum; **Winter-L.** (Tilia cordata), bis 25 m hoch; die breitherzförmigen, oberseits kahlen Blätter unterseits mit rotbraunen Haarbüscheln in den Blattaderwinkeln; Blütenstand 5- bis 11blütig; Früchte dünnschalig, leicht zerdrückbar; oft Park- und Alleebaum.

Geschichte: Bei den Germanen und Slawen spielten L.n in Volksbrauchtum und Sage eine hervorragende Rolle. Zahlreiche Gerichts-, Feme-, Blut- und Geister-L.n fanden sich in Mittel- und Osteuropa noch bis in die jüngste Zeit. Feste, Versammlungen und Trauungen fanden bevorzugt unter Dorf-, Brunnen- und Burg-L.n statt. Die L.n wurden als heilig angesehen. Sie wurden häufig als Bildstock für Götter- und später für Heiligenbilder benutzt. – Seit dem 16./17. Jahrhundert wird der **Lindenblütentee** als schweißtreibendes und fiebersenkendes Mittel bei Erkältung und Grippe verwendet.

Lindengewächse (Tiliaceae): Pflanzenfamilie mit 45 Gattungen und mehr als 400 meist tropischen Arten; hauptsächlich Bäume oder Sträucher; bekannteste Gattung ↑Linde; ↑auch Zimmerlinde, ↑Jute.

Linse (Lens culinaris): einjähriger, 30–50 cm hoher, wickenähnlicher Schmetterlingsblütler mit paarig gefiederten, meist in Ranken endigenden Blättern mit kleinen, bläulich-weißen Blüten in ein- bis dreiblütigen, achselständigen Trauben; Hülsenfrüchte rautenförmig; stammt aus dem Orient, wird jetzt aber in vielen warmen Gebieten angebaut. – Die ein bis drei gelben, roten oder schwarzen, scheibenförmigen Samen **(Linsen)** ergeben gekocht ein eiweiß- und kohlenhydratreiches Gemüse. Kraut und Stroh liefern eiweißreiches Viehfutter.

Geschichte: In den alten Kulturen in Mesopotamien, Ägypten, Persien und Israel waren L.n Volksnahrungsmittel. Besonders bekannt sind die Grabbeigaben aus der 12. ägyptischen Dynastie und die Erwähnung des Linsengerichtes im Alten Testament. In Mitteleuropa ist die Wildform der L. zuerst für die bandkeramische Kultur nachgewiesen. Seit der Bronzezeit sind Kulturformen mit größeren Samen bekannt.

Lippenblütler (Labiaten, Labiatae, Lamiaceae): weltweit verbreitete Pflanzenfamilie mit rund 200 Gattungen und über 3 000 Arten. L. sind Kräuter oder Sträucher mit meist vierkantigem Stengel und kreuzgegenständigen Zweigen und/oder Blättern. Die Blüten **(Lippenblüten)** sind dorsiventral gebaut. Sie bestehen aus einem zweiteiligen Kelch, einer langen, zweiteiligen Krone, zwei längeren und zwei kürzeren Staubblättern und einem Griffel mit zweiteiliger Narbe. Der oberständige Fruchtknoten entwickelt sich meist zu vier einsamigen Nüßchen. – Zu den L.n zählen viele Heil- und Gewürzpflanzen, z. B. Melisse, Salbei, Lavendel, Thymian, Majoran.

Listera: wissenschaftlicher Name der Gattung ↑Zweiblatt.

Lithops: wissenschaftlicher Name der Gattung ↑Lebende Steine.

Litschi [chin.] (Litchi): Gattung der Seifenbaumgewächse mit zwei Arten in Südchina, von denen der bis 9 m hohe **L.baum** (Litchi chinensis) allgemein in den Tropen in vielen Sorten als Obstbaum kultiviert wird; seine in Rispen angeordneten Früchte **(L.pflaumen, Lychees, Zwillingspflaumen)** sind rund bis oval und pflaumengroß; ihr Samenmantel birgt unter einer harten Wand ein weißliches, angenehm erdbeerähnlich schmeckendes Fruchtfleisch, das für Kompott und Cocktails verwendet wird.

Livistona [nach dem Schotten P. Murray, Baron of Livistone (18./19. Jahrhundert)]: Palmengattung mit über 30 Arten im tropischen Asien bis Australien; Fächerpalmen; z. T. Zierpflanzen.

Lobelie (Lobelia) [nach dem niederl. Botaniker M. Lobelius, * 1538, † 1616]: Gattung der Glockenblumengewächse mit über 350 Arten in den gemäßigten und wärmeren Zonen; meist Kräuter oder Halbkräuter mit zweiseitig symmetrischen, um 180° gedrehten Blüten. Eine bekannte Zierpflanze ist die Art **Blaue L.** (Lobelia erinus), eine dichtwüchsige, bis 25 cm hohe Sommerblume aus Südafrika mit himmelblauen, violetten oder weißen Blüten.

Löffelkraut (Lungenkresse, Cochlearia): Gattung der Kreuzblütler mit 25 Arten auf der Nordhalbkugel; Rosettenpflanzen mit weißen oder violetten Blüten und Schötchenfrüchten. In Mitteleuropa kommt auf salzhaltigen Böden das **Echte L.** (Löffelkresse, Cochlearia officinalis) mit löffelförmigen Blättern vor.

Löffelkresse: ein Kreuzblütler (↑ Löffelkraut).

Loganbeere [nach dem amerikan. Juristen und Gärtner J. H. Logan, * 1841, † 1928] (Rubus loganobaccus): nordamerikanische Kultursorte der Brombeere mit großen, festen, roten Früchten, die hauptsächlich für Marmelade und Saft verwendet werden.

Loganiengewächse [nach dem amerikan. Juristen und Botaniker J. Logan, * 1674, † 1751] (Loganiaceae): Pflanzenfamilie mit rund 30 Gattungen und über 800 hauptsächlich tropischen und subtropischen Arten; meist Holzpflanzen mit gegenständigen Blättern und röhrigen bis glockigen Blüten; viele alkaloidreiche Heil- und Giftpflanzen, u. a. ↑ Brechnußbaum.

Lohblüte (Fuligo varians): häufiger Schleimpilz mit bis handgroßem, vielkernigem, querwandlosem, auffällig dottergelbem Plasmakörper (Plasmodium); auf faulendem Eichenlaub, Moderholz, Kompost. – Abb. S. 313.

Loiseleuria: wissenschaftlicher Gattungsname des Heidekrautgewächses ↑ Alpenheide.

Lokustbaum: anderer Name des ↑ Courbarilbaums.

Lolch (Weidelgras, Raigras, Raygras, Lolium): Gattung der Süßgräser mit rund 40 Arten in Eurasien und Nordafrika; einjährige oder ausdauernde Ährengräser; Ährchen in zwei Zeilen, vielblütig und mit nur einer Hüllspelze; Unkräuter, Futter- und Rasengräser, u. a.: **Englisches Raigras** (Deutsches Weidelgras, Ausdauernder L., Lolium perenne), häufig auf Wiesen und an Rainen; wichtiges, ausdauerndes Weidegras; 30–60 cm hoch, sattgrün, horstbildend, ausläufertreibend; Ähre bis 20 cm lang, mit abgeplatteten Ährchen; Deckspelze nicht oder nur kurz begrannt; **Taumel-L.** (Lolium temulentum), auf Getreideäckern, Ödland; 30–80 cm hoch; Ähre bis 30 cm lang; Hüllspelze so lang wie das Ährchen, Deckspelzen steif begrannt; v. a. die reifen Früchte sind durch das Vorhandensein eines Pilzes (bewirkt Alkaloidbildung) giftig.

Lolium: wissenschaftlicher Name der Süßgräsergattung ↑ Lolch.

Longanbaum [chin. lung yen, eigtl. = Drachenauge] (Drachenauge, Longane, Nephelium longana): Seifenbaumgewächs in Mittel- und Südchina; bis 10 m hoher Baum mit gelblichen Blüten in Rispen; Frucht **(Longanfrucht)** litschipflaumenartig, bis 2,5 cm groß; Samenmantel orangegelb, saftig, süß, aromatisch. Der L. wird in den Tropen und Subtropen besonders der Alten Welt als Obstbaum kultiviert.

Lonicera: wissenschaftlicher Name der Gattung ↑Geißblatt.

Lophophora: wissenschaftlicher Name der Gattung ↑Schnapskopf.

Loquat: wohlschmeckende Sammelfrucht der ↑Wollmispel.

Loranthaceae: wissenschaftlicher Name der ↑Mistelgewächse.

Lorbeer (Laurus): Gattung der ↑Lorbeergewächse mit zwei Arten; am bekanntesten der häufig kultivierte **Echte L.** (L.baum, Laurus nobilis), Charakterbaum des Mittelmeergebietes: bis 12 m hoch, mit bis 10 cm langen, länglich-lanzettförmigen, lederartigen Blättern, die getrocknet als Küchengewürz **(L.blätter)** in der Hauptsache für Fleisch- und Fischgerichte und Soßen verwendet werden; Blüten hellgelb, in Büscheln.

Geschichte: Bei den Griechen war der L.baum dem Apollon heilig. Er galt als Zeichen des Sieges und Ruhmes in Sport und Krieg und fand bei Sühneriten, Wahrsagungen und Zauber rituelle Verwendung. Daneben gab der griechische Arzt Dioskurides (1. Jahrhundert n. Chr.) zahlreiche arzneiliche Verwendungen an. – Abb. S. 76.

Lorbeergewächse (Lauraceae): Pflanzenfamilie mit rund 30 Gattungen und über 2000 tropischen und subtropischen Arten; Bäume oder Sträucher, selten Lianen; mit einfachen, lederartigen Blättern und kleinen Blüten in häufig rispigen Blütenständen; einsamige Beeren- oder Steinfrüchte; Obst-, Gewürz-, Heil- und Zierpflanzen, u. a. Avocado (Avocato), Kampfer-, Lorbeer-, Zimtbaum.

Lorbeerkirsche: gleichbed. mit ↑Kirschlorbeer.

Lorbeerrose (Kalmie, Kalmia): Gattung der Heidekrautgewächse mit acht Arten in Nordamerika und auf Kuba; immergrüne Sträucher mit ganzrandigen, meist lanzettlichen Blättern und schwach glockigen Blüten in end- oder achselständigen Dolden oder Doldentrauben. Eine bekanntere Art ist die **Breitblättrige L.** aus dem östlichen Nordamerika: mit etwa 2 cm großen, hellrosa Blüten und giftigen Blättern.

Lorchelpilze (Helvellales): Ordnung der Schlauchpilze, die früher auch als Familie **Helvellaceae** den Becherpilzen zugeordnet wurde. Charakteristisch für die L. ist der gestielte, lappig gefaltete oder wulstig verbogene Fruchtkörper. Die bekanntesten Gattungen neben der ↑Morchel sind: **Helvella** mit rund 25 Arten; typischer Vertreter die **Herbstlorchel** (Krause Lorchel, Helvella crispa): bis 15 cm hoch, mit weißlichem Hut und dickem, längsrippigem, weißlichem Stiel, der von zahlreichen langgezogenen Kammern durchsetzt ist; kommt u. a. an Waldwegen und in Gebüschen vor; eßbar. – **Gyromitra,** mit rund zehn Arten; am bekanntesten die **Frühlorchel** (Frühlings-L., Frühjahrs-L., Gift-L., Frühlingsmorchel, Helvella esculenta), Giftpilz in Kiefernwäldern und auf Kahlschlägen; Fruchtkörper (April bis Mai) mit weißlichem bis violettem, gefurchtem, bis 7 cm hohem Stiel und kugeligem, kaffee- bis schwarzbraunem, oberseits gehirnartig gefurchtem Hut. – Abb. S. 318.

Losbaum (Clerodendrum): Gattung der Eisenkrautgewächse mit rund 400 Arten, hauptsächlich im tropischen Asien und in Afrika; kleine Bäume oder Sträucher mit langröhrigen Blüten in Rispen, Doldentrauben oder Köpfen; z. T. prächtige Zierpflanzen.

Lotosblume [griech. lōtós = Name verschiedener Pflanzen] (Nelumbo): Gattung der Seerosengewächse mit zwei Arten; Wasserpflanzen mit aus dem Wasser ragenden, großen, schildförmigen Blättern und langgestielten, bis 35 cm großen Blüten mit zahlreichen Kron- und Staubblättern; mehrere in die oben verbreiterte Blütenachse eingesenkte, einsamige Nußfrüchte. Die bekannteste Art ist die **Indische L.** (Nelumbo nucifera), im wärmeren Asien von Japan bis zum Kaspischen Meer; mit rosafarbenen oder weißen Blüten und eßbaren, bis haselnußgroßen Früchtchen; in mehreren Sorten kultiviert. Die L. war als kosmisches Symbol und als Attribut von Gottheiten bedeutsam, v. a. in der ägyptischen Kosmogonie und in der indischen Mythologie.

Lotospflaume ↑ Lotuspflaume.

Lotus: wissenschaftlicher Name der Gattung ↑ Hornklee.

Lotuspflaume (Lotospflaume, Dattelpflaume, Diospyros lotus): Ebenholzgewächs der Gattung Diospyros (rund 200 tropische und subtropische Arten; Bäume und Sträucher), heimisch von Westasien bis Japan, im Mittelmeergebiet eingebürgert; Obst- und Zierbaum mit unscheinbaren, rötlichen oder grünlichweißen Blüten und kirschgroßen, anfangs gelben, später blauschwarzen, stark gerbstoffhaltigen, zubereitet jedoch eßbaren Früchten (in Ostasien als Obst geschätzt).

Louisianamoos [lui...]: Ananasgewächs der Gattung ↑ Tillandsia.

Löwenmaul [mit Bezug auf die Blütenform] (Löwenmäulchen, Antirrhinum): Gattung der Rachenblütler mit rund 40 Arten in Nordamerika und im Mittelmeergebiet; Kräuter oder Halbsträucher mit einzelnen, achselständigen oder am Zweigende eine Traube bildenden Blüten mit zweilippiger Krone und vorn am Grund sackförmig erweiterter Kronröhre; bekannteste Art: das in vielen Sorten kultivierte **Garten-L.** (Antirrhinum majus).

Löwenzahn:

◊ (Kuhblume, Pusteblume, Taraxacum) Gattung der Korbblütler mit rund 70 z. T. sehr formenreichen Arten, hauptsächlich in den gemäßigten Zonen; gelbblühende, milchsaftführende Rosettenpflanzen mit gezähnten Blättern; Blütenkörbchen nur aus Zungenblüten, Blütenschaft rund, hohl, blattlos; Samen mit einer weißen bis bräunlichen Haarkrone. In Mitteleuropa kommt v. a. der **Gemeine L.** (Kuhblume, Kettenblume, Ringelblume, Taraxacum officinale) vor.

◊ (Milchkraut, Leontodon) Gattung der Korbblütler mit rund 60 Arten in Europa, Zentralasien und im Mittelmeergebiet; Rosettenpflanzen mit meist schwach bis buchtig gezähnten Blättern; einheimisch u. a.: **Herbst-L.** (Leontodon autumnalis), bis 45 cm hoch, auf Weiden und Kulturrasen; blüht von Juli bis September; Blätter buchtig-fiederspaltig; Stengel meist verzweigt, blattlos, gefurcht, nicht röhrig; Blütenköpfchen nur aus Zungenblüten, bis 3,5 cm groß, goldgelb, die Randblüten unterseits rötlich gestreift; **Hundslattich** (Nickender L., Salzmilchkraut, Zinnensaat, Leontodon taraxacoides), bis 30 cm hoch, auf feuchten Wiesen, Heiden und Dünen; blüht im Juli und August; Blätter leicht gesägt bis schrotsägeartig; Stengel einköpfig; Köpfchen gelb, vor dem Aufblühen nickend; Blütenhüllblätter unterseits schwarz gerandet.

Luffa [arab.] (Schwammgurke, Schwammkürbis): Gattung der Kürbisgewächse mit acht Arten in den Tropen v. a. der Alten Welt; einjährige Kletterkräuter mit fünf- bis siebenlappigen Blättern und zwei- bis fünfspaltigen Ranken; Frucht eine gurkenähnliche, trockene Beere, an der Spitze mit einem Deckel aufspringend. Das zähe, schwammige Gefäßbündelnetz (**Luffa** im engeren Sinne), das durch bakterielle Zersetzung des Fruchtfleisches und Aufschneiden der (unreif auch eßbaren) Früchte der (in den Tropen oft kultivierten) Arten **L. cylindrica** und **L. acutangulum** gewonnen wird, kommt als (pflanzlicher) Bade- und Frottierschwamm und verarbeitet zu Fußmatten und Einlegesohlen in den Handel.

Lungenenzian: Art der Gattung ↑ Enzian.

Lungenflechte (Lobaria pulmonata): unregelmäßig gelappte, große, graugrüne Laubflechte (10–45 cm Durchmesser) auf Rinden und Holz; in der Volksmedizin früher Heilmittel bei Lungenleiden.

Lungenkraut (Pulmonaria): Gattung der Rauhblattgewächse mit zwölf Arten in Eurasien; niedrige, behaarte Stauden mit meist blauen, purpurfarbenen, anfangs auch rötlichen Blüten in Trugdolden; bekannteste Art: **Echtes L.** (Pulmonaria officinalis), in Laubwäldern; mit weißfleckigen Grundblättern; früher Volksheilmittel bei Lungenleiden.

Lungenkresse: anderer Name für das ↑ Löffelkraut.

Lupine (Lupinus) [lat., zu lat. lupus = Wolf (Beziehung des Pflanzennamens zum Tiernamen unklar)]: Gattung der Schmetterlingsblütler mit rund 200 Arten, hauptsächlich in Amerika, einige Arten im Mittelmeergebiet; vorwiegend Kräuter oder Halbsträucher mit meist gefingerten Blättern, z. T. mehrfarbigen Blüten in Trauben und oft ledrigen, dicken Hülsenfrüchten. L.n sind besonders für die Landwirtschaft wichtig (u. a. als Grünfutter, zur Gründüngung und als Stickstofflieferant durch Knöllchenbakterien), ferner dienen sie als Wildfutter und als Gartenzierpflanzen. Aus alkaloidhaltigen Wildformen **(Bitter-L.n)** wurden zahlreiche alkaloidarme oder -freie Arten **(Süß-L.n)** gezüchtet, u. a.: **Gelbe L.** (Lupinus luteus), v. a. für kalkfreie Sandböden; z. T. verwildert; einjährig; bis 60 cm hoch, ästig, mit gelben, wohlriechenden Blüten; **Schmalblättrige L.** (Blaue L., Lupinus angustifolius), v. a. für schwere Böden; z. T. verwildert; einjährig; 30–100 cm hoch, wenig verzweigt; Fiederblättchen linealisch, 2–5 mm breit; Blüten hellblau, seltener weiß, purpurfarben oder bunt; Früchte locker behaart; **Vielblättrige L.** (Stauden-L., Dauer-L., Lupinus polyphyllus), oft Zierpflanze oder als Wildfutter angepflanzt; z. T. verwildert; besonders an Waldrändern, Bahndämmen und auf sandig-steinigen Lehmböden der Gebirge; ausdauernd, bis 1,20 m hoch; Blüten der Stammform blau bis purpurfarben oder weiß; Früchte dicht behaart.

Luzerne: ein Schmetterlingsblütler (↑ Schneckenklee).

Luzula: wissenschaftlicher Name der Gattung ↑ Hainsimse.

Lychee: svw. Litschipflaume (↑ Litschi).

Lycoperdon: wissenschaftlicher Name der Pilzgattung ↑ Stäublinge.

Lycopodiaceae: wissenschaftlicher Name der ↑ Bärlappgewächse.

Lycopodium: wissenschaftlicher Name der Pflanzengattung ↑ Bärlapp.

Lycopsida: wissenschaftlicher Name der Klasse ↑ Bärlappe.
Lysimachia: wissenschaftlicher Name der Primelgewächsgattung ↑ Gilbweiderich.
Lythraceae: wissenschaftlicher Name der Familie Weiderichgewächse (↑ Weiderich).
Lythrum: wissenschaftlicher Name der Gattung ↑ Weiderich.

M

Machandel: niederdt. für Heidewacholder (↑ Wacholder).
Machorka: andere Bez. für Bauerntabak (↑ Tabak).
Macleaya [ma'kle:ja; nach dem engl. Naturforscher A. Macleay, * 1767, † 1848] (Macleya, Federmohn): Gattung der Mohngewächse mit zwei Arten in Japan und China; bis 3 m hohe, blaugrün bereifte Stauden mit gelbem Milchsaft und großen, fiederlappigen Blättern. Die kronblattlosen Blüten stehen in großen, endständigen Rispen. Die Art **M. cordata** mit 24–30 reinweißen (bei einigen Sorten rosafarbenen) Staubblättern wird als Gartenzierpflanze oft angepflanzt.
Madagaskarpalmen: Bez. für einige säulenförmige Arten der Hundsgiftgewächsgattung ↑ Pachypodium.
Madagaskarpflaume: Art der Gattung ↑ Flacourtie.
Madame Verté [frz. madamvɛr'te]: eine Tafelbirne (↑ Birnensorten, Übersicht S. 49).
Mädchenauge (Schöngesicht, Wanzenblume, Coreopsis): Gattung der Korbblütler mit mehr als 100 Arten, hauptsächlich in Afrika und im tropischen Amerika; Kräuter mit großen, endständigen Blütenköpfen, z. T. beliebte Gartenzierpflanzen.
Mädesüß (Filipendula): Gattung der Rosengewächse mit zehn Arten in der nördlichen gemäßigten Zone; Stauden mit weißen oder purpurfarbenen Blüten in spirrenartigen Blütenständen. Eine in Deutschland häufige Art ist das 1–2 m hohe, weißblühende, stark duftende **Echte M.** (Filipendula ulmaria) auf feuchten Wiesen und an Ufern.
Madie (Madia) [span.]: Gattung der Korbblütler mit 18 Arten im westlichen Nordamerika und in Chile; Kräuter mit kleinen Blütenkörbchen aus Zungen- und Röhrenblüten. Die wichtigste Art ist die **Öl-M.** (Madia sativa; Chile, Kalifornien und Oregon; auch in Südeuropa angebaut), deren Früchte das als Speise- und Brennöl verwendete **Madiöl** liefern.
Madonnenlilie: eine Lilienart (↑ Lilie).
Maggikraut: als Gewürzpflanze kultivierte Art der Gattung ↑ Liebstöckel.
Magnoliaceae: wissenschaftlicher Name der ↑ Magnoliengewächse.
Magnoliatae: veralteter wissenschaftlicher Name der ↑ Zweikeimblättrigen.
Magnolie (Magnolia) [nach dem frz. Botaniker P. Magnol, * 1638, † 1715]: Gattung der Magnoliengewächse mit rund 80 Arten in Ostasien, im Himalaja und in Nord- und Mittelamerika; sommer- oder immergrüne Bäume oder Sträucher mit einfachen, ungeteilten Blättern und

einzelnen endständigen, oft sehr großen Blüten. Mehrere Arten sind beliebte Zierbäume und -sträucher, z. B.: **Stern-M.** (Magnolia stellata), bis 3 m hoher Strauch mit verkehrteiförmigen, bis 10 cm langen Blättern und weißen, duftenden Blüten; **Tulpen-M.** (Magnolia soulangiana), mit aufrechten, innen meist weißen, außen rosafarbenen Blüten.
Die Gattung M. gehört zu den typischen Vertretern der Flora, die vor rund 50 Mill. Jahren (Tertiär) über die gesamte gemäßigte Nordhalbkugel verbreitet war (arktotertiäre Flora).

Magnoliengewächse (Magnoliaceae): Pflanzenfamilie mit mehr als 200 Arten, hauptsächlich im gebirgigen Süd- und Ostasien und vom atlantischen Nordamerika bis nach Südamerika; Bäume oder Sträucher mit einfachen, wechselständigen Blättern. Die oft sehr großen, vielfach einzelnstehenden Blüten zeigen viele ursprüngliche Merkmale, wie z. B. eine langgestreckte Blütenachse, an der die Blütenorgane spiralig angeordnet sind, sowie kaum eine Differenzierung in Kelch- und Kronenblätter. Viele Arten werden auf Grund ihrer auffälligen Blüten als Zierpflanzen kultiviert, insbesondere Arten der Gattungen ↑ Magnolie und ↑ Tulpenbaum.

Mahonie (Mahonia) [nach dem amerikanischen Gärtner B. McMahon, * 1775, † 1816]: Gattung der Sauerdorngewächse mit rund 90 Arten in Ostasien, Nord- und Mittelamerika; meist immergrüne Sträucher, deren Blätter oft dornig gezähnt sind. Die gelben Blüten bilden vielblütige Trauben oder Rispen. Die Früchte sind meist blau. Viele Arten sind Ziersträucher.

Maiglöckchen (Maiblume, Convallaria): Gattung der Liliengewächse mit der einzigen (geschützten) Art **Convallaria majalis;** meist in lichten Laubwäldern Eurasiens und Nordamerikas; bis 20 cm hohe Staude mit grundständigen, elliptischen Blättern. Die Blüten sind nickend, grünlichweiß und wohlriechend; je 5–8 Blüten bilden eine Traube. Die Früchte sind rote Beeren. – Das M. ist durch den Gehalt an Glykosiden (Convallatoxin, Convallosid) giftig; diese wurden früher als Herzmittel verwendet.

Maikraut: anderer Name für den Waldmeister (↑ Labkraut).

Maipilz: ein Speisepilz (↑ Mairitterling).

Mairitterling (Maipilz, Tricholoma georgii): besonders unter Haselnußsträuchern wachsender Blätterpilz, sehr oft in Hexenringen; Hut weißlich, wellig verbogen; Lamellen sehr eng, dünn und blaß; Stiel weißgelblich, faserig; Speisepilz.

Mairose: svw. Zimtrose (↑ Rose).

Mais [indian.-span.] (Kukuruz, Türkischer Weizen, Welschkorn, Zea): Gattung der Süßgräser mit der einzigen, früher nur als Kulturform bekannten Art **Zea mays;** in der Heimat Mittel- und Südamerika wurde inzwischen eine Wildform entdeckt; bis 2 m hohe Pflanze mit einhäusigen Blüten; ♂ Blüten bilden Rispen, die ♀ einen Kolben, der von Hüllblättern **(Lieschen)** umgeben ist; Früchte **(M.körner)** in Längszeilen am M.kolben, weiß, gelb, rot oder blau. Die M.pflanzen können das Sonnenlicht wesentlich besser ausnutzen als andere Pflanzen (sie haben eine höhere Photosyntheserate).
M. ist eine der wichtigsten, heute weltweit verbreiteten Kulturpflanzen der (wärmeren) gemäßigten Zone. Die zahlreichen Varietäten und Formen werden in folgenden Großgruppen zusammengefaßt: **Weich-**

M. (Stärke-M., Zea mays conva amylacea), mit mehligen Körnern; wird v. a. zur Gewinnung von Stärke und Alkohol sowie als Futtermittel verwendet; **Puff-M.** (Perl-M., Reis-M., Zea mays conva microsperma), mit stark wasserhaltigen Körnern; dient v. a. der Herstellung von M.flocken (Corn-flakes) und Graupen; **Zucker-M.** (Zea mays conva saccharata), dessen unreife Kolben als Gemüse verzehrt werden; **Zahn-M.** (Pferdezahn-M., Zea mays conva dentiformis), mit eingedrückten Körnern (wichtige Welthandelsform); **Hart-M.** (Stein-M., Zea mays conva vulgaris), v. a. an den Anbaugrenzen (z. B. Mitteleuropa) und dort Grundlage für die Herstellung landesüblicher Nahrungsmittel (Polenta, Tortilla u. a.) sowie von M.stärke und Traubenzucker.

In Mitteleuropa wird M. meist als Futterpflanze in unterschiedlichen Formen verwendet (Silo-M., Grün-M., Körner-M.). Einige Varietäten (v. a. buntblättrige) werden auch als Zierpflanzen kultiviert. – Die Hauptproduktionsländer sind u. a. USA, China, Brasilien, Rumänien, Mexiko und die UdSSR.

Geschichte: Bereits in vorkolumbischer Zeit war der M.anbau fast über den ganzen amerikanischen Kontinent verbreitet (Kultivierung im Tal von Tehuacán in Mexiko bereits um 5000 v. Chr.). Erst nach der Entdekkung Amerikas kam der M. nach Europa: über Portugal und Spanien offenbar zunächst in die Türkei und von dort über den Balkan nach Mitteleuropa, wo er im 16. Jahrhundert unter der Bez. „Türkenkorn" als Rarität der botanischen Gärten erwähnt wird.

Majoran [majo'ra:n, 'ma:jora:n; mlat.]:

◊ (Majorana) Gattung der Lippenblütler mit sechs fast nur im östlichen Mittelmeergebiet verbreiteten Arten; behaarte Kräuter und Halbsträucher; Blüten in köpfchenförmigen Scheinähren. Eine bekannte Gewürzpflanze ist der weißblühende **Echte M.** (Meiran, Wurstkraut, Majorana hortensis), der zum Würzen (v. a. von Wurstwaren) verwendet wird. – Abb. S. 77.

◊ (Wilder M.) zuweilen als Gewürzpflanze kultivierte Unterart des ↑ Dosts.

Malabarspinat (Indischer Spinat, Basella alba): Basellengewächs aus Ostindien mit fleischigen, ei- oder herzförmigen Blättern und unscheinbaren, weißen, violetten oder roten Blüten in kleinen Ähren; durch Kultur in den Tropen und Subtropen verbreitet, dort als Gemüse und Salat verwendet.

Malaienblume: deutscher Name der Gattung ↑ Phalaenopsis.

Malpighia [nach M. Malpighi]: Gattung der Pflanzenfamilie **Malpighiengewächse** (Malpighiaceae; 800 Arten) mit rund 30 Arten im tropischen Amerika; Bäume oder Sträucher mit gegenständigen Blättern und meist achselständigen, weißen bis roten Blüten. Einige Arten werden als Obstbäume angepflanzt und liefern eßbare Früchte, z. B. Barbadoskirschen.

Malus: wissenschaftlicher Name der Gattung ↑ Apfelbaum.

Malvaceae: wissenschaftlicher Name der ↑ Malvengewächse.

Malve (Malva) [lat.-italien.]: Gattung der Malvengewächse mit rund 30 Arten in Eurasien und Nordafrika, einige Arten in Amerika eingeschleppt und verwildert; Kräuter oder Halbsträucher mit meist großen, teller- bis trichterförmigen Blüten in verschiedenen Farben; z. T. Zierpflanzen. – Eine häufig in Mittel- und Südeuropa verwildert vorkommende Art ist die bis 1 m hohe **Moschus-M.** (Malva moschata), deren Stengel und Blätter rauh behaart sind. Die weißen oder rosaroten Blüten duften stark nach Moschus. – In Eurasien und Nordafrika wächst die v. a. an Wegrainen vorkommende, 0,25 bis 1,5 m hohe **Wilde M.** (Roßpappel, Malva sylvestris): mit großen, purpurroten Blüten. Das gleiche Verbreitungsgebiet hat die bis 50 cm hohe, rauh behaarte **Weg-M.** (Käsepappel, Malva neglecta): mit rötlichen oder weißen Blüten.

Geschichte: Im Altertum wurden Malvenarten als Gemüse angebaut. Die Blätter wurden auch zu Heilzwecken verwendet. Blätter und Blüten der Wilden M. und der Weg-M. dienen heute u. a. für Teemischungen.

Malvengewächse (Malvaceae): Pflanzenfamilie mit über 1 500 weltweit verbreiteten Arten, hauptsächlich in den Tropen; Kräuter, Sträucher und Bäume mit meist großen Blüten in Blütenständen oder einzelnstehend; viele Zierpflanzen, u. a. ↑ Malve, ↑ Eibisch; auch Nutzpflanzen, darunter die ↑ Baumwollpflanze.

Mammeibaum [aus gleichbed. engl. mammee] (Echter M., Mammibaum, Mammey, Mammea americana): ein Guttibaumgewächs; in Westindien heimischer und in den Tropen (v. a. im tropischen Amerika) kultivierter Baum; Früchte **(Mammeiäpfel, Aprikosen von Santo Domingo)** rötlichgelb, mit goldgelbem, aprikosenähnlich schmeckendem Fruchtfleisch.

Mammillaria: wissenschaftlicher Name des ↑ Warzenkaktus.

Mammutbaum:

◊ (Sequoiadendron) Gattung der Sumpfzypressengewächse mit der einzigen Art **Riesen-M.** (Sequoiadendron giganteum) im westlichen Nordamerika, in 1 500–2 500 m über dem Meeresspiegel; immergrüner, bis 135 m hoher Baum mit säulenförmigem Stamm (Durchmesser bis 12 m); Borke rissig, hell rotbraun und bis 60 cm dick; Krone pyramidenförmig; Nadeln schuppenförmig. Die ältesten bekannten Mammutbäume sind zwischen 3 000 und 4 000 Jahre alt. Der M. wird in Europa vielfach als Parkbaum angepflanzt.

◊ (Sequoia) Gattung der Sumpfzypressengewächse mit der einzigen Art **Küstensequoia** (Sequoia sempervirens), im westlichen Nordamerika; immergrüner, bis 90 m hoher Baum mit rissiger, roter Borke; Nadeln ähnlich wie bei der Eibe; kann ein Alter von rund 1 500 Jahren erreichen. – Das sehr dekorative und teure rote *Holz* (sog. **Redwood**) besitzt eine hohe Dauerhaftigkeit und Schädlingsresistenz und wird v. a. für Verkleidungen und Täfelungen verwendet.

Mandarinenbaum (Mandarinenstrauch, Citrus reticulata): v. a. in Japan, China, den USA, in Südamerika und im Mittelmeergebiet kultivierte Art der Gattung Citrus (↑ Zitruspflanzen); Strauch oder kleiner Baum mit lanzettlichen Blättern und duftenden, weißen Blüten in Büscheln. Die Frucht **(Mandarine)** ist eine im Durchmesser 5–6 cm große, gelbliche bis orangefarbene Beere mit einer sich im allgemeinen leicht ablösenden Schale. Das Fruchtfleisch ist süß und sehr aromatisch. Breitblättrige Formen des M.s liefern die mehr rötlichen, sehr kleinen **Tangerinen** (kernarm), großblättrige Formen die frühreifen, samenlosen **Satsumas.**

Vermutlich aus Kreuzungen von Sorten des M.s entstand die heute im westlichen Nordafrika angebaute **Klementine,** deren Fruchtfleisch sehr süß und meist kernlos ist; Schale schwer ablösbar; erste im Herbst auf den Markt kommende Zitrusfrucht. – **Tangelos** sind die Früchte einer in Florida gezüchteten Kreuzung zwischen Grapefruit- und Mandarinenbaum; mit erfrischend bitterem Geschmack.

Mandelbaum:

◇ (Prunus amygdalus) ein Rosengewächs, verbreitet vom westlichen Mittelasien bis Iran und Syrien, kultiviert und z.T. verwildert in Ostasien, im Mittelmeergebiet und in den wärmeren Gebieten Europas und Amerikas, auch in wärmeren Gebieten Süddeutschlands (Pfalz); kleiner Baum oder Strauch mit weißen, im Frühling vor den Blättern erscheinenden Blüten. Die Frucht ist eine abgeflacht-eiförmige, samtig behaarte, trockene Steinfrucht mit glattem, mit Gruben versehenem Steinkern (im Handel als **Krachmandel** bezeichnet), der jeweils nur einen einzigen Samen, die **Mandel,** enthält.

Die wichtigsten Sortengruppen sind: **Süß-M.** (var. sativa), angebaut zur Gewinnung der süßen Mandeln; **Bitter-M.** (var. amara) zur Gewinnung des Bittermandelöls; **Krach-M.** (Knack-M.; var. fragilis), ohne wirtschaftliche Bedeutung.

Mandeln enthalten etwa bis zu 50% Öl und 25–35% Eiweißstoffe. Die süßen Mandeln enthalten außerdem noch etwa 10% Zucker. Sie werden bei der Süßwarenherstellung (u.a. für Marzipan) verwendet oder roh gegessen. Durch Pressen gewinnt man das u.a. als Salbengrundlage verwendete, kostbare **Mandelöl,** die Preßrückstände ergeben die in der Kosmetik benutzte **Mandelkleie.**

Die Bittermandeln enthalten bis zu 4% Amygdalin, das im Verdauungstrakt in Glukose, Benzaldehyd und in die stark giftige Blausäure gespalten wird. Daher kann der Genuß in größeren Mengen (bei Kindern 5–12 Stück) tödlich wirken. – Hauptanbaugebiete sind der Mittelmeerraum, der Vordere Orient, die südliche Sowjetunion und Kalifornien.

◇ (Mandelbäumchen, Prunus triloba) kleiner Strauch in China; als Zierstrauch oft hochstämmig veredelt, mit zahlreichen rosettig gefüllten, rosafarbenen Blüten.

◇ (Indischer M.) gleichbed. mit ↑Katappenbaum.

Mandragora [griech.-lat.]: Gattung der Nachtschattengewächse mit vier Arten im Mittelmeergebiet und im Himalaja; stengellose Kräuter mit großen, ungeteilten Blättern und glockigen Blüten. Die bekannteste Art ist die **Alraunwurzel** (Mandragora officinarum) mit etwas zugespitzten Blättern und grünlichgelben Blüten. Die Früchte sind runde, gelbe, kurzgestielte Beeren innerhalb der Blattrosette. Die stark giftige, früher in der Volksmedizin als Narkotikum verwendete Wurzel enthält als Alkaloide (0,3–0,5%) u.a. Hyoscyamin, Atropin und Scopolamin und ist oft in zwei Teilwurzeln gespalten, wodurch sie, in Verbindung mit dem Blattschopf, an eine menschliche Gestalt erinnern kann.

Geschichte: Die einer menschlichen Gestalt ähnliche oder entsprechend zurechtgeschnitzte Wurzel der Alraunwurzel (die **Alraune**) war bereits im alten Ägypten bekannt und galt schon in der griechischen Antike als Zauberpflanze. Durch Gelehrte und Händler gelangte der Glaube an die Zauberkraft der Pflanze nach Europa. Nach der Sage wächst die Alraune unter dem Galgen aus dem Harn oder Sperma eines Gehenkten (daher „Galgenmännchen“). Ihrem

Besitzer verschafft die Alraune angeblich Reichtum und Glück. Insbesondere im 16. und 17. Jahrhundert war der Alraunenglaube weit verbreitet.

Mangabeirabaum (Hancornia speciosa): einzige Art der Hundsgiftgewächsgattung **Hancornia;** von Venezuela bis Südbrasilien und Paraguay verbreitet; kleiner Baum mit langröhrigen Blüten. Die kugeligen Früchte **(Mangabas)** werden als Obst gegessen. Der Milchsaft liefert **Mangabeirakautschuk** (Mangabeiragummi, Pernambucokautschuk).

Mangifera: wissenschaftlicher Name der Gattung ↑ Mangobaum.

Mangle: Art der Gattung ↑ Mangrovebaum.

Mangobaum [portugies. manga, von tamul. mānkāy = Frucht des Mangobaums] (Mangifera indica): in den Anbaugebieten wirtschaftlich wichtigste Art der zu den Anakardiengewächsen gehörenden, 40 Arten im tropischen Asien umfassenden Gattung **Mangifera;** bis 30 m hoher Baum mit sehr dichter, kugeliger, breiter Krone, länglich-zugespitzten Blättern und kleinen gelblich-grünen, in Rispen stehenden Blüten; bis in die Subtropen (z. B. Israel) angepflanzt. Die wenig haltbaren, pflaumenähnlichen, gelben, roten oder grünen, saftigen, süßsäuerlichen schmeckenden Steinfrüchte **(Mangos, Mangofrüchte, -pflaumen)** können bis 2 kg schwer werden. Sie werden u. a. als Frischobst und für Fruchtsäfte, Marmelade, Soßen (z. B. Mango-Chutney) verwendet. – Abb. S. 74.

Mangold: Unterart der Gemeinen ↑ Runkelrübe.

Mangostanbaum [malai. mangustan] (Mangostane, Garcinia mangostana): Art der zu den Hartheugewächsen zählenden Gattung **Garcinia;** wahrscheinlich in Malakka beheimatet, heute in den Monsungebieten sowie in den neuweltlichen Tropen angebaut; 20–25 m hoher Baum mit dicken, ledrigen Blättern; Früchte kugelig, bis 7 cm groß; Samen mit fleischiger, weißer, wohlschmeckender Außenhülle.

Mangrovebaum (Rhizophora): Gattung der Mangrovegewächse mit acht tropischen Arten; kleine Bäume, die in der Gezeitenzone tropischer Meeresküsten Bestandteile der Gehölzformationen **(Mangroven)** sind. Der kurze Stamm trägt abstehende, dicke Äste mit dicken, lederartigen Blättern. Atemwurzeln ermöglichen die Sauerstoffversorgung der Wurzeln; Stelzwurzeln verhindern das Umfallen. Hauptbestandteil der amerikanischen und westafrikanischen Mangroveformation ist die Art **Rhizophora mangle** (Mangle, Manglebaum), die ein dauerhaftes Holz liefert.

Mangrovegewächse (Rhizophoraceae): Pflanzenfamilie mit rund 120 tropischen Arten; Bäume oder Sträucher mit oft lederartigen Blättern und kleinen oder mittelgroßen Blüten; zu den M.n gehört u. a. der ↑ Mangrovebaum.

Manihot [indian.-frz. (letztlich identisch mit Maniok)]: Gattung der Wolfsmilchgewächse mit rund 160 Arten im tropischen Amerika; Bäume, Sträucher oder Kräuter mit oft handförmig gelappten Blättern und großen, einhäusigen Blüten in Trauben oder Rispen; z. T. Nutzpflanzen, u. a. ↑ Maniok. Der 8–18 m hohe, in den Steppengebieten Nordostbrasiliens heimische **Ceará-Kautschukbaum** (M. glaziovii) wird zur Gewinnung von Cearákautschuk angebaut.

Maniok [frz. manioc, von span. mandioca (indianischen Ursprungs)] (M.strauch, Mandiokastrauch, Cassave[strauch] Kassave[strauch], Tapiokastrauch, Wurzelmaniok, Manihot esculenta): mehrjähriges Wolfsmilchgewächs der Gattung ↑ Manihot in Südamerika, heute allg. in den Tropen in vielen Sorten als wichtige Nahrungspflanze angebaut; bis über 3 m hoher Strauch mit handförmig gelappten Blättern. Er bildet große, stärkereiche Wurzelknollen aus, die büschelförmig angeordnet sind. Sie sind dickspindelförmig, rötlichbraun und können über 50 cm lang, 20 cm dick und bis 5 kg schwer werden. Die Verwendung ist ähnlich der unserer Kartoffel. Der Milchsaft enthält das Blausäureglykosid Lanamarin, aus dem die giftige Blausäure freigesetzt wird. Durch Auswaschen geschälter und zerschnittener oder zerstampfter Knollen, durch Trocknen oder Kochen kann aber das Gift zerstört werden. Die aus M.knollen gewonnenen Stärkeprodukte (v. a. für Brei, Fladen, Suppen) kommen als **Tapioka** (Manioka, Mandioka, Cassavestärke, Manihotstärke), das **Perltapioka** (verkleisterte, kleine Stärkeklümpchen) als **Sago** in den Handel.

Mannaesche: Art der Gattung ↑ Esche.

Mannaflechte (Lecanora esculenta): eßbare, früher zur Herstellung eines Brotes verwendete Bodenflechte der Steppen und Wüstensteppen Nordafrikas und des Vorderen Orients.

Männertreu: volkstümliche Bez. für Pflanzen mit leicht abfallenden Blüten (Ehrenpreis u. a.) oder distelartigem Aussehen (↑ Mannstreu).

Mannsschild (Androsace): Gattung der Primelgewächse mit rund 100 Arten in Eurasien und im westlichen Nordamerika; hauptsächlich rasen- oder polsterbildende Gebirgskräuter mit rosettenbildenden Blättern und weißen oder roten Blüten. Auf feuchtem, kalkarmem Feinschutt der Zentralalpen bis 4 200 m Höhe wächst der **Alpen-M.** (Gletscher-M., Androsace alpina): bis 5 cm hoch; mit rosaroten bis weißen Blüten mit gelbem Schlund. In Felsspalten der Kalkalpen kommt der 2–5 cm hohe **Schweizer M.** (Androsace helvetica) vor: dicht graufilzig behaart; mit dachziegelartig beblätterten Ästen; Blüten weiß, in den Blattachseln. Weiße Blüten in doldenartigen Blütenständen hat der auf Matten der Alpen wachsende **Milchweiße M.** (Androsace lactea).

Mannstreu (Edeldistel, Eryngium): Gattung der Doldenblütler mit über 200 weltweit verbreiteten Arten; Kräuter, mit dornig gezähnten, gelappten oder zerschlitzten, meist gräulichen oder blaugrünen Blättern; u. a. Alpen-M. (Eryngium alpinum), geschützt; bis 80 cm hoch, auf felsigen Weiden und Hochstaudenfluren bis in 2 500 m Höhe; distelähnlich, mit unscheinbaren Blüten. Die Blüten bilden an einer etwa 4 cm langen, verdickten Achse einen amethystblau überlaufenen Kolben, der von gleichfarbenen langen, schmalen, fiederspaltigen Hochblättern umstanden ist. Die geschützte, 15–50 cm hohe **Stranddistel** (Seemannstreu, Eryngium maritinum) ist blaugrün und weißlich bereift; Blüten blau; v. a. auf Strandhaferdünen verbreitet. Eine beliebte Gartenzierpflanze ist die **Elfenbeindistel** (Eryngium giganteum); bis 1 m hoch, weißlich grün; Blüten graugrün.

Geschichte: M. symbolisierte im Volksglauben Treue und Heimweh (in diesem Sinn z. B. auf A. Dürers Selbstbildnis von 1493).

Maranta [nach dem italien. Arzt und Botaniker B. Maranta, * 1500, † 1571]: Gattung einkeimblättriger Marantengewächse mit rund 30 Arten in den wärmeren Gebieten Amerikas; Stauden mit knolligen Wurzeln und endständigen Blütenständen. Eine bekannte, in den Tropen allg. angebaute Art ist die **Pfeilwurz** (Arrowroot, Maranta arundinacea), eine 1–3 m hohe Staude mit lanzettlich-eiförmigen, langscheidigen Blättern und weißen Blüten; die dickfleischigen Wurzelstöcke liefern **M.stärke (westindisches Arrowroot).** Einige Arten sind beliebte Zierpflanzen.

Marantaceae: wissenschaftlicher Name der ↑ Marantengewächse.

Marantengewächse (Marantagewächse, Marantaceae): Pflanzenfamilie mit rund 350 Arten in allen wärmeren Zonen; Blüten meist paarweise in Blütenständen; bekanntere Gattungen sind ↑ Maranta und ↑ Calathea.

Marasmius: wissenschaftlicher Name der Pilzgattung ↑ Schwindling.

Marbel: anderer Name der ↑ Hainsimse.

Marchantia [nach dem frz. Botaniker N. Marchant, † 1678]: über die ganze Erde verbreitete Gattung der Lebermoosordnung **Marchantiales** mit rund 50 Arten. Bekannt ist das an feuchten Orten wachsende **Brunnenlebermoos** (Marchantia polymorpha) mit lappig verzweigtem Thallus.

Margerite [frz., von griech. margarítēs = Perle (wohl mit Bezug auf die Blütenköpfe)]:

◇ (Wiesen-M., Wiesenwucherblume, Chrysanthemum leucanthemum) Korbblütler der Gattung ↑ Wucherblume in Europa, Sibirien und in den Kaukasusländern, in Nordamerika und Australien eingeschleppt; bis 60 cm hohe Staude; Blütenkörbchen mit weißen Zungen- und gelben Röhrenblüten; in mehreren Unterarten und Formen auf Wiesen und in lichten Wäldern. Die M. wird in mehreren Sorten als Zierpflanze kultiviert, v. a. die gefüllte **Edelweißmargerite.**

◇ Bez. für verschiedene Arten der Gattung ↑ Wucherblume, besonders auch für Gartenformen.

Mariankagras: anderer Name für das ↑ Elefantengras.

Mariengras (Hierochloe): Gattung der Süßgräser mit 13 (cumarinhaltigen) Arten in den gemäßigten und kalten Gebieten der Erde; in Mitteleuropa das **Wohlriechende M.** (Hierochloe odorata; in Flachmooren und Bruchwäldern) und das **Südliche M.** (Hierochloe australis; in Wäldern).

Marienmantel: ein Rosengewächs (↑ Frauenmantel).

Marille: svw. ↑ Aprikose.

Markerbse: Kulturform der ↑ Saaterbse.

Markkohl: gleichbed. mit ↑ Markstammkohl.

Markstammkohl (Baumkohl, Markkohl, Winterkohl, Pommerscher Kohl, Brassica oleracea convar. acephala var. medullosa): Form des ↑ Gemüsekohls mit besonders kräftiger Sproßachse, die als Gemüse, v. a. aber (Gesamtpflanze) als Viehfutter verwendet wird.

Marmeladenpflaume: svw. Große Sapote (↑ Sapote).

Maronenröhrling (Braunhäuptchen, Xerocomus badius): besonders häufig von Juni bis November in Kiefernwäldern des Flachlandes vorkommender Röhrenpilz; Hut kastanienbraun, mit matter, samtiger Oberfläche; Röhren grünlichgelb, bei Druck blau werdend; schmackhafter Speisepilz. – Abb. S. 317.

Marrubium: wissenschaftlicher Name der Lippenblütlergattung ↑ Andorn.

Marschbohne: anderer Name der ↑ Pferdebohne.

Marsilea: wissenschaftlicher Name der Gattung ↑Kleefarn.

Martiniapfel: ein Tafelapfel (↑Apfelsorten, Übersicht S. 26).

Märzenbecher: svw. Frühlingsknotenblume (↑Knotenblume).

Märzveilchen: svw. Wohlriechendes Veilchen (↑Veilchen).

Masdevallia [nach dem span. Arzt und Botaniker J. Masdevall, † 1801]: Orchideengattung mit rund 300 Arten, hauptsächlich in den Anden; Epiphyten mit kurzem Stengel mit nur einem Blatt, Blütenstand mehrblütig.

Maßholder: anderer Name des ↑Feldahorns.

Maßliebchen: anderer Name für das ↑Gänseblümchen.

Mastixstrauch: anderer Name des ↑Pfefferstrauchs.

Mastkraut (Sagina): Gattung der Nelkengewächse mit rund 30 Arten in den nördlichen gemäßigten Gebieten, im westlichen Amerika bis Chile; dichtrasig wachsende Kräuter. In Deutschland kommt u. a. das 2–5 cm hohe **Niederliegende M.** (Sagina procumbens) vor: mit kleinen, weißen Blüten; häufig auf Äckern.

Matepflanze (Mateteestrauch, Yerbabaum, Ilex paraguariensis): 6–14 m hoher, in Kultur jedoch nicht höher als 5 m werdender Baum der Gattung ↑Stechpalme in Südamerika. Die immergrünen, länglich-elliptischen Blätter werden bis 15 cm lang; Blüten unscheinbar, weiß bis gelblich; Frucht eine mehrsamige Beere. Die Pflanze wird zur Gewinnung der Blätter für **Matetee** kultiviert.

Matricaria: wissenschaftlicher Name der ↑Kamille.

Mattenbohne (Phaseolus acontifolius): Schmetterlingsblütler; angebaut in Indien, China, Arabien, Ostafrika, Amerika und Rußland; Samen und grüne Hülsen sind Nahrungsmittel und Mastfutter.

Matthiola: wissenschaftlicher Name der ↑Levkoje.

Mauerandorn: Art der Gattung ↑Andorn.

Mauerlattich (Mycelis): Gattung der Korbblütler mit fünf Arten; in Europa nur der **Zarte M.** (Mycelis muralis), mit meist aus fünf Zungenblüten gebildeten Köpfchen in Rispen und mit fiederspaltigen Blättern; auf Mauern, Schuttplätzen und in feuchten Wäldern.

Mauerpfeffer: svw. Scharfe Fetthenne (↑Fetthenne).

Mauerraute (Asplenium ruta-muraria): Tüpfelfarn in Eurasien und im östlichen Nordamerika; mit derben, drei- bis vierfach gefiederten, langgestielten Blättern; besonders in sommerwarmen, trockenen Mauer- und Felsspaltengesellschaften.

Mauersenf: anderer Name der Kreuzblütlergattung ↑Doppelsame.

Maulbeerbaum (Morus): Gattung der Maulbeerbaumgewächse mit zwölf Arten in der nördlichen gemäßigten und in der subtropischen Zone; sommergrüne Bäume oder Sträucher mit Kätzchen und brombeerartigen, wohlschmeckenden Scheinfrüchten **(Maulbeeren),** u. a. **Weißer M.** (Morus alba; mit weißlichen Scheinfrüchten; heimisch in China; Blätter dienen als Nahrung für Seidenraupen) und **Schwarzer M.** (Morus nigra; mit schwarzen Scheinfrüchten; in Westasien).

Geschichte: Der Schwarze M. verbreitete sich vom 6. Jahrhundert v. Chr. an von Griechenland aus über das Mittelmeergebiet. Der Saft seiner Beeren wird schon in den hippokratischen Schriften als Diätmittel empfohlen. Der Weiße M., in China seit dem 4. Jahrtausend kultiviert, war in der Antike ebenfalls bekannt, kam aber erst im 18. Jahrhundert (zusammen mit der Seidenraupenzucht) nach Mitteleuropa.

Maulbeerbaumgewächse (Moraceae, Maulbeergewächse): Pflanzenfamilie mit über 1500 Arten, hauptsächlich in den wärmeren Zonen; meist Holzgewächse mit kleinen Blüten in unterschiedlichen Blütenständen. Viele Arten sind Nutzpflanzen, u. a. ↑Brotfruchtbaum, ↑Feigenbaum, ↑Hanf, der Gemeine ↑Hopfen, Weißer und Schwarzer ↑Maulbeerbaum.

Maulbeerfeigenbaum (Eselsfeige, Sykomore, Ficus sycomorus): Art der Gattung Feige in Ägypten und im übrigen östlichen Afrika; bis 15 m hohe Bäume mit bis 1 m dickem Stamm, fast rundlichen Blättern und eßbaren (jedoch schwer verdaulichen) Früchten. Verwendet wird das sehr feste, fast unverrottbare Holz, aus dem auch die Sarkophage der alten Ägypter hergestellt wurden.

Maulbeergewächse: anderer Name der ↑Maulbeerbaumgewächse.

Mäusedarm: anderer Name der ↑Vogelmiere.

Mäusegerste: Art der Gattung ↑Gerste.

Mäuseklee: anderer Name für den ↑Hasenklee.

Mäuseschwänzchen (Myosurus): Gattung der Hahnenfußgewächse mit sechs Arten in außertropischen Gebieten der Nord- und Südhalbkugel; in Deutschland nur das 5–11 cm hohe, unscheinbar grünlich blühende **Zwerg-M.** (Myosurus minimus): mit grasartigen Blättern in grundständiger Rosette und mäuseschwanzartig verlängerter Fruchtstandsachse; auf feuchten, sandigen und lehmigen Äckern; kalkmeidend.

Mäusezwiebel: anderer Name des Liliengewächses ↑Meerzwiebel.

Mausohr: anderer Name für das Kleine ↑Habichtskraut.

Medicago [griech., nach der Landschaft Medien]: wissenschaftlicher Name der Gattung ↑Schneckenklee.

Meerampfer (Blutroter Seeampfer, Delesseria sanguinea): auf Steinen und anderen Algen (epiphytisch) vorkommende Rotalge in der westlichen Ostsee, der Nordsee und im Atlantik; mit blattartigem Thallus, der eine antibiotisch wirksame Substanz enthält.

Meerbeerengewächse (Haloragaceae): Pflanzenfamilie mit acht Gattungen und mehr als 150 Arten in den gemäßigten und subtropischen Gebieten aller Erdteile; meist Kräuter oder Stauden mit kleinen Blüten. Bekannte Gattungen sind ↑Gunnera und ↑Tausendblatt.

Meerbohne: anderer Name der ↑Riesenhülse.

Meereiche (Schotentang, Halidrys siliquosa): derbe Braunalge des Nordatlantiks; 0,5–2,0 m langer, mehrfach gefiederter Thallus mit gekammerten, schotenförmigen, gasführenden Schwimmblasen; meist auf Steinen in Prielen der Nordsee und an Felsküsten verbreitet.

Meerfenchel (Bazillenkraut, Strandbazille, Crithmum): Gattung der Doldenblütler mit lederartigen, zerteilten, seegrünen Blättern; besiedelt v. a. die Küsten des Mittelmeers und Atlantiks; wird in den USA kultiviert. Die fleischigen, schwach würzig schmeckenden Blätter und Stengelspitzen werden als Salat und Küchengewürz verwendet.

Meerkohl (Crambe): Gattung der Kreuzblütler mit 20 Arten. Am Atlantik und an der Ostsee wächst der **Weiße M.** (Crambe maritima); mit dickem Stengel, fleischigen Laubblättern und weißen Blüten in großer Rispe; in Großbritannien und in der

Schweiz als Gemüsepflanze kultiviert. Junge, durch Verdunkeln gebleichte Triebe werden wie Spargel gegessen.

Meerrettich [eigtl. wohl = größerer Rettich (vgl. nhd. mehr)] (Kren, Armoracia rusticana): Staude aus der Familie der Kreuzblütler mit dikker, fleischiger Wurzel; Grundblätter groß, länglich, am Rande gekerbt, Hochblätter fiederspaltig; in Südosteuropa und Westasien heimisch, durch Kultur weltweit verbreitet und verwildert. Die M.wurzeln enthalten scharf schmeckende Senföle und werden daher zum Würzen verwendet.

Meersaite (Chorda filum): marine Braunalge mit 20–100 cm langem, unverzweigtem, schnurähnlichem Thallus; haftet v.a. an Steinen, Muscheln und Algen; ist an den Felsküsten in mittleren und nördlichen Breiten des Atlantiks sowie der Ost- und Nordsee verbreitet.

Meersalat (Meerlattich, Ulva lactuca): an Steinen und Buhnen festgewachsene Grünalge mit 25–50 cm langem, breitflächigem, gekräuseltem, zweischichtigem Thallus; verbreitet an allen Meeresküsten in geringer Tiefe; wird gelegentlich als Salat gegessen.

Meersenf (Cakile): Gattung der Kreuzblütler mit vier Arten an den Küsten der Nordhalbkugel und Australiens. Die einzige europäische Art ist der bis 30 cm hohe, salzliebende **Europäische M.** (Cakile maritima) mit fleischigen Blättern, lila- bis rosafarbenen Blüten und zweigliedrigen Schoten (Schwimmfrüchte).

Meerstrandrübe: Unterart der Gemeinen ↑Runkelrübe.

Meertraube (Seetraube, Ufertraube, Lappenbeere, Coccoloba): Gattung der Knöterichgewächse mit über 100 Arten; immergrüne Bäume oder Sträucher im tropischen Amerika. Die Beeren der oft kultivierten mexikanischen Art **Coccoloba uvifera** werden als Obst verwendet.

Meerträubel: einzige Gattung der ↑Ephedragewächse.

Meerzwiebel (Mäusezwiebel, Urginea maritima): Liliengewächs an sandigen Küsten des Mittelmeergebietes; mit breitlanzettförmigen Blättern und bis kopfgroßer, roter oder weißer Zwiebel, die mehrere Glykoside enthält. Hauptglykosid der weißen Form ist das zu den Digitaloiden zählende **Scillaren,** das in herzstärkenden Arzneimitteln verwendet wird. Die rote Form, die das für Nagetiere sehr toxische Glykosid **Scillirosid** enthält, diente früher zum Vergiften von Mäusen und Ratten.

Mehlbanane: Kulturform der ↑Banane.

Mehlbeere (Sorbus aria): Rosengewächs der Gattung Sorbus; großer Strauch oder kleiner Baum mit ungeteilten, auf der Unterseite weiß behaarten Blättern, weißen bis rosafarbenen Blüten in Trugdolden und orangefarbenen bis rötlichbraunen, nach Frosteinwirkung genießbaren Früchten (Mehlbeeren).

Mehlpilz (Mehlräsling, Pflaumenrötling, Clitopilus prunulus): grauweißer Ständerpilz mit flachem bis trichterförmig vertieftem Hut und fleischfarbenen, herablaufenden Lamellen; intensiver Mehlgeruch; Speisepilz; häufig in Laub- und Nadelwald, besonders auf kalkarmen Böden.

Mehlprimel (Primula farinosa): geschütztes Primelgewächs auf sumpfigen, kalkhaltigen Alpenwiesen und Flachmooren Europas; Blätter unterseits, ebenso wie der Blütenstand, mehlig bestäubt; Blüten lilafarben oder weiß mit tiefgelbem Schlund in vielblütiger Dolde.

Mehltaupilze:
◇ (Echte M., Erysiphales) Ordnung der Schlauchpilze mit rund 150 Arten; stark wirtsspezifische, obligate Ektoparasiten höherer Pflanzen; überziehen Blätter, Stengel und Früchte mit einem dichten weißlichen bis bräunlichen Myzelgeflecht. Stark befallene Blätter vertrocknen und fallen ab. Anfällig für Echte M. sind z. B. Getreide, Weinreben, Hopfen, Apfelbäume.
◇ (Falsche M., Peronosporales) Ordnung der Oomyzeten mit mehreren hundert Arten; saprophytisch oder parasitisch lebende Pilze; bilden in den Interzellularen ein Myzel aus zylindrischen, meist schlauchförmigen Hyphen, von denen einige als Sauborgane in die Zellen eindringen. An den Hyphenenden entwickeln sich Sporangienträger. Meist wächst das Myzel aus den Spaltöffnungen der befallenen Pflanzen heraus und bildet auf der Blattunterseite einen weißlichen, schimmelähnlichen Belag. Auch hier führt ein starker Befall zum Vertrocknen der Blätter (sie fallen dann ab). Daneben kommt es häufig zu Deformationen der Triebspitzen und Blätter. Viele Arten befallen nur eine Wirtsart oder nahe miteinander verwandte Arten. Die Falschen M. gehören mit zu den gefährlichsten Pflanzenschädlingen, da sie viele Nutzpflanzen befallen (z. B. Kartoffel, Rübe, Weinrebe, Kohl, Salat).

Meisterwurz: Art der Gattung ↑Haarstrang.

Melaleuca: wissenschaftlicher Name der Gattung ↑Myrtenheide.

Melampyrum: wissenschaftlicher Name der Rachenblütlergattung ↑Wachtelweizen.

Melandryum: wissenschaftlicher Name der Nelkengewächsgattung ↑Nachtnelke.

Melanzana: anderer Name für die ↑Aubergine.

Melastomataceae: wissenschaftlicher Name der ↑Schwarzmundgewächse.

Melde (Atriplex): Gattung der Gänsefußgewächse mit über 100 Arten; hauptsächlich Unkräuter der gemäßigt-warmen Gebiete der Nordhalbkugel; bevorzugen trockene, alkalische Böden. Die Blüten sind eingeschlechtig und meist auch einhäusig. Die bekannteste Art ist die **Garten-M.** (Spanischer Spinat, Atriplex hortensis): 30–125 cm hoch, mit herzförmig-dreieckigen Grundblättern und länglichen dreieckigen Stengelblättern; wurde früher als Gemüsepflanze kultiviert.

Melia: wissenschaftlicher Name der Gattung ↑Zedrachbaum.

Meliaceae: wissenschaftlicher Name der ↑Zedrachgewächse.

Melianthus: wissenschaftlicher Name der Gattung ↑Honigstrauch.

Melica: wissenschaftlicher Name der Süßgrasgattung ↑Perlgras.

Melisse (Melissa) [mlat., zu griech. melissóphyllon = Bienenblatt]: Gattung der Lippenblütler mit nur drei Arten; ausdauernde Pflanzen (jedoch nur einjährig kultiviert) mit hellgrünen, ovalen, am Rand gelappten Blättern, die einen zitronenähnlichen Duft verbreiten; Blüten unscheinbar und weiß. In Europa kommt nur die **Zitronen-M.** (Garten-M., Melissa officinalis) vor: 30–90 cm hohe Staude mit vierkantigem Stengel, ei- bis rautenförmigen, gesägten Blättern und weißen Blüten in Scheinquirlen. Die Blätter duften stark nach Zitrone und schmecken würzig; Verwendung u. a. als Gewürz. Als Bestandteil von Tees und alkoholischen Destillaten ist sie seit dem Mittelalter Hausmittel (enthält v. a. beruhigende Inhaltsstoffe).

Melittis: wissenschaftlicher Name der Gattung ↑ Immenblatt.

Melocactus (Melonenkaktus, Melonendistel, Türkenkopf, Mönchskopf): Kakteengattung mit rund 40 Arten, von Mexiko bis Brasilien und bis zu den Westindischen Inseln verbreitet. Der melonenförmige Kakteenkörper zeigt fortlaufende Rippen und im blühfähigen Alter einen die Blüten tragenden, rippenlosen, wollhaarigen Endabschnitt (Cephalium).

Melone [frz. melon, von italien. mellone, weiter von spätlat. melo, einer Kurzform von lat. melopepo (von griech. mēlopépōn = apfelförmige M., die erst vollreif genossen wird, eigtl. = reifer Apfel)] (Garten-M., Zucker-M., Cucumis melo): Kürbisgewächs der Tropen, auch in wärmeren Gebieten der gemäßigten Zonen in Kultur; Kletterpflanze mit rauhhaarigem Stengel, großen, fünfeckigen Blättern und großen, goldgelben, getrenntgeschlechtigen, aber einhäusigen Blüten. Die fleischigen Beerenfrüchte **(Melonen)** werden als Obst roh gegessen oder zu Marmelade und Gemüse verarbeitet. Eine bekannte Kultursorte ist die kleinfrüchtigere, gelbschalige, besonders süße **Honigmelone.**

Melonenbaum:

◇ (Carica) Gattung der Melonenbaumgewächse mit über 30 Arten im tropischen und subtropischen Amerika; Bäume oder Sträucher mit großen, gelappten Blättern; Blüten meist zweihäusig; Beerenfrüchte.

◇ (Carica papaya, Papayabaum, Mamayabaum) Art der gleichnamigen Gattung; in zahlreichen Sorten in allen Tropenländern kultiviert; 4–8 m hoher, sehr schnell wachsender Obstbaum mit gelblichweißen Blüten. Die melonenförmigen, grünen bis gelben, selten rötlichen Beerenfrüchte **(Baummelone, Papayafrucht, Mamayafrucht, Kressenfeige)** werden durchschnittlich 15 cm lang und bis 1,5 kg schwer. Das orangefarbene Fruchtfleisch schmeckt aprikosen- oder melonenähnlich. Der Milchsaft der Pflanze enthält Papain.

Melonenbaumgewächse (Caricaceae): Pflanzenfamilie mit 45 Arten in vier Gattungen; im tropischen und subtropischen Afrika und Amerika; Bäume oder Sträucher mit weißem Milchsaft; Blüten in Rispen oder Büscheln.

Menispermum: wissenschaftlicher Name der Gattung ↑ Mondsame.

Menyanthes: wissenschaftlicher Gattungsname des ↑ Fieberklees.

Mertenstanne: eine Nadelbaumart (↑ Hemlocktanne).

Mespilus: wissenschaftlicher Name der Gattung ↑ Mispel.

Mesquitebaum [...'ki:tə...; span. mezquite, mesquite indian. Ursprungs] (Algarrobabaum, Prosopis juliflora): in den Tropen und Subtropen (hauptsächlich in Amerika) kultiviertes Mimosengewächs, dessen Hülsenfrüchte als Viehfutter verwendet werden. Der Stamm liefert **Mesquite-** oder **Sonoragummi.**

Metasequoia (Chinesischer Mammutbaum): Gattung der Sumpfzypressengewächse mit der einzigen, sehr urtümlichen Art **M. glyptostroboides,** einem schnell wachsenden, sommergrünen Nadelbaum; heute fast überall in Kultur. Lebende Exemplare wurden erst 1941 in der Provinz Szetschuan entdeckt.

Metroxylon: wissenschaftlicher Name der Gattung ↑ Sagopalme.

Metzgerpalme (Fleischerpalme, Aukube, Aucuba): Gattung der Hartriegelgewächse mit drei Arten in Ostasien; immergrüne zweihäusige Sträucher mit gegenständigen, gestielten, ei- bis lanzettförmigen, z. T. gezähnten, bis 20 cm langen Blättern, kleinen rötlichen Blüten in Rispen und beerenartigen einsamigen Steinfrüchten. Die bekannteste Art ist die **Goldorange** (Goldbaum, Aucuba japonica), die als Gartenzierstrauch oder als Topfpflanze in verschiedenen Sorten kultiviert wird; meist mit gelbgepunkteten, gelbgefleckten oder gelbgesäumten Blättern und mit roten oder gelben Früchten.

Microcoelum [mikrɔ'tsø:lʊm]: wissenschaftlicher Gattungsname der Zimmerpflanze ↑ Kokospälmchen.

Microsporum: Pilzgattung (Deuteromyzeten) mit ausschließlich pathogenen Arten (z. B. Hautpilze) bei Mensch und Tier; Erreger der ansteckenden Hautpilzerkrankung und Haarkrankheit Mikrosporie.

Miere:

◊ Bez. für verschiedene Nelkengewächse, z. B. Stern-M. (Stellaria), Schuppen-M. (Spergularia), Salz-M. (Honckenya), Nabel-M. (Moehringia).

◊ (Minuartia) Gattung der Nelkengewächse mit mehr als 100 Arten in den gemäßigten und kalten Zonen der Nordhalbkugel; Kräuter oder Halbsträucher mit meist weißen Blüten in Trugdolden. Einige polsterbildende Arten sind als Zierpflanzen in Kultur.

Mikania [nach dem tschechischen Botaniker J. Ch. Mikan, * 1769, † 1844]: Gattung der Korbblütler mit mehr als 200 Arten, hauptsächlich in Brasilien; meist Lianen mit weißen bis gelblichen Blüten. Bekannt ist v. a. die Art **M. scandens (Klettermikanie)** mit weißen oder rosafarbenen Blüten.

Milchbrätling: ein Speisepilz (↑ Milchlinge).

Milchkraut (Glaux): Gattung der Primelgewächse mit der einzigen Art **Strand-M.** (Glaux maritima); Salzpflanze der Meeresstrände und des Binnenlandes der gemäßigten Zone der Nordhalbkugel; am Blattrand der fleischigen Blätter kleine Drüsen, durch die überschüssiges Salz ausgeschieden wird; kleine, rosafarbene Blüten ohne Krone.

Milchlattich (Cicerbita): Korbblütlergattung mit nur wenigen Arten in Europa und Nordamerika; milchsaftreiche, hohe Kräuter mit hohlem Stengel und meist blauen Blüten; einige Arten als Zierpflanzen.

Milchlinge (Reizker, Lactarius): Gattung der Lamellenpilze mit meist trichterförmigem, zentral gestieltem Hut, weißen Sporen und meist weißem, auch wäßrig klarem oder orangerotem Milchsaft; rund 75 mitteleuropäische, giftige (z. B. ↑ Giftreizker) und eßbare Arten, die meist mit den Wurzeln höherer Pflanzen eine Symbiose eingehen (Mykorrhizapilze).
Bekannte und gute *Speisepilze* sind: **Brätling** (Milchbrätling, Birnenmilchling, Brotpilz, Lactarius volemus): orangebraun, mit weißem Milchsaft; bis 12 cm hoch; Hutdurchmesser 7–15 cm; in Mischwäldern; **Edelreizker** (Lactarius deliciosus): orange- bis ziegelrot, mit orangefarbenen Lamellen, die bei Verletzung oder Druck grünfleckig werden; Milchsaft orangerot; wächst auf Grasflächen in Fichtenwäldern; **Blutreizker** (Lactarius sanguifluus): ähnlich dem Edelreizker, aber mit weinrotem Milchsaft; wächst auf Kalkböden unter Kiefern. – Abb. S. 314.

Milchstern (Ornithogalum): Gattung der Liliengewächse mit rund 100 Arten, besonders in trockenen Gebieten Europas, Afrikas und Asiens; Zwiebelpflanzen mit meist weißen, in endständigen Trauben stehenden Blüten. Bekannte Zierpflanzen sind der **Nickende M.** (Ornithogalum nutans) und der **Stern von Bethlehem** (Ornithogalum thyrsoides).

Milium [lat. = Hirse] (Flattergras): Gattung der Süßgräser mit mehreren Arten in Eurasien und Amerika; bis 1 m hohe Gräser mit einblütigen, in Rispen stehenden Ährchen; bei uns meist in Laubwäldern.

Miltonia [nach dem britischen Politiker Ch. W. W. Fitzwilliam, Viscount Milton, * 1786, † 1857]: Gattung epiphytisch lebender Orchideen mit rund 20 Arten in Brasilien und Kolumbien; beliebte Zierpflanzen.

Milzfarn: anderer Name der Gattung ↑ Schriftfarn.

Milzkraut (Chrysosplenium): Gattung der Steinbrechgewächse mit rund 50 Arten, hauptsächlich in Ostasien; rasenbildende, niedrige Stauden mit runden bis nierenförmigen Blättern und kleinen, grünlichgelben Blüten. Auf feuchten Stellen in Mitteleuropa kommen die Arten **Wechselblättriges M.** (Chrysosplenium alternifolium) und **Gegenblättriges M.** (Chrysosplenium oppositifolium) vor.

Mimosa: wissenschaftlicher Name der Gattung ↑ Mimose.

Mimosaceae: wissenschaftlicher Name der ↑ Mimosengewächse.

Mimose [zu lat. mimus (von griech. mĩmos) = Schauspieler; wohl wegen der Reaktion der Pflanze bei Berührung, die mit der eines empfindsamen Menschen verglichen wird] (Sinnpflanze, Mimosa): Gattung der Mimosengewächse mit rund 450 Arten, hauptsächlich im tropischen und subtropischen Amerika; Kräuter, Sträucher oder Bäume, oft dornig oder stachelig; Blätter meist doppelt gefiedert, reagieren auf Berührungsreize durch Zusammenklappen der Fiedern und Absenken der Blattstiele; Blüten klein (mit fünf oder zehn Staubblättern; im Gegensatz zu den zahlreichen Staubblättern der Akazienarten, der sog. „Mimosen", wie man sie in Blumengeschäften erhält), in gestielten, kugeligen oder walzenförmigen Ähren. – Eine als Zierpflanze bekannte Art ist die **Schamhafte M.** (Mimosa pudica), ein 30–50 cm hoher, stacheliger Halbstrauch mit kleinen, rosaweißen oder hellroten Blüten.

Mimosengewächse (Mimosaceae): Familie der Hülsenfrüchtler mit rund 2 000 Arten, ausschließlich in den Tropen und Subtropen; Sträucher oder Bäume, selten Kräuter mit meist doppelt gefiederten Blättern; die Blüten stehen meist in dichten Köpfchen oder in ährenartigen Trauben. Bekannte Gattungen sind ↑ Akazie und ↑ Mimose.

Mimusops [zu griech. mimṓ, mimoús = Affe und griech. ṓps = Gesicht (nach dem Aussehen der Blüte)]: Gattung der Seifenbaumgewächse mit 30 Arten in Afrika und Asien. Bekannt sind **M. elengi,** ein in Indien heiliger Baum, **M. balata,** aus dessen Milchsaft die hornartige **Balata** gewonnen wird, sowie Arten, die Nutzhölzer (Massaranduba, Makoré) liefern.

Minuartia: wissenschaftlicher Name der Gattung ↑ Miere.

Minze (Mentha): Gattung der Lippenblütler mit rund 20 Arten, v. a. im Mittelmeergebiet und in Vorderasien; Stengel vierkantig; kleine, violette bis rosane Blüten, deren Scheinquirle meist ähren- oser traubenförmige Blütenstände bilden. Blätter und Stengel enthalten ätherisches Öl (ein wichtiger Bestandteil ist das nach Pfefferminz riechende und schmeckende **Menthol**).

In Mitteleuropa kommen fünf Arten wild vor, u. a. die auf feuchten Standorten vorkommende 15–30 cm hohe **Acker-M.** (Mentha arvensis) mit behaarten Stengeln und Blüten. Auf ähnlichen Standorten wächst die 20–80 cm hohe **Wasser-M.** (Mentha aquatica), deren blaßviolette bis rötliche Blüten endständige Blütenköpfchen bilden. Die **Polei-M.** (Mentha pulegium) wird 10–30 cm hoch und besitzt blauviolette Blüten in Scheinquirlen. In vielen Kultursorten angebaut wird die aus einer Kreuzung zwischen der Grünen M. und der Wasser-M. hervorgegangene, bis 80 cm hohe **Pfeffer-M.** (Haus-M., Mentha piperita); mit fast völlig kahlem, glänzendem, oft rot überlaufenem Stengel, gestielten Blättern und lilafarbenen, 3–7 cm langen, in kopfigen Scheinähren sitzenden Blüten. Blätter und Stengel enthalten viel ätherisches Öl **Pfefferminzöl,** das als Aromastoff u. a. für Genußmittel, Mundpflegemittel und Arzneimittel verwendet wird. Wichtige Anbaugebiete in der BR Deutschland sind Baden, Bayern und die Pfalz. Als Küchengewürz kultiviert wird die an feuchten Ufern und Gräben wachsende **Grüne M.** (Mentha spicata); mit rosa- oder lilafarbenen Blüten in bis 6 cm langen, ährenartigen Blütenständen; Blätter lanzettförmig, mit starkem Pfefferminzgeschmack. Vereinzelt angebaut wird die **Edel-M.** (Mentha gentilis, ein Bastard aus der Grünen M. und der Akker-M.), deren ätherisches Öl einen geringeren Mentholanteil enthält.

Geschichte: Verschiedene Melissenarten waren schon in der Antike beliebte Heilmittel. Die Pfeffer-M. wird erstmals 1704 erwähnt. Seit etwa 1780 wird sie in Deutschland kultiviert. Verwendet wird der Pfefferminztee zur Behandlung von Erkrankungen der Atemwege und der Verdauungsorgane.

Mirabẹlle: Unterart des ↑Pflaumenbaums.

Mirabilis: wissenschaftlicher Name der Gattung ↑Wunderblume.

Miscạnthus [vermutlich zu griech. mískos (Nebenform von míschos) = Blatt-, Fruchtstiel und griech. ánthos = Blüte]: Grasgattung mit mehreren Arten im tropischen Afrika und in Südostasien; hohe Gräser mit schmalen Blättern und großen, in endständigen Rispen stehenden Blüten. Bekannt sind das als Ziergras angepflanzte **Japanische Seidengras** (Miscanthus sinensis) und das winterharte, bis 1,2 m hohe **Silberfahnengras** (Miscanthus sacchariflorus), aus dessen Blütenständen lange, seidige Haare hervorwachsen.

Mispel [in ahd. Zeit (ahd. mespila) aus lat. mespilus entlehnt, von griech. méspilon] (Mespilus): Gattung der Rosengewächse mit der einzigen Art **Echte M.** (Mespilus germanica): Strauch oder kleiner Baum; heimisch in Vorderasien, in Europa fast nur verwildert vorkommend; Blätter lang und schmal; große weiße Einzelblüten. – Die ausgereiften grünen oder bräunlichen Früchte **(Mispeln)** haben die Form kleiner Birnen und sind erst nach längerer Lagerung oder Frosteinwirkung eßbar.

Mistel (Hexenkraut, Donnerbesen, Kreuzholz, Viscum): Gattung der M.gewächse mit über 60 vorwiegend tropischen Arten; in Deutschland nur die **Laubholz-M.** (Viscum album) und die **Nadelholz-M.** (Viscum laxum) mit zwei wirtsspezifischen Unterarten **(Tannen-** und **Kiefern-M.);** immergrüne, zweihäusige, strauchförmige Halbschmarotzer der Laub- und Nadelhölzer mit einfachen, gelbgrünen, lanzettlichen und gegenständigen, ledrigen Blättern und gabeligen Zweigen; Blüten in Gruppen. Die Frucht ist eine beerenartige Scheinfrucht.

Geschichte: Wegen ihres ungewöhnlichen Aussehens gewann die M. große Bedeutung in Sagen und Mythen. Der britische Weihnachtsbrauch, M.zweige in die Wohnung zu hängen, zeugt wahrscheinlich noch vom uralten Mythos, der die M. umgibt. Im Mittelalter galt die M. als vielseitig zu verwendendes Arzneimittel. – Pharmakologisch werden die Substanzen der M. erst seit einigen Jahrzehnten (v. a. zur Herstellung blutdrucksenkender Mittel und in der Krebstherapie) genutzt.

Mistelgewächse (Loranthaceae): Pflanzenfamilie mit rund 1 400 meist tropischen Arten; hauptsächlich halbstrauchige, chlorophyllhaltige Halbparasiten; v. a. auf Bäumen durch Saugorgane haftend; Blätter meist gut entwickelt. Bekannte Gattungen sind ↑Mistel und ↑Riemenblume.

Mittagsblume (Mesembryanthemum): Gattung der Eiskrautgewächse mit rund 40 Arten, hauptsächlich in Südafrika; ein- oder zweijährige krautige, meist am Boden kriechende Pflanzen mit fleischigen Blättern und kleinen bis mittelgroßen, weißen, gelblichen, grünlichen, rötlichen oder lilafarbenen Blüten. Eine bekannte Art ist das verwildert auch an den Küsten des Mittelmeeres vorkommende, in vielen Farben blühende **Eiskraut** (Mesembryanthemum crystallinum): Die fleischigen, dikken Blätter sind mit großen, wassergefüllten Papillen besetzt; wird auch als Gemüse- und Salatpflanze angebaut.

Mittagsblumengewächse: anderer Name der Familie ↑Eiskrautgewächse.

Mniaceae: wissenschaftlicher Name der ↑Sternmoose.

Mohn (Papaver): Gattung der M.gewächse mit rund 100 Arten in den gemäßigten Gebieten der Nordhalbkugel, nur eine Art (Papaver aculeatum) in Südafrika und Südostaustralien; milchsaftführende, einjährige Kräuter oder mehrjährige Stauden mit meist gelappten oder geteilten Blättern, roten, violetten, gelben oder weißen Blüten und kugeligen, eiförmigen oder länglichen Kapselfrüchten; z. T. Nutz- und Zierpflanzen.

Bekannte Arten: **Klatsch-M.** (Feuer-M., Feld-M., Papaver rhoeas), bis 90 cm hoch; mit gefiederten, borstig behaarten Blättern und scharlachroten, bis 10 cm breiten Blüten; auf Äckern und Ödland; die Kronblätter wurden früher zur Herstellung roter Tinte verwendet. – **Island-M.** (Papaver nudicaule), 30–40 cm hoch; mit grundständigen, bläulichgrünen Blättern; dünner, blattloser Stengel mit jeweils nur einer gelben Blüte; in der arktischen und subarktischen Region verbreitet; wird als Schnittblume in verschiedenfarbigen Sorten kultiviert. – **Schlaf-M.** (Gartenmohn, Magsamen, Papaver somniferum), 0,5–1,5 m hoch; mit wenig geteilten, blaugrün bereiften Blättern und weißen oder violetten Blüten, die am Grund dunkle Flecken haben; im östlichen Mittelmeergebiet, seit langem in Vorderasien und Indien, seit dem 18. Jahrhundert auch in Mitteleuropa angebaut; aus den unreifen Fruchtkapseln wird durch Anritzen **Opium** gewonnen. Das durch kaltes Pressen der weißen, blauen oder schwarzen Samen gewonnene **M.öl** (bis zu 40%) wird als Speiseöl sowie industriell als trocknendes Öl verwendet. Blaue Samen finden in der Bäckerei Verwendung.

Geschichte: Der Schlaf-M. stammt von der Südküste des Schwarzen Meeres. Um 900 v. Chr. war er in Griechenland bekannt. In Pfahlbauten des Alpenvorlandes wurden Samen des Schlaf-M.s gefunden. M.samen dienten schon sehr früh als Nahrungsmittel. Als Schlaf- und Schmerzmittel war zunächst nicht das Opium, sondern nur ein Extrakt **(Meconium)** aus den Fruchtkapseln und der ganzen Pflanze (bei den alten Ägyptern, auch bei den Griechen, bis zum 17. Jahrhundert n. Chr. bei den Chinesen und bis Anfang des 19. Jahrhunderts in Deutschland) bekannt. In Deutschland wurde M. seit dem Mittelalter v. a. wegen seines ölhaltigen Samens, den man zur Ölgewinnung auspreßte, angebaut.

Mohngewächse (Papaveraceae): Pflanzenfamilie mit über 40 Gattungen und rund 700 Arten, v. a. in temperierten und subtropischen Gebieten der Nordhalbkugel; Kräuter oder Stauden (seltener Sträucher), meist milchsaftführend; viele Zierpflanzen; bekannte Gattungen, u. a. ↑Goldmohn, ↑Hornmohn, ↑Mohn und ↑Schöllkraut.

Möhre (Daucus): Gattung der Doldengewächse mit rund 60 Arten im Mittelmeergebiet, einzelne Arten auch in anderen Erdteilen; einzige einheimische Art: **Wilde M.** (M. im engeren Sinne, Daucus carota), zweijähriges Kraut mit weißen Doldenblüten, die mittlere Blüte mit dunklen Blütenblättern **(Mohrenblüte)**, Laubblätter 2- bis 3fach gefiedert; Klettfrüchte, Pfahlwurzel spindelförmig, verholzt (im Unterschied zur Kulturform ↑Karotte).

Mohrenhirse (Besenkorn, Durrha, Sorg[h]um durrha): ein- oder mehrjährige Art der ↑Sorghumhirse, v. a. in den Trockengebieten Afrikas und Asiens; 1–5 m hohe, anspruchslose Kulturpflanze mit markigem Stengel, maisähnlichen, jedoch schmäleren Blättern und großer Rispe mit (im Gegensatz zur Echten Hirse und Borstenhirse) zwei Ährchen an jedem Rispenast; wichtiges, kleinkörniges Brotgetreide, in Nordamerika als Futterpflanze angebaut.

Mohrenpfeffer: gleichbed. mit ↑Guineapfeffer.

Mohrrübe: andere Bez. für ↑Karotte.

Molinia: wissenschaftlicher Name der Gattung ↑Pfeifengras.

Moltebeere (Multebeere, Torfbeere, Rubus chamaemorus): zweihäusige, krautige, stachellose Art der Rosengewächse auf Mooren der Nordhalbkugel; mit kurzen, einjährigen Sprossen, einfachen Blättern und einzelnen weißen Blüten. Die orangegelben Sammelfrüchte (mit großen Samen) werden in Skandinavien als Obst gesammelt.

Mombinpflaume (Ciruela): Bez. für zwei heute häufig in den Tropen kultivierte Arten der Gattung ↑Balsampflaume; die Früchte werden v. a. zu Kompott eingekocht. Die **Rote M.** (Rote Balsampflaume, Rote Ciruela, Spondias purpurea) hat purpurrote Früchte und wird auf den Westindischen Inseln, in Mexiko und den Nordweststaaten Südamerikas angebaut. Die **Gelbe M.** (Gelbe Ciruela, Gelbe Balsampflaume, Schweinspflaume, Spondias mombin) hat gelbe, herb schmeckende, etwa pflaumengroße Früchte und wird im tropischen Amerika, in Westafrika und auf Java kultiviert.

Monarda: wissenschaftlicher Name der Lippenblütlergattung ↑Indianernessel.

Monatserdbeere: Kulturform der Walderdbeere (↑Erdbeere).

Monatsklee: svw. Blaue Luzerne (↑Schneckenklee).

Mönchskopf: Art der Pilzgattung ↑Trichterling.

Mönchspfeffer (Vitex): Gattung der Eisenkrautgewächse mit über 200 Arten in den Tropen und Subtropen; Bäume oder Sträucher mit gegenständigen Blättern, kleinen, weißen, gelblichen oder blauen Blüten und kleinen Steinfrüchten; bekannte Art: **Keuschlamm** (Vitex agnus-castus), an Flußufern und Küsten des Mittelmeergebiets und Zentralasiens; Blüten violett, blau, rosa oder weiß, in dichten, endständigen Blütenständen; alte Kulturpflanze, schon in der Antike Sinnbild der Keuschheit: Früchte finden in südlichen Ländern als Pfefferersatz und Anaphrodisiakum Verwendung.

Mondbohne (Duffinbohne, Limabohne, Phaseolus lunatus): in den Tropen und Subtropen angebaute Bohnenart, deren grüne Hülsenfrüchte und reife Samen wie die der Gartenbohne genutzt werden; alte südamerikan. Kulturpflanze.

Mondsame (Menispermum): Gattung der **Mondsamengewächse** (Menispermaceae; 67 Gattungen mit über 400 Arten) mit zwei Arten: **Menispermum dauricum** (Sibirien bis Japan) und **Menispermum canadense** (östliches Nordamerika). Beide Arten werden in Mitteleuropa als Schlingpflanzen kultiviert.

Mondviole: Art der Gattung ↑Silberblatt.

Monocotyledoneae: wissenschaftlicher Name der ↑Einkeimblättrigen.

Monotropa: wissenschaftlicher Name der Gattung ↑Fichtenspargel.

Montbretie [...'bre:tsiə; nach dem frz. Naturforscher A. F. E. Coquebert de Montbret, † 1801]: Hybride aus den Schwertliliengewächsen Crocosmia pottsii und Crocosmia aurea; Gartenzierpflanze in zahlreichen Sorten; mit dunkelgrünen, schmallinealischen Blättern und meist orangegelben, braun gezeichneten, etwa 5 cm langen Blüten in ährigem, 30–60 cm hohem Blütenstand (mit bis zu 20 Blüten).

Montia: wissenschaftlicher Name der Gattung ↑Quellkraut.

Moorbeere: anderer Name der ↑Rauschbeere.

Moorbirke (Haarbirke, Betula pubescens): strauch- oder baumförmige Birkenart mit besenartiger Krone; junge Zweige samtig behaart, Rinde kalkweiß bis bräunlich; Holz und Blätter werden vielfach genutzt.

Moorheide: Art der ↑Glockenheide.

Moorkiefer: Unterart der ↑Bergkiefer.

Moortarant: svw. Sumpfenzian (↑Tarant).

Moosbeere (Vaccinium oxycoccus): Art der Gattung Heidelbeere; kriechende Pflanze mit dünnem Stämmchen, bis 10 mm langen, eiförmig-länglichen, oberseits dunkelgrünen, unterseits bläulichen Blättern und hellroten, in Trauben stehenden Blüten; Charakterpflanze der Hochmoore. – Abb. S. 238.

Moose (Bryophyten, Moospflanzen): Abteilung der Sporenpflanzen (Kryptogamen) mit rund 26 000 Arten, die in die beiden Klassen ↑Laubmoose und ↑Lebermoose eingeteilt werden. M. sind kleine, nur mit Rhizoiden (keine echte Wurzeln) ausgestattete, überwiegend auf dem Land vorkommende, autotrophe Pflanzen. Typisch für die M. ist ein heterophasisch-heteromorpher, d. h. mit einem Kernphasen- und einem Gestaltswechsel verbundener, Generationswechsel. Dabei stellt die unterschiedlich gestaltete, beblätterte Moospflanze den (haploiden) Gametophyten dar, auf dem sich (erst-

mals in der stammesgeschichtlichen Entwicklung der Pflanzen) die mit einer sterilen Hülle umgebenen ♀ (Archegonien) und ♂ (Antheridien) Sexualorgane befinden. Die völlig anders gestaltete (diploide) Sporophytengeneration entsteht aus der befruchteten Eizelle und bleibt zeitlebens mit dem Gametophyten verbunden, von dem sie auch ernährt wird. In der Kapsel des Sporophyten (**Mooskapsel,** Sporenkapsel, Sporogon) erfolgt die Bildung der haploiden Moossporen. Diese werden oft durch Wind verbreitet und bilden zunächst einen Vorkeim (Protonema), der sich zur eigentlichen Moospflanze (Gametophyt) weiterentwickelt.
Pflanzengesellschaften, in denen die M. dominieren, sind nur die Hochmoore (mit dem ↑Torfmoos) der niederschlagsreichen Gebiete mittlerer Breiten und die arktischen Moostundren. Zahlreiche M. leben epiphytisch auf Baumstämmen oder (im tropischen Regenwald) auf den Blättern von Bäumen. – Die Moosdekken unserer Wälder spielen eine wichtige Rolle im Wasserhaushalt der Umgebung, da sie auf Grund ihres großen Wasserbindungsvermögens ausgleichend auf das Versikkern von Regenwasser wirken.

Moosfarn (Mooskraut, Selaginella): bereits seit dem Erdaltertum nachgewiesene Gattung der **M.gewächse** (Selaginellaceae; Familie der Bärlappordnung **Moosfarne,** Selaginellales) mit mehr als 700 Arten, hauptsächlich im tropischen Regenwald; unterschiedlich gestaltete, moosähnliche, ausdauernde Kräuter mit dünnen, meist gabelig verzweigten Sprossen, flachgedrückten Zweigen und kleinen, schuppenförmigen, oft zweigestalteten Blättern (kleine Ober-, größere Unterblätter). Bekannt ist u. a. der moosartige Rasen bildende **Gezähnte M.** (Selaginella selaginoides), auf feuchten, grasigen oder moosigen Stellen der Gebirge Europas und in der Arktis; mit sehr kleinen, spiralig angeordneten Blättern.

Moosglöckchen (Erdglöckchen, Linneaea borealis): Geißblattgewächs in Nadelwäldern, Tundren und Hochgebirgen der Nordhalbkugel; Halbstrauch mit fadenförmigen Ausläufern, kleinen, ledrigen Blättern und an bis über 1 m hohem Stengel 1–2 glockigen, weißen, innen rotgestreiften, wohlriechenden Blüten.

Mooskraut: gleichbed. mit ↑Moosfarn.

Moospflanzen: anderer Name der ↑Moose.

Moosrose: Zuchtform der Zentifolie (↑Rose).

Moraceae: wissenschaftlicher Name der ↑Maulbeerbaumgewächse.

Morchel:

◊ (Morchella) Gattung der Schlauchpilze mit 15 Arten; Fruchtkörper in Stiel und Hut gegliedert; Hut 4–12 cm groß, kegel- bis birnenförmig, bräunlich, mit wabenartig gefelderter Oberfläche, auf der die Sporen gebildet werden; z. T. gute Speisepilze, u. a. **Speise-M.** (Morchella esculenta), mit bis 25 cm hohem Fruchtkörper (Mitte April bis Juni) mit gelblichweißem Stiel und gelblichbraunem Hut; unter Eschen und Pappeln auf humus- und kalkreichen Böden. – Abb. S. 316.

◊ Bez. für Pilze aus verschiedenen Gattungen, die ähnlich aussehende Fruchtkörper besitzen wie die Arten der Gattung Morchella; z. B. Frühlingslorchel, Stinkmorchel.

Morelle: Kulturform der ↑Sauerkirsche.

Morgenduft: Tafel- und Wirtschaftsapfel (↑Apfelsorten, Übersicht S. 27).

Moringagewächse (Bennußgewächse, Meerrettichbaumgewächse, Moringaceae): mit den Mohnpflanzen verwandte Pflanzenfamilie mit der einzigen, zehn Arten umfassenden Gattung **Moringa,** hauptsächlich im tropischen Afrika, auf Madagaskar und in Vorderindien; an die Trockenheit angepaßte (xerophytische) Bäume mit dicken, flaschenförmigen Stämmen, ein- bis dreifach gefiederten, großen Blättern und in Rispen stehenden Blüten.

Morus: wissenschaftlicher Name der Gattung ↑ Maulbeerbaum.

Moschuserdbeere: Art der Gattung ↑ Erdbeere.

Moschuskraut (Bisamkraut, Adoxa moschatellina): einzige Art der **M.gewächse (Adoxaceae);** in Eurasien und Nordamerika verbreitete, bis 20 cm hohe, kriechende Staude mit langgestielten, doppelt 3zählig gelappten Blättern; kleine, gelblichgrüne, schwach nach Moschus duftende Blüten, die zu 4–7 in einem endständigen, fast würfelförmigen Köpfchen zusammenstehen. Die Frucht ist eine grüne Steinfrucht. Die Samenverbreitung erfolgt hauptsächlich mit dem Kot von Schnekken. Das M. kommt v. a. in feuchten Laubwäldern vor.

Moskitogras (Bouteloua): Grasgattung im Südwesten von Nordamerika, bis Argentinien; die Art **Bouteloua gracilis** ist eine Charakterpflanze der Weiden der Great Plains; andere Arten sind wichtige Futtergräser **(Gramagräser)** dieser Gebiete.

Mottenkönig: Art der Gattung ↑ Harfenstrauch.

Mousseron [musəˈrõ:]: svw. Knoblauchschwindling (↑ Schwindling).

Mucor: wissenschaftlicher Name der Pilzgattung ↑ Köpfchenschimmel.

Mugokiefer: Unterart der ↑ Bergkiefer.

Müller-Thurgau-Rebe [nach dem schweizerischen Pflanzenphysiologen H. Müller-Thurgau, * 1850, † 1927]: 1882 in Geisenheim aus einer Kreuzung zwischen Riesling und Silvaner gewonnene Rebsorte; bringt gute Erträge früh reifender Trauben und liefert einen milden, durchweg säurearmen Wein.

Multebeere: Schreibvariante für ↑ Moltebeere.

Mummel: anderer Name der Gattung ↑ Teichrose.

Mungbohne (Mungobohne, Phaseolus aureus): v. a. in Asien kultivierte Bohnenart; die graudunkelgrünen, eßbaren Samen sind kleiner als die der Gartenbohne.

Mungobohne: gleichbed. mit ↑ Mungbohne.

Musa: wissenschaftlicher Name der Gattung ↑ Banane.

Musaceae: wissenschaftlicher Name der ↑ Bananengewächse.

Muscari: wissenschaftlicher Name der ↑ Traubenhyazinthe.

Musci: wissenschaftlicher Name der ↑ Laubmoose.

Muskatellererdbeere: svw. Zimterdbeere (↑ Erdbeere).

Muskatnußbaum (Myristica): Gattung der **Muskatnußgewächse** (Myristicaceae; 15 Gattungen mit insgesamt 250 Arten) mit rund 100 Arten, v. a. auf den Molukken. Die wirtschaftlich bedeutendste Art ist der **Echte M.** (Myristica fragans), ein heute überall in den Tropen kultivierter, immergrüner, bis 15 m hoher Baum mit ganzrandigen, wechselständigen Blättern und zweihäusigen, kleinen Blüten. Die Frucht ist eine fleischige Kapsel mit nur einem vom Samenmantel (Mazis, Macis) umhüllten, walnußgroßen Samen, der **Muskatnuß.** Diese wird, von

Schale und Mazis befreit, getrocknet und gegen Insektenfraß in Kalkmilch getaucht; Verwendung als Küchengewürz. In der Medizin wird sie als Magenmittel, Stimulans und Aromatikum benutzt. Aus minderwertigen Samen wird **Muskatbutter** gewonnen, die in der Pharmazie und Parfümindustrie verwendet wird. Größere Mengen von Muskatnuß sollen halluzinogene Wirkungen haben. – Die Muskatnuß wurde im Mittelalter durch arabische Ärzte in Europa eingeführt. Seit dem 12. Jahrhundert dient sie auch als Gewürz.

Muskatnußgewächse: ↑ Muskatnußbaum.

Muskattrüffel: svw. Wintertrüffel (↑ Trüffel).

Musseron [mʊsəˈrõ:]: anderer Name des Lamellenpilzes Knoblauchschwindling (↑ Schwindling).

Mutterkornpilz (Claviceps purpurea): Art der Schlauchpilze; entwikkelt im Spätsommer und Herbst ein hartes, bis zu 2,5 cm großes, schwarzviolettes, hornartig aus der Ähre herausragendes Dauermyzelgeflecht **(Mutterkorn, Secale cornutum)** im Fruchtknoten bzw. im Korn des Getreides (besonders Roggen). Das Mutterkorn enthält biogene Amine und giftige Alkaloide. Durch ins Mehl gelangtes, gemahlenes Mutterkorn traten früher (vor Einführung der Getreidereinigung) schwere Vergiftungserkrankungen (als **Ergotismus** oder **Kribbelkrankheit** bezeichnet) auf. Die Symptome waren u. a.: Schwindel, Erbrechen, Durchfälle, Benommenheit und Krämpfe; bei chronischer Vergiftung mit Gefäßkrämpfen, äußerst schmerzhaften arteriellen Durchblutungsstörungen der Extremitäten (konnte sogar zum Absterben der betreffenden Körperteile führen) sowie Störungen des zentralen Nervensystems, die z. T. mit schweren Persönlichkeitsänderungen verbunden waren. Heutzutage werden viele dieser Alkaloide in der Pharmazie verwendet, z. B. zum Stillen von Gebärmutterblutungen der Nachgeburtsphase (Name!) sowie bei Migräne und Durchblutungsstörungen.

Geschichte: Das Mutterkorn war in der Antike und bei den Germanen von relativ geringer Bedeutung. Im alten China wurde es wahrscheinlich bereits arzneilich verwendet. Die epidemische M.vergiftung ist seit dem 9. Jahrhundert in Mitteleuropa belegt (Epidemien gab es besonders in den Jahren 1596, 1649, 1736). Als Krankheitserreger wurde Mutterkorn 1695 von dem schweizerischen Arzt J. C. Brunner vermutet, 1771 von dem deutschen Arzt J. Taube nachgewiesen. In die offizinellen Arzneibücher wurde es wegen seiner Gefährlichkeit erst Anfang des 19. Jahrhundert aufgenommen.

Mutterkümmel: anderer Name des ↑ Kreuzkümmels.

Mutterwurz (Ligusticum): Gattung der Doldenblütler mit über 25 Arten, v. a. auf der Nordhalbkugel, vereinzelt auch in Chile und Neuseeland; ausdauernde, kahle Kräuter mit fiedrigen Blättern und weißen (meist in vielstrahligen Dolden angeordneten) Blüten. Eine bekannte Art ist die bis 15 cm hohe **Zwerg-M.** (Ligusticum mutellinoides), eine auf den Wiesen der Alpen verbreitete gute Futterpflanze.

Mycophyta: wissenschaftlicher Name der ↑ Pilze.

Myosotis: wissenschaftlicher Name der Rauhblattgewächsgattung ↑ Vergißmeinnicht.

Myosurus: wissenschaftlicher Name der Gattung ↑ Mäuseschwänzchen.

Myrica: wissenschaftlicher Name der Gattung ↑Gagelstrauch.

Myriophyllum: wissenschaftlicher Name der Meerblattgewächsgattung ↑Tausendblatt.

Myristica: wissenschaftlicher Name der Gattung ↑Muskatnußbaum.

Myristicaceae: wissenschaftlicher Name der Muskatnußgewächse (↑Muskatnußbaum).

Myrmecodia (Ameisenknolle, Ameisenpflanze): Gattung der Rötegewächse mit über 20 Arten, hauptsächlich in Südostasien und auf den pazifischen Inseln; epiphytisch lebende Halbsträucher mit kleinen Blüten, ledrigen Blättern, gelben oder weißen Beerenfrüchten und einer mit Dornenwurzeln besetzten Hypokotylknolle, deren Hohlräume meist von Ameisen bewohnt werden.

Myrobalanen: Früchte einiger Almondarten (↑Almond).

Myrrhenstrauch (Commiphora): Gattung der Balsambaumgewächse mit rund 100 Arten in den Trockengebieten des tropischen Afrikas bis Indiens; kleine, mit Dornen besetzte Bäume oder Sträucher. Einige Arten liefern ein Gummiharz (die **Myrrhe**), das als Räuchermittel sowie (als Tinktur) zur Behandlung von Entzündungen der Mundhöhle verwendet wird.

Myrrhis: wissenschaftlicher Name der Gattung ↑Süßdolde.

Myrsinengewächse [zu griech. myrsínē, Nebenform von myrrhínē, = Myrtenzweig (die Gattung Myrsine gleicht in der Tracht einer Myrte)] (Myrsinaceae): mit den Primelgewächsen verwandte Pflanzenfamilie mit rund 1 000 Arten in den Tropen und Subtropen; oft kletternde oder epiphytisch lebende kleine Bäume und Sträucher mit verschiedenen Blütenständen, meist immergrünen Blättern und Steinfrüchten; eine bekannte Gattung ist die ↑Spitzenblume.

Myrtaceae: wissenschaftlicher Name der ↑Myrtengewächse.

Myrte (Myrtus) [semit.-griech.]: Gattung der ↑Myrtengewächse mit rund 100 Arten, v.a. im außertropischen Südamerika, in Australien und Neuseeland; immergrüne Sträucher oder kleine Bäume mit gegenständigen, ledrigen Blättern, weißen, einzelnen oder in kleinen Trauben stehenden Blüten und meist schwarzen Beeren; z.T. Zierpflanzen. Die bekannteste Art ist die im Mittelmeergebiet wachsende **Braut-M.** (Myrtus communis), deren Zweige als Braut- und Grabschmuck beliebt sind.

Geschichte: M. war bei den alten Griechen Symbol der Liebe und der Schönheit. Sie war der Göttin Aphrodite heilig. Bei Persern, Babyloniern und Juden (besonders beim Laubhüttenfest) diente bzw. dient M. kultischen Zwecken.

Myrtengewächse (Myrtaceae): Pflanzenfamilie mit rund 3 000 fast ausschließlich tropischen Arten; Bäume und Sträucher mit meist gegenständigen, immergrünen, ganzrandigen, ledrigen Blättern und in Blütenständen angeordneten Blüten; teils Gewürzpflanzen (↑Eukalyptus, ↑Gewürznelkenbaum, ↑Pimentbaum), teils Obstbäume (↑Guajavabaum), teils Zierpflanzen (↑Myrte, ↑Schönfaden).

Myrtenheide (Melaleuca): Gattung der Myrtengewächse mit über 100 Arten in Australien und Tasmanien; meist immergrüne Sträucher, seltener Bäume, mit heidekrautähnlichen, aromatisch duftenden Blättern und vorwiegend weißen oder rötlichen Blüten, die meist in Ähren oder Köpfchen stehen. Häufig in Gewächshäusern kultiviert wird die Art **Melaleuca hypericifolia,** die an den älteren Ästen scharlachfarbene Blüten mit pinselartig zusammenstehenden Staubblättern ausbildet. Aus den Blättern von **Melaleuca leucadendron** wird das v. a. in der Medizin (z. B. zur Herstellung von Inhaliermitteln), aber auch in der Parfümerieindustrie verwendete **Kajeputöl** gewonnen.

Myrtillocactus: wissenschaftlicher Name der Gattung ↑Heidelbeerkaktus.

Myrtus: wissenschaftlicher Name der Gattung ↑Myrte.

Myxacium: wissenschaftlicher Name der Pilzgattung ↑Schleimfuß.

Myxomycetes: wissenschaftlicher Name der ↑Schleimpilze.

N

Nabelmiere (Moosmiere, Moehringia): Gattung der Nelkengewächse mit rund 20 Arten, hauptsächlich in den gemäßigten Zonen der Nordhalbkugel; zarte Kräuter mit häufig linealischen oder eiförmigen Blättern und weißen Blüten; z. T. Zierpflanzen, z. B. **Moosartige N.** (Moos-N., Moehringia muscosa), bis 20 cm hoch; moosartig, rasenbildend, mit fadenförmigen Blättern und kleinen, weißen Blüten.

Nabelorange: Kulturform der ↑Orangenpflanze.

Nachtkerze (Oenothera): Gattung der Nachtkerzengewächse mit rund 200 Arten, v. a. im außertropischen Amerika, nur wenige in der Alten Welt; Kräuter, Stauden oder Halbsträucher mit wechselständigen Blättern und gelben, roten oder bläulichen sowie gestreiften oder gefleckten achselständigen Blüten, die durch Nachtfalter bestäubt werden. Eine bekannte, aus Nordamerika stammende, früher in Europa für Wurzelgemüse angebaute, dann verwilderte Art ist die gelbblühende **Gemeine N.** (Zweijährige N., Rapontikawurzel, Oenothera biennis): v. a. auf Ödland. Andere Arten sind Gartenzierpflanzen.

Nachtkerzengewächse (Onagraceae, Oenotheraceae): Pflanzenfamilie mit rund 650 Arten, hauptsächlich in den wärmeren und subtropischen Gebieten, nur wenige Arten in den Tropen; meist Kräuter oder Stauden mit Einzelblüten oder traubigen, ährigen, selten rispigen Blütenständen; u. a. die Gattungen ↑Fuchsie, ↑Hexenkraut, ↑Nachtkerze, ↑Weidenröschen.

Nachtnelke (Melandrium): Gattung der Nelkengewächse mit rund 80 Arten, v. a. in Eurasien (einige Arten auch in Südafrika und in den Anden); verschieden gestaltete Kräuter; Blüten mit meist bauchigem Kelch und zweispaltigen Kronblättern. In Deutschland vier Arten, darunter häufig die **Abendlichtnelke** (Weiße N., Melandrium album, Silene alba), v. a. auf Wiesen; 0,5–1 m hoch; Büten öffnen sich abends, duftend, weiß, mit großem, blasig erweitertem Kelch; **Taglichtnelke** (Rote N., Rote Lichtnelke, Melandrium rubum, Silene dioica), auf feuchten Wiesen und in Laubwäldern; 0,30 bis 1 m hoch, weichbehaart; Blüten am Tag geöffnet, geruchlos, purpurrot. Einige Arten werden als Zierpflanzen kultiviert.

Nachtschatten (Solanum): Gattung der Nachtschattengewächse mit rund 1 500 weltweit (v. a. in den Tropen und Subtropen Südamerikas) verbreiteten Arten; z. T. mit großen, unterschiedlich gefärbten, glockenförmigen Blüten und fleischigen Beeren. Viele Arten enthalten das giftige **Solanin.** Mehrere Arten sind wichtige Kulturpflanzen (↑ Kartoffel, ↑ Aubergine). Bekannt als Giftpflanzen sind u. a. ↑ Bittersüß und **Schwarzer N.** (Solanum nigrum): einjährige, 10–80 cm hohe Schuttpflanze; verzweigt, dunkelgrün, mit breit dreieckig-rautenförmigen Blättern, weißen Blüten in kurzgestielten, doldenartigen Wickeln und mit erbsengroßen, schwarzen, glatten, (durch das Solanin) sehr giftigen Beerenfrüchten. Eine beliebte Topfpflanze ist das ↑ Korallenbäumchen.

Geschichte: Der Schwarze N. war schon den Ärzten im 1. Jahrhundert n. Chr. als Heil- und Gartenpflanze bekannt. In den Kräuterbüchern des 16. Jahrhundert wird Bittersüß als volkstümliches Heilmittel erwähnt. Auch der Schwarze N. wurde als Diuretikum, Blutreinigungsmittel und gegen entzündete Augen, Zahn- und Halsschmerzen, außerdem als Schutz gegen Zauberei verwendet.

Nachtschattengewächse (Solanaceae): Pflanzenfamilie mit rund 2 300 Arten, hauptsächlich in Amerika; Bäume, Sträucher und Kräuter mit schraubig angeordneten Blättern und zymösen Blütenständen, meist in Wickeln, seltener mit Einzelblüten; Früchte meist Beeren oder Kapseln, oft alkaloidhaltig. Zu den N.n gehören viele Nutzpflanzen (z. B. ↑ Kartoffel, ↑ Paprika, ↑ Tabak), Heil- und/oder Giftpflanzen (z. B. die Arten der ↑ Tollkirsche, ↑ Bilsenkraut) und Zierpflanzen (z. B. ↑ Judenkirsche, ↑ Petunien).

Nachtviole (Hesperis): Kreuzblütlergattung mit rund 20 Arten, v. a. im östlichen Mittelmeergebiet; einjährige oder ausdauernde, behaarte Kräuter mit meist violetten oder weißen Blüten in lockeren Trauben. Am bekanntesten ist die **Gemeine N.** (Hesperis matronalis) in Südwesteuropa und Westasien; in Mitteleuropa als Zierpflanze (etwa seit dem 15. Jahrhundert) in mehreren purpurfarben, violett oder weiß blühenden Sorten, auch mit gefüllten Blüten; stellenweise verwildert.

Nacktfarne (Nacktpflanzen, Psilophyten, Psilophytales): zu Beginn des Oberdevons ausgestorbene Ordnung blattloser Urfarne; älteste und bisher niederste bekannte (mit Leitbündel und Spaltöffnungen ausgestattete) Landpflanzen.

Nacktsamer (Nacktsamige Pflanzen, Gymnospermae): Unterabteilung der ↑ Samenpflanzen; ausschließlich Holzgewächse mit sekundärem Dickenwachstum, verschiedenartigen Blättern und getrenntgeschlechtigen, überwiegend windbestäubten Blüten. Die Samenanlagen sitzen offen an den Fruchtblättern. Der Samen ist nicht in einen Fruchtknoten eingeschlossen. Selten entstehen durch Gewebswucherungen fruchtähnliche Gebilde (z. B. bei der Steineibe). – Die heutigen N. werden in zwei Unterabteilungen eingeteilt: 1. **Cycadophytina** (fiederblättrige N.; mit Palmfarnen, Gnetum-, Ephedra- und Welwitschiagewächsen); 2. **Coniferophytina** (gabel- und nadelblättrige N.; mit Ginkgogewächsen und Nadelhölzern).

Vor rund 300 bis 50 Millionen Jahren (im späten Paläozoikum, im Mesozoikum und im Tertiär) spielten die N. (v. a. waren es Samenfarne, Kordaiten und Bennettitales) eine wesentlich größere Rolle als heute. Die

N. stellen eine Übergangsstufe von den ↑ Farnpflanzen zu den ↑ Bedecktsamern dar.

Nadelhölzer (Koniferen, Coniferae, Pinidae): wichtigste und artenreichste, weltweit verbreitete Unterklasse der nadelblättrigen ↑ Nacktsamer, die v. a. südlich der Arktis auf der Nordhalbkugel einen fast geschlossenen Waldgürtel **(borealer Nadelwald)** bilden; reich verzweigte, oft harzreiche Bäume (Nadelbäume), selten auch Sträucher; mit meist starkem Holzstamm und zahlreichen kleinen, nadel- oder schuppenförmigen Blättern, die stark trockenangepaßt sind; getrenntgeschlechtige Blüten in verschiedengestaltigen Zapfen, die ♀ Zapfen meist verholzend. – Zahlreiche Vertreter liefern wichtige Bau-, Werk- u. a. Nutzhölzer oder werden als Zierbäume gepflanzt. Wichtige N. sind u. a. Kiefer, Fichte, Tanne, Lärche, Zypresse, Wacholder, Lebensbaum, Mammutbaum und Eibe. Auf der Südhalbkugel sind u. a. Araukariengewächse und Steineibengewächse verbreitet.

Nadelkraut (Crassula recurva): Dickblattgewächs in Süd- und Westaustralien und Tasmanien; rasig wachsende Sumpfpflanze (im Wasser bis 40 cm lang) mit paarweise gekreuzten, nadelförmigen Blättern und kleinen, rötlich-weißen Blüten; Aquarienpflanze.

Nadelröschen: anderer Name für das Zwergheideröschen (↑ Heideröschen).

Nadelsimse (Eleocharis acicularis): Riedgras in Europa, Asien, Australien, Nord- und Südamerika; in Deutschland kommt (in Sümpfen, Gräben und Teichen) nur die Unterart **Eleocharis acicularis ssp. submersa** vor, die durch dünne, bis 25 cm lange Wurzelstöcke gekennzeichnet ist, auf denen bis 20 cm lange, faden- oder nadelförmige Blätter sitzen; Aquarienpflanze.

Naematoloma [nε...]: wissenschaftlicher Name der Pilzgattung ↑ Schwefelkopf.

Nagasbaum (Eisenbaum, Mesua): Gattung der Guttibaumgewächse in Hinterindien und auf Java. Die bekannteste und wirtschaftlich bedeutendste Art ist **Mesua ferrea** (N. im engeren Sinne), ein mittelgroßer Baum mit dunkelgrünen Blättern und großen, weißen, duftenden Blüten. Das sehr harte Holz (Eisenholz) kommt als **ostindisches Nagasholz** in den Handel; die Blüten finden für Parfüms Verwendung.

Najas: wissenschaftlicher Name der Gattung ↑ Nixenkraut.

Narcissus: wissenschaftlicher Name der Gattung ↑ Narzisse.

Narrenschwamm: anderer Name für den ↑ Fliegenpilz.

Narzisse (Narcissus) [griech.]: Gattung der Amaryllisgewächse mit rund 20 Arten in Mitteleuropa und im Mittelmeergebiet; Zwiebelpflanzen mit meist linealischen Blättern und einzelnen bis mehreren (dann in Dolden stehenden) Blüten mit Innenkrone (Nebenkrone; Parakorolle). N.n sind beliebte Zier- und Schnittblumen, u. a. die (seit dem 16. Jahrhundert kultivierten) **Dichter-N.n** mit weißen, flach ausgebreiteten Blütenhüllblättern und nur wenige mm hoher, gelber, rot berandeter Nebenkrone. Eine langröhrige Nebenkrone hat dagegen die 20–40 cm hohe, gelb blühende **Osterglocke** (Gelbe N., Trompeten-N., Narcissus pseudonarcissus), die meist Ende März oder im April blüht.

Narzissengewächse: gleichbed. mit ↑ Amaryllisgewächse.

Naßreis: svw. Sumpfreis (↑ Reis).

Nasturtium: wissenschaftlicher Name der Gattung ↑ Brunnenkresse.

Rechts, von oben nach unten: Phyllanthus (die Art Phyllanthus angustifolius); Blattkaktus

Links, von oben nach unten: Fenestraria (die Art Fenestraria rhopalophylla); Aasblume (die Art Stapelia asterias); Königin der Nacht

Oben: Buschwindröschen. – Mitte, links: Gemeiner Augentrost. – Mitte, rechts: Färberwaid. – Unten, links: Gemeiner Beinwell. – Unten, Mitte und rechts: Diptam (rechts ein Ausschnitt aus dem Blütenstand)

Oben, von links nach rechts: Kriechender Günsel; Nesselblättrige Glockenblume; Echter Fichtenspargel. – Mitte, links: Echte Geißraute. – Mitte, rechts: Echter Gamander. – Unten: Alpenfrauenmantel

Links, von oben nach unten: Schwarze Krähenbeere; Dorniger Hauhechel. – Rechts, von oben nach unten: Stengelloser Enzian; Gletscherhahnenfuß; Großblütige Königskerze

Links, von oben nach unten: Frühlingskuhschelle; Kornelkirsche. – Rechts, von oben nach unten: Ackerhundskamille; Gemeine Kreuzblume; Kugelknabenkraut

Links, von oben nach unten: Rauschbeere; Blutrote Sommerwurz; Gemeiner Queller. – Rechts, von oben nach unten: Hohler Lerchensporn; Moosbeere

Links, von oben nach unten: Rundblättriger Sonnentau; Taubenkropf (ein Leimkraut). – Rechts, von oben nach unten: Spitzwegerich; Großer Wegerich; Gemeines Leinkraut

Links, von oben nach unten: Gelbe Teichrose; Krebsschere. – Rechts, von oben nach unten: Weiße Seerose; Victoria amazonica (ein Seerosengewächs); Wassernuß (die Art Trapa natans)

Natterfarn: anderer Name der Gattung ↑ Natternzunge.

Natterkopf: anderer Name der Gattung ↑ Natternkopf.

Natternkopf (Natterkopf, Echium): Gattung der Rauhblattgewächse mit rund 40 Arten, verbreitet von Mitteleuropa bis Vorderasien; Kräuter oder Sträucher mit meist blauen, violetten oder roten Blüten in Ähren; viele Topfpflanzen; einzige einheimische Art: **Echium vulgare,** eine bis zu 1 m hohe, zweijährige Pflanze an Trockenhängen, Wegrändern und auf Schuttplätzen; mit erst rötlichen, dann blauen Blütenähren.

Natternzunge (Natterzunge, Natter[n]farn, Ophioglossum): Gattung der **Natter[n]zungengewächse** (Natter[n]farngewächse, Ophioglossaceae) mit fast 50 epiphytischen oder terrestrischen Arten in den wärmeren südlichen und nördlichen Gebieten der Erde; ausdauernde, blaßgrüne eusporangiate Farne mit kurzem unterirdischem Stämmchen, das jedes Jahr nur ein einziges, aus einem sterilen, länglich-eiförmigen, ganzrandigen Teil und einem eine endständige Ähre bildenden, Sporangien tragenden (fertilen) Teil bestehendes Blatt hervorbringt. Die einzige einheimische Art ist die gelbgrüne, 10–30 cm hohe **Gemeine N.** (Ophioglossum vulgare) auf feuchten, kalkhaltigen Wiesen und auf Flachmooren.

Navelorange ['na:vəl, auch 'nɛɪvəl]: Kulturform der ↑ Orangenpflanze.

Negerhirse (Perl-, Pinsel-, Rohrkolbenhirse, Pennisetum spicatum): in Afrika und Indien angebaute, anspruchslose, formenreiche Art der Gattung ↑ Federborstengras; einjähriges Getreide, Blütenstand in Form eines walzenförmigen Kolbens. Die Körner werden zur Bereitung von Brei, Grütze und Bier verwendet. Das Mehl ist nicht backfähig.

Negerpfeffer: anderer Name für ↑ Guineapfeffer.

Nektari̱ne: glatthäutige Varietät des Pfirsichs mit leicht herauslösbarem Stein.

Nelke [eigtl. = Nägelchen (nach der Form)] (Dianthus): Gattung der Nelkengewächse mit rund 300 Arten, v. a. im Mittelmeergebiet, aber auch in anderen Erdteilen; fast ausschließlich Stauden mit endständigen, meist roten oder weißen Blüten; in Deutschland nur wenige Arten, u. a.: **Kartäuser-N.** (Dianthus carthusianorum), auf trockenen, kalkigen Böden; bis 60 cm hoch; Blüten blutrot, in büscheligen Köpfchen; wird in verschiedenen Sorten als Zierpflanze (v. a. in Bauerngärten) kultiviert; **Pfingst-N.** (Dianthus gratianopolitanus), auf felsigen Trockenrasen; bis 30 cm hoch, polsterbildend; mit rosaroten, einzelnen Blüten; Gartenformen auch weiß, dunkelrot, auch gefüllt; **Pracht-N.** (Dianthus superbus), auf feuchten Waldwiesen; 30–50 cm hoch, mit langen, schmalen Stengelblättern und großen, blaßlilafarbenen, fransigen Blüten; **Heide-N.** (Dianthus deltoides), auf trockenen Wiesen, Heiden, in Kiefernwäldern; meist lockere Rasen bildend; 15–30 cm hoch; Blätter graugrün; Blüten zu mehreren an längeren Stielen, purpurrot, innen weiß punktiert und dunkel gestreift; **Gletscher-N.** (Dianthus glacialis), auf sauren Böden der höheren Zentralalpen und der Karpaten; bis 10 cm hoch; dichte Rasen bildend; mit steifen, grasartigen, gebüschelten Blättern; Blüten einzeln, klein, fleischfarben, am Rand gekerbt; beliebte Steingartenpflanze; **Alpen-N.** (Dianthus alpinus), v. a. in den nördlichen Kalkalpen in 1 000–2 250 m

Höhe; 2–20 cm hoch; stellenweise lockere Rasen bildend; mit meist nur einer großen, purpurroten, im Schlund weiß gesprenkelten Blüte; **Stein-N.** (**Wald-N.,** Dianthus sylvestris), in den Alpen und in Südeuropa; dicht rasig wachsend; mit 1–2 mm breiten, hell- bis bläulichgrünen Blättern und bis zu vier rosafarbenen Blüten an 5–40 cm hohem Stengel; **Bart-N.** (Dianthus barbatus), in den Gebirgen Südeuropas; Blätter breitlanzettlich; Blüten kurz gestielt, in Büscheln, mit schmallanzettlichen Hochblättern; wird in verschiedenen, meist weiß oder rosa- bis dunkelrot, auch gestreift oder gescheckt blühenden Gartensorten kultiviert und oft gekreuzt mit der aus China kommenden **Chineser-N.** (Chinesische N., Dianthus chinensis), bis 40 cm hoch; die großen Blüten in locker verzweigtem Blütenstand; zahlreiche Zuchtformen, am bekanntesten die aus Japan eingeführte Gruppe der **Heddewigs-N.n,** z.T. mehrfarben; mit stark eingeschlitzten Blütenblättern; **Feder-N.** (Dianthus plumarius) aus Südosteuropa; bildet dichte, rasenartige Polster; die stark duftenden Blüten weiß oder rosa, mit fingerartig eingeschnittenen Blütenblättern; Stengel 20–30 cm hoch, gabelig verzweigt; viele winterharte Sorten; **Garten-N.** (Dianthus caryophyllus), heimisch in Dalmatien; Stammform einer Vielzahl allg. kultivierter Beet- und Schnittnelkensorten, z. B. der je nach Sorte 30–60 cm hohen **Land-N.n** mit drei- bis mehrfarbigen, meist gefüllten, duftenden Blüten; nicht winterhart sind die **Chor-N.n** mit ganzrandigen Blütenkronblättern; in Deutschland nur noch die im Topf kultivierten, schwachstengeligen, dunkelroten **Gebirgshänge-N.n (Topfchor-N.n);** die bis 60 cm hohen **Chabaud-N.n** sind einjährige Schnittblumen mit großen, gefüllten, duftenden Blüten in vielen Farben; die in großen Mengen in Gewächshäusern gezogenen, in den verschiedensten Farben blühenden **Edel-N.n** sind die wichtigsten Schnitt-N.n der Blumenhandlungen, die letztlich auf die in Amerika weiter gezüchteten französischen **Remontant-N.n** zurückgehen, eine Hybridzüchtung vermutlich aus Lyon.

Nelkengewächse (Caryophyllaceae): Pflanzenfamilie mit rund 2000 Arten, hauptsächlich in der gemäßigten Zone der Nordhemisphäre; meist Kräuter oder Halbsträucher mit unterschiedlichen Blütenstandsformen; bekannte Gattungen sind ↑Hornkraut, ↑Leimkraut, ↑Lichtnelke, ↑Mastkraut, ↑Nabelmiere und ↑Nelke.

Nelkenwurz (Geum): Gattung der Rosengewächse mit mehr als 50 Arten, v.a. in der nördlichen gemäßigten Zone; Stauden mit gefiederten oder geteilten Blättern und einzelnen, meist jedoch in Dolden stehenden, großen, gelben, roten oder weißen Blüten; Nußfrüchtchen meist mit hakig verlängertem Griffel. In Deutschland sind fünf Arten heimisch, darunter die gelbblühende **Echte N.** (Geum urbanum) in Laubmischwäldern und die **Bach-N.** (Geum rivale): von den Niederungen bis ins Hochgebirge verbreitet; bis 70 cm hoch; Blüten nickend, rötlichgelb, mit braunrotem Kelch; Grundblätter fiederspaltig, Stengelblätter dreiteilig.

Nematoloma: wissenschaftlicher Name der Pilzgattung ↑Schwefelkopf.

Nemesie (Nemesia) [griech.]: Gattung der Rachenblütler mit rund 70 Arten, v.a. in Südafrika; meist zarte, einjährige Kräuter mit zweilippigen, offenen (gelben, weißen, violetten oder verschiedenfarbigen) Blüten. Mehrere Arten sind als reichblühende Sommerblumen beliebt.

Nemophila: wissenschaftlicher Name der Wasserblattgewächsgattung ↑ Hainblume.

Neottia: wissenschaftlicher Name der Orchideengattung ↑ Nestwurz.

Nepenthaceae: svw. Kannenstrauchgewächse (↑ Kannenpflanze).

Nepenthes: wissenschaftlicher Name der Gattung ↑ Kannenpflanze.

Nepeta: wissenschaftlicher Name der Gattung ↑ Katzenminze.

Nerium: wissenschaftlicher Name der Gattung ↑ Oleander.

Nessel:

◊ Kurzbez. für ↑ Brennessel.

◊ Bez. für nesselähnliche, aber nicht zu den Nesselgewächsen gehörende Pflanzen; z. B. Gold-N., Hanf-N. (= Hohlzahn).

Nesselblatt: anderer Name für die Gattung ↑ Kupferblatt.

Nesselgewächse (Urticaceae): Pflanzenfamilie mit mehr als 700 weltweit (v. a. in den Tropen) verbreiteten Arten; meist Kräuter mit unscheinbaren Blüten und Bastfasern im Stengel; bekannte Gattungen: ↑ Brennessel und ↑ Boehmeria.

Nesselschön (Feuerroter Katzenschwanz, Acalypha hispida): Wolfsmilchgewächs der Gattung ↑ Kupferblatt; Strauch mit eiförmigen, zugespitzten, dunkelgrünen Blättern und bis 50 cm langen, überhängenden, kätzchenartigen, karminroten (selten auch weißen) Blütenständen; beliebte Topfpflanze; in den Tropen Zierstrauch.

Nesselseide: Gattung der Windengewächse (↑ Kleeseide).

Nestfarn: Art der Gattung ↑ Streifenfarn.

Nestorchis: anderer Name der Gattung ↑ Nestwurz.

Nestrosette: andere Bez. für die Ananasgewächsgattung ↑ Nidularie.

Nestwurz (Nestorchis, Neottia): saprophytische Orchideengattung mit rund zehn Arten, verbreitet von Europa bis Ostasien. Die einzige einheimische Art ist die **Vogel-N.** (Vogelnestorchis, Neottia nidus-avis): in schattigen Buchenwäldern, seltener in Nadelmischwäldern; mit kleinen (bis 15 mm großen), in ährenartigem Blütenstand stehenden, braunen Blüten und vogelnestartig verflochtenen Wurzeln.

Netzweide: Art der Gattung ↑ Weide.

Neurospora [griech. sporá = das Säen, die Saat; der Samen]: Gattung saprophytischer Schlauchpilze mit vier Arten; am bekanntesten der Bäckereipilz (↑ Brotpilz). Die raschwüchsigen N.arten sind wichtige Forschungsobjekte der Genetik und Biochemie.

Neuseeländer Flachs: Art der Gattung ↑ Flachslilie.

Neuseeländischer Spinat (Tetragonia expansa): Eiskrautgewächs an den Küsten Neuseelands, Tasmaniens, Süd- und Westaustraliens; mit fleischigem, meist kriechendem Stengel, wechselständigen, schmalen Blättern und kleinen, gelblichgrünen Blüten; Blätter und junge Triebe werden wie Spinat verwendet.

Nicandra: wissenschaftlicher Name der Gattung ↑ Giftbeere.

Nicotiana: wissenschaftlicher Name der Gattung ↑ Tabak.

Nidularie [zu lat. nidulus = Nestchen] (Nestrosette, Nidularium): Gattung der Ananasgewächse mit rund 20 (meist epiphytischen) Arten in den feuchten Wäldern Brasiliens; mit rosettenartig angeordneten, dornig gezähnten Blättern und endständigem Blütenstand; z. T. Warmhaus- und Zierpflanzen.

Nierenbaum (Acajoubaum, Cashewbaum, Marañonbaum, Anacardium occidentale): immergrünes Anakardiengewächs aus dem tropischen Südamerika; heute in allen Tropen, v.a. in Indien, kultivierter Obstbaum mit ganzrandigen, ledrigen Blättern. Die nierenförmige Frucht **(Cashewnuß, Cachounuß, Acajounuß)** enthält einen eßbaren, nußartig schmeckenden Samen mit etwa 21% Eiweiß und über 45% Öl, aus dem Speiseöl hergestellt wird. Der Samen muß vor dem Verzehr (meist als gerösteter Kern) geschält werden, da die Samenschale scharf und giftig ist. Aus dem Gewebe zwischen dem Außenhäutchen des Kerns und der harten Schale wird eine viskose Flüssigkeit **(Cashewnußschalenöl)** gewonnen, die zu etwa 10% aus Cardol und zu 90% aus Anacardsäure besteht; sie gehört zu den trocknenden Ölen und wird u.a. zur Herstellung technischer Harze verwendet. Die C. sitzt an einem verdickten, saftigen, eßbaren Fruchtstiel **(Cashewapfel)**. – Abb. S. 75.

Nieswurz (Helleborus): Gattung der Hahnenfußgewächse mit rund 25 Arten in Europa und Zentralasien; mit oft fußförmig gefiederten Blättern, röhrenförmigen Honigblättern in der Blüte und Balgfrüchten; giftig. Bekannte einheimische Arten sind: **Schwarze N.** (Christrose, Schneerose, Helleborus niger), 15–30 cm hohe Stauden in den Kalkalpen, Karpaten und im Appenin; mit grundständigen, fußförmig gefiederten, ledrigen Blättern und großen, nickenden, weißen, später purpurfarben getönten Blüten; steht unter Naturschutz; wird häufig als Gartenpflanze kultiviert und blüht dann oft schon im Dezember (sonst Januar bis April); **Grüne N.** (Helleborus viridis), 30–50 cm hohe Staude in lichten Bergwäldern und Gebüsch auf Kalkböden; auch angepflanzt und verwildert; **Stinkende N.** (Helleborus foetidus), 30–80 cm hohe, unangenehm riechende Staude in warmen, trockenen Bergwäldern und auf steinigen Triften auf Kalk; gelbgrüne, rötlich gesäumte, glockig zusammenstehende Blütenhüllblätter.

Geschichte: Die Schwarze N. und die Grüne N. waren eines der wichtigsten Arzneimittel der Antike. Sie wurden als brecherregendes, menstruationsförderndes, abtreibendes Mittel sowie als Mittel gegen Epilepsie und Manie verwendet (enthalten u.a. Helleborin und Helleborein, ein Herzglykosid). Aus dem Wurzelstock wurde Niespulver (Name!) hergestellt. Im Volksglauben des Mittelalters sollte die N. ein langes Leben verleihen und vor Geistern und Zauberei beschützen. – Abb. S. 79.

Nigritẹlla: wissenschaftlicher Name der Gattung ↑ Kohlröschen.

Nịkkotanne [nach der jap. Stadt Nikko] (Abies homolepis, Abies brachyphylla): bis 40 m hohe, winterharte japanische Art der Gattung Tanne; mit graubrauner, kleinschuppiger Rinde, waagrecht abstehenden Ästen und hellgrünen (unterseits fast weißen) Nadeln; Zapfen faßförmig, purpurblau, glatt, reife Zapfen braun; auch in Mitteleuropa angepflanzt.

Nixblume: anderer Name der Gattung ↑ Haarnixe.

Nixenkraut (Najas): einzige Gattung der **N.gewächse (Najadaceae)** mit rund 35 Arten in den trop. und gemäßigten Zonen, in Deutschland drei Arten; einjährige, einkeimblättrige, untergetaucht lebende, zarte Wasserpflanzen mit langen, linealischen Blättern; Blüten klein, grünlich, eingeschlechtig.

Noctiluca [lat. = Nachtleuchte]: Gattung der Algenklasse Pyrrhophyceae (↑Dinoflagellaten) mit nur wenigen Arten, darunter die im Oberflächenwasser der Meere weltweit verbreitete Art **N. miliaris:** mit fast farblosem, 0,2–2 mm großem Körper und nur einer Geißel; Ernährungsweise heterotroph; wichtigster Verursacher des Meeresleuchtens (Beispiel einer Biolumineszens).

Nolde: anderer Name der Gattung ↑Ackerröte.

Nordische Birke: anderer Name der ↑Strauchbirke.

Nordmannstanne [nach dem finn. Naturwissenschaftler A. von Nordmann, * 1803, † 1866] (Abies nordmanniana): Art der Gattung Tanne im westlichen Kaukasus, heute auch in Mitteleuropa verbreitet; bis 30 m hoher Baum mit geradem Stamm, schwärzlichgrauer, im Alter in dicke Platten gefelderter Rinde und glänzenden, dichtstehenden Nadeln mit zwei weißlichen Streifen auf der Unterseite; Zapfen bis 16 cm lang, zylindrisch, an der Spitze kegelförmig, aufrechtstehend.

Norfolktanne [engl. 'nɔ:fək]: anderer Name der ↑Zimmertanne.

Nuphar: wissenschaftlicher Name der Gattung ↑Teichrose.

Nußbaum: Art der Gattung ↑Walnuß.

Nußkiefer: anderer Name der ↑Pinie.

Nymphaea: wissenschaftlicher Name der Gattung ↑Seerose.

Nymphaeaceae [nymfɛ'a:tseɛ:]: wissenschaftlicher Name der ↑Seerosengewächse.

O

Oberlichtpflanze: anderer Name der Gattung ↑Fenestraria.

Obstbanane ↑Banane.

Obstbaumkrebspilz (Gallischer Pustelpilz, Nectria galligena): parasitisch auf Obstbäumen lebender Schlauchpilz; zerstört an den befallenen Stellen die Rinde der Bäume; regt durch Wuchsstoffabscheidungen deren Kallusbildung an, so daß schließlich wulstige Auftreibungen entstehen **(Obstbaumkrebs).** Dabei kann der tote Holzteil freigelegt bleiben („Wunden", „offener Krebs") oder völlig überwallt sein („geschlossener Krebs"). Starker Befall kann zum Absterben der Bäume führen.

Ochsenzunge (Anchusa): Gattung der Rauhblattgewächse mit rund 40 Arten in Europa, Nord- und Südafrika und Westasien; rauhhaarige oder zottig behaarte Kräuter mit meist blauen, violetten oder weißen Blüten mit Deckblättern; z. T. als Gartenzierpflanzen kultiviert.

Odermennig (Agrimonia): Gattung der Rosengewächse mit rund 20 Arten (einheimisch drei Arten) in der nördlichen gemäßigten Zone, vereinzelt auch in den Tropen und Anden; ausdauernde Kräuter mit gefiederten Blättern. Bekannteste einheimische Art ist der **Gewöhnliche O.** (Kleiner O., Ackermennig, Agrimonia eupatoria), häufig an Wegrändern und auf Wiesen; bis 1 m hoch; mit ästiger Pfahlwurzel; Blüten klein, goldgelb; wird als Volksheilmittel bei Leber-, Gallen- und Hautkrankheiten verwendet.

Odontoglossum [zu griech. odoús, odóntos = Zahn und griech. glõssa = Zunge]: Gattung epiphytischer Orchideen mit rund 90 Arten, v. a. in den höheren, kühlen Gebirgsgegenden des tropischen Amerika; mit meist birnen- bis eiförmigen, seitlich abgeflachten Sproßverdickungen (Pseudobulbus), die an ihrer Spitze meist ein Blatt, am Grund vier bis sechs Blätter tragen; die prächtigen, bunten Blüten stehen in meist aufrechten Trauben oder Rispen; z. T. Zierpflanzen (oft Hybriden).

Oenotheraceae [ø...]: wissenschaftlicher Name der ↑Nachtkerzengewächse.

Ohnhorn: (Ohnsporn, Puppenorchis, Fratzenorchis, Männchenorchis, Aceras): Orchideengattung mit der einzigen Art **Menschentragendes O.** (Aceras anthropophorum): Blüten ohne Sporn, klein, gelblichgrün, in dichter Traube; selten auf sonnigen Kalkhügeln im Süden und Westen Mitteleuropas; geschützt.

Ohrenweide: Art der Gattung ↑Weide.

Ohrlappenpilze (Auriculariales): Ordnung der Phragmobasidiomyceten (↑Ständerpilze) mit rund 100 Arten. Bekannt die Gattung Auricularia mit der einheimischen Art ↑Judasohr.

Ohrlöffel (Ohrlöffelstacheling, Auriscalpium vulgare): kleiner, auf Kiefernzapfen wachsender, filzig-zottiger, dunkelbrauner, ledrig-zäher Stachelpilz mit 1–2 cm großem Hut und seitenständigem, schlankem Stiel.

Ohrweide: Art der Gattung ↑Weide.

Okra: anderer Name der ↑Gombofrucht.

Okwabaum (Treculia africana): Maulbeerbaumgewächs im tropischen Afrika; 20–25 m hoher Waldbaum mit 30–40 cm langen, ganzrandigen Blättern; Fruchtstände mit 20–30 cm Durchmesser und 9 kg bis über 20 kg Gewicht. Die Samen dienen v. a. im tropischen Westafrika als Nahrungsmittel.

Ölbaum (Olivenbaum, Olea): Gattung der Ölbaumgewächse mit rund 20 Arten im tropischen und mittleren Asien, in Afrika, im Mittelmeergebiet sowie in Australien und Neukaledonien; Bäume oder Sträucher mit kleinen, in Rispen angeordneten Blüten. Mehrere Arten liefern wertvolles Nutzholz **(Olive).**

Die wichtigste Art als Kultur- und Nutzpflanze ist der **Echte Ö.** (Olea europaea), ein wahrscheinlich aus dem östlichen Mittelmeergebiet stammender, gedrungener, mehr als 1000 Jahre alt werdender, 10–16 m hoch werdender Baum mit knorrigem, im Alter oft drehwüchsigem und durch Ausfaulen in skurrile Stelzen zerteiltem Stamm; Blätter weidenartig, ledrig, unterseits silbergrau; Blüten weiß, klein, in traubigen Blütenständen. Die Früchte sind pflaumenähnliche Steinfrüchte **(Oliven).** Ihre grüne, rötliche oder schwarze Fruchthaut (Exokarp) ist dünn, das grünlichweiße Fruchtfleisch (Mesokarp) sehr ölreich. Der harte Steinkern enthält meist nur einen ölreichen Samen.

Der Ö. wird heute in zahlreichen Kulturvarietäten angebaut, v. a. in Spanien, Südfrankreich, Italien, in den Küstenbereichen Griechenlands und Nordafrikas sowie in den USA, in Südamerika und in China. Die für Speisezwecke verwendeten größeren, fruchtfleischreicheren, aber ölarmen **Speiseoliven** werden gepflückt, die kleineren **Ölolliven** mit dünnem, ölreichem Fruchtfleisch abgeschüttelt und zur Gewinnung von **Olivenöl** (besteht zu etwa 80% aus Glyceriden der Ölsäure) verwertet. –

Die Hauptproduktionsländer für die Oliven sind Italien, Spanien, Griechenland, Türkei und Tunesien.

Geschichte: Der Echte Ö., eine der ältesten Kulturpflanzen, wird seit dem 3. Jahrtausend v. Chr. im südlichen Vorderasien angebaut. In Griechenland war er der Göttin Athena heilig. – Ölzweige waren im allg. Zeichen des Sieges, bei Juden und Christen Zeichen des Friedens. In der Antike war der Ö. (neben Feigenbaum und Weinstock) Sinnbild für Wohlbefinden, Fruchtbarkeit und Glück. – Das Öl der Oliven wurde von den Phönikern, die auch den (Echten) Ö. nach Tunis, Spanien und möglicherweise nach Sizilien brachten, zum Handelsartikel gemacht. Im 1. Jahrhundert n. Chr. beherrschte italienisches Olivenöl den Handel. – In Südeuropa sollen am Palmsonntag geweihte Ö.zweige das Haus vor Unheil schützen.

Ölbaumgewächse (Oleaceae): Pflanzenfamilie mit rund 600 Arten in den Tropen und den gemäßigten Gebieten, im pazifischen Bereich fehlend; vorwiegend Holzpflanzen mit Blüten in meist rispigen oder traubigen Blütenständen. Die Früchte sind oft einsamige Kapseln, Nüsse, Beeren oder Steinfrüchte. In Deutschland sind nur die Gemeine Esche und der Gemeine Liguster heimisch. Viele Ö. sind als Zierpflanzen verbreitet, so die zahlreichen Arten und Sorten des Flieders, der Forsythie, des Jasmins, der Duftblüte. Wichtigste Kulturpflanze unter den Ö.n ist der Echte ↑Ölbaum.

Oldenburg (Geheimrat Oldenburg): eine Speiseapfelsorte (↑Apfelsorten, Übersicht S. 25).

Öldotter: Art der Gattung ↑Leindotter.

Olea: wissenschaftlicher Name der Gattung ↑Ölbaum.

Oleaceae: wissenschaftlicher Name der ↑Ölbaumgewächse.

Oleander [italien. oleandro, unter Einfluß von lat. olea = Olivenbaum entstellt aus mlat. lorandum, zu lat. laurus = Lorbeerbaum (wohl nach den Blättern)] (Nerium): Gattung der Hundsgiftgewächse mit drei vom Mittelmeergebiet bis zum subtropischen Ostasien verbreiteten Arten; aufrechte, kahle Sträucher mit schmalen, ledrigen Blättern und großen Blüten in traubigen Blütenständen. Die bekannteste Art ist der **Echte O.** (Rosenlorbeer, Nerium oleander), ein 3–6 m hoher Strauch oder kleiner Baum mit 10–15 cm langen, gegen- oder quirlständigen Blättern und rosafarbenen Blüten (bei Kulturformen bis 8 cm breit, auch rot, weiß, gelb, gestreift oder gefüllt), die teilweise duften. Die verschiedenen (giftigen; enthalten herzwirksame Glykoside) Kulturformen werden in Südeuropa als Freilandzierpflanzen, in Mitteleuropa als Kübelpflanzen kultiviert.

Geschichte: Erstmals wies der griechische Arzt und Pharmakologe Dioskurides (1. Jahrhundert n. Chr.) auf die Giftigkeit von O.pflanzen hin; mit Wein getrunken, sollten sie dagegen Bißwunden giftiger Tiere heilen. Im Mittelalter wird O. nur vereinzelt in Schriften erwähnt. Im 19. Jahrhundert rechnete man ihn zu den „narkotischen Mitteln“. Gelegentlich wurde er auch als Arznei verwendet.

Oleaster [lat.]: Wildform (vielleicht auch verwilderte Kulturform) des Echten Ölbaums; im gesamten Mittelmeergebiet, v. a. in der Macchie, verbreitet; meist sparriger Strauch oder kleiner Baum mit bis 4 cm langen, kleinen Blättern, kleinen, weißen Blüten und rundlichen, ölarmen, kleinen Früchten.

Ölfruchtgewächse (Elaeocarpaceae): Pflanzenfamilie mit rund 400 tropischen Arten, in Afrika fehlend; Bäume oder Sträucher mit ungeteilten Blättern; Früchte meist Kapseln, selten Steinfrüchte; z.T. Zier- und Kalthauspflanzen.

Olivenbaum: anderer Name der Gattung ↑Ölbaum.

Öllein: Kulturform des ↑Flachses.

Ölmadie: Art der Korbblütlergattung ↑Madie.

Ölpalme (Elaeis): Gattung der Palmen mit acht Arten im tropischen Westafrika und in Südamerika; mit dickem, aufrechtem Stamm, breitfiederförmigen, endständigen Blättern und dicken, am Rand bewehrten Blattstielen. Die wirtschaftlich wichtigste Art ist die **Afrikanische Ö.** (Elaeis guineensis), eine in den Tropen kultivierte, 15–30 m hohe Palme mit säulenförmigem Stamm von 60–80 cm Durchmesser und auffallender Ringelung. Ihre Baumkrone besteht aus 20–25 Blattwedeln mit Längen von 3–7 m. Jeder der ovalen Fruchtstände trägt etwa 800–2000 pflaumengroße Einzelsteinfrüchte mit fleischigem Mesokarp und hartem Samen. Aus dem Mesokarp wird Palmfett, aus den Samen Palmkernfett gewonnen. Die Fasern der Stammbasis und des Blattstiels sowie die Blätter werden zusätzlich vielseitig verwendet.

Ölrettich: Unterart des Gartenrettichs (↑Rettich).

Ölweide (Elaeagnus): Gattung der Ölweidengewächse mit rund 40 Arten in Asien, Südeuropa und Nordamerika; sommer- oder immergrüne Sträucher, selten Bäume, mit einfachen, silbrig, auch rotbraun behaarten Blättern, röhrig-glockigen Blüten, oft dornigen Zweigen und steinfruchtartigen Nußfrüchten. – Ziersträucher sind die **Schmalblättrige Ö.** (Elaeagnus angustifolia) und die **Silber-Ö.** (Elaeagnus communata).

Ölweidengewächse (Elaeagnaceae): Pflanzenfamilie mit über 60 Arten, hauptsächlich in Nordamerika und Eurasien; Sträucher, selten Bäume, mit ganzrandigen Blättern und einzelnen oder in Trauben oder Ähren stehenden Blüten; bekannte Gattung ↑Ölweide.

Omorikafichte (Picea omorika): in Bosnien und Serbien heimische Fichtenart; bis 40 m hoher, schlanker Baum mit schwacher Krone und bis 2 m langen Ästen (zypressenähnliches Aussehen); die flachen, langen, breiten Nadeln oberseits mit weißem Streifen.

Onagraceae: wissenschaftlicher Name der ↑Nachtkerzengewächse.

Ononis: wissenschaftlicher Name der Gattung ↑Hauhechel.

Onopordum: wissenschaftlicher Name der Korbblütlergattung ↑Eselsdistel.

Ontarioapfel: ein Tafel- und Küchenapfel (↑Apfelsorten, Übersicht S. 27).

Ophioglossum: wissenschaftlicher Name der Gattung ↑Natternzunge.

Ophrys: wissenschaftlicher Name der Orchideengattung ↑Ragwurz.

Opuntie (Opuntia) [zum Namen der antiken griechischen Stadt Opoũs (Genitiv: Opoũntos) in Lokris]: Kakteengattung mit rund 200 Arten in Nord- und Südamerika (in andere Erdteile eingeschleppt); baum- oder strauchförmige Pflanzen mit flachgedrückten Sproßabschnitten, kleinen, walzen- bis pfriemenförmigen, bald abfallenden Blättern, filzigen Areolen (mit dünnen, leicht abbrechenden Stacheln) und kurzröhrigen, breit-trichterförmigen, gelben oder roten Blüten. Die Früchte einiger Arten sind eßbar. Eine bekannte Art ist der **Feigenkaktus** (Opuntia ficus-indica) im tropischen Amerika; weltweit verschleppt und verwildert (z. B. im Mittelmeergebiet eingebürgert); mit breit abgeflachten Sprossen und feigenartigen, roten, eßbaren Früchten.

Orangenpflanze (Apfelsinenpflanze, Citrus sinensis): Art der Gattung Citrus (↑Zitruspflanzen) in den Tropen und Subtropen; immergrüne Sträucher oder kleine Bäume mit oft bedornten Zweigen, länglich-eiförmigen, ledrigen Blättern, deren Blattstiele schwach geflügelt sind, und weißen, stark duftenden Blüten. Die kugelige bis eiförmige, hellorangefarbene bis dunkelrote Beerenfrucht **(Orange, Apfelsine, Chinaapfel)** besitzt eine glatte, ablösbare Schale und süßsäuerliches, aromatisches Fruchtfleisch. Orangen werden als Frischobst gegessen und zu Marmeladen und Fruchtsäften verarbeitet. Aus den Fruchtschalen, Blüten und Blättern werden ätherische Öle gewonnen. – Kulturformen sind die **Blutorange** mit rötlichem Fruchtfleisch und die **Navelorange** (Navel, Nabel-O.): mit kleiner, am unteren Pol außen einen kleinen Nabel bildender Nebenfrucht. – Von der O. sind über 100 Varietäten bekannt. Ausgedehnte Kulturen finden sich in den USA, Spanien, Italien und Israel.

Geschichte: Die aus Ostasien stammende Kulturpflanze wurde v. a. von Portugiesen nach Europa gebracht, wo sie zuerst im Kräuterbuch des niederländischen Botanikers M. Lobelius (16. Jahrhundert) genannt und in einem Stilleben des flämischen Malers J. van Streeck (17. Jahrhundert) abgebildet ist.

Orangenrenette (Cox' O.): svw. Cox' Orange (↑Apfelsorten, Übersicht S. 24).

Orchidaceae: wissenschaftlicher Name der ↑Orchideen.

Orchideen [frz., zu griech. órchis = Hoden, (übertragen:) Pflanze mit hodenförmigen Wurzelknollen] (Orchidaceae), eine der größten Pflanzenfamilien mit rund 20 000 Arten in mehr als 600 Gattungen, v. a. in den Tropen und Subtropen der Alten und Neuen Welt; einkeimblättrige, ausdauernde Kräuter von unterschiedlicher Gestalt, in den Tropen meist als Epiphyten, in Mitteleuropa oft als Saprophyten; Blätter länglich, oft fleischig oder ledrig; Blüten einzeln oder in ährigen oder traubigen Blütenständen, oft prächtig gefärbt und kompliziert gebaut, z. T. duftend. – Die Anzucht der O. erfolgt aus den sehr kleinen Samen ohne Nährgewebe (eine einzige Fruchtkapsel enthält mehrere Millionen Samen). Die endospermlosen Embryonen sind meist nur dann entwicklungsfähig, wenn sie von den in der Mutterpflanze lebenden Mykorrhizapilzen durchwuchert werden. – Bekannte Gattungen sind: ↑Cattleya, ↑Dendrobium, ↑Frauenschuh, ↑Kahnorchis, ↑Knabenkraut, ↑Odontoglossum, ↑Ragwurz, ↑Vanda, ↑Vanille und ↑Venusschuh. – Die einheimischen O.arten (Erd-O.) stehen unter Naturschutz.

Geschichte: O. (im Volksmund „Knabenkräuter") galten wegen der hodenförmigen Gestalt ihrer Knollen und der Ähnlichkeit des Duftes einiger Arten mit sexuellen Gerüchen seit alters als Aphrodisiakum. In den 1830er Jahren gab es O. in Privatgärten in Hamburg und Dresden. 1851 wurden im Garten des Grafen von Thun rund 500 tropischen Arten gezüchtet. Die Zahl der bis heute gezüchteten O.arten, Spielarten und Kreuzungen wird auf mehrere tausend geschätzt.

Orchis: Gattung der Orchideen (↑Knabenkraut).

Ordenskissen: anderer Name der Gattung ↑Weißmoos.

Ordensstern: anderer Name der Gattung ↑Stapelia.

Oregonzeder: anderer Name der ↑Douglasie.

Orgelkaktus: Art der Gattung ↑Säulenkaktus.

Origanum: wissenschaftlicher Name der Gattung ↑Dost.

Orleanbaum (Orleanstrauch, An[n]attostrauch, Bixa orellana): einzige Art der O.gewächse; kleiner Baum oder Strauch aus dem tropischen Amerika; mit rosafarbenen Blüten in endständigen Rispen; Frucht eine langbestachelte Kapsel mit zahlreichen Samen, die mit schalenartig zusammenfließenden roten Papillen besetzt sind. – Der O., seines rotgelben Farbstoffs **(Orlean)** wegen über die gesamten Tropen verbreitet, wird in mehreren Formen (auch als Zierstrauch) kultiviert.

Orleanbaumgewächse (An[n]attogewächse, Bixaceae): Pflanzenfamilie mit der einzigen Art ↑Orleanbaum.

Orleanstrauch: gleichbed. mit ↑Orleanbaum.

Ornithogalum: wissenschaftlicher Name der Liliengewächsgattung ↑Milchstern.

Orobanchaceae: wissenschaftlicher Name der ↑Sommerwurzgewächse.

Orobanche: wissenschaftlicher Name der Gattung ↑Sommerwurz.

Osagedorn [engl. 'oʊsɛɪdʒ; nach den Osage (einem Sioux sprechenden Indianerstamm)] (Osageorange, Indianerorange, Maclura pomifera, Maclura aurantiaca): bis 20 m hohes, dorniges Maulbeergewächs im südlichen Nordamerika; mit kugeligen ♀ Blütenständen, aus denen sich faustgroße, orangefarbene, warzig gerunzelte Fruchtstände entwickeln. Der O. ist in mitteleuropäischen Weinbaugebieten als winterharter Zierstrauch oder -baum in Kultur.

Osageorange [engl. 'oʊsɛɪdʒ]: gleichbed. mit ↑Osagedorn.

Oscillatoria: wissenschaftlicher Name der ↑Schwingalgen.

Osmanthus: wissenschaftlicher Name der Ölbaumgewächsgattung ↑Duftblüte.

Osmunda: wissenschaftlicher Name der Gattung ↑Rispenfarn.

Osterglocke: Art der Gattung ↑Narzisse.

Osterluzei [von dem griech. Pflanzennamen aristolochía, vermittelt durch entsprechend mlat. aristolocia, astrolocia (unter fälschlicher Anlehnung an das Wort Ostern)] (Pfeifenblume, Aristolochia): Gattung der Osterluzeigewächse mit rund 500 weltweit in den gemäßigten und warmen Gebieten verbreiteten Arten; mit ganzrandigen, wechselständigen Blättern und meist pfeifenförmigen, grünlichen oder gelblichen Blüten (Kesselfallenblumen); bekannteste Art: **Gemeine O.** (Aristolochia clematitis), eine Mittelmeerpflanze, bei uns aus Arzneigärten verwildert, mit hellgelben, gebüschelten Blüten.

Osterluzeigewächse (Aristolochiaceae): Pflanzenfamilie mit rund 600 hauptsächlich tropischen Arten; Blüten meist pfeifenförmig, grünlich, fahlgelblich oder gescheckt; einzige einheimische Art ist die Brechwurz (Gattung ↑Haselwurz); aus Arzneipflanzenkulturen verwildert kommt in Mitteleuropa noch die Gemeine Osterluzei (↑Osterluzei) vor.

Oxalidaceae: wissenschaftlicher Name der ↑Sauerkleegewächse.

Oxalis: wissenschaftlicher Name der Gattung ↑Sauerklee.

P

Pachypodium [zu griech. pachýs = dick und griech. poús, podós = Fuß]: Gattung der Hundsgiftgewächse mit rund 20 Arten in Südafrika und auf Madagaskar; sukkulente Sträucher mit knollenförmigem Stamm und spiralig angeordneten Blättern. Die endständigen Blüten sind ziemlich groß und gelb, weiß oder rosafarben. Einige säulenförmige Arten **(Madagaskarpalmen)** werden als Freiland- und Topfpflanzen kultiviert.

Pachysandra [zu griech. pachýs = dick und griech. anḗr, andrós = Mann (hier im Sinne von „Staubfäden")]: Gattung der Buchsgewächse mit fünf Arten in Ostasien und im östlichen Nordamerika; in Mitteleuropa z. T. als Bodenbegrüner angepflanzt.

Paeonia [pɛ'o:nia]: wissenschaftlicher Name der Gattung ↑Pfingstrose.

Pahlerbse: anderer Name der ↑Pflückerbse.

Palasabaum (Lackbaum, Butea): Gattung der Schmetterlingsblütler mit sieben Arten in Vorder- und Hinterindien; große Bäume oder hochkletternde Sträucher mit großen, goldgelben oder feuerroten Blüten in Ähren, Trauben oder Rispen. Aus der verletzten Rinde aller Arten, v. a. vom **Echten P.** (Butea monosperma), fließt ein rubinroter Saft aus, der zu dunkelrotem Gummiharz erhärtet und als **Butea-Kino (Palasa-Kino)** in den Handel kommt.

Palerbse: anderer Name der ↑Pflückerbse.

Palisanderbaum (Jacaranda mimosifolia, Jakaranda): ein Bignoniengewächs (Gattung **Jacaranda;** rund 50 Arten in den amerikanischen Tropen); 15–20 m hoher Baum in Brasilien; mit farnähnlichen, gegenständigen Blättern und blauen Blüten (blüht nur in den Tropen); in den Tropen als Zierbaum angepflanzt, sonst dekorative Topfpflanze fürs Warmhaus.

Paliurus: wissenschaftlicher Name der Gattung ↑Stechdorn.

Palma Christi: anderer Name für den ↑Wunderbaum.

Palmen [lat., eigtl. = flache Hand (nach der Ähnlichkeit des Palmenblattes mit einer gespreizten Hand)] (Palmae, Arecaceae): Familie der Einkeimblättrigen Pflanzen mit rund 3 400 Arten in über 230 Gattungen, v. a. in den Tropen und Subtropen (in Europa nur die ↑Zwergpalme und die auf Kreta beschränkte Kretische Dattelpalme, Phoenix theophrastii); holzige Bäume, Sträucher oder Lianen ohne sekundäres Dickenwachstum; Stämme bis über 30 m hoch, selten verzweigt; Blätter gestielt, bei baumförmigen Arten in einem endständigen Schopf stehend, sonst wechselständig, mit meist geteilter, strahliger (bei **Fächer-P.**) oder fiedernerviger (bei **Fieder-P.**) Spreite; Blütenstände meist axillär und durch fleischige Ausbildung kolbenartig; kleine, meist getrenntgeschlechtige Blüten. Die Früchte sind Beeren oder Steinfrüchte mit großen, oft mit der Fruchtinnenwand verwachsenen Samen.

Zu den P. gehören wichtige Nutzpflanzen, u.a. Betelnuß-, Dattel-, Elfenbein-, Hanf-, Kokos-, Öl- und Sagopalme. Als Kübelpflanzen werden die Zwergpalme sowie einige Arten und Sorten der Dattelpalme verwendet.

Geschichte: Die Palme (meist Arten der Dattelpalme) galt seit den alten Kulturen des Mittelmeerraums und des Vorderen Orients als Sinnbild der Schönheit und des Sieges.

Palmfarne (Cycadatae, früher: Cycadales): Klasse der Nacktsamer mit meist säulenartigem Stamm, einem Schopf schraubig angeordneter Fiederblätter und zweihäusigen, meist zapfenartigen Blütenständen. Die seit Beginn des Mesozoikums (vor rund 230 Millionen Jahren) fossil bekannten P. erreichten in der Trias (vor rund 230–200 Millionen Jahren) den Höhepunkt ihrer Entfaltung. Die rund 200 heute noch lebenden Arten (bekannteste Familie ↑Palmfarngewächse) sind in den Tropen und Subtropen weit verbreitet. Wegen ihres urtümlichen Baus zählen sie zu den bekanntesten „lebenden Fossilien" im Pflanzenreich.

Palmfarngewächse (Cycadaceae): Familie der ↑Palmfarne mit der bekannten Gattung **Palmfarn** (Cycas): rund 15 Arten in den Tropen und Subtropen; den Palmen und Baumfarnen ähnelnd; mit einem meist holzigen, unverzweigten Stamm, an dessen Ende die gefiederten, farnartigen Laubblätter (Wedel) ansetzen. Die Blüten der P. sind immer zweihäusig; die ♂ und ♀ Sporophylle bilden Zapfen.

Palmkohl (Italienischer Kohl, Brassica oleracea var. palmifolia): als Zierpflanze für Spätsommer und Herbst kultivierte, vermutlich aus Portugal stammende und bereits im 17. Jahrhundert bekannte Varietät des ↑Gemüsekohls; bis 2 m hohe Pflanze mit bis über 40 cm langen, schmalen, dunkelgrünen, gekräuselten Blättern in endständigem Schopf.

Palmlilie (Yucca): Gattung der Agavengewächse mit 35 Arten im südlichen Nordamerika und in Mittelamerika; ausdauernde, stammlose oder stammbildende Pflanzen mit ledrigen oder derben, schopfig gehäuften Blättern und großen, weißen oder rahmfarbenen Einzelblüten in endständigen, rispigen, seltener in traubigen Blütenständen; z.T. beliebte Zierpflanzen. Einige Arten liefern die Yuccafasern.

Palmtang: Art der Braunalgengattung ↑Laminaria.

Palmweide: anderer Name für die Salweide (↑Weide).

Palmyrapalme (Borassus flabellifer): Palmenart (Gattung ↑Weinpalme) in Südasien; bis 25 m hohe Fächerpalme, deren Holz und Blätter zu Flechtwerk bzw. zur Fasergewinnung (zur Herstellung von Besen, Pinseln, Bürsten und Matten) verwendet werden. Der Stamm liefert Sago. Aus dem Saft der an- oder abgeschnittenen Blütenkolben wird Palmwein gewonnen.

Pampasgras (Silbergras, Cortaderia selloana): zweihäusige Süßgrasart aus Argentinien; 2–3 m hohe Staude mit starken Horsten aus schmalen, bis 3 m langen Blättern; ♀ Pflanzen mit langen, schmalen, seidenglänzenden, silberweißen Blütenrispen; beliebtes Ziergras.

Pampelmusenbaum [frz. pamplemousse = Pampelmuse, über niederl. pompelmoes aus tamil. bambolmas] (Citrus maxima): Art der Zitruspflanzen, deren Hauptanbaugebiete in Südostasien, z.T. auch im Mittelmeergebiet (v.a. Israel) liegen; 5–10 m hoher Baum mit großen, länglich-eiförmigen Blättern, deren Blattstiele breit geflügelt sind; die Vitamin-C-reichen, süß-säuerlich und leicht bitter schmeckenden, gelben bis orangefarbenen Früchte **(Pampelmusen, Riesenorangen, Pomelos)** sind bis 25 cm groß, 3-6 kg schwer und kugelig bis birnenförmig; die Fruchtschale ist bis über 2 cm dick. Pampelmusen sind heute nur noch von lokaler Bedeutung; die kleineren, nur etwa ½ kg schweren, dünnschaligeren Grapefruits haben sie weltweit verdrängt.

Panamapalme: Art der Gattung ↑Kolbenpalme.

Pandorina: Gattung der Grünalgen mit der einzigen Art **P. morum** im Süßwasser; zweigeißelig, mit Chloroplasten; bildet kugelförmige Kolonien, meist aus 8 oder 16 Zellen.

Panicum: wissenschaftlicher Name der Süßgrasgattung ↑Hirse.

Pantherpilz (Pantherwulstling, Amanita pantherina): in ganz Mitteleuropa verbreiteter, sehr giftiger Wulstling mit 6-10 cm großem, weißschuppigem, hellgrau- bis dunkelbraunem, mehr oder weniger gewölbtem Hut, dessen Rand gerieft ist; Lamellen, Fleisch und Stiel weiß; Manschette (im Gegensatz zum ↑Perlpilz) schmal und glatt; Knolle gegen den Stiel mit Wulstkante abgesetzt. Die giftigen Wirkstoffe werden durch Kochen nicht unwirksam. - Abb. S. 313.

Pantherwulstling: anderer Name für den ↑Pantherpilz.

Pantoffelblume (Calceolaria): Gattung der Rachenblütler mit rund 500 Arten, v.a. in Südamerika; Kräuter, Halbsträucher oder Sträucher mit zweilippigen, oft pantoffelähnlichen, sehr unterschiedlich gefärbten Blüten; zahlreiche Arten und besonders die Hybriden mit gelben, orangefarbenen, rotvioletten oder getigerten Blüten werden als Zierpflanzen kultiviert.

Päonie: anderer Name der Gattung ↑Pfingstrose.

Papageienblatt (Alternanthera): Gattung der Fuchsschwanzgewächse mit mehr als 150 Arten, hauptsächlich im tropischen und subtropischen Amerika; Kräuter oder Halbsträucher mit gegenständigen, länglichen Blättern und sehr kleinen, meist achselständigen Blüten. Viele Arten werden wegen ihrer buntgescheckten Blüten als Zier- und Einfassungspflanzen kultiviert.

Papaver: wissenschaftlicher Name der Gattung ↑Mohn.

Papaveraceae: wissenschaftlicher Name der ↑Mohngewächse.

Papayabaum: anderer Name des ↑Melonenbaums.

Papayagewächse: anderer Name der ↑Melonenbaumgewächse.

Papierbirke: Art der Gattung ↑Birke.

Papierblume (Spreublume, Xeranthemum): Gattung der Korbblütler mit sechs Arten im Mittelmeergebiet und in Vorderasien; einjährige Kräuter; die langgestielten Blütenköpfchen mit mehrreihigen, (papierartig) trockenhäutigen, rosafarbenen, roten, lilafarbenen oder weißen Hüllblättern, die oft vermehrt auftreten, so daß die Blüten „gefüllt“ erscheinen; z. T. beliebte Sommer- und Trockenblumen.

Papierknöpfchen (Ammobium): Gattung der Korbblütler mit nur zwei Arten in Australien; als einjährige Zierpflanze und beliebte Trockenblume das **Echte P.** (Sandimmortelle, Ammobium alatum), eine etwa 50 cm hohe Staude mit verzweigtem, geflügeltem, weißfilzigem Stengel und großen Blütenköpfchen; die Hüllblätter des Köpfchens sind kronblattartig, perlmuttweiß und länger als die gelben, später schwärzlichen Röhrenblüten.

Papiermaulbeerbaum (Broussonetia papyrifera): Maulbeergewächs in China und Japan; bis 10 m hoher Strauch mit kugeligen ♀ Blütenständen, zylindrischen ♂ Blütenständen (hängende Kätzchen) und orangefarbenen Fruchtständen. Der Bast der Zweige dient zur Herstellung bestimmter Stoffe (v. a. für Kleidung) und von dünnem Papier **(Kozo),** das hauptsächlich zum Reinigen optischer Linsen verwendet wird.

Papierstaude: Art der Gattung ↑Zypergras.

Papilionaceae: wissenschaftlicher Name der ↑Schmetterlingsblütler.

Pappel [altes Lehnwort (ahd. popelbaum) aus gleichbed. lat. populus] (Populus): Gattung der Weidengewächse mit rund 40, oft schwer zu unterscheidenden, formenreichen Arten in Europa, Asien, Nordafrika und Nordamerika; sommergrüne, relativ raschwüchsige, meist sehr hohe Bäume; die wechselständigen, meist eiförmigen bis lanzettlichen Blättern mit langem, oft seitlich zusammengedrücktem Stiel; die zweihäusigen Blüten in hängenden Kätzchen, die vor der Belaubung erscheinen und windbestäubt werden. Die Früchte sind aufspringende Kapseln mit zahlreichen kleinen, mit Haarschopf versehenen, windverbreiteten Samen.

Von forstwirtschaftlicher Bedeutung sind mehrere Arten bzw. Bastarde, in erster Linie die besonders raschwüchsigen Formen der **Kanadischen P.** (Bastarde nordamerikanischer P.arten, v. a. Populus canadensis, mit der Schwarz-P.). Angepflanzt werden außerdem die einheimischen Arten ↑Silberpappel, Zitterpappel (↑Espe) und ↑Schwarzpappel (mit der Pyramiden-P. als Varietät). Die **Grau-P.** (Populus canescens; mit schwach graufilzigen Blattunterseiten und ziemlich glatter Borke) der Auwälder ist ein Bastard aus Silber- und Zitterpappel.

Paprika [ungar., zu serb. papar = Pfeffer] (Capsicum): Gattung der Nachtschattengewächse mit rund 30 Arten in Mittel- und Südamerika; formenreiche Kräuter, Halbsträucher oder Sträucher mit kleinen Blüten und leuchtend gefärbten, meist scharf schmeckenden, vielsamigen Beerenfrüchten (nicht korrekt auch **P.schoten** genannt). Die heute weltweit v. a. in Nordamerika, Südost- und Südeuropa als Gewürz- und Gemüsepflanzen kultivierten, krautigen, bis 60 cm hohen Sorten mit langgestielten, breitlanzettlichen Blättern stammen vermutlich alle von der im tropischen Amerika heimischen (seit Ende des 16. Jahrhunderts von Spanien her in Ungarn eingeführten), einjährigen Art **Capsicum annuum** ab; je nach Sorte sind die Früchte klein (5–12 cm lang; **Peperoni**), spindelförmig oder mehr kugelig, weißlich, gelblich, rot, violett oder schwarz, dünnschalig und von relativ scharfem Geschmack (Gehalt an Capsaicin: 0,3–0,5 %; v. a. in den Plazenten, Samen und Scheidewänden), so daß sie reif und getrocknet als Gewürz **(Gewürz-P., spanischer** oder **indischer Pfeffer)** verwendet werden, oder sie sind groß, fleischig, schnabel- bis walzenförmig oder kugelig-aufgeblasen, am Ende sich verjüngend, (vor der Vollreife) grün, gelb oder rot, relativ mild schmekkend und dienen dann für Salate oder als Gemüse **(Gemüse-P.).** – Einige Sorten werden ihrer bunten (aufrechtstehenden) Früchte wegen auch als Zierpflanzen kultiviert. – Eine andere P.art, die in Süd- und Mittelamerika heimische, nur in den

Tropen kultivierte, mehrjährige Art **Capsicum frutescens,** ein kleiner, bis 2 m hoher Strauch mit 1,5–3 cm langen, leuchtend rot glänzenden, spitzkegeligen, brennend scharf schmekkenden Früchten (Gehalt an Capsaicin: 0,6–0,9 %) liefert als Gewürz den **Cayennepfeffer.**

Papyrusstaude: Art der Gattung ↑ Zypergras.

Paradeiser: österreichische Bez. für Paradiesapfel (= Tomate).

Paradiesapfel:

◊ seltene Bez. für ↑ Tomate.

◊ seltene Bez. für Granatapfel (↑ Granatapfelbaum).

Paradiesapfelbaum: Varietät des Süßapfelbaums (↑ Apfelbaum).

Paradieslilie: anderer Name der Gattung ↑ Trichterlilie.

Paradiesvogelblume: Art der Gattung ↑ Strelitzie.

Paradisea: wissenschaftlicher Name der Gattung ↑ Trichterlilie.

Parakautschukbaum [nach der brasilianischen Stadt Pará] (Federharzbaum, Hevea brasiliensis): wichtigste Art der Wolfsmilchgewächsgattung **Hevea** (rund zehn südamerikanische Arten); wirtschaftlich weitaus bedeutendster ↑ Kautschukbaum (über 95 % der Welternte an Naturkautschuk); heimisch im Amazonasgebiet, in vielen Tropenländern in Kultur; 15–30 m, maximal auch bis 50 m hoch; mit langgestielten, dreizähligen Blättern (mit jährlichem Blattfall) und weißlicher, glatter Borke; der Milchsaft **(Latex)** aus den Milchröhren der Rinde enthält etwa 20–36 % dispergierten Kautschuk.

Geschichte: Die ersten Samen des P.s gelangten 1876 durch den englischen Botaniker Sir Henry Wickham nach Kew Gardens (England), obwohl Brasilien zur Monopolerhaltung die Ausfuhr mit der Todesstrafe bedrohte. Von England aus gelangten dann die ersten Pflanzen in die britischen Kolonien in Südostasien und begründeten die dortigen ertragreichen Kulturen.

Paranußbaum (Bertholletia excelsa): zu den Topffruchtbaumgewächsen (**Lecythidaceae;** 24 Gattungen mit rund 450 tropischen Arten) zählende einzige Art der Gattung **Bertholletia;** über 30 m hohe Bäume im nördlichen tropischen Südamerika, v. a. in den Regenwäldern des Amazonasgebiets; noch kaum in Kultur. In den etwa apfelgroßen, harten, holzigen [Deckel]kapselfrüchten liegen 10–16 dreikantige, leicht gekrümmte Samen **(Paranüsse, Brasilnüsse)** mit runzeliger, dicker, holziger, sehr harter Samenschale; sie enthalten im Speicherhypokotyl des Embryos etwa 66 % fettes Öl und 14 % Eiweiß und kommen als wohlschmeckendes Schalenobst in den Handel oder liefern (den Eingeborenen) Speiseöl, die Fruchtschalen ergeben Schüsseln, Töpfe u. a.

Parasolpilz [frz. parasol = Sonnenschirm] (Großer Schirmling, Riesenschirmling, Lepiota procera): bis 25 cm hoher Schirmling in Europa und Nordamerika; Stiel faserig, hohl, mit doppeltem Ring und knollenförmigem Fuß; Hut 10–20 cm im Durchmesser, anfangs dunkelbraun, später hellgrau, mit groben, braunen, konzentrisch angeordneten Schuppen und deutlichem Buckel über dem Stielansatz; Lamellen breit, weiß; jung sehr guter Speisespilz (roh von nußartigem, mildem Geschmack); findet sich von Mitte Juli bis Mitte September in lichten Wäldern und auf schattigen Wiesen. – Abb. S. 317.

Paris: wissenschaftlicher Name der Gattung ↑ Einbeere.

Parnassia: wissenschaftlicher Name der Gattung ↑ Herzblatt.

Parthenocissus: wissenschaftlicher Name der Gattung ↑Jungfernrebe.

Pasaniapilz: anderer Name der Art ↑Schiitakepilz.

Passiflora: wissenschaftlicher Name der Gattung ↑Passionsblume.

Passionsblume (Passiflora): Gattung der **Passionsblumengewächse** (Passifloraceae; rund 600 Arten in 12 Gattungen; v.a. in den Tropen und Subtropen Amerikas und Afrikas) mit über 400 Arten, fast alle im tropischen, wenige im subtropischen Amerika, einige im tropischen Asien, in Australien und Polynesien; kletternde Sträucher mit Sproßranken, die einfache oder gelappte bis gefingerte Blätter tragen. Die bunten, meist fünfzähligen Blüten haben auffallend ausgebildete Blütenteile: Die Blütenachse ist meist fleischig und napf-, glocken- oder röhrenförmig; die fünf Kelchblätter sind auf der Innenseite oft kronblattartig gefärbt; die fünf Kronblätter sind meist den Kelchblättern ähnlich; zwischen den Kron- und den Staubblättern ist eine reich entwickelte, strahlenkranzartige Nebenkrone ausgebildet; der breite Blütengrund bildet einen einheitlichen Nektarraum; die fünf Staubblätter und die drei abgespreizt stehenden Griffel (mit kopfiger Narbe) sitzen fast stets auf einer stielartigen Verlängerung (Androgynophor) der Blütenachse. Die Ähnlichkeit der Blütenteile mit den Leidenswerkzeugen Christi gaben den Pflanzen den Namen (z.B. Nebenkrone = Dornenkrone; Griffel, auch Staubblätter = Kreuzesnägel; Fruchtknoten = Kelch des Herrn).
Verschiedene Arten der P. sind auf Grund ihrer Blüte beliebte Zierpflanzen, andere Arten (v.a. die auch im Mittelmeergebiet angebaute **Purpurgranadilla,** Passiflora edulis) werden wegen ihrer wohlschmeckenden, den Granatäpfeln ähnelnden Früchte **(Passionsfrüchte, Grenadillen, Grenadilla, Granadilla)** angebaut. Diese Früchte sind ovale, 5–25 cm große, gelbgrüne bis rote oder blauschwarze Beerenfrüchte, deren genießbarer Teil die geleeartig verschleimenden, saftreichen, schwach säuerlich-süßen, wohlschmeckenden Samenmäntel der die Zentralhöhle der Früchte ausfüllenden Samen darstellen. Die Früchte werden ausgelöffelt, oder es wird aus ihnen Saft (**Maracuja**; v.a. von einer gleichnamigen, speziell in Südamerika angebauten Kultursorte der Purpurgranadilla), auch Likör bereitet. – Abb. S. 74.

Pasternak: Art der Gattung ↑Pastinak.

Pastinak (Pastinaca) [lat.]: Gattung der Doldengewächse mit 14 Arten in Europa und Westasien. In Deutschland kommt nur der formenreiche **Gemeine P.** (Pastinake, Pasternak, Hammelmöhre, Pastinaca sativa) vor: auf Wiesen, an Trockenhängen und Feldrainen; teilweise auch kultiviert; zweijährige, 30–100 cm hohe Pflanze mit dünner, harter (Wildsippe) bzw. dicker, zarter, fleischiger, bis 40 cm langer, bis 1 500 g schwerer, nach Möhren duftender Wurzel (für [Suppen]gemüse und Salate), kantigem, gefurchtem Stengel und meist einfach gefiederten Blättern; die Dolden sind 5- bis 20strahlig, mit goldgelben Einzelblüten.

Pastorenbirne: eine Tafel- und Wirtschaftsbirne (↑Birnensorten, Übersicht S. 49).

Paternostererbse (Abrus): Gattung der Schmetterlingsblütler mit vier Arten in den Tropen; Sträucher oder Halbsträucher mit kleinen, roten oder rosafarbenen Blüten in traubigen Blütenständen; u.a. die Art

Abrus precatorius, mit korallenroten, durch das Toxin **Abrin** (ruft eine schwere Gastroenteritis mit Erbrechen, Durchfall und Krämpfen hervor) sehr giftigen Samen, die zu Schmuck und zu Rosenkränzen verarbeitet werden.

Patschulipflanze [tamilisch; dt.] (Pogostemon patchouli): Lippenblütler im wärmeren Asien; bis 1 m hoher Halbstrauch mit 7–10 cm langen Blättern und weißen, violett überzogenen Blüten. Die P. wird zur Gewinnung des durchdringend duftenden **Patschuliöls** angebaut, das für ein in Indien und anderen asiatischen Ländern beliebtes Parfüm verwendet wird.

Paulownie (Paulownia) [nach der russischen Prinzessin Anna Pawlowna, * 1795, † 1865]: Gattung der Bignoniengewächse (auch zu den Rachenblütlern gezählt) mit zehn Arten in China und Japan; sommergrüne, hohe Bäume mit großen, gegenständigen, behaarten, langgestielten Blättern und in endständigen Rispen angeordneten, röhrigen Blüten. In wärmeren Gebieten Europas wird die Art **Blauglockenbaum** (Paulownia tomentosa) kultiviert: mit herz- bis eiförmigen, zugespitzten Blättern und blaßvioletten bis kräftig purpurblauen Blüten an 20–30 cm langen Rispen; Früchte unreif stark klebrig, eiförmig, an der Spitze schnabelförmig ausgezogen.

Pavie ['pa:vi-ə]: Art der Gattung ↑ Roßkastanie.

Paxillus: wissenschaftlicher Name der Pilzgattung ↑ Kremplinge.

Pechnelke (Viscaria): Gattung der Nelkengewächse mit fünf Arten im Mittelmeergebiet, in der gemäßigten Zone Europas und in Asien; meist rasenbildende, ausdauernde Kräuter mit schmalen Blättern und roten oder weißen Blüten. Die einzige Art in Deutschland ist die **Gemeine P.** (Viscaria vulgaris), auf Magerrasen und Heiden, 15–60 cm hoch; unterhalb der Stengelknoten klebrig; Blüten rot, in lockeren Rispen.

Pedaliaceae: wissenschaftlicher Name der Sesamgewächse (↑ Sesam).

Pedicularis: wissenschaftlicher Name der Gattung ↑ Läusekraut.

Peireskia: Gattung der Kaktusgewächse (↑ Pereskie).

Peitschenkaktus: anderer Name für den ↑ Schlangenkaktus.

Peitschenmoos (Bazzania): Gattung der Lebermoose mit nur wenigen Arten auf feuchten, kalkfreien Böden und auf morschem Holz; lokkere Polster bildende Moose mit niederliegendem, zweiteiligem, beblättertem Thallus, unterseits langen, peitschenartigen Rhizoiden und mit schwarzbrauner Sporenkapsel. Die in Mitteleuropa häufigste Art ist das **Dreilappige P.** (Bazzania trilobata), v. a. in Fichtenwäldern.

Pekannußbaum: Art der Gattung ↑ Hickorybaum.

Pekingkohl: anderer Name des ↑ Chinakohls.

Pelargonie [zu griech. pelargós = Storch (nach der einem Storchenschnabel ähnlichen Frucht)] (Geranie, Pelargonium): Gattung der Storchschnabelgewächse mit rund 250 Arten v. a. in Südafrika; strauchige, halbstrauchige oder auch sukkulente Pflanzen, deren meist unregelmäßige (zygomorphe) Blüten am oberen Kelchblatt einen sehr eng mit dem Blütenstiel verwachsenen Sporn haben. Für den gärtnerischen Anbau wichtig sind u. a.: **Edel-P.n** (Englische P.n, Pelargonium-grandiflorum-Hybriden): meist eintriebig, mit holzigem Stengel; Blätter groß, nierenförmig und am Rand gezähnt; Blattstiele oft lang behaart; Blüten in dichten Dolden oder zu wenigen (oft über 5 cm im Durchmesser) in vielen Farben, mit dunkleren Flecken auf den Kronblättern; Zimmerpflanzen; **Efeu-P.n** (Hängegeranien, Pelargonium-peltatum-Hybriden): niedrige Sträucher mit schwachen, hängenden oder stark niederliegenden Zweigen; Blätter beim Zerreiben duftend, glänzend, schildförmig, stumpf fünflappig, z. T. mit brauner Zone; Blüten duftend, in verschiedenen Farben, z. T. gefüllt; Beet- und Balkonpflanzen; **Zonal-P.n** (Gürtel-P.n, Scharlach-P.n): mit fleischigen Stengeln; Blätter rundlich bis nierenförmig, flaumig behaart, mit einer halbrunden, braunen Zone; Blüten zu vielen in meist kugeligen Dolden, fast stets einfarbig rot, rosa, violett oder weiß, auch gefüllt. – Verschiedene fieder-, auch krausblättrige, einfacher blühende Arten haben (z. B. nach Rosen, Zitronen) duftende Blätter.

Geschichte: Um 1690 gelangten südafrikanische Pelargoniumarten erstmals nach Europa. Von diesen stammen die heute als Zierpflanzen verbreiteten Arten ab. In Frankreich und England wurden sie zu ihrer heutigen Schönheit und Vielfalt weitergezüchtet. Im 19. Jahrhundert wurden einige Arten in Frankreich und Spanien zur Gewinnung von Pelargoniumöl angebaut.

Peluschke: Kulturform der ↑ Saaterbse.

Penicillium: wissenschaftlicher Name der Gattung ↑ Pinselschimmel.

Pennisetum: wissenschaftlicher Name der Gattung ↑ Federborstengras.

Pensée [pã'se:]: anderer Name für das Gartenstiefmütterchen (↑ Stiefmütterchen).

Peperoni [italien.; zu lat. piper = Pfeffer]: kleine Früchte des ↑ Paprikas.

Pepulbaum: anderer Name für den ↑ Bodhibaum.

Perennierender Spinat: svw. Gartenampfer (↑ Ampfer).

Pereskie (Laubkaktus, Pereskia, Peireskia) [nach dem frz. Gelehrten N. C. F. de Peiresc, * 1580, † 1637]: Gattung der Kaktusgewächse mit rund 20 Arten im tropischen Amerika und in Westindien; strauchartige, auch rankende, verholzende und stark verzweigte Pflanzen mit wohlentwickelten Laubblättern, langen, kräftigen Dornen auf den zu wollfilzigen Areolen umgebildeten Achselknospen und einzelnstehenden oder in Rispen angeordneten Blüten. Die Früchte **(Barbadosstachelbeeren)** der Art **Pereskia aculeata** sind eßbar.

Peridiniales: Ordnung der ↑ Dinoflagellaten.

Perigord-Trüffel [frz. peri'gɔ:r]: ein Speisepilz (↑ Trüffel).

Perlgras (Melica): Gattung der Süßgräser mit über 30 Arten in der gemäßigten Zone der Nord- und Südhalbkugel; mittelgroße, ausdauernde Gräser mit oft einseitswendigen Rispen mit hängenden Ährchen. In Deutschland kommen fünf Arten vor, davon verbreitet in Wäldern das **Nickende P.** (Melica nutans) mit nickenden, zweiblütigen und das **Einblütige P.** (Melica uniflora) mit aufrechten, einblütigen Ährchen.

Perlhirse: anderer Name der ↑ Negerhirse.

Perlkörbchen (Perlpfötchen, Anaphalis): Gattung der Korbblütler mit rund 30 Arten in der nördlichen gemäßigten Zone, v. a. in Ostasien; aufrechte, grau- bis weißfilzig oder -wollig behaarte Kräuter mit sitzenden oder am Stengel herablaufenden Blättern und unscheinbaren Blüten in kleinen Köpfchen, die von meist schneeweißen, strahlig abstehenden Hüllblättern umgeben sind. Einige

Arten werden in Stein- und Heidegärten angepflanzt, z. B. die **Silberimmortelle** (Anaphalis margaritacea): bis 1 m hoch; Blätter schmal, unterseits weißwollig, oberseits glänzend grün; Blütenköpfchen gelb, mit silberweißen Hüllblättern.

Perlmais: anderer Name für den Puffmais (↑ Mais).

Perlpfötchen: anderer Name der Gattung ↑ Perlkörbchen.

Perlpilz (Fleischchampignon, Perlwulstling, Amanita rubescens): relativ häufig vorkommender Wulstling mit 8–15 cm hohem Fruchtkörper; Hut 6–15 cm breit, meist rotbraun bis fleischfarben, mit hell- bis rötlichgrauen, abwischbaren Schuppen; Stiel mit großer, gestreifter, nach unten hängender Manschette (Armilla) und wulstigem Fuß sowie bei Verletzung langsam rötlich anlaufendem Fleisch (im Gegensatz zum ↑ Pantherpilz und zu anderen giftigen Wulstlingen!); riecht nach rohen Kartoffeln; gekocht (niemals roh!) guter Speisepilz.

Perlwulstling: anderer Name des ↑ Perlpilzes.

Perlzwiebel (Schlangen[knob]lauch, Rocambole, Allium sativum var. ophioscordon): durch Kultur weltweit verbreitete Varietät des Knoblauchs. – Die von der Hauptzwiebel gebildeten kleinen Nebenzwiebeln werden ebenso wie die erbsengroßen Brutzwiebeln des Blütenstandes in Essig eingelegt und vielseitig verwendet, u. a. auch für Mixed Pickles.

Peronospora: Gattung der Falschen ↑ Mehltaupilze mit der bekannten Art ↑ Blauschimmel.

Peronosporales: wissenschaftlicher Name der Falschen ↑ Mehltaupilze.

Persimone [indian.-engl.] (Virginische Dattelpflaume, Diospyros virginiana): im östlichen Nordamerika beheimatete und auch gelegentlich kultivierte Art der Gattung Diospyros (↑ Dattelpflaume); bis 20 m hoher Baum mit meist elliptischen, bis 12 cm langen, glänzenden, oberseits tiefgrünen Blättern. Die orangefarbenen, eßbaren Früchte **(Persimonen)** sind 2,5–3 cm breit, bei Kultursorten auch größer. – Das graue bis gelblichbraune, harte, zähe Holz wird als **Persimmonholz (Dattelpflaumenholz)** in der Drechslerei u. a. für Golfschläger und Weberschiffchen, verwendet.

Perückenstrauch (Cotinus): Gattung der Anakardiengewächse mit nur zwei Arten. In Südeuropa bis Mittelasien wird die Art **Cotinus coggygria** (mit einigen Gartenformen) als Zierstrauch angebaut. Die sommergrünen, bis 4 m hohen Sträucher haben im Herbst orangefarbene Blätter und perückenartige Fruchtstände mit langen, durch abstehende grüne oder rote Haare besonders dekorativ wirkenden Fruchtstielen.

Pestwurz (Petasites): Gattung der Korbblütler mit rund 20 Arten im gemäßigten und subarktischen Bereich der Nordhalbkugel, v. a. in Nordasien; Stauden mit grundständigen, meist nach der Blüte erscheinenden, großen (bis über 1 m), oft herz- oder nierenförmigen, unterseits filzig behaarten Blättern und traubigen oder rispig angeordneten Blütenköpfchen an aufrechtem Schaft. Die Einzelköpfchen haben meist nur purpur-, rosafarbene oder gelblichweiße Röhrenblüten. – Die in Mitteleuropa im Mittelalter als hustenlindernde, schweiß- und harntreibende Heilpflanze angebaute, an Bachufern und feuchten Waldrändern auffindbare **Gemeine P.** (Echte P., Rote P., Petasites hybridus) hat rötliche Blütenköpfchen.

Petasites: wissenschaftlicher Name der Gattung ↑Pestwurz.

Petersilie [altes Lehnwort (ahd. petersilie, petrasile) aus mlat. petrosilium, von griech. petrosélinon = Felsen-, Steineppich] (Garten-P., Petroselinum crispum): durch Kultur weit verbreiteter, zwei- bis mehrjähriger Doldenblütler mit rübenförmiger, schlanker Wurzel und dunkelgrünen, glänzenden, zwei- bis dreifach gefiederten Blättern. Die P. bildet im zweiten Anbaujahr einen bis 120 cm hohen, verzweigten Stengel mit zusammengesetzten, vielstrahligen Dolden, gelbgrünen bis rötlichen Blütenblättern (nicht zu verwechseln mit der giftigen ↑Hundspetersilie) und zweiteiligen, etwas zusammengedrückten, graubraunen Früchten. – Die P. wird wegen ihres Gehaltes an ätherischem Öl (v.a. in der Wurzel und in den Früchten) und wegen ihres hohen Vitamin-C-Gehaltes als Heil- und Gewürzpflanze verwendet. Man unterscheidet die glattblättrige **Blatt-P.** (Schnitt-P., Kraut-P.), die besonders häufig angebaute **Krausblättrige P.** (Krause, Mooskrause) und die **Wurzel-P.** (Petersielienwurzel; die fleischige Wurzelrübe wird als Gemüse gegessen).

Geschichte: P. war bereits Griechen und Römern als Heil- und Kultpflanze bekannt. Seit dem Neolithikum (vor rund 6000 Jahren) ist sie in Mitteleuropa nachweisbar. In der Renaissancezeit wird sie als Bestandteil von Parfüms erwähnt; außerdem pflegte man aus ihr ein aromatisches Wasser zu destillieren.

Petroselinum: wissenschaftlicher Gattungsname der ↑Petersilie.

Petunie (Petunia) [indian.-frz.]: Gattung der Nachtschattengewächse mit rund 25 Arten in Südbrasilien und Argentinien; meist klebrigweichbehaarte Kräuter mit trichter- oder tellerförmigen, großen Blüten. Die durch vielseitige Züchtung geschaffenen **Garten-P.n,** mit violetten, roten, rosafarbenen und weißen, auch gestreiften oder gefleckten Blüten, gehören zu den beliebtesten Beet- und Balkonpflanzen.

Peucedanum: wissenschaftlicher Name der Gattung ↑Haarstrang.

Pezizaceae: wissenschaftlicher Name der ↑Becherpilze.

Pfaffenbaum: anderer Name für die Gattung ↑Spindelstrauch.

Pfaffenhütchen: Art der Gattung ↑Spindelstrauch.

Pfahlrohr (Arundo): Gattung der Süßgräser mit sechs Arten im tropischen und subtropischen Asien und im Mittelmeergebiet; ausdauernde, hohe Stauden mit flachen, meist ziemlich breiten Blättern; Ährchen zwei- bis vielblütig, in dichten, oft langen Rispen. Als 3–4 m hohes Ziergras für warme und feuchte Standorte wird v.a. die aus Südeuropa stammende Art **Riesenrohr** (Arundo donax) angepflanzt.

Pfauenblume: Art der Gattung ↑Tigerblume.

Pfeffer [altes Lehnwort (ahd. pfeffar) aus lat. piper, von griech. péperi, das (durch pers. Vermittlung) auf sanskr. pippalī = Beere, Pfefferkorn zurückgeht] (Piper): Gattung der Pf.gewächse mit rund 700 Arten in den Tropen; verholzende Kletterpflanzen oder Sträucher mit wechselständigen, elliptischen bis herzförmigen Blättern, unscheinbaren Blüten und kleinen Steinfrüchten; zahlreiche, auch buntblättrige Zierpflanzen sowie viele Gewürzpflanzen, u.a. der auf Polynesien und Neuguinea heimische, auf den Pazifischen Inseln angebaute **Kawa-Pf.** (Rausch-Pf., Piper methysticum); die Rhizome, auch Stengel und Blätter werden zu **Kawa,** einem bitterlichsäuerlich schmeckenden, leicht berauschenden Getränk, vergoren. Wirtschaftlich bedeutend ist der ↑Pfefferstrauch.

Pfefferbaum: svw. Mastixstrauch (↑Pfefferstrauch).

Pfeffergewächse (Piperaceae): Pflanzenfamilie mit rund 1 400 Arten in 10–12 Gattungen in den Wäldern der Tropen, v. a. im tropischen Amerika und in Südostasien; aufrechte oder schlingende Kräuter oder Sträucher mit meist wechselständigen, oft dickfleischigen Blättern und sehr kleinen, meist in dichten Ähren stehenden Blüten; der scharfe Geschmack der Früchte und Samen kommt durch den Gehalt an Piperin in den Ölzellen zustande; viele Zier- und Nutzpflanzen, v. a. aus den Gattungen ↑Pfeffer und ↑Pfefferkraut.

Pfefferkraut:

◊ anderer Name für den ↑Gemeinen Beifuß.

◊ (Zwergpfeffer, Peperomia) Gattung der Pfeffergewächse mit rund 600 Arten, hauptsächlich in den Tropenwäldern Amerikas; z. T. Epiphyten; Stauden mit meist fleischig verdickten Blättern und zwittrigen Blüten. Einige Arten sind wegen ihrer Panaschierung beliebte Zimmerpflanzen.

Pfefferminze: aus einer Kreuzung hervorgegangener Bastard der Gattung ↑Minze.

Pfefferstrauch:

◊ (Echter Pfeffer, Piper nigrum) wirtschaftlich wichtigste, wahrscheinlich an der Malabarküste beheimatete Art der Gattung ↑Pfeffer; ausdauernde, an Stangen und Spalieren gezogene Kletterpflanze mit wechselständigen, häutig-ledrigen, oberseits dunkelgrünen Blättern. Die Früchte sitzen zu 20 bis 30 Stück an den nach unten hängenden Ähren und sind fast runde, einsamige, zunächst grüne, reif dann gelbe bis rote Steinfrüchte. Der Pf. liefert das wichtigste Welthandelsgewürz, den **schwarzen Pfeffer**, der aus den ganzen, unreif (grün) geernteten, ungeschälten, getrockneten Früchten besteht. Der **weiße Pfeffer** dagegen wird aus den reifen, durch Fermentation von der äußeren Schale befreiten Früchten gewonnen. Beide Sorten kommen ganz oder gemahlen in den Handel. Außerdem wird in Salzlake oder Essig konservierter **grüner Pfeffer** angeboten, der sehr mild schmeckt. Der brennende Geschmack des Pfeffers wird durch das Alkaloid Piperin bewirkt, der aromatische Geruch durch ein ätherisches Öl.

Geschichte: Pfeffer kam in der Antike durch Karawanen in den Mittelmeerraum, wo er von Griechen und Römern als Gewürz geschätzt wurde. Im Mittelalter war Pfeffer ein wichtiger Handelsartikel, der auch bei Tribut- und Steuerzahlungen Verwendung fand und den Reichtum der Städte Genua, Venedig und vieler – besonders auch arabischer – Kaufleute begründete („Pfeffersäkke"). Hauptsächlich wegen des Pfeffers suchte man den Seeweg nach Indien. Bis ins 18. Jahrhundert hatten die Portugiesen das Monopol des Pfefferhandels. – Abb. S. 77

◊ (Pfefferbaum, Mastixstrauch, Schinus) Gattung der Anakardiengewächse mit rund 30 Arten, verbreitet von Mexiko bis Chile; Sträucher oder kleine Bäume mit meist unpaarig gefiederten Blättern und kleinen, in Rispen oder Scheintrauben angeordneten, zweihäusigen Blüten. Die bekannteste Art ist der immergrüne **Peruanische Pf.** (Schinus molle), mit 12–20 cm langen, pfefferartig duftenden Blättern und gelblichweißen Blüten in bis 5 cm langen Rispen. – Abb. S. 77.

Pfeifenblume: anderer Name der Gattung ↑Osterluzei.

Pfeifengras (Molinia): Gattung der Süßgräser mit fünf Arten und zahlreichen Varietäten auf der Nordhalbkugel. In Deutschland kommt das **Blaue Pf.** (Molinia coerulea) auf meist nährstoffarmen, sauren Böden vor: 15–90 cm hohe Staude mit nur 3–6 mm breiten, weichen, blaugrünen Blättern und an der Halmbasis zusammengedrängten Knoten. Die Ährchen stehen in einer schieferblauen Rispe.

Pfeifenstrauch (Philadelphus): Gattung der Steinbrechgewächse mit rund 70 Arten, verbreitet von Südeuropa bis zum Kaukasus, in Ostasien und v. a. in Nordamerika; strauchige, überwiegend sommergrüne Arten, deren Gartenformen und Hybriden als Ziersträucher verwendet werden. Bekannt ist der bis 3 m hohe **Blasse Pf.** (Falscher Jasmin, Philadelphus coronarius) aus Südeuropa: mit bis zu 3 cm großen, stark duftenden Blüten in traubigen Blütenständen.

Pfeilkraut (Sagittaria): Gattung der Froschlöffelgewächse mit rund 30 Arten v. a. im tropischen und gemäßigten Amerika; meist Sumpf- und Wasserpflanzen. In Deutschland ist das **Gewöhnliche Pf.** (Sagittaria sagittifolia) in stehendem, seichtem Wasser verbreitet: mit pfeilförmigen, grundständigen Blättern, in tiefem Wasser auch mit bis 2,50 m langen Unterwasserblättern; die weißen, am Grund braunroten Blüten stehen in dreizähligen Quirlen.

Pfeilkresse (Herzkresse, Cardaria): weltweit verbreitete Gattung der Kreuzblütler. In Deutschland ist nur die Art **Gemeine Pf.** (Cardaria draba) in Schuttunkrautgesellschaften anzutreffen: 20 bis 250 cm hohe, graubehaarte Stauden. Die weißen Blüten stehen in dichten Scheindolden.

Pfeilwurz: Art der ↑Maranta.

Pfennigblume: Art der Gattung ↑Silberblatt.

Pfennigkraut:

◇ (Täschelkraut, Hellerkraut, Thlaspi) Gattung der Kreuzblütler mit rund 60 weltweit verbreiteten Arten, v. a. auf der Nordhalbkugel; niedrige Stauden mit meist rosettigen Grundblättern und weißen oder rosafarbenen, in Trauben stehenden Blüten; Schötchen rund oder herzförmig, oft geflügelt. Die wichtigste einheimische Art ist das bis 30 cm hohe, v. a. auf Äckern, Schutt und an Wegrändern wachsende **Acker-Pf.** (Ackerhellerkraut, Ackertäschelkraut, Thlaspi arvense): mit länglichen, meist buchtig gezähnten oberen Blättern, verkehrt-eiförmigen Grundblättern und kleinen, weißen Blüten; Schötchen fast kreisrund, mit breitem Flügelsaum.

◇ (Lysimachia nummularia) Art der Gattung ↑Gilbweiderich.

Pferdebohne (Ackerbohne, Feldbohne, Futterbohne, Große Bohne, Dicke Bohne, Saubohne, Puffbohne, Marschbohne, Vicia faba): in zahlreichen Sorten angebaute Wickenart; mit paarig gefiederten, rankenlosen Blättern, großen, weißen, in Büscheln angeordneten Blüten und abgeflachten, bis 20 mm langen, 15 mm breiten und 5–8 mm dicken, braunen, schwarzen, grüngefleckten oder weißen, eiweißreichen, reif schwer verdaul. Samen. – Die Pf. ist eine der ältesten Kulturpflanzen des Mittelmeergebiets. Ihre Samen werden heute überwiegend als Viehfutter verwendet; unreif werden sie (auch die ganz jungen Hülsen) mitunter als Gemüse gegessen.

Geschichte: Die Pferde-B. diente schon in der Steinzeit als Nahrungsmittel. Seit der Eisenzeit ist sie auch in Mitteleuropa bekannt. In ägyptischen Gräbern der 12. Dynastie wurden Pferde-B. als Grabbeigaben gefunden. Sie galten wegen ihrer schwarzgefleckten Blüten als Todessymbol, weshalb der Genuß von B.n den ägyptischen Priestern - wie später auch den Pythagoreern - verboten war.

Pferdekartoffel: anderer Name für ↑Topinambur.

Pfifferling [zu ↑Pfeffer; nach seinem pfefferähnlichen Geschmack] (Echter Pf., Eierschwamm, Gelbschwämmchen, Goldschwämmchen, Rehling, Pfefferling, Cantharellus cibarius): Leistenpilz der Laub- und Nadelwälder; erscheint Juli bis Ende September; Hut 3-8 cm breit, oft trichterförmig vertieft, mit unregelmäßigem Rand, an der Unterseite mit herablaufenden, schmalen, lamellenartigen, gegabelten Leisten; Farbe blaß- bis eidottergelb; Stiel blasser; Fleisch weißlich; wertvoller Speisepilz. Er wird gelegentlich mit dem im Nadelwald häufigen **Falschen Pf.** (Orangegelber Gabelblättling, Hygrophoropsis aurantiaca), einem Trichterling, verwechselt. Dessen Hut ist dünnfleischig und orangenrot bis lederfarben; mit schmalen, gegabelten, herablaufenden Lamellen. Der gleichfarbene Stiel ist wenig schmackhaft und zäh. - Abb. S. 316.

Pfingstnelke: Art der Gattung ↑Nelke.

Pfingstrose (Päonie, Paeonia): einzige Gattung der **Pfingstrosengewächse** (Paeoniaceae) mit mehr als 30 Arten in Europa, Asien und Nordamerika; ausdauernde Pflanzen mit krautigen oder verholzenden Stengeln, zusammengesetzten Blättern und großen, weißen, gelben, rosafarbenen oder roten Blüten. Die Pf. gehört zu den beliebtesten Zierpflanzen. Die wichtigsten Arten mit zahlreichen Zuchtformen sind die krautige **Edelpäonie** (Chinesische Pf., Paeonia lactiflora; mit mehr als 3 000 Gartenformen, v.a. für Schnittblumen genutzt), die in China und im Himalajagebiet heimische **Strauch-Pf.** (Strauchpäonie, Paeonia suffruticosa; mit bis 16 cm großen Blüten) und die **Echte Pf.** (Bauern-Pf., Gicht-, Klatschrose, Paeonia officinalis; Stauden mit doppelt dreizähligen, tief eingeschnittenen Blättern und bis 10 cm großen, meist roten, oft gefüllten Blüten).

Pfirsichbaum [mhd. pfersich, aus vulgärlat. persica, zu lat. persicum (malum) = persischer (Apfel)] (Prunus persica): in vielen Ländern der Erde (u.a. in Südeuropa, Kalifornien, Südamerika) angepflanztes Rosengewächs; bis 8 m hoher Baum oder baumartiger Strauch mit breitlanzettlichen, 8-15 cm langen, lang zugespitzten Blättern und rosafarbenen oder roten, 2-3,5 cm breiten Blüten, die meist vor den Blättern erscheinen. Die Frucht **(Pfirsich)** ist eine kugelige, seidig behaarte, eßbare Steinfrucht mit weißem oder gelbem, meist süß-saftigem und aromatischem Fruchtfleisch. Die Früchte werden roh gegessen oder zu Saft, Wein, Likör, Marmeladen u.a. verwertet. Aus den Kernen wird Likör **(Persikolikör),** Mandelölersatz und **Persipan** (ein Marzipanersatz) hergestellt. Der Pf. wird in zahlreichen Sorten kultiviert; z.B. ist eine glattschalige Varietät die **Nektarine.**

Geschichte: Der Pf. ist wahrscheinlich in Zentralchina heimisch, wo er schon im 3. Jahrtausend v.Chr. in mehreren Sorten kultiviert wurde. Um 200 v.Chr. ist er in Vorderasien nachweisbar. Von den Persern lernten ihn zunächst die Römer kennen, die ihn im 1. Jahrhundert n. Chr. im ganzen Römischen Reich, auch nördlich der Alpen und in Gallien, verbreiteten. Auch in mittelalterlichen Quellen wird der Pf. genannt.

Pflaumenbaum [Pflaume ist ein altes Lehnwort (ahd. pfrūma) aus lat. prunum, von griech. proūmnon] (Prunus domestica): wahrscheinlich in Vorderasien aus einer Kreuzung von Schlehdorn und Kirschpflaume entstandener Bastard mit zahlreichen kultivierten und verwilderten Sorten; 3–10 m hoher Baum mit elliptischen, 5–10 cm langen, feinkerbig gesägten Blättern und grünlichweißen Blüten. Die meist rundlichen-kugeligen, blauen, gelben oder auch roten Steinfrüchte **(Pflaumen)** besitzen meist ein gelblichgrünes, zuckersüßes und sehr saftiges Fruchtfleisch und einen zusammengedrückten, rundlich-eiförmigen bis elliptischen Steinkern. Sie werden roh, gekocht oder getrocknet gegessen, zu Mus verarbeitet oder für alkoholische Getränke verwendet.

Die zahlreichen Formen können in folgende Unterarten eingeteilt werden: **Hafer-Pf.** (Haferschlehe, Krieche, Kriechen-Pf., Spilling, Prunus domestica ssp. insititia), 3–7 m hoher Strauch oder Baum mit zuweilen dornigen Zweigen; Früchte kugelig, gelblichgrün oder blauschwarz; **Mirabelle** (Prunus domestica ssp. syriaca), mit kirschgroßen, runden, hellgelben oder hellgrünen, saftigen Früchten; **Reneklode** (Reineclaude, Rund-Pf., Prunus domestica ssp. italica), mit grünlichen, kugeligen Früchten; **Zwetsche** (Zwetschge, Prunus domestica ssp. domestica), Früchte **(Zwetschen, Zwetschgen, Pflaumen)** länglich-eiförmig, dunkelblau, mit leicht abwischbarem Wachsüberzug; Fruchtfleisch gelblich.

Geschichte: Griechen und Römer verbreiteten in der Antike den Anbau des Pf.s und verwendeten die Frucht als Obst und das Harz als Arzneimittel. Bekannt waren auch Reneklode und Zwetsche. Die Mirabelle kannte man im 16. Jahrhundert Die Kräuterbücher des 16./17. Jahrhunderts berichten über zahlreiche Pflaumensorten.

Pflaumenrötling: anderer Name für den ↑ Mehlpilz.

Pflückerbse (Pa[h]lerbse, Brockelerbse, Schalerbse, Pisum sativum convar. sativum): in zahlreichen Sorten angebaute Unterform der Saaterbse mit gelben oder grünen, runden, glattschaligen Samen. Durch Stärkebildung werden sie schnell mehlig. Jung geerntet als Frischgemüse verwendet, oft auch konserviert oder tiefgefroren.

Pflücksalat: Sorte des Gartensalats (↑ Kopfsalat).

Pfriemengras: anderer Name für das ↑ Federgras.

Phaeophyceae [fɛ...]: wissenschaftlicher Name der ↑ Braunalgen.

Phalaenopsis [...lɛ...; griech. phálaina = Nachtfalter und griech. ópsis = Anblick (in bezug auf die Blüten)] (Malaienblume): Gattung der Orchideen mit rund 70 Arten in Indien und Nordaustralien; epiphytische Pflanzen mit sehr kurzen, beblätterten Stämmchen, fleischigen, zweizeiligen Blättern und traubigen oder rispigen Blütenständen. Viele farbenprächtige Hybriden werden kultiviert.

Phalaris: wissenschaftlicher Name der Gattung ↑ Glanzgras.

Phallales: wissenschaftlicher Name der ↑ Rutenpilze.

Phanerogamen: wissenschaftlicher Name der ↑ Samenpflanzen.

Phaseolus: wissenschaftlicher Name der Gattung ↑ Bohne.

Philadelphus: wissenschaftlicher Name der Gattung ↑ Pfeifenstrauch.

Philodendron [griech. philos = freundlich, Freund und griech. déndron = Baum (also eigtl. = Baumfreund)]:

◇ (Baumfreund, Baumlieb) Gattung der Aronstabgewächse mit über 200 Arten im tropischen Amerika; strauchige, baumartige oder kletternde Pflanzen, meist mit Luftwurzeln; Blätter oft groß, sehr verschiedenartig, ungeteilt, gelappt oder fiederschnittig; Blütenstände end- oder achselständig, mit dicker, weißer, roter oder gelber Blütenscheide (Spatha); zahlreiche Arten sind beliebte Blattzierpflanzen.

◇ fälschliche Bez. für das ↑ Fensterblatt.

Phlegmacium: wissenschaftlicher Name der Pilzgattung ↑ Schleimkopf.

Phleum: wissenschaftlicher Name der Gattung ↑ Lieschgras.

Phlox [griech. = Flamme] (Flammenblume): Gattung der Sperrkrautgewächse mit rund 60 Arten in Nordamerika; ausdauernde, selten einjährige Kräuter mit ganzrandigen Blättern; Blüten einzeln oder in rispigen, doldentraubigen oder straußartigen Blütenständen stehend; die fünfteilige, tellerförmige Blütenkrone mit schmalem Schlund und dünner Röhre. – Bekannte Zierpflanzen sind die Sorten des **Einjahres-Ph.es** (Phlox drummondii; mit ursprünglich roten, bei Kultursorten jedoch in vielen Pastelltönen gefärbten Blüten) und die zahlreichen Sorten des **Stauden-Ph.es** (Phlox paniculata; über 1 m hoch, Blüten in Dolden). Eine besonders wertvolle Art stellt der rasenartig wachsende **Polster-Ph.** (Moos-Ph., Phlox subulata; etwa 5–10 cm hoch, flaumig behaart) dar.

Phoenix: wissenschaftlicher Name der Gattung ↑ Dattelpalme.

Pholiota: wissenschaftlicher Gattungsname des Ständerpilzes ↑ Stockschwämmchen.

Phormium: wissenschaftlicher Name der Gattung ↑ Flachslilie.

Photinia: wissenschaftlicher Name der Gattung ↑ Glanzmispel.

Phragmites: wissenschaftlicher Name der Gräsergattung ↑ Schilfrohr.

Phragmobasidiomycetes: Unterklasse der ↑ Ständerpilze.

Phyllanthus [griech. phýllon = Blatt und griech. ánthos = Blüte]: Gattung der Wolfsmilchgewächse mit rund 480 Arten in den Tropen und Subtropen; in Wuchsform, Sproßtyp, Blattform, Blütenbau und Fruchtform sehr vielgestaltig; Kräuter, Sträucher oder Bäume, entweder mit ansehnlichen, oft zweizeilig gestellten Blättern an normalen Sprossen (die dann Fiederblätter vortäuschen können) oder mit winzigen Schuppenblättern an blattartig abgeflachten (Flach)sprossen; Blüten klein und unscheinbar, eingeschlechtig, mit einfacher Blütenhülle, in den Blattachseln bzw. den Randkerben der Flachsprosse. – Abb. S. 233.

Phyllocactus: wissenschaftlicher Name der Kakteengattung ↑ Blattkaktus.

Physalis: wissenschaftlicher Name der Gattung ↑ Lampionblume.

Physostegia: wissenschaftlicher Name der Gattung ↑ Gelenkblume.

Phytelephas: wissenschaftlicher Name der Gattung ↑ Elfenbeinpalme.

Phyteuma: wissenschaftlicher Name der Glockenblumengewächsgattung ↑ Teufelskralle.

Phytoflagellaten: anderer Name der pflanzlichen ↑ Flagellaten.

Phytolacca: wissenschaftlicher Name der Gattung ↑ Kermesbeere.

Phytophthora [griech. phytón = Gewächs und griech. phthorá = Verderben, Zerstörung]: Gattung Falscher Mehltaupilze; am bekanntesten ist die Art **Ph. infestans,** die v. a. Kartoffelpflanzen (verursacht dort die Kraut- und Knollenfäule), aber auch Tomatenpflanzen (verursacht dort die Braunfäule) schädigt und schon Ursache schwerer, mit Hungersnot und Teuerung verbundener Epidemien (v. a. zwischen 1845 und 1850) in West- und Mitteleuropa war.

Piassavapalme: Art der Gattung ↑Pindowapalme.

Picea: wissenschaftlicher Name der Nadelholzgattung ↑Fichte.

Pilea: wissenschaftlicher Name der Gattung ↑Kanonierblume.

Pillenbaum: anderer Name der Gattung ↑Senfklapper.

Pillenfarn (Pilularia): Gattung der Kleefarngewächse mit sechs Arten in den gemäßigten Gebieten; in Mitteleuropa nur die an Teich- und Grabenrändern und auf Schlammböden vorkommende, in ihrem Bestand stark gefährdete Art **Kugel-P.** (Pilularia globulifera) mit fadenförmigen, kriechenden Stengeln, 2–15 cm über die Erde sich erhebenden, aufrechten, binsenartigen, jung schneckenförmig eingerollten Blättern und erbsengroßen, kugeligen Sporokarpien am Grund der Blätter.

Pillenwerfer: anderer Name der Pilzgattung ↑Pilobolus.

Pilobolus [griech. pĩlos = Ball, Kugel und griech. -bolos = werfend] (Pillenwerfer): Gattung auf Mist verschiedener Pflanzenfresser lebender (koprophiler) Jochpilze. Die unter hohem Druck stehenden, am Ende blasenartig verdickten Sporangienträger sind sehr lichtempfindlich, krümmen sich zum Licht hin und „schießen“ ihr schwarzes, bis zu 50 000 Sporen enthaltendes Sporangium über zwei Meter weit zur Lichtquelle hin ab.

Pilocereus: wissenschaftlicher Name der Gattung ↑Haarsäulenkaktus.

Pilosocereus: wissenschaftlicher Name der Gattung ↑Haarsäulenkaktus.

Pilze [altes Lehnwort (ahd. buliz) aus lat. boletus = Pilz (bes. = Champignon): von gleichbed. griech. bōlítēs] (Mycophyta): Abteilung des Pflanzenreichs mit über 55 000 bis heute bekannten Arten. Alle P. sind blattgrünfreie, folglich heterotroph (saprophytisch oder parasitisch) lebende Lagerpflanzen. Ihre das Substrat durchziehenden Zellfäden heißen **Hyphen.** Diese bilden oft ein dichtes Geflecht, das **Myzel.** Die Zellwände der P. bestehen aus Chitin, nur bei wenigen Arten (z. B. bei den Schleim-P.n) kommt Zellulose vor. Als Reservestoffe speichern P. Glykogen und Fett, auch Mannit, jedoch niemals Stärke. – Die ungeschlechtliche *Vermehrung* erfolgt durch Exosporen (Konidien) oder Endosporen, bei Wasserbewohnern durch nackte, d. h. zellwandlose Schwärmsporen. Bei der geschlechtlichen *Fortpflanzung* kommen Iso-, Aniso- und Oogamie mit zahlreichen Zwischen- und Reduktionsformen vor; außerdem gibt es **Gametangiogamie** (ganze Gametangien kopulieren) und **Somatogamie** (Pseudomixis; zwei vegetative Zellen vereinigen sich). Einige Pilze vermehren sich auch durch Zerfall des Myzels in einzelne Zellen **(Oidien).**
Bekannte systematische Gruppen unter den P.n sind die ↑Schleimpilze sowie die **niederen P.** (u. a. mit den ↑Jochpilzen und Falschen ↑Mehltaupilzen) und die **höheren P.** (mit den Klassen ↑Schlauchpilze, ↑Ständerpilze und ↑Deuteromyzeten.

Die meisten höheren P. bilden charakteristische Fruchtkörper, die bei den Speise-P.n sehr wohlschmekkend sein können; ihr Nährwert ist aber gering. Die Fruchtkörper anderer P. sind sehr giftig (bes. gefährlich sind ↑Grüner Knollenblätterpilz, ↑Weißer Knollenblätterpilz und ↑Pantherpilz). Einige Arten (z. B. vom Champignon) werden heute in großem Umfang gezüchtet.

Unter den höheren P.n gibt es viele Arten, die mit dem Wurzelsystem von Waldbäumen in Symbiose leben (Mykorrhiza). Große wirtschaftliche Schäden entstehen durch Rost- und Brand-P., die jedes Jahr einen erheblichen Teil der Weltgetreideernte vernichten. Auch die Erreger von Pflanzenkrankheiten in Wein- und Obstkulturen (z. B. ↑Mehltaupilze) verursachen große Schäden.

Bestimmte ↑Hefepilze sind zur Wein- und Bierbereitung, im Bäckereigewerbe und bei der Käsebereitung wichtig. Andere Schlauch-P. werden industriell gezüchtet und v. a. zur Gewinnung von Antibiotika und Enzymen verwendet.

Bei Mensch, Tier und Pflanze können niedere P. und auch Deuteromyzeten Mykosen hervorrufen, beim Menschen v. a. Hautpilzerkrankungen.

Pimentbaum (Nelkenpfefferbaum, Pimenta dioica): zu den Myrtengewächsen gehörender, bis 10 m hoher, immergrüner Baum in Westindien und in Zentralamerika; mit großen, oval-lanzettlichen, oberseits leuchtend grünen Blättern und zahlreichen in achselständigen Rispen stehenden, kleinen, weißen Blüten. Die kugeligen braunroten Früchte liefern – vor der Reife getrocknet – das Gewürz Piment und das in der Gewürz-, Likör- und Kosmetikindustrie verwendete Pimentöl.

Pimpernelle: anderer Name der Gattung ↑Bibernelle.

Pimpernuß (Klappernuß, Staphylea): Gattung der Familie **P.gewächse** (Staphyleaceae; rund 50 Arten in sieben Gattungen; Bäume oder Sträucher) mit zwölf Arten in der nördlichen gemäßigten Zone; sommergrüne Sträucher oder kleine Bäume mit gegenständigen, gefiederten Blättern, weißen oder rötlichen Blüten und blasig aufgetriebenen, häutigen Kapselfrüchten mit zwei bis drei erbsengroßen, glatten, glänzenden, beim Schütteln der Frucht klappernden Samen. Mehrere Arten dienen als Ziersträucher.

Pimpinella: wissenschaftlicher Name der Gattung ↑Bibernelle.

Pinaceae: wissenschaftlicher Name der ↑Kieferngewächse.

Pindowapalme (Attalea): Gattung der Palmen mit rund 40 Arten im tropischen Amerika, hauptsächlich in Brasilien; hohe oder auch stammlose Bäume mit breiten, regelmäßig gefiederten Blättern. Die wichtigste Art ist die **Piassavapalme** (Attalea funifera): mit 4–6 m langen Blättern, die sich aus fast 1 m langen, annähernd rechtwinklig abstehenden Fiederblättchen zusammensetzen; aus den Blattscheiden wird die brasilianische **Piassave** (Pflanzenfasern, die v. a. zur Herstellung von Bürsten, Besen und Matten verwendet werden) gewonnen.

Pineapple [engl. 'paınæpl]: Frucht der ↑Ananaspflanze.

Pinguicula: wissenschaftlicher Name der Gattung ↑Fettkraut.

Pinheiro [pın'je:ro, brasilian. pi'ɲeiru; portugiesisch] (Brasilianische Schmucktanne, Araucaria angustifolia): 25–30 m hohe, kieferähnliche, im südlichen Brasilien große Wälder bildende Araukarienart; die fast waagrecht abstehenden Äste tragen kurze, an den Enden der Äste gehäuft stehende Zweige. Die Nadeln sind 3–5 cm lang und stehen ab. Die kugeligen Zapfen (etwa 20 cm Durchmesser) enthalten rund 800 eßbare, nährstoffreiche Samen **(Pinhoes).** Das Holz dient als Bau- und Möbelholz.

Pinie [lat.] (Nußkiefer, Pinus pinea): v. a. im Mittelmeergebiet heimische Kiefernart; in Südengland und Südirland häufig als Zierbaum angebaut. Der 15–25 m hohe Baum bildet eine charakteristisch schirmähnliche Krone. Die leicht gedrehten paarigen Nadeln sind 10–15 cm lang. Meist einzeln und endständig stehen die eiförmigen bis fast kugeligen, 8–15 cm großen, sehr harzreichen Zapfen. Die zimtbraunen, hartschaligen, ölhaltigen, mandelähnlich schmeckenden (aber schnell ranzig werdenden) Samen **(P.nnüsse, Pignolen, Pinoli)** sind etwa 2 cm lang, mit schmalem, nur angedeutetem Flügel; die Kulturform „fragilis" hat besonders dünnschalige Samen. Die P. beginnt erst etwa 15jährig mit der Fruchtbildung.

Geschichte: Die P. gehört neben der Zypresse zum typischen Landschaftsbild des Mittelmeergebietes und ist seit alters als besonders heiliger Baum geschätzt. Der Zapfen der P. fand im römischen Kulturkreis als architektonisch-dekoratives Motiv Verwendung und hatte auch im Mythos Bedeutung, z. B. beim Thyrsosstab des Gottes Dionysos. Schon im 1. Jahrhundert n. Chr. wurden Piniensamen im Mittelmeergebiet gehandelt und von Dioskurides als Husten- und Verdauungsmittel empfohlen. – Abb. S. 156.

Pinotreben [frz. pi'no]: gleichbed. mit ↑ Burgunderreben.

Pinselhirse: anderer Name der ↑ Negerhirse.

Pinselschimmel (Penicillium): Gattung der Schlauchpilze mit mehr als 200 weltweit verbreiteten, meist saprophytisch lebenden Arten. Charakteristisch sind die meist grünen, pinselartig aus dem Konidienträger wachsenden Konidien. Wichtigste Vertreter der Gattung P. sind **Penicillium notatum** und **Penicillium chrysogenum,** die die Antibiotika der Penicillingruppe liefern. **Penicillium roquefortii** und **Penicillium camemberti** werden für die Herstellung bekannter Käsesorten benötigt.

Pinus: wissenschaftlicher Name der Gattung ↑ Kiefer.

Piper: wissenschaftlicher Name der Gattung ↑ Pfeffer.

Piperaceae: wissenschaftlicher Name der ↑ Pfeffergewächse.

Pippau (Feste, Crepis): Gattung der Korbblütler mit rund 200 Arten auf der Nordhalbkugel sowie im tropischen Afrika; meist Kräuter mit grund- oder wechselständigen Blättern; kleine bis relativ große Blütenköpfchen aus gelben oder roten, selten weißen Zungenblüten. In Deutschland kommen rund 20 Arten mit löwenzahnähnlichen Blütenköpfchen vor, u. a. häufig auf feuchten Wiesen und Flachlandmooren der Milchsaft führende **Sumpf-P.** (Crepis paludosa; die drei und mehr Blütenköpfchen nur mit gelben Zungenblüten), auf Fettwiesen der ebenfalls Milchsaft führende, graugrüne **Wiesen-P.** (Crepis biennis; die eine Doldenrispe bildenden Blütenköpfchen nur mit gelben Zungenblüten; Hüllkelch zweireihig, grauflaumig) und in den Alpen der (auch als Steingartenpflanze kultivierte) schwach behaarte **Gold-P.** (**Rinderblume,** Crepis aurea; Blätter nur grundständig, Blütenköpfchen rot- bis gelborange, meist einzeln an langem, dünnem Stiel; Hüllblätter schwarz behaart).

Pirus: wissenschaftlicher Name der Gattung ↑ Birnbaum.

Pistacia: wissenschaftlicher Name der Gattung ↑ Pistazie.

Pistakistrauch: Art der Gattung ↑ Pistazie.

Pistazie [über spätlat. pistacia aus griech. pistákē = Pistazie, von gleichbed. pers. pistah] (Pistacia): Gattung der Anakardiengewächse mit rund 20 Arten, v.a. im Mittelmeergebiet sowie in West- und Ostasien und im südlichen Nordamerika; Bäume oder Sträucher mit meist gefiederten Blättern und Blüten in zusammengesetzten Rispen. Mehrere Arten finden als Nutzpflanzen Verwendung, v.a. die im gesamten Mittelmeergebiet kultivierte **Echte P.** (Alepponuß, Pistakinuß, Grüne Mandel, Pistacia vera), ein bis 10 m hoher Baum, dessen mandelförmige Steinfrüchte im Steinkern je einen grünlichen, ölhaltigen, aromatisch schmeckenden Samen **(Pistazien, grüne Mandeln)** enthalten, die gesalzen gegessen werden oder als würzige Zutat (Wurst, Eiscreme) Verwendung finden. Daneben auch die im Mittelmeergebiet heimische **Terpentin-P.** (Terebinthe, Pistacia terebinthus), ein 2–5 m hoher, laubabwerfender Strauch oder Baum mit duftenden Zweigen und bräunlichgelben Blüten, deren Griffel und Staubbeutel rot sind; die rötliche Rinde liefert das wohlriechende **Chios-Terpentin.** Einen wesentlichen Bestandteil der Macchie des Mittelmeergebiets stellt der **Pistakistrauch** (Pistacia lentiscus) dar, ein 2–4 m hoher Strauch mit leicht gekrümmten, nach unten hängenden Zweigen; Fiederblätter immergrün, mit rötlichem Blattstiel; Blüten rötlich, zweihäusig, in Trauben stehend; Steinfrüchte zuerst dunkelrot, reif schwarz; Rinde und Blätter können auf Grund ihres Tanningehalts als Gerbmittel verwendet werden.

Geschichte: Die in Mesopotamien und im südlichen Kaukasien heimische Echte P. wird seit etwa 3000–4000 Jahren in Vorderasien angebaut und schon im Alten Testament erwähnt. Die Griechen lernten sie durch die Eroberungszüge Alexanders des Großen kennen und verwendeten die Nüsse als Genuß- und Magenmittel.

Pisum: wissenschaftlicher Name der Gattung ↑ Erbse.

Pittosporaceae: wissenschaftlicher Name der ↑ Klebsamengewächse.

Plantaginaceae: wissenschaftlicher Name der Wegerichgewächse (↑ Wegerich).

Plantago: wissenschaftlicher Name der Pflanzengattung ↑ Wegerich.

Platanaceae: wissenschaftlicher Name der Platanengewächse (↑ Platane).

Platane (Platanus) [griech.-lat.]: einzige Gattung der **Platanengewächse (Platanaceae)** mit sechs bis sieben Arten, verbreitet von Nordamerika bis Mexiko, in Südosteuropa sowie in Asien bis Indien und zum Himalaja; 30–40 m hohe, sommergrüne Bäume mit in Platten sich ablösender Borke, ahornähnlichen Blättern und unscheinbaren, einhäusigen Blüten in kugeligen Köpfchen. Die Früchte hängen einzeln oder zu mehreren an einem langen Stiel herab. Als Park- und Alleebäume werden in Mitteleuropa neben der **Amerikanischen P.** (Platanus occidentalis; aus Nordamerika; mit meist kleinschuppiger Borke und dreilappigen Blättern) v.a. die **Morgenländische P.** (Platanus orientalis; aus Südosteuropa bis Kleinasien; mit großschuppig sich ablösender Borke und fünf- bis siebenlappigen Blättern) sowie (am häufigsten) die Kreuzung beider Arten, die auch im Großstadtklima gedeihende **Ahornblättrige P.** (Platanus acerifolia, P. hybrida; mit drei- bis fünflappigen Blättern und großflächig sich ablösender Rinde), kultiviert.

Das Holz der verschiedenen P.narten findet als Werkholz und zur Papierherstellung Verwendung; Rinde und Blätter werden für Adstringenzien (z. B. Gurgelmittel) verwendet. – Abb. S. 153.

Platanthera: wissenschaftlicher Name der Orchideengattung ↑Stendelwurz.

Platanus: wissenschaftlicher Name der Gattung ↑Platane.

Platterbse (Lathyrus): Gattung der Schmetterlingsblütler mit mehr als 150 Arten in der nördlichen gemäßigten Zone und den Subtropen sowie in tropischen Gebirgen; ein- oder mehrjährige Kräuter mit paarig gefiederten Blättern, oft mit Blattranken.

In Deutschland kommen rund 15 Arten vor, u. a. die im April und Mai in Laubwäldern blühende **Frühlings-P.** (**Frühlingswicke,** Lathyrus vernus), eine bis 40 cm hohe Staude mit vierkantigen Stengeln und rotvioletten Blüten in vier- bis sechsblütigen Trauben. Die rankenlosen Blätter bestehen aus 2–4 Paaren breit eiförmiger Fiederblätter. Beim Öffnen verdrehen sich die beiden Hälften der Hülsenfrüchte schraubig. – Die in Gebüsch und lichten Laubwäldern verbreitete **Wald-P.** (Lathyrus sylvestris) besitzt 1–2 m lange, niederliegende oder kletternde Stengel, einpaarig gefiederte, mit Ranken versehene Blätter, geflügelte Blattstiele und blaßrote, in Trauben stehende Blüten mit purpurroten Flügeln. – Auf feuchten Wiesen und lichten Wäldern wächst die **Wiesen-P.** (Lathyrus pratensis), eine 30–100 cm hohe Staude mit vierkantigen Stengeln; Blätter einpaarig gefiedert und mit einer endständigen Ranke. Die gelben Blüten stehen in langgestielten Trauben. – Nur kultiviert bekannt ist die einjährige, bis 1 m hohe ↑Saatplatterbse.

Verschiedene Arten dienen als Zierpflanzen; als beliebte Schnittblume und Kletterpflanze v. a. die in Süditalien heimische 1–2 m oder auch nur 25–60 cm hohe, einjährige **Wohlriechende P.** (Wohlriechende Wicke, Edelwicke, Duftwicke, Lathyrus odoratus) mit kantigen, geflügelten Stengeln, meist nur einpaarig gefiederten, behaarten Blättern und mehr oder weniger wohlriechenden, vielfarbigen, langstieligen Blüten (zu mehreren am Stengel).

Platycerium: wissenschaftlicher Name der Gattung ↑Geweihfarn.

Plectranthus: wissenschaftlicher Name der Gattung ↑Harfenstrauch.

Poa: wissenschaftlicher Name der Gattung ↑Rispengras.

Poaceae: wissenschaftlicher Name der Süßgräser (↑Gräser).

Podocarpaceae: wissenschaftlicher Name der Steineibengewächse (↑Steineibe).

Poinsettie: anderer Name der Zimmerpflanze ↑Weihnachtsstern.

Poleiminze: Art der Gattung ↑Minze.

Polemoniaceae: wissenschaftlicher Name der ↑Sperrkrautgewächse.

Polemonium: wissenschaftlicher Name der Gattung ↑Sperrkraut.

Polianthes [zu griech. pólis = Stadt und griech. ánthos = Blüte]: Gattung der Agavengewächse mit rund 15 Arten in Mittelamerika; ausdauernde Kräuter mit fleischiger Knolle, grasähnlichen Blättern und meist weißen, oft an Lilien erinnernden Blüten in Ähren oder Trauben. Als Zierpflanze bekannt ist die **Tuberose** (P. tuberosa): vermutlich in Mexiko heimisch, in Mitteleuropa v. a. in Schausammlungen; mit bandartigen Blättern und stark duftenden, wachsweißen, 4–6 cm langen, fast stets gefüllten Blüten in lockerer Ähre an bis 1 m hohem Stengel; die Blütenstengel kommen meist als Schnittblumen aus dem Süden in den Handel; die Aufzucht der Pflanzen erfolgt hauptsächlich in Italien.

Polnischer Weizen: anderer Name der Getreideart ↑Gommer.

Polsterphlox: Art der Gattung ↑Phlox.

Polyantharosen: aus Arten der Gattung ↑Rose gezüchtete Gartenform.

Polygala: wissenschaftlicher Name der Gattung ↑Kreuzblume.

Polygalaceae: wissenschaftlicher Name der Kreuzblumengewächse (↑Kreuzblume).

Polygonaceae: wissenschaftlicher Name der Knöterichgewächse (↑Knöterich).

Polygonatum: wissenschaftlicher Name der Liliengewächsgattung ↑Salomonsiegel.

Polygonum: wissenschaftlicher Name der Gattung ↑Knöterich.

Polypodiaceae: wissenschaftlicher Name der ↑Tüpfelfarngewächse.

Polypodium: wissenschaftlicher Name der Gattung ↑Tüpfelfarn.

Polyporaceae: Familie der Pilze (↑Porlinge).

Polystichum: wissenschaftlicher Name der Gattung ↑Schildfarn.

Pomelos: svw. Pampelmusen (↑Pampelmusenbaum).

Pomeranze [aus älter italien. pommerancia, zu italien. pomo = Apfel und italien. arancia = bittere Apfelsine] (Bitterorange, Citrus aurantium ssp. amara): wildwachsende Unterart der Gattung Citrus (↑Zitruspflanzen) am Südabfall des Himalaja, angebaut in Indien und im Mittelmeergebiet; kleiner Baum mit länglichovalen, schwach gekerbten Blättern und weißen, stark duftenden Blüten. Die kugelförmigen, orangefarbenen Früchte **(Pomeranzen)** besitzen ein saures Fruchtfleisch und eine bitter schmeckende Fruchtschale. Sie werden zur Herstellung von Marmelade und Likör verwendet. Aus den Blättern und Zweigen wird ein nach Orangenblüten duftendes Öl **(Petitgrainöl),** aus den Schalen unreifer Früchte ein gelbes, stark nach Orangen duftendes Öl **(Pomeranzenöl)** gewonnen, die beide in der Parfümindustrie verwendet werden.

Pommerscher Kohl: anderer Name für den ↑Markstammkohl.

Pompondahlie [põ'põ:, pɔm'põ:]: Gartenform der ↑Dahlie.

Pomponette: Zuchtform des ↑Gänseblümchens.

Pomponvanille [põ'põ:, pɔm'põ:]: Art der ↑Vanille.

Populus: wissenschaftlicher Name der Gattung ↑Pappel.

Porenhausschwamm (Lohschwamm, Weißer Kellerschwamm, Weißer Porenschwamm, Poria vaporaria): häufig vorkommender, durch Oberflächenfäule holzzerstörender Porling auf feuchtem, lagerndem oder verbautem Nadelholz. Der Befall ist an dem weißen bis weißlichgrauen, filzigen Oberflächenmyzel zu erkennen.

Porenpilze: gleichbed. mit ↑Porlinge.

Porenschwamm: gleichbed. mit ↑Porenhausschwamm.

Porenschwämme: gleichbed. mit ↑Porlinge.

Porlinge (Löcherpilze, Röhrenpilze, Porenschwämme, Porenpilze): früher als Familie aufgefaßte, jedoch systematisch uneinheitliche Sammelgruppe saprophytischer und parasitischer Ständerpilze, deren Fruchtkörper oft zäh, lederartig und konsolenförmig sind. Die sporenbildende Fruchtschicht auf der Unterseite überzieht runde oder vieleckige Röhrchen oder Waben. Die P. gehören z. T. zur Familie **Polyporaceae** (Ordnung Lamellenpilze; bekannte Vertreter: ↑ Schuppenporling, ↑ Winterporling), z. T. zu verschiedenen Familien der Ordnung **Poriales.** Bekannte Gattungen bzw. Arten der Poriales sind u. a. ↑ Eichhase, ↑ Lederporlinge, ↑ Feuerschwamm, die ↑ Trameten. – Die bodenbewohnenden, weichfleischigen Arten der Gattung ↑ Saftporling (Leptoporus) sind z. T. eßbar. – Viele P. zählen zu den Baumparasiten, z. B. ↑ Zunderschwamm und ↑ Feuerschwamm.

Porphyra [griech. = Purpurfarbe]: Gattung der Rotalgen mit rund 25 marinen Arten. **P. tenera** und andere Arten liefern **Meerlattich (Amanori),** der in Japan als Nahrungsmittel geschätzt ist.

Porree [frz., von gleichbed. lat. porrum] (Breitlauch, Winterlauch, Küchenlauch, Allium porrum): wahrscheinlich aus Südeuropa stammende, in Kultur meist einjährige Art des ↑ Lauchs; Zwiebeln wenig ausgeprägt; äußere dickere Zwiebelblätter in lange, längsgestreifte Laubblätter übergehend, unten einen abgerundeten, verdickten Scheinstamm bildend; Blüten weiß bis hellrosa, in Scheindolden auf einem bis 180 cm hohen Schaft. Der P. wird in vielen Kultursorten angebaut. Die Sorten des **Sommer-P.s** werden meist nur als Gewürz, die des **Winter-P.s** als Gemüse verwendet. – P. wurde schon im Altertum im östlichen Mittelmeerraum kultiviert.

Porst (Ledum): Gattung der Heidekrautgewächse mit fünf Arten in Eurasien und Nordamerika; immergrüne Sträucher mit unterseits filzigen oder drüsigen, stark aromatischen Blättern, deren Rand sich bei Lufttrockenheit einrollt und so die Verdunstung einschränkt; Blüten klein, weiß bis rötlich, mit fünfteiliger Krone. Die einzige in Deutschland vorkommende Art ist der bis 1,5 m hohe **Sumpf-P.** (Wilder Rosmarin, Ledum palustre), v. a. auf Hochmooren und in moorigen Wäldern; mit ledrigen, linealischen Blättern und weißen oder rosafarbenen Blüten in Doldentrauben.

Portulacaceae: wissenschaftlicher Name der ↑ Portulakgewächse.

Portulak [aus gleichbed. lat. portulaca] (Bürzelkraut, Portulaca): Gattung der Portulakgewächse mit über 100 Arten in den tropischen und subtropischen Gebieten der ganzen Erde; Kräuter mit wechsel- oder fast gegenständigen Blättern und endständigen, in Wickeln angeordneten oder einzelnstehenden Blüten. Bekannte Arten: **Garten-P.** (Gemüse-P., Portulaca oleracea var. sativa), aus Westasien; bis 25 cm hoch, einjährig; Blüten gelb, einzeln oder gehäuft in den Achseln der fleischigen Blätter; wurde früher als Salat- und Gemüsepflanze angebaut; heute verwildert; **P.röschen** (Portulaca grandiflora), aus Südamerika; mit stielrunden, fleischigen Blättern und 2–4 cm großen, verschiedenfarbigen Blüten; Sommerblume für trockene und sonnige Standorte.

Portulakgewächse (Portulacaceae): Familie der Zweikeimblättrigen Pflanzen mit rund 500 Arten in 19 Gattungen, v. a. an der pazifischen Küste Amerikas und in den

Anden; meist einjährige oder auch ausdauernde Kräuter, selten Sträucher, mit spiralig angeordneten, schmalen, ungeteilten, teilweise sukkulenten Blättern; Blüten unscheinbar, meist in Blütenständen. Bekannte Gattungen sind ↑ Claytonie, ↑ Portulak.

Porzellanblümchen: Art der Gattung ↑ Steinbrech.

Porzellantintling: Pilzart der ↑ Tintlinge.

Potamogeton: wissenschaftlicher Name der Gattung ↑ Laichkraut.

Potamogetonaceae: wissenschaftlicher Name der Pflanzenfamilie ↑ Laichkrautgewächse.

Potentilla: wissenschaftlicher Name der Gattung ↑ Fingerkraut.

Prachtkerze (Gaura): Gattung der Nachtkerzengewächse mit rund 20 Arten im wärmeren Nordamerika; Kräuter mit wechselständigen Blättern und rosaweißen Blüten in ährenförmigen oder kopfigen Blütenständen; Sommerblumen.

Prachtlein (Linum grandiflorum): nordafrikanisches Leingewächs; einjährige, bis 40 cm hohe, verzweigte Pflanze mit graugrünen, wechselständigen, lanzettlichen Blättern und roten Blüten in Doldenrispen; Gartenformen auch mit rosafarbenen oder blauvioletten Blüten.

Prachtlilie:

◇ anderer Name der Gattung ↑ Ruhmeskrone.

◇ Art der Gattung ↑ Lilie.

Prachtnelke: wildwachsende Art der Gattung ↑ Nelke.

Prachtspiere: anderer Name der Gattung ↑ Astilbe.

Prachtstrauch (Embothrium coccineum): Proteusgewächsart in den südlichen, außertropischen Anden; bis 10 m hoher immergrüner Baum mit wechselständigen, dunkelgrünen, glänzenden Blättern und roten, in Trauben stehenden Blüten; in Mitteleuropa sommerblühender Zierstrauch.

Präsident Drouard [frz. dru'a:r]: eine Tafelbirne (↑ Birnensorten, Übersicht S. 49).

Preiselbeere [erster Wortbestandteil vermutlich aus dem Slawischen] (Kronsbeere, Riffelbeere, Vaccinium vitis-idaea): Art der Gattung Heidelbeere auf sauren Böden im nördlichen Europa, in Sibirien und Japan sowie im arktischen Nordamerika; winterharter, immergrüner kriechender, bis 10 cm hoher Strauch mit oberseits glänzend grünen, unterseits helleren, schwarz punktierten Blättern und kleinen, weißen oder rötlichen Blüten in Trauben. Die Früchte **(Preiselbeeren)** sind etwa erbsengroß, rot und schmecken herb und säuerlich. Sie werden meist zu Kompott und Konfitüre verarbeitet. – Abb. S. 74.

Prenanthes: wissenschaftlicher Name der Gattung ↑ Hasenlattich.

Primel [aus lat. primula (veris) = die erste (Blume des Frühlings)] (Himmelsschlüssel, Schlüsselblume, Primula): Gattung der Primelgewächse mit über 500 Arten in Europa und in den gemäßigten Zonen Asiens; meist ausdauernde Kräuter mit trichter- oder tellerförmiger Blütenkrone und röhrigem, glockigem oder trichterförmigem Kelch. Bekannt sind v. a. ↑ Kugelprimel, ↑ Aurikel, ↑ Mehlprimel, ↑ Giftprimel und ↑ Frühlingsschlüsselblume.

Primelgewächse (Primulaceae): Pflanzenfamilie mit rund 800 Arten in 40 Gattungen in den gemäßigten und wärmeren Gebieten der Nordhalbkugel; hauptsächlich Kräuter, z. T. Rosettenstauden, Polster- oder Knollenpflanzen mit meist schraubig angeordneten Blättern; häufig Drüsenhaare; Blüten einzeln oder in

Dolden, Rispen und Trauben. Bekannte Gattungen sind ↑Alpenveilchen, ↑Gilbweiderich, ↑Gauchheil, ↑Mannsschild und ↑Primel.

Primofilices: Unterklasse der ↑Farne.

Primula: wissenschaftlicher Name der Gattung ↑Primel.

Primulaceae: wissenschaftlicher Name der ↑Primelgewächse.

Prinz Albrecht: svw. Albrechtapfel (↑Apfelsorten, Übersicht S. 27).

Prinzenapfel: ein Tafelapfel (↑Apfelsorten, Übersicht S. 27).

Prosopis [griech. prosōpís = ein Pflanzenname]: Gattung der Mimosengewächse mit mehr als 30 Arten in den Tropen und Subtropen, v. a. in Amerika; Bäume oder Sträucher mit doppelt gefiederten Blättern und kleinen, in achselständigen, zylindrischen Ähren oder (seltener) in kugeligen Köpfchen stehenden Blüten. Zur Gewinnung von Gummi wird der ↑Mesquitebaum kultiviert.

Protea [nach dem griech. Meeresgott Proteus (mit Bezug auf die Mannigfaltigkeit der Blätter)]: Gattung der Silberbaumgewächse mit rund 100 Arten v. a. in Südafrika; immergrüne Sträucher mit wechselständigen, lederartigen, oft seidenglänzenden Blättern und zapfenartigen, in Köpfen stehenden, von Hochblättern umgebenen Blüten; einige Arten sind dekorative Kalthauspflanzen.

Provencerose [frz. prɔ'vɑ̃:s]: anderer Name der Zentifolie (↑Rose).

Provinsrose [frz. prɔ'vɛ̃]: anderer Name der Essigrose (↑Rose).

Prunkbohne: anderer Name der ↑Feuerbohne.

Prunkwinde: anderer Name der Gattung ↑Trichterwinde.

Prunus [lat. = Pflaumenbaum]: Gattung der Rosengewächse mit rund 200 Arten, v. a. in den gemäßigten Zonen, einige Arten in den Anden Südamerikas; meist sommergrüne, zuweilen auch immergrüne Bäume und Sträucher mit wechselständigen Blättern, einzelnen oder in Büscheln oder Trauben stehenden fünfzähligen Blüten und meist einsamigen Steinfrüchten. In Deutschland sind vor allem ↑Traubenkirsche und ↑Schlehdorn heimisch. Neben wichtigen Kulturpflanzen wie ↑Sauerkirsche, ↑Süßkirsche, ↑Mandelbaum, ↑Pflaumenbaum und ↑Pfirsichbaum werden zahlreiche Sorten und Arten als Zierbäume und Ziersträucher verwendet, u. a. ↑Japanische Kirschen, ↑Kirschlorbeer und ↑Zwergmandel.

Psalliota: veralteter wissenschaftlicher Name der Pilzgattung ↑Champignon.

Psathyrella: wissenschaftlicher Name der Pilzgattung ↑Zärtling.

Pseudotsuga [griech. pseũdos = Lüge, Trug]: Gattung der Kieferngewächse mit fünf Arten in Ostasien und Nordamerika; immergrüne, hohe, fichtenähnliche Bäume mit mehr oder weniger zweizeilig abstehenden, am Grund stielartig sich verschmälernden Nadeln; hängende Zapfen mit dreispitzigen, die Fruchtschuppen überragenden Deckschuppen; im ersten Jahr reifend, nicht zerfallend. Bekannt ist die ↑Douglasie.

Psidium: Gattung der Myrtengewächse mit rund 150 Arten im tropischen und subtropischen Amerika; Bäume oder Sträucher mit kugeligen oder birnenförmigen Früchten; bekannt der ↑Guajavabaum.

Psilophyten: anderer Name der ↑Nacktfarne.

Psophocarpus [griech. psóphos = Schall und griech. karpós = Frucht (die abgerissene Fruchthülse zerplatzt mit einem Knall, wenn man sie in die Sonne legt)]: Gattung der

Schmetterlingsblütler mit fünf Arten im tropischen Asien und in Afrika; hochwindende Kräuter mit gefiederten Blättern, Blüten in achselständigen Trauben. Kultiviert wird die ↑ Goabohne.

Pteridium: wissenschaftlicher Name der Tüpfelfarngattung ↑ Adlerfarn.

Pteridophyta: wissenschaftlicher Name der ↑ Farnpflanzen.

Pteridospermae: wissenschaftlicher Name der ↑ Samenfarne.

Pteropsida: wissenschaftlicher Name der ↑ Farne.

Puccinia [pʊ'tʃi:nia]: artenreichste Gattung der ↑ Rostpilze.

Puffbohne: anderer Name der ↑ Pferdebohne.

Pulicaria: wissenschaftlicher Name der Gattung ↑ Flohkraut.

Pulmonaria: wissenschaftlicher Name der Gattung ↑ Lungenkraut.

Pulsatilla: wissenschaftlicher Name der Gattung ↑ Kuhschelle.

Pulverholz: anderer Name des Gemeinen Faulbaums (↑ Kreuzdorn).

Punica: wissenschaftlicher Name der Gattung ↑ Granatapfelbaum.

Punktierter Enzian: Art der Gattung ↑ Enzian.

Purgierkraut: svw. Gottesgnadenkraut (↑ Gnadenkraut).

Purgierkreuzdorn: Art des ↑ Kreuzdorns.

Purpurglöckchen (Heuchera): Gattung der Steinbrechgewächse mit rund 50 Arten in Nordamerika. Die bekannteste Art ist **Heuchera sanguinea** (P. im engeren Sinn): 30–40 cm hohe Pflanzen mit runden, dunkelgefleckten Blättern und roten, in Rispen stehenden Blüten; für Rabatten und Steingärten geeignete Stauden.

Purpurgranadilla: Art der Gattung ↑ Passionsblume.

Purpurknabenkraut: eine Orchideenart (↑ Knabenkraut).

Purpurorchis: svw. Purpurknabenkraut (↑ Knabenkraut).

Purpurprunkwinde: Art der Gattung ↑ Trichterwinde.

Purpursarrazenie: Art der Gattung ↑ Sarrazenie.

Purpurwinde: anderer Name der Gattung ↑ Trichterwinde.

Puschkinia (Puschkinie) [nach dem russ. Wissenschaftler A. A. Graf Mussin-Puschkin, 18. Jahrhundert]: Gattung bis 15 cm hoher Liliengewächse mit nur zwei Arten in Westasien; mit porzellanblauen oder weißen Blüten in Trauben und lanzettlichen Blättern; winterharte, sich durch Selbstaussaat verbreitende Gartenpflanzen.

Puya [span.]: Gattung der Ananasgewächse mit über 100 Arten in Südamerika; meist an die Trockenheit angepaßte Schopfbäume mit scharf zugespitzten Blättern und in Trauben, Ähren oder Köpfchen angeordneten Blüten. Am bekanntesten ist die **Riesenbromelie** (Puya raimondii), in den Hochanden Perus; bis 4 m hoch; Blüten grünlichweiß, stehen in bis 5 m hohen Blütenständen.

Pyracantha: wissenschaftlicher Name der Rosengewächsgattung ↑ Feuerdorn.

Pyramideneiche: Mutante der ↑ Stieleiche.

Pyramidenpappel: Varietät der ↑ Schwarzpappel.

Pyrenomycetales: wissenschaftlicher Name der ↑ Pyrenomyzeten.

Pyrenomyzeten [zu griech. pyrḗn = Obstkern und griech. mýkēs, mýkētos = Pilz] (Pyrenomycetales, Kernpilze): Ordnungsgruppe der Schlauchpilze, die teils als Pflanzenparasiten, teils von abgestorbenen organischen Substanzen (Saprophyten) leben. Zu ihnen zählen z. B. Bäckereipilz, Obstbaumkrebspilz, Mutterkornpilz.

Pyrethrum [griech. pýrethron (ein Pflanzenname)]: veraltete Gattungsbezeichnung (heute Chrysanthemum) für einige Arten der Wucherblume, aus denen das gleichnamige Insektizid Pyrethrum (wirkt gegen alle Insektenarten und manche Würmer) gewonnen wird.

Pyrola: wissenschaftlicher Name der Gattung ↑ Wintergrün.

Pyrolaceae: wissenschaftlicher Name der ↑ Wintergrüngewächse.

Pyrrhophyceae: Klasse pflanzlicher Flagellaten (↑ Dinoflagellaten).

Pyrus: wissenschaftlicher Name der Gattung ↑ Birnbaum.

Q

Quamoclit: wissenschaftlicher Name der Gattung ↑ Sternwinde.

Quassia [nach dem surinamischen Medizinmann Graman Quassi (18. Jahrhundert)]: Gattung der ↑ Bittereschengewächse mit rund 35 Arten in Südamerika und Westafrika; Sträucher oder Bäume mit schraubig angeordneten Blättern und kleinen, meist in Rispen stehenden Blüten. Der **Amerikanische Quassiaholzbaum** (Qu. amara) ist ein kleiner, etwa 3 m hoher Baum mit geflügelten Blattstielen und ziemlich großen, roten Blüten. Aus dem hellgelben, bitter schmeckenden Holz **(Surinam-Bitterholz)** werden Extrakte hergestellt, die früher als Magenmittel und Insektizid benutzt wurden; heute noch bei der Herstellung von Wermutwein und Spirituosen verwendet.

Quecke (Agropyron): Gattung der Süßgräser mit rund 100 Arten auf der Nordhalbkugel und im südlichen Südamerika; mit zweizeiligen Blättern und unscheinbaren zwittrigen Blüten, die in Ährchen stehen. Bekannte einheimische Arten sind u. a.: **Binsen-Qu.** (Agropyron junceum), ein 30–60 cm hohes Dünengras an der Nord- und (seltener) Ostsee; **Gemeine Qu.** (Agropyron repens), 20–150 cm hohes, mehrjähriges Unkraut; lebhaft grün oder blaubereift; in Europa, Nordasien und Nordamerika vorkommend. Durch ihre oft meterlangen unterirdischen Ausläufer bedecken sie häufig große Flächen und sind schwer zu bekämpfen. Ihr Wurzelstock **(Queckenwurzel)** wird in der Volksmedizin als blutreinigendes und harntreibendes Mittel verwendet.

Queckenreis: anderer Name der ↑ Reisquecke.

Queller (Glasschmalz, Salicornia): Gattung der Gänsefußgewächse mit rund 30 weltweit verbreiteten, oft bestandbildenden Arten an Meeresküsten und auf Salzböden im Binnenland. Die bekannteste Art ist der **Gemeine Qu.** (Qu. im engeren Sinne, Salicornia europaea), eine ein- oder zweijährige, wenig bewurzelte, glasig-fleischige Salzpflanze, deren Stengel 10–40 cm hoch werden und einfach oder kandelaberartig verzweigt sind; Blätter zu Schüppchen reduziert; Blüten unscheinbar (Windbestäubung); Erstbesiedler auf stark salzhaltigen Böden (Watt, Binnensalzstellen); wird häufig auch zur Landgewinnung (z. B. an der Nordsee) angepflanzt. – Abb. S. 238.

Quellkraut (Montia): Gattung der Portulakgewächse mit rund 50 Arten, v.a. in Amerika, einige Arten weltweit verbreitet. Einheimisch an Bächen, Gräben und auf feuchten Äckern ist u.a. das **Bach-Qu.** (Montia fontana), eine 10 bis 30 cm hohe Pflanze mit spatelförmigen, gelbgrünen Blättern und unscheinbaren weißen Blüten.

Quellmoos (Philonotis): Gattung der Laubmoose mit rund 170 weltweit verbreiteten Arten. Sie siedeln sich v.a. im Quellbereich der Gebirgsbäche an und bilden dort dichte Polster, die ständig vom strömenden Wasser umspielt werden (Name!); z.B. die Art **Philonotis fontana,** auf kalkarmen Wiesenmooren und in kalten, kalkarmen Quellen, vom Flachland bis über die Schneegrenze.

Quendel: svw. Feldthymian (↑Thymian).

Quercus: wissenschaftlicher Name der Gattung ↑Eiche.

Quillaja: wissenschaftlicher Name der Gattung ↑Seifenbaum.

Quinoa [ki...]: anderer Name der Pflanzenart ↑Reismelde.

Quisqualis: wissenschaftlicher Name der Gattung ↑Wunderstrauch.

Quitte [altes Lehnwort (ahd. qitina) aus vulgärlat. quidonia, dies über lat. cydonia (mala) von griech. kydṓnia (mēla) = Quitten(äpfel)] (Cydonia oblonga): Rosengewächs aus Vorderasien; bis 8 m hoher, dichtverzweigter, sommergrüner Baum mit eiförmigen, ganzrandigen Blättern und einzelnen, rötlichweißen Blüten. In Süd- und Mitteleuropa werden die Varietäten **Birnen-Qu.** (Cydonia oblonga var. piriformis) und **Apfel-Qu.** (Cydonia oblonga var. maliformis), mit birnen- bzw. apfelförmigen Früchten, kultiviert. Das Fruchtfleisch der Qu. ist hart, sehr aromatisch, roh aber nicht genießbar. Die Früchte (Kernobst) werden zu Konfitüre oder Saft verarbeitet. Die Samen enthalten Schleimstoffe, die zur Herstellung von Husten-, Magen- und Darmmitteln, von Appreturmitteln und kosmetischen Emulsionen verwendet werden. Bedeutung hat die Qu. auch als Veredlungsunterlage für kleine Birnensorten.

Geschichte: Die Qu. war schon Griechen und Römern bekannt und wurde seit dem 9. Jahrhundert auch nördlich der Alpen angepflanzt. Die Früchte galten im Altertum als Symbol der Liebe und Fruchtbarkeit und wurden auch „Äpfel der Venus" genannt.

Quittenmispel: anderer Name der Gattung ↑Zwergmispel.

R

Rachenblume (Alpenrachen, Tozzia alpina): 10–50 cm hoher Rachenblütler in Hochstaudenfluren und an Bächen der Pyrenäen, Alpen und des Balkans; mit gegenständigen, glänzenden Blättern und blutrot punktierter Unterlippe an den 6–8 mm langen, goldgelben Blüten.

Rachenblütler (Braunwurzgewächse, Scrophulariaceae): Familie Zweikeimblättriger Pflanzen mit rund 3000 weltweit verbreiteten Arten; meist Kräuter, Stauden, Sträucher und Lianen mit wechsel- oder gegenständigen Blättern und meist dorsiventralen, oft zweilippigen Blüten in Blütenständen; der oberständige Fruchtknoten bildet Kapselfrüchte. Bekannte Gattungen sind ↑Ehrenpreis, ↑Fingerhut, ↑Gnadenkraut, ↑Klappertopf, ↑Königskerze und ↑Löwenmaul.

Racines d'orcanette [frz. rasindɔrka'nɛt]: anderer Name des Färberkrautes (↑Schminkwurz).

Radbaum (Trochodendron aralioides): einzige rezente Art der **Radbaumgewächse** (Trochodendraceae; Ostasien); immergrüner bis 20 m hoher Baum mit aromatisch duftender Rinde, lederartigen Blättern und leuchtend grünen Zwitterblüten in endständigen Trauben; im mitteleuropäischen Weinklima als Zierbaum angepflanzt.

Rade (Agrostemma): Gattung der Nelkengewächse mit nur wenigen mitteleuropäischen Arten; mit purpurroten, einzeln stehenden Blüten und Kapselfrüchten; z. B. die bis 1 m hohe **Kornrade** (Agrostemma githago), deren Samen giftig sind; Getreideunkraut.

Radieschen: eine Varietät des ↑Rettichs.

Radmelde (Kochia): Gattung der Gänsefußgewächse mit rund 80 Arten in Australien, Eurasien, Afrika und im westl. Nordamerika; kleine Sträucher oder Kräuter mit kleinen, schmalen, seidig behaarten Blättern und unscheinbaren Blüten. Eine bekannte Art ist das in Mitteleuropa als Zierstrauch kultivierte **Besenkraut** (Besen-R., Kochia scoparia), das in Südosteuropa und Asien getrocknet zu Besen verarbeitet wird. Aus dem Besenkraut wurde als Gartenform die bis 2 m hohe **Sommerzypresse** (Kochia scoparia var. trichophylla) gezüchtet, deren Blätter sich im Herbst rot färben.

Radtintling: Art der Pilzgattung ↑Tintlinge.

Rafflesia (Rafflesie): Gattung der ↑Rafflesiengewächse.

Rafflesiengewächse [nach dem engl. Kolonialbeamten Sir Th. St. Raffles, * 1781, † 1826] (Schmarotzerblumen, Rafflesiaceae): Pflanzenfamilie mit über 50 tropischen bis subtropischen Arten in neun Gattungen; extrem angepaßte, fleischige, chlorophyllose, wurzellose Parasiten auf Holzpflanzen; Sproß sehr kurz, mit Schuppenblättern. Die eingeschlechtigen, von Aasfliegen bestäubten Blüten sitzen direkt der Wirtspflanze auf. Bekannteste Gattung ist **Rafflesia** (Rafflesie) mit rund 10 Arten in Südostasien, darunter die auf Sumatra heimische **Riesenrafflesie** (Rafflesia arnoldii), deren tellerförmige, fünfteilige, ziegelrot und weiß gescheckte Blüte fast 1 m groß und 6 kg schwer wird (größte Einzelblüte aller Pflanzen).

Ragwurz (Ophrys): Orchideengattung mit rund 20 Arten in Mitteleuropa und in Vorderasien; besonders auf Kalkböden wachsende Erdorchideen, deren Stengel und Blütentraube aufrecht wachsen. Bei einigen einheimischen Arten ähnelt die Lippe der bunten Blüten den Weibchen bestimmter Insektenarten. Dadurch werden die betreffenden Männchen angelockt und zu Paarungsversuchen verleitet, in deren Verlauf Pollen übertragen werden. Bekannte Arten sind: **Fliegen-R.** (Fliegenorchis, Ophrys insectifera), bis 30 cm hoch; Lippen der Blüten rotbraun, mit bläulich glänzendem Fleck am Grund); **Hummel-R.** (Ophrys fuciflora), bis 50 cm hoch; Blüten hummelähnlich; Lippe braun, samtig behaart, mit bläulicher oder grüngelber Zeichnung; äußere Blütenhüllblätter weiß bis rosa.

Raigras: anderer Name der Süßgräsergattung ↑Lolch.

Rainfarn (Wurmkraut, Chrysanthemum vulgare): bis über 1 m hoher einheimischer Korbblütler in Auwäldern, Hecken und an Wegrändern; mit farnähnlichen Blättern und goldgelben, halbkugeligen Köpfchen ohne Zungenblüten. Die Blüten enthalten ätherisches Öl (Verwendung als Wurm- und Magenmittel).

Rainweide: anderer Name für den ↑Liguster.

Ramalina [zu lat. ramale = Geäst] (Astflechte): rund 200 Arten umfassende Gattung der Bartflechten mit meist abgeflachtem, bandartigem Thallus. In Deutschland kommen die Arten **R. fraxinea** (an der Rinde von Laubbäumen) und **R. farinacea** (strauchartig; an der Rinde von Laub- und Nadelbäumen sowie an Sträuchern) vor.

Rambour [rã'bu:r]: Kurzbez. für: Rheinischer Winterrambour (↑Apfelsorten, Übersicht S. 27).

Rambutan (Nephelium lappaceum): malesisches Seifenbaumgewächs; großer Baum mit Fiederblättern, in Rispen stehenden Blüten und pflaumengroßen, dicht mit langen, weichen Stacheln besetzten Früchten. Die weißen, sehr saftigen, eßbaren Samenmäntel schmecken angenehm erfrischend. – Abb. S.75.

Ramiepflanzen ↑Boehmeria.

Ramonda [nach dem frz. Botaniker L. Baron Ramond de Carbonnières, * 1753, † 1827]: Gattung der Gesneriengewächse mit nur drei Arten in den Pyrenäen und auf dem Balkan; niedrige Stauden mit weich-runzeligen Blattrosetten und violetten, hell purpurfarbenen oder weißen Blüten auf blattlosem Schaft; Kleinstauden v. a. für Steingärten.

Ramtill [Hindi] (Gingellikraut, Guizotia abyssinica): im tropischen Afrika und in Indien angebaute Korbblütlerart; bis 2 m hohe, einjährige, gelbblühende Pflanze, deren Samen **(Negersamen)** ein Öl liefern, das in den Anbaugebieten als Speiseöl, in Europa als Brenn- und Schmieröl bzw. zur Seifenherstellung verwendet wird.

Ranunculaceae: wissenschaftlicher Name der ↑Hahnenfußgewächse.

Ranunculus: wissenschaftlicher Name der Gattung ↑Hahnenfuß.

Ranunkel: Art der Gattung ↑Hahnenfuß.

Ranunkelstrauch: anderer Name der Art ↑Kerrie.

Raphanus: wissenschaftlicher Name der Gattung ↑Rettich.

Raphiapalme [madagass. rafia] (Bastpalme, Raphiabastpalme, Raphia): tropische Palmengattung mit rund 40 Arten; baumförmige Fiederpalmen mit kurzen, dicken Stämmen und bis über 15 m langen Blättern. Die Arten **Raphia vinifera** und **Raphia taedigera** liefern Palmwein. Aus den Gefäßbündeln der Blattscheiden und des Blattstiels der Art **Raphia ruffia** werden Pflanzenfasern **(Raphiapiassave)** gewonnen, die v. a. zur Herstellung von Bürsten, Besen und Matten verwendet werden; der aus den Fiederblättern hergestellte **Raphiabast** wird als Bindematerial im Garten- und Weinbau sowie als Flechtmaterial verwendet.

Rapistrum: wissenschaftlicher Name der Gattung ↑Rapsdotter.

Rapontikawurzel: anderer Name der Art Gemeine Nachtkerze (↑Nachtkerze).

Raps [niederdt.] (Colza, Reps, Kohlsaat, Kohlraps, Brassica napus var. napus): 60–120 cm hoher Kreuzblütler mit gelben Blüten und blaugrünen Blättern; in Kultur einjährig als **Sommer-R.** oder als **Winter-R.** ausgesät, wobei letzterer in Deutschland wegen des höheren Samenertrags bevorzugt angebaut wird. Der R. ist neben dem ↑ Rübsen die wichtigste einheimische Ölpflanze. – Die heutigen Hauptanbaugebiete liegen jedoch in China, Indien und Kanada. – Die Samen des R.es enthalten etwa 40% Öl **(R.öl).** Der als Rückstand anfallende, eiweißreiche **R.kuchen** ist ein geschätztes Futtermittel v. a. für Rinder.

Geschichte: R. wurde wahrscheinlich zuerst im nördlichen Mitteleuropa auf kleineren Flächen angebaut; schon zur Bronzezeit wurde dort R.öl gewonnen. Ein feldmäßiger Anbau in den Niederlanden sowie in Nord- und Süddeutschland setzte erst im 17. Jahrhundert ein. Bis zum Aufkommen des Petroleums war R.öl das bevorzugte Leuchtöl.

Rapsdotter (Rapistrum): Gattung der Kreuzblütler mit nur wenigen Arten im Mittelmeergebiet und in Osteuropa; ein- oder mehrjährige Kräuter mit unterseits behaarten Blättern und kleinen, gelben Blüten.

Rapunzel:
◊ anderer Name für den Gemeinen Feldsalat (↑ Feldsalat).
◊ anderer Name für die Gattung ↑ Teufelskralle.

Rasamala (Altingia excelsa): Zaubernußgewächs; auf Java und Sumatra in 550 bis 1 700 m Höhe bestandbildender, bis 60 m hoher Baum; liefert gutes Bauholz.

Rasenhaarbinse: Art der Riedgrasgattung ↑ Haarbinse.

Rasenschmiele: eine Art der Süßgrasgattung ↑ Schmiele.

Rasselblume (Cupidopfeil, Catananche): Gattung der Korbblütler mit nur wenigen Arten im Mittelmeergebiet; Kräuter mit linealischen Blättern und meist blauen, seltener weißen oder gelblichen Blüten. Bekannt ist die **Blaue R.** (Catananche coerulea), eine 40–60 cm hohe Staudenpflanze für Steingärten und Trockenmauern.

Rasselstendel (Catasetum): Orchideengattung mit rund 100 Arten im tropischen Amerika; auf dem Boden oder anderen Pflanzen lebende Pflanzen mit bis 50 cm langen Blättern und zwittrigen oder eingeschlechtigen Blüten. Die ♂ Blüten sind in Form und Farbe stark von den ♀ Blüten unterschieden; beide können auch nebeneinander in einer Blütentraube vorkommen. R.arten werden wegen ihres Blütendimorphismus gern in Warmhäusern kultiviert.

Ratanhia [ra'tania; indian.-span.] (Krameria): Gattung der Hülsenfrüchtler mit rund zehn Arten, verbreitet vom südlichen Nordamerika bis Chile; Halbsträucher oder Kräuter mit einfachen Blättern und achselständigen, purpurfarbenen Blüten. Die Art **Krameria triandra** liefert die braunrote, **R.gerbsäure** enthaltende **R.wurzel,** die als Zusatz zu Zahnpasten, als Gerbmittel und Adstringens (z. B. bei Rachenentzündungen) verwendet wird.

Rattanpalme [engl. rat(t)an, von malai. rotan = Peddigrohr] (Daemonorops): Palmengattung mit rund 80 Arten im tropischen Asien; schlanke, aufrechte oder kletternde Palmen mit gefiederten Blättern. Die dünnen, zähen Stämme der kletternden Arten werden ähnlich wie die Stämme der ↑ Rotangpalmen genutzt. Die bekannteste Art ist die auf den Inseln des Maliischen Archipels beheimatete **Drachenblutpalme** (Daemonorops draco), aus deren Früchte ein rotbraunes Harz **(Drachenblut)** gewonnen wird, das früher v. a. für Geigenlacke verwendet wurde und heute als Farbharz dient.

Rauhblattaster: Art der Gattung ↑ Aster.

Rauhblattgewächse (Boraginaceae, Bor[r]etschgewächse): weltweit verbreitete Familie zweikeimblättriger Pflanzen mit rund 2000 Arten in rund 100 Gattungen; Bäume, Sträucher oder Kräuter mit schraubig angeordneten ungeteilten, stark borstig behaarten Blättern und in wickeligen Blütenständen stehenden Blüten. Bekannte Gattungen: ↑Beinwell, ↑Lungenkraut, ↑Natternkopf, ↑Alkanna und Borago (↑Borretsch).

Rauhfußröhrlinge (Rauhstielröhrlinge, Leccinum): Gattung der Röhrlinge mit rund 20 europäischen Arten; eßbare Ständerpilze mit rauhschuppigem Stiel und meist fleischigem Hut; leben mit Laubbäumen in Symbiose (Mykorrhizapilze). Die bekanntesten Vertreter sind die ↑Rotkappen.

Rauhlilie: anderer Name der Gattung ↑Rauhschopf.

Rauhschopf (Rauhlilie, Dasylirion): Gattung der Liliengewächse mit rund 20 Arten in Arizona, Texas und Mexiko; zweihäusige Pflanzen mit dicken, aufrechten Stämmen und einem kugeligen Schopf aus etwa 1,80 m langen, am Rand gesägten Laubblättern; Blüten in hohen, aufrechten, zylindrischen Rispen; im Mittelmeergebiet in Gärten angepflanzt.

Rauhweizen (Englischer Weizen, Triticum turgidum): nur noch selten angebaute Weizenart mit 1,2 bis 1,8 m hohen Halmen und dichten, dicken, langen Ähren mit meist begrannten Deckspelzen; Körner dick und rundlich.

Rauke [durch roman. Vermittlung (vgl. italien. ruca) aus lat. eruca = Senfkohl]:

◊ (Eruca) Gattung der Kreuzblütler mit nur wenigen Arten im Mittelmeergebiet. Als Gemüse-, Salat- und Ölpflanze wird die **Öl-** oder **Senf-R.** (Eruca sativa) angebaut; in Deutschland verwildert.

◊ (Sisymbrium) Gattung der Kreuzblütler mit rund 80 Arten auf der Nordhalbkugel und in Südamerika. Bekannte Arten: **Besen-R.** (Sophienkraut, Sisymbrium sophia), in Eurasien und Nordafrika; einjähriges, bis 70 cm hohes Kraut mit mehrfach fein gefiederten, dicht behaarten Blättern, kleinen, gelben Blüten in rutenbesenförmigem Blütenstand und aufrechten, 10–20 mm langen, sichelförmigen Schotenfrüchten; an trockenen Wegrändern; **Wege-R.** (Sisymbrium officinale), 30–60 cm hoch; mit fiederspaltigen Blättern und gelben, in Trauben stehenden Blüten; Ruderalpflanze.

Rauschbeere (Moorbeere, Trunkelbeere, Vaccinium uliginosum): Heidekrautgewächs im nördlichen Europa, in Asien und Nordamerika; auf Hochmooren, im Gebirge auch auf trockenen Böden; sommergrüner, bis fast 1 m hoher Strauch mit 1–3 cm langen, eiförmigen Blättern und schwarzblauen, süßlich schmeckenden Beeren, die jedoch in größeren Mengen gegessen, Schwindelgefühl, Sehstörungen und Lähmungserscheinungen hervorrufen. – Abb. S. 238.

Rauschpfeffer: svw. Kawapfeffer (↑Pfeffer).

Raute [altes Lehnwort (ahd. rūta) aus lat. ruta = Raute]:

◊ (Ruta) Gattung der Rautengewächse mit rund 60 Arten, v.a. im Mittelmeergebiet vorkommend; Kräuter oder Halbsträucher mit meist Öldrüsen enthaltenden Blättern und gelben oder grünlichen Blüten. Die bekannteste Art ist die **Wein-R.** (Garten-R., Ruta graveolens): heimisch auf der Balkanhalbinsel und in Ober- und Mittelitalien; aromatisch duftende, bis 50 cm hohe

Staude oder Halbstrauch; mit bläulichgrünen, zwei- bis dreifach gefiederten oder fiederteiligen Blättern und gelben Blüten; alte Heil- und Gewürzpflanze; in Deutschland aus Kulturen verwildert. Diese und einige andere Arten liefern das in der Parfümerie und zur Aromenherstellung verwendete **Rautenöl.**

◊ Bez. für verschiedene nicht mit den Rautengewächsen verwandte Pflanzen; z. B. ↑Mauerraute und Goldraute (↑Goldrute).

Rautengewächse (Weinrautengewächse, Rutaceae): Familie zweikeimblättriger Pflanzen mit rund 1 600 Arten in 150 Gattungen, verbreitet in allen wärmeren Gebieten der Erde, hauptsächlich jedoch in Südafrika und Australien; meist Bäume oder Sträucher mit schraubig angeordneten, durch Öldrüsen durchscheinend punktiert erscheinenden Blättern und unterschiedlich gestalteten, meist regelmäßigen Blüten. Zu den R.n gehören u. a. ↑Zitruspflanzen und ↑Raute.

Rauwolfia (Rauvolfia) [nach dem dt. Botaniker L. Rauwolf, * 1540 (?), † 1596]: in den gesamten Tropen verbreitete, nur in Australien fehlende Gattung der Hundsgiftgewächse mit rund 90 Arten. Die bekannteste Art ist die in Indien heimische **R. serpentina,** ein kleiner, rötlich blühender Strauch, dessen Wurzeln die in der Pharmazie verwendeten **Rauwolfiaalkaloide** (werden v. a. für blutdrucksenkende und beruhigende Mittel benutzt) enthalten. Heute wird diese Art zunehmend durch **R. vomitaria,** einem Baum mit höherem Alkaloidgehalt, verdrängt. In den amerikanischen Tropen wird die Art **R. tetraphylla** genutzt.

Geschichte: R.arten werden in Ostasien seit alters als Volksheilmittel verwendet; in Europa wurden sie im 16. Jahrhundert bekannt. Eine Heilwirkung beschrieb 1563 der portugiesische Arzt Garcia de Orta. Für blutdrucksenkende Mittel wurde R. erst 1952 nach der Entdeckung des R.alkaloids Reserpin genutzt.

Ravenala [madagassisch]: Gattung der Bananengewächse mit der einzigen, in Madagaskar heimischen Art **Baum der Reisenden** (Quellenbaum, Ravenala madagascariensis): 3–6 m hoch; mit fächerartig ausgebreiteten Blättern und weißen Blüten. Die dikken Blattstengel enthalten eine wasserähnliche Flüssigkeit, die angeblich von durstigen Reisenden als Trinkwasserersatz genutzt wurde. Wegen seiner schönen Wuchsform wird er oft in den Tropen angepflanzt.

Raygras: anderer Name der Süßgrasgattung ↑Lolch.

Rebe: Kurzbez. für ↑Weinrebe.

Rebendolde (Wasserfenchel, Oenanthe): Gattung der Doldengewächse mit rund 30 fast weltweit verbreiteten Arten; zweijährige oder ausdauernde Stauden mit zwittrigen, weinartig riechenden Blüten. Eine bekannte Art ist der in stehenden und seichten Gewässern Europas und Asiens verbreitete **Wasserfenchel** (Oenanthe aquatica) mit bis 1,5 m hohem und 8 cm dickem Stengel, gefiederten Luftblättern und haaarfein geschlitzten Wasserblättern.

Rebengewächse: gleichbed. mit ↑Weinrebengewächse.

Rebsorten: die Sorten der Edelrebe (↑Weinrebe).

Rebstock: svw. Weinstock (↑Weinrebe).

Rehling: anderer Name für den Speisepilz ↑Pfifferling.

Reifpilz (Runzelschüppling, Rozites caperata): auf sandigen Böden vorkommender Blätterpilz; der bis

12 cm breite, ockerfarbene Hut und der Stiel sind feinflockig bereift; Lamellen lehmgelb; dicker Stiel mit weißlichem, häutigem Ring; Fleisch blaß holzfarben, fest und saftig; guter, stellenweise häufiger Speisepilz, der hauptsächlich in Öl eingelegt oder getrocknet wird.

Reiherschnabel (Erodium): Gattung der Storchschnabelgewächse mit rund 75 Arten in den gemäßigten Zonen Eurasiens und im Mittelmeergebiet; meist Kräuter, selten Halbsträucher, mit gezähnten, gelappten oder fiedriggeschlitzten Blättern und regelmäßigen Blüten. Die bekannteste Art ist der rotviolett oder rosa blühende **Schierlings-R.** (Erodium cicutarium), ein häufig vorkommendes Unkraut an Wegen und auf Sandäckern. Die Frucht erinnert nach dem Verblühen an einen Reiherkopf.

Reineclaude [rɛ:nə'klo:də]: andere Schreibung für Reneklode (↑ Pflaumenbaum).

Reis [in mhd. Zeit (mhd. rīs) aus mlat. risus entlehnt, das über lat. oriza, oryza auf gleichbed. griech. óryza zurückgeht (wohl südasiatischen Ursprungs)] (Oryza): Gattung der Süßgräser mit rund 20 Arten in allen wärmeren Ländern. Die wirtschaftlich bedeutendste und bekannteste Art ist **Oryza sativa** (R. im engeren Sinne), eine bis 1,50 m hohe, einjährige Kurztagpflanze mit langen, breiten Blättern und bis 30 cm langer Rispe mit einblütigen Ährchen, letztere mit großen, kahnförmigen, harten Deckspelzen **(R.schalen);** im Gegensatz zu den meisten anderen Gräsern sind sechs Staubblätter vorhanden. Der R. ist ein Büschelwurzler, d. h. er hat keine Hauptwurzel, sondern ein ausgeprägtes Faserwurzelnetz. Weiterhin neigt er zur Bestokkung und bildet zahlreiche Nebenhalme aus. Die Früchte sind Karyopsen, deren miteinander verwachsene Frucht- und Samenschale zusammen mit der Aleuronschicht das weiß- bis violettgefärbte **Silberhäutchen** bilden.

Neben Mais und Sorghumhirse ist R. die wichtigste Getreidepflanze der Tropen und z. T. auch der Subtropen; denn für mehr als die Hälfte der Menschen ist er (obwohl nicht backfähig) das Hauptnahrungsmittel.

Von den Formenkreisen des R.es (bekannt sind rund 5 000 Formen, von denen etwa 1 400 kultiviert werden) sind die wirtschaftlich wichtigsten der mit künstlicher Bewässerung im Terrassenfeldbau oder mit natürlicher Überstauung (Ausnutzung des Monsunregens) in den Niederungen angepflanzte **Sumpf-R.** (Naß-R., Wasser-R) sowie die anspruchslosen Sorten des **Berg-R.es** (Trocken-R.), die bis in Höhen von 2 000 m angebaut werden und nur das Regenwasser benötigen.

Vom Einsetzen der Gelbreife an wird der R. von Hand oder maschinell geerntet. Zur weiteren Verarbeitung kommt der gedroschene R. **(Paddy)** in R.mühlen, wo er für den Handel entspelzt wird **(geschälter R.).** In den Verbrauchsländern wird der R. in Spezialmühlen geschliffen (Entfernung des Silberhäutchens), poliert oder gebürstet (geglättet). Die hierbei anfallenden äußeren Schichten sind als **R.kleie** ein nahrhaftes Futtermittel und dienen auch zur Gewinnung von **R.öl.** Mit der Entfernung des Silberhäutchens verliert der R. Eiweiß und Fett sowie wichtige Vitamine, v. a. Vitamin B_1. Eine einseitige Ernährung mit poliertem R. führt zu der Thiaminmangelerkrankung **Beriberi.** – Aus R.abfällen (z. B. Bruch-R.) wird u. a. **R.stärke** gewonnen, die in der Lebensmit-

tel-, Textil- und Kosmetikindustrie verarbeitet wird. – Weiterhin werden aus R. alkoholische Getränke wie Arrak und Reiswein hergestellt. Das **R.stroh** wird in den Anbauländern als Viehfutter und Streu genutzt. Auch Körbe, Hüte und Stricke sowie Zigarettenpapier werden daraus hergestellt.
Die Haupterzeugerländer für R. sind u. a. China, Indien, Indonesien und Bangladesch.

Geschichte: Der vermutlich im tropischen Südasien heimische R. wurde schon im 4. Jahrtausend v. Chr. in Thailand und im 3. Jahrtausend v. Chr. in Südchina in Monokultur angebaut. Im frühen 1. Jahrtausend v. Chr. gelangten Kenntnisse des R.anbaus von Indien über Persien zum Zweistromland, wo ihn die Griechen während des Alexanderzugs (4. Jahrhundert v. Chr.) übernahmen. Die Araber verbreiteten den R.anbau im 8. Jahrhundert von Syrien nach Ägypten, Nordafrika, Sizilien und Spanien, von wo er im 16. Jahrhundert in Italien und Südfrankreich bekannt wurde. – Abb. S. 73.

Reischlinge (Fistulinaceae): Familie der Ständerpilze; Fruchtkörper stiellos oder lateral gestielt, hutartig, fleischig; Fruchtschicht aus einzelstehenden Röhren; auf Holz wachsend. In Deutschland nur der relativ seltene, an alten Eichenstümpfen wachsende **Leberpilz** (Blutschwamm, Fleischpilz, Fistulina hepatica): mit zungen- bis handförmig abstehendem, braunrotem Fruchtkörper; jung eßbar.

Reismais: anderer Name für Puffmais (↑ Mais).

Reismelde (Reisspinat, Quinoa, Chenopodium quinoa): in den Hochanden kultiviertes Gänsefußgewächs, dessen gelbliche Samen zu Mehl verarbeitet werden; die Blätter werden als Gemüse und Salat gegessen.

Reisquecke (Queckenreis, Wilder Reis, Leersia oryzoides): Art der Süßgräser, 50–100 cm hohe, ausläuferbildende Pflanze, die v. a. an nährstoffreichen Graben- und Bachrändern vorkommt.

Reisspinat: anderer Name für die Art ↑ Reismelde.

Reitgras (Calamagrostis): Gattung der Süßgräser mit rund 200 Arten auf der Nordhalbkugel; Pflanzen mit zahlreichen kurzen oder die Deckspelzen überragenden Haaren in den eine Ähre bildenden Blüten. In Deutschland kommen von den Alpen bis ins Tiefland neun Arten vor, und zwar meist in Wäldern, Gebüschen, an moorigen Stellen und Ufern.

Reizker: anderer Name der Pilzgattung ↑ Milchlinge.

Remijia [re'mi:xia; nach dem span. Chirurgen Remijo, 19. Jahrhundert]: Gattung der Rötegewächse mit rund 15 Arten im tropischen Südamerika; Holzpflanzen mit gegenständigen, ganzrandigen Blättern und einzeln oder in Rispen stehenden Blüten. Die Rinde **(R.rinde),** v. a. der Art R. pedunculata, enthält Chinarindenalkaloide (z. B. das fiebersenkende und entzündungshemmende Chinin, das früher besonders gegen die Malaria eingesetzt wurde) und dient daher als Chinarindenersatz.

Remontạntnelken: Zuchtformen der ↑ Nelke.

Remontạntrosen: Zuchtformen der ↑ Rose.

Reneklo̱de: Unterart des ↑ Pflaumenbaums.

Renẹtte (Reinette) [frz.]: Sammelbez. für verschiedene Apfelsorten; z. B. Champagnerrenette, Cox' Orange, Goldrenette, Landsberger Renette. – ↑ auch Apfelsorten, Übersicht S. 24–27.

Rentierflechte (Cladonia rangiferina): grauweiße, polsterbildende Art der Becherflechten auf trockenen Heide- und Waldböden; während des Winters wichtige Futterpflanze für Rentiere.

Reseda [lat.] (Resede, Wau): größte Gattung der R.gewächse mit rund 50 Arten, verbreitet von Europa über Nord- und Ostafrika bis Indien; Kräuter, deren Blüten drei oder mehr Staubblätter aufweisen. Der oberständige Fruchtknoten ist oft an der Spitze offen. Bekannte Arten sind ↑ Färberwau und **Garten-R.** (R. odorata); letztere wird bis 60 cm hoch. Die grünlichgelben, wohlriechenden Blüten besitzen rote Staubbeutel und stehen in lockeren oder dichten, endständigen Trauben. Als anspruchslose Gartenpflanze wird die **Weiße R.** (R. alba; mit weißen Blüten in endständigen Trauben und ganzrandigen Blättern) ausgesät. Sie ist im Mittelmeergebiet wild verbreitet.

Resedaceae: wissenschaftlicher Name der ↑ Resedagewächse.

Resedagewächse (Resedengewächse, Resedaceae): Familie der zweikeimblättrigen Pflanzen in Afrika und im europäischen Mittelmeergebiet; mit sechs Gattungen und rund 70 Arten; meist Kräuter mit schraubig angeordneten, einfachen oder geteilten Blättern und kleinen, drüsenähnlichen Nebenblättern sowie in Trauben oder Ähren stehenden Blüten; bekannteste Gattung ↑ Reseda.

Resede: eindeutschend für: ↑ Reseda.

Resedengewächse: anderer Name der ↑ Resedagewächse.

Restio: wissenschaftlicher Name der Gattung ↑ Seilgras.

Restiogewächse [lat. restio = der Seiler] (Restionaceae): Familie der Einkeimblättrigen mit rund 40 Arten in annähernd 30 Gattungen v.a. in Australien und Südafrika; meist ausdauernde, an trockenen Standorten rasig wachsende, grasähnliche Kräuter mit Rhizomen und meist eingeschlechtigen Ährchen in Rispen; größte Gattung ↑ Seilgras.

Rettich [altes Lehnwort aus lat. radix, radicis = Wurzel]:

◊ (Hederich, Raphanus) Gattung der Kreuzblütler mit rund zehn Arten in Europa und im Mittelmeergebiet; einjährige oder ausdauernde Kräuter mit meist leierförmigen Grundblättern, rötlichen, gelben oder weißlichen Blüten, ein- oder zweigliedrigen Schoten und spindelig dünner oder rübenförmig verdickter Wurzel. Bekannte Arten sind: **Garten-R.** (R. im engeren Sinne; s.u.); **Acker-R.** (Raphanus raphanistrum), bis 45 cm hoch; mit weißen oder gelben, hellviolett geäderten Blüten und perlschnurartigen Gliederschoten; Ackerunkraut.

◊ (Garten-R., Raphanus sativus) vermutlich aus Vorderasien stammende Kulturpflanze mit weißen oder rötlichen Blüten, kurzen, ungegliederten, nicht aufspringenden Schoten und eßbarer Rübe. Häufig angebaute Unterarten sind: **Gewöhnlicher Garten-R.** (Speise-R., Radi, Raphanus sativus var. niger), mit großer, weißfleischiger, außen unterschiedlich gefärbter (weißer, roter oder schwarzer) Rübe (als **Sommer-R.** oder **Winter-R.** angepflanzt). **Öl-R.** (Raphanus sativus var. oleiformis), mit verholzter, ungenießbarer Wurzel; wird wegen seiner ölergiebigen Samen als Ölpflanze v.a. in Ost- und Südostasien sowie in Südeuropa oder in Form von Hybriden mit bis 1,5 m langer Wurzel zur Bodenerschlie-

ßung und Sicherung gegen Bodenerosion in Weinbergen (1/4 der schweizerischen Rebfläche) angebaut. **Radieschen** (Monats-R., Raphanus sativus var. radicula), mit kleiner, rundlicher, rotgefärbter, eßbarer Hypokotylknolle.
Der scharfe Geschmack des R.s ist auf die schwefelhaltigen ätherischen Öle zurückzuführen. **R.saft** wird in der Volksmedizin gegen Gallenkrankheiten und (mit Zucker) gegen Husten verwendet.

Geschichte: Der wahrscheinlich vom Acker-R. abstammende Garten-R. ist in Kleinasien heimisch. Von dort kam er spätestens im 3. Jahrtausend v. Chr. nach Ägypten, wo er seit dem 2. Jahrtausend v. Chr. zur Ölgewinnung angebaut wurde. Griechen und Römern war er in mehreren Sorten als Gemüse bekannt. Während der römischen Kaiserzeit wurde der R. auch nördlich der Alpen zum Anbau empfohlen.

Rhabarber [italien. rabarbaro, von (mittel)griech. rhã bárbaron = fremdländische Wurzel] (Rheum): Gattung der Knöterichgewächse mit rund 40 Arten in den gemäßigten Gebieten Asiens; ausdauernde Stauden mit dickem Rhizom und fleischigen Wurzeln, großen, ganzen oder gelappten Blättern mit starken Blattrippen und starken Blattstielen; Blattgrund als Scheide zum Schutz des Blatts in der Knospe ausgebildet; bleibt nach der Blattentfaltung als tütenförmige Röhre an der Blattstielbasis zurück; Blüten weißlich, rötlich oder gelblichgrün, in großen Rispen. – Die Blattstiele der auch in Mitteleuropa angepflanzten Arten **Rheum rhabarbarum** und **Rheum rhaponticum** werden (geschält, in Stücke geschnitten und mit Zucker gekocht) zu Kompott und Konfitüre verarbeitet und auch zur Obstweinherstellung verwendet. – Die Rhizome einiger anderer Arten (z. B. **Rheum officinale** und **Rheum palmatum**) werden v. a. in Asien als Abführmittel sowie gegen Magen- und Darmkatarrh verwendet. – Einige Arten (z. B. **Rheum alexandrae** und **Rheum nobile**) werden als Zierpflanzen kultiviert.

Geschichte: Griechen und Römern war Rheum rhaponticum bekannt; sie verwendeten diese Rh.art bei Leibschmerzen. In China war im 3. Jahrtausend v. Chr. Rheum palmatum ein beliebtes Arzneimittel, das aber wahrscheinlich erst durch die Araber im 6. Jahrhundert n. Chr. im Mittelmeergebiet bekannt wurde. Die Wurzeln beider Arten wurden auch im Mittelalter als Arznei verwendet. Im 18. Jahrhundert kam der Rh. nach Rußland; dort wurde aus Samen auch die Stammpflanze gezogen. Seit Mitte des 18. Jahrhundert werden Rh.arten in Deutschland angepflanzt.

Rhamnaceae: wissenschaftlicher Name der ↑ Kreuzdorngewächse.

Rhamnus: wissenschaftlicher Name der Gattung ↑ Kreuzdorn.

Rheinischer Krummstiel: ein Winterapfel (↑ Apfelsorten, Übersicht S. 27).

Rheinischer Winterrambour: ein Winterapfel (↑ Apfelsorten, Übersicht S. 27).

Rhinanthus: wissenschaftlicher Name der Gattung ↑ Klappertopf.

Rhizophoraceae: wissenschaftlicher Name der ↑ Mangrovegewächse.

Rhizopogon: wissenschaftlicher Name der ↑ Wurzeltrüffel.

Rhododendron: wissenschaftlicher Name der Gattung ↑ Alpenrose.

Rhodophyceae: wissenschaftlicher Name der ↑ Rotalgen.

Rhoeo [Herkunft unsicher]: Gattung der ↑ Kommelinengewächse mit der einzigen Art **Rhoeo discolor;** Staude mit gestauchter Sproßachse, langen, linealischen, oberseits grünen, unterseits dunkelvioletten Blättern und kleinen, weißen, in den Blattachseln stehenden Blüten; beliebte Topfzierpflanze. Die Pflanze wird häufig wegen ihrer rot gefärbten Vakuolen bei Plasmolyseversuchen verwendet.

Rhus: wissenschaftlicher Name der Gattung ↑Sumach.

Rhynchospora: wissenschaftlicher Name der Riedgrasgattung ↑Schnabelried.

Ribes [mlat.-italien. ribes = Johannisbeere, von arab. rībās = eine Art Rhabarber]: einzige Gattung der Stachelbeergewächse (Grossulariaceae) mit rund 150 Arten in der nördlichen gemäßigten Zone und in den Gebirgen Südamerikas; Sträucher; Blüten meist klein, fünf- oder vierzählig, mit ganz oder fast ganz unterständigem Fruchtknoten; Früchte als Beeren ausgebildet. Man unterscheidet die Kulturformen der ↑Stachelbeere, bei denen Stacheln vorkommen, von der Artengruppe **Johannisbeere** (z. B. ↑Rote Johannisbeere, ↑Schwarze Johannisbeere), bei der Stacheln fehlen.

Ricinus: Gattung der Wolfsmilchgewächse mit der einzigen Art R. communis (↑Wunderbaum).

Riechgras: gleichbed. mit ↑Ruchgras.

Riedgräser (Sauergräser, Halbgräser, Cyperaceae): Familie der Einkeimblättrigen mit rund 3 700 Arten in rund 70 Gattungen; weltweit verbreitet, v. a. in den gemäßigten Gebieten, besonders auf sumpfigen, sauren Böden; grasartige Kräuter mit meist deutlich dreikantigen, selten durch Knoten gegliederten Stengeln; Blätter schmal, überwiegend mit geschlossenen Scheiden; Blüten klein, ohne Blütenhülle, in den Achseln von Spelzen; die ährchenartigen Teilblütenstände stehen in traubigen, ährigen, kopfigen oder rispigen Blütenständen vereint; die Frucht stellt eine einsamige, freie oder von einem Fruchtschlauch (**Ultriculus;** bereits den Fruchtknoten schlauchförmig umhüllendes Tragblatt der ♀ Einzelblüte) umschlossene Nuß dar. Die wichtigsten der in Deutschland vorkommenden rund 150 Arten sind Vertreter der Gattungen ↑Wollgras, ↑Segge, ↑Sumpfried und ↑Haarbinse. Als Zierpflanzen kultiviert werden neben Arten der Segge der Grastopf (↑Simse) und verschiedene Arten der Gattung ↑Zypergras, zu der auch die Papyrusstaude gehört.

Riemenblume (Loranthus): Gattung der Mistelgewächse mit vorwiegend tropischer Verbreitung, in Deutschland (nur in Sachsen) die **Europäische R.** (Eichenmistel, Loranthus europaeus) als Halbschmarotzer auf Eichen, im Mittelmeergebiet auch auf Eßkastanien; gabelig verzweigt, mit sommergrünen, länglich-eiförmigen Blättern, zweihäusigen, unscheinbaren Blüten in lockeren Ähren und hellgelben Scheinbeeren.

Riementang (Himanthalia elongata): mehrjährige Braunalge aus der unteren Gezeitenzone der nordatlantischen Felsküsten vom Nordkap bis Spanien. Aus dem 3–5 cm großen, trichterförmigen Basalteil entspringen zwei bis drei riemenförmige, gabelig verzweigte, bis 3 m lange Thallusbänder. – Abb. S. 319.

Riemenzunge (Bocksorchis, Himantoglossum): Gattung der Orchideen mit sechs Arten im Mittelmeergebiet und in Mitteleuropa; in Deutschland nur die **Bocks-R.** (Himantoglossum hircinum): 30–90 cm hohe Staude mit oft stark verlängertem, reichblütigem Blütenstand; Blüten mit weißem oder grünlichweißem, innen purpurn oder grün gestreiftem Helm und dreilappiger Lippe, deren Mittellappen bis 5 cm lang wird und leicht gedreht ausgebildet ist.

Riesenbofist (Lycoperdon giganteum): den Stäublingen zugeordneter Bauchpilz mit dem größten bekannten Fruchtkörper in Form einer weißlichen, unregelmäßigen Kugel (Durchmesser bis 50 cm, Gewicht bis zu 15 kg); in Mitteleuropa besonders im September auf stark stickstoffhaltigen, feuchten Böden; jung eßbar.

Riesenbromelie: Ananasgewächs der Gattung ↑ Puya.

Riesenhülse (Meerbohne, Entada gigas): Mimosengewächs in den Regenwäldern der Tropen; starkstämmige Liane mit doppelt gefiederten Blättern und kleinen Blüten meist in rispigen Ähren. Die flach zusammengedrückten Hülsenfrüchte mit verdickten Nähten (Rahmenhülsen) werden bis 1,2 m lang, bei **Entada pursaetha** bis 2 m. Samen mahagonifarben, rund, bis etwa 5 cm groß, werden gelegentlich an den Küsten Europas angeschwemmt **(Seebohnen).**

Riesenhyazinthe: Liliengewächs der Gattung ↑ Galtonie.

Riesenkaktus (Riesensäulenkaktus, Saguaro, Carnegiea): Gattung der Kaktusgewächse mit der einzigen Art **Carnegiea gigantea** in Arizona, Kalifornien und Mexiko; die kandelaberartig verzweigten Stämme bis 12 m hoch, bis 60 cm dick, mit 12 bis 14 stumpfen Rippen; Blüten langröhrig (10 bis 12 cm), weiß, mit breitem Saum. Das getrocknete Fruchtfleisch wird von Indianern als Nahrungsmittel verwendet.

Riesenkohl: eine Form des ↑ Staudenkohls.

Riesenkürbis: Art der Gattung ↑ Kürbis.

Riesenmargerite: Art der Gattung ↑ Wucherblume.

Riesenorangen: anderer Name der Pampelmusen (↑ Pampelmusenbaum).

Riesenrafflesie: Art der ↑ Rafflesiengewächse.

Riesenroggen: anderer Name der Getreideart ↑ Gommer.

Riesenrohr: ein Ziergras (↑ Pfahlrohr).

Riesensäulenkaktus: gleichbed. mit ↑ Riesenkaktus.

Riesenschirmling: anderer Name des ↑ Parasolpilzes.

Riesenschwingel: Süßgras der Gattung ↑ Schwingel.

Riesenträuschling: Speisepilz der Gattung ↑ Träuschling.

Riesentrespe: Süßgras der Gattung ↑ Trespe.

Rieslaner (Mainriesling): Rebenkreuzung aus Silvaner und Riesling; Anbau ausschließlich in Mainfranken.

Riesling [Herkunft unsicher] (Weißer Riesling, Rheinriesling): seit rund 500 Jahren im Weinanbau bezeugte Rebsorte; Trauben mittelgroß und dichtbeerig; Beeren klein und kugelig, mit hellgelber, schwarz punktierter und grün geäderter Schale. Der R. zählt zu den besten Weißweinsorten. Er liefert elegante, rassige, sehr fruchtige Weißweine mit mäßigem Alkoholgehalt.

Riesling-Silvaner: Kreuzungen zwischen Riesling- und Silvanerreben; z. B. Scheurebe, Ehrenfelser, Optima, Rieslaner. Als eine der ältesten Kreuzungen gilt die Müller-Thurgau-Rebe, die man heute jedoch vielfach für eine Selbstkreuzung zwischen genetisch unterschiedlichen Formen des Rieslings hält.

Riffelbeere: anderer Name der ↑Preiselbeere.

Rindenpilze: Ständerpilze der Gattung **Corticium** mit einfacher, ungegliederter Fruchtschicht auf der Ober- und Unterseite des krustenförmigen, flachen Fruchtkörpers. Die R. wachsen auf Kernholz oder Rinde, seltener auf dem Boden. Bekannte, häufige Arten sind der **Eichenrindenpilz** (Corticium quercinum) mit grauvioletten, warzigen Fruchtkörpern auf berindeten, toten Eichen- und anderen Laubholzzweigen und der **Rindensprenger** (Corticium comedus) unter der Rinde toter Laubhölzer, dessen Fruchtkörper als dünne, gelbgraue Kruste zwischen der aufgeplatzten Rinde in Erscheinung treten.

Rindensprenger: Art der ↑Rindenpilze.

Rinderblume: svw. Goldpippau (↑Pippau).

Ringelblume (Gilke, Marienrose, Calendula): Gattung der Korbblütler mit rund 20 Arten, v. a. im Mittelmeergebiet und in Vorderasien; einjährige oder ausdauernde Kräuter mit gelben Blütenkörbchen. Eine beliebte Zierpflanze in verschiedenen Sorten ist die einjährige, rauhhaarige **Garten-R.** (Goldblume, Totenblume, Calendula officinalis) aus dem Mittelmeergebiet: die z. T. niederliegenden, kantigen Stengel besitzen längliche, spatelförmige, schwach gezähnte Blätter; Blütenköpfe bis 5 cm breit, orangefarben oder goldgelb; die Scheibenblüten oft als Strahlenblüten. – Aus R.n gewonnene R.nsalbe wird als Mittel gegen schwer heilende Wunden und Geschwüre verwendet.

Rippenfarn (Blechnum): Gattung der Tüpfelfarngewächse mit rund 200 Arten, hauptsächlich in den Tropen und Subtropen der Südhalbkugel; auf dem Boden wachsende Farne mit meist kräftigem, kriechendem, zuweilen auch aufsteigendem, bis 1 m langem Rhizom und fast stets gefiederten Blättern. Die einzige einheimische Art ist der in den gemäßigten Gebieten der Nordhalbkugel verbreitete und in Deutschland geschützte **Wald-R.** (Blechnum spicant), der zwei unterschiedlich gestaltete Blattarten besitzt: Die unfruchtbaren Blätter sind kammartig, wintergrün und bilden eine ausgebreitete oder trichterförmige Rosette. Die Sporen tragenden Blätter besitzen dagegen sehr viel schmalere Fiederblättchen und stehen steif aufrecht. Der Wald-R. kommt vorwiegend in feuchten, schattigen Fichten- und Eichen-Birken-Wäldern vor. Einige tropische Arten sind dekorative Zimmerpflanzen.

Rippenmangold: Varietät des Mangolds (↑Runkelrübe).

Rippentang (Alaria): Gattung der Braunalgen mit rund 20 Arten im Nordatlantik und im Nordpazifik. Die bekannteste Art ist der **Eßbare Flügeltang** (R. im engeren Sinne, Alaria esculenta), bis 7 m lang, festsitzend, bandförmig; in den unteren Gezeitenbereichen der Felsküsten Nord- und Westeuropas; Thallus in Rhizoid, Stiel und Blätter mit Mittelrippe gegliedert. Zwischen Stiel und Blatt sitzen zahlreiche kurzgestielte, keulenförmige, fertile Thallusabschnitte. Diese und die Mittelrippen werden in Irland und Schottland gegessen.

Rispenfarn (Osmunda): Gattung der **Königsfarngewächse** (R.gewächse, Osmundaceae; rund 20 Arten) mit 14 Arten in den gemäßigten und tropischen Gebieten; mit kurzem, unterirdischem Stamm (Rhizom) und ein- oder zweifach gefiederten Blättern. Die bekannteste Art ist der in den nördlichen und südlichen gemäßigten Zonen verbreitete, in Deutschland nur mehr selten in Erlenbrüchen und feuchten Wäldern anzutreffende, geschützte **Königsfarn** (Königs-R., Osmunda regalis): bildet ziemlich große Büsche; seine breiten, 50–160 cm langen, doppelt gefiederten, fertilen Blattwedel tragen an ihrem Ende eine reich verzweigte Rispe. Diese wird von sehr verkleinerten Fiederblättchen gebildet, auf denen die Sporangien knäuelig gehäuft sitzen. Die dicht verfilzten, schwarzbraunen Wurzeln kultivierter Sorten dienen als **Osmundafasern** zur Anzucht epiphytischer Orchideen.

Rispengras (Poa): Gattung der Süßgräser mit rund 300 Arten in den gemäßigten Zonen der Nord- und Südhalbkugel sowie in den Gebirgen der Tropen und Subtropen; einjährige oder ausdauernde Gräser mit zwei- bis sechsblütigen Ährchen, die in einer lockeren Rispe angeordnet sind; Deckspelzen unbegrannt. Neben einigen alpinen Arten sind mehrere einheimische Arten als Futter- bzw. Rasenpflanzen wichtig, u. a. das **Wiesen-R.** (Poa pratensis; mit grünen bis dunkelvioletten Ährchen in eiförmigen Rispen) und das **Rauhe R.** (Gemeines R., Poa trivialis; mit bis 20 cm langer Rispe; auf feuchten Wiesen). Weitere, häufig vorkommende einheimische Arten sind: **Hain-R.** (Poa nemoralis), mit fast waagrecht abstehenden, 1–2 mm breiten Stengelblättern („Wegzeigergras“); Blüten zu 1–5 in grünlichen Ährchen an aufrechter lockerer Rispe; häufig an lichten Waldstellen und Hecken; **Einjähriges R.** (Poa annua), fast weltweit verbreitet; niedrig; fast ganzjährig blühend; in Unkraut- und Trittpflanzengesellschaften vorkommend.

Rispenhirse: anderer Name der Echten Hirse (↑Hirse).

Rißpilze (Inocybe): Gattung der Lamellenpilze mit 80 bis 100 meist giftigen, schwer zu unterscheidenden Arten. Charakteristisch für die R. ist ein kegelig-gebuckelter, faserig-rissiger oder faserig-schuppiger Hut des Fruchtkörpers mit im Alter radial einreißendem Hutrand; mit erdgrauen Lamellen und erdbraunen Sporen. – Tödlich giftig ist der **Ziegelrote Rißpilz** (Ziegelroter Faserkopf, Mairißpilz, Inocybe patoullardii): bevorzugt auf kalkhaltigen Böden an Wald- und Straßenrändern und in Parkanlagen; Hut längsfaserig, jung weißlich, später ziegelbraunrötlich, 3–9 cm im Durchmesser; Fleisch weißlich, rötlich anlaufend. Ebenfalls giftig ist der **Kegelige Rißpilz** (Inocybe fastigiata): in Laub- und Nadelwäldern; mit gelbbräunlichem, kugelig-geschweiftem Hut und blaßgelben Lamellen. – Abb. S. 313.

Ritterling (Tricholoma): Gattung großer, dickfleischiger Lamellenpilze mit weißen Sporen und am Stiel ausgebuchteten Lamellen; zahlreiche Arten, darunter ausgezeichnete Speisepilze, z. B. Echter R. (↑Grünling), ↑Mairitterling.

Rittersporn (Delphinium): Gattung der Hahnenfußgewächse mit rund 400 Arten in der nördlichen gemäßigten Zone, in Vorder- und Mittelasien sowie in den Gebirgen des tropischen Afrika; Stauden oder einjährige Pflanzen mit dreiteiligen bis handförmig gelappten Blättern und zygomorphen, gespornten Blüten. Die 5 Kelchblätter sind hierbei blumenblattartig gefärbt und umhüllen die 4 kleineren Kronblätter. Insgesamt bilden die Blüten oft vielblütige Trauben. – Einheimische Arten sind: der einjährige, kalkliebende **Feld-R.**

(Acker-R., Delphinium consolida): 20–40 cm hoch; mit azurblauen Blüten; auf Äckern weit verbreitet (im Mittelalter Symbol ritterlicher Tugenden); der seltene, in lichten Gebirgswäldern wachsende, ausdauernde **Hohe R.** (Delphinium elatum): bis 150 cm hoch, mit stahlblauen Blüten. – Als Zierpflanzen bekannt sind die zahlreichen Varietäten und Sorten des aus dem Mittelmeergebiet stammenden einjährigen **Garten-R.s** (Delphinium ajacis; mit blauvioletten, rosafarbenen oder weißen Blüten) und der 1,2–1,8 m hohen, mehrjährigen **R.hybriden** (Stauden-R., Delphinium cultorum; mit großen, oft halb gefüllten Blüten).

Ritterstern (Hippeastrum): Gattung der Amaryllisgewächse mit 60–70 Arten in Savannen oder periodisch trockenen Waldgebieten des subtropischen und tropischen Amerika; Zwiebelpflanzen mit röhrigem Schaft und großen, trichterförmigen, gestielten Blüten in einer Dolde. Der R., die **Amaryllis** der Gärtner, ein Ergebnis vielfältiger Kreuzungen, ist in zahlreichen Sorten (Hippeastrumhybriden) als Topfpflanze verbreitet.

Rivularia [zu lat. rivulus = Bächlein]: Gattung der Blaualgen mit rund 20 mehrzelligen, fadenförmigen, z. T. verzweigten Arten im Meer- und Süßwasser.

Rizinus: eindeutschend für Ricinus († Wunderbaum).

Robinie [nach dem frz. Botaniker J. Robin, * 1550, † 1629] (Robinia): Gattung der Schmetterlingsblütler mit rund 20 Arten in Nordamerika (einschließlich Mexiko); sommergrüne Bäume oder Sträucher mit wechselständigen, unpaarig gefiederten Blättern; Nebenblätter oft als kräftige Dornen ausgebildet; Blüten weiß bis lila oder purpurrosa, meist duftend, in dichten, hängenden Trauben; flache, linealische Hülsenfrüchte. Bekannt als Garten-, z. T. auch als Forstbaum ist die Art **Falsche Akazie** (Scheinakazie, Robinia pseudoacacia): aus dem östlichen und mittleren Nordamerika; in Europa vielfach verwildert bzw. eingebürgert; bis 25 m hoher Baum mit lockerer Krone, tief rissiger Borke, Dornen und duftenden, weißen Blüten in langen Trauben. Da sie relativ schnell wachsend und gegen Umweltgifte weniger empfindlich ist, wird sie auch häufig als Straßenbaum angepflanzt.

Rocambole: anderer Name für die † Perlzwiebel.

Roccella [rɔˈtʃɛla; italien.]: Gattung der Strauchflechten mit rund 30 Arten auf Felsen der gemäßigten und wärmeren Meeresküsten; verschiedene Arten liefern (und lieferten schon im Altertum) wichtige Farbstoffe, z. B. Lackmus und Orseille.

Roggen (Secale): Gattung der Süßgräser mit fünf Arten im östlichen Mittelmeergebiet und in den daran angrenzenden östlichen Gebieten sowie in Südafrika. Die wichtigste, als Getreidepflanze angebaute Art ist **Secale cereale** (R. im engeren Sinn) mit Hauptanbaugebieten in Nordeuropa und Sibirien von 50° bis 65° nördlicher Breite. Der R. hat 65–200 cm lange Halme und eine 5–20 cm lange, vierkantige Ähre aus einzelnen, meist zweiblütigen Ährchen mit langbegrannter Deckspelze. Die 5 bis 9 mm lange Körnerfrucht löst sich bei der Reife leicht aus den Spelzen.

Fast die Hälfte des angebauten R.s wird als Viehfutter verwendet. Der als Grünfutter abgemähte R. sowie die als Viehfutter verwendeten Körner werden als **Futter-R.** bezeichnet. Angebaut wird v. a. der im Herbst ausgesäte **Winter-R.**, da er gegenüber dem im Frühjahr ausgesäten **Sommer-R.** bessere Erträge bringt. Weitere wirtschaftliche Bedeutung hat der R. als Brotgetreide. Das Stroh dient teilweise zur Herstellung von Matten, Papier und Zellstoff. – Die Haupterzeugerländer sind u. a. die UdSSR, Polen, die DDR und die BR Deutschland.

Geschichte: Der R. stammt vom anatolischen **Wild-R.** ab, der in der jüngeren Steinzeit als Unkraut in den Emmer- und Gerstenfeldern nach Westen kam, wo er die Klimaverschlechterung der Nacheiszeit besser überstand als die Edelgetreide. Seit etwa 700 v. Chr. (Hallstattzeit) wurde R. vermutlich in Mitteleuropa angebaut. Den Germanen diente der R. als wichtiges Brotgetreide. Sowohl Slawen als auch Kelten übernahmen den R.anbau aus Mitteleuropa. – Abb. S. 73.

Röhrenkassie: Art der Gattung ↑ Kassie.

Röhrenpilze:
◊ anderer Name der ↑ Porlinge.
◊ anderer Name der ↑ Röhrlinge.

Rohrkolben (Typha): einzige Gattung der einkeimblättrigen Pflanzenfamilie **Rohrkolbengewächse** (Typhaceae) mit rund 15 fast weltweit verbreiteten Arten. Bekannte einheimische Arten sind der **Breitblättrige R.** (Typha latifolia; mit 1–2,5 m hohem Sproß, 10–20 mm breiten Blättern, 2–3 cm dickem ♀ Blütenstand [Kolben] und dicht darauf aufsitzendem ♂ Blütenstand) und der **Schmalblättrige R.** (Typha angustifolia; 1–1,5 m hoch; ♀ Blütenstand deutlich vom ♂ getrennt; Blätter bis 10 mm breit; Kolben rotbraun; oft bestandbildend in Sümpfen, Teichen und an Flußufern).

Rohrkolbenhirse: anderer Name der ↑ Negerhirse.

Röhrlinge (Röhrenpilze, Boletaceae): Ständerpilze der Ordnung Lamellenpilze; mit 46 in Deutschland heimischen Arten; meist große, dickfleischige Hutpilze, auf deren Hutunterseite sich eine leicht vom Hutfleisch ablösende Röhrenschicht (im Gegensatz zu den Porlingen) mit der Fruchtschicht befindet; bekannt ist die Gattung **Boletus** mit den Arten ↑ Dickfußröhrling, ↑ Hexenröhrling, ↑ Satanspilz und ↑ Steinpilz. Die meisten R. sind gute Speisepilze (u. a. Butterpilz, Rotkappen, Steinpilz, Maronenröhrling), wenige sind ungenießbar (Gallenröhrling) oder giftig (Satanspilz). Charakteristisch ist bei vielen R.n die Blaufärbung des Fruchtfleisches nach Verletzung. Viele Arten leben in Symbiose mit den Wurzeln höherer Pflanzen (Mykorrhizapilze), v. a. von Bäumen, weshalb man einige Arten nur unter bestimmten Bäumen finden kann.

Rollfarn (Cryptogramma): Gattung der Tüpfelfarngewächse mit nur vier Arten in den gemäßigten Gebieten; mit kleinen, krautigen, glatten, fein fiedrig eingeschnittenen, verschiedengestaltigen Blättern; Sporenhäufchen durch den umgerollten Blattrand bedeckt. In Deutschland kommt (sehr selten) die Art **Krauser R.** (Cryptogramma crispa) vor.

Römische Kamille: Art der Gattung ↑ Hundskamille.

Römischer Ampfer: Art der Gattung ↑ Ampfer.

Römischer Kümmel: anderer Name des ↑ Kreuzkümmels.

Römischer Salat: svw. Sommerendivie (↑ Kopfsalat).

Römischer Spinat: svw. Römischer Ampfer (↑ Ampfer).

Rosa: wissenschaftlicher Name der Gattung ↑ Rose.

Rosaceae: wissenschaftlicher Name der ↑ Rosengewächse.

Rose [lat.] (Rosa): Gattung der Rosengewächse mit über 100 sehr formenreichen Arten und zahllosen, in den verschiedensten Farben blühenden, z. T. angenehm duftenden, teilweise stachellosen Gartenformen.
Die *Wildarten* kommen v. a. in den gemäßigten und subtropischen Gebieten der Nordhalbkugel, in Afrika bis Äthiopien, in Asien bis zum Himalaja und zu den Philippinen vor. Es sind meist sommergrüne, aufrechte oder kletternde Sträucher mit meist stacheligen Zweigen und unpaarig gefiederten Blättern. Ihre Blüten sind weiß oder zeigen verschiedene Rotabstufungen. Sie stehen an den Enden kurzer Seitenzweige, einzeln oder in Blütenständen. Der Stempel ist in der krugförmigen Blütenachse eingeschlossen. Die Frucht **(Hagebutte)** ist eine rote Sammelfrucht. Die Fruchtschalen und Samen enthalten u. a. viel Vitamin C.
Zu den wichtigsten rund 20 einheimischen *Wildarten* gehören u. a.: **Dünen-R.** (Bibernell-R., Rosa pimpinellifolia), etwa 1 m hoch; sehr stachelig; meist weiß blühend; auf Dünen und Felsen in Europa und Westasien; Blätter mit 5–11 kleinen, fast kreisrunden, doppelt gesägten Fiedern und 6 mm großen, kugeligen, braunschwarzen Hagebutten; viele Sorten werden kultiviert. – **Feld-R.** (Kriech-R., Rosa arvensis), in lichten Laubmischwäldern, an Waldrändern und in Hecken in Süddeutschland, Südeuropa und der Türkei; kriechender oder kletternder Strauch mit langen, gebogenen Zweigen, die mit hakenförmigen Stacheln besetzt sind; Blüten weiß. – **Hecken-R.** (Rosa dumetorum), bis 2,5 m hohe, in Gebüschen wachsende Wild-R. Europas; Strauch mit kräftigen, gekrümmten Stacheln und unterseits schwach behaarten Blättern (im Gegensatz zur ähnlichen Hunds-R.); Blüten rosa bis weiß. – **Hunds-R.** (Rosa canina), in Hecken, Laubwäldern und an Wegrändern in Europa; bis 3 m hoher Strauch mit bogig überhängenden Zweigen und kräftigen, gekrümmten Stacheln; Blüten rosafarben bis weiß. – **Samt-R.** (Unbeachtete R., Rosa sherardii), in Südfrankreich und Mitteleuropa; 0,5–2 m hohe, gedrungene, dickästige R. mit bläulichgrünen, unterseits wolligfilzig behaarten Blättern, leuchtend rosafarbenen Blüten und weichstacheligen Hagebutten. – **Wein-R.** (Rosa rubiginosa), bis 2 m hoher Strauch mit hakig gebogenen Stacheln, rundlichen, nach Äpfeln duftenden Fiederblättchen und rosafarbenen Blüten. – **Zimt-R.** (Mai-R., Rosa majalis), in Auwäldern Mitteleuropas; bis 1,5 m hoher Strauch mit rotbraunen Zweigen und kurzen, gebogenen Stacheln; Blüten leuchtend rot.
Eine wichtige Stammart der heutigen Garten-R. ist die seit langem kultivierte **Essig-R.** (Rosa gallica): wächst meist in Laubwäldern und auf trokkenen Wiesen in Mittel- und Südeuropa sowie in Westasien; bis 1,5 m hoher Strauch, dessen junge Triebe dicht mit Stacheln besetzt sind; Blüten einzeln, etwa 6 cm groß, hellrot bis purpurfarben; Früchte kugelig, ziegelrot, mit Drüsen und Borsten besetzt. – Die **Zentifolie** (Provence-R., Rosa centifolia) ist ein bis 2 m hoher Strauch mit beiderseits behaarten, schlaffen Blättern und zu mehreren zusammenstehenden, gefüllten, nickenden, wohlriechenden Blüten in verschiedenen Rottönen oder in Weiß. Eine Zuchtform davon ist die **Moos-R.** mit rosafarbenen Blüten; das moosartige Aussehen erhält sie durch die stark gefiederten Kelchblätter sowie die Stacheln und Öl-

drüsen. Ebenfalls eine Zuchtform ist die vermutlich aus Kleinasien stammende **Damaszener-R.** (Rosa damascena): bis 2 m hoch, mit kräftigen, gekrümmten Stacheln, unterseits behaarten Fiederblättchen, bestachelten Blattstielen und rosafarbenen bis roten, auch rot und weiß gestreiften, gefüllten Blüten.
Im 18. Jahrhundert waren zahlreiche Sorten der Essig-R., der Zentifolie, der Damaszener-R. sowie der um 1780 eingeführten **Chinesischen R.** (Rosa chinensis, mit langbestielten, rosafarbenen, dunkelroten oder gelblichen Blüten) und der **Weißen R.** (Rosa alba; bis 2 m hoher Strauch mit unterschiedlich großen, hakenförmigen Stacheln und meist gefüllten, duftenden, weißen Blüten) in Kultur. Zu Beginn des 19. Jahrhunderts nahm die *Rosenzüchtung* durch Kreuzungen der Gartensorten großen Aufschwung. 1824 wurde die **Tee-R.** (Rosa odorata) von China nach Großbritannien eingeführt: eine immergrüne oder halbimmergrüne Kletter-R. mit langen Trieben und hakenförmigen Stacheln; Blüten einzeln oder zu wenigen, weiß, blaßrosafarben oder gelblich, halb gefüllt oder gefüllt, 5 bis 8 cm im Durchmesser, mit starkem, teeartigem Duft. Die Tee-R. ist eine der Ausgangsformen der Teehybriden, die als Treib- und Schnittblumen große Bedeutung haben. Eine der bekanntesten Sorten ist **Gloria Dei** mit hellgelben, rosafarben überhauchten, leicht duftenden Blüten. – Weiter entstanden die **Remontant-R.n,** von deren ursprünglich 4000 in Frankreich entstandenen Sorten noch rund 100 in Kultur sind; meist von kräftigem Wuchs, mit meist vielen Stacheln und weißen, rosafarbenen oder roten, gefüllten, duftenden Blüten. – Um 1810 entstanden dann die **Noisette-Kletter-R.n** mit roten, hakenförmigen Stacheln und gelben, weißen oder rosafarbenen Blüten. Die bekannteste Sorte ist **Maréchal Niel** mit goldgelben, dicht gefüllten Blüten mit Teerosenduft. – In der 2. Hälfte des 19. Jahrhunderts kamen die **Polyantha-R.n** auf: von meist niedrigem, buschigem Wuchs, mit zahlreichen kleineren Blüten. Kreuzungen der Polyantha-R.n mit Teehybriden werden als **Floribunda-R.n** (mit großen, edelrosenähnlichen Blüten) bezeichnet. – Weiterhin von gärtnerischer Bedeutung sind die **Strauch-R.n** (2–3 m hohe, dichte Büsche bildende R.narten bzw. -sorten v. a. der Zentifolie und der Dünen-R.) und die **Kletter-R.n.** Letztere umfassen eine umfangreiche Gartenrosengruppe. Mit ihren langen Trieben sind sie zur Pflanzung an Spalieren und Pergolen gut geeignet.
Die *Vermehrung* aller Sorten und Formen erfolgt durch Okulation. Als Unterlage wird meist die Zuchtform „Edel-Canina" der Hunds-R. verwendet.
Häufig auftretende *Pilzkrankheiten* der R. sind: Echter Mehltau, Falscher Mehltau und Schwarzfleckigkeit. Durch Grauschimmel werden Schäden an Stengeln und Blüten verursacht. – Saugende *tierische Schädlinge* sind z. B. Blattläuse, Spinnmilben und Rosenzikaden. Die Larven der Rosenblattwespe werden durch Blattfraß schädlich. Wurzelschädlinge sind v. a. die Larven der Dickmaulrüßler.

Geschichte: Die R. ist wahrscheinlich in Persien heimisch und kam im 7. Jahrhundert v. Chr. nach Griechenland und Italien. Den Germanen war nur die Wilde R. bekannt. Als Symbol der Liebe und als Sinnbild der Frau war die R. schon seit der Antike bekannt und fand daher in Kunst und Literatur weite Verbreitung. In Mitteleuropa wurde die R. zunächst als Heilpflanze angeführt. Seit dem 10. oder 11. Jahrhundert ist sie auch als Gartenzierpflanze bekannt. **R.nwasser** war im frühen Mittelalter eines der ersten Destillationsprodukte. **R.nextrakte** wurden für Salben, Parfüms, Sirup und Zukker verwendet. – Die Anzahl der Zuchtsorten stieg von vier im 13. Jahrhundert auf rund 5000 Sorten am Ende des 19. Jahrhunderts an. – Zahlreiche Adelsgeschlechter führen die R. als Wappenblume.

Rosellaeibisch [Herkunft unsicher] (Hibiscus sabdariffa): in den Tropen vielfach angebaute, bis 1,5 m hohe, krautige Art des Eibischs; mit gelben Blüten und roten, etwas fleischigen Kelchblättern. Die fleischigen Kelche werden gegessen und zur Herstellung von Limonaden und Süßspeisen verwendet. Aus den Stengeln wird **Rosellahanf** gewonnen, der ähnlich wie Jutefasern verwendet wird; Anbau v.a. in Indien.

Rosenapfel:

◊ eine *Tafelapfelsorte* (↑ Apfelsorten, Übersicht S. 27).

◊ eine *tropische Frucht* (↑ Syzygium).

Rosenapfelbaum (Dillenie, Dillenia): Gattung der Dilleniengewächse mit rund 60 Arten im südlichen Asien; meist Bäume mit oft großen, parallel-fiedernervigen, lederartigen Blättern und fünfzähligen Blüten. Die bekannteste, als Blattpflanze in Warmhäusern beliebte Art ist der **Indische R.** (Dillenia indica) mit großen, weißen Blüten und apfelgroßen, grünen, fleischigen, eßbaren Früchten (Scheinbeeren).

Roseneibisch:

◊ (Hibiscus syriacus) sommergrüner, bis 3 m hoher Strauch der Gattung Eibisch in China und Indien; mit eiförmig-rhombischen, 5–10 cm langen, dreilappigen Blättern und einzelnen, achselständigen, breitglockigen Blüten. Neben der violett blühenden Stammart sind zahlreiche Gartenformen mit weißen, rosafarbenen, violetten oder tiefblauen, einfachen oder gefüllten Blüten in Kultur.

◊ (Chinarose, Chinesische R., Hibiscus rosa-sinensis) wahrscheinlich aus China stammende, heute in allen tropischen und subtropischen Gebieten als Gartenpflanze kultivierte und teilweise verwilderte Art des Eibischs; 2–5 m hoher Strauch oder kleiner Baum mit einfachen, eirunden, lang zugespitzten Blättern, langen Blütenstielen und 10–15 cm breiten, rosaroten Blüten. Die zahlreichen Formen und Sorten mit roten, weißen, gelben oder rosafarbenen, auch gefüllten Blüten sind beliebte Zimmer- und Kübelpflanzen.

Rosengewächse (Rosazeen, Rosaceae): formenreiche Pflanzenfamilie der Zweikeimblättrigen mit über 2000 Arten in rund 100 Gattungen; fast weltweite Verbreitung mit Schwerpunkt in den gemäßigten Gebieten der Nordhalbkugel; in Deutschland heimisch sind rund 200 formenreiche Arten in etwa 25 Gattungen; meist Bäume, Sträucher oder Stauden mit zusammengesetzten oder einfachen Blättern mit Nebenblättern; Blüten radiär, meist mit fünfzähliger Blütenhülle und zahlreichen Staubblättern; zahlreiche Kultur- und Zierpflanzen.

Die große Formenfülle der R. läßt sich u.a. nach der unterschiedlichen Gestaltung ihrer Früchte in die folgenden Unterfamilien gliedern: 1. **Spiräengewächse:** meist mit vielsamigen Balgfrüchten, z.B. beim Spierstrauch und Geißbart; 2. **Rosoideae:** mit einsamigen Nüßchen oder Steinfrüchten, die oft zu Sammelfrüchten vereinigt sind; z. B. bei der Kerrie, bei der Gattung Rubus mit Brombeere und Himbeere, bei der Erdbeere sowie bei der Rose; 3. **Apfelgewächse:** mit Scheinfrüchten wie beim Apfelbaum, Birnbaum, bei der Eberesche, Quitte, Mispel und beim Weißdorn; 4. **Mandelgewächse:** mit einsamigen Steinfrüchten; z. B. bei der Gattung Prunus mit Pflaumenbaum, Mandelbaum, Süßkirsche und Sauerkirsche.

Rosenkohl (Brüsseler Kohl, Rosenwirsing): Wuchsform des ↑Gemüsekohls, bei dem die im Knospenstadium verbleibenden Achselknospen (Rosen) als Gemüse verwendet werden.

Rosenlorbeer: Art der Gattung ↑Oleander.

Rosenmoos (Rhodobryum roseum): Laubmoos in Mitteleuropa; die 10–12 mm langen Blättchen sind am aufrechten Stengel zu Rosetten angeordnet.

Rosenwirsing: gleichbed. mit ↑Rosenkohl.

Rose von Jericho: ↑Jerichorose.

Rosmarin [von lat. ros marinus, eigtl. = Meertau]:

◇ (Rosmarinus) Gattung der Lippenblütler mit der einzigen Art **Echter R.** (Rosmarinus officinalis) im Mittelmeergebiet; Charakterpflanze der Macchie; immergrüner, 60–150 cm hoher Halbstrauch mit 2–3 cm langen, schmalen, am Rand umgerollten Blättern von würzigem Geruch; mit bläulichen oder weißlichen Blüten in kurzen, achselständigen Trauben. R. wird als Küchengewürz und Heilkraut sowie zur Herstellung von Parfüm verwendet. – Abb. S. 76.

◇ (Wilder R.) anderer Name für den Sumpfporst (↑Porst).

Rosmarinheide (Lavendelheide, Gränke, Andromeda): Gattung der Heidekrautgewächse mit nur zwei Arten; in den Hoch- und Zwischenmooren von Norddeutschland und im Alpenvorland die **Polei-R.** (Echte R., Poleigränke, Andromeda polifolia), ein 10–30 cm hoher Halbstrauch mit weit kriechenden Ausläufern, aufsteigenden Zweigen und immergrünen, unterseits blau- bis weißgrün bereiften, ledrigen, schmalen, am Rand umgerollten Blättern; Blüten nickend, in endständiger Doldentraube, mit kugeliger bis eiförmiger, hellrosafarbener Krone.

Roßhaarschwindling: eine Art der Pilzgattung ↑Schwindling.

Roßkartoffel: anderer Name des ↑Topinamburs.

Roßkastanie (Aesculus): Gattung der ↑Roßkastaniengewächse mit rund 25 Arten in Nordamerika, Südosteuropa und Ostasien; sommergrüne Bäume oder Sträucher mit gegenständigen, handförmig geteilten Blättern und zu vielen in aufrechten, endständigen Rispen („Kerzen") angeordneten Blüten; Frucht eine ledrige Kapsel mit einem bis drei großen Samen mit breitem Nabelfleck. Die wichtigsten Arten sind: **Pavie** (Rotblühende R., Aesculus pavia), Baum oder Strauch mit hellroten Blüten in lockeren Rispen und eirunden Früchten; **Weiße R.** (Gemeine R., Aesculus hippocastanum), bis 20 m hoher Baum mit weißen, rot und gelb gefleckten, in aufrechten Rispen stehenden Blüten und bestachelten Kapselfrüchten. Extrakte aus den Blättern werden medizinisch bei Durchblutungsstörungen verwendet.

Roßkastaniengewächse (Hippocastanaceae): Familie der Zweikeimblättrigen mit rund 30 Arten in zwei Gattungen in den gemäßigten Gebieten der Nordhalbkugel, in Amerika auch südlich des Äquators; meist sommergrüne Bäume und

Sträucher mit fingerförmig geteilten Blättern und in Rispen oder Wickeltrauben stehenden, großen Blüten mit ungleichen Kronblättern; wichtigste Gattung ↑ Roßkastanie.

Roßpappel: anderer Name der Wilden Malve (↑ Malve).

Rostpilze (Uredinales): weltweit verbreitete Ordnung der Ständerpilze mit mehr als 5 000 ausschließlich auf Pflanzen parasitisch lebenden Arten; Erreger der **Rostkrankheiten,** v. a. Arten der Gattung Puccinia, die die verschiedenen Rostkrankheiten des Getreides hervorrufen.

Viele R. besitzen in ihrem Entwicklungsgang mit Kernphasen- und Generationswechsel einen obligaten Wirtswechsel zwischen der haploiden und der diploiden Phase: Haploide **Basidiosporen** infizieren im Frühjahr die Blätter der ersten Wirtspflanze und bilden **Pyknidien** (pustelartiger oder krugförmiger Myzelkörper unter der Epidermis der Blattoberfläche), die **Pyknosporen** abgliedern. Letztere gelangen auf die Empfängnishyphen eines verschiedengeschlechtlichen Pyknidiums, wobei es zur Fusion der Kerne kommt (Beginn der diploiden Phase). Das diploide Myzel bildet auf der Blattunterseite in den bereits vorhandenen Sporenlageranlagen **(Äzidium)** diploide **Äzidiosporen,** die, durch Wind verbreitet, den zweiten Wirt über die Spaltöffnungen infizieren. Hier entstehen die einzelligen Sommersporen **(Uredosporen),** die die weitere Ausbreitung des R.s bewirken. Gegen Ende der pflanzlichen Vegetationsperiode werden in besonderen Lagern zweizellige, dickwandige Wintersporen **(Teleutosporen)** gebildet, aus denen sich nach der Winterruhe unter Reduktionsteilung zweimal vier Basidiosporen entwickeln.

Rotalgen (Rhodophyceae): Klasse der Algen mit über 4 000 überwiegend marinen Arten (nur rund 180 Arten im Süßwasser) in tieferen Schichten aller wärmeren Meere. Die Zellen der R. sind durch das in den Rhodoplasten enthaltene Phycoerythrin rot bis violett gefärbt. Der Thallus ist fast immer vielzellig und sitzt mit einer Haftscheibe oder mit Haftfäden am Untergrund fest. Die geschlechtliche Fortpflanzung der R. erfolgt durch Oogamie.

Von den zwei Unterklassen der R. sind nur die **Florideen** wichtig, da einige Arten industriell genutzt werden. Sie werden zur Herstellung von Agar-Agar verwendet oder dienen, v. a. in Ostasien, als Nahrungsmittel. Einige Arten, z. B. das Irländische Moos, liefern Drogen.

Rotangpalmen (Calamus): Gattung der Palmen mit rund 200 Arten im indisch-malaiischen Florengebiet, einige auch im tropischen Afrika; wuchernde, meist hochkletternde Palmen mit dünnem, zähem, manchmal bis 100 m langem Stamm und großen Fiederblättern, deren Spindel oft in einen peitschenförmigen Strang mit gekrümmten Haken ausläuft. Mehrere Arten, v. a. die in Indien wachsende **Echte Rotangpalme** (Calamus rotang) sowie die auch kultivierte Art **Calamus caesius,** sind wichtige Nutzpflanzen. Ihre bis 4 cm dicken Stämme liefern das u. a. in der Korbwarenindustrie verwendete **Peddigrohr.** Die glänzende Außenschicht der Stämme wird als Flechtmaterial u. a. für Stühle und Körbe verwendet.

Rotbrauner Gallertpilz: Art der ↑ Gallertpilze.

Rotbuche (Fagus sylvatica): einzige in Mitteleuropa heimische Buchenart; bis 30 m hoher, bis 1,5 m stammdicker Baum mit glatter, grauer Rinde; Blätter spitz-eiförmig, oberseits glänzend dunkelgrün, unterseits hellgrün, im Herbst rötlichbraun; ♂ Blüten in kugeligen, hängenden Kätzchen, ♀ Blüten zu zweien in aufrechten Köpfchen; Früchte und Holz ↑Buche. – Als wichtiger Forstbaum ist die R. schon seit langer Zeit in Kultur. Beliebte Kulturformen sind ↑Blutbuche, ↑Hängebuche, ↑Süntelbuche. – Abb. S. 154.

Rotdorn (Blutdorn, Crataegus oxyacantha convarietas Paulii): fälschlich auch Feuerdorn genannte Kulturform des Zweigriffligen ↑Weißdorns; mittelhoher Strauch oder kleiner Baum mit leuchtend karmesinroten, gefüllten Blüten; oft als Alleebaum gepflanzt.

Röte (Rubia): Gattung der R.gewächse mit rund 40 Arten im Mittelmeergebiet, in Asien, Afrika, Mittel- und Südamerika; ausdauernde Kräuter mit gelblichgrünen Blüten in rispenähnlichen Blütenständen. Die bekanntesten, früher zur Farbstoffgewinnung angebauten Arten sind der **Ostindische Krapp** (Rubia cordifolia) und die ↑Färberröte.

Rote Bete: gleichbed. mit ↑Rote Rübe.

Rötegewächse (Krappgewächse, Labkrautgewächse, Rubiaceae): Pflanzenfamilie der Zweikeimblättrigen mit rund 7 000 Arten in rund 500 Gattungen mit weltweiter Verbreitung; Bäume, Sträucher oder Kräuter mit gegenständigen, ganzrandigen Blättern und oft in großen Blütenständen angeordneten Blüten. Zu den R.n gehören als Nutz- und Kulturpflanzen u. a. Kaffeepflanze, Brechwurzel, Chinarindenbaum, Yohimbinbaum sowie Gambir und Röte. Als Zierpflanze wird z. B. die Gardenie kultiviert. Einheimische Gattungen sind u. a. Ackerröte und Labkraut.

Rote Johannisbeere (Ribes rubrum): Art der Johannisbeere in den gemäßigten Gebieten der Neuen und Alten Welt; 1–2 m hoher Strauch mit handförmig gelappten Blättern. Die Früchte werden roh gegessen oder zu Konfitüre und Gelee verarbeitet. Durch Kultur sind Formen mit rosafarbenen, gelblichen und grünlichweißen Beeren entstanden.

Rote Lichtnelke: Art der Gattung ↑Nachtnelke.

Rote Nachtnelke: Art der Gattung ↑Nachtnelke.

Roter Brotpilz: der auf Backwaren auftretende ↑Brotpilz.

Roter Hartriegel (Blutweide, Cornus sanguinea): 1 bis 5 m hohe, strauchige Art des Hartriegels an Waldrändern und in Laubmischwäldern im gemäßigten Europa; einjährige Zweige im Herbst und Winter blut- oder braunrot; Blätter breitelliptisch oder eiförmig, im Herbst rot; Blüten weiß, streng duftend; Steinfrüchte blauschwarz.

Roterle: anderer Name der Schwarzerle (↑Erle).

Roter Trierer: ein Mostapfel (↑Apfelsorten, Übersicht S. 27).

Rote Rübe (Rahne, Rote Bete, Salatbete, Salatrübe): in zahlreichen Sorten angebaute Varietät der Gemeinen Runkelrübe mit unterschiedlich gestalteter, locker dem Erdboden aufliegender, fleischiger, durch Anthocyane dunkelrot gefärbter Rübe. Die R. R. ist eine zweijährige Pflanze, die im ersten Jahr die fleischige Wurzel und eine Blattrosette, im zweiten Jahr dann einen bis über 1 m hohen, rispig verzweigten Blütenstand ausbildet. Etwa seit dem 13. Jahrhundert ist die R. R. in Europa als Küchenpflanze bekannt. Sie wird meist (gekocht, in Würfel oder Scheiben geschnitten) als Salat verwendet und zu Saft verarbeitet.

Rote Zeder:
◇ Art der Gattung ↑ Wacholder.
◇ anderer Name für den Riesenlebensbaum (↑ Lebensbaum).

Rotgebänderter Gürtelfuß: Art der Pilzgattung ↑ Schleierling.

Rothäubchen: anderer Name der Ständerpilzgattung ↑ Rotkappen.

Rotkappen (Rothäubchen): Gruppe derber, festfleischiger und wohlschmeckender, bis 25 cm großer, zu den Rauhfußröhrlingen zählender Speisepilze; mit 7–20 cm breitem, trockenem, dickfleischigem Hut; Huthaut den Rand weit überragend, lappig; Stiel weißlich, mit dunkleren Schuppen, Warzen und Streifen; Juni bis Oktober.
Man unterscheidet: **Dunkle Rotkappe** (Leccinum testaceoscabrum), meist unter Birken; mit orangegelbem bis gelbbraunem Hut, leicht grauen Röhren, schwärzlich beschupptem Stiel und blau bis grünlich sich verfärbendem Fleisch; **Espenrotkappe** (Leccinum aurantiacum), mit dunkelrotem bis orangebraunem Hut, grauweißlichen Röhren, rotbraun beschupptem Stiel und lila bis schwarz sich verfärbendem Fleisch; **Heiderotkappe** (Leccinum rufescens), mit im Vergleich zur Espenrotkappe hellerer Hutfarbe und dunkleren bis olivfarbenen Röhren und schwärzlich beschupptem Stiel. – Abb. S. 314.

Rotklee: Art der Gattung ↑ Klee.

Rotkohl: anderer Name für ↑ Blaukraut.

Rotkraut: anderer Name für ↑ Blaukraut.

Rötling (Rhodophyllus): artenreiche Gattung der Lamellenpilze mit rötlichen bis lachsfarbenen Lamellen **(Rotblättler)** und eckigen Sporen; viele giftige Arten, z. B. in Buchenwäldern der **Riesen-R.** (Rhodophyllus sinuatus) mit 12 cm großem, perl- bis gelblichgrauem Hut, kurzem, krummem Stiel und sahne- bis lachsfarbenen Lamellen und der gruppenweise in Fichtenwäldern wachsende **Frühlingsgift-R.** (Rhodophyllus vernus) mit kegeligem, 5 cm breitem, dunkelbraunem Hut, graurötlichen Lamellen und dünnem Stiel.

Rottanne: anderer Name der Rotfichte (↑ Fichte).

Rubia: wissenschaftlicher Name der Gattung ↑ Röte.

Rubiaceae: wissenschaftlicher Name der ↑ Rötegewächse.

Rüblinge: Bez. für dünnstielige, kleine bis mittelgroße, oft braune, dünnfleischige Lamellenpilze aus mehreren Gattungen, im engeren Sinne aus der Gattung **Collybia,** u. a.: der in feuchten Laub- und Nadelwäldern häufige, unscheinbare **Waldfreundrübling** (Collybia dryophila): Hut 2–6 cm breit, fahl okkerfarben bis dunkelbraun, glatt, mit faserig-zähem Fleisch; der eßbare, in Laub- und Nadelwäldern sehr häufige **Butterrübling** (Collybia butyracea): Hut 3–7 cm breit, flach gebukkelt; rotbraun, auch horngrau, fettig glänzend, etwas klebrig, mit weißlichen Lamellen und nach unten keulig verdicktem Stiel. Eßbar ist der von Herbst bis Frühjahr büschelig an Laubholzstümpfen und (z. T. abgestorbenen) -stämmen wachsende **Samtfußrübling** (Winterrübling, Flammulina velutipes): Hut 2–8 cm breit, gewölbt, honiggelb bis gelbbraun, Mitte oft dunkler; mit gelblichen Lamellen und samtfilzigem, unten dunkel- bis schwarzbraunem Stiel.

Rübsaat: anderer Name für die Kohlart ↑ Rübsen.

Rübsen (Rübsaat, Rübenkohl, Brassica rapa): aus dem nördlichen Mitteleuropa stammende, schon früh kultivierte Art der Gattung Kohl; mit blaugrün bereiften, stengelumfassenden Blättern und gelben Blüten in lockeren Trauben; Schotenfrüchte. R. wird in den beiden Formengruppen Öl-R. und Wasserrübe kultiviert. Der **Öl-R.** (Rübenraps, Brassica rapa var. silvestris) wird in mehreren Kulturformen einjährig als **Sommer-R.** oder überwinternd als **Winter-R.** angebaut. Die etwa 30–35% R.öl enthaltenden Samen werden ähnlich wie die des ↑Rapses verwendet. Die **Wasserrübe** (Stoppel-, Brach-, Halm-, Herbst-, Saatrübe, Weiße Rübe, Brassica rapa var. rapa) ist zweijährig; mit langgestreckter Wurzel- oder rundlicher Hypokotylrübe; sie wird v.a. als Viehfutter genutzt.

Rubus [lat. = Brombeerstaude, Brombeere]: vielgestaltige Gattung der Rosengewächse mit mehr als 700 Arten in elf Untergattungen; hauptsächlich auf der Nordhalbkugel, jedoch auch in tropischen Bergländern sowie in Australien und Neuseeland; niederliegende oder kletternde, selten aufrechte Kräuter oder Sträucher mit verschieden gestalteten Blättern, meist weißen, rosa- oder purpurfarbenen Blüten in endständigen Rispen oder in Doldentrauben und roten, schwarzen oder gelben Beeren (Sammelsteinfrüchte). Zahlreiche Wild- und Kulturpflanzen werden genutzt, z.B. die ↑Brombeere, ↑Himbeere und die ↑Moltebeere; z.T. auch Ziersträucher.

Ruchgras (Geruchgras, Riechgras, Anthoxanthum): Gattung der Süßgräser mit rund 20 Arten in Eurasien und im Mittelmeergebiet; mit einblütigen Ährchen in einer Rispe. Die bekannteste einheimische Art ist das **Gemeine R.** (Wohlriechendes R., Anthoxanthum odoratum) in lichten Wäldern, auf Wiesen und Weiden; mehrjähriges Horstgras mit 15–25 cm hohen Halmen und 2–10 cm langer Scheinähre; von geringem Futterwert; beim Verwelken entsteht der Ester **Cumarin,** der den charakteristischen Heugeruch hervorruft.

Rudbeckia: wissenschaftlicher Name der Korbblütlergattung ↑Sonnenhut.

Ruhmesblume (Clianthus): Gattung der Schmetterlingsblütler mit drei Arten in Australien und Neuseeland; aufsteigende oder fast kletternde Sträucher oder Halbsträucher mit unpaarig gefiederten Blättern und großen, roten oder zwei- bis dreifarbigen, achselständigen Blüten; in den wärmeren Ländern beliebte Gartenpflanzen.

Ruhmeskrone (Prachtlilie, Gloriosa): Gattung der Liliengewächse mit sechs Arten im tropischen Afrika und Asien; Pflanzen mit knolligem Erdstamm, sehr hoch kletternden Stengeln und in eine Ranke ausgezogenen Blättern; Blüten groß, auf langen, einblütigen Stielen, mit sechs zurückgebogenen, meist gekrausten, scharlachfarbenen, gelben oder auch weißen Blumenblättern; beliebte Zierpflanzen.

Ruhrkraut (Gnaphalium): weltweit verbreitete Gattung der Korbblütler mit rund 150 Arten; weißgrau-filzige oder wollig behaarte Kräuter; Blüten in von weiß, gelb oder rötlich gefärbten Hüllblättern umgebenen, vielblütigen Köpfchen mit ♀ Rand- und zwittrigen Scheibenblüten. Die wichtigste einheimische Art ist das **Wald-R.** (Gnaphalium silvaticum), auf Magerrasen, Kahlschlägen und Heiden.

Rührmichnichtan: svw. Großes Springkraut (↑Springkraut).

Rumelische Kiefer [nach Rumelien] (Rumelische Strobe, Mazedonische Kiefer, Pinus peuce): in Südjugoslawien, Albanien und Griechenland heimische, 10-20 m hohe Kiefer; mit schlank-kegelförmiger Krone, 7-10 cm langen, dreijährigen, an den Triebenden pinselförmig gehäuften Nadeln und 8-15 cm langen, 2-3 cm breiten Zapfen; winterharter Park- und Zierbaum.

Rumex: wissenschaftlicher Name der Gattung ↑Ampfer.

Runkelrübe (Beta): Gattung der Gänsefußgewächse mit zwölf Arten, verbreitet vom Mittelmeergebiet bis Indien und Zentralasien; ein-, zwei- oder auch mehrjährige Kräuter mit aus Wurzel und Hypokotyl gebildeten, mehr oder weniger deutlich ausgeprägten Rüben als Speicherorganen; Blüten zu mehreren in Knäueln, die einfache oder (rispig) zusammengesetzte Ähren bilden.

Die wirtschaftlich wichtigste Art ist die **Gemeine R.** (Gemeine Rübe, Beta vulgaris; Blätter breit-eiförmig; der rispig zusammengesetzte Blütenstand wird bis 1 m hoch und ist beblättert). Aus der formenreichen Unterart **Meerstrandrübe** (Wilde Rübe; mit kaum verdickter, langer, reich verzweigter, verholzter Pfahlwurzel und kleinen Blättern an niederliegenden Sprossen), die an den Küsten Europas (v.a. östliches Mittelmeer) vorkommt, sind die folgenden heutigen Kulturformen hervorgegangen: Die zweijährige **Futterrübe** (R. im engeren Sinne, Futterrunkel, Dickrübe) ist wenig anspruchsvoll. Ihre bis mehrere kg schwer werdende, weiß-, gelb- oder rotfleischige, kohlenhydratreiche Rübe wird überwiegend vom Hypokotyl gebildet; sie ragt daher weit aus dem Boden, außer bei den sog. **Substanzrüben** (Gehaltsrüben, Halbzuckerrüben), deren weitgehend in der Erde liegendes Speicherorgan im Unterschied zu den übrigen, den sog. **Massenrüben** (mit hohen Erträgen), relativ wenig Masse, aber einen hohen Trockensubstanzgehalt hat. Die Rüben der Futterrübe dienen hauptsächlich als in Mieten gut lagerbares Wintersaftfutter für Rinder und Schweine. – Der außer grün- auch weiß-, gelb-, rot- oder buntblättrige **Mangold** ist zweijährig; seine Wurzel ist kaum verdickt. Je nach Blattausbildung unterscheidet man **Schnittmangold** (Blätter selten über 20 cm lang, ergeben spinatartiges Gemüse) und **Rippenmangold** (Stiel-, Stengelmangold; Blätter steif aufrecht stehend, sehr lang, dickrippig; der bis 10 cm breite Blattstiel setzt sich weit in die Blattspreite hinein fort; Blattstiele und -rippen ergeben ein spargelähnliches Gemüse), außerdem Zwischenformen zwischen Schnitt- und Rippenmangold. Weitere Kulturformen der Meerstrandrübe sind ↑Rote Rübe und ↑Zuckerrübe.

Runzelschorf: durch Schlauchpilze der Gattung Rhytisma auf den Blättern verschiedener Laubgehölze verursachte polsterartige, schwarze, etwa 1 mm, zuweilen bis 2 cm große Flecken (an denen im Winter am abgefallenen Blatt die Apothezien entstehen). Am bekanntesten sind der **Ahorn-R.** (Schwarzfleckenkrankheit) und der **Weiden-R.** (Teerfleckenkrankheit).

Runzelschüppling: anderer Name für den ↑Reifpilz.

Rupfsalat: svw. Schnittsalat (↑Kopfsalat).

Rupprechtskraut: Art der Gattung ↑Storchschnabel.

Rußtaupilze (Capnodiaceae): Familie nichtparasitischer Schlauchpilze (Ordnung Pseudosphaeriales); mit dunklem Myzel; wachsen, begünstigt v.a. durch Ausscheidungsprodukte von Pflanzen und Blattläusen (Honigtau), oberflächlich auf

Blättern, auch auf Früchten **(Rußtau)** und können ungünstigenfalls die Assimilation behindern.

Russula: wissenschaftlicher Name der Lamellenpilzgattung ↑Täubling.

Rüster: anderer Name für die Gattung ↑Ulme.

Rutaceae: wissenschaftlicher Name der ↑Rautengewächse.

Rutenkaktus (Rhipsalis): Gattung epiphytischer Kakteen mit rund 60 Arten im warmen Amerika, einige im tropischen Afrika und auf Ceylon; mit dünnen, zylindrischen, kantigen oder auch blattartig verbreiterten Trieben und kleinen weißen Blüten; z. T. Zimmerzierpflanzen.

Rutenpilze (Phallales): früher als Ordnung aufgefaßte, heute zu den ↑Bauchpilzen gestellte Pilzgruppe (u. a. mit den Arten ↑Stinkmorchel und ↑Schleierdame).

S

Saaterbse (Pisum sativum): Art der Gattung Erbse mit folgenden Kulturformen: **Ackererbse** (Felderbse, Futtererbse, Peluschke), Samen etwas kantig; graugrün, braun punktiert; Fahne der [Schmetterlings]blüte meist blaß-, Flügel dunkelviolett; als Grün- und Trockenfutter angebaut. **Gartenerbse** (Gemüseerbse), mit Blattranken kletternd; meist mit einzelstehenden, weißen Blüten; Hülsen 6–10 cm lang, Samen **(Erbsen)** kugelig, glatt, grünlichgelb oder grün; als Gemüsepflanze kultiviert. **Markerbse** (Runzelerbse), mit viereckigen, meist runzeligen, trockenen, viel Zucker enthaltenden Samen, die unreif als Gemüse gegessen werden. **Zuckererbse:** Die süßschmeckenden Hülsen und Samen werden ebenfalls als Gemüse gegessen.

Saatgerste: in vielen Sorten angebaute Art der ↑Gerste.

Saathafer: in zahlreichen Sorten angebaute Art des ↑Hafers.

Saatklee: Art der Gattung ↑Klee.

Saatplatterbse (Deutsche Kicher, Eckerbse, Lathyrus sativus): einjährige, nur kultiviert bekannte Art der ↑Platterbse; mit bis 1 m hohem Stengel, der wie die Blattstiele breit geflügelt ist, und mit einpaarig gefiederten Rankenblättern; die meist einzelnstehenden Blüten sind bläulich, rötlich oder weiß; Hülsen kahl, mit kantigen, glatten Samen; Futter-, auch Gemüsepflanze (die grünen Hülsen und Samen werden, v. a. im Mittelmeergebiet, gegessen).

Saatweizen: nur in Kultur bekannte Art des ↑Weizens.

Saatwicke (Futterwicke, Ackerwicke, Vicia sativa): Art der Gattung Wicke in Europa, Westasien und Nordafrika; 30–90 cm hoher Schmetterlingsblütler mit behaartem, vierkantigem Stengel und behaarten Blättern mit Ranken an der Blattspitze; Blüte rotviolett, einzeln oder zu zweien in den Blattachseln sitzend; Hülsenfrucht höckrig und kurzhaarig; als Grünfutterpflanze angebaut.

Sabadille [span., letztlich zu lat. cibus = Nahrung] (Schoenocaulon): Gattung der Liliengewächse mit neun Arten in Nord- und Mittelamerika; Zwiebelgewächse mit grundständigen, linealischen Blättern und kleinen, in dichter, langer, endständiger Ähre an blattlosem Schaft angeordneten Blüten. Die bekannteste Art ist **Schoenocaulon officinale:** in Mexiko, Venezuela und Guatemala heimisch; mit gelben Blüten. Die als **mexikanische Läusesamen** (Semen Sabadillae) bekannten, bis 5 mm großen, kastanienbraunen Samen enthalten bis zu 4% Alkaloide und sind giftig.

Saccharomyces [zaxa...; Saccharum und griech. mýkēs = Pilz]: Gattung der Hefepilze mit zahlreichen Kulturrassen.

Saccharomycetaceae [zaxa...]: wissenschaftlicher Name der ↑Hefepilze.

Saccharum ['zaxa...]: Gattung der Süßgräser mit der Art ↑Zuckerrohr.

Säckelblume (Ceanothus): Gattung der Kreuzdorngewächse mit mehr als 50 Arten, meist in den Küstengebieten des westlichen Nordamerika, im Süden bis Mexiko und Guatemala; sommer- oder immergrüne Sträucher, oft auch Bäume; mit meist weißen oder blauen, kleinen Blüten in großen Trauben oder Rispen. In Europa sind nur wenige Arten winterharte Ziersträucher.

Sadebaum: Art der Gattung ↑Wacholder.

Saflor [unter Anlehnung an Safran und Flor aus älter italien. asfori (dies aus dem Arab.)] (Carthamus): Gattung der Korbblütler mit rund 25 Arten, verbreitet vom Mittelmeergebiet bis Zentralasien; steife Kräuter mit gezähnten oder fiederspaltigen, am Rand stacheligen Blättern und gelben, purpurfarbenen oder blauen Blüten; bekannte Art ↑Färbersaflor.

Safran [mhd. saffrān, aus altfrz. safran, durch span. Vermittlung (span. azafrán) von gleichbed. arab. za'farān]:

◊ (Echter S.) Art der Gattung ↑Krokus.

◊ (Falscher S.) anderer Name für den ↑Färbersaflor.

Safranwurzel: anderer Name für das Ingwergewächs ↑Gelbwurzel.

Saftporling (Leptoporus): Pilzgattung der Porlinge; in Mitteleuropa kommt verbreitet auf Nadelholzstümpfen der **Blauende S.** (Leptoporus caesius) vor; Fruchtkörper hufeisen- bis konsolenförmig, graublau und weich.

Sägetang (Fucus serratus): charakteristische Braunalgenart in der Gezeitenzone der Felsenküsten des Nordatlantiks. Der olivbraune Thallus besteht aus bis 50 cm langen Bändern, die am Rand gesägt und gabelig verzweigt sind. Der S. heftet sich an Steinen und Muscheln fest. Auf Helgoland kommt er zu. B. massenhaft am trockenfallenden Felsen vor.

Sagina: wissenschaftlicher Name der Gattung ↑Mastkraut.

Sagittaria: wissenschaftlicher Name der Gattung ↑Pfeilkraut.

Sagopalme (Metroxylon): Gattung der Palmen mit rund 30 Arten im Malaiischen Archipel, auf Neuguinea und auf den Fidschiinseln; bis 15 m hohe Fiederpalmen mit langen Ausläufern. Aus dem Mark einiger Arten, v. a. der **Echten S.** (Metroxylon sagu) und der Art **Metroxylon rumphii,** wird **Sago** gewonnen.

Saguaro: anderer Name für den ↑Riesenkaktus.

Salat: Kurzbez. für ↑Kopfsalat.

Salatzichorie (Treibzichorie, Brüsseler Zichorie, Chicorée): nur in Kultur bekannte Varietät der Gemeinen Wegwarte, die besonders in Belgien, aber auch in den Niederlanden, in Italien und im übrigen Mitteleuropa angebaut wird. Etwa im November werden die Wurzeln ausgegraben, eingeschlagen und um die Jahreswende zum Treiben in ein Gewächshaus gesetzt. Die jungen, bleichen, meist gelblichweißen Sprosse werden als Salat oder Gemüse **(Chicorée)** gegessen.

Salbaum [Hindi sāl] (Saulbaum, Shorea robusta): Art der zu den Flügelfruchtgewächsen gehörenden Gattung Shorea in Vorderindien; hohe Bäume mit ganzrandigen, ledrigen, immergrünen Blättern und festem Holz, das als Bauholz, für Eisenbahnschwellen sowie für die Produktion eines wertvollen Harzes verwendet wird. Neben dem Teakbaum ist der S. der forstlich wichtigste Baum Vorderindiens; er bildet am Fuß des Himalaja sowie im Norden ausgedehnte Wälder.

Salbei [ahd. salbeia, salveia, aus mlat. salvegia, von lat. salvia = Salbei, zu lat. salvus = gesund] (Salvia): Gattung der Lippenblütler mit rund 500 Arten; v. a. in den Tropen und Subtropen, nur wenige Arten auch in den gemäßigten Gebieten; Kräuter, Halbsträucher oder Sträucher. Die bekanntesten, in Deutschland vorkommenden Arten sind der gelbblühende **Klebrige S.** (Salvia glutinosa) in den Alpen und im Alpenvorland und der 30–60 cm hohe **Wiesen-S.** (Salvia pratensis) mit blauvioletten Blüten. Mehrere Arten und ihre Sorten sind beliebte Zierpflanzen, z. B. der für Sommerbeete vielfach verwendete **Feuer-S.** (Salvia splendens) mit langen, scharlachfarbenen Blüten. Als Heil- und Gewürzpflanze wird der **Garten-S.** (Salvia officinalis) kultiviert: bis 70 cm hoch; stark aromatisch duftend; mit graufilzigen, immergrünen Blättern und violetten Blüten. Aus den Blättern wird das medizinisch als desinfizierendes sowie schweißhemmendes Mittel verwendete **Salbeiöl** gewonnen. – Abb. S. 76.

Salbeiweide: Art der Gattung ↑Weide.

Salde (Seegras, Ruppia): Gattung der Laichkrautgewächse mit nur wenigen Arten; weltweit in Salz- und Brackwasser vorkommende, untergetaucht lebende Pflanzen mit fadenförmigen, an den Knoten wurzelnden Stengeln und sehr schmalen Blättern.

Salicornia: wissenschaftlicher Name der Gattung ↑Queller.

Salix: wissenschaftlicher Name der Gattung ↑Weide.

Salomonsiegel [nach König Salomo] (Weißwurz, Polygonatum): Gattung der Liliengewächse mit rund 30 Arten in den gemäßigten Gebieten der Nordhalbkugel; ausdauernde Pflanzen mit eiförmig-lanzettlichen Blättern und glöckchenartigen, grünlichweißen Blüten in den Blattachseln; Früchte als Beeren ausgebildet. Charakteristisch ist der unterirdische, weißliche Sproß (Rhizom), an dem abgestorbene oberirdische Sprosse siegelartige Narben hinterlassen.

In Deutschland kommen vor: **Vielblütiges S.** (Polygonatum multiflorum), in Laub- und Mischwäldern; 30–100 cm hoch; mit nickenden, weißen, an der Spitze grünlichen Blüten; **Echtes S.** (Wohlriechende Weißwurz, Polygonatum odoratum), 15–50 cm hoch; Blüten glockig, weiß, grün gesäumt, duftend.

Salpeterstrauch (Nitraria schoberi): in den Salzwüsten Südrußlands und Asiens wachsende, strauchige Art der Jochblattgewächse mit länglich-spatelförmigen Blättern und gelblichgrünen Blüten. Aus den Blättern und jungen Zweigen wurde früher Soda gewonnen. Die Früchte sind eßbar.

Salsola: wissenschaftlicher Name der Gattung ↑Salzkraut.

Salvia: wissenschaftlicher Name der Gattung ↑Salbei.

Salvinia: wissenschaftlicher Name der Gattung ↑Schwimmfarn.
Salweide: Art der Gattung ↑Weide.
Salzaster: Art der Gattung ↑Aster.
Salzgras (Andel, Strandsalzschwaden, Puccinellia maritima): 20–30 cm hohes, sich ausläuferartig ausbreitendes Süßgras der Gattung Salzschwaden an den Meeresküsten Europas; Ährchen violett, 6–10 mm lang; v.a. an den Küsten der Nordsee auf häufig überfluteten, salzreichen Seeschlickböden; ausgedehnte zusammenhängende Bestände bildend (sog. **Andelwiesen**).
Salzkraut (Salsola): Gattung der Gänsefußgewächse mit rund 100 Arten, v.a. in den Wüstengebieten Nordafrikas und Vorderasiens sowie in Zentral- und Ostasien. In Deutschland kommt an Meeresküsten und auf Salzwiesen das 15 bis 60 cm hohe **Kali-S.** vor; mit dicklich-fleischigen Blättern und kleinen, unscheinbaren Blüten; wurde früher zur Herstellung von Pottasche verwendet.
Salzmelde (Halimione): Gattung der Gänsefußgewächse mit rund 100 Arten in Amerika, in den Mittelmeerländern sowie in Vorder- und Zentralasien, v.a. in Wüsten und Steppen oder an Küsten. Auf den salzhaltigen Schlickböden der Nord- und Ostseeküsten kommen die **Portulak-S.** (Halimione portulacoides; mit meist gegenständigen Blättern) und die **Gestielte S.** (Halimione pedunculata; mit meist wechselständigen Blättern) vor.
Salzmiere (Fettmiere, Salzblume, Honckenya): Gattung der Nelkengewächse mit der einzigen Art **Strand-S.** (Honckenya peploides) an den Küsten West- und Nordeuropas sowie Nordasiens und Nordamerikas; ausdauernde, sukkulente, gelbgrüne Pflanzen mit kriechender Grundachse, fleischigen, bis etwa 20 cm hoch aufsteigenden Stengeln, fleischigen, dicht ansitzenden, kahlen Blättern in vier Reihen und weißen Blüten in Trugdolden.
Salzmilchkraut: svw. Hundslattich (↑Löwenzahn).
Salzschwaden (Puccinellia): Gattung der Süßgräser mit rund 40 Arten auf der Nordhalbkugel. Die Pflanzen kommen v.a. an Küstenspülsäumen und auf Salzwiesen vor. An der Nord- und Ostseeküste ist der 20–60 cm hohe, blaugrüne **Strand-S.** (Strandschwingel, Andel-S., Puccinellia maritima) verbreitet. Eine weitere bekannte Art ↑Salzgras.
Salzstrauch (Halimodendron): Gattung der Schmetterlingsblütler mit der einzigen Art **Halimodendron halodendron;** verbreitet vom südlichen Rußland bis Transkaukasien, Westsibirien und Zentralasien; bis 2 m hoher, sommergrüner Strauch mit paarig gefiederten Blättern und hellvioletten Blüten in kleinen Trauben; Hülsen 2 cm lang, gelbbraun, aufgeblasen; Zierstrauch für sandige und/oder salzhaltige Böden.
Samanbaum [span. samán, von indian. zamang] (Regenbaum, Pithecellobium saman): zu den Mimosengewächsen gehörender Baum in Zentral- und Südamerika; in Westindien und in den altweltlichen Tropen eingebürgert; als Schattenspender in Kaffeeplantagen angepflanzt; die Fruchthülsen werden als Viehfutter verwendet.
Sambucus: wissenschaftlicher Name der Gattung ↑Holunder.
Samenfarne (Lyginopteridatae, Pteridospermae): Klasse der Fiederblättrigen Nacktsamer, die im Karbon (vor rund 300 Mill. Jahren) formenreich auftraten und bereits im Jura (vor rund 150 Mill. Jahren) wie-

der ausstarben. Die S. hatten farnähnliches Aussehen, z.T. wuchsen sie auch lianenartig. Sie zeigten schon ein sekundäres Dickenwachstum und bildeten Samen, obwohl sie noch keine Blüten besaßen. Die Samenanlagen und Pollen traten an bestimmten Blattabschnitten auf. – Die S. untergliedern sich in die beiden Ordnungen ↑Caytoniales und **Cycadofilicales.** Letztere hatten dünne, fast unverzweigte Stämmchen mit einem Durchmesser von 1 cm und gefiederte Blätter.

Samenpflanzen (Spermatophyten, Blütenpflanzen, Anthophyten, Phanerogamen): Abteilung des Pflanzenreichs mit den höchstentwickelten ↑Kormophyten, die durch Blüten- und besonders durch Samenbildung charakterisiert sind. S. haben einen Generationswechsel mit stark reduzierten, unselbständigen Gametophyten und besonders an das Landleben angepaßten (Wind- und Insektenbestäubung mit Pollen) Sporophyten. Die S. werden in die beiden Organisationsstufen ↑Nacktsamer und ↑Bedecktsamer eingeteilt. Gegenwärtig sind rund 230 000 Arten bekannt. Die kleinste aller S. (0,5–1,5 mm lang) ist eine Art der ↑Zwerglinse.

Sammetblume (Samtblume, Studentenblume, Tagetes): Gattung der Korbblütler mit über 30 Arten in den wärmeren Gebieten Amerikas; meist streng duftende, ästige Kräuter mit meist fiedrig geteilten Blättern; Blütenköpfchen einzeln und langgestielt oder in dichten Doldentrauben angeordnet; Zungenblüten gelb, orangefarben oder braunrot gescheckt. Zahlreiche, auch gefüllte Sorten, v.a. die mexikanische **Große S.** (Tagetes erecta) und die **Kleine S.** (Tagetes patula), sind als einjährige, langblühende Sommerblumen beliebt.

Samtblume: gleichbed. mit ↑Sammetblume.

Samtfußkrempling: Art der Pilzgattung ↑Kremplinge.

Samtfußrübling: Art der Pilzgattung ↑Rüblinge.

Samtrose: Art der Gattung ↑Rose.

Samtrot: eine Burgunderrebensorte (↑Burgunderreben).

Sandbüchsenbaum (Hura): Gattung der Wolfsmilchgewächse mit nur zwei Arten im tropischen Amerika; Bäume mit giftigem Milchsaft, einhäusigen Blüten und Kapselfrüchten, die bei der Reife mit lautem Knall platzen.

Sanddorn (Haffdorn, Seedorn, Hippophae): Gattung der Ölweidengewächse mit je einer Art in Europa und in Asien; sommergrüne Bäume oder Sträucher mit dornigen Kurztrieben, schmallinealischen Blättern und zweihäusig verteilten Blüten. In Deutschland kommt auf Küstendünen, an Flußufern und Seen der bis zum Kaukasus und bis nach Ostasien verbreitete **Echte S.** (Gemeiner S., Hippophae rhamnoides) vor. Dieser bis 6 m hohe, sparrig wachsende Strauch oder Baum hat durch Schuppenhaare glänzend-silberschilfrige Blätter, in kugeligen Blütenständen angeordnete Blüten und ovale, 6–8 mm lange, saftige, orangegelbe Früchte. Die an Vitamin C reichen Früchte werden zu Saft, Konfitüre und zu Vitaminpräparaten verarbeitet. – Wegen der Bildung von Wurzelausläufern sowie wegen des Besitzes von den Luftstickstoff assimilierenden Bakterien in den Wurzelknöllchen ist der Echte S. wichtig für die Erstbesiedlung sandiger Rohböden.

Sandelbaum [aus italien. sandalo, das über mlat. sandalum und griech. sántalon auf arab. ṣandal zurückführt (Ursprung sanskritisch)] (Santalum): Gattung der Leinblattgewächse mit rund 20 Arten in Malesien, Australien, auf Hawaii und in Ostindien; kahle, halbparasitische (Wurzelparasiten) Bäume oder Sträucher mit großen, ledrigen oder fleischigen Blättern und großen Blütenrispen. Der in Malesien, auf den Kleinen Sundainseln und in Indien kultivierte **Weiße S.** (Santalum album; mit etwa 25 cm dickem Stamm und gegenständigen, ledrigen Blättern) liefert das stark aromatisch duftende, dekorative **Sandelholz** und das v. a. in der Parfümindustrie verwendete **Sandelöl.**

Sandelholzgewächse: anderer Name der ↑ Leinblattgewächse.

Sandglöckchen (Jasione): Gattung der Glockenblumengewächse mit rund zehn Arten im Mittelmeergebiet und in Europa; ausdauernde oder zweijährige Kräuter mit ungeteilten, wechselständigen Blättern und meist blauen Blüten in endständigen Köpfchen. In Stein- und Heidegärten wird v. a. das **Ausdauernde S.** (Jasione laevis; mit blaulila Blütenköpfchen) kultiviert.

Sandhafer: wild vorkommende Art des ↑ Hafers.

Sandimmortelle: Art der Gattung ↑ Papierknöpfchen.

Sandkiefer: anderer Name der ↑ Waldkiefer.

Sandkraut (Arenaria): Gattung der Nelkengewächse mit rund 160 Arten von weltweiter Verbreitung, v. a. in den kühleren und gemäßigten Gebieten der Nordhalbkugel und in den Gebirgen Südamerikas; meist kleine, niederliegende oder aufrechte Kräuter oder Halbsträucher mit weißen oder roten Blüten. Eine einheimische Art ist das an Wegrändern und auf Äckern wachsende, weißblühende **Quendelblättrige S.** (Arenaria serpyllifolia).

Sandröhrling (Suillus variegatus): in Kiefernwäldern, auf Mooren und Heiden häufig vorkommender Röhrenpilz mit bis 12 cm breitem, gelbbräunlichem Hut und gelblichem Fleisch, das sich nur schwach bläulich verfärbt; jung eßbar.

Sandsegge: Art der Grasgattung ↑ Segge.

Sandstrohblume: Art der ↑ Strohblume.

Sanguisorba: wissenschaftlicher Name der Gattung ↑ Wiesenknopf.

Sanicula: wissenschaftlicher Name der Gattung ↑ Sanikel.

Sanikel (Sanicula) [mlat.]: Gattung der Doldengewächse mit rund 40 fast weltweit (v. a. im westlichen Nordamerika) verbreiteten, staudigen Arten. In Deutschland kommt zerstreut in Laub- und Mischwäldern der **Gewöhnliche S.** (Europäischer S., Heildolde, Scharnikel, Sanicula europaea) mit langgestielten, handförmigen, fünf- bis siebenteiligen Blättern vor; Blüten weiß oder rötlich, in kleinen Döldchen.

Sansevieria: wissenschaftlicher Name der Gattung ↑ Bogenhanf.

Santalaceae: wissenschaftlicher Name der ↑ Leinblattgewächse.

Santalum: wissenschaftlicher Name der Gattung ↑ Sandelbaum.

Santolina: wissenschaftlicher Name der Gattung ↑ Heiligenkraut.

Sanvitalia (Sanvitalie): wissenschaftlicher Name der Gattung ↑ Husarenknopf.

Sapindaceae: wissenschaftlicher Name der ↑ Seifenbaumgewächse.

Sapindusgewächse: anderer Name der ↑ Seifenbaumgewächse.

Saponaria: wissenschaftlicher Name der Gattung ↑ Seifenkraut.

Sapote [indian.-span.]: (Marmeladenpflaume, Calocarpum sapota): in Westindien und Zentralamerika heimischer und v. a. im tropischen Amerika kultivierter Baum aus der Familie der Sapotengewächse, dessen Früchte frisch oder mit Zucker eingemacht gegessen werden.

Sapotengewächse (Sapotaceae): svw. ↑Seifenbaumgewächse.

Sapotillbaum [von span. zapotillo (indian. Ursprungs)]:

◊ (Breiapfel[baum], Manilkara zapota) Seifenbaumgewächs in Mittelamerika; bis 20 m hoher Baum mit ledrigen, lanzettlichen Blättern, weißen, blattachselständigen, langgestielten Blüten und 6–7 cm großen, eiförmigen bis kugeligen, eßbaren, sehr süß schmeckenden Früchten **(Breiäpfel).**

◊ (Cochilsapote, Casimiroa edulis) Rautengewächs in Mexiko und Guatemala; großer Baum mit gefingerten Blättern, kurzgestielten Blüten und bis 8 cm großen, eßbaren Steinfrüchten **(weiße Sapoten);** in Mexiko und Guatemala, in Kalifornien und Westindien als Obstbaum kultiviert.

Saprolegnia [zu griech. saprós = faul, verfault und griech. légnon = Saum, Rand]: Gattung der Pilze; die meisten Arten leben saprophytisch im Süßwasser auf Detritus und Insektenleichen.

Sarcococca [griech. sárx, sarkós = Fleisch und griech. kókkos = Kern, Beere] (Fleischbeere): Gattung der ↑Buchsgewächse mit nur wenigen Arten in Südostasien; immergrüne Sträucher mit lederartigen Blättern und kleinen, weißen Blüten sowie schwarzen oder dunkelroten Steinfrüchten.

Sareptasenf: anderer Name für ↑Indischer Senf.

Sargassum: wissenschaftlicher Name der Algengattung ↑Beerentang.

Sarraceniaceae: wissenschaftlicher Name der ↑Schlauchpflanzengewächse.

Sarrazenie [vermutlich nach dem kanad. Arzt und Botaniker Sarrazin, 17. Jahrhundert] (Schlauchpflanze, Wasserkrug, Sarracenia): Gattung der ↑Schlauchpflanzengewächse mit neun Arten in den feuchten, sumpfigen Präriegebieten des östlichen Nordamerika; stengellose Stauden mit insektenfangenden Schlauchblättern; Blüten nickend, einzelnstehend, auf blattlosem Schaft, mit fünf ledrigen, grünen, bleibenden Kelch- und fünf roten oder gelben, bald abfallenden Kronblättern. Als Schnitt- und Topfpflanze wird die **Purpur-S.** (Trompetenblatt, Sarracenia purpurea; mit purpurroten Blütenblättern) kultiviert.

Sarrazeniengewächse: anderer Name der ↑Schlauchpflanzengewächse.

Sassafrasbaum [aus frz. sassafras, von span. sasafrás] (Sassafras): Gattung der Lorbeergewächse mit zwei Arten in Nordamerika und in Ostasien. Die wichtigste Art ist der im östlichen Nordamerika verbreitete **Echte S.** (Fenchelholzbaum, Nelkenzimtbaum, Sassafras albidum), ein 12–20 m hoher Baum mit rissiger Borke, glänzend grünen Zweigen und überwiegend dreilappigen oder ganzrandigen, sich im Herbst orange- und scharlachrot verfärbenden Blättern; Blüten grünlichgelb, zweihäusig; Früchte schwarz, mit fleischigem, rotem Stiel. Die Wurzel enthält das zur Parfümierung von Seife und als Aromastoff verwendete **Sassafrasöl.**

Satanspilz (Satansröhrling, Boletus satanas): relativ seltener, dem ↑Dickfußröhrling sehr ähnlichen Röhrling auf Kalkböden, meist unter Buchen; Hut bis 30 cm breit, grauweiß, klebrig; Röhrenmündungen blutrot; Stiel dick, gelb, blutrot genetzt; Fleisch weiß, bei Verletzung hellblau anlaufend; Geruch aasartig; giftig. – Abb. S. 313.

Saubohne: anderer Name für die ↑ Pferdebohne.

Saudistel: anderer Name für den Korbblütler ↑ Gänsedistel.

Sauerampfer: svw. Großer S. (↑ Ampfer).

Sauerdorn (Berberitze, Berberis): Gattung der Sauerdorngewächse mit rund 500 Arten in Eurasien, Nord- bis Südostafrika und in Amerika; immergrüne oder sommergrüne Sträucher mit einfachen Blättern, die an den Langtrieben meist zu Dornen umgewandelt sind; Kurztriebe dann schon im ersten Jahr Blätter entwikkelnd; Blüten einzeln, gelb, mit sechs kronblattähnlichen Honigblättern; Frucht eine ein- bis mehrsamige, rote bis schwarze, säuerlich schmeckende Beere. Zahlreiche Arten werden als Ziersträucher kultiviert. Die bekannteste Art ist der **Gemeine S.** (Berberitze im engeren Sinne, Berberis vulgaris): bis 3 m hoher Strauch auf sonnigen Hängen, in Gebüschen und Hekken; aus den scharlachroten Beerenfrüchten wird Sirup und Kompott hergestellt.

Sauerdorngewächse (Berberitzengewächse, Berberidaceae): Familie zweikeimblättriger Pflanzen mit fast 700 Arten in 14 Gattungen, v. a. in den gemäßigten Gebieten der Nordhalbkugel, nur die Gattungen ↑ Mahonie und ↑ Sauerdorn auch auf der Südhalbkugel; meist Kräuter, seltener Sträucher und Bäume, mit zusammengesetzten oder einfachen Blättern; Blüten in Trugdolden, Trauben, Ähren oder einzelnstehend, mit doppelter Blütenhülle; Staubblätter oft bei Berührung nach innen schnellend; Beeren- oder Kapselfrüchte.

Sauergräser: anderer Name für die ↑ Riedgräser.

Sauerkirsche (Weichselkirsche, Prunus cerasus): im Kaukasus und in Kleinasien wild oder verwildert wachsende, auf der Nordhalbkugel in vielen Varietäten und Sorten als Obstbaum kultivierte Kirschenart; Wildform strauchig; in Kultur bis 3 m hoher Baum. Die roten Früchte **(Sauerkirschen)** enthalten im fleischigen Mesokarp v. a. Äpfelsäure. Die wichtigsten Varietäten der S. sind: **Schattenmorelle** (Strauchweichsel), mit kleinen, sauren, schwarzroten Früchten; **Glaskirsche** (Amarelle, Baumweichsel), vermutlich aus einer Kreuzung mit der Süßkirsche entstanden und daher mit nur mäßig sauren Früchten; **Morelle** (Süßweichsel); die für die Herstellung von Maraschino verwendete **Maraskakirsche,** v. a. in Südosteuropa gepflanzt. – S.n werden als Einmachobst verwendet sowie zu Konfitüre oder Saft verarbeitet.

Sauerklee (Oxalis): Gattung der S.gewächse mit rund 850 Arten, v. a. in den Anden, in Brasilien und in Südafrika; meist krautige, überwiegend ausdauernde Pflanzen mit stark oxalsäurehaltigen, drei- oder mehrzählig gefingerten, Schlafbewegungen ausführenden Blättern oder mit verbreiterten Blattstielen; Blüten in Trugdolden oder einzelnstehend, oft gelb, weiß oder rot. Als Zierpflanzen bekannt sind zwei Arten des ↑ Glücksklees.

Sauerkleegewächse (Oxalidaceae): Pflanzenfamilie mit knapp 1 000 Arten in acht Gattungen, v. a. in den Tropen und Subtropen der Südhalbkugel; meist Kräuter mit Zwiebeln, Rhizomen oder Knollen; Blätter meist gefiedert oder gefingert; Blüten fünfzählig; Kapsel- oder (selten) Beerenfrüchte (z. B. ↑ Gurkenbaum); bekannteste Gattung ↑ Sauerklee.

Säuerling (Oxyria): Gattung der Knöterichgewächse mit zwei Arten; verbreitet in Eurasien, Nordamerika und Grönland. In Deutschland kommt der **Echte S.** (Oxyria digyna) vor, eine bis 15 cm hohe, kriechende Staude auf Steinschutt in den Alpen ab 1 500 m Höhe; mit langgestielten, nierenförmigen Grundblättern und roten Blüten in Rispentrauben.

Säulenkaktus (Cereus): Kakteengattung mit rund 40 Arten in Südamerika; oft baum- oder strauchförmige Kakteen mit stark gerippten Sprossen und großen, langröhrigen, bei Nacht sich entfaltenden Blüten. Mehrere Arten und Formen sind beliebte, mehrmals jährlich blühende Kakteen für Gewächshäuser oder als Kübelpflanzen, u. a. der **Mandacaro** (Cereus jamacaru), der **Felsenkaktus** (Cereus peruvianus var. monstrosus) und der **Orgelkaktus** (Cereus gemmatus).

Saumfarn (Pteris): Gattung der Tüpfelfarngewächse mit knapp 300 Arten in den Tropen und Subtropen, z. T. auch in den warm-gemäßigten Ländern; vielgestaltige Erdfarne mit gebüschelten, gefiederten und ununterbrochen längs des Randes angeordneten Sporangienhäufchen, die durch den trockenhäutigen, umgeschlagenen Rand bedeckt sind. Als Zierpflanze beliebt ist der bis ins Mittelmeergebiet vorkommende **Kretische S.** (Pteris cretica).

Saumnarbe (Lomatogonium): Gattung der Enziangewächse mit zehn Arten auf der Nordhalbkugel; in Deutschland, sehr selten (Berchtesgadener Alpen), nur das **Tauernblümchen** (Lomatogonium carinthiacum), eine bis 15 cm hohe, einjährige Pflanze mit vierkantigen Stengeln, eirunden bis länglichen Blättern und fünfteiligen, blaßblauen oder weißen Blüten.

Saxaul [russ.] (Salzsteppenstrauch, Haloxylon): Gattung der Gänsefußgewächse mit rund zehn Arten in Asien und im östlichen Mittelmeergebiet; knorrige Holzgewächse der Sand- und Salzwüsten mit zylindrischen, scheinbar blattlosen, gegliederten Zweigen.

Saxifraga: wissenschaftlicher Name der Gattung ↑ Steinbrech.

Saxifragaceae: wissenschaftlicher Name der ↑ Steinbrechgewächse.

Scabiosa: wissenschaftlicher Name der Gattung ↑ Skabiose.

Schachblume: anderer Name der Schachbrettblume (↑ Fritillaria).

Schachbrettblume: Art der Gattung ↑ Fritillaria.

Schachtelhalm (Equisetum): einzige rezente Gattung der Schachtelhalmgewächse mit rund 30 Arten, verbreitet von den Tropen bis in die kühlen Gebiete; ausdauernde Pflanzen mit Erdsprossen und aufrechten, einfachen oder verzweigten Halmen mit Knoten, an denen sich die Sproßstücke leicht voneinander lösen können; Blätter stark reduziert, zähnchenartig, in Quirlen stehend; Sporangienstände am Ende der grünen Halme oder am Ende weißlichbräunlicher, unverzweigter Triebe.
Die häufigsten der rund zehn einheimischen Arten sind: **Acker-Sch.** (Equisetum arvense), bis 50 cm hoch; v. a. auf Äckern und an Wegrändern; die bis 30 cm hohen, blattgrünfreien und daher gelblichbraunen, die Sporophylle tragenden Halme sind schwach gefurcht; sie erscheinen vor den unfruchtbaren, meist ästig verzweigten, grünen oder grünlichweißen Halmen und sterben nach der Sporenreife ab; wurde früher wegen der kieselsäurehaltigen Zellwände der Epidermis zum Putzen von Zinngeschirr **(Zinn-, Scheuerkraut)** und zum Polieren von Holz

verwendet. – Auf nassen Waldböden wächst der **Wald-Sch.** (Equisetum sylvaticum): sporangientragende Halme zunächst bleich, unverzweigt, später ergrünend und sich verzweigend; vegetative Halme mit zahlreichen, bogig herabhängenden Seitenästen. – Abb. S. 320.

Schachtelhalme (Equisetinae, Articulatae, Sphenopsida): Klasse der Farnpflanzen mit überwiegend fossilen Arten, deren Entwicklung bereits vor rund 400 Mill. Jahren (im Devon) beginnt (↑Calamophyton); wichtigste Familie ↑Schachtelhalmgewächse.

Schachtelhalmgewächse (Equisetaceae): Familie der Unterabteilung **Schachtelhalmartige** (Sphenophytina); mit mehreren seit dem Karbon bekannten fossilen Gattungen und der rezenten Gattung ↑Schachtelhalm.

Schafchampignon: eßbare Art der Gattung ↑Champignon.

Schafgarbe (Feldgarbe, Garbe, Achillea): Gattung der Korbblütler mit über 100 Arten auf der Nordhalbkugel, v.a. in der Alten Welt; meist Stauden mit häufig stark geteilten Blättern und kleinen, aus nur wenigen Zungen- und zahlreichen röhrigen Scheibenblüten bestehenden Blütenköpfchen.
In Deutschland kommen zehn vielgestaltige Arten vor, u.a.: **Gemeine Sch.** (Gachel, Achillea millefolium), mehrjährig, aufrecht, bis 80 cm hoch; mit 2- bis 3fach gefiederten Blättern; Blütenköpfchen (mit weißen oder rosafarbenen Zungenblüten und gelblichen Scheibenblüten) in dichten Doldenrispen stehend; **Schwarze Sch.** (Achillea atrata), ausdauernd, 5–30 cm hoch; mit doppelt fiederspaltigen Blättern und 3–15 weißen Blütenköpfchen in einfacher Doldentraube; **Sumpf-Sch.** (Achillea ptarmica), bis 100 cm hohe Staude mit lanzettlichen, fein gesägten Blättern und großen Blütenköpfchen mit weißen Zungenblüten und grünlichweißen Scheibenblüten; **Weiße Sch.** (Weißer Speik, Steinraute, Achillea clavenae), 5 bis 30 cm hohe Staude mit fiederteiligen, filzig behaarten Blättern; Blütenköpfchen mit weißen Zungen- und gelblichweißen Scheibenblüten in Doldentrauben; Hüllblätter schwarz berandet. Die hochwachsenden sog. **Goldgarben** sind beliebte Gartenblumen. In der Volksmedizin wird aus den Blüten der Gemeinen Sch. ein Tee zubereitet, der gegen Leber- und Magenleiden getrunken wird.

Schafklee: anderer Name für den Weißklee (↑Klee).

Schafschwingel (Festuca ovina): sehr formenreiche Sammelart des ↑Schwingels. Als Ziergras wird v.a. der Blauschwingel angepflanzt.

Schaftdolde (Hacquetia): Gattung der Doldengewächse mit der einzigen Art **Grüne Sch.** (Hacquetia epipactis) in lichten Laubwäldern der Kalkalpen und Karpaten; bis 20 cm hohe, kahle Staude mit handförmigen Blättern und gelblichen Blüten; im zeitigen Frühjahr blühende Steingartenpflanze.

Schalmeienrohr: anderer Name der Grasart Riesenrohr (↑Pfahlrohr).

Schalotte [aus frz. échalotte, von spätlat. (cepa) ascalonia, eigtl. = (Zwiebel) aus Askalon (das heutige Ashqelon in Israel)] (Allium ascalonicum): 15–80 cm hohe Kulturart des Lauchs mit „Stöcken" aus zahlreichen länglich-eiförmigen, von gold- bis braungelben Häuten umgebenen, mild schmeckenden Zwiebeln; Stengel stielrund; Blütenstand kugelig, mit bläulichen bis rosafarben oder weißlichen Blüten; zur Fruchtzeit oft mit Brutzwiebeln.

Schamblume:
◊ (Aeschynanthus) Gattung der Gesneriengewächse mit über 150 Arten in feuchten Regenwäldern in Indien, im Malaiischen Archipel und im östlichen tropischen Asien bis Südchina; kletternde, epiphytische oder auf Humus wachsende Sträucher oder Halbsträucher mit fleischigen oder ledrigen Blättern und scharlachroten, gelben oder grünen Blüten (in Büscheln oder lockeren Trugdolden) mit verlängerter, bauchiger Kronröhre und fast zweilippigem Saum. Einige Arten werden in Warmhäusern kultiviert.
◊ (Klitorie, Clitoria) Gattung der Schmetterlingsblütler mit über 30 Arten, v.a. in Amerika; meist hochwindende Sträucher oder Kräuter mit purpurfarbenen, blauen, weißen oder roten Blüten. In den Tropen als Zierpflanze weit verbreitet ist der tiefblau blühende **Schlinger** (Clitoria ternatea).

Schantungkohl [nach der chinesischen Provinz Schantung] (Chinakohl, Brassica pekinensis): aus dem nördlichen China stammende, dort wie auch in den USA und in Europa angebaute Kohlart; mit hellgrünen, am Rand krausen, zu bis 50 cm langen, kegelig zugespitzen Riesenknospen zusammengefaßten Blättern; Kopf unmittelbar der Erde aufsitzend; Strunk fehlend. Die ganzen Blätter werden als Salat oder Gemüse, die Mittelrippen wie Spargel gegessen.

Scharbockskraut [volksetymologisch entstellt aus mlat. scorbutus = Skorbut] (Feigwurz, Ranunculus ficaria, Ficaria verna): bis 15 cm hohe, ausdauernde Hahnenfußart in Europa und im Orient; mit keulenförmigen Wurzeln; mit rundlich-herzförmigen, lackglänzenden Blättern und gelben Blüten; häufig in Laubmischwäldern von März bis Mai blühend. Das frische Kraut des Sch.s enthält viel Vitamin C und wurde früher gegen Skorbut verwendet.

Scharfer Hahnenfuß: giftige Art der Gattung ↑ Hahnenfuß.

Scharlachdorn: Art der Gattung ↑ Weißdorn.

Scharlacheiche: anderer Name für die ↑ Kermeseiche.

Scharlachflechten: volkstümliche Bez. für zwei Arten der ↑ Becherflechten mit leuchtend rot gefärbten Fruchtkörpern.

Scharlachpelargonien: svw. Zonalpelargonien (↑ Pelargonie).

Scharlachsalbei: svw. Feuersalbei (↑ Salbei).

Scharnikel: anderer Name der Gattung ↑ Sanikel.

Scharte (Serratula): Gattung der Korbblütler mit rund 70 Arten in Eurasien und Nordafrika; Stauden mit z. T. unterseits weißfilzigen Blättern; Blütenköpfchen nur mit Röhrenblüten. Die einzige einheimische Art ist die **Färber-Sch.** (Serratula tinctoria): mit bis 1 m hohen Stengeln und doldig gehäuften Blütenköpfchen mit purpurfarbenen Blüten; auf Moorwiesen und in lichten Wäldern. Der Saft liefert einen gelben Farbstoff.

Schattenblume (Maianthemum): Gattung der Liliengewächse mit nur drei Arten in den gemäßigten Gebieten der Nordhalbkugel; Stauden mit weißen Blüten in einfacher, endständiger Traube. In Deutschland kommt in Laub- und Nadelwäldern die **Zweiblättrige Sch.** (Maianthemum bifolium) vor: mit nur zwei Stengelblättern und glänzenden, roten, kugeligen Beeren; Bodendecker.

Schattenmorelle: Varietät der ↑ Sauerkirsche.

Schaumblüte (Tiarella): Gattung der Steinbrechgewächse mit nur wenigen Arten in Nordamerika und

Oben, von links nach rechts: Schopftintling; Radtintling; Lohblüte. – Mitte, links: Satanspilz. – Mitte, rechts: Pantherpilz. – Unten, links: Giftreizker. – Unten, rechts: Ziegelroter Rißpilz

Links, von oben nach unten: Heiderotkappe; Edelreizker. –
Rechts, von oben nach unten: Rotgebänderter Gürtelfuß; Grünspanträuschling; Roßhaarschwindling

Links, von oben nach unten: Hahnenkamm; Gefranster Erdstern; Stinkmorchel. Rechts, von oben nach unten: Flaschenbofist; Gestreifter Teuerling

Links, von oben nach unten: Speisemorchel; Steinpilz. – Rechts, von oben nach unten: Waldchampignon; Wiesenchampignon; Echter Pfifferling; Falscher Pfifferling

Links, von oben nach unten: Kaiserling; Maronenröhrling; Schweinsohr. – Rechts, von oben nach unten: Parasolpilz; Speisetäubling

Links, von oben nach unten: Frühlorchel; Speitäubling; Weißer Knollenblätterpilz (Spitzhütiger Knollenblätterpilz). – Rechts, von oben nach unten: Grüner Knollenblätterpilz; Netzstieliger Hexenröhrling; Fliegenpilz

Oben: Armleuchteralgen; in der Mitte der Antheridien tragende Thallusteil der Art Chara hispida und rechts die Art Chara foetida

Mitte: Braunalgen; links der Riementang und in der Mitte der Blasentang. – Unten: Moose; links das Wettermoos und rechts Torfmoos (die Art Sphagnum squarrosum)

Links, von oben nach unten: Hundsflechte; Tannenbärlapp. – Rechts, von oben nach unten: Frauenhaar; Kolbenbärlapp; Ackerschachtelhalm

Ostasien; kleinere Stauden mit meist grundständigen, gelappten oder geteilten Blättern und kleinen, weißen Blüten; beliebte Gartenpflanzen.

Schaumkraut (Cardamine): Gattung der Kreuzblütler mit rund 100 Arten in den gemäßigten und kühleren Gebieten der Erde; ein-, zwei- oder mehrjährige Kräuter mit einfachen oder fiederteiligen Blättern und weißen, rötlichen oder violetten Blüten; in Deutschland neun Arten, darunter die ↑Bitterkresse und das **Wiesen-Sch.** (Gauchblume, Cardamine pratensis): 20–60 cm hohe Staude mit drei- bis elfzählig gefiederten Blättern und hellila- oder rosafarbenen Blüten in dichten Doldentrauben.

Schaumkresse (Cardaminopsis): Gattung der Kreuzblütler mit zehn Arten in den gemäßigten Zonen der Nordhalbkugel; zwei- oder mehrjährige Kräuter mit rosettenförmigen Grundblättern; Blüten weiß, rosa oder violett. In Deutschland kommen drei Arten vor: an Felsen oder auf Schuttplätzen die violett blühende **Sand-Sch.** (Cardaminopsis arenosa) und die weiß blühende **Felsen-Sch.** (Cardaminopsis hispida), auf feuchten Wiesen die weiß blühende **Wiesen-Sch.** (Cardaminopsis halleri).

Scheibenalge (Coleochaete scutata): an untergetauchten Wasserpflanzen und an Aquarienscheiben häufig auftretende Grünalge; der scheibenförmige, bis 1 cm im Durchmesser erreichende Thallus trägt auf der Oberseite Härchen.

Scheibenblume (Cyclanthus): Gattung der einkeimblättrigen Pflanzenfamilie **Scheibenblumengewächse** (Cyclanthaceae); wenige Arten; im tropischen Regenwald Amerikas; stammlose, milchsaftführende Kräuter mit langgestielten, zweiteiligen Blättern und in Blütenkolben stehenden Blüten.

Scheibenflechten (Lecidea): Gattung der Flechten mit rund 1 500 Arten; bilden graue, grüne und braune, schuppenförmige, gelappte oder muschelförmige Krusten auf Felsen und Baumrinde.

Scheibenpilze (Diskomyzeten, Discomycetidae): Ordnungsgruppe der ↑Schlauchpilze mit offenem, schüsselförmigem Fruchtkörper. Zu den Sch.n gehören die ↑Lorchelpilze mit den Morcheln und Lorcheln sowie die ↑Trüffel.

Scheinakazie: svw. Falsche Akazie (↑Robinie).

Scheinbeere: anderer Name der Gattung ↑Gaultheria.

Scheinbuche (Südbuche, Nothofagus): Gattung der Buchengewächse mit knapp 50 Arten in den südlichen Anden, in Australien, Neuseeland, Tasmanien, Neukaledonien und Neuguinea; sommer- oder immergrüne Bäume oder Sträucher mit buchenähnlichen Blättern. Die in Deutschland winterharte Art **Nothofagus antarctica** wird z.T. angepflanzt. Das hellrote bis rotbraune **Rauli,** ein dem Buchenholz ähnliches Holz der südamerikanischen Art Nothofagus procera, wird als Bau-, Möbel- und Schälholz verwendet.

Scheindahlie: anderer Name der Gattung ↑Zweizahn.

Scheineller (Klethra, Clethra): einzige Gattung der zweikeimblättrigen Familie **Sch.gewächse** (Clethraceae); mit rund 30 Arten in den Tropen und Subtropen; sommergrüne oder (in den Tropen überwiegend) immergrüne Bäume oder Sträucher mit wechselständigen, meist gesägten, einfachen Blättern und weißen, duftenden Blüten in Trauben oder Rispen.

Scheinerdbeere (Duchesnea): Gattung der Rosengewächse mit zwei Arten in Süd- und Ostasien. In vielen Teilen der Welt kommt verwildert die **Indische Erdbeere** (Indische Sch., Duchesnea indica) vor: der Erdbeere ähnliche Pflanze mit dreizählig gefingerten Blättern und langgestielten, gelben Blüten; Früchte rot, wenig wohlschmeckend; Zierpflanze für Steingärten.

Scheingeißbart: anderer Name der Gattung ↑Astilbe.

Scheinhanf (Datisca): Gattung der zweikeimblättrigen Familie **Sch.gewächse** (Datiscaceae); mit zwei, dem Riesenhanf ähnlichen Arten; in Westasien bis Nordindien das **Streichkraut** (Sch. im engeren Sinne, Datisca cannabina), eine bis 2 m hohe Staude mit langen, gefiederten Blättern und zweihäusigen Blüten; von Mexiko bis Kalifornien die Art **Datisca glomerata,** mit etwas kleineren Blättern.

Scheinhasel (Corylopsis): Gattung der Zaubernußgewächse mit rund 30 Arten in Japan, China und im Osthimalaja; Sträucher mit haselnußstrauchähnlichen Blättern und in überhängenden Ähren angeordneten Blüten; mehrere Arten werden als Ziersträucher angepflanzt.

Scheinkastanie (Goldkastanie, Castanopsis): Gattung der Buchengewächse mit rund 100 Arten in Südostasien, Südchina und im pazifischen Nordamerika. Eine bekannte, auch in Mitteleuropa angepflanzte Art ist **Castanopsis chrysophylla:** großer Strauch oder kleiner Baum mit ganzrandigen, lederartigen Blättern, die oberseits glänzend, gelblichgrün und unterseits mit goldgelben Schuppen bedeckt sind.

Scheinkerrie (Kaimastrauch, Rhodotypos): Gattung der Rosengewächse mit der einzigen Art **Rhodotypos scandens** in Japan und China; bis 2 m hoher Strauch mit hellgrünen Blättern und einzelnstehenden, weißen Blüten; Zierstrauch.

Scheinmalve (Malvastrum): Gattung der Malvengewächse mit rund 80 Arten in Südafrika und in Amerika; kleine Sträucher oder Kräuter mit verschieden gestalteten Blättern und kurzgestielten, roten oder gelben Blüten. Unter dem volkstümliche Namen **Fleißiges Lieschen** bekannt ist die südafrikanische Art **Malvastrum capense,** ein über 1 m hoher Strauch mit länglich-eiförmigen, dreilappigen Blättern und dunkelroten Blüten; wird als reichblühende Zimmerpflanze kultiviert.

Scheinmohn (Keulenmohn, Meconopsis): Gattung der Mohngewächse mit knapp 50 Arten in Eurasien und Amerika; ein- oder zweijährige Pflanzen mit gelbem Milchsaft, ungeteilten, gelappten oder zerschlitzten Blättern und gelben, blauen oder violetten Blüten; häufig Zierpflanzen in Alpengärten.

Scheinquitte (Zierquitte, Feuerquitte, Scharlachquitte, Chaenomeles): Gattung der Rosengewächse mit nur wenigen Arten in Ostasien; Sträucher mit dornigen Zweigen, gekerbten oder gesägten Blättern und zu mehreren zusammenstehenden Blüten. Eine bekannte Art ist die **Japanische Quitte** (Japanische Zierquitte, Chaenomeles japonica), ein bis 1 m hoher Strauch mit ziegelroten oder weißen, bis 3 cm breiten Blüten.

Scheinrebe: anderer Name der Gattung ↑Doldenrebe.

Scheinzypresse: anderer Name der Gattung ↑Lebensbaumzypresse.

Schellenblume (Becherglocke, Adenophora): Gattung der Glockenblumengewächse mit rund 70 Arten in Mittel- und Osteuropa und im gemäßigten Asien; Stauden mit ganzrandigen oder grob gezähnten Blättern und meist blauen, selten weißen, glockenförmigen, nickenden Blüten in Trauben oder Rispen. Einheimisch in Ostdeutschland und Bayern auf feuchten Wiesen und in Auwäldern die 0,3–1 m hohe **Lilienblütige Sch.** (Adenophora liliiflora): mit wohlriechenden, blaßblauen bis lilafarbenen Blüten.

Scheuerkraut: volkstümlicher Name für den Ackerschachtelhalm (↑Schachtelhalm).

Scheurebe [nach dem dt. Züchter G. Scheu, * 1879, † 1940]: aus einer Kreuzung von Silvaner und Riesling hervorgegangene, starkwüchsige Rebsorte mit früh reifenden Trauben; wird in der BR Deutschland zunehmend angebaut; Erträge mit hohem Mostgewicht. Die Weine sind voller und kräftiger als Rieslingweine, haben ein vielfältiges, würziges Bukett und sind lange Zeit lagerfähig.

Schichtrindenpilze (Schichtpilze, Lederpilze, Stereum): Gattung der Ständerpilze, deren Vertreter meist auf abgestorbenem Laub leben; mit rund 70 Arten, darunter gefährliche Holzschädlinge; konsolenartige bis lappige, dünnhäutige, oft lebhaft gefärbte, mehrschichtige Fruchtkörper, deren Oberseite haarig-filzig ist. Zu den Sch.n gehört u.a. der **Blutende Schichtpilz** (Stereum sanguinolentum; auf Nadelhölzern; Erreger der Braunfäule).

Schiefblatt (Begonie, Begonia): Gattung der Schiefblattgewächse mit rund 800 Arten, v.a. in den tropischen und subtropischen Gebieten Afrikas, Amerikas und Asiens; Kräuter oder Halbsträucher mit Knollen oder Rhizomen, meist unsymmetrischen („schiefen"), vielgestaltigen Blättern und einhäusigen, weißen, roten oder gelben Blüten; Zuchtformen oft gefüllt; beliebte Zierpflanzen; durch Sproß- oder Blattstecklinge leicht zu vermehren. Seit dem 19. Jahrhundert Züchtung der **Knollenbegonie** (Begonia tuberhybrida): Blüten zwischen 2,5 und 20 cm groß, v.a. leuchtend rot, lachsfarben oder gelb.

Schiefblattgewächse (Begoniengewächse, Begoniaceae): Familie zweikeimblättriger Pflanzen mit fünf Gattungen in den Tropen und Subtropen; krautige oder halbstrauchige Pflanzen mit meist unsymmetrischen („schiefen") Blättern und einhäusigen Blüten in achselständigen Blütenständen; beliebte Topf- und Gartenzierpflanzen; bekannteste Gattung ↑Schiefblatt.

Schiefteller (Achimenes): Gattung der Gesneriengewächse mit rund 25 Arten, verbreitet von Mexiko bis zum tropischen Südamerika; meist unverzweigte, häufig zottig behaarte Kräuter mit gegenständigen Blättern und achselständigen, einzelnen oder gebüschelt stehenden, roten bis violetten oder weißlichen Blüten mit enger Kronröhre, die sich zu einem schiefstehenden, breiten Teller erweitert; beliebte Topfzierpflanzen.

Schierling (Conium): Gattung der Doldenblütler mit einer Art in Südafrika und der Art **Gefleckter Sch.** (Flecken-Sch., Conium maculatum) in Eurasien: 1–2 m hohes Kraut an Hecken, Zäunen und Gräben; mit bläulich bereiftem Stengel und dreieckigen, weichen, schlaffen Blättern. Die ganze Pflanze enthält das Gift **Coniin** (lähmt das Rückenmark und die peripheren Nervenendigungen; führt zum Tod). – Im antiken Athen wurde u.a. Sokrates mit einem Schierlingssproßsaft enthaltenden Trank („Schierlingsbecher") hingerichtet.

Schierlingstanne: anderer Name der Gattung ↑Hemlocktanne.

Schiitakepilz (Shiitakepilz, Pasaniapilz, Tricholomopsis edodes): auf morschem Laubholz wachsender, mittelgroßer Pilz; rötlich-brauner, bis 10 cm breiter, oft dunkel beschuppter Hut; Stiel hellocker, mit dünnem, weißem Ring; Lamellen weiß bis hellocker, dichtgedrängt stehend, gegabelt; Fleisch weißlich und fest; begehrter Speisepilz, der seit über 2000 Jahren in Japan und China an Stämmen von Bambus und Hodoghi-Eichen (Quercus pasania) kultiviert wird und einen bedeutenden japanischen Exportartikel darstellt.

Schikimi: Art der Gattung ↑Sternanis.

Schildfarn (Polystichum): weltweit verbreitete Farngattung mit mehr als 200 Arten; meist größere Erdfarne mit kriechenden oder kurzen, aufrechten Rhizomen und gefiederten Blättern. Die bekannteste der vier einheimischen Arten ist der in den Alpen auf Kalkschutt und in Felsspalten vorkommende **Lanzen-Sch.** (Polystichum lonchitis): mit derben, überwinternden Blättern, die auf der Unterseite stern- oder schildförmige Schuppenhaare tragen.

Schildflechte (Peltigera): Gattung der Laubflechten mit über 80 Arten auf Wiesen und bemoosten Felsen; Thallus grobblättrig, auf der Unterseite mit deutlichen derben, weißen oder braunen bis schwarzen, netzartig verlaufenden Adern. Die bekannteste einheimische Art ist die ↑Hundsflechte.

Schildkrötenpflanze: anderer Name der Gattung ↑Elefantenfuß.

Schildnarbe: anderer Name der ↑Schusterpalme.

Schilflilie: anderer Name der Gattung ↑Schwertlilie.

Schilfrohr (Schilf, Phragmites): weltweit verbreitete Gattung ausdauernder Süßgräser mit drei formenreichen Arten. Von besonderer Bedeutung ist das auch in Deutschland häufig (an stehenden und langsam fließenden Gewässern, auf Moorwiesen und an Naßstellen des Waldes) vorkommende, bis 4 m hohe **Gemeine Sch.** (Phragmites communis): mit langen Ausläufern am Stengelgrund, langen, scharfrandigen Blättern und ästiger Rispe aus rotbraunen Ährchen. Seine Halme werden zur Herstellung von Matten und Geflechten, als Wandbelag, zum Dachdecken u.a. verwendet. Oft wird es auch als Uferschutz und zur Landgewinnung kultiviert.

Schillergras (Koeleria): Gattung der Süßgräser mit rund 60 Arten auf der Nord- und Südhalbkugel; einjährige oder ausdauernde Gräser mit ährenförmigen Rispen; die Ährchen mit unbegrannten Deckspelzen. Auf Trockenrasen, an Wegen und in Kiefernwäldern wächst das bis 50 cm hohe **Zierliche Sch.** (Kammschmiele, Koeleria macrantha): Blätter sehr schmal, graugrün; untere Blattscheiden weich behaart.

Schimmelkraut: anderer Name der Gattung ↑Filzkraut.

Schinkenbirne: eine Tafelbirne (↑Birnensorten, Übersicht S. 49).

Schinus ['sçi:nʊs]: wissenschaftlicher Name der Gattung ↑Pfefferstrauch.

Schirmalge (Acetabularia): Grünalgengattung mit rund 20 Arten in den tropischen und subtropischen Meeren; der querwandlose, schirmförmige Thallus ist in Rhizoid, Stiel und Hut gegliedert; nur ein großer Zellkern, der erst bei der geschlechtlichen Fortpflanzung in mehrere Kerne zerfällt. Die im Mittelmeer heimische Art **Acetabularia mediterranea** und einige andere Arten werden heute in vielen Laboratorien als

Modellorganismen zur Lösung biochemischer Probleme der pflanzlichen Morphogenese gezüchtet.

Schirmbaum (Regenschirmbaum, Musanga smithii): einzige Art der Maulbeergewächsgattung Musanga, im tropischen Afrika; schnellwachsender Baum mit sehr leichtem Holz und großen, schirmförmigen, bis zum Stengel geteilten Blättern, die das Regenwasser gut ableiten.

Schirmfarne (Matoniaceae): vor rund 200 Mill. Jahren (im Mesozoikum) bis in die Nordpolargebiete verbreitete, artenreiche Farnfamilie mit noch drei rezenten Arten im Malaiischen Archipel; mit kriechenden, dicht behaarten Rhizomen und gabelig zerteilten, am Ende gefiederten Blättern.

Schirmlinge (Schirmpilze): Lamellenpilze mit weißen Sporen und freistehenden, nicht am Stiel angewachsenen Lamellen; der Fruchtkörper gleicht in erwachsenem Zustand einem aufgespannten Schirm. In Mitteleuropa und Nordamerika rund 50 Arten; am bekanntesten der ↑ Parasolpilz.

Schirmmoose (Splachnaceae): vorwiegend in arktisch-alpinen Gebieten verbreitete Familie der ↑ Laubmoose; meist auf tierischen Exkrementen (z. B. wachsen die Vertreter der Gattung **Schirmmoos** [Splachnum] auf Rentierkot); Basalteil der Sporenkapsel schirmförmig, leuchtend rot oder gelb gefärbt zur Anlockung von Fliegen für die Sporenverbreitung.

Schirmpalme: anderer Name der Gattung ↑ Schopfpalme.

Schirmpilze: anderer Name der Pilzgruppe ↑ Schirmlinge.

Schirmtanne (Sciadopitys): Gattung der Taxodiengewächse mit der einzigen rezenten Art **Japanische Sch.** (Quirlblättrige Sch., Sciadopitys verticillata): in Japan, vor rund 40 Mill. Jahren (im Tertiär) auch in Mitteleuropa häufig (wesentlicher Bestandteil der Braunkohlenwälder); immergrüner, bis 40 m hoher Baum mit schmal-pyramidenförmiger Krone und waagrecht abstehenden Ästen; Langtriebe mit kleinen, spiralig stehenden Schuppenblättern; Kurztriebe als nadelförmige, 6–10 cm lange, 2,5–3 mm breite, in der Mitte tief gefurchte Flachsprosse („Doppelnadeln"), fast in Quirlen um den Zweig angeordnet; Zapfen aufrecht; winterharter Zierbaum.

Schistọstega [ʃɪ..., sçɪ...] (Höhlenmoos): kalkmeidende Gattung der Laubmoose in Höhlen und Felsspalten; bekannte Art ↑ Leuchtmoos.

Schizạnthus: wissenschaftlicher Name der Gattung ↑ Schlitzblume.

Schlafmohn: Art der Gattung ↑ Mohn.

Schlafmoose (Astmoose, Hypnaceae): Familie fiederartig verzweigter, auf dem Boden wachsender Laubmoose; Blätter oft sichelartig gekrümmt. Zu der bekannten, mit rund 60 Arten weitverbreiteten Gattung **Hypnum** zählt das in Europa sehr häufige **Zypressenschlafmoos** (Hypnum cupressiforme).

Schlafmützchen: anderer Name der Gattung ↑ Goldmohn.

Schlammkraut (Schlammling, Limosella): fast weltweit verbreitete Gattung der Rachenblütler mit rund 15 Arten an Flußufern und Teichrändern; mit Ausläufern kriechende Pflanzen mit sehr kleinen, fleischfarbenen oder grünlichen Blüten.

Schlammling: anderer Name der Gattung ↑ Schlammkraut.

Schlangenbart (Ophiopogon): Gattung der Liliengewächse mit wenigen, formenreichen Arten, verbreitet von Ostasien bis in den Himalaja; Stauden mit grasartigen, immergrünen Blättern und weißen oder blauen Blüten. Eine beliebte Zimmerpflanze ist der **Japanische Sch.** (Ophiopogon japonicus): mit weißen bis lilafarbenen, später ultramarin- bis türkisblauen Blüten in ährenähnlichen Blütenständen und anfangs grünen, glänzenden Beeren.

Schlangenkaktus:
◊ (Peitschenkaktus, Aporocactus) Gattung reichverzweigter, epiphytischer Kakteen mit nur wenigen Arten in Mexiko; mit langen, kriechenden oder hängenden Trieben und bis 10 cm langen, rotvioletten Blüten mit enger, gekrümmter Röhre.
◊ (Schlangencereus, Nachtkaktus, Selenicereus) Gattung kletternder oder rankender Kakteen mit rund 20 Arten in Süd- und Nordamerika; strauchig oder säulig wachsende, oft Luftwurzeln ausbildende Pflanzen mit fünf- bis siebenkantigen, langen Trieben und meist großen, nur eine Nacht geöffneten Blüten. Die bekannteste Art ist die stark duftende **Königin der Nacht** (Selenicereus grandiflorus): mit bis 30 cm langen Blüten und lachsfarbenen Kelch- und weißen Blumenkronblättern. – Abb. S. 233.

Schlangenkraut: anderer Name der ↑Drachenwurz.

Schlangenmoos: svw. Kolbenbärlapp (↑Bärlapp).

Schlangenstapelie (Echidnopsis): Gattung der Schwalbenwurzgewächse mit zehn Arten in Südafrika; kleine, sukkulente Sträucher mit sechs- bis zehnkantigen Stämmchen; Blätter klein; Blüten klein, gelb, braun oder rot, in Büscheln am Stammende.

Schlangenwurz (Dracunculus): Gattung der Aronstabgewächse mit zwei Arten im Mittelmeergebiet; Knollenpflanzen mit handförmig geteilten Blättern und starken, Scheinstämmchen bildenden Blattstielen; Blüten aasartig riechend. Kultiviert wird die **Gemeine Sch.** (Dracunculus vulgaris).

Schlauchalgen (Röhrengrünalgen, Siphonales): Ordnung der Grünalgen in den gemäßigten und wärmeren Meeren mit sehr vielgestaltigen, aber immer querwandlosen Thalli; Zellwand umschließt einen einzigen Protoplasten mit vielen Zellkernen; nur die Fortpflanzungsorgane sind durch Querwände abgetrennt; bekannte Gattung ↑Schirmalge.

Schlauchenzian: Art der Gattung ↑Enzian.

Schlauchflechten (Askomyzetenflechten): Bez. für diejenigen Flechten, bei denen ein Schlauchpilz den Partner bei der Symbiose bildet. Zu den Sch. gehört der weitaus größte Teil der heute bekannten rund 16 000 Flechtenarten. – Gegensatz ↑Ständerflechten.

Schlauchpflanze: anderer Name der Gattung ↑Sarrazenie.

Schlauchpflanzengewächse: (Sarrazeniengewächse, Sarraceniaceae), Familie der Zweikeimblättrigen mit rund 15 Arten in drei Gattungen; in Amerika; Sumpfpflanzen mit schraubig angeordneten, grundständigen, dem Insektenfang dienenden Schlauchblättern mit einem wulstartig verdickten Rand und einem Anhängsel in Form eines Zipfels, eines gespaltenen Lappens oder eines Deckels. Die Schlauchinnenseite gliedert sich in eine Drüsenzone mit Honig absondernden Drüsen, eine Gleitzone mit abwärts gestellten Zellvorsprüngen, eine Reusenzone mit Reusenhaaren und Verdauungsenzyme abscheidenden Drüsen und eine Absorptionszone ohne Drüsen; Blüten einzeln oder in lockeren Trauben. – Bekannte Gattungen sind

↑Sarrazenie und **Darlingtonia;** letztere auf feuchten Gebirgswiesen in Nordkalifornien bis Südoregon; Blüten etwa 30 cm lang, grünlichgelb bis braunrot, einzeln an einem langen Schaft. Die gedrehten, smaragdgrünen Schlauchblätter, die aus kurzem, kriechendem Wurzelstock hervorgehen und einer aufgerichteten Kobra ähneln, sind etwa 15 cm lang. - Abb. S. 159.

Schlauchpilze (Askomyzeten, Ascomycetes): größte Klasse der höheren Pilze, mit rund 30 000 heute bekannten Arten weltweit verbreitet. Gemeinsames Merkmal aller Sch. ist die geschlechtliche Fortpflanzung durch Gametangiogamie (das ♀ Gametangium, das **Askogon,** und das ♂ Antheridium verschmelzen miteinander) oder Somatogamie (zwei beliebige Körperzellen verschmelzen). Die meist acht Sporen **(Askosporen)** entwickeln sich in schlauchförmigen Sporangien, den **Aszi** (Einzahl **Askus**). Die Aszi sind meist in besonderen Fruchtkörpern vereinigt. Neben Askosporen werden auch Konidien gebildet. - Viele Sch. sind Pflanzenschädlinge, z. B. Erstickungsschimmel und Mehltaupilze. Der Pinselschimmel liefert Antibiotika. Hefepilze werden im Gärungsgewerbe eingesetzt. Als Speisepilze finden Trüffel und Morchel Verwendung.

Schlehdorn (Schwarzdorn, Prunus spinosa): Rosengewächs, verbreitet von Europa bis Westasien; bis 3 m hoher, sparriger Strauch mit in Dornen auslaufenden Kurztrieben, doppelt gesägten Blättern und kleinen, weißen, einzeln oder zu zweien im Vorfrühling an laubblattlosen Blütenkurztrieben erscheinenden Blüten; Steinfrüchte **(Schlehen)** klein, kugelig, schwarzbläulich bereift, mit grünem, saurem, sich nicht vom Steinkern lösendem Fruchtfleisch; roh erst nach Frosteinwirkung genießbar.

Schleierdame (Dictyophora duplicata): seltener, in Laubwäldern Nordamerikas und Mitteleuropas vorkommender Bauchpilz (Ordnung Rutenpilze); der Fruchtkörper ähnelt in Größe und Gestalt der Stinkmorchel, besitzt aber ein vom unteren Hutrand bis zur halben Stielhöhe herabhängendes, schleierförmiges Netz.

Schleierfarne: anderer Name der Farngattung ↑Hautfarne.

Schleiergras: Art der Süßgrasgattung ↑Schmielenhafer.

Schleierkraut: Art der Gattung ↑Gipskraut.

Schleierling (Cortinarius): artenreiche Gattung der Lamellenpilze; mit einem in der Jugend zwischen Stiel und Hut ausgespannten, zarten, spinnwebenartigen Schleier **(Cortina)** und rostbraunen Sporen. Unter Birken wächst der eßbare **Rotgebänderte Gürtelfuß** (Cortinarius armillatus): mit bräunlichem Stiel, den drei bis vier schräge, zinnoberrote Gürtelzonen umziehen; Hut 5–12 cm groß, matt rotbraun bis gelbbraun. - Abb. S. 314.

Schleifenblume (Bauernsenf, Iberis): Gattung der Kreuzblütler mit rund 30 Arten im Mittelmeergebiet und in Mitteleuropa; niedrige Kräuter oder Halbsträucher mit weißen, violetten oder roten Blüten in traubigen Blütenständen. Neben der immergrünen, halbstrauchigen Art **Iberis sempervirens** werden v. a. die anspruchslosen einjährigen Arten als Beetblumen und für Einfassungen kultiviert.

Schleimfuß (Myxacium): Gattung der Lamellenpilze (auch als Untergattung der Gattung Schleierling geführt) mit rund 40 Arten in Europa; fleischige, mittelgroße Fruchtkörper mit weißlichem oder braunblauem bis violettem Hut. Die Haut von Hut und Stiel verschleimt. Einige Arten sind eßbar.

Schleimkopf (Phlegmacium): Gattung der Lamellenpilze (auch als Untergattung der Gattung Schleierling geführt) mit rund 200 Arten in Europa; häufig lebhaft gefärbt mit klebrig-schleimigem Hut (Durchmesser bis 15 cm). Nur wenige Arten sind eßbar.

Schleimpilze (Myxomycetes, Myxomyzeten): Klasse der Pilze mit rund 500 Arten in etwa 60 Gattungen. Charakteristisch für die Sch. ist ihr Vegetationskörper, der eine vielkernige, querwandlose Protoplasmamasse **(Plasmodium)** ist. Dieses Plasmodium entsteht durch Verschmelzung vieler amöboider Zellen, die zu Fruchtkörpern (Sporangien) werden. Die ungeschlechtliche Vermehrung der Sch. erfolgt durch in den Fruchtkörpern gebildete Sporen, die auf feuchtem Untergrund zu **Schwärmern (Myxoflagellaten)** auskeimen. Diese können sich zu einer Zygote vereinigen oder sich durch Geißelverlust zu kriechenden **Myxamöben** entwickeln, die sich ihrerseits durch einen Geschlechtsakt zu einer Zygote vereinigen. Schwärmer und Myxamöben können sich auch durch Teilung vermehren. Die meisten Arten der Sch. leben saprophytisch im Humus. Die Plasmodien kommen erst bei der Sporenbildung ans Licht.

Schleimsame: anderer Name der Gattung ↑ Leimsaat.

Schlickgras (Reisgras, Spartina): Gattung der Süßgräser mit rund 15 Arten an den Küsten des Atlantischen Ozeans und im Wattenmeer der Nordsee. Einheimisch auf Salzwiesen und Marschen ist das **Hohe Sch.** (Spartina townsendii): bis 1,5 m hoch; mit bis zur Basis beblättertem Stengel, schmalen Blättern und in Rispen angeordneten Ährchen; wird an der englischen und französischen Atlantikküste zur Landgewinnung angepflanzt.

Schließhanf: svw. Riesenhanf (↑ Hanf).

Schlitzblume (Spaltblume, Schizanthus): Gattung der Nachtschattengewächse mit rund zehn Arten in Chile; einjährige, drüsig-klebrige Kräuter mit meist fiederschnittigen Blättern und roten Blüten (in Rispen) mit zweilippiger Blütenkrone. Eine bekannte Art ist die **Gefiederte Sch.** (Schizanthus pinnatus) mit zierlichen, gelben Blüten und roter Fleckenzeichnung sowie tiefgeteilten Blütenblättern; in vielen Farbvarietäten als „Orchidee des armen Mannes" kultiviert.

Schlotte: landschaftliche Bez. für die Zwiebelart ↑ Schalotte.

Schlüsselblume:

◇ volkstümliche Bez. für die ↑ Frühlingsschlüsselblume.

◇ anderer Name für die Gattung ↑ Primel.

Schmalfrucht (Stenocarpus): Gattung der Proteusgewächse mit rund 20 Arten in Australien, auf Neuguinea, Neukaledonien und auf den Molukken; Bäume oder Sträucher mit immergrünen, ganzrandigen oder fiederspaltigen Blättern, kleinen Einzelblüten in Schirmdolden und lederartigen, schmalen Früchten.

Schmalwand (Gänserauke, Arabidopsis): Gattung der Kreuzblütler mit rund zehn in Eurasien bis ins arktische Amerika heimische Arten. In Deutschland an trockenen Hängen, auf Schutt und Brachäckern verbreitet ist die **Acker-Sch.** (Arabidopsis thaliana): mit dicht behaarter Blattrosette und kleinen, weißen Blüten; Schoten 10–20 mm lang.

Schmarotzerblumen: anderer Name der ↑ Rafflesiengewächse.

Schmeile (Schmele): anderer Name der Gattung ↑ Schmiele.

Schmerkraut: anderer Name der Gattung ↑ Schmerwurz.

Schmerling (Körnchenröhrling, Suillus granulatus): in Kiefernwäldern häufig vorkommender, mittelgroßer, schmackhafter Pilz (Röhrling); mit braungelbem, bei nassem Wetter schmierig glänzendem Hut; Röhren zuerst gelb mit weißlichen Flüssigkeitstropfen, später olivfarben; Stiel blaßgelb.

Schmerwurz (Schmerkraut, Tamus): Gattung der Jamswurzelgewächse mit nur vier Arten; auf den Azoren, den Kanarischen und Kapverdischen Inseln und auf Madeira sowie im Mittelmeergebiet. In Deutschland, in schattigen Wäldern und Gebüschen, wächst die mediterrane **Gemeine Sch.** (Tamus communis): mit großer unterirdischer Sproßknolle, windendem Stengel, herzförmigen Blättern, grünlichgelben Blüten in blattachselständigen Trauben und roten, erbsengroßen Beeren.

Schmetterlingsblütler (Fabaceae, Papilionaceae, Papilionazeen): weltweit verbreitete Familie aus der Ordnung der Hülsenfrüchtler mit rund 9 000 Arten in annähernd 400 Gattungen; in den Tropen meist holzige, in den außertropischen Gebieten überwiegend krautige Pflanzen mit unpaarig gefiederten Blättern (zuweilen mit Fiederranken) oder vergrößerten Nebenblättern. Die zweiseitig-symmetrischen Blüten **(Schmetterlingsblüten)** bestehen aus fünf Kelch- und fünf Kronblättern. Die Kronblätter gliedern sich in ein oberes, meist vergrößertes und aufrechtes oder zurückgeschlagenes Blatt (Fahne, Vexillum), zwei seitliche Blätter (Flügel, Alae) und, von diesen eingeschlossen, zwei untere, meist teilweise mit den Rändern zu einem kahnförmigen Gebilde verwachsene Blätter (Schiffchen, Carina). Die Fäden der 10 Staubblätter sind meist zu einer Röhre verwachsen; manchmal bleibt ein Staubfaden frei. Die Frucht ist eine in zwei Hälften aufspringende Hülse oder eine in einsamige Teilstücke zerfallende Gliederhülse; Samen mit harter Schale und kräftigen Keimblättern, die Stärke, Eiweiß und Fett enthalten. An den Wurzeln befinden sich meist Wurzelknöllchen mit Stickstoff bindenden Bakterien (Gattung Rhizobium), durch die der Boden bei Gründüngung mit Stickstoff angereichert wird.
Bekannte Vertreter der Sch., die als Futterpflanzen und auch zur Gründüngung verwendet werden, sind z. B. Klee, Luzerne, Esparsette, Serradella und Lupine. Nahrungsmittel liefern u. a. Erbse, Linse, Gartenbohne, Sojabohne und Erdnuß. Als Gehölze und Ziersträucher werden u. a. Robinie, Goldregen, Ginster und Glyzinie angepflanzt. Heilpflanzen sind u. a. Besenginster, Hauhechel und Bockshornklee.

Schmetterlingsorchis: anderer Name für das Schmetterlingsknabenkraut (↑ Knabenkraut).

Schmetterlingsstrauch (Falterblume, Fliederspeer, Sommerflieder, Buddleja): Gattung der **Buddlejaceae** mit über 100 Arten in den Tropen und Subtropen; Sträucher mit großen, meist behaarten Blättern und röhrenförmigen Einzelblüten in meist großen, lebhaft gefärbten Blütenständen. Einige Arten sind als Gartenziersträucher in Kultur.

Schmiele (Schmeile, Schmele, Deschampsia): Gattung der Süßgräser mit rund 50 Arten in den gemäßigten

Gebieten der Nordhalbkugel; ausdauernde Gräser mit schlankem Stengel und lockerer Rispe mit meist zweiblütigen, kleinen Ährchen. Bekannte Grünlandunkräuter sind: **Draht-Sch.** (Wald-Sch., Deschampsia flexuosa), v. a. in trockenen Kiefernwäldern und auf Heidewiesen; mit borstenfeinen, grünen Blättern und bis 1 m hohen, fast blattlosen, zierlichen Halmen; letztere mit braunroten oder silbrigen Ährchen an geschlängelten, haarfeinen Ästen in lockerer Rispe; **Rasen-Sch.** (Gold-Sch., Deschampsia caespitosa), auf Wiesen, Flachmooren und quellwasserfeuchten Stellen dichte Horste bildend; bis über 1 m hoch; mit gerillten, rauhen Blättern und violett gefärbten, am Rand gelblichen Ährenrispen.

Schmielenhafer (Nelkenhafer, Aira): Gattung der Süßgräser mit rund zehn Arten, hauptsächlich im Mittelmeergebiet; zierliche, einjährige Gräser mit schmalen Blättern und lockerer Rispe; mit haarförmigen Ästen und zweiblütigen, begrannten Ährchen. Kultiviert wird das **Schleiergras** (Haar-Sch., Aira elegantissima): bis 30 cm hoch; mit dünnen, geschlängelten Rispenästen und nur 1,5 mm langen, silberweißen bis hellgrauen Ährchen.

Schmierling (Gelbfuß, Gomphidius): Gattung der Blätterpilze mit dikken, den Stiel herablaufenden Lamellen, schwarzbraunen Sporen und dickem, schleimigem Schleierrest, der sich leicht abziehen läßt. Bekannte und gute Speisepilze sind das **Kuhmaul** (Großer Sch., Gomphidius glutinosus; mit 5–10 cm breitem, braun- bis grauviolettem Hut und zitronengelber Stielbasis) und der etwas kleinere, braunrote **Kupferrote Sch.** (Gomphidius viscidus; mit 4–12 cm breitem Hut und weinrot anlaufendem Fleisch); beide Arten in Nadelwäldern.

Schminkbohne: anderer Name der ↑Gartenbohne.

Schminkwurz (Färberkraut, Ochsenwurzel, Racine d'orcanette, Alkanna tinctoria): im Mittelmeergebiet heimische Art der Rauhblattgewächsgattung Alkanna; Halbrosettenstrauch mit 10–20 cm langen, dicht grauhaarigen Sprossen und kleinen, blauen Blüten in dichten Wickeln. Die Wurzel liefert den roten, v. a. in der Mikroskopie verwendeten Farbstoff **Alkannarot.**

Schmuckjochalge (Cosmarium): Gattung der ↑Zieralgen mit rund 800 Arten; einzellige und einkernige, grüne Süßwasseralgen mit rundlichen bis scheibenförmigem, in der Mitte eingeschnürtem Thallus; in jeder der symmetrischen Zellhälften ein großer Chloroplast.

Schmuckkörbchen (Kosmee, Cosmos, Cosmea): Gattung der Korbblütler mit rund 30 Arten im tropischen und subtropischen Amerika, v. a. in Mexiko; Stauden mit Wurzelknollen oder einjährige Kräuter; mit oft fein zerschlitzten Blättern und langgestielten Blütenköpfchen mit halbkugeligem Hüllkelch und randständigen, großen, an der Spitze oft gezähnten Strahlenblüten. Einige Arten sind beliebte Schnittblumen, u. a. das **Doppeltgefiederte Sch.** (Cosmos bipinnatus) aus Mexiko: bis 1,2 m hohe Pflanze mit tiefrosaroten Strahlenblüten und gelborangefarbenen, kleinen Scheibenblüten; auch in weißen und hell- bis lilarosafarbenen Sorten.

Schmucklilie (Liebesblume, Agapanthus): Gattung der Liliengewächse mit rund zehn Arten in Südafrika; mit kurzem, kriechendem Rhizom, breitlinealischen, ledrigen, grundständigen Blättern und zahlreichen trichterförmigen, blauen Blüten in endständigen Dolden auf langem Schaft. Einige Arten werden als Schnittblumen und Kübelpflanzen kultiviert.

Schmucktanne:
◊ anderer Name der ↑ Zimmertanne.
◊ (Brasilianische Sch.) die Araukarienart ↑ Pinheiro.

Schnabelbinse: anderer Name der Gattung ↑ Schnabelried.

Schnabelkraut: anderer Name der Gattung ↑ Storchschnabel.

Schnabelried (Schnabelbinse, Schnabelsimse, Rhynchospora): Gattung der Riedgräser mit rund 250 Arten, v. a. in den Tropen und Subtropen; meist Ausläufer bildende Stauden mit wenigblütigen, büschelig gehäuften Ährchen in Spirren; Früchte geschnäbelt. Die beiden europäischen Arten, das **Weiße Sch.** (Rhynchospora alba; weiße Ährchen; nur kurze Ausläufer) und das **Braune Sch.** (Rhynchospora fusca; gelbbraune Ährchen; verlängerte, unterirdische Ausläufer), kommen zerstreut bis selten in Mooren vor.

Schnabelsimse: anderer Name des ↑ Schnabelrieds.

Schnapskopf (Lophophora): Kakteengattung mit drei Arten in Mexiko und Texas; weichfleischige, graugrüne Kugelkakteen mit wenigen Rippen, pinselartigen Haarbüscheln ohne Dornen und dicker Rübenwurzel; Blüten klein, blaßrosa (bei der Art **Lophophora williamsii**) oder gelblich (bei der Art Lophophora lewinii).

Schneckenfaden (Cochliostema): Gattung der Kommelinengewächse mit einer formenreichen Art im tropischen Amerika; großer Epiphyt mit gestauchter Sproßachse, fast riemenförmigen, bis 1,5 m langen und 30 cm breiten, rosettig angeordneten Blättern; Blüten etwa 5 cm groß, himmelblau, am Rand dicht langbewimpert, in einfachen Wickeln, die in der Achsel großer, weißlichrosa gefärbter Hochblätter zu gestielten Rispen vereinigt sind.

Schneckenklee (Medicago): Gattung der Schmetterlingsblütler mit rund 100 Arten in Eurasien und Afrika; ausdauernde oder einjährige Kräuter mit dreizähligen Blättern (davon das mittlere gestielt) und gelben oder violetten Blüten in Trauben; Früchte spiralig eingerollte oder sichelförmige Hülsen. Einheimische Arten sind: **Hopfenklee** (Gelbklee, Medicago lupulina), 7–60 cm hoch; kleine, hellgelbe Blüten in langgestielten, achselständigen Trauben; Fruchthülsen nierenförmig, schwarz; **Luzerne** (Blaue Luzerne, Monatsklee, Medicago sativa), bis 80 cm hohe, dürre- und winterfeste Staude mit verzweigter Pfahlwurzel und blauen bis violetten Blüten in dichten, kurzen Trauben; Futter- und Gründüngungspflanze mit hohem Eiweißgehalt; **Sichelklee** (Gelbe Luzerne, Medicago falcata), 20–60 cm hoch; gelbe Blüten in großer, kopfförmiger Traube; Hülsen sichelförmig.

Schneckenstendel (Cochlioda): Orchideengattung mit fünf Arten in den Anden Perus und Ecuadors sowie in Kolumbien; hauptsächlich epiphytische Orchideen mit engstehenden, seitlich etwas zusammengedrückten, ein- oder zweiblättrigen knollenartigen Verdickungen der Sprosse (Wasser- und Reservestoffspeicher; Pseudobulben), schmalen, harten Blättern und grundständigen, einfachen oder verzweigten Blütenständen.

Schneckling (Limacium): artenreiche Gattung der Blätterpilze; Stiel und oft auch der Hut schleimig-schmierig, die Stielbasis mehlig oder schuppig. Die dicken, entfernt voneinander stehenden Lamellen laufen den Stiel herab. – Bekannte eßbare Arten sind: **Elfenbein-Sch.** (Limacium eburneus), mit zunächst reinweißem, später chromgelbem Hut; im Sommer gruppenweise in Laub- und Nadelwäldern; **Frost-Sch.** (Limacium hypothejus), ebenfalls in größeren Gruppen; v. a. in Kiefernwäldern; von Frostbeginn bis Dezember; Hut olivbraun, Lamellen weiß, Stiel hell gelbbraun.

Schneeball (Viburnum): Gattung der Geißblattgewächse mit rund 120 Arten in den gemäßigten Gebieten der Nordhalbkugel; sommer- oder immergrüne Sträucher, selten kleine Bäume, mit gegenständigen Blättern; Blüten weiß oder rosafarben, in Doldentrauben oder in Rispen angeordnet; Frucht eine trockene oder saftige Steinfrucht. Einheimische Arten sind der **Wollige Sch.** (Viburnum lantana; 60–80 cm hoch; mit lanzettförmigen Blättern und bräunlichen, innen braun oder violett geäderten Blüten in Trauben) und der an Flußufern und in feuchtem Gebüsch an Waldrändern wachsende **Gemeine Sch.** (Drosselbeere, Gichtbeere, Viburnum opulus; mit rundlichen, drei- bis fünflappigen Blättern und rahmweißen Blüten in 8–10 cm breiten, flachen Trugdolden). Beide Arten werden als Ziersträucher kultiviert, die letztere v. a. in der „gefüllten" Form (ausschließlich mit sterilen Blüten).

Schneebeere (Sankt-Peters-Strauch, Symphoricarpos): Gattung der Geißblattgewächse mit 15 Arten, hauptsächlich in Nordamerika; niedrige, sommergrüne Sträucher mit gegenständigen, ganzrandigen oder gelappten Blättern; Blüten klein, mit glockiger oder trichterförmiger Krone, in kurzen Ähren oder Trauben; Früchte beerenartige, zweisamige Steinfrüchte. Einige Arten und Hybriden werden oft als Ziersträucher kultiviert, v. a. die **Gemeine Sch.** (Symphoricarpos albus; rosafarbene bis weiße Blüten; zahlreiche 8–12 mm dicke, schneeweiße Früchte: **Knallbeeren**) und die **Korallenbeere** (Symphoricarpos orbiculatus; gelblichweiße, rosa überlaufene Blüten; 4–6 mm dicke, purpurrote Früchte).

Schneeblume: anderer Name für den ↑ Schneeflockenbaum.

Schnee-Enzian: Art der Gattung ↑ Enzian.

Schneefarn (Cyclophorus): Gattung der Tüpfelfarngewächse mit rund 100 Arten in den Tropen der Alten Welt; an trockenen Standorten wachsende Epiphyten oder Felspflanzen mit meist ungeteilten, ledrigen, mit einem dichten Filz weißer Sternhaare bedeckten Blättern.

Schneeflockenbaum (Schneeflockenstrauch, Schneeblume, Chionanthus virginicus): Ölbaumgewächs im südöstlichen Nordamerika; Strauch oder Baum mit gegenständigen, ganzrandigen Blättern und vierzähligen, weißen Blüten in lockeren, bis 20 cm langen, überhängenden Rispen; Steinfrüchte einsamig, eiförmig, dunkelblau; winterharter Zierstrauch.

Schneeglöckchen (Galanthus): Gattung der Amaryllisgewächse mit zehn schwer zu unterscheidenden Arten in Europa und Westasien; zwiebelbildende Stauden mit wenigen linealischen oder lanzettlichen Blättern; Blüten meist einzeln, nikkend, mit äußerer Blütenhülle aus drei länglich-eirunden Blütenblättern. Das geschützte, wild nur noch vereinzelt in Laubmisch- und Auenwäldern vorkommende, formenreiche **Echte Sch.** (Schneetröpfchen,

Märzglöckchen, Galanthus nivalis) mit einblütigen Stengeln und grün gefleckten inneren Blütenblättern wird in vielen Sorten in Gärten und Parks kultiviert.

Schneeglöckchenbaum (Halesia): Gattung der Styraxbaumgewächse mit nur wenigen Arten; in Nordamerika und China; sommergrüne Bäume oder Sträucher mit wechselständigen, ungeteilten Blättern und weißen Blüten in Büscheln; Steinfrüchte. Als winterharter Zierstrauch wird die nordamerikanische Art **Halesia carolina** kultiviert.

Schneeheide: Art der ↑Glockenheide.

Schneerose: anderer Name der Schwarzen ↑Nieswurz.

Schneestolz (Chionodoxa): Gattung der Liliengewächse mit nur wenigen Arten in Südeuropa und Asien; bis 30 cm hohe Zwiebelpflanzen mit meist nur zwei linealischen, grundständigen Blättern und rad- bis tellerförmigen, leuchtend blauen bis violetten Blüten mit weißem „Auge".

Schneide (Schneidegras, Cladium): Gattung der Riedgräser mit rund 50 Arten in den Tropen und Subtropen; bis 2 m hohe, Ausläufer bildende Pflanzen mit meist braunen Ährchen und schneidend rauhen Blatträndern.

Schneidegras: anderer Name der Gattung ↑Schneide.

Schnittlauch (Graslauch, Allium schoenoprasum): in Europa, Asien und Nordamerika weit verbreitete, ausdauernde Art des ↑Lauchs; mit röhrenförmigen Blättern, blattlosen oder wenigblättrigen, 5–50 cm hohen Schäften und hellrosa bis purpurrot gefärbten Blüten in kugeligen Blütenständen. Der in Mitteleuropa v.a. in Stromtälern wild vorkommende Sch. wird auf kalkreichen, humosen Lehmböden in vielen Kultursorten angebaut. Die Verwendung der Blätter als Gewürz ist bereits im „Capitulare de villis" (Verordnung Karls des Großen über Verwaltung und Bewirtschaftung der karolingischen Krongüter) beschrieben.

Schnittmangold: Sorte des Mangolds (↑Runkelrübe).

Schnittsalat: Varietät des Gartensalats (↑Kopfsalat).

Schnurbaum (Sophora): Gattung der Hülsenfrüchtler mit rund 60 Arten in den gemäßigten und tropischen Gebieten Asiens und Nordamerikas; sommer- oder immergrüne Bäume oder Sträucher mit wechselständigen, unpaarig gefiederten Blättern und in Trauben oder Rispen angeordneten Blüten; Frucht eine fleischige Hülse. Die winterharte, der Robinie ähnelnde Art **Sophora japonica** (mit gelblichweißen Blüten in bis 25 cm langen Rispen und bis 8 cm langen, perlschnurartigen Gliederhülsen) wird als Park- und Straßenbaum angepflanzt.

Schöllkraut (Schminkwurzel, Schminkwurz, Schnellkraut, Chelidonium): Gattung der Mohngewächse mit der einzigen Art **Großes Sch.** (Chelidonium majus): auf Schuttstellen, Wegen, an Mauern und Zäunen in Eurasien und im Mittelmeergebiet; bis 1 m hohe Staude mit ästigen Stengeln und gefiederten Blättern sowie gelben Blüten; Früchte schotenförmig, mit schwarzen Samen.

Geschichte: Die Wurzel des Großen Sch.s wurde nach dem griechischen Arzt und Pharmakologen Dioskurides (1. Jahrhundert n. Chr.) bereits in der Antike gegen Gelbsucht angewendet. Der gelbrote (giftige) Milchsaft war außerdem ein wichtiges Mittel gegen Augenleiden. In der deutschen Volksmedizin benutzte man den Milchsaft gegen

Hautkrankheiten und besonders gegen Warzen. In der Alchimie des Mittelalters galt der Milchsaft als Mittel zum Gelbfärben („Goldmachen"). Noch im 18. Jahrhundert war das Große Sch. Bestandteil vieler Arzneimittel. – Abb. S. 78.

Schönauge: anderer Name der Gattung ↑ Euglena.

Schönblatt (Calophyllum): Gattung der Guttibaumgewächse mit rund 80 Arten; v. a. in den Tropen der Alten Welt, nur wenige Arten im trop. Amerika; Bäume mit gegenständigen Blättern und in Trauben oder Rispen stehenden Blüten. Eine bekannte Art ist **Calophyllum inophyllum** Küstenbaum von Ostafrika bis Polynesien), dessen Früchte **(Dombanüsse)** ein wohlriechendes, dunkelgrünes, als Brennöl verwendetes Öl **(Dombaöl)** liefern.

Schönfaden (Zylinderputzer, Callistemon): Gattung der Myrtengewächse mit rund zehn Arten in Australien und Tasmanien; kleine Bäume oder Sträucher mit steifen, lederartigen, stielrunden, linealischen oder lanzettlichen Blättern; Blüten meist leuchtend rot, dicht gedrängt und zylinderputzerartig um den darüber weiterwachsenden, beblätterten Sproß stehend; verholzende Kapselfrüchte. Einige Arten sind dekorative Zierpflanzen.

Schönfrucht (Callicarpa): Gattung der Eisenkrautgewächse mit über 100 Arten in den Tropen und Subtropen (Asien, Australien und Amerika); immer- oder sommergrüne Bäume oder Sträucher mit gegenständigen, gezähnten Blättern; Blüten klein, in achselständigen Trugdolden; Früchte etwa erbsengroße Steinfrüchte mit zwei bis vier Samen. Einige Arten mit glänzenden, violetten Früchten sind dekorative Ziersträucher.

Schönfußröhrling: anderer Name der Art ↑ Dickfußröhrling.

Schönmalve (Samtmalve, Sammetmalve, Abutilon): Gattung der Malvengewächse mit rund 150 Arten in allen wärmeren Gebieten der Erde; Kräuter oder Sträucher mit meist herzförmigen, ganzen oder gelappten Blättern und verschiedenfarbigen, achselständigen Blüten. Bekannt ist die Art **Abutilon theophrasti,** deren Stengelfasern als Textilfasern (**chinesische Jute,** Chinajute, chinesischer Hanf) verwendet werden. Einige Arten sind als Zimmerpflanzen in Kultur.

Schönorchis (Calanthe): Gattung erdbewohnender oder epiphytischer Orchideen mit rund 150 Arten in den Tropen und Subtropen (v. a. Asien); Blüten verschiedenfarbig, in lockeren Blütenständen; Lippe zu einer trompetenförmigen Röhre verwachsen. Einige Arten sind Zierpflanzen.

Schopfcereus: anderer Name der Gattung ↑ Schopfkerzenkaktus.

Schopfkerzenkaktus (Schopfcereus, Cephalocereus): Gattung der Kakteen mit nur wenigen Arten in Brasilien, Bolivien und Mexiko; wenig oder nicht verzweigte Säulen mit zahlreichen Rippen und meist weißen, aus einer borstigen Kopfregion hervortretenden Blüten. Eine bekannte Art ist das ↑ Greisenhaupt.

Schopfpalme (Schirmpalme, Corypha): Gattung der Palmen mit acht Arten in Südostasien; bis 50 m hohe Bäume mit geringeltem oder gefurchtem Stamm, bis 5 m langen und 4 m breiten, fast kreisrunden, bis etwa zur Mitte strahlenförmig gespaltenen Fächerblättern an der Stammspitze; Blüten in endständigen, großen Blütenständen. Nach der Blüte und Fruchtreife sterben die Pflanzen ab. Einige Arten, z. B. die **Talipotpalme** (Corypha umbraculifera), sind wichtige Nutzpflanzen. Das Mark liefert Sago.

Schopftintling: Art der ↑Tintlinge.

Schotendotter: anderer Name der Gattung ↑Schöterich.

Schotentang: anderer Name der Braunalge ↑Meereiche.

Schöterich (Schotendotter, Erysimum): Gattung der Kreuzblütler mit rund 80 Arten in Europa und im Mittelmeergebiet; Kräuter mit meist grau behaarten Stengeln, grau behaarten, linealischen, meist ungeteilten, zuweilen fiederspaltigen Blättern und gelben Blüten. In Deutschland heimisch ist u. a. der **Ackerschotendotter** (Acker-Sch., Erysimum cheiranthoides): bis 60 cm hoch; mit länglichen, aufrecht stehenden Schoten; v. a. auf Äckern, an Wegrändern und Flußläufen.

Schraubenalge (Spirogyra): Gattung der ↑Jochalgen mit rund 300 weltweit verbreiteten, im Süßwasser lebenden Arten; fädige, unverzweigte Grünalgen mit relativ großen, tonnenförmigen Zellen mit gut sichtbarem Kern und einem oder mehreren bandförmigen, spiralig gewundenen Chloroplasten. Sch.narten bilden im Sommer freischwebende, fädige, grüne „Watten" in stehenden Gewässern.

Schraubenbaum (Schraubenpalme, Pandanus): größte Gattung der einkeimblättrigen Pflanzenfamilie **Sch.gewächse** (Schraubenpalmengewächse, Pandanaceae; rund 900 Arten in drei Gattungen); mit über 600 Arten in Afrika, Südostasien und Australien; in Wäldern oder an Stränden wachsende Bäume oder Sträucher mit zahlreichen starken Luftwurzeln mit großen Wurzelhauben; Blätter lang, schmal, in drei schrägen, regelmäßig um den Stamm gedreht verlaufenden Zeilen. Mehrere Arten sind wichtige Nutzpflanzen, u. a. die vielfach angebaute, aus Madagaskar stammende, schraubenartig wachsende Art **Pandanus utilis:** mit bis 1,5 m langen Blättern (mit roten Stacheln), die zu Flechtwerk verarbeitet oder zur Fasergewinnung für Netze, Taue und dgl. verwendet werden.

Schraubenpalme: anderer Name der Gattung ↑Schraubenbaum.

Schriftfarn (Milzfarn, Schuppenfarn, Ceterach): Gattung der Tüpfelfarngewächse mit vier Arten in den wärmeren Gebieten Europas, Asiens und Afrikas; Blätter lanzettlich, fiederspaltig bis gefiedert, dick, oberseits dunkelgrün und kahl, unterseits dicht mit graubraunen, breiten Schuppenhaaren bedeckt. In Mitteleuropa kommt (selten) in warmen Felsspalten und an Mauern der **Spreuschuppige Sch.** (Ceterach officinarum) vor.

Schriftflechten (Graphidaceae): Familie krustenartig auf Baumrinde und Steinen wachsender Flechten mit über 1 000 Arten in 12 Gattungen. Bekannt ist die an glatten Baumrinden vorkommende, grauweiß gefärbte **Schriftflechte** im engeren Sinne (Graphis scripta): mit unregelmäßig schriftartig angeordneten, schwarzen, strichförmigen, etwa 5 mm langen und 0,2 mm breiten Sporenlagern.

Schuppenbäume (Lepidodendrales): v. a. im Oberkarbon (vor rund 280 bis 320 Mill. Jahren) sehr häufige baumförmige Vertreter der Bärlappe, die an der Steinkohlenbildung einen wesentlichen Anteil hatten. Nach den (nach dem Abfallen der Blätter am Stamm erscheinenden) schuppen- oder siegelartigen Narben werden die Familien der ↑Schuppenbaumgewächse und der ↑Siegelbaumgewächse unterschieden.

Schuppenbaumgewächse (Lepidodendraceae): vor rund 280 bis 350 Mill. Jahren (vom Unterkarbon bis zum oberen Oberkarbon) vorkommende, dann aussterbende Familie der ↑Schuppenbäume, v. a. in der euroamerikanischen Karbonflora (umfaßte u. a. Nord- und Südamerika und Europa); bis 30 m hohe und bis über 2 m dicke, oben reich verzweigte Bäume mit meist langlinealischen, einadrigen, nadelförmigen Blättern und Blüten in meist endständigen Zapfen. Das Rindenmuster ist bei der wichtigsten Gattung **Schuppenbaum** (Lepidodendron) durch fischschuppenähnliche, oft stark vorspringende, langovale Blattpolster charakterisiert.

Schuppenfarn:

◇ anderer Name der Samenfarngattung ↑Lepidopteris.

◇ anderer Name der Tüpfelfarngattung ↑Schriftfarn.

Schuppenmiere (Spärkling, Spergularia): Gattung der Nelkengewächse mit mehr als 20 Arten von fast weltweiter Verbreitung; einjährige bis ausdauernde, meist rasenbildende, niederliegende oder auch aufsteigende Kräuter mit weißen oder rosafarbenen Blüten in wenigblütigen Trugdolden. In Deutschland vorkommende Arten sind u. a.: **Rote Sch.** (Spergularia rubra), mit rosenroten Blüten; in Unkrautgesellschaften und an Wegrändern; **Salz-Sch.** (Spergularia marina), mit blaßroten Blüten; an Küsten; **Flügelsamige Sch.** (Spergularia media), mit weißen oder blaßroten Blüten; an der Nord- und Ostseeküste.

Schuppenporling (Polyporus squamosus): exzentrisch gestielter Pilz (↑Porlinge) mit ockergelbem, 10–13 cm breitem, dunkelbraun beschupptem, nierenförmigem Hut und schmutzigweißen Poren, die den dicken, kurzen, schwärzlichen Stiel herablaufen; von Mai bis August an totem und lebendem Laubholz; Erreger der Weißfäule.

Schuppenrindenhickory: Art der Gattung ↑Hickorybaum.

Schuppentanne: anderer Name der ↑Chilefichte.

Schuppenwurz (Lathraea): Gattung der Rachenblütler mit drei europäischen und zwei ostasiatischen Arten; blattgrünlose Schmarotzer an Baumwurzeln. In Deutschland kommt nur die Art **Lathraea squamaria** auf den Wurzeln von Eiche, Buche und Haselnuß vor: 5–20 cm hohe, rötlichweiß gefärbte Staude mit schuppig beblättertem Wurzelstock; die fleischig-saftigen Stengel sind mit bleichen Schuppen besetzt; rötliche Blüten in dichter, einseitswendiger Traube.

Schüsselflechten (Parmeliaceae): Familie der Laubflechten mit rund 900 Arten in 13 Gattungen; hauptsächlich auf Steinen und auf Rinde vorkommend. Eine bekannte Gattung ist **Parmelia:** mit blättrig zerlapptem Thallus und schüsselförmigen Fruchtkörpern.

Schusterpalme (Schildblume, Schildnarbe, Aspidistra): Gattung der Liliengewächse mit acht Arten im östlichen Himalaja, in China, Japan und auf Formosa; Pflanzen mit dickem, kurzem, aufrechtem oder kriechendem Wurzelstock, großen, grundständigen, in einen aufrechten Blattstiel zusammengezogenen Blättern und einzelnen, nicht oder kaum über die Erdoberfläche tretenden Blüten. Die aus dem südlichen Japan stammende **Hohe Sch.** (Aspidistra elatior) mit immergrünen, ledrigen, einschließlich Blattstiel bis 70 cm langen und in der Mitte rund 10 cm breiten Blättern sowie mit schmutzigvioletten, z. T. in den Boden eingesenkten Blüten mit scheibenförmiger Narbe ist eine beliebte Zimmerpflanze.

Schusterpilz: anderer Name des Flockenstieligen Hexenröhrlings (↑Hexenröhrling).

Schwabenkorn: anderer Name für die Weizenart ↑Dinkel.

Schwaden (Süßgras, Glyceria): Gattung der Süßgräser mit rund 30 Arten; v.a. auf der Nordhalbkugel, einige Arten auch in Südamerika und Australien; ausdauernde Gräser mit stielrunden oder seitlich zusammengedrückten Ährchen in lockeren Rispen. In Deutschland u.a. der in langsam fließenden und stehenden Gewässern wachsende **Flutende Sch.** (Manna-Sch., Glyceria fluitans), dessen Früchte früher für Grütze verwendet wurden, sowie der bis 2m hohe, rohrartige, in Verlandungszonen vorkommende **Wasser-Sch.** (Großer Sch., Glyceria maxima).

Schwalbenwurz (Hundswürger, Cynanchum, Vincetoxicum): Gattung der Sch.gewächse mit mehr als 150 Arten in allen wärmeren und gemäßigten Gebieten. In Deutschland kommt vereinzelt in lichten Wäldern und Gebüschen die **Weiße Sch.** (Cynanchum vincetoxicum, Vincetoxicum hirundinaria) vor: 0,3 bis 1,2m hohe Staude mit gegenständigen, dreieckigen, eiförmigen, lang zugespitzten Blättern; Blüten zu mehreren in den Blattachseln, sternförmig, gelblichweiß; Frucht als langer, schmaler Balg ausgebildet; Samen mit weißem Haarschopf; giftig.

Schwalbenwurzenzian: Art der Gattung ↑Enzian.

Schwalbenwurzgewächse (Seidenpflanzengewächse, Asclepiadaceae), Familie der Zweikeimblättrigen mit rund 2000 Arten in 250 Gattungen, v.a. in den Tropen (hauptsächlich in Afrika); meist windende Halbsträucher, seltener Stauden oder Sträucher; oft mit reduzierten Blättern und sukkulenten, kakteenartigen Sprossen (z.B. Stapelia); Blüten fünfzählig, einzeln oder in doldenartigen Blütenständen; meist Staub- und Fruchtblätter zu einem säulenartigen Gebilde verwachsen; Frucht in Form zweier Balgfrüchtchen ausgebildet; Samen mit Haarschopf. Bekannte Gattungen sind ↑Leuchterblume, ↑Schwalbenwurz, ↑Seidenpflanze, ↑Stapelia und ↑Wachsblume.

Schwammgurke (Schwammkürbis): deutscher Name der Kürbisgewächsgattung ↑Luffa.

Schwanenblume (Blumenbinse, Butomus): Gattung der **Sch.ngewächse** (Butomaceae; 15 Arten in vier Gattungen) mit der einzigen Art **Butomus umbellatus** (Sch. im engeren Sinne): in stehenden und langsam fließenden Gewässern des gemäßigten Eurasien; 0,6–1,5m hohe Staude mit grundständigen, linealischen, bis 1m langen Blättern und rosafarbenen Blüten in Dolden.

Schwanenhalsorchidee: anderer Name der Orchideengattung ↑Schwanenorche.

Schwanenorche (Schwanenhalsorchidee, Cycnoches): Orchideengattung mit rund 20 Arten im tropischen Amerika; Epiphyten mit ♂ oder ♀, oft sehr verschiedenartigen Blüten; Staubblätter mit Blütenachse; Griffel und Narbe zu langer Griffelsäule verwachsen, schwanenhalsartig gekrümmt.

Schwanzblume: anderer Name der ↑Flamingoblume.

Schwarzdorn: anderer Name für den ↑Schlehdorn.

Schwarze Heckenkirsche: Art der Gattung ↑Geißblatt.

Schwarze Johannisbeere (Aalbeere, Ahlbeere, Ribes nigrum): Art der Johannisbeere in Eurasien; bis 2 m hoher Strauch mit unterseits gelbdrüsig punktierten Blättern und grünlichen, innen blaßrötlichen Blüten in hängenden Trauben. Die schwarzen Früchte enthalten je 100 g eßbaren Anteil 136 mg Vitamin C, daneben v.a. B-Vitamine und viel Zucker. Zur Gewinnung von Saft (für Fruchtsaftgetränke und Cassislikör) wird die Sch. J. feldmäßig angebaut.

Schwärzender Bofist: anderer Name für den Pilz ↑ Eierbofist.

Schwarze Nieswurz: Art der Gattung ↑ Nieswurz.

Schwarzer Germer: Art der Gattung ↑ Germer.

Schwarzer Holunder: Art der Gattung ↑ Holunder.

Schwarzerle: Art der Gattung ↑ Erle.

Schwarzer Maulbeerbaum: Art der Gattung ↑ Maulbeerbaum.

Schwarzer Nachtschatten: Art der Gattung ↑ Nachtschatten.

Schwarzer Senf (Senfkohl, Brassica nigra): in Süd-, Ost- und Mitteleuropa z.T. kultivierte, verwilderte und eingebürgerte Art des Kohls; 0,5–1,5 m hohe, einjährige Pflanze mit gestielten, leierförmigen, gezähnten unteren und lanzettlichen oberen, blaugrünen Blättern; Blüten goldgelb; in lockeren Doldentrauben. Die runden, kurzgeschnäbelten, etwa 2 cm langen Schoten liegen angedrückt am Stengel. Das in den dunkelbraunen Samen enthaltene Senfölglykosid **Sinigrin** wird u.a. zur Herstellung von Senf und hautreizenden Pflastern verwendet.

Schwarzes Kohlröschen: Art der Gattung ↑ Kohlröschen.

Schwarze Susanne: Art der Gattung ↑ Thunbergie.

Schwarze Walnuß: Art der Gattung ↑ Walnuß.

Schwarzkiefer (Pinus nigra): Art der ↑ Kiefer in den Gebirgen Süd- und Osteuropas und Westasiens; 20–40 m hoher Baum mit pyramidenförmiger, im Alter schirmförmig gewölbter Krone; Rinde schwarzgrau, tief rissig; Nadeln paarweise zusammenstehend, dunkelgrün, 8–15 cm lang; Zapfen zu mehreren zusammen, 8–10 cm lang und 3 cm dick, ei- bis kegelförmig.
Bekannte geographische Varietäten sind die **Pyrenäen-Sch.** (Pinus nigra var. cebennensis), die **Krimkiefer** (Pinus nigra var. caramanica) und die forstlich sowie als Parkbaum auch in Mitteleuropa weit verbreitete **Österreichische Sch.** (Pinus nigra var. austriaca).

Schwarzkümmel (Nigella): Gattung der Hahnenfußgewächse mit rund 20 Arten, v.a. im Mittelmeergebiet; einjährige Kräuter mit fiederteiligen Blättern und einzelnstehenden, verschiedenfarbigen Blüten. Blüten und Früchte sind von einer haarförmig zerschlitzten Hochblatthülle umgeben. Eine bekannte Art ist ↑ Gretel im Busch.

Schwarzmundgewächse (Melastomataceae): Familie der Zweikeimblättrigen mit rund 4000 Arten in rund 200 Gattungen in den Tropen; Kräuter oder Sträucher, selten Bäume, mit gegenständigen Blättern und in Doldentrauben stehenden Blüten. Die Blätter zeigen eine auffallende Aderung mit mehreren bogenförmig zur Blattspitze verlaufenden Hauptadern.

Schwarznessel (Perilla): Gattung der Lippenblütler mit nur drei Arten in Indien und in China; einjährige Kräuter mit starkriechenden, grobgesägten, braunrot gefleckten Blättern und kleinen, weißlichen Blüten. Die Samen der auch in Europa als Gartenpflanze kultivierten Art **Peril-**

la frutescens liefern ein trocknendes Öl **(Perillaöl).**

Schwarznuß: Art der Gattung ↑Walnuß.

Schwarzpappel (Populus nigra): bis 30 m hohe, breitkronige Art der Gattung Pappel in Europa, Südwest-, Zentral- und Nordasien; Stamm schon früh mit schwärzlichrissiger Borke; Blätter dreieckig bis eiförmig; Kätzchen bis 10 cm lang, die ♀ schlanker als die ♂; auf nassen, periodisch überschwemmten Böden. Eine vielfach als Alleebaum angepflanzte Varietät ist die **Pyramidenpappel** (Populus nigra var. italica), ein raschwüchsiger Baum mit schlankem, pyramidenförmigem Aussehen und dichtstehenden, ansteigenden Ästen. – Abb. S. 153.

Schwarzwurzel (Scorzonera): Gattung der Korbblütler mit rund 100 Arten in Eurasien und Nordafrika; milchsaftführende Kräuter mit ganzrandigen Blättern und gelben, hellroten oder hellviolettfarbenen Blüten in langgestielten, einzelnen Köpfchen. Eine bekannte Art ist die als Gemüsepflanze kultivierte **Garten-Sch.** (Scorzonera hispanica): bis 1,2 m hohe Staude mit dicker, bis 30 cm langer, außen schwärzlicher, innen weißer Wurzel, die geschält als Wintergemüse verwendet wird. – Der Milchsaft der in Zentralasien heimischen Art **Scorzonera tau-saghyz** wird zu Kautschuk verarbeitet. – Auf steinigen Hängen in Süddeutschland kommt vereinzelt die **Purpur-Sch.** (Scorzonera purpurea; weinrote, nach Vanille duftende Blüten) vor.

Schwedenklee: Art der Gattung ↑Klee.

Schwedischer Hartriegel (Cornus suecica): Art der Gattung ↑Hartriegel, v. a. auf der Nordhalbkugel (in Deutschland nur in den nördlichen Gebieten); 10–15 cm hohe Staude in Zwergstrauchheiden und Mooren; mit nur wenigen gegenständigen Blättern und unscheinbaren, rotbraunen Blüten, die von vier weißen Hochblättern umgeben sind.

Schwefelkopf (Nematoloma, Naematoloma, Hypholoma): in Mitteleuropa mit rund zehn Arten vertretene Gattung der Lamellenpilze; mit rötlichem, schwefel- oder grüngelbem Hut, anfangs gelblichen, später grauvioletten bis dunkelbraunen Lamellen, schlankem Stiel und mehr oder weniger deutlich ausgeprägtem Ring; meist gruppenweise auf Laub- und Nadelholzstümpfen. Ungenießbar ist der büschelig wachsende **Grünblättrige Sch.** (Hypholoma fasciculare), der auf Eichen- und Buchenstümpfen wächst: Hut bis 6 cm groß, dünnfleischig, schwefelgelb bis ockerbraun; Lamellen schwefelgelb bis grüngrau.

Schwefelporling (Eierporling, Polyporus sulphureus): vom Frühjahr bis in den Sommer recht häufig an Laubbäumen auftretender, parasitischer Pilz (Porling), der Rotfäule verursacht; Hut mit kurzem, strunkartigem Stiel, schwefel- bis orangegelb, 30 bis 40 cm groß; Poren schwefelgelb, fein; Fleisch jung gelblich, saftig, im Geschmack säuerlich; eßbar.

Schweifblume: anderer Name der ↑Flamingoblume.

Schweinsohr:
◇ (Keulenpfifferling, Cantharellus clavatus) von August bis Oktober besonders in Weißtannenwäldern in büscheligen, Hexenringe bildenden Gruppen wachsender Leistenpilz; Fruchtkörper bis 6 cm hoch, jung keulenförmig, später ohrförmig, kurzgestielt, zunächst violettpurpurn, später fleischrötlich bis ockergrau gefärbt, mit weißem Fleisch;

Außenseite mit netzartig angeordneten Leisten; Speisepilz. – Abb. S. 317.
◊ svw. Rotbrauner Gallertpilz (↑ Gallertpilze).

Schweinspflaume: anderer Name der Gelben Mombinpflaume (↑ Mombinpflaume).

Schweizer Mannsschild: Art der Gattung ↑ Mannsschild.

Schwertbohne (Canavalia): Gattung der Schmetterlingsblütler mit rund 50 Arten, v. a. in Amerika. In botanischen Gärten wird häufig die bis 2 m hohe, krautige Art **Canavalia ensiformis** (Sch. im engeren Sinne) kultiviert: mit purpurfarbenen Blüten in etwa 30 cm langen Trauben und 20–35 cm langen, leicht sichelförmig gebogenen Hülsen. Die reifen, etwa 2 cm langen Samen sind giftig. Die jüngeren, grünen Hülsen sind eßbar.

Schwertlilie (Schilflilie, Iris): Gattung der Schwertliliengewächse mit rund 200 Arten in der nördlichen gemäßigten Zone. In Deutschland heimisch sind u. a.: **Sibirische Sch.** (Iris sibirica): 0,3–1 m hoch, schilfähnlich, leicht bräunlich; am Grund weinrote Blätter, äußere Blütenhüllblätter hellblau, innere violett; **Sumpf-Sch.** (Gelbe Sch., Wasser-Sch., Iris pseudoacorus): 0,5–1 m hoch; Blüten gelb; Zipfel der äußeren Blütenhüllblätter eiförmig, der inneren linealisch. – Die Wurzelstökke (Rhizome) der aus dem Mittelmeergebiet stammenden, blaßblau blühenden **Deutschen Sch.** (Iris germanica) und der blau blühenden **Florentiner Sch.** (Iris florentina) liefern die als Hustenmittel verwendeten **Iriswurzeln.** Zahlreiche Arten und Sorten der Sch. sind beliebte Gartenblumen, u. a. die frühblühende, meist niedrig bleibende, Zwiebeln ausbildende **Netziris** (Stammart ist **Iris reticulata**) sowie v. a. die vielen hohen oder niedrigen Sorten der Rhizome bildenden **Bartiris** (Iris barbata), deren hängende Blütenblätter einen Bart aus Haaren tragen.

Schwertliliengewächse (Iridaceae): Familie der Einkeimblättrigen mit rund 1 500 Arten in rund 70 Gattungen; in den Tropen und Subtropen, im Norden bis in die gemäßigten Gebiete; meist Kräuter, überwiegend mit Rhizomen oder Knollen; Blüten mit sechs blumenblattartigen Hüllblättern in zwei Kreisen. Die wichtigsten Gattungen, v. a. als beliebte Gartenzierpflanzen, sind ↑ Schwertlilie, ↑ Krokus, ↑ Siegwurz und ↑ Acidanthera.

Schwimmblatt: anderer Name der Gattung ↑ Schwimmfarn.

Schwimmfarn (Schwimmblatt, Salvinia): einzige Gattung der Wasserfarnfamilie **Sch.gewächse** (Salviniaceae); mit nur wenigen Arten, v. a. im tropischen Amerika und Afrika; freischwimmende Wasserpflanzen auf der Oberfläche ruhiger Gewässer. Die wenig verzweigten Pflanzen haben an jedem Knoten drei Blätter, deren zwei obere als Schwimmblätter ausgebildet sind. Das untere, untergetauchte Blatt ist fadenförmig zerschlitzt und übernimmt die Funktionen der fehlenden Wurzeln; es trägt auch die erbsengroßen Sporenbehälter. – In Deutschland kommt (nur sehr selten) die eurasische Art **Gemeiner Sch.** (Salvinia natans) vor; in meist nährstoffreichen, stehenden Gewässern. Einige mittel- und südamerikanische Arten werden als Aquarienpflanzen verwendet.

Schwindling (Marasmius): artenreiche Gattung der Lamellenpilze; meist zierliche, schlankgestielte, bei Trockenheit stark einschrumpfende Pilze mit weißem Sporenstaub und voneinander entfernt stehenden Lamellen; mehrere geschätzte Würzpilze; z. B. der **Nelken-Sch.** (Marasmius oreades; etwa 7 cm groß; lederbraun; dünnfleischig; an der Basis weißfilziger Stiel) und der nach Knoblauch schmeckende **Knoblauch-Sch.** (Echter Mousseron, Marasmius scorodonius; rotbraun; mit bis 5 cm langem Stiel und etwa 2,5 cm breitem Hut; in Nadelwäldern). Auf vermoderten Fichtenzweigen wächst der **Roßhaar-Sch.** (Marasmius androsaceus): bis 5 cm hoch; rotbraun, mit hellerem Hut und überaus schlankem (einem Roßhaar ähnelndem), steifem, schwarzbraunem Stiel. – Abb. S. 314.

Schwingalgen (Oscillatoria, Oszillatoria): Gattung der Blaualgen mit rund 100 Arten im Süßwasser und auf Schlamm; unverzweigte Fäden (Zellkolonien), die Kriech- und Schwingbewegungen ausführen können.

Schwingel (Festuca): Gattung der Süßgräser mit über 200 Arten auf der ganzen Erde. In Deutschland kommen rund 20 sehr formenreiche Arten vor; fast ausschließlich ausdauernde Rispengräser mit flachen oder zusammengerollten Blättern und zwei- oder mehrblütigen Ährchen in Rispen. Eine häufige einheimische Art ist der **Riesen-Sch.** (Festuca gigantea) in schattigen Auen- und Laubmischwäldern; 0,6–1,5 m hoch; mit unterseits glänzenden, bis etwa 15 mm breiten Blättern und bis 40 cm langen, schlaff überhängenden Rispen. – In vielen Varietäten als Gartenzierpflanze verwendet wird der ↑Schafschwingel. In den Alpen wächst der 10–20 cm hohe **Gemsen-Sch.** (Felsen-Sch., Festuca rupicaprina): mit grauvioletten bis schwärzlichen, sehr kurzen, begrannten Ährchen und borstenförmigen, weichen Blättern. Auf Fettwiesen verbreitet ist der **Wiesen-Sch.** (Festuca pratensis): 30–120 cm hoch; mit schlaffen Blättern; als Futtergras angebaut.

Sciadopitys: wissenschaftlicher Name der Gattung ↑Schirmtanne.

Scilla: wissenschaftlicher Name der Gattung Blaustern (↑Szilla).

Scindapsus [griech.]: Gattung der Aronstabgewächse mit rund 20 Arten in Malesien; meist Kletterpflanzen mit Luftwurzeln und etwas ledrigen Blättern. Als Zimmerpflanze beliebt ist die Art **S. aureus** mit hell gefleckten Blättern, die in der Jugendform 6–10 cm lang und 6–8 cm breit, in der Altersform 20–60 cm lang und 20–50 cm breit sind.

Scirpus: wissenschaftlicher Name der Riedgrasgattung ↑Simse.

Scleroderma: wissenschaftlicher Name für Bauchpilze der Gattung Hartbofist (↑Bofist).

Sclerotinia [zu griech. sklērós = trocken, hart]: Gattung der Schlauchpilze. Einige Arten rufen die **Moniliakrankheit**, die häufigste Krankheit des Kern- und Steinobstes hervor. Es treten zwei Erscheinungsformen auf: die **Blütenfäule** mit Eintrocknen der Blütenblätter, der grünen Blätter **(Blattdürre),** der Triebspitzen **(Spitzendürre)** und ganzer Zweige; die **Fruchtfäule,** bei der später dunkler werdende Fläulnisstellen mit konzentrischen Ringen von Schimmelpilzkonidien (v. a. bei Kernobst) auf den Früchten auftreten, die oft als blauschwarz verfärbte „Mumien“ im Baum hängenbleiben.

Scopolia: wissenschaftlicher Name der Gattung ↑Tollkraut.

Scorzonera: wissenschaftlicher Name der Gattung ↑Schwarzwurzel.

Scrophulariaceae: wissenschaftlicher Name der ↑Rachenblütler.

Scutellaria: wissenschaftlicher Name der Gattung ↑Helmkraut.

Secale ['ze:kale, ze'ka:lə]: wissenschaftlicher Name der Süßgrasgattung ↑ Roggen.

Sechium: wissenschaftlicher Name der Gattung ↑ Stachelgurke.

Sedum: wissenschaftlicher Name der Gattung ↑ Fetthenne.

Seebeerengewächse: anderer Name der ↑ Meerbeerengewächse.

Seebohnen: Samen des Mimosengewächses ↑ Riesenhülse.

Seedorn: anderer Name der Gattung ↑ Sanddorn (Hippophae).

Seefeder (Plumaria elegans): Rotalgenart im nördlichen Atlantik und in der Nordsee; braunrote bis dunkelbraune, bis 10 cm lange, zierliche Büschel mit zweizeilig angeordneten Fiederchen.

Seegras:

◇ (Zostera) Gattung der Laichkrautgewächse mit rund zehn Arten auf den Meeresböden der Küstengebiete der gemäßigten Zonen; untergetauchte, ausdauernde Pflanzen mit grasartigen, schmalen Blättern. In der Nord- und Ostsee kommen zwei Arten vor: das über 1 m lange **Gemeine S.** (Zostera marina), das als Polstermaterial und Düngemittel verwendet wird, und das bis 40 cm lange **Zwerg-S.** (Zostera nana).

◇ anderer Name der Gattung ↑ Salde.

Seeigelkaktus:

◇ (Echinopsis) Kakteengattung mit rund 40 Arten, v. a. in Argentinien und Uruguay; zuerst kugelige, später säulenförmige, oft stark sprossende Kakteen mit stark bedornten Areolen; Blüten trichterförmig, meist weiß oder rot, seltener gelb, oft duftend. Zahlreiche Arten werden kultiviert.

◇ Art der Gattung ↑ Sternkaktus.

Seekanne (Nymphoides): Gattung der Fieberkleegewächse mit rund 25 Arten in den Tropen und Subtropen, einige Arten auch in der gemäßigten Zone; schwimmende Wasser- oder kriechende Sumpfpflanzen mit seerosenähnlichen Blättern. In Deutschland kommt (selten) die **Radblättrige S.** (Nymphoides peltata) vor: mit ledrigen, fast kreisrunden, glänzenden Blättern.

Seekiefer: anderer Name der ↑ Aleppokiefer.

Seerose (Nymphaea): Gattung der Seerosengewächse mit rund 40 fast weltweit verbreiteten Arten. In Deutschland kommen vor: **Weiße S.** (Nymphaea alba), in stehenden oder langsam fließenden Gewässern; mit herzförmigen Schwimmblättern und weißen Blüten; **Glänzende S.** (Nymphaea candida), mit kleineren, weißen, nur halbgeöffneten Blüten. Beide Arten sind geschützt.
Neben zahlreichen winterharten, u. a. aus der Weißen S. entstandenen Sorten sind die aus Nord- und Mittelafrika stammenden Arten **Blaue Lotosblume der Ägypter** (Nymphaea caerulea) und **Weiße Lotosblume der Ägypter** (Nymphaea lotus) sowie die aus Ostindien stammende **Rote S.** (Nymphaea rubra) und die **Blaue Lotosblume von Indien** (Nymphaea stellata) aus Süd- und Südostasien, ferner zahlreiche aus den genannten Arten hervorgegangene Sorten beliebte Pflanzen für Warmwasserbekken. – Abb. S. 240.

Seerosengewächse (Nymphaeaceae): Familie der Zweikeimblättrigen mit rund 80 Arten in acht Gattungen von weltweiter Verbreitung; Wasser- oder Sumpfpflanzen mit Wurzelstock, selten freischwimmend; stets mit spiralig angeordneten, langgestielten, schwimmenden oder untergetauchten, meist schild- oder herzförmigen Blättern; Blüten meist groß, einzelnstehend. Wichtige Gattungen sind ↑ Seerose, ↑ Teichrose, ↑ Haarnixe und ↑ Victoria.

Seestrandkiefer ↑Strandkiefer.

Seetang (Tang): Sammelbez. für derbe, meist an Felsen festsitzende marine Braun- und Rotalgen; bilden in Küstennähe ausgedehnte Tangwiesen. S. wird als Ersatzfuttermittel, Füllmaterial, Dünger sowie zur Gewinnung von Jod-, Brom- und Kalisalzen verwendet.

Seetraube: anderer Name der ↑Meertraube.

Segge [niederdt.] (Carex): Gattung der Riedgräser mit rund 1 100 Arten von weltweiter Verbreitung. In Deutschland kommen über 100 oft schwer zu unterscheidende Arten vor; überwiegend ausdauernde Pflanzen mit oft deutlich dreieckigen Stengeln; Blüten eingeschlechtig, stark reduziert, in einblütigen Ährchen, die in ährenartigen Blütenständen zusammengefaßt sind. S.n sind oft bestandbildend, u. a. in Ufer- und Sumpfgebieten und auf Sauerwiesen. Bekannt sind u. a: **Sand-S.** (Carex arenaria), Blätter starr und rauh; Ährchen (6–16) in einer dichten, bis etwa 6 cm langen ährenartigen Rispe; v. a. auf Dünen der norddeutschen Küstengebiete; **Wald-S.** (Carex silvatica), 30–60 cm hoch; ♀ Ährchen lang gestielt, hängend; verbreitet in Laubwäldern.

Seidelbast (Daphne): Gattung der S.gewächse mit rund 70 Arten in Europa, Nordafrika, im gemäßigten und subtropischen Asien und in Australien; immer- oder sommergrüne Sträucher mit kurzgestielten, ganzrandigen Blättern; Blüten trichterförmig, weiß, gelb oder rot, duftend. Die bekannteste einheimische Art ist der in Europa, Sibirien und Kleinasien verbreitete **Gemeine S.** (Kellerhals, Zeiland, Pfefferstrauch, Daphne mezereum): mit 0,5–1,25 m hohen Stämmchen; im Frühjahr erscheinen zuerst die rosenroten Blüten, die zu dreien in Büscheln sitzen, dann erst die Blätter. Die erbsengroßen, fleischigen, roten Steinfrüchte sind giftig. Die Rinde und die Früchte enthalten **Mezerein,** eine Substanz, die vermutlich Zellen so vorschädigt, daß ein anderer Stoff Krebs auslösen kann. Verschiedene andere Arten, z. B. der 10–40 cm hohe **Rosmarin-S.** (Heideröschen, Daphne cneorum), werden als Zierpflanzen kultiviert. – Abb. S. 78.

Seidelbastgewächse (Thymelaeaceae): Familie der Zweikeimblättrigen mit rund 650 Arten in knapp 50 Gattungen, v. a. in Südafrika, in Australien, im Mittelmeergebiet und in den Steppen Asiens; überwiegend Sträucher mit ganzrandigen Blättern; Blüten überwiegend in Ähren oder Trauben, mit blumenblattartigen, meist verwachsenen Kelch- und schuppigen oder fehlenden Kronblättern; Bast der Rinde netzartig, sehr fest, seidenartig. Bekannte Gattungen sind ↑Seidelbast und ↑Lederholz.

Seideneiche: Art der Gattung ↑Grevillea.

Seidengras (Ravennagras, Erianthus): Grasgattung mit über 20 Arten in den wärmeren Gebieten der Erde; meist hohe Gräser mit schmalen, überhängenden Blättern und aus paarweisen Ährchen gebildeten Blütenrispen, die von langen, seidigen Haaren bedeckt sind. Die bekannteste Art ist **Erianthus ravennae** (S. im engeren Sinne) aus dem Mittelmeergebiet; bis 2 m hohe Staude mit anfangs violetten, später grauweiß gefärbten Rispen.

Seidenpflanze (Asclepias): Gattung der Schwalbenwurzgewächse mit rund 100 Arten, v. a. in Nordamerika; meist sommergrüne Stauden mit weißen, rosafarbenen, orangegelben, roten oder grünlichen, radförmigen, fünfspaltigen Blüten in meist vielblütigen Trugdolden. Die Samenhaare der nordamerikanischen Art **Asclepias syriaca** liefern Pflanzenseide, die als Füllmaterial verwendet wird.

Seidenpflanzengewächse: anderer Name der ↑Schwalbenwurzgewächse.

Seidenwollbaum (Baumwollbaum, Bombax): Gattung der Wollbaumgewächse mit rund 60 Arten in den Tropen hauptsächlich Amerikas; meist hohe Bäume mit gefingerten Blättern, einzelnen oder gebüschelten Blüten und holzigen oder ledrigen Kapselfrüchten, deren Innenwände mit kürzeren Haaren oder seidiger Wolle bedeckt sind. Die Fruchtwolle der indisch-australischen Art **Semul** (Bombax malabaricum) wird unter der Bez. **Bombaxwolle** als Polster- und Isoliermaterial verwendet. Aus den ausgehöhlten Stämmen werden Kanus gefertigt.

Seifenbaum:

◊ (Quillaja) Gattung der Rosengewächse mit drei Arten in Südamerika; immergrüne, kleine Bäume oder Sträucher mit ledrigen Blättern. Eine bekannte Art ist der weißblühende **Chilenische S.** (Quillaja saponaria), dessen Rinde **(Quillajarinde, Panamarinde, Seifenrinde)** rund 5 % Saponine enthält und einen Extrakt ergibt, der u. a. als mildes Waschmittel, Bestandteil von Fleckenwasser sowie als schleimlösendes Mittel bei Atemerkrankungen verwendet wird.

◊ (Sapindus) Gattung der S.gewächse mit rund 15 Arten im tropischen Amerika und in Asien; mittelgroße Bäume mit meist gefiederten Blättern und in Rispen angeordneten Blüten. Bekannt ist der von Mexiko bis Argentinien vorkommende **Echte S.** (Sapindus saponaria), dessen saponinhaltiges Fruchtfleisch von den Einheimischen als Seife verwendet wird. Die Samen einiger anderer Arten liefern ein technisch verwertbares Öl.

Seifenbaumgewächse:

◊ (Sapindusgewächse, Sapindaceae) Familie der Zweikeimblättrigen mit rund 1 500 Arten in rund 140 Gattungen in den Tropen und Subtropen, nur wenige Arten in den gemäßigten Gebieten; vielgestaltige Bäume und Sträucher mit gefiederten oder einfachen Blättern; vorwiegend mit milchsaftartigen oder harzigen, saponinhaltigen Sekreten; Blüten klein, in end- oder achselständigen Blütenständen. – Zu den S.n gehören zahlreiche Nutzpflanzen, u. a. ↑Litschi, ↑Rambutan. Verschiedene Arten liefern Öle, Seifenersatz (↑Seifenbaum) oder Gifte zum Fischfang.

◊ (Sapotengewächse, Sapotaceae) Familie der Zweikeimblättrigen mit rund 800 Arten in rund 50 Gattungen in den Tropen und Subtropen, wenige Arten in gemäßigten Gebieten; meist immergrüne, Milchsaft führende Bäume oder Sträucher mit meist ganzrandigen, wechselständigen Blättern; Blüten mit verwachsener Krone. – Zu den S.n gehören wichtige Nutzpflanzen, z. B. ↑Guttaperchabaum, ↑Sapotillbaum und ↑Goldblatt.

Seifenkraut (Saponaria): Gattung der Nelkengewächse mit rund 30 Arten im Mittelmeergebiet und im gemäßigten Eurasien; einjährige oder ausdauernde Kräuter. In Deutschland heimisch sind drei Arten: das v. a. an Wegrändern, auf Schutt und an Ufern wachsende **Gemeine S.** (Echtes S., Saponaria officinalis; mit 30 bis 70 cm hohen Stengeln, länglich-lanzettlichen Blättern und blaßrosafarbenen bis weißen Blüten in büscheligen Blütenständen); in den östlichen Zentralalpen das **Niedrige**

S. (Saponaria pumila; niedrige Polster bildend; mit großen, roten Blüten); in den Gebirgen Südwesteuropas und in den Alpen das **Rote S.** (Saponaria ocimoides; bis 20 cm hoch; mit ästigen, ausgebreitet-niederliegenden Stengeln und hellpurpurfarbenen Blüten).

Seilerhanf: ↑ Hanf.

Seilgras (Restio): Gattung der ↑ Restiogewächse mit über 100 Arten, hauptsächlich in Australien und Südafrika; grasähnliche Kräuter mit oft meterhohen Halmen. Die Blütenstände einiger Arten werden in Europa als Trockensträuße angeboten.

Selaginẹlla: wissenschaftlicher Name der Gattung ↑ Moosfarn.

Selaginellaceae: wissenschaftlicher Name der Familie Moosfarngewächse (↑ Moosfarn).

Sẹllerie [...ri; aus italien. (lombardisch) selleri, Mehrzahl von sellero, dies über spätlat. selinon von griech. sélinon = Eppich] (Apium): Gattung der Doldengewächse mit rund 20 Arten in den gemäßigten Gebieten der Nordhalbkugel sowie in den tropischen Gebirgen, nur eine Art auf der Südhalbkugel; einjährige, zweijährige oder ausdauernde Kräuter mit wechselständigen, einfachgefiederten Blättern und grünlichweißen Blüten.

Eine seit langer Zeit als Nutz- und Heilpflanze bekannte, fast über die ganze Erde verbreitete Art ist der **Echte S.** (Apium graveolens), eine v. a. auf Salzböden vorkommende, zweijährige Pflanze mit 0,6–1 m hohen Stengeln, langgestielten, gefiederten Grund- und dreizähligen Stengelblättern mit rauten- oder keilförmigen Blättchen und sechs- bis zwölfstrahligen Dolden aus gelblichweißen oder grünlichen Blüten. Alle Teile des Echten S.s enthalten ein stark aromatisch duftendes und schmeckendes ätherisches Öl. Echter S. wird in zahlreichen Sorten angebaut: **Schnitt-S.** (Apium graveolens var. secalinum; mit krausen Blättern; für Suppengrün), **Bleich-S.** (Stiel-S., Stengel-S., Stangen-S., Apium graveolens var. dulce; mit verlängerten, fleischigen Blattstielen, die als Salat und Gemüse gegessen werden) und hauptsächlich **Knollen-S.** (Wurzel-S., Apium graveolens var. rapaceum; mit bis rund 20 cm dikker, eßbarer, knollenartiger Wurzel; diese wird für Salate und Gemüse sowie als Suppengewürz verwendet).

Semmelpilz (Semmelstoppelpilz): Art der ↑ Stachelpilze.

Sempervịvum: wissenschaftlicher Name der Gattung ↑ Hauswurz.

Senecio: wissenschaftlicher Name der Gattung ↑ Greiskraut.

Senf [altes Lehnwort (ahd. senef) aus lat. sinapi(s), von gleichbed. griech. sínapi, wohl ägypt. Ursprungs]:

◇ (Sinapis) Gattung der Kreuzblütler mit zehn Arten, v. a. im Mittelmeergebiet; einjährige oder ausdauernde Kräuter mit ungeteilten oder leierförmig-fiederspaltigen bis fiederteiligen Blättern und meist gelben Blüten. Bekannte Arten sind: **Acker-S.** (Falscher Hederich, Sinapis arvensis), bis 80 cm hoch; gelbblühend; v. a. auf Äckern, Schuttplätzen und an Wegrändern; **Weißer S.** (Sinapis alba), 30–60 cm hoch; häufig verwilderte Kulturpflanze, deren Samen als Gewürz und zur Herstellung von Tafelsenf verwendet werden.

◇ allg. Bez. für einige Arten der Gattung Kohl (Brassica); z. B. ↑ Schwarzer Senf, ↑ Indischer Senf.

Senfklapper (Pillenbaum, Spinnenblume, Cleome): Gattung der Kaperngewächse mit rund 20 Arten in wärmeren und tropischen Gebieten, v. a. in Wüsten- und Steppengebieten; einjährige Kräuter oder Halbsträucher mit einfachen Blättern und weißen, gelben oder purpurfarbenen Blüten in Trauben oder einzelstehend; Kapselfrüchte schotenartig. Die nierenförmigen Samen bleiben nach dem Abfallen der Fruchtklappen am Rahmen und werden z. T. wie Senfsamen verwendet. – Die bekannteste Art ist die bis 1,2 m hohe **Spinnenpflanze** (Cleome spinosa): im tropischen und subtropischen Amerika; mit weicher, klebriger Behaarung und zahlreichen langgestielten, purpur-, rosafarbenen oder weißen Blüten; beliebte, in vielen Sorten kultivierte Gartenzierpflanze.

Senfkohl: anderer Name der Art ↑Schwarzer Senf.

Sequoia: wissenschaftlicher Name der Gattung ↑Mammutbaum.

Serradella [portugies., von lat. serratula = die Gezackte] (Vogelfuß, Krallenklee, Klauenschote, Ornithopus): Gattung der Schmetterlingsblütler mit wenigen Arten in Europa, im Mittelmeergebiet und in Vorderasien. In Deutschland kommen vor: **Kleiner Vogelfuß** (Ornithopus perpusillus; mit weißen Blüten) und der auf Sandböden als Futter- und Gründüngungspflanze in mehreren Kultursorten angebaute **Große Vogelfuß** (S. im engeren Sinne, Ornithopus sativus; etwa 30–60 cm hoch; mit langen, schmalen, gefiederten Blättern und bis 8 mm langen, blaß rosafarbenen, oft gefleckten Blüten in Trauben; Früchte Gliederhülsen).

Serratula: wissenschaftlicher Name der Gattung ↑Scharte.

Sesam (Sesamum) [lat., von griech. sḗsamon, semit. Ursprungs]: Gattung der **S.gewächse** (Pedaliaceae; über 50 Arten in 16 Gattungen in den Tropen und in den Subtropen der alten Welt) mit 18 Arten im tropischen und subtropischen Afrika und im südlichen Indien; ausdauernde oder einjährige Kräuter mit ganzen oder geteilten Blättern und einzelstehenden, weißen bis purpurfarbenen Blüten und Kapselfrüchten. Eine seit langer Zeit bekannte, v. a. in Indien, China, in der Türkei, im Sudan und im nördlichen Südamerika, angebaute Kulturpflanze ist der **Indische S.** (Sesamum indicum). Die an den Fingerhut erinnernde, einjährige, weiß bis weinrot blühende Pflanze bildet 2 mm lange Samen, die etwa 50% fettes Öl, etwa 25% Eiweiß und rund 7% Kohlenhydrate enthalten. Durch Pressen der Samen wird das hellgelbe, geruchlose und fast geschmacklose **S.öl** gewonnen, das als Speiseöl und bei der Margarineherstellung verwendet wird. Die Preßrückstände **(S.kuchen)** dienen als Viehfutter.

Sesamgewächse: ↑Sesam.

Sesamum: wissenschaftlicher Name der Gattung ↑Sesam.

Sesel [aus lat. seselis, von gleichbed. griech. séselis] (Bergfenchel, Seseli): Gattung der Doldengewächse mit rund 60 Arten in Eurasien und Westafrika; niedrige bis mittelhohe Stauden mit vielstrahligen Dolden und eiförmigen Früchten. Eine einheimische Art ist der vereinzelt auf Trockenwiesen vorkommende **Steppenfenchel** (Seseli annuum): mehrjährige Pflanze mit flaumig behaartem Stengel und zwei- bis dreifach fiederteiligen Blättern; Blütenkronblätter weiß.

Seseli: wissenschaftlicher Name der Gattung ↑Sesel.

Sesleria: wissenschaftlicher Name der Süßgrasgattung ↑Kopfgras.

Setaria: wissenschaftlicher Name der Gattung. ↑Borstenhirse.

Seychellennußpalme [zɛ'ʃɛlən...] (Maledivennußpalme, Lodoicea sechellarum): auf den Seychellen beheimatete, bis 30 m hohe Art der Palme. Ihre bis 20 kg schwere, einsamige Steinfrucht **(Seychellennuß, Maledivennuß, Doppelkokosnuß)** hat die Form zweier zusammengewachsener Kokosnüsse. Sie ist die größte Baumfrucht der Erde und benötigt bis zur Reife etwa 10 Jahre. Das Nährgewebe ist eßbar und schmeckt ähnlich wie das der Kokosnuß.

Shepherdia [ʃɛ'pɛrdia]: wissenschaftlicher Name der Gattung ↑ Büffelbeere.

Sherardia [ʃe...]: wissenschaftlicher Name der Gattung ↑ Ackerröte.

Shiitakepilz [ʃ...]: Schreibvariante für: ↑ Schiitakepilz.

Shorea ['ʃo:rea; Herkunft unsicher]: Gattung der Flügelfruchtgewächse mit rund 100 Arten in Vorderindien, auf den Philippinen und auf Neuguinea; zahlreiche Arten liefern Nutzhölzer und Harze, z. B. ↑ Salbaum.

Sichelklee: Art der Gattung ↑ Schneckenklee.

Sichelmöhre (Falcaria): Gattung der Doldenblütler mit nur wenigen Arten. Die einzige einheimische Art ist die 30–80 cm hohe **Gemeine S.** (Falcaria vulgaris) mit doppelt 3zählig gefiederten Blättern und weißen Blüten.

Sicheltanne: anderer Name der Gattung ↑ Japanzeder.

Sicyos: wissenschaftlicher Name der Gattung ↑ Haargurke.

Sideritis: wissenschaftlicher Name der Gattung ↑ Gliedkraut.

Siebenstern (Trientalis): Gattung der Primelgewächse mit nur drei Arten in den gemäßigten und kälteren Gebieten der Nordhalbkugel; kleine Stauden mit wechselständigen Stengelblättern, obere Stengelblätter quirlig zusammenstehend; Blüten einzeln, an fadenartigen, langen Stielen, mit meist sieben Kronblättern. Die Frucht ist eine kugelförmige Kapsel. Die einzige europäische Art (v. a. in Mooren, Heiden und Nadelwäldern) ist der mehrjährige **Europäische S.** (Trientalis europaea): mit aufrechten, bis 25 cm langen Stengeln, großen, oberen Rosettenblättern und weißen Blüten von etwa 15 mm Durchmesser.

Siegelbaumgewächse (Sigillariaceae): vor rund 350–250 Mill. Jahren (vom Unterkarbon bis zum Rotliegenden) verbreitete, v. a. im Oberkarbon (vor rund 300 Mill. Jahren) häufige, später ausgestorbene Familie der Schuppenbäume mit der Gattung **Siegelbaum** (Sigillaria): bis über 30 m hohe und über 2 m dicke, unverzweigte oder oben bis zweimal gegabelte Schopfbäume mit bandförmigen Blättern mit nur einer Mittelader. Die Blätter hinterließen nach dem Abfallen mehr oder weniger sechseckige, siegelartige Narben. Die S. waren ein wichtiges Ausgangsmaterial für die Bildung der Steinkohle.

Siegwurz:

◇ (Gladiolus, Gladiole) Gattung der Schwertliliengewächse mit rund 250 Arten im Mittelmeergebiet, in Mitteleuropa und im tropischen und südlichen Afrika; Knollenpflanzen mit schwert- oder linealförmigen Blättern; Blüten mit trichterförmiger Röhre. Einheimische Arten (selten): **Sumpf-S.** (Gladiolus palustris), auf kalkreichem Boden; 30–60 cm hoch; die Blüten zu 4–6 in Ähren, purpurrot; untere Hüllblätter mit weißen Streifen; **Wiesen-S.** (Gladiolus imbricatus), auf moorigen Wiesen; 30–60 cm hoch; Blüten purpurfarben, zu 5–10 in der Ähre, nach einer Seite hin gewendet.

◇ anderer Name für das Liliengewächs ↑ Allermannsharnisch.

Sigillaria: wissenschaftlicher Name der Gattung Siegelbaum (↑Siegelbaumgewächse).

Sigillariaceae: wissenschaftlicher Name der ↑Siegelbaumgewächse.

Silberahorn (Acer saccharinum): aus dem östlichen Nordamerika stammende, in Mitteleuropa oft angepflanzte Ahornart; bis 40 m hoher Baum mit tief eingeschnittenen, fünflappigen, oberseits dunkelgrünen, unterseits silberweißen Blättern und (vor dem Laub erscheinenden) büschelig angeordneten, grünlichen bis rötlichen Blüten. Das gut bearbeitbare Holz (↑auch Ahorn) wird u. a. für (einfachere) Möbel verwendet.

Silberblatt (Lunaria): Gattung der Kreuzblütler mit drei Arten, verbreitet in Mittel- und Südeuropa; ein- oder zweijährige oder auch ausdauernde Kräuter mit gestielten, herzförmigen Blättern und weißen oder purpurfarbenen Blüten in Trauben; Früchte flache Schoten, von denen die beiden Fruchtklappen abfallen und nur die papierartige, silbrige, durchscheinende Scheidewand stehenbleibt. Die bekannteste, häufig als Zierpflanze kultivierte Art ist **Lunaria annua** (S. im engeren Sinne, Mondviole, Judassilberling, Pfennigblume) mit an beiden Enden abgerundeten Schötchen.

Silberbüffelbeere: Art der Gattung ↑Büffelbeere.

Silberdistel: Art der Gattung ↑Eberwurz.

Silbereiche (Australische S.): Art der Gattung ↑Grevillea.

Silberfahnengras: Art der Gräsergattung ↑Miscanthus.

Silbergras:

◊ (Keulenschmiele, Corynephorus) Süßgräsergattung mit nur wenigen Arten in Europa und im Mittelmeergebiet. Die bekannteste Art ist **Corynephorus canescens** (S. im engeren Sinne), ein 15–50 cm hohes, graugrünes, teilweise rasenbildendes Gras mit abstehenden, silbergrauen Rispen; auf Sandböden, Heiden und in Kiefernwäldern.

◊ anderer Name für das ↑Pampasgras.

Silberimmortelle: Art der Gattung ↑Perlkörbchen.

Silberkerze: Art der Kakteengattung ↑Cleistocactus.

Silberkraut (Strand-, Steinkraut, Lobularia maritima, Alyssum maritimum): aus dem Mittelmeergebiet, den Kanarischen Inseln, Madeira und den Azoren stammende Art der Kreuzblütler; dichte Polster bildende Pflanze mit behaarten Stengeln und Blättern und weißen oder violetten Blüten. Die Früchte sind verkehrt-eiförmige Schötchen. Das S. ist eine beliebte Zierpflanze (v. a. für Steingärten); es kommt in Deutschland gelegentlich auch verwildert vor.

Silbermantel: Art der Gattung ↑Frauenmantel.

Silberpappel (Weißpappel, Populus alba): vielfach als Allee- oder Parkbaum angepflanzte, aus den gemäßigten Gebieten Eurasiens stammende Pappelart; bis 30 m hoher Baum mit wechselständigen, an den Langtrieben ahornblattartig gelappten, an den Kurztrieben eiförmigen Blättern, die unterseits dicht filzig behaart sind; Rinde glatt, weißlichgrau, im Alter rissig.

Silbertanne: anderer Name der ↑Weißtanne.

Silberweide: Varietät der ↑Weißweide.

Silberwurz (Dryas): Gattung der Rosengewächse mit nur wenigen Arten in den arktischen und subarktischen Gebieten sowie in den Hochgebirgen der nördlichen gemäßigten

Zone; Zwergsträucher mit einfachen, gestielten, oberseits glänzenden, unterseits schneeweißen Blättern, deren Ränder umgerollt sind; Blüten groß, weiß oder gelb. In Deutschland kommt in Laubwäldern die seit dem Pleistozän (vor rund 2 Mill. Jahren) nachgewiesene **Achtblättrige S.** (Dryas octopetala) vor: bis 15 cm hoher Strauch mit gekerbtgesägten, herzförmigen bis länglichen, stark runzeligen Blättern und einzelnstehenden, weißen Blüten.

Silberzwiebel: anderer Name für die ↑Perlzwiebel.

Silene: wissenschaftlicher Name der Gattung ↑Leimkraut.

Silphion [griech.]: in der Antike in der Stadt Kyrene kultivierte Gemüse-, Gewürz- und Heilpflanze. S. war ein Doldengewächs. Die gesammelten und nach Griechenland exportierten Sprosse und Blätter begründeten den Reichtum der Cyrenaika. Der Saft der Pflanze war eine Art Gummiharz und wurde nach dem griech. Arzt und Pharmakologen Dioskurides als oft anwendbares Arzneimittel verwendet. Noch im 1. Jahrhundert n. Chr. wurde S. offenbar durch Raubbau ausgerottet.

Silvaner (Grüner S., Sylvaner): mittelfrühe Rebensorte mit mittelgroßen, grünen Beeren in dichten Trauben; liefert einen milden, fast geschmacksneutralen, feinfruchtigen bis vollmundigen Weißwein. Spitzenweine mit viel Körper und reichem Bukett (besonders in „großen" Jahren) kommen v. a. vom Kaiserstuhl und aus dem Maindreieck zwischen Escherndorf und Würzburg. Der Wein ist im Elsaß als **Sylvaner** oder **Grünfränkischer,** in der Schweiz (Kt. Wallis) als **Johannisberg,** in der Steiermark und um Wien als **Zierfandler** bekannt. – ↑auch Riesling-Silvaner, ↑Rieslaner, ↑Scheurebe.

Geschichte: Stammform der S.rebe ist vermutlich die kaukasische Wildrebe. Der Name deutet auf (unbewiesene) Herkunft aus Transsilvanien (Siebenbürgen). Bei seiner Verbreitung donauaufwärts gelangte der S. spätestens im 12. Jahrhundert nach Niederösterreich, um 1700 nach Heilbronn und seit der Mitte des 19. Jahrhundert in die Rheinpfalz und nach Rheinhessen. Um 1900 nahm die Sorte etwa 60%, heute nimmt sie nur noch etwa 17% der deutschen Weinbaufläche ein.

Simarubaceae: wissenschaftlicher Name der Familie ↑Bittereschengewächse.

Simse (Binse, Scirpus): weltweit verbreitete Gattung der ↑Riedgräser, umfaßt rund 250 Arten; einjährige oder ausdauernde Kräuter mit ♂ und ♀ Blüten in einem Ährchen, die ♀ Blüten ohne Utriculus (im Gegensatz zu den Seggenarten); von binsenähnlichem Aussehen, auch mit ähnlichen Standorten.

Europäische Arten sind u. a.: **Strand-S.** (Meer-S., Scirpus maritimus), auf Schlickböden der Küstengebiete; 0,3–1,3 m hoch; mit dreikantigen Stengeln und linealförmigen Blättern; Blüten in braunen Ährchen, die eine Spirre bilden; **Teich-S.** (Flecht-S., Scirpus lacustris), an Gewässerufern; 0,8–3 m hoch; mit runden Stengeln und braunen Ährchen in einer Spirre. – In wärmeren Gebieten wächst das nicht winterharte, bis 20 cm hohe **Frauenhaargras** (Frauenhaar, Nickende S., Zartried, Grastopf, Scirpus cernuus): dichte Büsche aus fadenförmigen, später überhängenden Stengeln mit borstenförmigen Blättern und endständigen Ährchen; wird oft als Zimmerhängepflanze kultiviert.

Sinapis: wissenschaftlicher Name der Gattung ↑Senf.

Sinau (Aphanes): Gattung der Rosengewächse mit rund 20 fast weltweit verbreiteten Arten; im Aussehen ähnlich den Frauenmantelarten; einjährige Stauden mit in den Blattachseln dicht gebüschelt stehenden Blüten. Eine früher als Heilpflanze verwendete Art ist der **Acker-S.** (Aphanes arvensis), eine bis 20 cm hohe Pflanze mit kleinen, grünlichen Blüten und wenig geteilten Nebenblättern.

Singrün: anderer Name der Gattung ↑Immergrün.

Sinnpflanze: anderer Name der ↑Mimose.

Siphonales: wissenschaftlicher Name der ↑Schlauchalgen.

Sisalagave: im engeren Sinne die Agavenart Echte S. (↑Agave); im weiteren Sinne alle Agavenarten, die Sisal bzw. diesem entsprechende Blattfasern liefern.

Sisymbrium: wissenschaftlicher Name der Kreuzblütlergattung ↑Rauke.

Sitkafichte [nach der Stadt Sitka (in Alaska)] (Westliche Fichte, Picea sitchensis): Fichtenart im nordwestlichen Nordamerika (dort einer der wichtigsten Waldbäume), seit 1831 in Europa bekannt; raschwüchsiger, starkstämmiger, anspruchsloser Baum mit 1–2 cm langen, etwa 1 mm breiten Nadeln mit bläulichweißen Längsstreifen auf der Oberseite; Nadeln an horizontalen Zweigen annähernd zweizeilig angeordnet; Zapfen 6–10 cm lang, etwa 2–3 cm dick, matt- bis ockergelb, klein- und etwas lockerschuppig; Konkurrent der europäischen Rottanne.

Sitter: anderer Name der Gattung ↑Sumpfwurz.

Skabiose [zu lat. scabies = Räude, Krätze] (Grindkraut, Scabiosa): altweltliche, besonders mediterrane Gattung der Kardengewächse mit rund 80 Arten; einjährige oder ausdauernde, meist behaarte Kräuter oder Halbsträucher mit verschiedenfarbigen, in Köpfchen stehenden Blüten. Einheimische Arten sind u.a.: die in den Alpen und im Mittelgebirge (über 1000 m Höhe) wachsende **Glänzende S.** (Glänzendes Grindkraut, Scabiosa lucida), eine 20–30 cm hohe Staude mit glänzenden Blättern und rotlilafarbenen, außen flaumig behaarten Blüten; die auf Magerwiesen verbreitete **Tauben-S.** (Scabiosa columbaria), eine bis 50 cm hohe, zweijährige oder ausdauernde Pflanze mit meist blauvioletten Blüten. Einige andere Arten, z. B. die südeuropäische **Purpur-S.** (Scabiosa atropurpurea) und die in Südafrika und Spanien heimische **Stern-S.** (Scabiosa stellata) werden als anspruchslose, lange blühende Garten-S.n kultiviert.

Skopolie: eindeutschend für Scopolia (wissenschaftlicher Name der Gattung ↑Tollkraut).

Smilax: wissenschaftlicher Name der Gattung ↑Stechwinde.

Sockenblume (Elfenblume, Epimedium): Gattung der Sauerdorngewächse mit rund 25 Arten, verbreitet von Südeuropa bis Ostasien; Stauden mit z.T. immergrünen, meist zwei- bis dreifach dreizähligen Blättern; Blüten in Trauben; mit meist gespornten Honigblättern (den eigentlichen Blumenblättern) innerhalb von acht Hüllblättern; von diesen sind die inneren vier meist blumenblattartig ausgebildet und oft gefärbt. Als Zierstaude kultiviert wird die bis 30 cm hohe **Alpen-S.** (Epimedium alpinum): Blüten rot, Honigblätter gelb.

Sode (Suaeda): fast weltweit (außer in den kalten Zonen) verbreitete Gattung der Gänsefußgewächse mit rund 100 Arten. Bekannt ist die am

Meeresstrand und auf salzhaltigem Boden im Binnenland wachsende, formenreiche **Strand-S.** (Suaeda maritima): bis 30 cm hohe, sukkulente Pflanze mit schmalen Blättern und unscheinbaren Blüten in kleinen Büscheln; früher zur Herstellung von Pottasche verwendet.

Sodomsapfel (Solanum sodomaeum): Art der Gattung Nachtschatten an den Küsten Süditaliens; Strauch mit violetten Blüten und 2 cm dicken, gelben Beeren.

Sojabohne [jap. shōyu = Sojasoße] (Rauhhaarige Soja, Glycine max): Art der Gattung Glyzine; alte Kulturpflanze (Wildform: Glycine soja), die v. a. in Ostasien, aber auch in allen gemäßigt-warmen Gebieten in vielen Kulturformen angebaut wird; 30–100 cm hoher, bräunlich behaarter Schmetterlingsblütler mit kleinen, kurzgestielten, weißlichen oder violetten Blüten und etwa 8 cm langen Hülsen mit etwa 8 mm langen Samen **(Sojabohnen).** Die Samen enthalten bis 40% Eiweiß und bis 20% Fette sowie bis 20% Kohlenhydrate und 2% Lecithin. Aus den Samen wird durch Extraktion das **Sojaöl** gewonnen. Nach der Raffination ist es geruch- und geschmacklos und wird für Speiseöle und -fette sowie zur Herstellung von Seifen, Glycerin und Firnis verwendet. Die eiweißreichen Rückstände **(Sojabohnenkuchen** und **Sojaextraktionsschrot)** finden als Viehfutter Verwendung, ferner wird daraus das **Sojabohnenlecithin** gewonnen. Das Sojaeiweiß enthält alle essentiellen Aminosäuren und ist zu 97% verdaulich. Als sog. Eiweißaustauschstoff ist es heute für die menschliche Ernährung besonders wichtig. Als Zusatz vielseitig verwendbar, wird es auch für die Herstellung von „Kunstfleisch" und anderen Sojaprodukten (z. B. Tofu) genutzt. – Die Haupterzeugerländer sind u. a. USA, Brasilien und die VR China.

Geschichte: Die Heimat der S. ist Südostasien, von wo aus sich ihre Kultur in zahlreichen Varietäten verbreitete. Erste Spuren der Kultur lassen sich in China bis um 2800 v. Chr. zurückverfolgen. Im übrigen Asien, in Amerika und in Südeuropa breitete sich die Kultur gegen Ende des 19. Jahrhundert aus. – Abb. S. 80.

Solanaceae: wissenschaftlicher Name der ↑ Nachtschattengewächse.

Solanum: wissenschaftlicher Name der Gattung ↑ Nachtschatten.

Soldanella: wissenschaftlicher Name der Gattung ↑ Troddelblume.

Solidago: wissenschaftlicher Name der Korbblütlergattung ↑ Goldrute.

Sommeraster (Callistephus): eine Korbblütlergattung mit der einzigen Art **Callistephus chinensis:** in China und Japan; einjähriges Kraut mit grob gezähnten bis eingeschnittenen Blättern und einzelstehenden, großen Blütenköpfchen. Zahlreiche, im Sommer blühende, im Volksmund allgemein als **Astern (Gartenastern)** bezeichnete Sorten (z. B. hohe Schnittastern, niedrige Zwergastern, solche mit gefüllten Blütenköpfchen) sind in den verschiedensten Blütenfarben und -formen als Zierpflanzen in Kultur.

Sommerazalee: Art der Gattung ↑ Godetie.

Sommerbohnenkraut: ein Küchengewürz (↑ Bohnenkraut).

Sommereiche: anderer Name der ↑ Stieleiche.

Sommerendivie: Sorte des Gartensalats (↑ Kopfsalat).

Sommerflieder: anderer Name für den ↑ Schmetterlingsstrauch.

Sommergerste: einjährige Sorte der Saatgerste (↑ Gerste).

Sommerhyazinthe: Art der Gattung ↑Galtonie.

Sommerknotenblume: Art der Gattung ↑Knotenblume.

Sommerlinde: einheimische Art der Gattung ↑Linde.

Sommerraps: Kulturform des ↑Rapses.

Sommerrettich: Varietät des Speiserettichs (↑Rettich).

Sommerroggen: einjährige Zuchtform des ↑Roggens.

Sommerrübsen: Kulturform des Ölrübsens (↑Rübsen).

Sommerwurz (Orobanche): Gattung der S.gewächse mit rund 100 Arten in den gemäßigten und subtropischen Gebieten; Parasiten an den Wurzeln von Schmetterlings-, Lippen- und Korbblütlern. Bekannte Arten sind u. a. die **Blutrote S.** (Orobanche gracilis; bis 60 cm hoch; Blüten innen blutrot, außen gelb gefärbt; parasitiert auf Hornklee und Ginster) und der hauptsächlich auf Klee und Luzerne schmarotzende, bis 50 cm hohe **Kleeteufel** (Kleewürger, Kleine S., Orobanche minor; Stengel blaßgelb, rötlich überlaufen; Blüten gelblich oder rötlichweiß). – Abb. S. 238.

Sommerwurzgewächse (Orobanchaceae): Familie der Zweikeimblättrigen mit rund 150 Arten in 13 Gattungen, v. a. in der nördlichen gemäßigten Zone; ausdauernde oder einjährige, auf den Wurzeln oft spezifischer Wirtspflanzen schmarotzende Kräuter ohne Chlorophyll; mit schuppenförmigen Blättern und Saugorganen; Blüten meist in Trauben oder Ähren stehend; Kapselfrüchte; bekannte Gattung ↑Sommerwurz.

Sommerzypresse: Art der Gattung ↑Radmelde.

Sọnchus: wissenschaftlicher Name der Gattung ↑Gänsedistel.

Sonnenauge (Heliopsis): nordamerikanische Korbblütlergattung mit nur wenigen Arten; 0,5–1,5 m hohe, sonnenblumenähnliche Kräuter mit meist gegenständigen, gezähnten oder gesägten, gestielten Blättern und in Köpfchen stehenden, blaßgelben Blüten. Einige Arten sind Schnitt- und Gartenblumen.

Sonnenblume (Helianthus): Gattung der Korbblütler mit rund 100 in Amerika heimischen Arten; einjährige oder ausdauernde, oft hohe, meist behaarte Kräuter mit ganzrandigen oder gezähnten Blättern; Blüten gelb oder (die Scheibenblüten) purpurfarben bis violett, in mittelgroßen bis sehr großen, einzeln oder in lockerer Doldentraube stehenden Köpfchen mit Spreublättern; Hüllkelch zwei- bis mehrreihig, halbkugelig oder flach. Die bekannteste Art ist die **Gemeine S.** (Einjährige S., Helianthus annuus): bis über 3 m hoch; mit steifen Haaren besetzt und mit großen, gestielten, rauh behaarten, herzförmigen Blättern. Ihre Blütenköpfe haben einen Durchmesser von 20 bis 50 cm; sie werden von gelben, zwittrigen Röhrenblüten, großen orangegelben, sterilen Strahlenblüten und zahlreichen schwärzlichen Spreublättern gebildet. Aus den Samen **(Sonnenblumenkerne)** wird das als Speiseöl und als Rohstoff zur Margarineherstellung verwendete **Sonnenblumenöl** gewonnen. Als Nutzpflanze wird die Gemeine S. v. a. in der südlichen UdSSR, in Südosteuropa (hauptsächlich Rumänien, Bulgarien, Ungarn) sowie in Nord- und Südamerika kultiviert. Einige einjährige Arten und ihre Sorten sind beliebte Gartenzierpflanzen. – Eine weitere bekannte Art der S. ist der ↑Topinambur.

Geschichte: Die Kulturform der Gemeinen S. entwickelte sich in vorkolumbianischer Zeit im südlichen Teil Nordamerikas. Aus Peru kam sie ab 1569 über Spanien nach Europa.

Sonnenbraut (Helenie, Helenium): in Amerika verbreitete Korbblütlergattung mit rund 40 Arten; bis 1,5 m hohe, meist rauh behaarte Kräuter mit drüsig punktierten, lanzettlichen Blättern; Blütenköpfchen langgestielt, einzeln oder in lockeren Doldentrauben. Die Blüten haben zungenförmige, meist gelbe oder braune Randblüten und röhrenförmige, gelbe, schwarze oder purpurfarbene Scheibenblüten. Einige Arten, z. B. **Helenium autumnale,** sind beliebte Gartenzierpflanzen.

Sonnenhut (Rudbeckie, Rudbekkia): nordamerikanische Korbblütlergattung mit rund 30 Arten; einjährige oder ausdauernde, oft rauh behaarte, hohe Kräuter mit meist wechselständigen Blättern und mittelgroßen oder großen Blütenköpfchen aus gelben Randblüten und meist purpurfarbenen Scheibenblüten. Bekannte und beliebte Gartenpflanzen sind u. a. die **Kleinblütige Sonnenblume** (Schlitzblättriger S., Rudbeckia laciniata; bis 2,5 m hoch; mit großen, halbkugelförmigen Köpfchen; Scheibenblüten schwarzbraun, Zungenblüten gelb) und der **Rote S.** (Rudbeckia purpurea; bis 1 m hoch; Köpfchen mit etwa 5 cm langen, weinroten, dreispitzigen Randblüten und schwarzbraunen, von den Spreublättern überragten Röhrenblüten).

Sonnenröschen (Helianthemum): Gattung der Zistrosengewächse mit rund 80 Arten, hauptsächlich im Mittelmeergebiet; einjährige Kräuter, Stauden oder Halbsträucher mit gegenständigen Blättern und verschiedenfarbigen Blüten in traubenartigen Wickeln. In Deutschland wächst an sonnigen, trockenen Stellen das formenreiche **Gemeine S.** (Helianthemum nummularium), ein bis 10 cm hoher, niederliegender, wintergrüner Halbstrauch mit am Grunde verholzten Stengeln, eiförmigen Blättern und goldgelben Blüten.

Sonnentau (Drosera): vielgestaltige Gattung der S.gewächse mit 90 Arten, v. a. auf der Südhalbkugel; fleischfressende Pflanzen, deren Blätter mit Verdauungsdrüsen und zahlreichen reizbaren Tentakeln besetzt sind; letztere scheiden rötliche, klebrige Sekrettropfen aus, an denen kleine Insekten klebenbleiben. Die Blüten sind weiß oder rosenrot, in einfachem oder astig verzweigtem Wickel.
In Deutschland kommen auf Hoch- und Flachmooren drei Arten vor: **Rundblättriger S.** (Drosera rotundifolia; Blätter kreisrund, langgestielt), **Langblättriger S.** (Drosera anglica; Blätter vier- bis achtmal so lang wie breit) und **Mittlerer S.** (Drosera intermedia; Blätter zwei- bis viermal so lang wie breit; Kapselfrucht gefurcht). – Abb. S. 239.

Sonnentaugewächse (Droseraceae): Familie fleischfressender Zweikeimblättriger mit über 90 Arten in vier Gattungen in den tropischen, subtropischen und gemäßigten Gebieten; meist ausdauernde Kräuter mit meist wechselständigen Blättern, die mit Drüsen und reizbaren Tentakeln (zum Fang tierischer Nahrung) besetzt sind; Blüten meist in Wickeln angeordnet. Die Gattungen sind ↑Sonnentau, ↑Taublatt, ↑Venusfliegenfalle und ↑Wasserfalle.

Sonnenwende: anderer Name für die Gattung ↑Heliotrop.

Sonnenwolfsmilch: Art der Gattung ↑Wolfsmilch.

Sophora: wissenschaftlicher Name der Gattung ↑Schnurbaum.

Sorbaria: wissenschaftlicher Name der Gattung ↑Fiederspiere.

Sorbus [lat. = Vogelbeerbaum]: Gattung der Rosengewächse mit rund 100 Arten (davon acht Arten in Mitteleuropa) in den nördlichen gemäßigten Zonen; Bäume oder Sträucher mit ungeteilten oder gefiederten Blättern; Blüten klein, weiß, in endständigen Doldentrauben. Die kleinen, apfelartigen Früchte sind rot, braun, gelb, grünlich oder weiß. Bekannte Arten sind ↑Eberesche, ↑Elsbeere und ↑Mehlbeere.

Sorgho: gleichbed. mit ↑Sorghumhirse.

Sorghumhirse [aus italien. sorgo (Mrz. sorghi), von spätlat. Syricum (granum) = (Getreide) aus Syrien] (Sorgumhirse, Sorgho, Sorgum): Gattung der Süßgräser mit rund 25 Arten in den Tropen und Subtropen; 1–5 m hohe Pflanzen mit großen, rispigen Blütenständen, die aus in Wirteln stehenden Ährchen gebildet werden. Verschiedene Arten der S. sind neben dem Reis wichtige Nutzpflanzen der wärmeren Länder (auch in den USA und im Mittelmeergebiet), v. a. ↑Kaffernkorn, ↑Mohrenhirse und ↑Kauliang, deren Früchte wie Reis gegessen, verfüttert oder gemahlen zu Brei, Fladen und zur Bierbereitung **(Pombebier)** verwendet werden. Aus den zuckerhaltigen Stengeln mehrerer Arten werden Sirup und Melasse gewonnen. Aus den Rispen werden Besen und Bürsten hergestellt. Andere Arten werden als Futtergräser angebaut.

Sorgum: wissenschaftlicher Name der Gattung ↑Sorghumhirse.

Spaltblume: anderer Name der Gattung ↑Schlitzblume.

Spaltzahnmoose (Fissidentaceae): einzige Familie der Laubmoosordnung **Fissidentales** mit rund 700, meist tropischen Arten in wenigen Gattungen. Die zweischneidige Scheitelzelle bildet in zwei Reihen stehende Blätter, die an einer Kante mit dem Stämmchen verwachsen sind. Auf dem Blattrücken bildet sich ein Blattflügel aus; Blattflügel und eine Blatthälfte sind vergrößert und stellen die eigentliche Blattfläche dar. Die Mooskapseln haben einen gespaltenen Peristomzahn (daher der Name).

Sparganium: wissenschaftlicher Name der Gattung ↑Igelkolben.

Spargel [durch roman. Vermittlung aus lat. asparagus, von gleichbed. griech. asp(h)áragos]:

◇ (Asparagus) Gattung der Liliengewächse mit rund 300 Arten in den gemäßigten und subtropischen Gebieten der Alten Welt; Kräuter oder Halbsträucher mit meist stark verzweigten Stengeln; Blätter sehr klein, schuppenförmig; Stengel außerdem mit zahlreichen blatt- oder nadelförmigen Flachsprossen (Phyllokladien); Blüten klein, grünlich, am Grunde der Phyllokladien, einzeln, gebüschelt, doldig oder traubig; Frucht eine kleine, kugelige, breiige Beere. Einige Arten, z. B. **Asparagus plumosus** und **Asparagus sprengeri,** werden feldmäßig kultiviert und liefern Schnittgrün.

◇ (Gemüse-Sp., Echter Sp., Asparagus officinalis) in Mittel- und Südeuropa, Nordafrika, Vorderasien und Westsibirien heimische, heute überall in den gemäßigten Gebieten kultivierte Art des Sp.s; 0,30–1,50 m hohe, reich verzweigte Staude mit 6–25 mm langen, nadelartigen, zu dreien bis sechsen zusammenstehenden Flachsprossen, grünlichen Blüten und 6–9 mm dicken, scharlachroten Früchten. Der horizontal im Boden wachsende Wurzelstock (Rhizom) entwickelt jedes Frühjahr bis zu sechs aufrecht wachsende, oberirdische Hauptsprosse, die durch Aufschütten von Erde in der Länge von etwa 20 cm bleich und zart bleiben **(Sp.stangen, Spargeln).** Sobald die Knospen dieser Sprosse die Erdoberfläche durchstoßen, werden die Sprosse „gestochen". Die Ernte kann im 3. bis 4. Jahr nach der Pflanzung beginnen und dann 15 bis 20 Jahre lang fortgeführt werden. Die nährstoffarmen Sp.stangen enthalten etwa 2% Eiweiß, viel Vitamin C und Vitamine der B-Gruppe. Ihr Aroma wird durch den hohen Gehalt an freier Asparaginsäure bewirkt. In einigen Ländern werden bevorzugt durch Lichteinfluß ergrünte Sp.stangen als **Grün-Sp.** gegessen.

Geschichte: Sp. war schon in der Antike bei Ägyptern, Griechen und Römern als Gemüsepflanze beliebt. Durch die Römer wurde der Sp. nördlich der Alpen bekannt. Der Anbau hatte aber zunächst keinen Erfolg. Erst während der Renaissance scheint er wieder bekannt geworden zu sein (1539 als teure Delikatesse genannt). Kurz darauf verbreitete sich die Sp.kultur in Deutschland vom Oberrhein. Tiefland aus.

Spargelbohne:

◊ (Spargelerbse, Flügelerbse, Tetragonolobus) Gattung der Schmetterlingsblütler mit zwei Arten in Süd- und Mitteleuropa. In Deutschland kommt auf feuchten Wiesen und Sümpfen die **Gelbe Sp.** (Tetragonolobus maritimus) vor, eine rasenbildende Staude mit großen, langgestielten, hellgelben Blüten; Früchte mit vier glatten Flügeln.

◊ (Spargelfisole, Langbohne, Vigna sinensis ssp. sesquipedalis) in den Tropen und Subtropen als Gemüsepflanze und zur Gründüngung angebauter Schmetterlingsblütler; gegessen werden die bis 90 cm langen, unreifen Hülsen.

Spargelkohl: anderer Name des ↑ Brokkolis.

Spargelpilz: anderer Name des Schopftintlings (↑ Tintlinge).

Spark [niederdt. Form von Spörgel, aus gleichbed. mlat. spargula] (Spergula): Gattung der Nelkengewächse mit fünf Arten in den gemäßigten Gebieten der Alten Welt; Kräuter mit linealisch-pfriemenförmigen Blättern in Scheinquirlen und kleinen, weißen Blüten. Neben dem v. a. in Sand- und Heidegebieten häufigen, nur 5–30 cm hohen **Frühlings-Sp.** (Spergula morrisonii) ist in Deutschland der 10–50 cm hohe **Feld-Sp.** (Spörgel, Spergula arvensis) als Unkraut auf kalkarmen, sandigen Böden verbreitet.

Spärkling: anderer Name der Gattung ↑ Schuppenmiere.

Sparmannia: wissenschaftlicher Name der Gattung ↑ Zimmerlinde.

Spartina: wissenschaftlicher Name der Süßgrasgattung ↑ Schlickgras.

Spatzenstrauch (Sperlingskopf, Passerina): Gattung der Seidelbastgewächse mit 15 Arten in Südafrika; kleine, immergrüne, heidekrautähnliche Sträucher mit meist nadelartigen Blättern; weißliche Blüten in endständigen Ähren, vierzählig, ohne Kronblätter. Einige Arten werden als Kalthauspflanzen kultiviert.

Spatzenzunge (Vogelkopf, Thymelaea): v. a. im Mittelmeergebiet, in Vorder- und Zentralasien verbreitete Gattung der Seidelbastgewächse mit rund 20 Arten; Sträucher oder Kräuter mit kleinen, schmalen Blättern und unscheinbaren, grünlichen oder gelben Blüten ohne Kronblätter. Die einzige Art in Deutschland ist der **Gewöhnliche Vogelkopf** (Sp. im engeren Sinne, Thymelaea passerina): einjährige, aufrechte, 15–40 cm hohe

Pflanze mit linealischen Blättern, blattachselständigen Blüten und einer vogelkopfähnlichen Nußfrucht; selten auf Ödland und als Getreideunkraut.

Speerblume (Speerlilie, Doryanthes): Gattung der Agavengewächse mit nur wenigen Arten in Australien; Blätter zahlreich in einer Rosette angeordnet, sehr lang, schwertförmig; Blütenstengel bis 5 m hoch, mit kleineren Blättern besetzt; Blüten leuchtendrot, in kurzen Ähren, jede von einem Deckblatt fast ganz eingehüllt; Ähren zu einem großen Köpfchen oder zu einem langen Strauß zusammengestellt.

Speierling (Sperberbaum, Zahme Eberesche, Schmerbirne, Sorbus domestica): der Eberesche ähnliche Art der Gattung ↑Sorbus; verbreitet im Mittelmeergebiet sowie vom mittleren Frankreich über Deutschland bis zum Schwarzen Meer; 10–20 m hoher Baum, der 500 bis 600 Jahre alt werden kann; unpaarig gefiederte Blätter mit lanzettlichen, bis 8 cm langen Fiederblättchen; weiße oder rötliche, meist fünfgriffelige Blüten in Doldentrauben. Die apfel- oder birnenähnlichen, bis 3 cm großen, fünffächerigen Früchte **(Spieräpfel)** wurden früher gegessen und wegen des hohen Gerbstoffgehalts als Heilmittel gegen Durchfall, Erbrechen u. a. verwendet. Heute werden sie z. T. noch als Zusatz zu Apfelwein oder zur Herstellung von Schnaps verwendet. – Das schwere, harte Holz wird für Drechsler-, Wagner- und Kunsttischlerarbeiten genutzt.

Speik [oberdt., aus lat. spica = Ähre (nach dem ährenähnlichen Blütenstand)]:

◊ (Echter Sp., Gelber Sp., Roter Sp., Valeriana celtica) in den Alpen von 2 000 bis 3 500 m Höhe vorkommende Art des ↑Baldrians; 5–15 cm hohe Staude mit ungeteilten, kahlen, dunkelgrünen, länglich-eiförmigen Blättern; Blüten gelblichweiß, außen oft etwas rötlich, in traubigem, aus wenigblütigen Trugdolden gebildetem Blütenstand. Die Wurzel enthält etwa 1% ätherisches Öl und wird bei der Parfümherstellung verwendet.

◊ (Weißer Sp.) svw. Weiße ↑Schafgarbe.

◊ (Kleiner Sp.) svw. Echter ↑Lavendel.

◊ (Großer Sp.) ↑Lavendel.

Speiselorchel: irreführender Name für den roh stark giftigen Pilz Frühlorchel (↑Lorchelpilze).

Speisemorchel: Art der Pilzgattung ↑Morchel.

Speisezwiebel ↑Zwiebel.

Speitäubling: Art der Pilzgattung ↑Täubling.

Spelt (Spelz): anderer Name der Weizenart ↑Dinkel.

Spergula: wissenschaftlicher Name der Gattung ↑Spark.

Spergularia: wissenschaftlicher Name der Nelkengewächsgattung ↑Schuppenmiere.

Sperlingskopf: anderer Name der Gattung ↑Spatzenstrauch.

Spermatophyten: wissenschaftlicher Name der ↑Samenpflanzen.

Sperrkraut (Himmelsleiter, Jakobsleiter, Polemonium): Gattung der Sp.gewächse mit über 20 Arten, v. a. im westlichen Nordamerika, einige Arten auch in Asien und Europa; meist Stauden mit fiederteiligen Blättern und blauen, violetten oder weißen Blüten in endständigen Blütenständen. In Deutschland wächst vereinzelt im Alpenvorland das **Blaue Sp.** (Polemonium coeruleum), eine 30–80 cm hohe Staude mit unpaarig gefiederten Blättern und glockigen, himmelblauen Blüten in Rispen; auf Feuchtwiesen und Flachmooren.

Spörgel: anderer Name der Art Feldspark (↑Spark).

Spornblume (Centranthus): Gattung der Baldriangewächse mit rund zehn Arten im Mittelmeergebiet; Stauden, Halbsträucher oder einjährige, stark verzweigte Kräuter; Blüten rot oder weiß, mit dünner, gespornter Kronröhre, fünfspaltigem Kronsaum und nur einem Staubblatt, in endständigen Blütenständen. Einige Arten und Sorten werden als Sommerblumen kultiviert.

Spreublume: anderer Name der Gattung ↑Papierblume.

Springkraut (Balsamine, Impatiens): Gattung der Balsaminengewächse mit über 400 Arten; meist im tropischen Afrika und im tropischen und subtropischen Asien, nur acht Arten in den gemäßigten Bereichen der Nordhalbkugel, davon drei Arten in Deutschland; Kräuter oder Halbsträucher; Frucht eine bei Berührung elastisch mit fünf Klappen aufspringende, die Samen wegschleudernde Kapsel. In Laub- und Nadelwäldern wächst das **Rührmichnichtan** (Großes Sp., Wald-Sp., Impatiens noli-tangere): einjährig; bis 1 m hoch; mit durchscheinenden Stengeln und Blättern; Blüten zitronengelb, innen rot punktiert. Besonders bekannt sind die aus Indien stammende **Gartenbalsamine** (Impatiens balsamina; eine einjährige, bereits im 16. Jahrhundert eingeführte und in mehreren Sorten verbreitete, 20–60 cm hohe Sommerblume mit meist gefüllten, verschiedenfarbigen Blüten) sowie als Garten- und Topfpflanze das **Fleißige Lieschen** (Impatiens walleriana; mit 30–60 cm hohen, dickfleischigen Stengeln und bis 4 cm breiten, meist roten, langgespornten Blüten).

Spritzgurke (Eselsgurke, Ecballium): Gattung der Kürbisgewächse mit der einzigen Art **Ecballium elaterium** (Sp. im engeren Sinne): in Südeuropa auf Ödland verbreitetes, mehrjähriges, rankenloses Kraut von etwa 60 cm Höhe; mit dicken, grobgezähnten, unterseits weiß behaarten Blättern und glockenförmigen, gelben, eingeschlechtigen Blüten. Die Frucht enthält den glykosidischen Bitterstoff **Elaterin.**

Spurre (Holosteum): Gattung der Nelkengewächse mit sechs Arten in Mittel- und Südeuropa; einjährige Kräuter mit im oberen Drittel drüsig behaarten Stengeln; Blüten mit gezähnten Kronblättern, weiß bis hellrosafarben, in wenigblütigen Scheindolden. Die einzige Art in Deutschland ist die **Doldige Sp.** (Holosteum umbellatum), ein bis 25 cm hohes Unkraut auf sandigen Äckern und an Wegrainen.

Stabwurz: anderer Name der ↑Eberraute.

Stachelähre (Acanthostachys): Gattung der Ananasgewächse mit der einzigen Art **Acanthostachys strobilacea** (St. im engeren Sinne): im südlichen Brasilien, in Argentinien und Paraguay; krautige, Ausläufer bildende, epiphytische Pflanze mit am Rand bestachelten Blättern mit langen Blattscheiden; Blüten in dichter, etwa 5 cm langer Ähre, gelb, in den Achseln orangerötlicher, mit stechender Spitze versehener Tragblätter; als Zimmerpflanze kultiviert.

Stachelalge (Stacheltang, Desmarestia aculeata): in der Gezeitenzone von Küsten kälterer Meere vorkommende Braunalge; Thallus bis über 1 m lang, wechselständig verzweigt und im Frühjahr bis Frühsommer mit goldbraunen, haarbüschelähnlichen Ausgliederungen bedeckt, die während des Sommers abfallen; die Alge erhält danach ein stachelartig gezacktes Aussehen.

Stachelannone: Frucht einer Art der Gattung ↑Annone.

Stachelapfel: anderer Name der Gattung ↑Stechapfel.

Stachelbärenklau: Art der Gattung ↑Bärenklau.

Stachelbeere:

◊ (Ribes) Gattung der Stachelbeergewächse mit rund 150 Arten in der nördlichen gemäßigten Zone und in den Gebirgen Südamerikas; Sträucher mit wechselständigen Blättern, meist kleinen, fünf- oder vierzähligen Blüten und ganz oder fast ganz unterständigen Fruchtknoten. Die Früchte stellen Beeren dar. Die wichtigsten Arten sind neben der eigentlichen Stachelbeere (s. unten) die Arten der ↑Johannisbeere.

◊ (St. im engeren Sinne, Heckenbeere, Ribes uva-crispa) in Eurasien bis zur Mandschurei heimischer, niedriger Strauch in Gebüschen und Bergwäldern oder an Felsen, als Obstpflanze in verschiedenen Sorten kultiviert; Langtriebe mit wechselständigen, dreilappigen, gekerbten, meist behaarten Blättern und unter den Blättern stehenden, einfachen Stacheln; grünliche Blüten zu einer bis dreien in beblätterten, stark gestauchten Kurztrieben; Beerenfrüchte derbschalig, borstig behaart oder glatt, mit zahlreichen Samen. St.n enthalten neben Kohlenhydraten v.a. Vitamin C und Vitamine der B-Gruppe. Sie werden (unreif) zum Einmachen oder für Saft und Konfitüre verwendet.

◊ (Chinesische St.) andere Bez. für die ↑Kiwifrucht.

Stachelbeergewächse (Grossulariaceae): Familie der Zweikeimblättrigen Pflanzen mit der einzigen Gattung ↑Ribes.

Stacheldolde (Echinophora): Gattung der Doldengewächse mit acht Arten, verbreitet vom Mittelmeergebiet bis Iran. Die wichtigste Art ist die an den Küsten Westeuropas und des Mittelmeergebietes vorkommende mehrjährige, bis 50 cm hohe **Starre St.** (Echinophora spinosa): mit starren, fleischigen, fiederschnittigen, an den Spitzen der Blattabschnitte dornigen Blättern; Blüten weiß, in zusammengesetzten Dolden. Die pastinakähnliche Wurzel wird als Gemüse gegessen.

Stachelgurke (Sechium): Gattung der Kürbisgewächse mit der einzigen, in Brasilien beheimateten, heute auch in Westindien, Kalifornien und Westafrika kultivierten Art **Sechium edule** (St. im engeren Sinne; Chayote, Schuschu): mit Blattranken kletternde, über 10 m lange Sprosse bildende Pflanze; Früchte 10–15 cm lang, bis 1 kg schwer, birnenförmig, etwas stachelig, mit nur einem, ausschließlich in der Frucht keimenden Samen. Unter günstigen Bedingungen entstehen pro Pflanze und Jahr 300 bis 500 Früchte, die wegen ihres Stärke- und Vitamingehalts gegessen oder als Viehfutter verwendet werden. Die jungen Sprosse werden als Gemüse gegessen. Die bis 10 kg schweren, bis 20 % Stärke enthaltenden Wurzelknollen werden wie Kartoffeln gekocht.

Stachelkraftwurz (Stachelpanax, Stachelstrauch, Acanthopanax): Gattung der Araliengewächse mit rund 20 Arten in Ostasien und im Himalaja; sommergrüne, meist stachelbewehrte Sträucher oder Bäume mit gestielten, drei- bis siebenzähligen, wechselständigen Blättern; Blüten klein, grünlich, in endständigen Dolden, die einzeln stehen oder zu mehreren in großen, endständigen Rispen vereinigt sind. Mehrere Arten werden als Parkpflanzen kultiviert.

Stachellattich: svw. Kompaßlattich (↑Lattich).

Stachelmohn (Argemone): Gattung der Mohngewächse mit zehn Arten in Nord- und Südamerika und auf den Hawaii-Inseln; meist einjährige, bis 1 m hohe Kräuter mit gelbem Milchsaft und graugrünen, fiederteiligen, stachelig gezähnten Blättern; Blüten weiß oder gelb; Kapselfrüchte länglich, borstig behaart. Einige Arten werden als Gartenzierpflanzen kultiviert.

Stachelpanax: anderer Name für ↑Stachelkraftwurz.

Stachelpilze (Stachelschwämme, Hydnaceae): Familie der Ständerpilze mit mehreren einheimischen Gattungen. Die St. tragen die Fruchtschicht auf freistehenden Stacheln, Warzen oder Zähnen, meist auf der Unterseite eines mehr oder weniger regelmäßig geformten, gestielten Hutes. Die Fruchtkörper sind häutig dünn, leder- oder korkartig, filzig oder fleischig dick. Bekannte Arten sind neben dem ↑Ohrlöffel die folgenden Arten: **Korallenstachelbart** (Eiskoralle, Dryodon coralloides), ähnelt Korallenstöcken oder Eiszapfen; an alten Laubholzstämmen; **Semmelstoppelpilz** (Semmelpilz, Hydnum repandum), blaßgelb; eßbar; in Laub- und Nadelwäldern; **Habichtspilz** (Hirschling, Sarcodon imbricatum), mit graubraunem, grobschuppigem, 5 bis 20 cm breitem, gestieltem Hut; eßbar; auf sandigem Nadelwaldboden.

Stachelsalat: svw. Kompaßlattich (↑Lattich).

Stachelstrauch: anderer Name der ↑Stachelkraftwurz.

Stacheltang: anderer Name der ↑Stachelalge.

Stachelwurzelpalme (Stechwurzelpalme, Cryosophila): Gattung der Palmen mit zwölf Arten im tropischen Amerika von Bolivien bis Mexiko; mit bis etwa 10 m hohem, im unteren Teil durch bedornte, abstehende Luftwurzeln bewehrtem Stamm; Blätter fächerartig.

Stachys: wissenschaftlicher Name der Gattung ↑Ziest.

Stammkohl: Kulturform des ↑Gemüsekohls.

Ständerflechten (Basidiomyzetenflechten, Basidiolichenes): artenarme, vorwiegend in den Tropen vorkommende Klasse der Flechten mit unscheinbarem Thallus aus Ständerpilzen und Blaualgen.

Ständerpilze (Basidienpilze, Basidiomyzeten, Basidiomycetes): Klasse der höheren Pilze mit über 30 000 Arten. Die St. haben ein umfangreiches Myzel, dessen Zellwände vorwiegend aus Chitin bestehen. Sie sind Fäulnisbewohner (Saprophyten) oder Parasiten vorwiegend an Pflanzen. Die haploiden Sporen (Basidiosporen) werden in der Regel exogen in charakteristischen Fruchtkörpern auf Ständern (Basidien) gebildet. Aus den Sporen entwickeln sich geschlechtsverschiedene Myzelien (gekennzeichnet durch + und −) aus einkernigen Zellen. Treffen (+)- und (−)-geschlechtliche Hyphen aufeinander, verschmelzen zwei benachbarte Zellen. Es entsteht ohne Kernverschmelzung ein Paarkernmyzel, das auch den Fruchtkörper aufbaut. Unter dem Hut entstehen auf den Lamellen oder in den Röhren die Basidien. Nach Kernverschmelzung und Meiose werden vier haploide Sporen gebildet.
Neben anderen Merkmalen spielen für ihre systematische Gruppierung die Basidientypen und Fruchtkörperformen die wichtigste Rolle. In die Unterklasse **Holobasidiomycetes** (keulenförmige, einzellige Basidiosporen entstehen am Scheitel der ungeteilten Basidie) gehören u. a. ↑Porlinge, ↑Bauchpilze und ↑Lamellen-

pilze, von denen zahlreiche Hutpilze eßbar sind (z. B. Champignon, Pfifferling, Reizker, Steinpilz), andere dagegen hochgiftig (z. B. Fliegenpilz, Grüner Knollenblätterpilz).
Zur Unterklasse **Phragmobasidiomycetes** (Basidien sind durch Längs- oder Querwände gegliedert) rechnet man neben ↑ Gallertpilzen und ↑ Ohrlappenpilzen die parasitischen ↑ Brandpilze und ↑ Rostpilze.
Die St. sind weltweit verbreitet und zusammen mit den Schlauchpilzen, niederen Pilzen und Bakterien maßgeblich an der Mineralisation beteiligt, die den Stoffkreislauf in der Biosphäre in Gang hält.

Stangenbohne: Varietät der ↑ Gartenbohne.

Stapelia: wissenschaftlicher Name der Gattung ↑ Aasblume.

Staphylea: wissenschaftlicher Name der Gattung ↑ Pimpernuß.

Stärkeweizen: anderer Name der Getreideart ↑ Emmer.

Stäublinge (Staubpilze, Lycoperdaceae, Weichbofiste), weltweit verbreitete Familie der Bauchpilze mit rund 90 Arten in 15 Gattungen; Fruchtkörper kugelig-birnenförmig; Außenwand mehlig oder warzig bestäubt oder rissig; sie zerfällt, wenn der Fruchtkörper reift. Ist er reif, dann öffnet sich die papierdünne Innenwand und entläßt die staubartigen Sporen. Bekannte Arten sind ↑ Hasenbofist, ↑ Riesenbofist und der auf Wiesen, Weiden und in lichten Baumbeständen wachsende **Flaschenbofist** (Lycoperdon gemmatum): Fruchtkörper etwa 6 cm hoch und 3–7 cm dick, in der Jugend weiß, später gelblich bis gelbbraun. Jung sind alle drei Arten eßbar. – Abb. S. 315.

Staudenkohl (Futterkohl): Sammelbez. für eine Formengruppe des Gemüsekohls, deren Blätter an mehr oder weniger hohem Strunk stehen und meist als Viehfutter genutzt werden. Die wichtigsten Formen sind der v. a. in Westeuropa und Nordamerika angebaute **Grüne Blattkohl** und der v. a. in der Normandie und auf den Kanalinseln kultivierte, 3,5–5 m hohe **Riesenkohl** (Jerseykohl).

Staudenlupine: anderer Name für die Vielblättrige ↑ Lupine.

Staudenphlox: Art der Gattung ↑ Phlox.

Stechapfel (Dornapfel, Stachelapfel, Datura): Gattung der Nachtschattengewächse mit rund 20 Arten in den tropischen bis gemäßigten Gebieten; giftige Kräuter, Sträucher oder kleine Bäume mit großen Blättern, großen, trichterförmigen, oft stark duftenden Blüten und meist stacheligen oder dornigen, vielsamigen Kapselfrüchten. Von besonderer medizinischer Bedeutung als Hypnotikum und krampflösendes Mittel (u. a. bei Asthma) ist der in Nordamerika heimische, heute weltweit verbreitete, einjährige **Gemeine St.** (Datura stramonium; mit aufrechten weißen Blüten und derbstacheligen Kapseln). Seine Blätter und Samen enthalten Alkaloide (Hyoscyamin, Atropin, Scopolamin) und sind hochgiftig. Einige besonders großblütige Arten, z. B. die ↑ Engelstrompete, sind beliebte Kübelpflanzen.

Stechdorn (Paliurus): Gattung der Kreuzdorngewächse mit sieben Arten in West- und Ostasien und nur einer Art, dem ↑ Christdorn, im Mittelmeergebiet; sommergrüne Bäume oder Sträucher mit wechselständigen, eiförmigen Blättern und je zwei zu Dornen umgewandelten Nebenblättern; Blüten unscheinbar achselständig.

Stechfichte (Picea pungens): etwa 30–50 m hohe Fichtenart in den südlichen Rocky Mountains; Äste waagrecht; Nadeln spitz, 1,5–3 cm lang; Zapfen 8–10 cm lang, hellbraun. Als Park- und Gartenbäume sind v. a. die blaugrün und blauweiß benadelten Formen **(Blaufichte, Blautanne)** beliebt.

Stechginster (Stachelginster, Gaspeldorn, Ulex): Gattung der Schmetterlingsblütler mit 15 Arten in Westeuropa; Sträucher mit in scharfen Dornspitzen endenden Zweigen; Blattspreiten zu kleinen Schuppen oder ganz reduziert; im letzteren Fall wird der Blattstiel zu einem Dorn; Blüten gelb; Hülsenfrucht zweiklappig. Die einzige Art in Deutschland (nur in Zwergstrauchheiden des Nordwestens) ist der **Europäische St.** (Ulex europaeus): mit 1–1,5 m hohen Zweigen, 6–12 cm langen Dornen, goldgelben Blüten und 1 cm langen, zottig behaarten Hülsen; auch als Zierstrauch.

Stechpalme (Ilex): Gattung der Stechpalmengewächse mit über 400 Arten, v. a. in den Tropen und Subtropen Asiens und Amerikas, wenige Arten in der gemäßigten Zone; immer- oder sommergrüne Bäume oder Sträucher mit wechselständigen, einfachen, ganzrandigen oder gesägten, oft dornig gezähnten Blättern; Blüten meist zweihäusig, einzeln oder in kleinen Büscheln; Frucht eine beerenartige Steinfrucht. Die bekannteste, in West-, im westlichen Mittel- und in Südeuropa bis Nordafrika und Iran verbreitete Art ist die **Stecheiche** (St. im engeren Sinne, Hülsdorn, Ilex aquifolium), ein immergrüner Strauch oder kleiner Baum von 3 bis 10 m Höhe mit derb ledrigen, oben dunkelgrünen und glänzenden, meist wellig gerandeten, dornig gezähnten Blättern; Blüten zweihäusig, weiß oder rötlich; Früchte korallenrot, 7–10 mm groß, giftig; zahlreiche (über 100) meist in Blattform und Blattfarbe abweichende Gartenformen. – Als Nutzpflanze ist die ↑Matepflanze von Bedeutung.

Stechpalmengewächse (Aquifoliaceae): Pflanzenfamilie mit drei Gattungen und rund 450 Arten, v. a. in den Tropen und Subtropen, mehrere Arten in den gemäßigten Gebieten; meist immergrüne Bäume oder Sträucher mit oft zweihäusigen Blüten und meist lebhaft gefärbten Steinfrüchten. Die wichtigste und größte Gattung ist die ↑Stechpalme.

Stechwinde (Smilax): Gattung der Liliengewächse mit rund 300 Arten, v. a. in den Tropen, aber auch in Ostasien, Nordamerika und im Mittelmeergebiet; meist windende Pflanzen mit in Ranken übergehenden Blattscheiden; Ranken und Zweige mehr oder weniger stachelig; Blüten zweihäusig, klein, in Rispen, Dolden oder Trauben. Mehrere Arten liefern die in der Heilkunde bei rheumatischen und Hauterkrankungen angewendete **Sarsaparillwurzel.** Einige, auch winterharte Arten sind als Gartenkletterpflanzen beliebt.

Stechwurzelpalme: anderer Name für die ↑Stachelwurzelpalme.

Steckenkraut (Ferula): Gattung der Doldengewächse mit rund 50 Arten in den Trockengebieten Südeuropas, Nordafrikas sowie Vorder- und Zentralasiens; kahle, meist graugrüne, oft sehr hohe Stauden mit mehrfach gefiederten Blättern; Blüten gelb, in Dolden. Mehrere Arten liefern v. a. als Klebemittel und Verdikkungsmittel verwendete Gummiharze. Bekannt ist u. a. der bis 5 m hoch werdende **Riesenfenchel** (Ferula communis) aus dem Mittelmeergebiet; nicht winterharte Gartenzierpflanze.

Steckenpalme (Rutenpalme, Rhapis): Gattung der Palmen mit rund

15 Arten in Ostasien; buschig wachsende, Ausläufer bildende, kleine oder mittelgroße Palmen mit dünnen, rohrartigen Stämmen; Blätter fächerförmig, fast bis zum Grund geteilt. Einige Arten sind gut wachsende Palmen für kühle Zimmer und Wintergärten.

Steckrübe: anderer Name der ↑Kohlrübe.

Steifgras (Scleropoa): in Westeuropa und im Mittelmeergebiet heimische Gattung der Süßgräser; einjährig, mit starren, niederliegenden oder aufsteigenden Halmen und einfachen oder verzweigten Ähren; Ährchen klein, vielblütig.

Steinbeere (Felsenbeere, Rubus saxatilis): 10–30 cm hohes Rosengewächs aus der Gattung ↑Rubus; in den Gebirgen Europas und Asiens; Stauden mit ausläuferartigen, niederliegenden, stachellosen, nichtblühenden Schößlingen; Blütenstengel aufrecht, bestachelt, einjährig, mit dreizähligen Blättern und gesägten Blättchen; Blüten zu drei bis zehn in einer Rispe, klein, weiß; Früchte aus wenigen glänzend roten, fade schmeckenden Steinfrüchtchen zusammengesetzt. Die St. kommt in Deutschland in Wäldern und Gebüschen der Mittelgebirge und der Alpen vor.

Steinbrech (Saxifraga): Gattung der Steinbrechgewächse mit rund 350 Arten, überwiegend in den Hochgebirgen der arktischen und der nördlichen gemäßigten Zone und in den Anden; meist ausdauernde, häufig rasen- oder rosettenbildende Kräuter mit oft ledrigen oder fleischigen Blättern; Blüten weiß, gelb oder rötlich. In den Pyrenäen kommt das immergrüne **Porzellanblümchen** (Saxifraga umbrosa) vor: mit ledrigen Grundblättern und weißen, in der Mitte purpurfarbenen, am Grund gelb punktierten Blüten in einer Rispe; wird als wintergrüner Bodendecker gepflanzt.
Neben einer Reihe alpiner Arten kommt in Deutschland auf sandigen Wiesen der bis 40 cm hohe **Körnige St.** (Saxifraga granulata) vor: mit weißen, sternförmigen Blüten, nierenförmigen Grundblättern und kleinen unterirdischen Brutzwiebeln. – Als Topfpflanze kultiviert wird der **Judenbart** (Rankender St., Saxifraga sarmentosa): aus Ostasien; mit nierenförmigen Blättern und fadenförmigen Ausläufern; Blüten weiß, in aufrechten Rispen.

Steinbrechgewächse (Saxifragaceae): Familie der Zweikeimblättrigen mit rund 1 200 Arten in etwa 80 Gattungen, meist in den gemäßigten Gebieten; überwiegend ausdauernde Kräuter oder Sträucher, auch Bäume oder Lianen, mit meist wechselständigen, einfachen oder zusammengesetzten Blättern; Blüten überwiegend radiär, in verschiedenartigen Blütenständen; Früchte meist Kapseln. Die wichtigsten strauchigen Gattungen sind ↑Hortensie und ↑Pfeifenstrauch, die wichtigsten krautigen Gattungen sind ↑Herzblatt, ↑Steinbrech sowie als Zierpflanzen u. a. ↑Purpurglöckchen und ↑Schaumblüte.

Steineibe (Stielfruchteibe, Podocarpus): wichtigste Gattung der **Steineibengewächse** (Podocarpaceae; rund 150 Arten in sieben Gattungen) mit rund 80 Arten in den Tropen und Subtropen (überwiegend der Südhalbkugel); immergrüne Bäume, seltener Sträucher, mit breit-nadelförmigen oder auch lanzettlichen, geraden oder sichelförmig gebogenen Blättern; Blüten ein- oder zweihäusig; Samenhülle den Samen bei der Reife einschließend, daher einer „Frucht“ ähnlich. Viele Arten liefern

Nutzholz, einige Arten sind Zierpflanzen für das Kalthaus.

Steineiche (Quercus ilex): immergrüne, bis 20 m hohe Eichenart im Mittelmeergebiet; früher große Wälder bildend, heute v. a. auch in der Macchie; Blätter ledrig, meist elliptisch bis schmal-eiförmig, 3–7 cm lang, ganzrandig oder gezähnt bis stachelig gesägt, oberseits dunkelgrün, glänzend, unterseits weißfilzig; Eicheln 2–3 cm lang, vom Becher halb umgeben; Holz sehr hart.

Steinklee (Melilotus): Gattung der Schmetterlingsblütler mit rund 25 Arten im gemäßigten und subtropischen Eurasien und in Nordafrika bis Äthiopien; meist ein- oder zweijährige Kräuter, selten Halbsträucher, mit dreizählig gefiederten Blättern; Blüten gelb oder weiß, in achselständigen, oft langen, vielblütigen Trauben. In Deutschland kommen u. a. vor: der gelbblühende, nach Honig duftende, 30–100 cm hohe **Echte St.** (Meliotus officinalis); auf Schuttgelände, Äckern und an Wegen. Bis 1,5 m hoch wird der ebenfalls gelbblühende **Hohe St.** (Meliotus altissimus); in Unkrautgesellschaften und auf salzhaltigen, feuchten Böden. Weiße Blüten hat der bis 1,25 m hohe **Weiße St.** (Bucharaklee, Melilotus albus), eine Ruderalpflanze.

Steinkraut (Steinkresse, Schildkraut, Alyssum): mit rund 100 Arten in Mitteleuropa und vom Mittelmeergebiet bis Zentralasien verbreitete Gattung der Kreuzblütler; Kräuter oder Halbsträucher mit meist ganzrandigen, linealischen oder spatelförmigen Blättern; Stengel und Blätter oft mit sternförmigen Haaren besetzt, graufilzig; meist gelbe, in Trauben stehende Blüten; Schötchenfrüchte. Als Zierpflanze für den Steingarten wird das **Felsen-St.** (Alyssum saxatile) kultiviert.

Steinkresse: anderer Name für die Gattung ↑Steinkraut.

Steinlinde (Phillyrea): Gattung der Ölbaumgewächse mit vier Arten, verbreitet vom Mittelmeergebiet bis nach Kleinasien und zum Kaukasus; immergrüne Sträucher mit gegenständigen, ganzrandigen oder gezähnten Blättern; Blüten klein, weiß, wohlriechend, in achselständigen Büscheln. Die St.n gehören zu den typischen Sträuchern der Macchie.

Steinmispel: anderer Name der Gattung ↑Zwergmispel.

Steinnelke: Art der Gattung ↑Nelke.

Steinnußpalme: anderer Name der ↑Elfenbeinpalme.

Steinpilz (Eichpilz, Edelpilz, Herrenpilz, Boletus edulis): in Laub- und Nadelwäldern wachsender Ständerpilz; Hut bis 35 cm breit, anfangs weißlich, später leber-, nuß- oder schwarzbraun, gelegentlich auch grau oder rot getönt; Oberhaut glatt oder feinrunzelig, bei feuchtem Wetter etwas schmierig; Röhrchen unter dem Hut sehr fein, zuerst weiß, im Alter gelblich- bis olivgrün, leicht abtrennbar; Stiel anfangs rundlich, weiß, sehr derb, später langgestreckt, bis 30 cm lang, mit weißen, erhabenen Adern auf hellbraunem bis weißem Untergrund; Fleisch rein weiß, auch beim Anschneiden nie blau werdend, roh nußartig schmeckend; geschätzter Speisepilz. – Abb. S. 316.

Steinquitte: anderer Name der Gattung ↑Zwergmispel.

Steinraute: anderer Name für die Weiße ↑Schafgarbe.

Steinrose: anderer Name für die Behaarte ↑Alpenrose.

Steinsame (Lithospermum): mit rund 50 Arten in Eurasien sowie in Nord- und Südamerika verbreitete Gattung der Rauhblattgewächse; Kräuter, z. T. auch Halbsträucher und Sträucher, mit glocken- oder trichterförmigen Blüten in verschiedenen Farben und mit Nüßchenfrüchten. In Deutschland kommen u.a. vor: **Acker-St.** (Lithospermum arvense), bis 30 cm hoch; mit kleinen, weißen Blüten; auf Äckern und an Wegrändern; **Echter St.** (Lithospermum officinale), 30–100 cm hoch; mit grünlichgelben Blüten.

Steintäschel (Aethionema): Gattung der Kreuzblütler mit rund 40 Arten überwiegend im östlichen Mittelmeergebiet; Kräuter, Stauden oder Halbsträucher; in Deutschland (Alpen und Voralpen) nur das 30–60 cm hohe **Felsen-St.** (St. im engeren Sinne, Aethionema saxatile): mit schmalen, blaugrünen Blättern, rötlichen oder weißen Blüten und ringsum mit breiten Flügeln versehenen Schötchen. Mehrere Arten sind als Zierpflanzen für Steingärten und Trockenmauern in Kultur.

Steinweichsel: anderer Name für die ↑ Felsenkirsche.

Stellaria: wissenschaftlicher Name der Gattung ↑ Sternmiere.

Stendelwurz:

◊ (Breitkölbchen, Kuckucksblume, Waldhyazinthe, Platanthera) Gattung der Orchideen mit mehr als 50 Arten auf der Nordhalbkugel, v. a. in Nordamerika; Stauden mit ungeteilten Knollen und oft nur zwei Laubblättern; Blüten mit ungeteilter Lippe und langem Sporn; in Deutschland zwei Arten, darunter die auf moorigen Wiesen, Heiden und in lichten Laubwäldern recht häufig vorkommende **Zweiblättrige St.** (Platanthera bifolia): bis 15 cm hoch; mit weißen, in lockerer Traube stehenden, nach Hyazinthen duftenden Blüten.

◊ (Serapias) Orchideengattung mit zehn Arten im Mittelmeergebiet; Blüten meist groß, äußere Blütenhüllblätter zu einem Helm verwachsen; Lippe lang, zungenförmig.

Stengellose Eberwurz: anderer Name der Silberdistel (↑ Eberwurz).

Stengelloser Enzian: Art der Gattung ↑ Enzian.

Stengelloses Leimkraut: Art der Gattung ↑ Leimkraut.

Stengelmangold: svw. Rippenmangold (↑ Runkelrübe).

Steppenfenchel: Art der Gattung ↑ Sesel.

Steppenkerze (Steppenlilie, Lilienschweif, Eremurus): Gattung der Liliengewächse mit rund 30 Arten in den Steppen West- und Mittelasiens; Stauden mit kurzem Wurzelstock (Rhizom) und zahlreichen grundständigen, langen, linealischen Blättern; Blüten weiß, gelb oder rosafarben, glockig oder sternförmig, in langer, reichblütiger Traube an einem bis zu 3 m hohen Schaft. Mehrere Arten werden als Zierpflanzen kultiviert.

Steppenlilie: anderer Name der Gattung ↑ Steppenkerze.

Steppenraute (Peganum): Gattung der Jochblattgewächse mit sechs Arten, verbreitet von den Steppen des westlichen und östlichen Mittelmeergebiets bis in die Wüstengebiete Zentralasiens. Die bekannteste, in Südfrankreich eingebürgerte Art ist **Peganum harmala** (St. im engeren Sinne, Harmalraute, Syr. Raute), ein 30–40 cm hohes Kraut mit unregelmäßig fiederspaltigen Blättern und großen, langgestielten Blüten. Die Samen enthalten den roten Farbstoff **Alizarin,** die Samenschale enthält außerdem das Alkaloid **Harmin,** das als halluzinogenes Rauschmittel verwendet werden kann.

Sterculia: wissenschaftlicher Name der Gattung ↑ Stinkbaum.

Sterculiaceae: wissenschaftlicher Name der zweikeimblättrigen Familie ↑ Sterkuliengewächse.

Sterkuliengewächse [zu lat. stercus = Kot, Mist] (Stinkbaumgewächse, Sterculiaceae): Familie der Zweikeimblättrigen mit rund 1 000 Arten, überwiegend in den Tropen; Bäume, Sträucher oder Kräuter mit Schleimzellen oder Schleimgängen; Blätter einfach, gelappt oder gefiedert; Blüten meist in komplizierten Blütenständen; Kronblätter oft fehlend; Früchte verschieden, häufig in Teilfrüchte zerfallend. Die wichtigsten Gattungen sind ↑Stinkbaum, ↑Kakaobaum und ↑Kolabaum.

Sternanis (Illicium): einzige Gattung der Illiziumgewächse mit mehr als 40 Arten in Südostasien, Japan, im südöstlichen Nordamerika, in Westindien und Mexiko; Sträucher oder kleine Bäume mit immergrünen, durch Öldrüsen durchsichtig punktiert erscheinenden Blättern. Bekannt ist der **Echte St.** (Illicium verum), ein in Südchina und Hinterindien heimischer und kultivierter kleiner Baum mit lanzettlichen Blättern; Blüten außen rosafarben, innen rot; Blätter und Zweige duften nach Anis. Seit dem 18. Jahrhundert destilliert man das ätherische Öl **(St.öl),** das (als Ersatz für Anisöl) als Aromatikum verwendet wird. In Japan und Korea kommt der **Japanische St.** (Schikimi, Illicium anisatum) vor: Blüten grünlichgelb; Früchtchen giftig (enthalten Schikimitoxin); wird oft in Tempelhainen und Friedhöfen gepflanzt. Die Rinde wird zur Herstellung von Weihrauch verwendet.

Sternapfel: anderer Name für das Seifenbaumgewächs ↑Goldblatt.

Sternblume: anderer Name der Gattung ↑Sterndolde.

Sterndolde (Sternblume, Strenze, Astrantia): Gattung der Doldengewächse mit neun Arten in Europa und Westasien; Stauden mit meist handförmig gelappten oder eingeschnittenen Blättern; Blüten in Dolden. Von den zwei einheimischen Arten kommt die **Große St.** (Astrantia major) in Schluchtwäldern und auf Bergwiesen v. a. in Süddeutschland vor.

Sterngladiole: Art der Gattung ↑Acidanthera.

Sternkaktus (Astrophytum): Gattung der Kakteen mit vier Arten in Mexiko; flachkugelige bis zylindrische Kakteen mit oft ausgeprägten Rippen; Blüten trichterförmig, gelb beschuppt und meist wollig behaart. Beliebte und häufig kultivierte Arten sind als ↑Bischofsmütze bekannt. Acht flache Rippen hat der stachellose, flachkugelige **Seeigelkaktus** (Astrophytum asterias); Blüten gelb mit roter Mitte.

Sternmagnolie: Art der Gattung ↑Magnolie.

Sternmiere (Sternkraut, Stellaria): Gattung der Nelkengewächse mit rund 100 weltweit verbreiteten Arten; meist ausdauernde Pflanzen mit niederliegenden, aufsteigenden oder dichtrasigen, zuweilen kletternden Stengeln, meist schmalen Blättern und kleinen Blüten. Von den acht in Deutschland vorkommenden Arten ist neben der ↑Vogelmiere v. a. die **Große St.** (Stellaria holostea) verbreitet: mit vierkantigen Stengeln, sitzenden, gegenständigen, lanzettlichen Blättern und weißen Blüten; in Laubwäldern und Hecken.

Sternmoose (Mniaceae): Familie der Laubmoose mit nur wenigen Gattungen, darunter die Gattung **Mnium** mit rund 80, weltweit verbreiteten Arten. Einheimische Arten sind u. a. das auf feuchten, schattigen Waldböden wachsende, lockere Rasen bildende **Wellige Sternmoos** (Mnium undulatum) mit unverzweigten unfruchtbaren und aufrechten, an der Spitze bäumchenartig verzweigten fruchtbaren Sprossen sowie das meist dichte Rasen bildende, kalkempfindliche **Schwanenhalssternmoos** (Mnium horneum) mit unverzweigten oder nur spärlich verzweigten, meist aufrechten Sprossen.

Sternwinde (Quamoclit): Gattung der Windengewächse mit wenigen Arten in Indien und im tropischen Amerika; windende Kräuter mit herzförmigen oder fiederteiligen Blättern und roten oder gelben Blüten in wenigblütigen Dolden oder Trauben; z. T. Zierpflanzen für Wände und Spaliere.

Stiefmütterchen (Wildes St., Feld-St., Acker-St., Viola tricolor): formenreiche Sammelart der Gattung Veilchen im gemäßigten Europa und in Asien; meist auf Äckern und Wiesen; einjähriges oder ausdauerndes, 5–30 cm hohes Kraut mit aufsteigenden oder aufrechten Stengeln, eiförmigen bis lanzettlichen, gekerbten Blättern und tief fiederspaltigen Nebenblättern; Blüten gestielt, meist bunt, blauviolett, gelb und weiß, selten einfarbig gelb mit bläulichem Sporn; Frucht eine dreiklappige Kapsel. Zur Züchtung der **Garten-St.** (Pensées; mit samtartigen, ein- oder mehrfarbigen, auch gefleckten, gestreiften, geflammten oder geränderten Blüten) wurde neben dieser Art auch das **Gelbe Veilchen** (Viola lutea; mit gelben, violetten oder mehrfarbigen Blüten; auf Gebirgswiesen in Mittel- und Westeuropa) verwendet.

Stieleiche (Sommereiche, Quercus robur): im gemäßigten Europa und in Südeuropa bis zum Kaukasus verbreitete Eichenart; 30–35 m hoher Baum mit bis über 2 m dickem, oft knorrigem Stamm und unregelmäßiger, breiter Krone; Lebensdauer 500 Jahre und mehr; Rinde silbergrau, glänzend, zwischen dem 15. und 30. Jahr aufreißend und sich in eine tief längsrissige, graubraune Borke verwandelnd; Blätter in Büscheln am Ende der Triebe, kurzgestielt, unregelmäßig gebuchtet; Blüten einhäusig, ♂ Blüten in hängenden Kätzchen, ♀ Blüten rötlich und – wie die walzenförmigen, in napfartigen Fruchtbechern steckenden Früchte (Eicheln; ↑Eiche) – meist zu mehreren an langen Stielen sitzend. Die Blüten und die Früchte erscheinen erst zwischen dem 50. und 80. Lebensjahr.

Eine Gartenzierform ist die **Goldeiche** mit goldgelben Blättern. Durch Mutation entstand die sehr schmale, straff aufrecht wachsende **Pyramideneiche.**

Stielfruchteibengewächse: anderer Name der Steineibengewächse (↑Steineibe).

Stielmangold: svw. Rippenmangold (↑Runkelrübe).

Stinkandorn (Ballota): mit 25 Arten in Europa und Kleinasien bis zum Iran verbreitete Gattung der Lippenblütler; behaarte Kräuter oder Stauden mit herzförmigen, gesägten Blättern und rötlichen Blüten. Die einzige einheimische Art ist die in Hecken und auf Schuttplätzen wachsende, bis 1 m hohe, stinkende **Schwarznessel** (Ballota nigra): mit oft rot überlaufenen Stengeln und dunkellilafarbenen Blüten.

Stinkbaum (Sterculia): Gattung der Sterkuliengewächse mit rund 200 Arten in den Tropen; oft mächtige Bäume mit gefingerten, gelappten oder auch ganzrandigen Blättern und holzigen Balgfrüchten; Blätter und Blüten häufig unangenehm riechend. Einige Arten liefern Nutzholz.

Stinkbaumgewächse: anderer Name der ↑Sterkuliengewächse.

Stinkmorchel (Gichtmorchel, Leichenfinger, Aasfliegenpilz, Phallus impudicus): von Juni an in Gärten und Wäldern vorkommender Rutenpilz; Fruchtkörper in jungem Zustand als weißliches, kugel- bis eiförmiges Gebilde **(Hexenei** oder **Teufelsei)**, an derbem Myzelstrang sitzend. Bei der Reife platzt die äußere Hülle an der Spitze auf, und innerhalb weniger Stunden entsteht ein poröser, hohler, kegelförmiger Stiel von 10–20 cm Länge, auf dessen Spitze fingerhutförmig der rund 3 cm hohe Hut sitzt; dieser ist außen mit der dunkelolivfarbenen, klebrigen Sporenmasse bedeckt, die bald herabtropft und einen widerlichen, aasartigen Geruch ausströmt. Die Hexeneier sind eßbar. – Abb. S. 315.

Stipa: wissenschaftlicher Name der Süßgrasgattung ↑ Federgras.

Stockerbse: svw. Ackererbse (↑ Saaterbse).

Stockmalve (Eibisch, Althaea): Gattung der Malvengewächse mit 25 Arten im gemäßigten Eurasien; stark behaarte Kräuter oder Stauden mit handförmig geteilten Blättern und einzeln oder in Trauben stehenden, großen Blüten. Bekannte Arten: **Stockrose** (Roter Eibisch, Althaea rosea), aus dem östlichen Mittelmeergebiet; bis 3 m hoch, Blüten in bis 1 m langer Ähre; Gartenzierpflanze; **Echter Eibisch** (Althaea officinalis), eine bis 1,5 m hohe, v. a. auf salzhaltigen Böden vorkommende Staude mit weißen oder rosafarbenen Blüten. Die Wurzel **(Eibischwurzel)**, Samen, Blätter und Blüten sind Bestandteil vieler schleim- und hustenlösender Arzneimittel.

Stockrose: Art der Gattung ↑ Stockmalve.

Stockschwämmchen (Laubholzschüppling, Pholiota mutabilis): sehr häufiger, hauptsächlich im Herbst auf Laubholzstubben büschelig wachsender Lamellenpilz; Hut 3–7 cm breit, bräunlichgelb mit heller Mitte und dunklerer Randzone, in feuchtem Zustand zimtfarben; Lamellen zimtbraun, Stiel schuppig, mit hautartigem, kleinem Ring; Speisepilz.

Stoppelrübe: anderer Name der Wasserrübe (↑ Rübsen).

Storaxbaum: gleichbed. mit ↑ Styraxbaum.

Storaxbaumgewächse: svw. ↑ Styraxbaumgewächse.

Storchschnabel (Schnabelkraut, Geranium): Gattung der St.gewächse mit rund 300 Arten, überwiegend in den gemäßigten Gebieten; Kräuter oder Stauden mit gezähnten, gelappten oder geschlitzten Blättern, meist mit Nebenblättern; Blüten zu 1–2, gestielt, mit fünfblättriger Krone; Teilfrüchte mit verlängertem Fortsatz („Granne"), der sich bei der Reife spiralig zusammenrollt und dabei den Samen ausschleudert. Die häufigsten der 15 einheimischen Arten sind: das 20–50 cm hohe **Ruprechtskraut** (Stinkender St., Geranium robertianum), mit drüsig behaarten, meist blutroten Stengeln, drei- bis fünfzählig gefiederten Blättern und kleinen, rosafarbenen Blüten von widerlichem Geruch; in Wäldern, an Mauern und in Felsspalten; in Hochstaudengesellschaften Eurasiens der 30–60 cm hohe **Wald-St.** (Geranium silvaticum), mit im oberen Teil drüsig behaartem Stengel und siebenlappigen Blättern; Blüten rotviolett.

Storchschnabelgewächse (Geraniaceae): Familie der Zweikeimblättrigen mit knapp 800 Arten in 11 Gattungen, v. a. in den gemäßigten Gebieten der Erde; meist Kräuter oder Halbsträucher; Blätter mit Nebenblättern; Blüten überwiegend in achselbürtigen Blütenständen, meist radiär und fünfzählig. Die wichtigsten (auch einheimischen) Gattungen sind ↑Reiherschnabel und ↑Storchschnabel. Als Zierpflanzen bekannt sind Arten der Gattung ↑Pelargonie.

Strahlengriffel (Actinidia): Gattung der **Strahlengriffelgewächse** (Actinidiaceae; über 300 Arten in drei Gattungen) mit über 30 formenreichen Arten in Ost- und Südostasien; sommergrüne, windende Sträucher mit gesägten oder gezähnten Blättern; Blüten oft ein- oder zweihäusig, mit zahlreichen Griffeln; Früchte vielsamige Beeren. Die Früchte des **Chinesischen St.s** (Actinidia chinensis) werden als **Kiwifrüchte** (kurz **Kiwis**) oder **Chinesische Stachelbeeren** bezeichnet. Sie sind kugelig bis eiförmig, mit einer grün- bis rostbraunen, behaarten Schale und einem grünen, glasigen, saftigen Fruchtfleisch. Sie werden ebenso wie die Früchte der **Japanischen Stachelbeere** (Actinidia arguta) als Obst und zur Bereitung von Wein **(Tarawein)** verwendet. Die Japanische Stachelbeere wird v.a. in Ostasien und in der Sowjetunion, der Chinesische St. v.a. in Neuseeland kultiviert.

Strandaster: anderer Name der Salzaster (↑Aster).

Stranddistel: Art der Gattung ↑Mannstreu.

Stranddreizack: Art der Gattung ↑Dreizack.

Strandflieder: Art der Gattung ↑Widerstoß.

Strandgerste: wildwachsende Art der ↑Gerste.

Strandhafer (Helmgras, Sandrohr, Ammophila): Gattung der Süßgräser mit drei Arten an den Küsten Europas, Nordafrikas und Nordamerikas. In Deutschland einheimisch ist der **Gemeine St.** (Ammophila arenaria), eine 0,6–1 m hohe, weißlichgrüne, lange Ausläufer bildende Pflanze mit steif aufrechten Stengeln, von den Seiten her eingerollten Blättern und dichter gelber Ährenrispe; Charaktergras der Dünen an der Nord- und Ostseeküste; wird häufig zur Dünenbefestigung angepflanzt.

Strandkasuarine: Art der Gattung ↑Keulenbaum.

Strandkiefer (See-St., Pinus pinaster): 20–30 m hohe, im Mittelmeergebiet bis Griechenland und an der französischen, spanischen und portugiesischen Atlantikküste heimische, vielfach auch angepflanzte Kiefernart mit kegelförmiger Krone; Borke dick, rotbraun, rissig; Nadeln zu zweien, büschelig an den Triebenden, 10–20 cm lang, steif, glänzend grün, stechend zugespitzt; Zapfen meist zu 2 bis 4, reif hellbraun und glänzend. Die St. bildet im westlichen Mittelmeergebiet und in Westfrankreich geschlossene Bestände **(Pignadas).** Durch „Harzung" der Stämme wird Terpentin gewonnen.

Strandmilchkraut: Art der Gattung ↑Milchkraut.

Strandnelke:

◇ anderer Name der Art Strandflieder (↑Widerstoß).

◇ anderer Name der Gattung ↑Grasnelke.

Strandroggen: Art der Gattung ↑Haargerste.

Strandsimse: Art der Riedgrasgattung ↑Simse.

Strauchbirke (Niedrige Birke, Nordische Birke, Betula humilis): von Norddeutschland bis Zentralasien und im nördlichen Alpengebiet in Torfmooren vorkommende, 0,5 bis 1,5 m hohe, strauchig wachsende Birkenart mit rutenförmigen Ästen und rundlichen bis eiförmigen, unregelmäßig gesägten Blättern.

Strauchbohne (Straucherbse, Taubenerbse, Cajanus): Gattung der Schmetterlingsblütler mit der einzigen Art **Cajanus cajan** (St. im engeren Sinn; wahrscheinlich aus dem tropischen Afrika): bis 4 m hoher Halbstrauch mit gelben oder rotgelben Blüten in lockeren Trauben; Hülsen dicht behaart, mit drei bis acht erbsengroßen Samen. – Die St. wird heute fast ausschließlich in Indien angebaut. Die Samen werden als Gemüse gegessen oder getrocknet zu Mehl vermahlen.

Straucherbse: anderer Name der ↑ Strauchbohne.

Strauchpäonie: anderer Name der Strauchpfingstrose (↑ Pfingstrose).

Strauchpappel (Lavatere, Lavatera): Gattung der Malvengewächse mit rund 25 Arten, v. a. im Mittelmeergebiet; Kräuter, Sträucher oder Bäume mit meist behaarten, mehr oder weniger gelappten Blättern; Blüten einzeln, achselständig oder in endständigen Trauben, purpurrot bis blaß rosafarben. Neben der einjährigen **Sommer-St.** (Sommerlavatere, Lavatera trimestris; mit großen, rosafarbenen Blüten) wird auch die bei uns selten wild vorkommende, staudige **Thüringer St.** (Lavatera thuringiaca; mit blaßroten Blüten) als Zierpflanze kultiviert.

Strauchpfingstrose: Art der Gattung ↑ Pfingstrose.

Strauchveronika (Hebe): Gattung der Rachenblütler mit rund 140 Arten in Australien und Neuseeland; immergrüne Sträucher oder Bäume mit ledrigen Blättern und weißen oder rosafarbenen Blüten in achselständigen Trauben, Ähren oder Köpfchen. Zahlreiche Arten werden als Ziersträucher für das Kalthaus kultiviert.

Strauchweichsel: svw. Schattenmorelle (↑ Sauerkirsche).

Straußfarn (Straußenfarn, Trichterfarn, Matteuccia): Gattung der Frauenfarngewächse mit nur wenigen Arten in der nördlich gemäßigten Zone; Blätter gefiedert (Wedel), verschiedengestaltig; Fiedern der sterilen Blätter gelappt, die der sporangientragenden Blätter ganzrandig und an der Spitze eingerollt. Die einzige einheimische, geschützte Art ist der **Deutsche St.** (Matteuccia struthiopteris): mit bis 1,5 m hohen, trichterförmig um die sporangientragenden Blätter angeordneten, sterilen Blättern; an Wald- und Gebirgsbächen.

Straußgras (Agrostis): Gattung der Süßgräser mit rund 200 Arten, v. a. im gemäßigten Bereich der Nordhalbkugel und in den Gebirgen der Tropen; einjährige oder ausdauernde Gräser mit flachen oder borstenförmigen Blättern; Ährchen einblütig, meist in zierlichen, stark verzweigten, pyramiden- oder eiförmigen Rispen. Von den in Deutschland vorkommenden sechs Arten sind häufig das **Rote St.** (Agrostis tenuis; mit violetter Blütenrispe; Futtergras auf Bergwiesen und -weiden) und das ebenfalls als Futtergras geschätzte, lange oberirdische Ausläufer bildende **Weiße St.** (Flecht-St., Fuchsschmiele, Agrostis stolonifera). In den Hochgebirgen Europas ist das 20–30 cm hohe **Alpen-St.** (Agrostis alpina) verbreitet: mit unterirdisch kriechenden, knieartig aufsteigenden Stengeln und oft schwarzvioletten Ährchen. Das ebenfalls heimische, bis 1,5 m hohe **Fioringras** (Großes St., Agrostis gigantea) wird häufig als Rasengras verwendet.

Streifenfarn (Asplenium): weltweit verbreitete Gattung der Streifenfarngewächse mit rund 700, teilweise epiphytisch lebenden Arten; Blätter einfach, gefiedert oder geteilt, gabelnervig. Von den elf einheimischen Arten sind am bekanntesten der **Braune St.** (Asplenium trichomanes; mit schwarzbraunen Blattstielen) und der auf Kalkfelsen der Alpen vorkommende **Grüne St.** (Asplenium viride; mit grünen Blattstielen). Auf Bäumen in den Tropen wächst der **Nestfarn** (Asplenium nidus): mit trichterförmig gestellten, großen, lanzettlichen, pergamentartigen Blättern. Zahlreiche Arten werden als Zierpflanzen kultiviert.

Streifenfarngewächse (Aspleniaceae): Familie der Farne mit neun Gattungen und rund 1000 Arten. Charakteristisch sind die streifenförmig angeordneten, den Seitenadern folgenden Sporensammlungen (Sori). Wichtige Gattungen sind ↑Streifenfarn und ↑Hirschzunge.

Strelitzie (Strelitzia) [nach Charlotte Sophia, Prinzessin von Mecklenburg-Strelitz, * 1744, † 1818]: Gattung der Bananengewächse mit vier Arten in Südafrika; bis 5 m hohe, am Grunde verholzende Gewächse mit sehr großen, ledrigen, länglich-eiförmigen oder lanzettlichen Blättern; Blüten prächtig, weiß und blau, von einer kahnförmigen, rötlichen oder grünen Spatha umgeben; vogelblütig; Frucht eine vielsamige Kapsel. Die bekannteste Art ist die **Paradiesvogelblume** (Papageienblume, Strelitzia reginae): äußere Blütenhüllblätter orangefarben, die inneren zu einem blauen, die Staubblätter und den Griffel einschließenden, pfeilförmigen Organ umgebildet; beliebte Schnittblume. – Abb. S. 159.

Streptocarpus: wissenschaftlicher Name der Gattung ↑Drehfrucht.

Strobe: anderer Name der ↑Weymouthskiefer.

Strobilanthes [zu griech. stróbilos = Kreisel, Wirbel und griech. ánthos = Blüte, Blume]: Gattung der Akanthusgewächse mit rund 200 Arten im tropischen Asien und auf Madagaskar; Sträucher oder Halbsträucher mit oft bunten Blättern und violetten, blauen oder weißen Blüten in dichten Ähren. Einige Arten sind Zierpflanzen für das Warmhaus.

Strohblume (Helichrysum): Gattung der Korbblütler mit rund 500 weltweit (außer in Amerika) verbreiteten Arten; Kräuter, Halbsträucher oder Sträucher mit ganzrandigen Blättern; Blütenköpfchen einzeln oder doldentraubig; Hüllblätter mehrreihig, dachziegelartig angeordnet, trockenhäutig, oft gefärbt. Auf meist trockenen Sandböden im östlichen und mittleren Europa heimisch ist die 10–30 cm hohe **Sand-St.** (Sonnengold, Helichrysum arenarium): weißwollig-filzig behaart; mit gelborangefarbenen, kugeligen, 6–7 cm großen Blütenköpfchen in dichten, endständigen Doldentrauben; zahlreiche gold- oder zitronengelbe, trokkenhäutige Hüllblätter. Die Sand-St. und v. a. die in Australien heimische **Garten-St.** (Helichrysum bracteatum; mit bis 8 cm breiten Köpfchen und verschiedenfarbigen Hüllblättern) werden zur Verwendung als Trockenblumen kultiviert.

Stromanthe [griech. strõma = Streu, Lager, Decke und griech. ánthos = Blüte, Blume]: Gattung der Marantengewächse mit 13 Arten im tropischen Südamerika; Stauden mit großen, länglich-eiförmigen oder lanzettlichen, bunten Blättern und großen Blütenständen mit lebhaft gefärbten Tragblättern. Zwei Arten sind Zierpflanzen für das Warmhaus.

Strophanthus [griech. strophḗ = das Drehen, Wenden und griech. ánthos = Blüte, Blume (nach den gedrehten Enden der Kronblätter)]:

Gattung der Hundsgiftgewächse mit 50 Arten in den tropischen Gebieten Afrikas und Asiens; Lianen mit endständigen, glockenförmigen Blüten und aus je zwei Teilfrüchten bestehenden Balgfrüchten, die zahlreiche, mit einem federartigen Flugapparat versehene Samen enthalten. Die Samen (v.a. der Arten **St. gratus** und **St. kombe**) enthalten giftige, herzwirksame Glykoside **(Strophanthine).** Zur Gewinnung des pharmazeutisch besonders bedeutenden **g-Strophanthins** wird St. gratus angebaut.

Stropharia: wissenschaftlicher Name der Pilzgattung ↑Träuschling.

Strychnos [aus dem griech. Pflanzennamen strýchnos]: Gattung der Loganiengewächse mit rund 150 Arten in den Tropen; Bäume, Sträucher oder Lianen mit häutigen oder ledrigen, drei- bis fünfnervigen Blättern; Blüten radiär, in Trugdolden oder Trauben stehend; Beerenfrüchte. Zur Gattung St. gehören zahlreiche durch Alkaloide giftige Arten, z.B. der ↑Brechnußbaum, aus dessen Samen das giftige Alkaloid **Strychnin** gewonnen wird. Mehrere in Südamerika heimische Arten, z.B. **St. toxifera,** liefern das Pfeilgift (bei südamerikanischen Indianern) **Curare,** das in der Medizin zur Herabsetzung des Muskeltonus bei chirurgischen Eingriffen verwendet wird (lähmt die motorischen Nerven). Aus der Rinde afrikanischer Arten werden ebenfalls Pfeilgifte hergestellt.

Studentenblume: anderer Name der ↑Sammetblume.

Studentenröschen: anderer Name des Steinbrechgewächses Sumpfherzblatt (↑Herzblatt).

Stummelfußartige Pilze (Krüppelfußartige Pilze, Crepidotaceae): Familie der Blätterpilze mit mehreren Gattungen, darunter die in Mitteleuropa mit rund 25 Arten vorkommende Gattung **Stummelfüßchen** (Crepidotus); meist kleine Pilze mit kurz- oder ungestieltem Fruchtkörper, die auf Holz, Pflanzenresten oder Moosen (selten auf der Erde) wachsen.

Stumpfdeckelmoose (Amblystegiaceae): Familie der Laubmoose mit 15 Gattungen und rund 240 Arten in den gemäßigten Zonen der Nord- und Südhalbkugel und in tropischen Hochgebirgen; auf Grund der überwiegend zweizeiligen Verzweigung und Beblätterung fiederblattähnliches Aussehen; Sporenkapsel mit stumpfkegelförmigem Deckel. Bekannte heimische Gattungen sind das mit vier Arten vertretene **Stumpfdeckelmoos** (Amblystegium) und das in Sümpfen und auf feuchten Wiesen vorkommende **Spießmoos** (Acrocladium) mit zugespitzten Stämmchen.

Sturmhut: anderer Name der Gattung ↑Eisenhut.

Styracaceae: wissenschaftlicher Name der ↑Styraxbaumgewächse.

Styrax [griech.]: Kurzbez. für: ↑Styraxbaum.

Styraxbaum (Storaxbaum, Styrax): Gattung der St.gewächse mit rund 100 Arten in den Tropen und Subtropen (mit Ausnahme Afrikas); immergrüne oder laubabwerfende Sträucher oder Bäume, deren Zweige und Blätter mit sternförmigen Haaren besetzt sind; Blüten weiß, einzeln, achselständig oder in endständigen Trauben. Bekannte Arten sind der ↑Benzoebaum und der **Echte St.** (Styrax officinalis), letzterer ein in Südeuropa und Kleinasien beheimateter kleiner Baum; aus ihm wurde schon in der Antike durch Einschneiden der Rinde das wohlriechende Balsamharz **Storax** (Räuchermittel, Antiseptikum, Inhalationsmittel; Parfümzusatz) gewonnen.

Styraxbaumgewächse (Storaxbaumgewächse, Styracaceae): Familie der Zweikeimblättrigen mit rund 150 Arten in 11 Gattungen im Mittelmeergebiet, in Süd- und Ostasien sowie im subtropischen und tropischen Amerika; immer- oder sommergrüne Bäume oder Sträucher mit einfachen Blättern und glockenförmigen, häufig in Trauben oder Rispen stehenden Blüten mit meist fünfzähliger Krone. Die wichtigsten Gattungen sind ↑Styraxbaum und ↑Schneeglöckchenbaum.

Substanzrüben: Bez. für bestimmte Sorten der Gemeinen Runkelrübe (↑Runkelrübe).

Südbuche: anderer Name der Gattung ↑Scheinbuche.

Sumach [aus arab. summāq] (Rhus): Gattung der Anakardiengewächse mit rund 60 Arten im gemäßigten Asien, im Mittelmeergebiet und in Nordamerika; sommer- oder immergrüne Bäume oder Sträucher, z.T. kletternd; Blätter dreizählig oder unpaarig gefiedert; Blüten meist unscheinbar, in achsel- oder endständigen Rispen; mit kleiner, trockener Steinfrucht. Viele Arten sind giftig. Als Ziergehölz wird u.a. der ↑Hirschkolbensumach angepflanzt. – Der **Sizilianische S.** wurde seit der Antike vielfach verwendet: Die Blätter dienten zum Gerben von Leder und als Haarfärbemittel, die Rinde zum Färben von Wolle; die Früchte wurden als Gewürz verwendet. Die Blätter und jungen Triebe dienen heute noch zum Gerben von Feinledern.

Sumachgewächse: anderer Name der ↑Anakardiengewächse.

Sumpfbärlapp (Lepidotis): Gattung der Bärlappgewächse mit der geschützten einheimischen Art **Lepidotis inundata** (S. im engeren Sinne) auf Hochmoorböden; Kriechsproß 2–10 cm lang, sich dann aufrichtend und einschließlich Sporangienähre 4 bis 8 cm lang.

Sumpfbinse: anderer Name der Riedgrasgattung ↑Sumpfried.

Sumpfblume (Limnanthes): Gattung der **Sumpfblumengewächse** (Limnanthaceae; acht Arten, v.a. Sumpfpflanzen, in zwei Gattungen) mit sieben Arten im westl. Nordamerika; einjährige, niederliegende Kräuter mit wechselständigen, fiederteiligen Blättern; Blüten einzeln, achselständig, fünfzählig. Die als Sommerblume kultivierte Art **Limnanthes douglasii** (S. im engeren Sinn) aus Kalifornien hat dreizählige oder fiederteilige, etwas fleischige Blätter sowie zahlreiche gelbe, duftende Blüten.

Sumpfbrunnenkresse: anderer Name der Echten ↑Brunnenkresse.

Sumpfdotterblume: Art der Gattung ↑Dotterblume.

Sumpfdreizack: Art der Gattung ↑Dreizack.

Sumpfeibe: anderer Name der Gattung ↑Sumpfzypresse.

Sumpfenzian: Art der Gattung ↑Tarant.

Sumpffreund (Limnophila): Gattung der Rachenblütler mit rund 40 Arten in Ostafrika, Südasien und Australien; teilweise untergetaucht lebende Wasserpflanzen; interessante Aquarienpflanzen.

Sumpfglanzkraut: Art der Orchideengattung ↑Glanzkraut.

Sumpfhelmkraut: Art der Gattung ↑Helmkraut.

Sumpfherzblatt: Art der Gattung ↑Herzblatt.

Sumpfkiefer (Pinus palustris): 25–30 m hohe Kiefer in den südöstlichen USA; Borke rötlichbraun, tief gefurcht; Nadeln meist zu dreien am Kurztrieb, durchschnittlich 30 cm lang; Zapfen zylindrisch, 15–20 cm lang. Die S. ist außer als Lieferant von Kolophonium und Terpentin v.a. wegen des wertvollen Holzes **(Pitchpine)** wirtschaftlich bedeutend; in Deutschland nicht winterhart.

Sumpfklee: anderer Name der Gattung ↑Fieberklee.

Sumpfkresse (Rorippa): Gattung der Kreuzblütler mit fünf einheimischen Arten; Kräuter oder Stauden mit fiederteiligen oder einfachen Blättern und gelben Blüten; auf feuchten Wiesen.

Sumpfläusekraut: Art der Gattung ↑Läusekraut.

Sumpflilien (Alismatidae, Helobiae): Unterklasse der Einkeimblättrigen mit über 400 weltweit verbreiteten Arten in neun Familien; ausschließlich Wasser- und Sumpfpflanzen. Zu den S. gehören u.a. die Froschlöffel-, Schwanenblumen-, Froschbiß-, Blumenbinsen-, Wasserähren-, Laichkraut- und Nixenkrautgewächse sowie die einzigen vollständig marinen Samenpflanzen (↑Seegras [Zostera]).

Sumpfporst: Art der Gattung ↑Porst.

Sumpfquendel (Peplis): Gattung der Weiderichgewächse mit drei Arten in den gemäßigten Gebieten der Nordhalbkugel. Die einzige einheimische Art ist der einjährige **Gewöhnliche S.** (Peplis portula): mit niederliegenden, 5–30 cm langen, roten Stengeln, gegenständigen, eiförmigen Blättern und rötlichweißen, kleinen Blüten; auf feuchten Böden an Ufern und auf Äckern.

Sumpfreis: kultivierte Form des Reises (↑Reis).

Sumpfried (Sumpfsimse, Sumpfbinse, Eleocharis): weltweit verbreitete Gattung der Riedgräser mit über 100 Arten; meist ausdauernde Pflanzen mit gefurchten Stengeln und endständigen, mehrblütigen Ährchen. Die bekanntesten Arten sind die ↑Nadelsimse und das in Verlandungszonen und Flachmooren vorkommende **Gemeine S.** (Eleocharis palustris): mit 8–60 cm hohen, dünnen Halmen und einem einzigen, 5–20 cm langen, braunen Ährchen.

Sumpfrosmarin: anderer Name der Gattung ↑Rosmarinheide.

Sumpfschraube: anderer Name der ↑Wasserschraube.

Sumpfschwertlilie: Art der Gattung ↑Schwertlilie.

Sumpfsiegwurz: Art der Gattung ↑Siegwurz.

Sumpfsimse: anderer Name der Gattung ↑Sumpfried.

Sumpfwurz:

◊ (Stendelwurz, Sitter, Epipactis) Orchideengattung mit rund 20 Arten in den gemäßigten Gebieten der Nordhalbkugel; Blüten mit ungespornter Lippe und rötlichen oder grünlichen Blütenhüllblättern. Die bekannteste einheimische Art ist die auf Sumpfwiesen vorkommende, 20–50 cm hohe, geschützte **Echte S.** (Weiße S., Epipactis palustris): Blüten mit rötlichbraunen Hüllblättern und weißer, rot geäderter Lippe in lockerer, nach einer Seite gewendeter Traube.

◊ anderer Name für das Aronstabgewächs ↑Drachenwurz.

Sumpfzeder: anderer Name der ↑Sumpfzypresse.

Sumpfzypresse (Sumpfzeder, Sumpfeibe, Taxodium): Gattung der Sumpfzypressengewächse mit drei Arten im südlichen Nordamerika einschließlich Mexiko; hohe Bäume mit nadelförmigen Blättern, die zusammen mit den Kurztrieben im Herbst, bei der halbimmergrünen **Mexikanischen S.** (Taxodium mucronatum) erst nach mehreren Jahren abgeworfen werden; Blüten einhäusig. Die wichtigste Art ist **Taxodium**

distichum (S. im engeren Sinne), ein Charakterbaum der Sümpfe und Flußufer des südöstlichen Nordamerika: 30–50 m hoch, mit schmal-kegelförmiger Krone; Äste waagerecht abstehend; Nadeln 10–17 mm lang, hellgrün; Stamm mit knieförmigen Atemwurzeln. – Die Gattung S. war vor rund 50 Mill. Jahren (im Tertiär) auch in Mitteleuropa verbreitet und bildet einen wichtigen Bestandteil der Braunkohle.

Sumpfzypressengewächse (Taxodiaceae): Familie der Nadelhölzer mit 15 Arten in acht Reliktgattungen im südlichen Nordamerika (einschließlich Mexiko), Ostasien sowie auf Tasmanien; meist große Bäume mit schuppen-, nadel- oder sichelförmigen Blättern. Die heutigen S. sind die Reste einer in der Kreidezeit und im Tertiär formenreich vertretenen und weit verbreiteten Gruppe. Die wichtigsten Gattungen sind ↑Mammutbaum, ↑Metasequoia, ↑Japanzeder, ↑Spießtanne, ↑Schirmtanne und ↑Sumpfzypresse.

Sunnhanf [von sanskr. śaṇa] (Bengalhanf, Bombayhanf, Crotalaria juncea): in Südasien heimischer Schmetterlingsblütler der Gattung Klapperhülse; einjähriges, bis 3 m hohes Kraut, das v. a. in Indien als Faserpflanze angebaut wird. Die Fasern werden zu Seilen, Netzen und Säcken, aber auch (wegen ihres hohen Zellulosegehalts) zu Seiden- und Zigarettenpapier verarbeitet.

Süntelbuche (Fagus sylvatica ssp. suenteliensis): Rasse der Rotbuche mit stark gedrehten, in kleinen Bogen und Windungen verlaufenden, z. T. dem Boden anliegenden Ästen und Stämmen; Krone breiter als hoch; natürliche (durch Mutation entstandene) Vorkommen im Süntel (Bergzug im Weserbergland); wird als Parkbaum angepflanzt.

Surenbaum:
◊ anderer Name der Gattung ↑Cecropia.
◊ (Toona) Gattung der Zedrachgewächse mit 15 Arten in Ost- und Südostasien sowie in Australien; Bäume mit gefiederten Blättern, kleinen, in endständigen Rispen stehenden Blüten und Kapselfrüchten. Der 20–25 m hohe **Chinesische S.** (Toona sinensis) mit cremeweißen, duftenden Blüten wird als winterharter Parkbaum gepflanzt.

Süßdolde (Myrrhis): Gattung der Doldengewächse mit der einzigen Art **Duftende S.** (Myrrhis odorata) in den Gebirgen Europas: bis 1,2 m hohe, behaarte, nach Anis duftende Staude mit zwei- bis dreifach gefiederten Blättern und weißen Blüten; als Gewürz- und Gemüsepflanze angebaut.

Süßgras: anderer Name der Grasgattung ↑Schwaden.

Süßgräser: systematische Bez. für die in der Gemeinsprache ↑Gräser genannte Familie Gramineae der Einkeimblättrigen.

Süßholzstrauch (Glycyrrhiza): Gattung der Schmetterlingsblütler mit rund 15 Arten im Mittelmeergebiet, im gemäßigten und subtropischen Asien sowie vereinzelt im gemäßigten Nord- und Südamerika und in Australien; oft mit Drüsenhaaren besetzte Kräuter oder Halbsträucher mit unpaarig gefiederten Blättern und weißen, gelben, blauen oder violetten Blüten in achselständigen Trauben oder Ähren; Frucht eine Gliederfrucht. – Die im Mittelmeergebiet beheimatete Art **Glycyrrhiza glabra** ist eine Ausläufer treibende Staude mit bis 1,5 m hohen Stengeln und lilafarbenen Blüten in Trauben. Sie liefert das hauptsächlich zur Gewinnung von Lakritze verwendete **Süßholz (Lakritzenwur-**

zel) und wird in Südeuropa und Südrußland angebaut.

Süßkartoffel: anderer Name der ↑Batate.

Süßkirsche:

◇ Bez. für die zahlreichen Sorten der ↑Vogelkirsche, die in die Kulturformen Herz- und Knorpelkirsche untergliedert werden. Die **Herzkirsche** (Prunus avium var. juliana) hat größere Blätter und größere Früchte als die Wildform. Das Fruchtfleisch ist weich, saftig und meist schwärzlich. Die **Knorpelkirsche** (Prunus avium var. duracina) hat schwarzrote bis gelbe Früchte mit festem, hartem Fruchtfleisch.

Geschichte: Durch Ausgrabungen ist die Verwendung der S. seit der Jungsteinzeit in fast ganz Europa nachgewiesen. Kultiviert wurde sie wahrscheinlich schon im 4. Jahrhundert v. Chr. in Kleinasien. Diese veredelte Sorte wurde von den Römern nach Mitteleuropa gebracht.

◇ anderer Name der ↑Vogelkirsche.

Süßklee (Hedysarum): Gattung der Schmetterlingsblütler mit über 150 Arten in der nördlichen gemäßigten Zone, v. a. im Mittelmeergebiet und in Zentralasien; meist Stauden oder Halbsträucher mit kahlen oder behaarten Sprossen; Blätter unpaarig gefiedert; Blüten purpurfarben, weiß oder gelb, in achselständigen Trauben. – In Mitteleuropa als Zierpflanze kultiviert wird der **Hahnenkamm** (Spanische Esparsette, Hedysarum coronarium); bis über 1 m hohe Staude, Blütenähren dichtblütig, mit aufrechten, großen, leuchtend purpurroten Blüten.

Süßlupinen: Zuchtformen der ↑Lupine.

Süßsack: anderer Name des Zimtapfels (↑Annone).

Süßweichsel: anderer Name der Morelle (↑Sauerkirsche).

Swertia: wissenschaftlicher Name der Gattung ↑Tarant.

Swietenia [nach dem österr. Mediziner niederl. Herkunft G. van Swieten, * 1700, † Wien]: Gattung der Zedrachgewächse mit fünf Arten im tropischen Amerika; ausschließlich Bäume mit gefiederten, wechselständigen Blättern. Die wirtschaftlich bedeutendsten Arten sind die bis 40 m hohe Art **S. mahagoni** und die etwas kleinere Art **S. macrophylla.** Beide liefern das echte **Mahagoniholz** (Furnier-, Ausgestaltungs- und Konstruktionsholz).

Sykomore: anderer Name für den ↑Maulbeerfeigenbaum.

Symphoricarpos: wissenschaftlicher Name der Gattung ↑Schneebeere.

Symphytum: wissenschaftlicher Name der Gattung ↑Beinwell.

Syringa: wissenschaftlicher Name der Gattung ↑Flieder.

Syrische Raute: Art der Gattung ↑Steppenraute.

Syzygium [zu griech. sýzygos = verbunden (mit Bezug auf die zu einer Haube verwachsenen Blumenblätter)]: Gattung der Myrtengewächse mit rund 100 Arten im tropischen Afrika, Asien, in Australien und auf Hawaii; immergrüne Bäume oder Sträucher mit länglich-eiförmigen Blättern und weißen oder roten, in Trugdolden stehenden Blüten. Die wichtigste Art ist der ↑Gewürznelkenbaum. Einige andere Arten liefern Obst **(Jambuse, Jambose),** v. a. Syzygium jambos **(Rosenapfel)** und Syzygium cumini **(Wachsjambuse, Jambolanapflaume).**

Szilla [aus lat. scilla, von griech. skílla = Meerzwiebel] (Blaustern, Scilla): Gattung der Liliengewächse mit rund 100 Arten in Europa, im gemäßigten Asien und in den tropischen Gebirgen Asiens und Afrikas;

bis 30 cm hohe Stauden mit grundständigen, linealischen oder länglich-eiförmigen Blättern und stern- oder glockenförmigen, blauen, rosa- oder purpurfarbenen, in Trauben stehenden Blüten. Einige Arten sind beliebte Gartenzierpflanzen, u. a. das **Hasenglöckchen** (Scilla nonscripta): mit zahlreichen blauen, weißen, roten oder rosafarbenen Blütenglöckchen in überhängender Traube.

T

Tabak [von span. tabaco, vielleicht karibischen Ursprungs] (Nicotiana): Gattung der Nachtschattengewächse mit rund 100 Arten, v. a. im tropischen und subtropischen Amerika, wenige Arten auch auf den Sundainseln, den Pazifischen Inseln und in Australien; meist Kräuter mit großen, einfachen, oft drüsig behaarten Blättern und in endständigen Trauben oder Rispen stehenden, weißen, gelben, roten oder rosafarbenen, oft stark duftenden Blüten mit langröhriger oder glockiger Krone. Die beiden wirtschaftlich bedeutendsten Arten sind der **Virginische T.** (Nicotiana tabacum), ein bis 3 m hohes Kraut mit lanzettlich zugespitzten Blättern und rosafarbenen Blüten, und der bis 1,2 m hohe **Bauern-T.** (Machorka, Nicotiana rustica) mit rundlich-eiförmigen Blättern und grünlichgelben Blüten. Einige Arten werden als Zierpflanzen kultiviert. Alle T.arten enthalten in allen Teilen (mit Ausnahme der reifen Samen) das Alkaloid **Nikotin** und einige weitere Alkaloide.

Zur *T.gewinnung* wird der Virginische T. heute in zahlreichen, nach Klima- und Bodenansprüchen sehr unterschiedlicher, meist nach ihrem Anbaugebiet benannten Sorten (z. B. Virginia-, Orient-, Burley-, Kentucky-, Havanna-, Sumatra-, Brasil-T.e, die jeweils zur Herstellung bestimmter T.erzeugnisse verwendet werden) von den Tropen bis in die gemäßigten Zonen (38° südlicher Breite bis 56° nördlicher Breite) angebaut. In der BR Deutschland findet sich T.anbau v. a. in der Vorderpfalz, im Hessischen Ried, im Kraichgau, in der Ortenau sowie in Franken. Bauern-T. wird in der UdSSR und in Polen (sowie in den USA zur Nikotingewinnung) kultiviert. Der frostempfindliche T. benötigt gut durchlüftete Böden und beansprucht 500–1 000 mm Jahresniederschläge.

Zur Gewinnung von Rauch-T. werden die Pflanzen sechs bis acht Wochen nach der Aussaat (vielfach maschinell) ausgepflanzt (20 000 bis 100 000 Pflanzen je Hektar). Die *Blatternte* findet etwa 60–65 Tage nach dem Auspflanzen zeitlich gestaffelt in Abständen von 10–20 Tagen (4–5 Tage bei Zigarren-T.en) für die einzelnen Blattqualitäten statt.

Nach der Ernte werden die Blätter nach Länge, Farbe und Schadbild sortiert, auf Fäden aufgezogen (sog. **Bandolieren**) oder wie Ganzpflanzen in Lattenrahmen geklemmt und getrocknet. Die fertig getrockneten Blätter (Wassergehalt 18–20 %) werden nachsortiert und in Büscheln zusammengelegt; diese werden zu Bal-

len gepreßt und mit Jute umhüllt als **Roh-T.** zur Weiterverarbeitung der T.industrie zugeführt.
Verwendung findet der T. als **Rauch-T.** für Zigaretten und Zigarren, als **Schnupftabak** und als **Kau-T.** (Priem).
T.genuß verursacht v.a. Durchblutungsstörungen, Schäden des Magen-Darm-Kanals und der Lunge und kann Krebs, v.a. in der Lunge und im Bereich der Mundhöhle und des Kehlkopfs, hervorrufen.
Krankheiten der T.pflanze, die wirtschaftliche Schäden verursachen, sind verschiedene Virosen (v.a. Tabakmosaik) und Pilzkrankheiten (v.a. Blauschimmel).
Die Hauptanbauländer für T. sind China, USA, Indien und Brasilien.

Geschichte: Nach Europa gelangten die ersten Nachrichten über den T. durch Begleiter des Kolumbus, nachdem sie T. rauchende Indianer gesehen hatten. Als „Tabaco" wurde zunächst die von den Indianern zum Rauchen benutzte Röhre bezeichnet. Von den nordamerikanischen Indianern wurde der T. in der Pfeife geraucht, von den südamerikanischen Indianern auch geschnupft und gekaut. Der T.genuß diente v.a. kultischen Zwecken. – Samen und Pflanzen wurden zuerst durch F. Hernández de Toledo, den Leibarzt König Philipps II., nach Spanien gebracht, wo der T. v.a. als Zierpflanze kultiviert wurde. Der französische Gesandte in Portugal, Jean Nicot, schickte 1560 T.samen nach Paris, wo in der Folgezeit am Hof das Schnupfen in Mode kam. – T.rauchen wurde um 1570 bei niederländischen Seeleuten üblich, 1586 machte es Sir W. Raleigh in England bekannt. Im Dreißigjährigen Krieg verbreiteten schwedische Soldaten das Rauchen in Europa. Anbau und Genuß von T. wurde in vielen Ländern verboten, im Osmanischen Reich sogar mit dem Tode bestraft. Das Pfeiferauchen, Schnupfen und T.kauen breitete sich im 18. Jahrhundert trotzdem weiter aus. Rauchen auf der Straße blieb allerdings in Deutschland bis zum Jahre 1848 verboten.

Tabakswürger (Hanfwürger, Hanftod, Orobanche ramosa): bis 40 cm hohe Art der Gattung Sommerwurz; als Parasit auf Hanf, Tabak, Kartoffel, Tomate; Stengel gelblichweiß, oft blau überlaufen; Blüten meist bläulich.

Tacca [malai.]: Gattung der **T.gewächse** (Taccaceae; Familie einkeimblättriger Pflanzen) mit rund 30 Arten in der malesischen Florenregion, im tropischen Afrika und in Südamerika; Stauden mit großen, gestielten Blättern und in Scheindolden stehenden Blüten. Die 100–350 g schweren, rund 30% Stärke enthaltenden Sproßknollen der in den Tropen vielfach angebauten Art **Tacca leontopetaloides** mit ihren langgestielten, fingerartig geteilten Blättern liefern **T.stärke (Tahiti-Arrowroot, Williams-Arrowroot)** oder werden gekocht gegessen.

Taccaceae: wissenschaftlicher Name der Taccagewächse (↑ Tacca).

Taccagewächse ↑ Tacca.

Tagetes: wissenschaftlicher Name der Gattung ↑ Sammetblume.

Taglichtnelke: Art der Gattung ↑ Nachtnelke.

Taglilie (Hemerocallis): Gattung der Liliengewächse mit 16 Arten in Südeuropa und im gemäßigten Asien; Stauden mit grundständigen, linealischen Blättern und großen, trichterförmigen, gelben oder orangefarbenen, nur einen Tag lang geöffneten Blüten. Zahlreiche Arten sind Gartenzierpflanzen.

Tahitiapfel (Goldpflaume, Süße Balsampflaume, Spondias cytherea): in den Tropen in mehreren Varietäten kultivierte Art der ↑Balsampflaume; Bäume mit gefiederten Blättern und eßbaren, goldgelben, säuerlich-aromatisch schmeckenden, pflaumen- bis apfelgroßen Früchten.

Talgholzbaum (Eucalyptus microcorys): in Ostaustralien heimische und im tropischen Asien, in Ost- und Südafrika forstlich kultivierte Eukalyptusart. Der T. liefert das harte, dauerhafte, ölhaltige **Tallowholz** für Pflasterungen.

Talipotpalme: Art der Palmengattung ↑Schopfpalme.

Tamarack (Amerikanische Lärche, Larix laricina): in Nordamerika heimische, bis 20 m hoch werdende Lärchenart mit schmalkegelförmiger Krone; Nadeln zu 12–30 am Kurztrieb, 2–3 cm lang, hellgrün; Zapfen sehr klein; schöner, aber selten angepflanzter Parkbaum.

Tamaricaceae: wissenschaftlicher Name der ↑Tamariskengewächse.

Tamarinde (Tamarindus) [aus mlat. tamarinda, von arab. tamr hindīy, eigtl. = indische Dattel]: Gattung der Caesalpiniengewächse mit der einzigen, vermutlich im tropischen Afrika heimischen Art **Tamarindus indica:** bis 25 m hoher und bis 8 m Stammumfang erreichender Baum mit immergrünen Blättern; Blüten gelblich, rot gezeichnet, in endständigen Trauben; 15–20 cm lange, schotenartige Früchte mit breiig-faserigem Fruchtfleisch, das zu Heilzwecken (als Abführmittel), aber auch als Nahrungsmittel Verwendung findet. Die T. wird heute als Zier- oder Nutzpflanze vielfach in den Tropen und Subtropen kultiviert.

Tamariske [aus gleichbed. lat. tamarix (vulgärlat. tamariscus)] (Tamarix): Gattung der Tamariskengewächse mit rund 80 Arten, verbreitet vom Mittelmeergebiet bis Ostasien und in Südafrika; Sträucher oder Bäume mit schuppenförmigen Blättern und kleinen, rosafarbenen, in Trauben stehenden Blüten. Einige Arten werden als winterharte Ziergehölze kultiviert. Die durch Insekten verursachten Gallen und die gerbstoffreiche Rinde einiger vorderasiatischer Arten werden zum Gerben benutzt. T.n sind in Steppen und Wüsten Grundwasseranzeiger.

Tamariskengewächse (Tamaricaceae): Familie der Zweikeimblättrigen mit vier Gattungen und rund 100 Arten in Mittel- und Südeuropa, im gemäßigten Asien und in Afrika; kleine Bäume, Sträucher oder Stauden mit schuppenartigen, häufig mit Salzdrüsen versehenen Blättern; Blüten einzeln oder in Trauben stehend; v. a. in Steppen- und Wüstengebieten sowie auf salzhaltigen Böden verbreitet. Die bekannteste Gattung ist ↑Tamariske.

Tamarix: wissenschaftlicher Name der Gattung ↑Tamariske.

Tamus: wissenschaftlicher Name der Gattung ↑Schmerwurz.

Tang: Kurzbez. für: ↑Seetang.

Tangelos: Südfrüchte (↑Mandarinenbaum).

Tanne (Abies): Gattung der Kieferngewächse mit rund 40 Arten in den außertropischen Gebieten, v. a. in den Gebirgen der Nordhalbkugel; immergrüne, meist pyramidenförmig wachsende, bis 80 m Höhe erreichende Bäume mit nadelförmigen bis schmallinealischen, zerstreut oder zweizeilig stehenden Blättern, unterseits meist mit zwei weißlichen Wachsstreifen; Zapfen aufrecht, bei der Reife zerfallend, mit oft langen, schmalen Deck- und breiten, holzigen Samenschuppen; Samen einseitig geflügelt. – Wichtige Waldbäume sind u.a. ↑Weißtanne (bedeutender Holzlieferant), ↑Balsamtanne, ↑Nordmannstanne und ↑Nikkotanne.

Tännel (Elatine): weltweit verbreitete Gattung der T.gewächse mit zwölf Arten, davon vier in Deutschland; meist einjährige Sumpf- und Wasserpflanzen mit quirl- oder gegenständigen Blättern mit Nebenblättern und grünlich- oder rötlichweißen Blüten; Landformen nur wenige Zentimeter hoch, Wasserformen 15–50 cm lang.

Tännelgewächse (Elatinaceae): Familie der Zweikeimblättrigen mit knapp 50 weltweit verbreiteten Arten in zwei Gattungen; Halbsträucher oder Kräuter, oft Wasserpflanzen (z. B. die Gattung ↑Tännel); mit achselständigen Blüten.

Tännelkraut (Kickxia): in Europa und vom Mittelmeergebiet bis Nordwestindien verbreitete Gattung der Rachenblütler mit rund 30 Arten. Im südlichen Deutschland kommt in Getreideunkrautgesellschaften das **Echte T.** (Kickxia elatine) vor, eine einjährige Pflanze mit dünnen, niederliegenden Stengeln und hellgelben Blüten.

Tannenbärlapp (Teufelsklaue, Huperzia): Gattung der Bärlappgewächse mit mehreren Arten; ausdauernde Pflanzen mit gabelig verzweigten Sprossen; Sporangien in der Achsel von Laubblättern, Sporophylle daher keine abgesetzte Ähre bildend. Die einzige Art in Deutschland ist **Huperzia selago:** mit 5–20 cm langen, aufsteigenden bis aufrechten, stark verzweigten Sprossen; zerstreut in Nadelwäldern und alpinen Zwergstrauchheiden; geschützt. – Abb. S. 320.

Tannenwedel (Hippuris): einzige Gattung der zweikeimblättrigen **T.gewächse** (Hippuridaceae); mit der einzigen, formenreichen Art **Gemeiner T.** (Hippuris vulgaris): mit Ausnahme Süd- und Ostasiens weltweit verbreitete, ausdauernde, meist halb untergetaucht lebende Wasser- oder Sumpfpflanze mit linealischen, in Wirteln angeordneten Blättern und sehr kleinen, achselständigen Blüten ohne Kronblätter.

Taphrina [zu griech. táphros = Graben]: Gattung der Schlauchpilze mit rund 100 Arten, die besonders bei Bäumen durch Anregung zu verstärktem Wachstum die **Kräuselkrankheit** der Blätter oder (besen- oder nestartige Mißbildungen; **Hexenbesen, Donnerbüsche**) hervorrufen. T. pruni verursacht die **Narrenkrankheit** der Pflaume (die Früchte sind vom Pilzmyzel durchwuchert und zu 4–7 cm langen, bleichgrünen, später graubraunen, harten, saftlosen Gebilden [**Narrentaschen**] verunstaltet).

Tapioka ↑Maniok.

Tapiokastrauch ↑Maniok.

Tarant [Herkunft unsicher] (Swertia): Gattung der Enziangewächse mit rund 90 Arten, v. a. in den Gebirgen Eurasiens, Afrikas und Amerikas. Die einzige einheimische, auf Flachmooren und Sumpfwiesen vorkommende Art ist der **Sumpfenzian** (Moor-T., Swertia perennis): bis 50 cm hohe Staude mit lanzettlichen Blättern und meist schmutzigvioletten, in Trugdolden stehenden Blüten.

Taraxacum: wissenschaftlicher Name der Gattung ↑Löwenzahn.

Taro [polynes.] (Kolokasie, Blattwurz, Zehrwurz, Colocasia): Gattung der Aronstabgewächse mit sechs Arten im tropischen Asien; große Stauden mit meist knollig verdicktem Wurzelstock (Rhizom) und langgestielten, schild-, herz- oder pfeilförmigen Blättern; Blütenkolben mit großer Spatha. Die wichtigste Art ist **Colocasia esculenta** (T. im engeren Sinne), eine auf den Sundainseln beheimatete, heute überall in den Tropen angebaute Pflanze mit bis 2 m langen, schildförmigen, langgestielten Blättern. Neben den als Gemüse gekochten Blättern wird v.a. das bis 4 kg schwere, knollige Rhizom als wichtiger Stärkelieferant genutzt (Verwendung gekocht oder geröstet bzw. zur Mehlherstellung oder als Futtermittel).

Täschelkraut: anderer Name der Kreuzblütlergattung ↑Pfennigkraut.

Taubenbaum (Davidia): einzige Gattung der zweikeimblättrigen Familie **T.gewächse** (Davidiaceae) mit der einzigen, in Osttibet und Westchina heimischen Art **Davidia involucrata:** in der Heimat bis 25 m hoher, in Mitteleuropa kaum 10 m hoher Baum mit breiteiförmigen Blättern und roten Blattstielen; Blüten in Köpfchen aus zahlreichen ♂ und meist nur einer einzigen ♀ Blüte, umgeben von zwei ungleich großen, hängenden, gelblichweißen Hochblättern; prächtiger Park- und Gartenbaum für wärmere Lagen.

Taubenerbse: anderer Name der Gattung ↑Strauchbohne.

Taubenkropf:

◊ (Beerennelke, Hühnerbiß, Cucubalus) Gattung der Nelkengewächse mit der einzigen Art **Beeren-T.** (Cucubalus baccifer): in Auenwäldern des gemäßigten Eurasiens; bis 2,5 m hohe, kletternde Staude mit länglicheiförmigen Blättern, grünlichweißen Blüten mit bauchigem Kelch und schwarzen Beerenfrüchten.

◊ Art der Gattung ↑Leimkraut.

Taubenskabiose: Art der Gattung ↑Skabiose.

Taublatt (Drosophyllum): Gattung der Sonnentaugewächse mit der einzigen Art **Drosophyllum lusitanicum:** in Portugal, im Südwesten Spaniens und in Nordmarokko; bis 50 cm hoher Halbstrauch mit klebrigen Haaren (zum Insektenfang) an den linealischen bis lanzettlichen, bis 25 cm langen Blättern; Blüten schwefelgelb, in Doldentrauben.

Täubling (Russula): mit rund 250 Arten weltweit verbreitete Gattung der Ständerpilze. Gemeinsame Merkmale aller T.e sind das mürbe, bröckelige, trockene Fleisch ohne Milchsaft und die weißen bis dunkelgelben, spröden, leicht splitternden Lamellen. Die Hutfarbe ist sehr veränderlich. Die meisten der einheimischen T.e sind eßbar, darunter der besonders schmackhafte, auch roh genießbare **Speise-T.** (Russula vesca), der in Wäldern mit Eichen und Buchen vorkommt. Schwach giftig ist der zwischen Moos auf feuchtmoorigem Grund wachsende **Spei-T.** (Russula emetica); mit 3–8 cm breitem, meist kirschrotem Hut und reinweißen Lamellen. – ↑auch Ledertäubling. – Abb. S. 317 (Speise-T.) und 318 (Spei-T.).

Taubnessel (Lamium): Gattung der Lippenblütler mit rund 40 Arten in Europa, Nordafrika sowie im gemäßigten und subtropischen Asien; Kräuter oder Stauden mit herzförmigen, gesägten, oft kreuzgegenständig angeordneten Blättern und purpurroten, gelben oder weißen Blüten in achselständigen Quirlen. Bekannte einheimische Arten sind: **Gefleckte T.** (Lamium maculatum), bis 60 cm hoch; purpurfarbene Blüten mit dunkelgefleckter Unterlippe; Stengel vierkantig; das Aussehen ähnelt insgesamt dem der Brennessel; **Goldnessel** (Lamium galeobdolon), bis 30 cm hoch; mit goldgelben Blüten, eiförmigen Blättern und vierkantigem Stengel; in feuchten Laubwäldern; **Weiße T.** (Lamium album), 30–60 cm hoch; mit weißen, in Quirlen stehenden Blüten und eiförmigen, zugespitzten, gesägten Blättern; häufige Ruderalpflanze.

Taumelkälberkropf: Art der Gattung ↑Kälberkropf.

Taumelkerbel: Art der Gattung ↑Kälberkropf.

Taumellolch: Art der Süßgrasgattung ↑Lolch.

Tausendblatt (Myriophyllum): weltweit verbreitete Gattung der Meerbeerengewächse mit zahlreichen Arten (davon drei einheimisch); ausdauernde, mehr oder weniger untergetaucht lebende Wasserpflanzen (auch Landformen) mit in Quirlen angeordneten, gefiederten Wasserblättern; Blätter über dem Wasser meist anders gestaltet; Blüten unscheinbar. Einige Arten sind beliebte Aquarienpflanzen.

Tausendgüldenkraut (Centaurium, Erythraea): Gattung der Enziangewächse mit rund 40 Arten auf der nördlichen Halbkugel, in Südamerika und Australien; meist einjährige Kräuter mit einfachen, ganzrandigen Blättern und rosafarbenen, gelben oder weißen Blüten mit sehr langer Kronröhre. Die bekannteste einheimische Art ist das bis 40 cm hohe **Echte T.** (Centaurium minus): mit vierkantigem Stengel, eiförmigen bis lanzettlichen Blättern in grundständiger Rosette und hellroten Blüten mit flach ausgebreitetem, fünfspaltigem Saum in Doldenrispen; auf Waldlichtungen und Trockenhängen.

Tausendschön: Zuchtform des ↑Gänseblümchens.

Taxaceae: wissenschaftlicher Name der ↑Eibengewächse.

Taxodiaceae: wissenschaftlicher Name der ↑Sumpfzypressengewächse.

Taxodium: wissenschaftlicher Name der Gattung ↑Sumpfzypresse.

Taxus: wissenschaftlicher Name der Gattung ↑Eibe.

Tazette [italien., eigtl. = kleine Tasse (nach der Form der Blüten)]:
◇ Bez. für mehrere als Topfpflanzen kultivierte Arten der Gattung Narzisse mit doldenartig angeordneten Blüten.
◇ (Narcissus tazetta) in Südeuropa heimische Narzissenart; 30-50 cm hohe Staude mit 30–45 cm langen, linealischen Blättern; Blüten zu vier bis acht (bei Kulturformen auch mehr), weiß mit zitronengelber, tassenförmiger Nebenkrone. – Die seit 1577 kultivierte T. ist bei uns als Topf- und Schnittblume sehr beliebt.

Teakbaum [ti:k; engl. teak, durch Vermittlung von portugies. teca aus Malajalam tekka] (Tectona): Gattung der Eisenkrautgewächse mit vier Arten in Südostasien und auf den pazifischen Inseln. Die wirtschaftlich bedeutendste Art ist **Tectona grandis,** ein heute überall in den Tropen forstlich kultivierter, bis 50 m hoher Baum (liefert das dauerhafte, vielseitig verwendbare **Teakholz**) mit bis 60 cm langen, elliptischen Blättern und weißen, in Rispen stehenden Blüten.

Tectona: wissenschaftlicher Name der Gattung ↑Teakbaum.

Teegewächse: gleichbed. mit ↑Teestrauchgewächse.

Teehybriden: Bez. für Gartensorten der ↑Rose.

Teekraut (Wohlriechender Gänsefuß, Chenopodium ambrosioides): Art der Gattung Gänsefuß im tropischen und subtropischen Amerika, in Mitteleuropa vielfach verwildert oder eingeschleppt; 30–80 cm hohe, einjährige Pflanze mit lanzettlichen, unterseits drüsigen Blättern. Varietäten sind das als Magenmittel verwendete **Mexikanische T.** und der **Wurmsamen,** der auch heute noch wegen des hohen Gehaltes an Ascaridol im ätherischen Öl der Samen als Wurmmittel verwendet wird.

Teerose: eine Kletterrose (↑ Rose).

Teestrauch (Camellia sinensis, Thea sinensis): in Assam und Oberbirma beheimatete Art der ↑ Kamelie; kleiner Baum oder Strauch mit wechselständigen, immergrünen, etwas ledrigen, lanzettlichen, 4–10 cm langen Blättern; Blüten weiß, bis 3 cm im Durchmesser, zu 1–4 in den Blattachseln. Zwei Varietäten: der 10 bis 15 m hoch werdende **Assam-T.** und der meist nur 3–4 m hohe **Chinesische T.** – In Kultur wird der T. durch Schnitt in einer Höhe von 1–2 m gehalten, um die Ernte zu erleichtern. Außer zur Erzeugung von Tee wird der T. auch für die Gewinnung von Koffein für Medikamente und für Colagetränke in Süd- und Südostasien sowie in Ostafrika kultiviert. – Abb. S. 80.

Teestrauchgewächse (Teegewächse, Theaceae): Familie der Zweikeimblättrigen mit rund 600 Arten in 35 Gattungen; überwiegend in Gebirgswäldern der Tropen und Subtropen, einige Arten auch in den gemäßigten Breiten Nordamerikas und Ostasiens; meist immergrüne Bäume oder Sträucher mit einfachen Blättern; Blüten meist einzeln in den Blattachseln; Früchte als Kapseln, Steinfrüchte oder Beeren ausgebildet. Als Ziersträucher werden u. a. Arten der ↑ Kamelie verwendet. Die wirtschaftlich wichtigste Art ist der ↑ Teestrauch.

Tef: eine Süßgrasart (↑ Liebesgras).

Teichfadengewächse (Zannichelliaceae): Familie der Einkeimblättrigen mit nur wenigen Gattungen und Arten; untergetaucht lebende Wasserpflanzen des Süß- und Brackwassers; mit linealischen Blättern. Die einzige einheimische Art ist der weltweit verbreitete **Sumpfteichfaden** (Zannichellia palustris), eine ausdauernde Wasserpflanze mit stets untergetauchten, kleinen Blüten (Wassserbestäubung) und fadenförmigen, bis 10 cm langen Blättern; kommt im Brackwasser der Ostsee und in Binnengewässern vor.

Teichlinse (Spirodela): Gattung der Wasserlinsengewächse mit drei fast weltweit verbreiteten Arten. Die einzige einheimische Art ist die **Vielwurzelige T.** (Spirodela polyrrhiza): mit oberseits grünem, unterseits rotem, blattartigem Sproß; in stehenden Gewässern.

Teichrose (Mummel, Nuphar): Gattung der Seerosengewächse mit wenigen Arten auf der nördlichen Halbkugel; ausdauernde Wasserpflanzen mit herzförmigen Blättern; Blüten mit gelben oder roten Hüllblättern und zahlreichen Staubblättern. Einheimische Arten sind die **Gelbe T.** (Nuphar luteum), mit wohlriechenden, gelben, kugeligen Blüten (5 cm im Durchmesser), und die **Kleine T.** (Nuphar pumila), deren gelbe Blüten nur 2–3 cm Durchmesser erreichen. Beide Arten sind geschützt. – Abb. S. 240.

Teichsimse: Riedgras der Gattung ↑ Simse.

Telegraphenpflanze (Desmodium gyrans): Art der Gattung Wandelklee in Indien, auf Ceylon und den Philippinen; 20–90 cm hohe Pflanze mit dreizähligen Blättern mit großer Endfieder und sehr viel kleineren Seitenfiedern, die sich bei ausreichender Helligkeit und 22–30 °C ständig ruckartig auf und ab bewegen.

Telekie (Telekia) [nach dem ungar. Afrikaforscher S. Graf Teleki von Szék; * 1845, † 1916]: Gattung der

Korbblütler mit zwei Arten in Süd- und Südosteuropa sowie in Vorderasien; ausdauernde, bis 2 m hohe Pflanzen mit Blütenköpfchen aus gelben, linealischen Strahlen- und bräunlichgelben Scheibenblüten.

Teltower Rübchen ['tɛltoər]: Kulturform der Wasserrübe (↑ Rübsen) mit kurzer, spindelförmiger, wohlschmeckender Rübe.

Teosinte [aztek.] (Euchlaena): mit dem Mais nah verwandte Gattung der Süßgräser mit zwei Arten in Mittelamerika; nur in Kultur (als Grünfutter) oder verwildert (als Unkraut in Maisfeldern) bekannt.

Terebinthe: anderer Name der Terpentinpistazie (↑ Pistazie).

Terebinthengewächse: anderer Name der ↑ Anakardiengewächse.

Terminalia: wissenschaftlicher Name der Gattung ↑ Almond.

Terpentinpistazie: Art der Gattung ↑ Pistazie.

Tetragonolobus: wissenschaftlicher Name der Schmetterlingsblütlergattung ↑ Spargelbohne.

Teucrium: wissenschaftlicher Name der Gattung ↑ Gamander.

Teuerlinge (Cyathus): weltweit verbreitete Gattung der Ständerpilze mit zwei Arten in Mitteleuropa: **Gestreifter Teuerling** (Cyathus striatus; mit innen senkrecht gestreiftem [geripptem] Fruchtkörper) und der etwas größere **Topfteuerling** (Cyathus olla; mit innen ungestreiftem [glattem] Fruchtkörper); beide Arten ab Spätsommer auf humusreichen Böden oder (faulendem) Holz. – Abb. S. 315.

Teufelsabbiß (Gemeiner T., Succisa pratensis): Kardengewächs der Gattung **Abbiß** (Succisa; zwei Arten in Mitteleuropa, eine Art in Kamerun) in Europa, Westsibirien und Nordafrika; 0,15–0,80 m hohe Staude mit lanzettlichen, ganzrandigen oder gesägten Blättern und dunkelblauen Blüten in kugeligen Köpfchen; Wurzelstock kurz, wie „abgebissen"; verbreitet auf Magerwiesen.

Teufelsauge: anderer Name der Pflanzengattung ↑ Adonisröschen.

Teufelskopf (Euryale): Gattung der Seerosengewächse mit der einzigen Art **Euryale ferox** in Indien und im südlichen Ostasien; Wasserpflanze mit stark bestachelten, kreisrunden Schwimmblättern von 90 bis 150 cm Durchmesser; Blüten blauviolett. Der wegen der eßbaren Samen in China kultivierte T. wird in Mitteleuropa für große Warmhaus- und beheizte Freilandbecken verwendet.

Teufelsklaue: anderer Name der Gattung ↑ Tannenbärlapp.

Teufelskralle (Rapunzel, Phyteuma): in Europa heimische Gattung der Glockenblumengewächse mit rund 30 Arten; Stauden mit in Ähren oder Köpfchen stehenden, blauen, weißen, purpurfarbenen oder gelben Blüten; z. T. Gartenzierpflanzen. Bekannte Arten sind u. a.: **Halbkugelige T.** (Phyteuma hemisphaericum), bis 30 cm hoch; Blätter lanzettlich; Blütenköpfchen halbkugelig, mit schwärzlich-blauviolettem Blüten; verbreitet in den Alpen; **Hallers T.** (Phyteuma ovatum), 0,3–1 m hoch: mit herzförmig-dreieckigen unteren und eiförmig-lanzettlichen oberen Blättern; Blütenköpfchen etwa 6 cm lang, walzenförmig, mit schwarzvioletten bis schwarzblauen Blüten; in den Voralpen und Alpen.

Teufelsrübe: Art der Gattung ↑ Zaunrübe.

Teufelszwirn: anderer Name der Gattung ↑ Kleeseide.

Thallophyta (Thallophyten): wissenschaftlicher Name der ↑ Lagerpflanzen.

Thalluspflanzen: anderer Name der ↑ Lagerpflanzen.

Theaceae: wissenschaftlicher Name der ↑Teestrauchgewächse.

Theobroma: wissenschaftlicher Name der Gattung ↑Kakaobaum.

Theophrastengewächse [nach dem griech. Philosophen Theophrast, * um 372, † 287 v. Chr.] (Theophrastaceae): Familie der Zweikeimblättrigen Pflanzen mit rund 100 Arten in vier Gattungen, verbreitet im tropischen und subtropischen Amerika sowie auf Hawaii; Bäume oder Sträucher, oft mit an der Spitze des Stamms oder der Zweige gehäuften Blättern (Schopfbäume).

Thesium: wissenschaftlicher Name der Gattung ↑Leinblatt.

Thevetie (Thevetia) [nach dem frz. Mönch und Reisenden A. Thevet, * 1503/04, † 1592]: Gattung der Hundsgiftgewächse mit neun Arten im tropischen Amerika; kleine Bäume oder Sträucher mit großen, gelben, in Trugdolden stehenden Blüten mit trichterförmiger Krone. Die wichtigste, in den Tropen häufig als Zierstrauch angepflanzte Art ist der **Gelbe Oleander** (Thevetia peruviana): mit linealischen Blättern und zahlreichen duftenden Blüten.

Thlaspi: wissenschaftlicher Name der Kreuzblütlergattung ↑Pfennigkraut.

Thuidiaceae [zu ↑Thuja (nach der Ähnlichkeit des Moses mit einem Thujazweig)]: artenreiche Familie der Laubmoose mit häufig doppelt bis dreifach gefiederten, verzweigten Stengeln; Sporenkapsel meist geneigt. Eine bekannte Gattung ist das **Thujamoos** (Thuidium) mit rund 150 Arten. Einheimische Arten sind u. a. das in Laub- und Mischwäldern vorkommende, hell- oder gelbgrüne, seltener dunkelgrüne **Tamarisken-Thujamoos** (Thuidium tamariscinum) mit dreifach gefiederten Stengeln und das gelb- oder braungrüne, v. a. auf steinigen Waldböden vorkommende **Zarte Thujamoos** (Thuidium delicatulum) mit doppelt gefiederten Stengeln.

Thuja: wissenschaftlicher Name der Gattung ↑Lebensbaum.

Thujamoos: Gattung der ↑Thuidiaceae.

Thujopsis: wissenschaftlicher Name der Gattung ↑Hibalebensbaum.

Thunbergie (Thunbergia) [nach dem schwed. Botaniker C. P. Thunberg, * 1743, † 1828]: Gattung der Akanthusgewächse mit rund 150 Arten in den Tropen und Subtropen der Alten Welt; oft windende Sträucher, Stauden oder Kräuter mit einfachen Blättern und trichterförmigen Blüten. Die bekannteste der zahlreichen in Kultur befindlichen Arten ist die **Schwarze Susanne** (Schwarzäugige Susanne, Thunbergia alata): bis 2 m hohes, windendes Kraut mit eiförmigen Blättern; Blüten braungelb, trichterförmig, einzeln und langgestielt. – Abb. S. 158.

Thymelaea: wissenschaftlicher Name der Gattung ↑Spatzenzunge.

Thymelaeaceae [...lɛ...]: wissenschaftlicher Name der ↑Seidelbastgewächse.

Thymian [unter Einfluß von (griech.-)lat. thymiama = Räucherwerk zu lat. thymum = Thymian, von gleichbed. griech. thýmon] (Thymus): Gattung der Lippenblütler mit über 30 Arten in Eurasien und Nordafrika; durch den Gehalt an ätherischen Ölen aromatisch duftende Halb- oder Zwergsträucher mit kleinen, ganzrandigen Blättern und Blüten in Scheinquirlen. Bekannte Arten: **Feld-Th.** (Feldkümmel, Quendel, Thymus serpyllum), in Europa und Asien auf Wiesen, an Weg- und Waldrändern verbreitet; polsterbildender Halbstrauch (bis 30 cm) mit rosafarbenen Blüten; Steingartenpflanze; **Gemeiner Th.** (Garten-Th., Thymus vulgaris), ästiger Halbstrauch (20–40 cm hoch) mit grau samtig behaartem Stengel und unterseits dicht weißfilzig behaarten Blättern; Blüten lilarosafarben; Gewürz- und Heilpflanze. – Abb. S. 76.

Thymus: wissenschaftlicher Name der Gattung ↑Thymian.

Tiarella: wissenschaftlicher Name der Gattung ↑Schaumblüte.

Tigerblume (Tigridia): Gattung der Schwertliliengewächse mit 15 Arten in Mittelamerika, Peru und Chile; Zwiebelpflanzen mit wenigen grundständigen, schmalen oder schwertförmigen Blättern und großen, schalenförmigen Blüten. Die bekannteste Art ist die **Pfauenblume** (Tigridia pavonia): mit bis 15 cm langen, verschiedenfarbigen Blüten, die nur einen Tag blühen; beliebte Gartenblume.

Tigerlilie: Art der Gattung ↑Lilie.

Tilia: wissenschaftlicher Name der Gattung ↑Linde.

Tiliaceae: wissenschaftlicher Name der ↑Lindengewächse.

Tillandsie (Tillandsia) [nach dem finn. Botaniker E. Tillands, * 1640, † 1693]: Gattung der Ananasgewächse mit rund 350 Arten im tropischen und subtropischen Amerika; meist epiphytisch lebende Pflanzen ohne oder mit nur schwach entwickelten Wurzeln; Blätter schmal, ganzrandig; Blüten meist in endständiger, einfacher oder zusammengesetzter Ähre. Bekannt ist v. a. die Art **Greisenbart** (Louisianamoos, Tillandsia usneoides): in wärmeren Gebieten Amerikas; Blätter schmal, 3–8 cm lang; hängt von Bäumen herab.

Timotheegras: svw. Wiesenlieschgras (↑Lieschgras).

Tintenbaum (Semecarpus): Gattung der Anakardiengewächse mit rund 40 Arten in Indien, Südostasien und Australien. Die bekannteste Art ist der bis 10 m hohe **Markfruchtbaum** (Ostindischer T., Semecarpus anacardium): mit lederartigen Blättern und großen, bis 2,5 cm langen und bis 2 cm breiten, zusammengedrückt-eiförmigen Steinfrüchten **(Marknüsse).** Aus jungen Früchten werden Tinte bzw. Stempelfarbe und ein Firnis hergestellt.

Tintenchampignon: Art des ↑Champignons.

Tintenfischpilz (Anthurus aseroeformis, Anthurus archeri): vermutlich durch Schaf- und Wollimporte von Australien und Neuseeland über Frankreich nach Süddeutschland eingeschleppter, in Laubwäldern vorkommender, ungenießbarer Bauchpilz. Im Jugendstadium ist der Fruchtkörper kugelig bis eiförmig (wird dann volkstümlich auch **Teufels-** oder **Hexenei** genannt) und bis 6 cm hoch. Bei der Fruchtreife brechen aus ihm sechs mennigerote Arme hervor, die den Fangarmen eines Tintenfischs ähnlich sehen.

Tintenpilz: svw. Schopftintling (↑Tintlinge).

Tintlinge (Coprinus): Gattung der Lamellenpilze mit rund 80 Arten, die teilweise, zusammen mit Alkohol genossen, eine Giftwirkung haben; Fruchtkörper bis 10 cm hoch, weiß, grau bis braun; Hut faltig gefurcht und wie die Lamellen im Alter manchmal zerfließend; Sporen schwarz oder schwarzbraun; bekannte Arten: **Radtintling** (Coprinus plicatilis), Hut bis 3 cm groß, grau bis blaß ockerbraun, gefaltet-gerieft, bei der Reife radartig flach ausgebreitet; auf grasigen Wegrändern und in Gärten; **Schopftintling** (Tinten-, Spargelpilz, Porzellantintling, Coprinus comatus), etwa 20 cm hoch; junger Hut weiß, walzenförmig; Lamellen weiß (dann eßbar), später rosa und schwarz werdend und nach der Sporenreife tintenartig zerfließend; gruppenweise auf stickstoffreichen Böden. – Abb. S. 313.

Titanenwurz (Amorphophallus titanum): auf Sumatra heimisches Aronstabgewächs der Gattung Amorphophallus; mit 2–5 m hohem Blattstiel und bis 3 m im Durchmesser erreichender, dreiteiliger Blattspreite; Blütenkolben bis 1,5 m hoch, mit außen grünlicher, innen bräunlich purpurfarbener Spatha; eindrucksvolle Warmhauspflanze.

Tithonie (Tithonia) [nach Tithonos]: Gattung der Korbblütler mit rund zehn Arten in Mittelamerika; bis über 3 m hohe Kräuter mit gelben Blütenkörbchen aus breiten Zungen- und kleinen Scheibenblüten; bei uns als einjährige Stauden in Kultur.

Tola [indian.] (Lepidophyllum): von Peru bis Patagonien verbreitete Gattung der Korbblütler mit acht Arten; stark verzweigte Zwergsträucher mit meist zypressenähnlichen, mehrzeilig beblätterten Zweigen. T.arten sind in der Puna Perus und Boliviens formationsbildend **(T.heide, T.formation).**

Tollkirsche (Atropa): Gattung der Nachtschattengewächse mit fünf Arten im gemäßigten Eurasien. Die bekannteste Art ist die in Laubwäldern vorkommende **Schwarze T.** (Belladonna, Atropa belladonna), eine bis 1,5 m hohe, sparrig verzweigte, drüsig behaarte Staude mit großen eiförmigen Blättern und einzelnstehenden, rötlichbraunen, glockenförmigen Blüten. Vor allem die schwarzen, glänzenden Beerenfrüchte sind durch ihren hohen Alkaloidgehalt (Hyoscyamin, Atropin, Scopolamin) sehr giftig. Der Extrakt aus Wurzeln und Blättern wird medizinisch als krampflösendes, gefäß- und pupillenerweiterndes Mittel verwendet. – Der Saft der Beeren wurde im 16. Jahrhundert in die Augen getropft, um ihnen Glanz zu geben und die Pupillen zu erweitern. – Abb. S. 78.

Tollkraut (Skopolie, Scopolia): Gattung der Nachtschattengewächse mit vier Arten im gemäßigten Eurasien. In Deutschland eingebürgert ist das in Laubwäldern Ost- und Südosteuropas heimische **Krainer T.** (Scopolia carniolica): bis 60 cm hohe Staude mit elliptischen Blättern und einzelnstehenden, bräunlich lilafarbenen, hängenden Blüten. Der alkaloidhaltige giftige Wurzelstock (Rhizom) wurde im Mittelalter zu Liebes- und Rauschtränken verarbeitet.

Tomate [durch span.-frz. Vermittlung aus Nahuatl tomatl] (Liebesapfel, Paradiesapfel, Lycopersicon esculentum): wahrscheinlich aus Peru und Ecuador stammendes, zur zehn Arten umfassenden Gattung **Lycopersicon** gehörendes Nachtschattengewächs; 0,3–1,5 m hohe, einjährige, sehr frostempfindliche Pflanze mit großen, unterbrochen gefiederten Blättern; Blüten gelb, in Wickeln; Frucht eine vielsamige, rote oder gelbe Beere. Die Früchte **(Tomaten)** enthalten pro 100 g eßbaren Anteil etwa 94 g Wasser, nur wenig Kohlenhydrate, v. a. aber 24 mg Vitamin C sowie Vitamine der B-Gruppe. Das im grünen Zustand vorhandene giftige Alkaloid **Solanin** wird während der Reife abgebaut. Außer zum Rohverzehr dienen die Früchte zur Gewinnung von **Tomatenmark** sowie als Grundlage von **Tomatenketchup** und Gemüsesaft. Die T. wird heute in zahlreichen Kultursorten fast weltweit angebaut, in kühleren Gebieten auch unter Glas.

Geschichte: Die T. wurde bereits in vorkolumbischer Zeit von den Indianern Mexikos und Perus kultiviert.

Im 16. Jahrhundert wurde sie in Europa bekannt, zunächst jedoch – wegen der vermuteten Giftigkeit der Früchte – nur als Zierpflanze gezogen. Erst Anfang des 20. Jahrhunderts erlangte sie in Deutschland Bedeutung als Nutzpflanze.

Tonkinwein (Tetrastigma): Gattung der Weinrebengewächse mit knapp 100 Arten im tropischen Asien. Die bekannteste, aus Vietnam stammende Art ist der **Kastanienwein** (Tetrastigma voinierianum), eine große Liane mit fünfzähligen, unterseits braunfilzigen Blättern; raschwüchsige Pflanze für große Wintergärten.

Tonnenbaum (Cavanillesia): Gattung der Wollbaumgewächse mit drei Arten im tropischen Südamerika; Bäume mit (durch Wasserspeicherung) tonnenförmig verdicktem, sich nach oben und unten verjüngendem Stamm. Der bis 20 m hohe und 5 m Stammdurchmesser erreichende **Barriguda** (Cavanillesia arborea) ist ein Charakterbaum der Trockenwälder Ostbrasiliens.

Toona ['tu:na]: wissenschaftlicher Name der Gattung ↑Surenbaum.

Topffruchtbaum (Topfbaum, Lecythis): Gattung der Topffruchtbaumgewächse mit rund 50 Arten im tropischen Südamerika, v. a. im Amazonasgebiet; Sträucher oder Bäume mit topfförmigen, kinderkopfgroßen Früchten; Samen bei mehreren Arten ölhaltig und wohlschmeckend **(Sapucajanüsse).**

Topffruchtbaumgewächse (Lecythidaceae): Familie mit rund 450 Arten in 24 Gattungen in den Tropen, v. a. in den Regenwäldern Südamerikas; Bäume oder Sträucher mit ganzrandigen Blättern und einzeln, in Trauben oder Doldentrauben stehenden Blüten; Frucht häufig eine holzige, mit einem Deckel aufspringende Kapsel. Die wichtigsten Gattungen sind ↑Paranußbaum und ↑Topffruchtbaum.

Topfteuerling: Art der ↑Teuerlinge.

Topinambur [aus frz. topinambour (nach dem Namen eines brasilian. Indianerstamms)] (Roßkartoffel, Pferdekartoffel, Helianthus tuberosus): in Nordamerika heimische Art der Gattung Sonnenblume; bis über 2 m hohe Staude mit gegenständigen, herzförmigen bis spitz eiförmigen, rauh behaarten Blättern; Blütenkörbchen dottergelb. An der Sproßbasis entspringen unterirdische Ausläufer, die an ihren Spitzen spindelförmige, kartoffelgroße Knollen tragen. Die je nach Sorte gelb-, braun- oder rotschaligen **T.knollen** enthalten neben 75–79 % Wasser 2,4 % Eiweiß und 15,8 % Kohlenhydrate, davon 7–8 % **Inulin,** ein stärkeähnliches Polysaccharid. Sie werden zuweilen als Gemüse, v. a. für Diabetiker, verwendet. Der größte Teil dient als Viehfutter oder wird zu Alkohol verarbeitet.

Geschichte: Französische Einwanderer in Kanada übernahmen den T. im 17. Jahrhundert von Indianern. In Europa wurde der Anbau von T. dem der Kartoffel lange vorgezogen, da die Kartoffel als giftig galt. T. wird heute v. a. noch in Frankreich und Italien angebaut. – Abb. S. 75.

Tordylium: wissenschaftlicher Name der Gattung ↑Zirmet.

Torfbeere: anderer Name der ↑Moltebeere.

Torfglanzkraut: anderer Name für das Sumpfglanzkraut (↑Glanzkraut).

Torfgränke (Zwerglorbeer, Chamaedaphne): Gattung der Heidekrautgewächse mit der einzigen Art **Chamaedaphne calyculata** auf Hochmooren Nordeurasiens und des nördlichen Nordamerika; bis 1 m hoher, immergrüner Strauch mit aufrechten, rutenförmigen Zweigen, eiförmig-lanzettlichen Blättern und weißen Blüten in einseitswendigen Trauben.

Torfmoos (Sphagnum): Gattung der Laubmoose mit knapp 350 Arten in den gemäßigten und kalten Zonen der Nord- und Südhalbkugel sowie in den Gebirgen der Tropen; rhizoidlose, bleichgrüne oder bräunliche Pflanzen mit spiralig um das Stämmchen angeordneten, zu drei bis fünf zusammengefaßten Seitenästen, die mit dachziegelartig angeordneten Blättchen besetzt sind. Blättchen und Stämmchen mit großen, toten, wasserspeichernden Zellen (T.e können bis zum 40fachen ihres Eigengewichts an Wasser aufnehmen). Charakterpflanzen der Hochmoore und extrem saurer, nährstoffarmer Böden; wichtigste Torfbildner. – Abb. S. 319.

Tormentill: anderer Name des Rosengewächses ↑ Blutwurz.

Torulahefen [zu lat. torulus = Wulst]: hefeartige, den ↑ Deuteromyzeten zugeordnete Pilze aus der Gattung Candida (Familie Cryptococcaceae), die in großem Maßstab zur Gewinnung von eiweiß- und fettreichen Futterhefen gezüchtet werden.

Totenblume: svw. Gartenringelblume (↑ Ringelblume).

Totenstrauch (Tarchonanthus): Gattung der Korbblütler mit vier Arten in Afrika; zweihäusige, kleine Bäume mit filzigen, kampferartig duftenden Blättern und kleinen Blütenköpfchen. Die purpurfarben blühende Art **Tarchonanthus camphoratus** wird gelegentlich als Kalthauspflanze kultiviert.

Totentrompete (Füllhorn, Herbsttrompete, Craterellus cornucopioides): im Herbst in Laubwäldern vorkommender, 5–15 cm hoher, trichter- oder trompetenförmiger ↑ Leistenpilz; in feuchtem Zustand fast schwarz, sonst schiefergrau; etwas zäher, schmackhafter Speisepilz; getrocknet als Würzpilz.

Tozzia: wissenschaftlicher Name der Gattung ↑ Alpenrachen.

Tradeskantie (Ampelpflanze, Tradescantia) [nach dem engl. Gärtner und Reisenden J. Tradescant, † 1638]: Gattung der Kommelinengewächse mit über 30 Arten im tropischen und gemäßigten Amerika; aufrechte oder niederliegende Stauden mit länglich-eiförmigen Blättern und weißen, blauen oder lilafarbenen Blüten; teilweise Garten- oder Zimmerpflanzen; durch Stecklinge leicht zu vermehren. In den Staubfäden der Blüten läßt sich die Protoplasmaströmung besonders gut beobachten. – Abb. S. 158.

Tragant [griech.-mlat.] (Astragalus): Gattung der Schmetterlingsblütler mit rund 1600, überwiegend in trockenen Gebieten der Nordhalbkugel, v. a. in Vorder- und Zentralasien, verbreiteten Arten, davon zehn in Deutschland, z. B. ↑ Bärenschote. Mehrere T.arten liefern den für Klebstoffe, Emulsionen u. a. (früher auch als Bindemittel für Konditorwaren) verwendeten **Tragant (Tragacantha),** ein aus Polysacchariden bestehendes, hornartig erhärtendes und gallertartig quellbares Produkt. Verschiedene Arten werden als Steingartenpflanzen kultiviert.

Trameten (Trametes) [zu lat. trama = Gewebe]: mit rund 60 Arten weltweit verbreitete Gattung der ↑ Porlinge (Ständerpilze) mit konsolenartig seitlich an Baumstämmen sitzenden, meist halbrunden, ungestielten Fruchtkörpern von korkartiger oder ledriger Beschaffenheit.

Tränendes Herz (Tränende Herzblume, Brennende Liebe, Flammendes Herz, Dicentra spectabilis): im nördlichen China heimisches Erdrauchgewächs; 60–90 cm hohe Pflanze mit dreizähligen Blättern und herzförmigen, meist rosafarbenen, hängenden Blüten in langen, einseitswendigen Trauben; beliebte Gartenzierpflanze.

Tränengras (Hiobsträne, Jupiterträne, Coix): Gattung der Süßgräser mit wenigen Arten im tropischen Asien und in Polynesien; Ähren im unteren Teil mit ein bis zwei ♀ Blüten, die in perlenähnliche, durch das Deckblatt des ♀ Blütenstandes gebildete Gehäuse eingeschlossen sind. Diese Scheinfrüchte werden für Schmuck u. ä. verwendet. Die Art **Coix lacryma-jobi** wird als Ziergras kultiviert.

Tränenkiefer (Pinus wallichiana): im Himalaja heimische Kiefernart; bis 50 m hoher Baum; Nadeln zu fünft im Kurztrieb, bläulichsilbrig, 10–18 cm lang, hängend, dünn; Zapfen bis 30 cm lang, anfangs aufrecht, später hängend; schöner Parkbaum.

Trapa: wissenschaftlicher Name der Gattung ↑ Wassernuß.

Träubelhyazinthe: anderer Name der Gattung ↑ Traubenhyazinthe.

Traubeneiche (Steineiche, Wintereiche, Quercus petraea): in Europa heimische Art der Gattung ↑ Eiche; bis 40 m hoher Baum mit regelmäßiger, breiter Krone; Blätter breit-eiförmig, regelmäßig gebuchtet, mit keilförmigem Blattgrund; Eicheln zu zweit bis sechst, mit sehr kurzem Stiel. Wie die ↑ Stieleiche liefert die T. wertvolles Holz. Die Rinde wird medizinisch als Adstringens (z. B. als Gurgelmittel) verwendet.

Traubenhafer (Danthonia): Gattung der Süßgräser mit der einzigen einheimischen Art **Danthonia alpina** (Danthonia provincialis); horstbildende, bis 70 cm hohe Pflanze mit silberhellen (auch violett überlaufenen) Ährchen.

Traubenholunder: Art der Gattung ↑ Holunder.

Traubenhyazinthe (Träubelhyazinthe, Muscari): Gattung der Liliengewächse mit rund 50 Arten im Mittelmeergebiet (einige Arten in Deutschland eingebürgert); Zwiebelpflanzen mit wenigen grundständigen, linealischen Blättern und in Trauben stehenden Blüten; viele Arten werden als Gartenzierpflanzen kultiviert.

Traubenkirsche (Ahlkirsche, Prunus padus): im gemäßigten Eurasien heimisches Rosengewächs der Gattung Prunus; Strauch oder kleiner Baum mit großen, elliptischen, gesägten Blättern und wohlriechenden, weißen Blüten in überhängenden Trauben; in Mischwäldern auf feuchten Böden; auch als Zierstrauch gepflanzt.

Traubenziegenbart: svw. Hahnenkamm (↑ Keulenpilz).

Trauerbaum:

◇ Varietät der Echten ↑ Zypresse.

◇ (Nyctanthes) Gattung der Eisenkrautgewächse mit zwei Arten in Südostasien. Die Art **Nyctanthes arbor-tristis** ist ein in den Tropen häufig kultivierter Zierstrauch, aus dessen weißen, nur nachts geöffneten Blüten ein ätherisches Öl gewonnen wird.

Trauerbuche: anderer Name der ↑ Hängebuche.

Trauerweide:

◇ (Hängeweide, Salix babylonica) in China heimische Art der Gattung ↑ Weide; bis 10 m hoher Baum mit hängenden Zweigen und gesägten, linealischen bis lanzettlichen, unbehaarten, blaugrünen Blättern mit langgezogener Spitze; sehr frostempfindlich, in Deutschland daher kaum kultiviert.

◊ allg. Bez. für die durch hängende Zweige gekennzeichneten Kulturformen verschiedener Weidenarten.

Traunsteinera: eine Orchideengattung (↑Knabenkraut).

Träuschling (Stropharia): Gattung der Lamellenpilze mit rund zehn einheimischen Arten, darunter der **Riesen-T.** (Stropharia rugosoannulata; Hut gelb bis rötlichbraun, bis 25 cm breit; wächst auf moderndem Laub oder Stroh; ausgezeichneter Speisepilz) und der häufige und auffällige, eßbare **Grünspan-T.** (Stropharia aeruginosa), der vom Spätsommer bis Spätherbst in lichten Wäldern vorkommt (Hut 2 bis 8 cm breit, schmierig, grünspanfarben oder verblassend bis gelblich-grün). – Abb. S. 314.

Treibzichorie: anderer Name der ↑Salatzichorie.

Tremellales: wissenschaftlicher Name der ↑Gallertpilze.

Trespe (Bromus): Gattung der Süßgräser mit rund 100 Arten in den gemäßigten Gebieten der Nord- und Südhalbkugel; ein-, zwei oder mehrjährige Gräser mit vielblütigen, in Rispen stehenden Ährchen. Von den 14 in Deutschland vorkommenden Arten sind v. a. die **Aufrechte T.** (Bromus erectus) auf Trockenrasen sowie in Laub- und Nadelwäldern die **Wald-T.** (Bromus ramosus) verbreitet. – Auf trockenen oder schwer bearbeitbaren Böden als Futtergras sowie zur Befestigung von Ufersand und Böschungen wird die **Riesen-T.** (Unbegrannte T., Bromus inermis) angebaut; 0,15–1 m hoch; Deckspelze unbegrannt, höchstens mit kurzer Stachelspitze.

Trichocereus [...e-ʊs]: wissenschaftlicher Name der Kakteengattung ↑Haarcereus.

Tricholoma: wissenschaftlicher Name der Pilzgattung ↑Ritterling.

Trichophorum: wissenschaftlicher Name der Riedgrasgattung ↑Haarbinse.

Trichterfarn: anderer Name der Gattung ↑Straußfarn.

Trichterlilie (Paradieslilie, Paradisea): Gattung der Liliengewächse mit zwei Arten. Die in Südeuropa heimische Art **Schneeweiße T.** (Paradisea lilastrum) mit langen, linealischen Blättern und duftenden, trichterförmigen Blüten wird als Gartenzierstaude kultiviert.

Trichterling (Clitocybe): Gattung der Ständerpilze mit über 60 Arten in Europa und Nordamerika; Hut flach, später meist trichterförmig nach oben gerichtet, mit am Stiel herablaufenden Lamellen. Einheimisch sind der eßbare und in Laubwäldern häufig vorkommende **Mönchskopf** (Clitocybe geotropa; ledergelblich; bis 30 cm hoch; oft in Hexenringen) und der **Nebelgraue T.** (Herbstblatt, Clitocybe nebularis; blaßgrau, mit blaßgelblichen, kurz am Stiel herablaufenden Lamellen; häufiger Speisepilz, besonders in Laubwäldern).

Trichtermalve (Sommermalve, Malope): Gattung der Malvengewächse mit drei Arten im Mittelmeergebiet. Die einjährige, über 1 m hoch werdende Art **Malope trifida** (mit großen, hellpurpurroten Blüten mit dunklerer Aderung) wird als Sommerblume kultiviert.

Trichterwinde (Prunkwinde, Purpurwinde, Ipomoea): Gattung der Windengewächse mit rund 400 Arten in den Tropen und Subtropen; meist einjährige oder ausdauernde, windende Kräuter mit großen, meist einzelnstehenden Blüten. Mehrere Arten werden als Schlingpflanzen gezogen, z. B. die **Purpurprunkwinde** (Ipomoea purpurea; mit herzförmigen, weichhaarigen Blättern und glockig-trichterförmigen, purpurroten Blüten; Gartenformen auch mit weißen, rosafarbenen, dunkelblauen, z.T. auch gefüllten Blüten). Eine als Kulturpflanze wichtige Art ist die ↑ Batate.

Trientalis [tri-ε...]: wissenschaftlicher Name der Gattung ↑ Siebenstern.

Trifolium: wissenschaftlicher Name der Gattung ↑ Klee.

Triglochin: wissenschaftlicher Name der Gattung ↑ Dreizack.

Tripmadam: Form der Gattung ↑ Fetthenne.

Trisetum: wissenschaftlicher Name der Süßgrasgattung ↑ Goldhafer.

Triticum: wissenschaftlicher Name der Süßgrasgattung ↑ Weizen.

Tritoma: wissenschaftlicher Name der Gattung ↑ Fackellilie.

Tritonie (Tritonia) [nach der griech. Meergottheit Triton]: heute meist in zwei Gattungen (**Tritonia** und **Crocosmia**) aufgeteilte Gruppe der Schwertliliengewächse mit rund 50 Arten in Süd- und Ostafrika. Eine beliebte Gartenzierpflanze ist die **Montbretie** (Crocosmia crocosmiflora) mit dunkelgrünen, schmallinealischen Blättern und meist orangeroten Blüten.

Trochodendraceae: wissenschaftlicher Name der Radbaumgewächse (↑ Radbaum).

Trockenreis: anderer Name des Bergreises (↑ Reis).

Troddelblume (Alpenglöckchen, Soldanella): Gattung der Primelgewächse mit sechs Arten in den Alpen; kleine Stauden mit grundständigen, herz- oder nierenförmigen Blättern und nickenden Blüten mit blauvioletten oder rosafarbenen, geschlitzten Kronblättern. Bekannt ist das geschützte **Echte Alpenglöckchen** (Alpen-T., Soldanella alpina): mit meist mehrblütigem, 5–15 cm langem Stengel, trichterförmiger Blumenkrone und lang zugespitzten Staubbeuteln.

Trollblume (Trollius): Gattung der Hahnenfußgewächse mit rund 20 Arten in den kalten und gemäßigten Gebieten der Nordhalbkugel. Die in Europa auf feuchten Wiesen und Bergwiesen heimische, 10–50 cm hohe, ausdauernde **Europäische T.** (Goldranunkel, Schmalzblume, Trollius europaeus; mit handförmig geteilten Blättern und kugeligen, goldgelben Blüten) wird auch als Zierpflanze kultiviert.

Trollinger [wohl entstellt aus „Tirolinger", nach der ursprünglichen Herkunft der Rebsorte aus Südtirol] (Trollingertraube, Blauer Trollinger): seit Anfang des 18. Jahrhunderts in Württemberg angebaute, sehr anspruchsvolle, spätreifende Rebsorte aus Tirol; mit großen, dickhäutigen, rot- bis tiefblauen Beeren; als Kelter- und Tafeltraube (= **Meraner Kurtraube**) gleichermaßen geeignet. Der T. (in Südtirol **Groß-Vernatsch** genannt) ist ein leichter, blumiger, lange haltbarer Rotwein.

Trompetenbaum:

◇ (Katalpa, Catalpa) Gattung der Bignoniengewächse mit 13 Arten in Ostasien, Nordamerika und auf den Westind. Inseln; sommergrüne Bäume mit meist sehr großen Blättern; Blüten in endständigen Rispen oder Trauben, mit zweilippiger Krone. Mehrere Arten sind prächtig blühende Parkbäume.

◇ anderer Name der Gattung ↑ Cecropia.

Trompetenbaumgewächse: anderer Name der ↑ Bignoniengewächse.

Trompetenblatt: anderer Name der Purpursarrazenie (↑ Sarrazenie).

Trompetennarzisse: svw. Osterglocke (↑ Narzisse).

Trompetenzunge (Salpiglossis): Gattung der Nachtschattengewächse mit wenigen Arten in Südamerika. Die bis 1 m hohe Art **Salpiglossis sinuata,** eine einjährige, drüsig behaarte Pflanze mit auffällig netzadrig gezeichneten Blüten, wird als Sommerblume in verschiedensten Farben kultiviert.

Tropaeolum: wissenschaftlicher Name der Gattung ↑ Kapuzinerkresse.

Trüffel [aus frz. truffle, einer Nebenform von truffe, dies über altprovenzal. trufa und vulgärlat. tufera von gleichbed. lat. tuber, eigtl. = Höcker, Beule, Geschwulst] (Tuber): Gattung der Schlauchpilze (Ordnung Tuberales) mit rund 50 Arten in Europa und Nordamerika; Fruchtkörper unterirdisch, kartoffelähnlich, mit rauher, dunkler Rinde. T. sind die kostbarsten Speise- und Gewürzpilze. Bekannt sind: **Perigord-T.** (Tuber melanosporum; kugelig, schwarzbraun, bis 15 cm groß, mit warziger Oberfläche; von leicht stechendem, pikantem Geruch); **Winter-T.** (Muskat-T., Tuber brumale; warzig, rotbraun bis schwarz, rundlich, bis 5 cm groß; aromatisch duftend) und die außen grobwarzige, schwarze, innen hellbraune **Sommer-T.** (Tuber aestivum). – Wo T.n in größeren Mengen vorkommen (z. B. Südfrankreich), werden sie mit Hilfe von Hunden und Schweinen aufgespürt.

Trunkelbeere: anderer Name der ↑ Rauschbeere.

Tsuga: wissenschaftlicher Name der Gattung ↑ Hemlocktanne.

Tuber: wissenschaftlicher Name der Pilzgattung ↑ Trüffel.

Tuberales: Ordnung der Schlauchpilze (↑ Trüffel).

Tuberose [zu lat. tuberosus = voller Höcker, voller Knoten, also eigtl. = die Knollenreiche] (Polianthes tuberosa): vermutlich in Mexiko heimisches Agavengewächs; Zwiebelpflanze mit bandförmigen Blättern und stark duftenden, weißen Blüten an bis 1 m hohem Stengel; wird in wärmeren Ländern kultiviert und als Schnittblume exportiert.

Tulipa: wissenschaftlicher Name der Gattung ↑ Tulpe.

Tulpe [wohl aus italien. tulipano (türk. Ursprungs)] (Tulipa): Gattung der Liliengewächse mit rund 60 Arten in Vorder- und Zentralasien, Südeuropa und Nordafrika; Zwiebelpflanzen mit meist einblütigen Stengeln; Blüten groß, meist aufrecht, glockig oder fast trichterförmig, mit sechs Blütenhüllblättern, sechs Staubblättern und einem dreiteiligen Stempel. Als **Garten-T.** werden zahlreiche, in Gärten kultivierte Tulpensorten bezeichnet, deren genaue Abstammung und Herkunft nicht zu klären ist: mehrjähriger Frühlingsblüher mit bis 3,5 cm dikker, eiförmiger Zwiebel, breiten, lanzettlichen Laubblättern und auffallend gefärbten, einfachen oder gefüllten Blüten.

Die Garten-T. wird in vielen *Formengruppen* gezüchtet, z. B.: **Lilienblütige Garten-T.n** mit nach außen gebogenen Blütenblättern; **Papageien-Garten-T.n** mit gefransten, welligen Blütenblättern.

Neben diesen sind zahlreiche **Wild-T.n** in Kultur, v. a. die aus den Gebirgen stammende **Damen-T.** (Tulipa clusiana; mit am Grund violetten und außen rot gestreiften Blüten), die in zahlreichen Sorten verbreitete **Fosteriana-T.** (Tulipa fosteriana), die **Greigii-T.** (Tulipa greigii; aus Turkestan; mit beim Austrieb braunrot gezeichneten Blättern) und die **Seerosen-T.** (Tulipa kaufmanniana; mit bei Sonnenlicht sternförmig ausgebreiteten Blüten). Die einzige in Deutschland (selten in Gebüschen und Weinbergen) wild vorkommende Art ist die **Wald-T.** (Wilde T., Tulipa silvestris): 20–40 cm hoch; mit meist einzelnstehender, grünlichgelber, vor dem Aufblühen überhängender Blüte.

Geschichte: Die Garten-T. war Wappenblume der Osmanen und wurde in der Türkei schon früh kultiviert. In der persischen Literatur wird sie 1123 erstmals erwähnt. 1554 wurde sie vermutlich von dem niederländischen Diplomaten und Schriftsteller O. G. de Busbecq nach Europa gebracht und von dem schweizerischen Natur- und Sprachforscher C. Gesner beschrieben und abgebildet. Um 1570 war die Garten-T. in den Niederlanden bekannt, die sich seither zum Zentrum der Tulpenzucht entwickelten. In Deutschland wurde die Tulpenzucht 1647 von niederländischen Emigranten eingeführt.

Tulpenbaum (Liriodendron): Gattung der Magnoliengewächse mit je einer Art in Nordamerika und China; sommergrüne Bäume mit vier- bis sechslappigen, großen Blättern und einzelnstehenden, tulpenähnl. Blüten. Die nordamerikanische Art **Liriodendron tulipifera** mit gelbgrünen Blüten wird in Mitteleuropa als beliebter Parkbaum angepflanzt. In den USA liefert diese Art Nutzholz **(Whitewood).**

Tulpenmagnolie: Art der Gattung ↑Magnolie.

Tungbaum: ein Wolfsmilchgewächs (↑Lackbaum).

Tupelobaum: Gattung der ↑Tupelobaumgewächse.

Tupelobaumgewächse (Nyssaceae): Familie der Zweikeimblättrigen mit zwei Gattungen und neun Arten in Ost- und Südostasien sowie im östlichen Nordamerika. Wichtigste Gattung: **Tupelobaum** (Nyssa). Die Art **Nyssa sylvatica** ist neben der Sumpfzypresse ein Charakterbaum der Sumpfwälder des südöstlichen Nordamerika; er wird wegen der schönen Herbstfärbung als Parkbaum angepflanzt.

Tüpfelfarn (Polypodium): Gattung der T.gewächse mit rund 50 v. a. in den Tropen verbreiteten, vielgestaltigen, häufig epiphytischen Arten. Die bekannteste der beiden einheimischen Arten ist der auf kalkarmen Böden vorkommende **Gemeine T.** (Engelsüß, Polypodium vulgare): mit oberirdisch kriechendem Rhizom und einfach gefiederten, derben, dunkelgrünen Blättern.

Tüpfelfarne: Kurzbez. für: ↑Tüpfelfarngewächse.

Tüpfelfarngewächse (Tüpfelfarne, Polypodiaceae): in ihrer Systematik stark umstrittene Familie der Farne (gehören zu den leptosporangiatae) mit rund 7 000 überwiegend tropischen, häufig auf Bäumen lebenden (epiphytischen) Arten in 170 Gattungen; Blätter meist einfach gefiedert, fiederteilig oder ganzrandig. Die sporenbildenden Kapseln (Sporangien) befinden sich auf der Blattunterseite. Sie stehen in kleinen, meist runden (tüpfelförmigen) Gruppen (Sori). – Die bekanntesten Gattungen sind ↑Adlerfarn, ↑Frauenhaarfarn, ↑Geweihfarn, ↑Rippenfarn, ↑Schriftfarn, ↑Tüpfelfarn und ↑Wurmfarn.

Tüpfeljohanniskraut: Art der Gattung ↑Johanniskraut.

Türkenbohne: anderer Name der ↑Feuerbohne.

Türkenbund: Art der Gattung ↑Lilie.

Türkische Hasel (Baumhasel, Corylus colurna): in Südosteuropa und Kleinasien heimische Art der

Gattung Hasel; Baum mit kegelförmiger Krone; Blätter herzförmig; Früchte dickschalig, mit eßbarem Samen; wertvoller Straßen- und Parkbaum.

Türkischer Weizen: anderer Name der Süßgrasgattung ↑Mais.

Turmkraut (Turritis): Gattung der Kreuzblütler mit drei Arten in Eurasien und in den Hochgebirgen Afrikas. Die einzige Art in Deutschland ist das zweijährige **Kahle T.** (Turritis glabra) mit gezähnten oder ganzrandigen Grundblättern und pfeilförmigen Stengelblättern; Blüten gelblichweiß; an warmen, trockenen Standorten.

Tuscarorareis: Art der Gattung ↑Wasserreis.

Tussilago: wissenschaftlicher Name der Gattung ↑Huflattich.

Typha: wissenschaftlicher Name der Gattung ↑Rohrkolben.

Typhaceae: wissenschaftlicher Name der Rohrkolbengewächse (↑Rohrkolben).

U

Uferrebe (Vitis riparia): im östlichen und mittleren Nordamerika heimische Art der Gattung ↑Weinrebe; mit eiförmigen, dreilappigen Blättern und duftenden, in Rispen stehenden Blüten; Früchte purpurschwarz. Die U. wird als Veredlungsunterlage für Kultursorten der Weinrebe oder für Kreuzungen mit dieser verwendet.

Ufertraube: anderer Name der Gattung ↑Meertraube.

Ulex: wissenschaftlicher Name der Gattung ↑Stechginster.

Ulmaceae: wissenschaftlicher Name der ↑Ulmengewächse.

Ulme [mhd. ulmbaum, entweder entlehnt aus gleichbed. lat. ulmus oder urverwandt mit diesem] (Rüster, Ulmus): Gattung der Ulmengewächse mit rund 25 Arten in der nördlichen gemäßigten Zone und in den Gebirgen des tropischen Asiens; sommergrüne, seltener halbimmergrüne Bäume oder Sträucher; Blätter eiförmig, häufig doppelt gesägt, an der Basis meist unsymmetrisch; Blüten unscheinbar, meist vor den Blättern erscheinend; Frucht eine von einem breiten Flügelrand umgebene Nuß. Wichtige einheimische Arten sind: **Berg-U.** (Bergrüster, Ulmus glabra), bis 30 m hoch, v. a. in der Bergregion; Blätter doppelt gesägt, oberseits rauh; **Feld-U.** (Feldrüster, Ulmus minor), 10–40 m hoch, in Wäldern und Flußauen tieferer Lagen; mit reichästiger, breiter Krone; **Flatter-U.** (Flatterrüster, Ulmus laevis), bis 35 m hoch, v. a. in feuchten Wäldern; Blätter doppelt gesägt, unterseits behaart. – Das *Holz* der einheimischen Arten ist gelblich, im Kern bräunlich (bei der Flatter-U. rot), ringporig, hart und elastisch und wird u. a. im Wasser-, Boots- und Fahrzeugbau verwendet.

Ulmengewächse (Ulmaceae): Familie mit mehr als 150 Arten in 15 Gattungen; v. a. in den Tropen Asiens und Amerikas, seltener im tropischen Afrika; Bäume und Sträucher mit einfachen, oft asymmetrischen Blättern und meist kleinen Blüten. Bekannte Gattungen sind ↑Ulme und ↑Zürgelbaum.

Ulmus: wissenschaftlicher Name der Gattung ↑ Ulme.

Ulothrix [griech. = kraushaarig] (Kraushaaralge): Grünalgengattung mit rund 25 meist im Süßwasser lebenden Arten; Thallus fadenförmig, unverzweigt, oft mit einer Rhizoidzelle festsitzend. Die Art **Ulothrix zonata** ist in Mitteleuropa in sauberen oder mäßig verschmutzten fließenden Gewässern häufig.

Umbelliferae: wissenschaftlicher Name der ↑ Doldengewächse.

Unbeachtete Rose: anderer Name der Samtrose (↑ Rose).

Unbegrannte Trespe: svw. Riesentrespe (↑ Trespe).

Ungarischer Enzian: svw. Brauner Enzian (↑ Enzian).

Upasbaum [malai. upas = Gift] (Antiaris toxicaria): Maulbeerbaumgewächs in Südostasien. Der giftige Milchsaft enthält die herzwirksamen Glykoside **Antiarin** und **Antiosidin** und liefert das **Ipo[h]pfeilgift.**

Urdbohne [Hindi urd, urad] (Phaseolus mungo): vermutlich in Indien heimische und dort in vielen Sorten kultivierte Bohnenart mit 80–100 cm hohen, mit kurzen, braunen Haaren besetzten Stengeln; Blüten hellgelb, Hülsen etwa 7 cm lang, mit 7 bis 10 meist schwarzen Samen.

Uredinales: wissenschaftlicher Name der ↑ Rostpilze.

Urfarne (Psilophytatae): vor rund 400 Mill. Jahren (im Devon) verbreitete Klasse der Farnpflanzen mit der einzigen Ordnung ↑ Nacktfarne. Die gabelig verzweigten, blatt- und wurzellosen U. sind die ältesten Landpflanzen. Eine bekannte Gattung der U. ist **Asteroxylon:** bis 1 m hoch; bärlappähnlich aussehend; mit nadelförmigen Blättchen und paarig stehenden Sporangien an den Enden der gabelig verzweigten, blattlosen Sprosse.

Urmoose (Archidiales): Ordnung der Laubmoose; kleine, einjährige Erdmoose, die nackte, vegetationsarme Standorte bevorzugen. In Deutschland kommt nur das auf feuchten, kalkarmen Böden wachsende **Urmoos** (Archidium alternifolium) vor.

Urnenpflanze (Dischidia): Gattung der Schwalbenwurzgewächse mit rund 100 Arten im tropischen Asien und in Australien; auf Bäumen wachsende (epiphytische), windende Pflanzen mit meist eiförmigen, fleischigen Blättern, die bei einigen Arten z. T. zu großen abgeflachten Taschen umgebildet sind, in die ein Teil der Luftwurzeln hineinwächst. Die Schlauchblätter dienen wahrscheinlich als Wasserspeicher sowie durch sich in ihnen ansammelnde, sich zersetzende organische Stoffe der Versorgung der Pflanze mit Nährstoffen.

Urpilze (Chytridiomycetes): Klasse der Pilze; mikroskopisch kleine, unscheinbare Pilze, die häufig als Parasiten auf oder in Pflanzen und niederen Tieren leben. Bekannte Arten sind z. B. Synchytrium endobioticum, der Erreger des Kartoffelkrebses, und Opidium brassicae, der Erreger der Umfallkrankheit bei Kohlkeimlingen.

Urtica: wissenschaftlicher Name der Nesselgewächsgattung ↑ Brennnessel.

Urticaceae: wissenschaftlicher Name der ↑ Nesselgewächse.

Usambaraveilchen [nach den Usambara Mountains (Tansania)] (Saintpaulia): in Ostafrika heimische Gattung der Gesneriengewächse mit rund 20 Arten; kleine Stauden mit in Rosetten stehenden, rundlichen, meist fleischigen, weich behaarten Blättern und blauvioletten, fünfzähligen, zweiseitig-symmetrischen Blüten in wenigblütigen Trugdolden; v.a. die Art **Saintpaulia ionantha** ist eine beliebte Zimmerpflanze mit zahlreichen blau, rosafarben oder weiß blühenden Sorten.

Usnea: Gattung der ↑Bartflechten.

Usneaceae: wissenschaftlicher Name der ↑Bartflechten.

Ustilaginales: wissenschaftlicher Name der ↑Brandpilze.

Utricularia: wissenschaftlicher Name der Gattung ↑Wasserschlauch.

V

Vaccinium: wissenschaftlicher Name der Gattung ↑Heidelbeere.

Valeriana: wissenschaftlicher Name der Gattung ↑Baldrian.

Valerianaceae: wissenschaftlicher Name der ↑Baldriangewächse.

Valerianella: wissenschaftlicher Name der Gattung ↑Feldsalat.

Vallisneria (Vallisnerie): wissenschaftlicher Name der Gattung ↑Wasserschraube.

Vallote (Vallota) [nach dem frz. Arzt und Botaniker A. Vallot, * 1594, † 1671]: Gattung der Amaryllisgewächse mit der einzigen Art **Vallota speciosa** im kapländischen Florenreich; Staude mit länglich-eiförmiger Zwiebel, linealischen Blättern und großen, scharlach- bis tiefroten, in einer Dolde stehenden Blüten; schöne Zimmerpflanze.

Vanda [Hindi]: Gattung der Orchideen mit rund 70 Arten im tropischen Asien und nördlichen Australien; Epiphyten mit zweizeilig angeordneten Blättern und blauen, rosafarbenen, gelben oder weißen, oft farbig punktierten, in Trauben stehenden Blüten. Einige Arten sind prächtige Schnittblumen und werden gärtnerisch kultiviert. – Abb. S. 159.

Vanille (Vanilla) [va'nɪljə, auch: va'nɪlə; frz., von span. vainilla, einer Verkleinerungsbildung zu span. vaina = Hülse, Schale; Scheide (von lat. vagina = Scheide; Hülle)]: Gattung der Orchideen mit rund 100 Arten im tropischen Amerika, in Westafrika, auf Malakka und Borneo; Lianen mit Luftwurzeln, fleischigen Blättern, in Trauben stehenden Blüten und schotenähnlichen Kapselfrüchten. Die wirtschaftlich wichtigste Art ist die im tropischen Amerika heimische, in den gesamten Tropen kultivierte **Gewürz-V.** (Echte V., Vanilla planifolia): mit bis 25 cm langen, elliptischen Blättern und gelblichweißen, duftenden Blüten. Die zu Beginn der Reife geernteten, bis 30 cm langen Früchte liefern die Vanillestangen **(Bourbon-** und **Mexiko-V.).** Die Früchte **(Vanillons, Tahitivanille)** der ebenfalls in den Küstenwäldern des tropischen Amerika vorkommenden, v.a. auf Tahiti angepflanzten **Pompon-V.** (Vanilla pompona) werden v.a. in der Parfümindustrie verwendet.

Geschichte: Die Azteken verwendeten die V. zum Würzen von Kakaobrei. Durch die Spanier wurde die V. Ende des 16. Jahrhunderts in Europa bekannt, wo sie ebenfalls bei der Kakao- und Schokoladenbereitung verwendet wurde. Der Inhaltsstoff Vanillin wurde 1874 synthetisiert, worauf der Anbau von V. stark zurückging. – Abb. S. 158.

Veilchen [Verkleinerungsbildung zu mhd. vīel, ahd. viola, Lehnwort aus gleichbed. lat. viola] (Viola): Gattung der V.gewächse mit rund 450 Arten in der nördlich gemäßigten Zone und den Gebirgen der Tropen und Subtropen; meist Stauden, seltener Halbsträucher; Blätter wechsel- oder grundständig, oft ei- oder herzförmig, mit Nebenblättern; Blüten meist einzeln, zweiseitig-symmetrisch (zygomorph), mit Sporn, oft blau bis violett oder gelb. – Die häufigsten der in Deutschland vorkommenden 22 Arten sind: **Hunds-V.** (Viola canina; niedrige, v. a. auf Heiden und in Wäldern mit sauren Böden verbreitete Staude mit kriechendem Stengel, lanzettförmigen Blättern und blauen, duftlosen Blüten mit gelblichem Sporn); **Wohlriechendes V.** (März-V., Viola odorata; häufig an Bachufern und in lichten Laubgehölzen; 5–10 cm hohe Staude mit grundständiger Blattrosette, herzförmigen Blättern, schmalen, gefransten Nebenblättern, wurzelnden Ausläufern und dunkelvioletten, selten weißlichen, duftenden Blüten mit 5–7 mm langem, dickem, geradem Sporn); **Wald-V.** (Viola reichenbachiana; 10–20 cm hohe Staude in Mischwäldern; mit aufsteigenden Stengeln und länglich-eiförmigen Blättern mit lang gefransten Nebenblättern; Blüten violett, mit langem, geradem, meist tiefviolettem Sporn, geruchlos); **Sporn-V.** (Alpenstiefmütterchen, Viola calcarata; relativ selten in den Alpen ab etwa 1600 m Höhe auf Feinschuttböden; 4–10 cm hoch; Blüten 2,5–4 cm lang, meist dunkelviolett, auch gelb, mit meist 8–15 mm langem Sporn).

Zur Gattung V. gehören auch das ↑Stiefmütterchen und das in verschiedenfarbenen Formen (z. T. Hybriden) als beliebte Gartenzierpflanze kultivierte **Horn-V.** (Viola cornuta; heimisch in den Pyrenäen; 20 bis 25 cm hoch; mit kriechendem Wurzelstock und länglich-eiförmigen Blättern; Blüten violett, bis 3,5 cm groß). – Gelbes V. ↑Stiefmütterchen.

Veilchengewächse (Violaceae): Familie der Zweikeimblättrigen mit rund 850 Arten in 16 Gattungen; verbreitet v. a. in den Tropen und Subtropen, v. a. die Gattung ↑Veilchen auch in den gemäßigten Zonen bis in die Arktis; Bäume, Sträucher, Halbsträucher oder Kräuter; Blätter mit Nebenblättern; Blüten in Trauben, Ähren, Rispen oder einzeln.

Venturia [nach dem italien. Botaniker A. Ventur, 19. Jahrhundert]: artenreiche Schlauchpilzgattung mit der Nebensporenform **Fusicladium.** Die Pilze sind z. T. schädliche Pflanzenparasiten, die oberflächliche, rauhe Verletzungen des Pflanzengewebes hervorrufen **(Schorf).** Betroffen hiervon sind insbesondere Obstbäume (sowohl die Früchte als auch die Blätter werden geschädigt), z. B. Apfelbäume durch V. inaequalis, Birnbäume durch V. pirina und Kirschbäume durch V. cerasi.

Venusfliegenfalle (Dionaea muscipula): Sonnentaugewächs, einzige Art der Gattung **Dionaea;** verbreitet auf Mooren von North und South Carolina (USA); fleischfressende, ausdauernde, krautige Pflanze; Blätter grundständig, mit flachem, keilförmig verbreitertem Stiel und einer Blattspreite, die in 2 rundliche, am Rand mit langen, steifen Haaren besetzte Klappen umgebildet ist; Blüten weiß, in langgestielter Doldentraube. Auf der Innenseite jeder Blattspreitenhälfte stehen drei Fühlhaare, bei deren Reizung (durch Berührung oder Erschütterung) die Spreitenhälften sehr schnell zusammenklappen. Die steifen Randborsten verschränken sich hierbei, so daß ein Entkommen der gefangenen Tiere (v.a. Insekten) nicht mehr möglich ist. Durch Enzyme aus Drüsen auf der Blattinnenseite wird die Beute zersetzt. - Abb. S. 159.

Venusschuh (Paphiopedilum): Gattung der Orchideen mit rund 50 Arten im tropischen Asien; erdbewohnende Pflanzen mit meist einzeln an einem Schaft stehenden, prächtigen Blüten mit schuhförmiger Lippe. Zahlreiche Arten und Hybriden sind Zierpflanzen.

Veratrum: wissenschaftlicher Name der Gattung ↑Germer.

Verbascum: wissenschaftlicher Name der Gattung ↑Königskerze.

Verbena: wissenschaftlicher Name der Gattung ↑Eisenkraut.

Verbenaceae: wissenschaftlicher Name der ↑Eisenkrautgewächse.

Vereins-Dechantsbirne: eine Tafelbirne (↑Birnensorten, Übersicht S. 49).

Verekakazie (Senegalakazie, Acacia senegal): Akazienart, verbreitet im tropischen Afrika und von der Arabischen Halbinsel bis Indien; 4-8 m hoher Baum mit schirmartiger Krone, graugrünen, doppelt gefiederten Blättern und gelblichweißen Blüten in bis 8 cm langen Ähren. Aus der Rinde wird das beste, als Klebstoff und Bindemittel verwendete **Gummiarabikum** gewonnen. Die V. wird daher im Sudan kultiviert.

Vergißmeinnicht (Myosotis): Gattung der Rauhblattgewächse mit rund 80 Arten im gemäßigten Eurasien, in den Gebirgen des tropischen Afrika bis zum Kapland, auf Neuguinea, in Australien und Neuseeland; einjährige, zweijährige oder ausdauernde Kräuter mit rauhhaarigen Blättern; Blüten in trauben- bis ährenförmigen Wickeln; Blütenkrone blau, rosafarben oder weiß. Von den in Deutschland vorkommenden elf formenreichen Arten sind v.a. das **Sumpf-V.** (Myosotis palustris; bis 50 cm hohe Staude auf feuchten Böden; mit blauen oder weißen Blüten) und das **Acker-V.** (Myosotis arvensis; auf Äckern, an Wegrändern, in Gebüsch; 20-40 cm hoch; mit dunkelblauen, kleinen Blüten) häufig. Vom **Wald-V.** (Myosotis silvatica; in feuchten Laubwäldern und Wiesen; 15-50 cm hoch; mit blauen oder weißen Blüten) leiten sich zahlreiche zweijährig gezogene Gartenformen ab.

Vermainblatt: anderer Name der Gattung ↑Leinblatt.

Vernatsch [f...]: in mehreren Sorten in Südtirol angebaute spätreifende, anspruchsvolle Weinrebe, die hell- bis rubinrote Weine liefert. Man unterscheidet u.a. **Klein-V.** (Schiava gentile; geringe Ergiebigkeit; sehr kleine Beeren), der qualitativ beste Weine liefert, und **Groß-V.** (Schiava grossa), eine Rebe, die mit dem ↑Trollinger identisch ist.

Veronica: wissenschaftlicher Name der Gattung ↑Ehrenpreis.

Versteckblüte (Cryptanthus): Gattung der Ananasgewächse mit rund 20 Arten in Brasilien und Guayana; oft rasenartig wachsende Rosettenpflanzen mit gebänderten, am Rand gewellten, dornigen Blättern; Blüten klein, meist weiß, in einem endständigen Köpfchen zwischen den Blättern. Einige Arten sind dekorative Zierpflanzen.

Vetiveria [frz.]: Gattung der Süßgräser mit zehn in den Tropen und Subtropen Afrikas, Südostasiens und Malesiens verbreiteten Arten. Die bekannteste, in Vorderindien, auf Java und den Philippinen heimische, in den gesamten Tropen kultivierte Art ist das **Vetivergras** (V. zizanioides): mit harten, bestachelten

Hüllspelzen und in Rispen stehenden Ährchen. Rhizom und Wurzeln liefern Vetiveröl.
Vexiernelke: Art der Gattung ↑ Lichtnelke.
Viburnum: wissenschaftlicher Name der Gattung ↑ Schneeball.
Vicia: wissenschaftlicher Name der Gattung ↑ Wicke.
Victoria [nach Königin Viktoria von Großbritannien und Irland]: Gattung der Seerosengewächse mit zwei Arten im tropischen Südamerika; am bekanntesten die im Amazonasgebiet heimische Art **Victoria amazonica** (Victoria regia): mit bis 2 m im Durchmesser erreichenden, kreisrunden, unterseits kupferroten Schwimmblättern, deren Rand bis 6 cm hoch aufgebogen ist; Blattunterseite, Blatt- und Blütenstiele sowie die Außenseite der Kelchblätter stark bestachelt; Blüten 25–40 cm im Durchmesser, duftend, nur zwei Nächte lang geöffnet, beim ersten Erblühen weiß, beim zweiten Erblühen dunkelrot; Samen unter Wasser reifend. – Abb. S. 240.
Vinca: wissenschaftlicher Name der Gattung ↑ Immergrün.
Viola: wissenschaftlicher Name der Gattung ↑ Veilchen.
Violaceae: wissenschaftlicher Name der ↑ Veilchengewächse.
Virginische Dattelpflaume: anderer Name der ↑ Persimone.
Viscaria: wissenschaftlicher Name der Gattung ↑ Pechnelke.
Viscum: wissenschaftlicher Name der Gattung ↑ Mistel.
Vitaceae: wissenschaftlicher Name der ↑ Weinrebengewächse.
Vitex: wissenschaftlicher Name der Gattung ↑ Mönchspfeffer.
Vitis: wissenschaftlicher Name der Gattung ↑ Weinrebe.
Vogelbeerbaum: anderer Name für die ↑ Eberesche.
Vogelerbse: anderer Name der ↑ Vogelwicke.
Vogelfuß: volkstümlicher Name der Gattung ↑ Serradella.
Vogelhirse: anderer Name der ↑ Kolbenhirse.
Vogelkirsche (Süßkirsche, Prunus avium): in Europa, Westsibirien und Vorderasien heimisches Rosengewächs der Gattung ↑ Prunus; bis 20 m hoher Baum mit unterseits behaarten Blättern; Früchte der Wildform nur bis 1 cm im Durchmesser, bei der Reife schwarz, bittersüß schmekkend. Die V. wird unter der Bez. ↑ Süßkirsche in den beiden Kulturformen Herzkirsche und Knorpelkirsche vielfach angepflanzt.
Vogelknöterich: Art der Gattung ↑ Knöterich.
Vogelkopf: anderer Name der Gattung ↑ Spatzenzunge.
Vogelmiere (Hühnerdarm, Mäusedarm, Stellaria media): weltweit verbreitetes Nelkengewächs der Gattung ↑ Sternmiere; einjährige oder einjährig überwinternde Pflanze mit niederliegendem oder aufsteigendem Stengel, gestielten, eiförmigen Blättern und kleinen, weißen Blüten (eine Unterart ohne Kronblätter); verbreitetes Unkraut.
Vogelnestorchis (Vogelnestwurz): Art der Orchideengattung ↑ Nestwurz.
Vogelwicke (Vogelerbse, Vicia cracca): in Eurasien heimische, ausdauernde Wickenart; mit bis über 1 m langen Stengeln und paarig gefiederten Blättern; Blüten in dichten Trauben, blauviolett; verbreitet auf nährstoffreichen Böden.
Volvox [zu lat. volvere = drehen, wickeln] (Gitterkugel, Kugelalge): Gattung der Grünalgen mit über zehn frei im Süßwasser lebenden Arten; hohlkugelförmige Kolonien aus bis zu 20 000 jeweils mit zwei Gei-

ßeln ausgestatteten Zellen, die durch Plasmastränge miteinander in Verbindung stehen. Durch ungeschlechtliche Vermehrung entstehen aus Einzelzellen Tochterkugeln im Inneren der Kolonie. Diese Tochterkugeln werden erst frei, wenn die Kugel aufreißt. Sie geht dann zugrunde und ist – entwicklungsgeschichtlich gesehen – die erste „echte Leiche" im Pflanzenreich. Für die geschlechtliche Fortpflanzung wandeln sich Einzelzellen in große, grüne Eizellen oder durch Vielfachteilung in kleine, gelbe Samenzellen (Sporozoiten) um. Nach der Befruchtung umgibt sich die Eizelle (Zygote) mit einer derbwandigen Hülle. Bei der Keimung erfolgt Reduktionsteilung.

Vriesea [f...; nach dem niederl. Botaniker W. H. de Vriese, * 1807, † 1862]: Gattung der Ananasgewächse mit rund 200 Arten im tropischen Amerika; meist auf Bäumen lebende (Epiphyten) Pflanzen mit in Rosetten angeordneten Blättern; Blüten gelb, weiß oder grün, in oft schwertförmigen Ähren mit leuchtend gefärbten Deckblättern. Viele Arten und Hybriden sind Zimmerpflanzen.

W

Wacholder (Juniperus): Gattung immergrüner ↑Zypressengewächse mit rund 60 Arten auf der Nordhalbkugel; meist zweihäusige Sträucher oder Bäume mit nadel- oder schuppenförmigen Blättern; Zapfen beerenartig, aus mehreren verwachsenen Schuppen gebildet.
Einheimische Arten sind u. a.: **Heide-W.** (Gemeiner W., Machandel, Kranewitt, Juniperus communis), ein säulenförmiger Strauch oder bis 12 m hoher Baum mit Nadeln in dreizähligen Quirlen und schwarzblauen, bereiften Beerenzapfen (**W.beeren;** werden zur Herstellung von Schnäpsen sowie als Gewürz verwendet; dienen getrocknet als harntreibendes Mittel). – **Sadebaum** (Sade-W., Juniperus sabina), ein meist niedriger Strauch in den höheren Gebirgen großer Teile Eurasiens; Blätter bei Jungpflanzen nadelförmig, sonst meist schuppenartig; Beerenzapfen kugelig bis eirund, blauschwarz und bereift; die jungen, beblätterten Triebe enthalten ein unangenehm riechendes, giftiges ätherisches Öl **(Sadebaumöl).** Mehrere Formen werden als Ziersträucher angepflanzt. Ebenfalls als Zierpflanzen sind in Mitteleuropa Gartenformen der nordamerikanischen **Roten Zeder** (Virgin. W., Juniperus virginiana) verbreitet: bis 30 m hohe Bäume mit grau- bis rotbrauner Rinde und teils schuppen-, teils nadelförmigen Blättern. Das Holz der Roten Zeder wird v. a. als Bleistiftholz sowie für Zigarrenkisten verwendet. – Abb. S. 155.

Wachsblume:
◊ (Hoya) Gattung der Schwalbenwurzgewächse mit rund 100 Arten im tropischen Asien, in Australien und Ozeanien; meist windende Sträucher mit in Trugdolden stehenden Blüten und fleischigen Blättern. Die Art **Hoya carnosa** ist eine beliebte Zimmerpflanze; sie hat sternförmige,

weißliche, in der Mitte rot gefärbte, wohlriechende Blüten.
◊ (Cerinthe) Gattung der Rauhblattgewächse mit etwa zehn Arten im Mittelmeergebiet und in Mitteleuropa (zwei Arten in Deutschland); einjährige oder ausdauernde Kräuter mit bläulich bereiften Stengeln und Blättern; Blüten gelb, in endständigen Wickeln.

Wachsbohne: Zuchtsorte der Gartenbohne mit gelben (wachsfarbenen) Hülsen.

Wachtelweizen (Melampyrum): Gattung der Rachenblütler mit rund 25 Arten in der nördlichen gemäßigten Zone; einjährige Halbschmarotzer mit lanzettlichen Blättern und gelben, rötlichen oder weißlichen Blüten. Einheimische Arten sind u. a. die in Wäldern, Gebüschen und Magerrasen vorkommenden Arten **Wiesen-W.** (Melampyrum pratense) und **Wald-W.** (Melampyrum silvaticum), mit gelben Blüten in einseitswendigen Trauben. Der bis 50 cm hohe **Akker-W.** (Erd-, Kuhweizen, Melampyrum arvense) findet sich v. a. auf Äkkern und an Wegrändern; mit teils rötlich, teils gelblich gefärbten Blüten. Er heftet sich mit seinen an den Wurzeln ausgebildeten Saugorganen (Haustorien) an die Wurzeln von Getreidepflanzen und entzieht diesen dadurch Wasser und Mineralsalze.

Waid (Isatis): Gattung gelbblühender Kreuzblütler mit rund 30 Arten, verbreitet von Mitteleuropa bis Zentralasien und im Mittelmeergebiet; einjährige oder ausdauernde Kräuter; einheimisch nur der ↑ Färberwaid.

Waldchampignon: Art der Gattung ↑ Champignon.

Walderdbeere: Art der Gattung ↑ Erdbeere.

Waldfingerkraut: ein Rosengewächs (↑ Blutwurz).

Waldfreundrübling: ein Lamellenpilz (↑ Rüblinge).

Waldgeißbart: Art der Gattung ↑ Geißbart.

Waldhaargerste: Art der ↑ Haargerste.

Waldhabichtskraut: ein Korbblütler (↑ Habichtskraut).

Waldhainsimse: ein Binsengewächs (↑ Hainsimse).

Waldhasel: gleichbed. mit ↑ Haselnußstrauch.

Waldhyazinthe: anderer Name der Gattung ↑ Stendelwurz.

Waldkiefer (Gemeine Kiefer, Föhre, Forle, Forche, Sandkiefer, Pinus sylvestris): in Eurasien heimische Kiefernart; wichtiger, bis 40 m hoher Forstbaum, der nährstoffarme Sandböden bevorzugt; Nadeln zu zweien am Kurztrieb, 5–7 cm lang, blaugrün; Zapfen dunkel graubraun, gestielt, bald nach der Blüte (Mai/Juni) herabgekrümmt.

Waldläusekraut: Art der Gattung ↑ Läusekraut.

Waldmeister: Art der Gattung ↑ Labkraut.

Waldnelke: anderer Name der Steinnelke (↑ Nelke).

Waldplatterbse: Art der Gattung ↑ Platterbse.

Waldrebe (Klematis, Clematis): Gattung der Hahnenfußgewächse mit rund 300 weltweit verbreiteten Arten; sommer- oder immergrüne, meist kletternde Sträucher, auch aufrechte Halbsträucher oder Stauden; Blätter gegenständig, einfach, dreizählig oder gefiedert, Blattstiele oft windend; Blüten glockig bis tellerförmig, einzeln oder in Rispen, oft weiß oder violett. Die häufigsten einheimischen Arten sind: **Gemeine W.** (Hexenzwirn, Clematis vitalba): bis 7 m hoch kletternde Zweige; unpaarig gefiederte Blätter und kronblattlose Blüten mit weißen bis gelblichen

Kelchblättern; Früchte mit langen Griffeln; **Alpen-W.** (Alpenrebe, Clematis alpina): in Hochgebirgen und kälteren Regionen Eurasiens und Nordamerikas; Schlingpflanze mit langgestielten, dreiteiligen Blättern und großen, meist violetten bis hellblauen Blüten.

Waldruhrkraut: Art der Gattung ↑ Ruhrkraut.

Waldschachtelhalm: Art der Gattung ↑ Schachtelhalm.

Waldschmiele: Art der Gattung ↑ Schmiele.

Waldsegge: Art der Gattung ↑ Segge.

Waldspringkraut: svw. Rührmichnichtan (↑ Springkraut).

Waldtrespe: Art der Gattung ↑ Trespe.

Waldtulpe: wild vorkommende Art der ↑ Tulpe.

Waldveilchen: Art der ↑ Veilchen.

Waldvögelein (Cephalanthera): Gattung der Orchideen mit 14 Arten im gemäßigten Eurasien und in Nordamerika; Erdorchideen mit beblättertem Stengel und in lockerer Ähre stehenden Blüten. Einheimische Arten: **Rotes W.** (Cephalanthera rubra), mit roten Blüten am 20 bis 50 cm hohen Stengel; **Weißes W.** (Cephalanthera damasonium), gelbweiß blühend.

Waldwachtelweizen: Art der Gattung ↑ Wachtelweizen.

Waldziest: Art der Gattung ↑ Ziest.

Walnuß [niederdt., eigtl. = welsche Nuß (da die W. aus Italien kam)] (Juglans): Gattung der W.gewächse mit rund 15 Arten in Eurasien, Nordamerika und in den nördlichen Anden; sommergrüne Bäume, deren ♂ Blüten in hängenden Kätzchen, die ♀ Blüten einzelnstehend bzw. in wenigblütigen Knäueln oder Ähren angeordnet sind; Steinfrucht mit dicker Außen- und holziger Innenschale sowie fetthaltigen, eßbaren Samen; wichtige Holzlieferanten.

Zur Gattung W. gehören u.a.: die aus Südosteuropa stammende **Gemeine W.** (W.baum, Nußbaum, Juglans regia), ein bis 25 m hoher Baum mit aus 3–4 Fiederpaaren zusammengesetzten Blättern; Früchte kugelig, grün mit hellbraunem, gefurchtem Steinkern. Der Samen liefert ein wertvolles Speiseöl; die im Osten Nordamerikas vorkommende **Schwarznuß** (Schwarze W., Juglans nigra), ein bis 40 m hoher Baum mit tief rissiger Borke und 30–60 cm langen Blättern, die 6 und mehr Fiederpaare aufweisen; Früchte kugelig, 4–5 cm groß, mit sehr dicker, dunkelbrauner Schale und schwarzer, dickschaliger Nuß; Kern süß und ölreich. Beide Arten werden in Mitteleuropa wegen ihres *Holzes* kultiviert. Dieses ist feinfaserig, dauerhaft, mit kaum sichtbaren Markstrahlen und großen Poren. Je nach Standort ist es gelb, lichtbraun bis schwarzbraun getönt. Verwendet wird es v.a. als wertvolles Möbelholz, bes. für Furniere und für Drechsler- und Schnitzarbeiten.

Walnußgewächse (Juglandaceae): Familie der Zweikeimblättrigen mit rund 60 Arten in der nördlichen gemäßigten Zone, einige Arten auch auf der Südhalbkugel; meist Bäume mit unpaarig gefiederten Blättern und windbestäubten, eingeschlechtigen Blüten. Die wichtigsten Gattungen sind ↑ Hickorybaum und ↑ Walnuß.

Wandelröschen (Lantana): Gattung strauchiger ↑ Eisenkrautgewächse mit rund 160 tropischen und subtropischen Arten; mit meist ovallänglichen, gezähnten Blättern und in kleinen, dicht in Köpfchen stehenden Blüten, deren Farbe je nach Entwicklungsstand wechselt.

Wandflechte (Xanthoria parietina): auf Baumrinde, Holz und Steinen wachsende, auffällig gelbrot gefärbte Flechte. Die W. ist stickstoffliebend und kommt daher häufig an den durch (harnsäurehaltige) Exkremente verschmutzten Nist- und Sitzplätzen von Vögeln vor.

Wandoo [engl. 'wɔndu:; australisch]: Unterart des Eukalyptus im SW Australiens; bildet (mit Akazien) lichte Wälder **(W.wald)** mit reichem Strauchunterwuchs, die sich landeinwärts bei 625–500 mm Jahresniederschlag an den Wald aus Jarrah-Eukalyptus (Jarrahwald) anschließen.

Wanzenblume: anderer Name der Gattung ↑Mädchenauge.

Wanzenkraut (Cimicifuga): Gattung der ↑Hahnenfußgewächse mit rund zehn Arten in Osteuropa, im gemäßigten Asien und in Nordamerika. Bekannt ist das in Deutschland eingeschleppte **Stinkende W.** (Europäische W., Cimicifuga europaea), eine unangenehm riechende Staude mit sehr großen, zwei- bis dreifach gefiederten Blättern und grünlichen Blüten.

Warzenbirke: anderer Name der ↑Hängebirke.

Warzenkaktus (Mamillenkaktus, Mammillaria): Gattung hügelförmiger bis zylindrischer Kaktusgewächse mit rund 300 Arten, v. a. in Mexiko und den angrenzenden Ländern; mit spiralig angeordneten Höckern, zahlreichen Dornen und filzig oder wollig behaarten Areolen (rückgebildete Seitensprosse); Blüten überwiegend gelb oder rot, rings um den Scheitel angeordnet. Viele Arten sind beliebte Zierpflanzen.

Warzenschwamm: anderer Name des ↑Kellerschwamms.

Wasseraloe: Art der ↑Froschbißgewächse.

Wasserblattgewächse (Hydrophyllaceae): Familie der Zweikeimblättrigen mit rund 270, hauptsächlich in Nordamerika und in den Anden beheimateten Arten in 20 Gattungen; meist rauhhaarige Kräuter mit radiären, 4- bis 5zähligen Blüten mit verwachsener, häufig blauer bis violetter Blütenkrone und einem oberständigen Fruchtknoten. Eine bekannte Gattung ist das ↑Büschelschön.

Wasserdost (Eupatorium): Gattung der Korbblütler in Amerika und Eurasien; meist Stauden oder Sträucher mit röhrenförmigen Blüten in Köpfchen, die häufig in Trauben oder Doldentrauben angeordnet sind. Von den rund 600 W.arten kommt auf feuchten Böden in Mitteleuropa nur der **Gemeine W.** (Wasserhanf, Eupatorium cannabinum) vor: bis 1,70 m hoch; mit handförmigen Blättern und rosafarbenen Blüten in Köpfchen, die eine dichte Doldentraube bilden.

Wasserfalle (Aldrovanda): Gattung der ↑Sonnentaugewächse mit der einzigen Art **Aldrovanda vesiculosa** in stehenden Gewässern Eurasiens und Australiens: frei schwimmende Pflanzen mit quirlig stehenden Blättern, deren Spreiten nach mechanischer Reizung von Fühlhaaren als Klappfalle zum Fang von Wasserflöhen und kleinen Insekten ausgebildet sind; steht in Mitteleuropa unter Naturschutz.

Wasserfarn:

◇ anderer Name des ↑Algenfarns.

◇ anderer Name des Geweihfarns (↑Hornfarn).

Wasserfeder (Wasserprimel, Hottonia): Gattung der Primelgewächse mit nur zwei Arten in Eurasien bzw. Nordamerika. Einheimisch ist die in ihrem Bestand gefährdete, 10–30 cm hohe **Sumpf-W.** (Hottonia palustris), eine in flachen, stehenden oder langsam fließenden Gewässern vorkommende Staude mit kammförmigen, eine Rosette bildenden, untergetauchten Blättern und rosafarbenen Blüten, die in drei- bis sechsblütigen, aus dem Wasser herausragenden Quirlen stehen (der Blütenschaft kann bis zu 70 cm hoch werden). Die Frucht ist eine mehrsamige Kapsel.

Wasserfenchel: Art der Gattung ↑ Rebendolde.

Wasserhanf: Art der Gattung ↑ Wasserdost.

Wasserhelm: anderer Name der Gattung ↑ Wasserschlauch.

Wasserhyazinthe (Eichhornia): mit sechs Arten in Feuchtgebieten des warmen Amerikas heimische Gattung der Pontederiengewächse; u. a. die heute in den gesamten Tropen und Subtropen als lästiges Wasserunkraut auftretende, auf der Wasseroberfläche schwimmende Art **Eichhornia crassipes:** mit starker Ausläuferbildung, blasenartig aufgetriebenen Blattstielen der Rosettenblätter und großen, violettpurpurnen bis blauen Blüten in Scheinähren.

Wasserkastanie: anderer Name der ↑ Wassernuß.

Wasserkrug: anderer Name der Gattung ↑ Sarrazenie.

Wasserliesch: anderer Name der Gattung ↑ Schwanenblume.

Wasserlinse (Entengrütze, Entenlinse, Lemna): Gattung der **Wasserlinsengewächse** (Lemnaceae; etwa 25 Arten) mit mehreren, fast weltweit verbreiteten Arten; kleine, auf der Wasseroberfläche schwimmende Pflanzen mit blattartigem Sproß und einhäusigen Blüten.

Wassermelone (Citrullus): Gattung der Kürbisgewächse mit vier Arten, verbreitet im tropischen und südlichen Afrika sowie vom Mittelmeergebiet bis Indien; einjährige oder ausdauernde Kräuter mit niederliegenden Stengeln, gelappten Blättern und einzelnstehenden gelben Blüten. Kultiviert werden zwei Arten: die heimische, aus dem tropischen Afrika stammende **Echte W.** (Arbuse, Dschamma, Citrullus lanatus), die in allen wärmeren Ländern angebaut wird. Von ihren dunkelgrünen Früchten **(W.n)** wird das hellrote, wässerige Fruchtfleisch roh gegessen; die schwarzen Samen werden (geröstet) verzehrt. Die **Echte Zitrulle** (Koloquinthe, Citrullus colocynthis) wird stellenweise im südlichen Mittelmeergebiet und in Südwestasien angebaut. Von ihren orangegroßen gelben Früchten findet das schwammige, bitter schmeckende Fruchtfleisch in der Medizin (starkes Abführmittel) Verwendung.

Wasserminze: Art der Gattung ↑ Minze.

Wassernabel (Hydrocotyle): Gattung der Doldengewächse mit rund 80 fast weltweit verbreiteten Arten; u. a. der **Gemeine W.** (Hydrocotyle vulgaris) als einzige einheimische Art: auf Flachmooren; mit kriechenden Stengeln und langgestielten, kreisrunden Schildblättern sowie sehr kleinen, weißlichen oder rötlichweißen Blüten.

Wassernetz (Hydrodictyon): Gattung der Grünalgen mit zylinderförmigen Zellen, die ein grobmaschiges, schlauchartiges Netz bilden.

Wassernuß (Wasserkastanie, Trapa): einzige Gattung der **W.gewächse** (Trapaceae) mit drei Arten in Eurasien und Nordafrika; einjährige Wasserpflanzen mit rautenförmigen Schwimmblättern; Blüten weiß; Nußfrucht mit vier oder zwei hörnerartigen Dornen und eßbaren Samen. Die Art **Trapa natans** findet sich bei uns nur noch selten in stehenden Gewässern. In Ostasien werden die Samen von **Trapa bicornis** gekocht gegessen. – Abb. S. 240.

Wasserpest (Elodea): Gattung der Froschbißgewächse mit 15 Arten in Nord- und Südamerika; untergetaucht lebende, zweihäusige Wasserpflanzen mit quirligen oder gegenständigen Blättern. Weltweit verschleppt kommt in stehenden oder langsam fließenden Gewässern die **Kanadische W.** (Elodea canadensis) vor.

Wasserpfeffer: anderer Name des Pfefferknöterichs (↑ Knöterich).

Wasserprimel: anderer Name der ↑ Wasserfeder.

Wasserquirl: anderer Name der ↑ Grundnessel.

Wasserreis:

◇ (Zizania) Gattung der Süßgräser mit drei Arten an See- und Flußufern Nordamerikas und Ostasiens; z. B. **Tuscarorareis** (Indianerreis, Zizania aquatica); einjähriges Gras; Ährchen in 10–60 cm langen Rispen angeordnet. Die Früchte dienten den Indianern als Nahrungsmittel. Sie werden heute v. a. als Fischfutter verwendet.

◇ anderer Name des Sumpfreises (↑ Reis).

Wasserrübe (Brachrübe, Halmrübe): etwa 90 % Wasser enthaltende Zuchtform des ↑ Rübsens.

Wasserschierling (Cicuta): Gattung der Doldengewächse mit sieben Arten auf der Nordhalbkugel. Die einzige einheimische, auf nassen Böden vorkommende Art ist **Cicuta virosa:** bis 1,5 m hoch; unangenehm riechend; Blätter 2- bis 3fach gefiedert, Blüten weiß, Wurzelstock knollig verdickt, hohl, innen gekammert. Die Pflanze ist sehr giftig.

Wasserschimmelpilze (Saprolegniaceae): Familie niedrig organisierter Pilze (Algenpilze), die saprophytisch im Wasser auf toten Tieren und Pflanzen leben. Einige W. parasitieren an Wunden kränkelnder Fische oder bringen abgelegte Fischeier zum Absterben.

Wasserschlauch (Wasserhelm, Utricularia): Gattung der **W.gewächse** (Lentibulariaceae; mit rund 300 Arten), deren rund 250 v. a. tropische Arten im Wasser, in Sümpfen oder als Aufsitzerpflanzen (Epiphyten) verbreitet sind. Die stets wurzellosen, fleischfressenden Pflanzen haben an ihren Blättern blasenförmige, durch Reusenhaare und einen Dekkel verschließbare Fallen, in denen sich Insekten und Kleinkrebse fangen, wo sie von den Pflanzen verdaut werden. Ihre häufig gelben Blüten stehen in Trauben. Die häufigste einheimische Art in stehenden Gewässern ist der **Gemeine W.** (Utricularia vulgaris).

Wasserschraube (Sumpfschraube, Vallisneria): Gattung tropischer und subtropischer Froschbißgewächse; Wasserpflanzen mit bandförmigen Rosettenblättern; ♂ Blüten lösen sich vor dem Aufblühen ab und schwimmen auf der Wasseroberfläche, während die ♀ Blüten auf spiralig gewundenen Stielen die Wasseroberfläche erreichen; beliebte Aquarienpflanzen.

Wasserschwaden: Art der Gattung ↑ Schwaden.

Wasserschwertlilie: svw. Sumpfschwertlilie (↑ Schwertlilie).

Wasserstern (Callitriche): einzige Gattung der **W.gewächse** (Callitrichaceae) mit rund 30 weltweit verbreiteten Arten. Von den sieben einheimischen Arten ist nur der **Teich-W.** (Callitriche stagnalis) mit 6–8 in Rosetten angeordneten, breit-elliptischen oder kreisrunden Schwimm- und elliptischen bis spatelförmigen Wasserblättern häufig; Kaltwasseraquarienpflanze.

Wau: anderer Name der Gattung ↑Reseda.

Weberkarde: Art der Gattung ↑Karde.

Wegerauke: Art der Gattung ↑Rauke.

Wegerich (Plantago): fast weltweit verbreitete Gattung der **W.gewächse** (Plantaginaceae) mit über 250 Arten; Kräuter oder Halbsträucher mit parallelnervigen, oft in Rosetten stehenden Blättern und unscheinbaren Blüten in Köpfchen oder Ähren. Von den acht einheimischen Arten sind am häufigsten der in Unkrautgesellschaften vorkommende, ausdauernde **Große W.** (Breit-W., Plantago major): mit einer Rosette aus langgestielten, breiteiförmigen Blättern und weißen oder roten Staubfäden in Blüten, die in langen Ähren stehen. – Der **Mittlere W.** (Plantago media) findet sich besonders auf Wiesen und an Wegrändern: Laubblätter kurzgestielt, behaart, breitelliptisch, in grundständiger Rosette; Blüten in walzigen Ähren, im Gegensatz zur vorigen Art mit violetten Staubfäden. – Der **Meerstrand-W.** (Strand-W., Plantago maritima) kommt hauptsächlich an Meeresküsten vor: mit linealischen, graugrünen Blättern in grundständiger Rosette und walzenförmigen Blütenähren. – Der bis 40 cm hoch werdende **Spitz-W.** (Plantago lanceolata) ist heute ein häufiges Unkraut besonders auf Wiesen und an Wegrändern aller gemäßigten Gebiete; mit Rosetten aus schmalen Blättern; Blüten mit kleiner, bräunlicher Krone und weißlichen Staubfäden, in dichter Ähre auf gefurchtem Schaft; in der Volksmedizin werden die getrockneten Blätter als Teezubereitungen gegen Erkrankungen besonders der Atmungsorgane und Blase verwendet. – Abb. S. 239.

Wegmalve: Art der Gattung ↑Malve.

Wegwarte (Zichorie, Cichorium): Gattung der Korbblütler mit acht Arten, v.a. im Mittelmeergebiet. Die einzige einheimische Art ist die **Gemeine W.** (Kaffeezichorie, Cichorium intybus), eine an Wegrändern häufig vorkommende, 30 bis 130 cm hohe Staude mit schrotsägeförmigen Grundblättern, lanzettlichen oberen Stengelblättern und hellblauen, seltener weißen Zungenblüten. Sie wird in zwei Kulturvarietäten angebaut: als ↑Salatzichorie und als **Wurzelzichorie,** deren Wurzel geröstet als Kaffee-Ersatz verwendet wird. Eine Sorte der Wurzelzichorie ist der **Radicchio,** dessen rote Blätter als Salat gegessen werden. – ↑auch Endivie.

Geschichte: Die Gemeine W. wurde bei Griechen und Römern auch als Gemüse gegessen. Blüten, Wurzel und Kraut wurden seit dem Mittelalter zur Arzneiherstellung verwendet.

Wegzeigergras: svw. Hainrispengras (↑Rispengras).

Weichmais: Zuchtform des ↑Maises.

Weichselkirsche: anderer Name der ↑Sauerkirsche.

Weide (Salix): Gattung der Weidengewächse mit rund 300 Arten, v.a. in der nördlichen gemäßigten und in der subarktischen Zone; sommergrüne, seltener immergrüne Bäume, Sträucher oder Zwergsträucher mit meist lanzettlichen Blättern. Die Blütenstände der meisten W.n werden von Insekten besucht. Die Früchte sind zweiklappige Kapseln, deren mit Haarschopf versehene Samen durch den Wind verbreitet werden.

Rund 30 einheimische Arten (mit zahlreichen Artbastarden), u.a.: **Korb-W.** (Salix viminalis), besonders an Ufern und in Flußtälern Eurasiens verbreiteter Strauch oder bis

10 m hoher Baum; mit biegsamen, gelblichen Zweigen, die zum Korbflechten verwendet werden; in ähnlichem Lebensraum (Bruchwälder, Wassergräben, Moore) die **Ohren-W.** (Ohr-W., Salbei-W., Salix aurita), in Eurasien; 0,5–2 m hoher, sparriger Strauch mit dünnen, fein verästelten Zweigen; Blätter eiförmig-lanzettlich, wellig gesägt, mit zurückgekrümmter Spitze; Nebenblätter ohrförmig; an Flüssen und Waldrändern die von Europa bis Nordostasien heimische, heute oft kultivierte **Sal-W.** (Palm-W., Salix caprea), ein 3–9 m hoher Strauch mit zuerst grau behaarten, dann kahlen und glänzend rotbraunen Zweigen; Kätzchen bis 7 cm lang, vor dem Aufblühen silberweiß glänzend **(Palmkätzchen),** erscheinen vor den breit-elliptischen, unterseits graugrünen bis weißfilzigen Blättern. Die zwergstrauchigen Arten kommen in völlig anderen Biotopen vor, u. a.: **Quendelblättrige W.** (Salix serpyllifolia), in alpinen Regionen Eurasiens; **Netzadrige W.** (Netz-W., Salix reticulata), in arktisch-alpinen Gebieten Eurasiens und Nordamerikas; mit glänzend gelbgrünen Zweigen und breit-eiförmigen, stark netzadrigen Blättern. – Als Ziersträucher werden häufig angepflanzt einige Kulturformen der ↑Trauerweide, verschiedene Varietäten der ↑Weißweide und die **Glanz-W.** (Salix lucida) aus dem östlichen Nordamerika; kleiner Strauch oder Baum mit glänzenden, kahlen, gelbbraunen Zweigen, eiförmig-lanzettlichen, 7–12 cm langen, glänzenden Blättern und goldgelben Kätzchen. – Da die Kätzchen sehr zeitig im Frühjahr erscheinen, sind sie für die Bienen eine der ersten und damit eine sehr wichtige Nahrungsquelle.

Geschichte: Die das bitter schmekkende Glucosid **Salicin** enthaltenden Blätter und die Rinde verschiedener Weidenarten wurden schon im alten Ägypten als Heilmittel verwendet. Noch im 19. Jahrhundert dienten Blätter und Rinde als adstringierendes und fiebersenkendes Mittel. Die am Palmsonntag geweihten Zweige der Sal-W. sollten gegen Blitzschlag und Unwetter schützen.

Weidelgras: anderer Name der Gattung ↑Lolch.

Weidengewächse (Salicaceae): Familie der Zweikeimblättrigen mit rund 350 Arten in den Gattungen ↑Pappel und ↑Weide; Bäume, Sträucher und Zwergsträucher, vorwiegend in der nördlichen gemäßigten und in der subarktischen Zone, nur wenige Arten in den Tropen; Blüten ohne Blütenhülle, zweihäusig, in ährigen Kätzchen.

Weidenröschen (Epilobium): Gattung der Nachtkerzengewächse mit rund 200 Arten in außertropischen Gebieten; Stauden oder Halbsträucher mit länglichen Blättern und roten, purpurfarbenen oder weißen, achselständigen Blüten. Bekannte einheimische Art: **Zottiges W.** (Epilobium hirsutum), bis 1,50 m hoch; mit stengelumfassenden, gesägten Blättern und purpurfarbenen Blüten.

Weiderich (Lythrum): mit rund 30 Arten weltweit verbreitete Gattung der **W.gewächse** (Lythraceae; rund 500 Arten, v. a. in den Tropen und Subtropen); überwiegend Kräuter oder Stauden mit in Trauben oder Ähren stehenden Blüten. Die häufigste einheimische Art ist der ↑Blutweiderich.

Weigelie (Weigelia) [nach dem dt. Naturwissenschaftler Ch. E. von Weigel, * 1748, † 1831]: Gattung der Geißblattgewächse mit elf Arten in Ostasien; Sträucher mit elliptischen, gesägten Blättern und roten oder rosafarbenen, glockenförmigen Blüten; beliebte Ziersträucher.

Weihnachtskaktus: anderer Name des ↑ Gliederkaktus.

Weihnachtsstern (Adventsstern, Poinsettie, Euphorbia pulcherrima): in Mexiko und Mittelamerika heimische Wolfsmilchart; bis 1 m hoher (in seiner Heimat bis 4 m hoher) Strauch mit eiförmigen, gelappten Blättern und unscheinbaren, von leuchtend roten, rosafarbenen, gelben oder gelblichweißen Hochblättern umgebenen Scheinblüten; beliebte Zimmerpflanze.

Weinpalme:

◊ (Borassus) Gattung der Palmen mit neun Arten im tropischen Afrika und in Asien; bis 30 m hohe Fächerpalmen mit kleinen, zweihäusigen Blüten und kugeligen Steinfrüchten. Wirtschaftlich wichtig ist besonders die ↑ Palmyrapalme.

◊ Bez. für verschiedene ↑ Palmwein liefernde Palmen, z. B. für Arten der Raphiapalme.

Weinraute: Art der Gattung ↑ Raute.

Weinrautengewächse: gleichbed. mit ↑ Rautengewächse.

Weinrebe (Rebe, Vitis): Gattung der Weinrebengewächse mit rund 60 Arten in den nördlich gemäßigten Regionen v. a. Nordamerikas und Ostasiens; meist sommergrüne, mittels Ranken kletternde Sträucher mit streifig abfasernder Borke und meist einfachen, gelappten oder gezähnten Blättern; Blüten fünfzählig, in Rispen. Die Früchte sind saftige Beeren. Die wirtschaftlich bedeutendste, sehr formenreiche Art ist die **Echte W.** (Weinstock, Rebstock, Vitis vinifera), aus deren beiden wild vorkommenden Unterarten die zahlreichen Sorten der **Kulturrebe** (Edelrebe, Vitis vinifera ssp. vinifera), z. B. durch Einkreuzung nordamerikanischer Weinrebenarten (↑ Amerikanerrebe), entstanden sind. Die eine Unterart ist **Vitis vinifera ssp. sylvestris,** die von Mittelfrankreich über das Oberrheingebiet bis Palästina und Nordwestafrika verbreitet ist; aus ihr sind wahrscheinlich einige der älteren deutschen Kultursorten hervorgegangen. Die andere Unterart ist die von der Ukraine bis zum Kaukasus, in Iran, Turkestan und Kaschmir verbreitete **Vitis vinifera ssp. caucasica,** die an der Entstehung der meisten modernen Sorten der Kulturrebe beteiligt ist. Die Blätter sind rundlich herzförmig, 7–15 cm breit und 3- bis 5lappig. Die zwittrigen, duftenden Blüten besitzen an den Spitzen mützenförmig zusammenhängende, gelblichgrüne Kronblätter. Die Kulturrebe wird durch Ableger vermehrt.

Die Früchte **(Weinbeeren)** sind je nach Sorte blau, rot, grün oder gelb. In 100 g eßbarem Anteil der Früchte sind durchschnittlich enthalten: 81 g Wasser, 16,5 g Kohlenhydrate und 3,8 mg Vitamin C. – Die Fruchtstände werden als **Trauben (Weintrauben)** bezeichnet. – Die Verwendung der Beeren erfolgt frisch als Tafeltrauben, getrocknet als Rosinen sowie v. a. gepreßt (gekeltert) als Traubensaft, der zu Wein vergoren werden kann; Wein kann zu Weinbrand destilliert werden. – Die Preßrückstände werden als **Trester** bezeichnet. – Die Blätter finden in der Volksheilkunde u. a. als harntreibendes Mittel Verwendung.

Geschichte: Die Echte W. stammt aus den Gebieten zwischen Kaspischem Meer, Mesopotamien und Persischem Golf. Schon im 4. Jahrtausend v. Chr. wurde Weinbau im Zweistromland, im Nildelta und im Jordantal betrieben. Im 2. Jahrtausend v. Chr. kam die Echte W. nach

Griechenland, Nordafrika und Spanien, im 1. Jahrtausend v. Chr. nach Italien und Südfrankreich, von dort mit den Römern in die von ihnen eroberten Gebiete, nach Burgund und ins Bordelais, ins Elsaß, an Rhein und Mosel. Ab dem 1. Jahrhundert n. Chr. verbreitete sie sich vom Bodenseegebiet aus über ganz Südwestdeutschland.
Der Weinbau dehnte sich in der Folgezeit in der Alten Welt mit dem Akerbau über ein rund 2000 km breites Band um die nördliche Erdhalbkugel, und zwar von 30° bis 50° nördlicher Breite, aus. Eine fortlaufende Weinbauzone erstreckt sich vom Atlantischen bis zum Stillen Ozean, von Spanien und Marokko bis Zentralasien und Kaschmir.
In der Neuen Welt ist die W. nicht beheimatet. Die in Europa angebaute Rebe gelangte durch Missionare um 1520 nach Mexiko, 1560 nach Argentinien, um 1580 nach Peru, 1697 nach Kalifornien. 1655 pflanzte der Gründer der Kapprovinz erste Reben am Kap Südafrikas, 1788 brachten Europäer sie nach Australien.
Im 19. Jahrhundert führte man nordamerikanische Weinrebenarten nach Europa ein, mit denen aber der Mehltau und die Reblaus eingeschleppt wurden, die große Schäden verursachten. Durch Kreuzung europäischer Rebsorten mit reblaus- und mehltauresistenten Amerikanerreben versucht man die Schäden zu vermindern.

Weinrebengewächse (Rebengewächse, Vitaceae): Familie der Zweikeimblättrigen mit rund 700 v. a. tropischen Arten in 12 Gattungen; meist Lianen mit häufig gefiederten Blättern; Blüten unscheinbar, meist 4- bis 5zählig; Beerenfrüchte. Bekannte Gattungen: ↑Doldenrebe, ↑Jungfernrebe, ↑Klimme, ↑Tonkinwein und ↑Weinrebe.

Weinrose: Art der Gattung ↑Rose.

Weinroter Ledertäubling: Art der Gattung ↑Ledertäubling.

Weinstock: svw. Echte Weinrebe (↑Weinrebe).

Weißbirke: anderer Name der ↑Hängebirke.

Weißbuche: anderer Name der ↑Hainbuche.

Weißdorn (Crataegus): Gattung der Rosengewächse mit rund 200 Arten in den nördlichen gemäßigten Zonen; überwiegend bedornte Sträucher oder Bäume, deren Blüten meist in Doldenrispen stehen. Einheimisch sind: **Eingriffeliger W.** (Crataegus monogyna), mit drei- bis siebenlappigen Blättern, weißen Blüten und dunkelroten Früchten; **Zweigriffeliger W.** (Mehldorn, Gemeiner W., Crataegus oxyacantha), mit drei- bis fünflappigen, gesägten Blättern und weißen oder rosafarbenen, unangenehm riechenden Blüten, die ebenso wie die Blätter und die blutroten Früchte **(Mehlbeeren)** medizinisch als Herz- und Kreislaufmittel verwendet werden. Eine Kulturform des Zweigriffeligen W.s ist der ↑Rotdorn. – Als Ziergehölze werden kultiviert: z. B. der ↑Azaroldorn und der aus Nordamerika stammende **Scharlachdorn** (Crataegus pedicellata), ein bis 7 m hoher Strauch mit 3–5 cm langen Dornen, lappigen, grob gesägten Blättern, zottigen Blütenständen und scharlachroten, wohlschmeckenden Früchten.

Weiße Lilie: svw. Madonnenlilie (↑Lilie).

Weiße Nachtnelke: svw. Abendlichtnelke (↑Nachtnelke).

Weiße Nessel: Art der Gattung ↑Boehmeria.

Weißer Germer: Art der Gattung ↑Germer.

Weißer Klarapfel: svw. Klarapfel (↑Apfelsorten, Übersicht S. 26).

Weißer Knollenblätterpilz: Bez. für zwei weiße, 10–15 cm hohe, hochgiftige Knollenblätterpilze: **Weißlicher Frühlingswulstling** (Amanita verna): Stiel glatt; mit ausdauerndem, anliegendem Ring; kommt auf Kalkböden vor, ist aber selten in Mitteleuropa zu finden; **Spitzhütiger Knollenblätterpilz** (Amanita virosa): Stiel wollig-faserig; mit unvollständigem, vergehendem Ring; auf sauren Böden in mitteleuropäischen Nadel- und Laubwäldern. – Abb. S. 318.

Weißerle: anderer Name der Grauerle (↑Erle).

Weißer Maulbeerbaum: Art der Gattung ↑Maulbeerbaum.

Weiße Rose: Art der Gattung ↑Rose.

Weiße Roßkastanie: Art der Gattung ↑Roßkastanie.

Weißer Porenschwamm: Art der Gattung ↑Porenhausschwamm.

Weißer Sandelbaum: Art der Gattung ↑Sandelbaum.

Weißer Senf: Art der Gattung ↑Senf.

Weißer Speik: anderer Name der Weißen ↑Schafgarbe.

Weißer Steinklee: Art der Gattung ↑Steinklee.

Weiße Rübe: svw. Wasserrübe (↑Rübsen).

Weiße Schafgarbe: Art der Gattung ↑Schafgarbe.

Weiße Seerose: Art der Gattung ↑Seerose.

Weißes Straußgras: Art der Gattung ↑Straußgras.

Weißes Waldvögelein: Art der Gattung ↑Waldvögelein.

Weiße Taubnessel: Art der Gattung ↑Taubnessel.

Weiße Zaunrübe: Art der Gattung ↑Zaunrübe.

Weißfichte (Picea glauca): im nördlichen Nordamerika heimische Fichtenart; bis 20 m hoher Baum mit schmalkegelförmiger Krone, hellgraugrünen, v. a. auf der Oberseite der Zweige stehenden Nadeln und braunen, zylindrischen Zapfen; selten kultiviert. Das Holz der W. wird v. a. zu Papier verarbeitet.

Weißklee: Art der Gattung ↑Klee.

Weißkohl (Weißkraut): grünlichweiße Kulturform des ↑Gemüsekohls mit Kopfbildung (sog. **Kopfkohl**).

Weißkraut: svw. ↑Weißkohl.

Weißmoos (Ordenskissen, Leucobryum): Gattung vorwiegend tropischer Laubmoose; von den fast 120 Arten ist nur **Leucobryum glaucum** einheimisch: in Wäldern, auf Heiden und Mooren große Polster bildendes, weißlichgrünes Moos mit hohem Wasserspeicherungsvermögen.

Weißpappel: anderer Name der ↑Silberpappel.

Weißtanne (Edeltanne, Silbertanne, Abies alba): in den Gebirgen Mittel- und Südeuropas heimische Tannenart; bis 50 m hoher Baum mit anfangs kegelförmiger, später an der Spitze abgeplatteter Krone; Nadeln mit scheibenförmiger Basis, häufig zweizeilig der Triebachse aufsitzend, kaum 3 cm lang, an der Spitze meist eingekerbt, unterseits mit zwei weißen Wachsstreifen; Zapfen aufrechtstehend, 10–15 cm lang. – Die W. verlangt hohe Luftfeuchtigkeit und fruchtbaren Boden. Sie erreicht ein Alter von 200–300 Jahren. Das weiche, gelblichweiße bis hellrötliche *Holz* besitzt keine Harzgänge. Es ist dem der Fichte ähnlich, jedoch elastischer und unter Feuchtigkeitseinflüssen formstabiler; Verwendung als Blind- und Bauholz, für Innenausstattungen, Möbel und für Er-

zeugnisse, bei denen Harzgehalt unerwünscht ist.
Die W. lieferte schon in der jüngeren Steinzeit Nutzholz. Aus den Stämmen wurden oft Schiffsmasten gefertigt. Häufig wird die W. als Weihnachtsbaum verwendet.

Weißweide (Salix alba): an Ufern und auf feuchten Wiesen Europas, West- und Nordasiens verbreitete Weidenart; bis 20 m hoher Baum mit rissiger Borke und mit in der Jugend beiderseits seidig behaarten, schmalen Blättern, die später z. T. oberseits verkahlen. Als Zierbäume und Bienenfutterpflanzen werden häufig kultiviert die Varietäten **Dotterweide** (Goldweide, Salix alba var. vitellina; mit dottergelben, biegsamen Zweigen) und **Silberweide** (Salix alba var. sericea; mit stets seidig behaarten Blättern).

Weißwurz: anderer Name der Gattung ↑ Salomonsiegel.

Weißzeder: anderer Name der Gattung ↑ Lebensbaumzypresse.

Weizen (Triticum): Gattung der Süßgräser mit 18 Arten in Klein- und Zentralasien sowie in Äthiopien; einjährige oder winterharte Ährengräser mit zwei- bis vielzeilig stehenden, begrannten **(Bart-W.)** oder unbegrannten Ährchen. Zahlreiche Arten sind wichtige Getreidepflanzen, die von den Subtropen bis 60° nördlicher Breite und 27–40° südlicher Breite angebaut werden (Hauptanbaugebiete: Eurasien, Nordamerika).
Aus dem diploiden ↑ Einkorn sind über die tetraploiden Arten ↑ Emmer, ↑ Gommer, ↑ Hartweizen und **Rauh-W.** (Englischer W., Makkaroni-W., Triticum turgidum; Ähren dick und lang; wird nur noch in Mittelmeerländern und Mittelasien angebaut) die hexaploiden Arten ↑ Dinkel und der heute überwiegend kultivierte **Saat-W.** (Triticum aestivum) gezüchtet worden. Letzterer ist gekennzeichnet durch eine zähe, vielzeilige Ährenspindel und bei Reife aus den Spelzen fallende Körner. Je nachdem, ob die dichte bis lockere Ähre begrannt oder unbegrannt ist, wird von **Grannen-W.** bzw. **Kolben-W.** gesprochen. Der Saat-W. wird in zahlreichen Sorten als Sommer- oder Winter-W. angebaut. Die Körner enthalten etwa 70% Stärke und 10–12% Eiweiß. Die in Kultur stehenden W.arten werden als Brotgetreide, für Grieß, Graupen und Teigwaren sowie zur Bier- und Branntweinherstellung (Weißbier, Whisky) und als Viehfutter verwendet. W.stroh findet als Flechtmaterial für Matten, Korbwaren und Strohhüte Verwendung.
Die Haupterzeugerländer für W. sind China, UdSSR, USA, Kanada und Frankreich.

Geschichte: Die ältesten W.arten (Einkorn, Emmer) waren seit der Jungsteinzeit in Kultur. Sie finden sich als Beigabe in ägyptischen Gräbern. Der Saat-W. entstand in Europa zu Beginn der Eisenzeit (vor rund 2500 Jahren) durch Züchtung. Seit dem Mittelalter haben seine Kultursorten in Europa die alten W.arten allmählich verdrängt. – Abb. S. 73.

Welwitschia [nach dem österr. Botaniker F. Welwitsch, * 1806, † 1872]: einzige Gattung der Nacktsamerfamilie **W.gewächse** (Welwitschiaceae) mit der einzigen Art **Welwitschia mirabilis** in der Namib; Wüstenpflanze mit nur wenig über den Erdboden vorragender, verholzter Sproßachse und nur zwei, bis mehrere Meter langen, bandförmigen Laubblättern, die durch ein Bildungsgewebe am Blattgrund ständig nachwachsen und von der Spitze her absterben. Die von Insekten bestäubten, in Zapfen stehenden Blüten weisen je zwei Blütenhüllblätter auf. Deshalb gilt W. mirabilis als Übergangsform zwischen Nackt- und Bedecktsamern.

Wendelähre (Drehwurz, Spiranthes): mit Ausnahme von Südamerika weltweit verbreitete Orchideengattung mit über 30 Arten; einheimisch die beiden folgenden geschützten Arten: **Herbst-W.** (Spiranthes spiralis), mit grundständigen Blättern und grünlichen Blüten; **Sommer-W.** (Spiranthes aestivalis), mit beblättertem Stengel und weißen Blüten. Die Blüten beider Arten sind spiralig in einer Ähre angeordnet.

Wermut (Echter W., Absinthpflanze, Artemisia absinthium): Korbblütler der Gattung Beifuß in Trokkengebieten Eurasiens; bis 1 m hoher, aromatisch duftender, filzig behaarter Halbstrauch mit nickenden, gelben, in Rispen stehenden Blütenköpfchen. W. enthält ätherisches Öl, u. a. mit dem giftigen **Thujon** (starkes Nervengift, das epileptische Krämpfe verursacht), und wurde medizinisch als Wurmmittel, als Bittermittel sowie zur Herstellung von Wermutschnaps (Absinth; enthält Thujon) verwendet.

Westliche Fichte: anderer Name der ↑Sitkafichte.

Wetterdistel: anderer Name der ↑Eberwurz.

Wettermoos: Art der Gattung ↑Drehmoos.

Weymouthskiefer ['vaımu:t, engl. 'wɛıməθ; nach Th. Thynne, 1. Viscount of Weymouth, † 1714] (Strobe, Pinus strobus): im östlichen Nordamerika heimischer, in Europa forstlich oder als Parkbaum kultivierte Kiefernart; wird 25–50 m hoch; Nadeln zu fünfen am Kurztrieb, 5 bis 10 cm lang, blaugrün, dünn; Zapfen leicht gekrümmt hängend, 10–15 cm lang, zimtbraun, Schuppen abstehend. – Die W. wird bis zu 200 Jahre alt. Ihr leichtes, weiches, leicht spaltbares Holz mit gelbweißem Splint und braunem Kern ist sehr gut bearbeitbar (Bleistiftherstellung, Modellbau u. a.).

Wicke (Vicia): Gattung der Schmetterlingsblütler mit mehr als 150 Arten, v. a. in der nördlichen gemäßigten Zone; einjährige oder ausdauernde, meist kletternde Kräuter mit paarig gefiederten Blättern (obere Fiederblättchen und Endfieder meist in Ranken umgewandelt) und einzeln oder in Trauben stehenden Blüten. Bekannte, teilweise als Futter- und Gründüngungspflanzen genutzte Arten sind: ↑Saatwicke, ↑Pferdebohne, ↑Vogelwicke, ↑Zaunwicke und ↑Zottelwicke.

Widerbart (Epipogium): Gattung der Orchideen mit fünf Arten in Eurasien, Australien, Neukaledonien und im tropischen Westafrika; blattlose Fäulnisbewohner (Saprophyten). Die einzige europäische Art ist die in Wäldern vorkommende Art **Epipogium aphyllum** mit gelblichen, nach Bananen duftenden Blüten mit rot punktierter Lippe und fleischrotem Sporn.

Widerstoß (Limonium): mit über 200 Arten weltweit verbreitete Gattung der **Bleiwurzgewächse** (Plumbaginaceae), zu der besonders an Trokkenheit (Xerophyten) und an Salzböden (Halophyten) angepaßte Pflanzen der Steppen, Halbwüsten und Meeresstrände gehören; meist ausdauernde Kräuter, seltener Halbsträucher mit Blütenständen aus kleinen, meist blauen oder weißen Blüten. Auf Salzwiesen der europäischen, nordafrikanischen und nordamerikanischen Küsten gedeiht häufig der bis 50 cm hohe, blauviolett blühende **Strandflieder** (Meerlavendel, Strandnelke, Limonium vulgare), der auch als Zierpflanze kultiviert wird.

Wielandiella: fossile Gattung der ↑Bennettitales.

Wiesenaugentrost: Art der Gattung ↑Augentrost.

Wiesenbärenklau: Art der Gattung ↑Bärenklau.

Wiesenchampignon: svw. Feldchampignon (↑Champignon).

Wiesenflockenblume: Art der Gattung ↑Flockenblume.

Wiesenfuchsschwanzgras (Kornschmiele, Alopecurus pratensis): häufig auf Wiesen Nordeurasiens heimisches Süßgras der Gattung ↑Fuchsschwanzgras; 30–100 cm hohes Ährenrispengras mit zottig bewimperten Hüllspelzen und begrannten Deckspelzen.

Wiesenglockenblume: Art der Gattung ↑Glockenblume.

Wiesengoldhafer: Art der Gattung ↑Goldhafer.

Wiesenhafer: anderer Name der Grasgattung ↑Glatthafer.

Wiesenhornklee: Art der Gattung ↑Hornklee.

Wiesenkammgras: Art der Grasgattung ↑Kammgras.

Wiesenkerbel: Art der Gattung ↑Kerbel.

Wiesenklee: Art der Gattung ↑Klee.

Wiesenknopf (Sanguisorba): Gattung der Rosengewächse mit rund 30 Arten in der nördlichen gemäßigten Zone. In Deutschland kommen zwei ausdauernde Arten vor: auf Feuchtwiesen der 30–90 cm hohe **Große W.** (Sanguisorba officinalis) mit herzförmigen bis elliptischen Blattfiedern und dunkelbraunroten Blüten in länglichen Köpfchen; auf Trokkenrasen der 20–60 cm hohe **Kleine W.** (Bibernelle, Sanguisorba minor) mit eiförmigen Blattfiedern und grünen, oft rot überlaufenen Blüten in kugeligen Köpfchen. – Der Große W. wurde früher in der Volksmedizin als Adstringens (z. B. als blutstillendes Mittel), der Kleine W. wurde als Gewürz verwendet.

Wiesenknöterich: Art der Gattung ↑Knöterich.

Wiesenkümmel: svw. Echter Kümmel (↑Kümmel).

Wiesenlieschgras: Art der Gattung ↑Lieschgras.

Wiesenmargerite: anderer Name der ↑Margerite.

Wiesenplatterbse: Art der Gattung ↑Platterbse.

Wiesenraute (Thalictrum): Gattung der Hahnenfußgewächse mit rund 120 Arten, v. a. auf der Nordhalbkugel; Stauden mit mehrfach gefiederten Blättern und in Rispen oder Trauben stehenden Blüten, oft mit auffällig gefärbten Staubfäden. In Deutschland kommt auf Feuchtwiesen die **Gelbe W.** (Thalictrum flavum) vor. Einige Arten sind als Zierpflanzen in Kultur.

Wiesenrispengras: Art der Gattung ↑Rispengras.

Wiesensafran: Art der Gattung ↑Herbstzeitlose.

Wiesensalbei: Art der Gattung ↑Salbei.

Wiesenschaumkraut: Art der Gattung ↑Schaumkraut.

Wiesenschwingel: Art der Gattung ↑Schwingel.

Wiesensiegwurz: Art der Gattung ↑Siegwurz.

Wiesenwachtelweizen: Art der Gattung↑Wachtelweizen.

Wiesenwucherblume: anderer Name der ↑Margerite.

Wilder Apfelbaum: anderer Name des ↑Holzapfelbaums.

Wilder Birnbaum: Stammart des kultivierten ↑Birnbaums.

Wilder Hanf (Cannabis sativa ssp. spontanea): Wildform (oder verwilderte Kulturform) des Faserhanfs (↑Hanf).

Wilder Majoran: Art der Gattung ↑Dost.

Wilder Reis: svw. ↑Reisquecke.

Wilder Rosmarin: Art der Gattung ↑Porst.

Wilde Rübe: svw. Meerstrandrübe (↑Runkelrübe).

Wilder Wein: Art der Gattung ↑Jungfernrebe.

Williams Christbirne: eine Tafelbirne (↑Birnensorten, Übersicht S. 49).

Williamsonia: eine ausgestorbene Nacktsamergattung (↑Bennettitales).

Wimpernfarn (Woodsia): Gattung kleiner Farne mit rund 40, überwiegend in den kalt-gemäßigten Gebieten verbreiteten Arten. Charakteristisch ist der in haarförmige, braune Zipfel aufgelöste Schleier (Indusium) über den Sporenhäufchen (Sori); die Blattunterseite erscheint dadurch wie behaart.

Winde (Convolvulus): Gattung der Windengewächse mit rund 250 Arten, v.a. in den subtropischen und gemäßigten Gebieten; aufrechte, niederliegende oder windende Kräuter oder aufrechte Sträucher mit meist einzelnstehenden, glockenförmigen Blüten. Die einzige einheimische Art ist die niederliegende oder sich an anderen Pflanzen, an Zäunen u.a. emporwindende **Acker-W.**, (Feld-W., Drehwurz, Convolvulus arvensis): mit weißen oder rosafarbenen Blüten, die auf der Außenseite fünf rote Streifen tragen; weit verbreitetes Acker- und Gartenunkraut. Andere Arten werden als Zierpflanzen kultiviert.

Windengewächse (Convolvulaceae): Familie der Zweikeimblättrigen mit rund 1600 v.a. tropischen und subtropischen Arten; aufrechte oder windende Kräuter oder Sträucher, selten kleine Bäume; Blüten meist fünfzählig, fast stets radiärsymmetrisch. Die wichtigsten Gattungen sind ↑Winde, ↑Zaunwinde, ↑Trichterwinde und ↑Kleeseide.

Windhafer: Art der Gattung ↑Hafer.

Windröschen: anderer Name der ↑Anemone.

Winterastern: anderer Name der ↑Chrysanthemen.

Winterbohnenkraut ↑Bohnenkraut.

Winter-Dechantsbirne: eine Tafel- und Wirtschaftsbirne (↑Birnensorten, Übersicht S. 49).

Wintereiche: anderer Name der ↑Traubeneiche.

Winterendivie ↑Endivie.

Wintergoldparmäne: svw. Goldparmäne (↑Apfelsorten, Übersicht S. 25).

Wintergrün (Pyrola): Gattung der W.gewächse mit rund 40 Arten, überwiegend in der nördlichen gemäßigten Zone sowie in tropischen und subtropischen Hochgebirgen; ausdauernde Kräuter oder kleine Halbsträucher mit ganzrandigen oder schwach gekerbten Blättern; Blüten klein, einzeln oder in Trauben. In Deutschland kommen in Nadelwäldern sechs Arten vor, darunter das **Nickende W.** (Pyrola secunda) mit glockigen, gelblichweißen Blüten.

Wintergrüngewächse (Pyrolaceae): Familie der Zweikeimblättrigen mit rund 75 Arten, v.a. auf der Nordhalbkugel sowie in tropischen und subtropischen Gebirgen; Kräuter oder Halbsträucher mit einfachen, immergrünen Blättern; Blüten vier- bis fünfzählig, klein, in endständigen Trauben oder einzeln. Die wichtigsten Gattungen sind ↑Wintergrün und ↑Winterlieb.

Winterjasmin: Art der Gattung ↑Jasmin.

Winterkohl: anderer Name des ↑Grünkohls.

Winterlauch:
◊ anderer Name des ↑Porrees.
◊ anderer Name der ↑Winterzwiebel.

Winterlieb (Chimaphila): Gattung der Wintergrüngewächse mit vier Arten in Europa, Japan und Nordamerika; niedrige Halbsträucher mit derben, gesägten Blättern; Blüten weiß oder rosafarben, meist in Doldentrauben. Die einzige einheimische Art ist das auf Sandböden, v. a. in Kiefernwäldern vorkommende **Dolden-W.** (Chimaphila umbellata) mit rosafarbenen, nickenden Blüten.

Winterlinde: Art der Gattung ↑Linde.

Winterling (Winterstern, Eranthis): Gattung gelb oder weiß blühender Hahnenfußgewächse mit acht Arten in Südeuropa und Ostasien; Kräuter mit grundständigen, handförmig geteilten Blättern. Eine frühblühende Zierpflanze ist der **Kleine W.** (Eranthis hyemalis), eine 10 bis 15 cm hohe Staude mit knolligem Erdstamm und gelben Blüten.

Wintermajoran: Unterart des Gemeinen ↑Dosts.

Winterpilz: svw. Samtfußrübling (↑Rüblinge).

Winterporling (Polyporus brumalis): den ↑Porlingen zugeordneter, ungenießbarer, etwa 6 cm hoher, in Gestalt und Färbung veränderlicher Ständerpilz, der besonders von Herbst bis Frühjahr auf Laubhölzern wächst.

Winterrambour (Rheinischer W.): ein Tafel- und Wirtschaftsapfel (↑Apfelsorten, Übersicht S. 27).

Winterraps: Zuchtvarietät des ↑Rapses.

Winterrettich ↑Rettich.

Winterroggen: im Herbst ausgesäter ↑Roggen.

Winterrübling ↑Rüblinge.

Winterspinat: svw. Gartenampfer (↑Ampfer).

Winterstern: anderer Name der Gattung ↑Winterling.

Wintertrüffel: Art der Pilzgattung ↑Trüffel.

Winterweizen: Kultursorten des Saatweizens (↑Weizen).

Winterzwiebel (Winterlauch, Johannislauch, Allium fistulosum): wahrscheinlich aus China stammende Art der Gattung ↑Lauch, die v. a. in Ostasien und in den Tropen kultiviert wird. Die W. besitzt eine längliche Zwiebel, immergrüne, röhrenförmige Blätter und weißlichgrüne Blüten in kugeliger Scheindolde. Blätter und Stengel werden als Gemüse und Gewürz verwendet.

Wirsing [aus lombard. verza, von lat. viridia = grüne Gewächse]: Kulturvarietät des Gemüsekohls; mit gekrausten, sich zu einem lockeren Kopf zusammenschließenden Blättern, die als Kochgemüse verwendet werden.

Wisteria: wissenschaftlicher Name der Gattung ↑Glyzine.

Witwenblume: anderer Name der ↑Knautie.

Wohlriechende Platterbse: Art der Gattung ↑Platterbse.

Wohlriechender Gänsefuß: gleichbed. mit ↑Teekraut.

Wohlriechendes Geißblatt: Art der Gattung ↑Geißblatt.

Wohlriechendes Ruchgras: svw. Gemeines ↑Ruchgras.

Wohlriechendes Veilchen: Art der Gattung ↑Veilchen.

Wohlriechende Weißwurz: svw. Echtes ↑Salomonsiegel.

Wohlverleih: anderer Name der Korbblütlergattung ↑Arnika.

Wolffia: wissenschaftlicher Name der Gattung ↑Zwerglinse.

Wolfsauge (Lycopsis): Gattung der Rauhblattgewächse mit drei Arten in Europa und Westasien. Die einzige einheimische Art ist der auf Sandböden verbreitete **Ackerkrummhals** (Lycopsis arvensis); einjähriges oder den Winter überdauerndes, 20–40 cm hohes Kraut mit runzeligen, borstig behaarten, schmal-lanzettlichen Blättern und hellblauen, in Wickeln stehenden Blüten.

Wolfsmilch (Euphorbia): Gattung der W.gewächse mit rund 1600 Arten, v.a. in den Tropen und Subtropen (hauptsächlich in Afrika); Kräuter, Sträucher oder Bäume mit giftigem Milchsaft in ungegliederten Milchröhren. Die zu je einem Staub- bzw. Fruchtblatt reduzierten Blüten stehen in stark verkürzten, von Hochblättern umgebenen, daher Einzelblüten vortäuschenden Blütenständen. Viele Arten, v.a. afrikanische, sind stammsukkulent und ähneln Kakteen. Bekannte Zierpflanzen sind ↑Christusdorn und ↑Weihnachtsstern.

Von den 18 einheimischen Arten sind häufig: **Garten-W.** (Euphorbia peplus), 10–30 cm hoch; mit gestielten, eiförmig-rundlichen Blättern und gelblichgrünen Blüten; Garten- und Ackerunkraut. **Sonnen-W.** (Euphorbia helioscopia), bis 40 cm hoch; mit keilförmigen bis verkehrt eiförmigen, vorn fein gesägten, am Stengel nach oben an Größe zunehmenden Blättern und Scheinblüten in fünfstrahliger, gelblichgrüner Scheindolde; Ackerunkraut. **Zypressen-W.** (Euphorbia cyparissias), 15–30 cm hoch; mit dünnen, hellgrünen, schmal-linealförmigen, bis 3 mm breiten Blättern; Hüllblätter der Teilblütenstände gelb bis rötlich; auf trockenen, sandigen Böden. **Spring-W.** (Kreuzblättrige W., Euphorbia lathyris), bis 1,5 m hoch; mit gekreuzt-gegenständigen, schmalen Blättern und haselnußgroßen, knakkend aufspringenden Kapselfrüchten; wird häufig in Gärten angepflanzt, da sie Wühlmäuse vertreiben soll. – Im Sudan wächst die sukkulente, 6–10 m hohe **Kandelaber-W.** (Euphorbia candelabrum): mit Ästen, die sich kandelaberförmig verzweigen.

Wolfsmilchgewächse (Euphorbiengewächse, Euphorbiaceae): Familie der Zweikeimblättrigen mit rund 7500 Arten in 290 Gattungen, überwiegend in den Tropen und Subtropen; Bäume, Sträucher, Stauden oder einjährige Kräuter mit bisweilen giftigem Milchsaft; sehr vielgestaltige Pflanzen, oft sukkulent und kakteenähnlich; Blüten meist klein und eingeschlechtig, in zusammengesetzten Blütenständen. Wichtigste Gattungen sind Hevea (↑Parakautschukbaum), ↑Manihot, ↑Wolfsmilch, ↑Wunderbaum und ↑Wunderstrauch.

Wollbaum: anderer Name des ↑Kapokbaums.

Wollbaumgewächse (Baumwollbaumgewächse, Bombacaceae): Familie der Zweikeimblättrigen mit rund 200 Arten in 28 Gattungen in den Tropen (v.a. tropisches Amerika); Bäume mit oft dickem, wasserspeicherndem Stamm (Flaschenbäume), gefingerten oder ungeteilten Blättern und zuweilen großen Blüten; wichtigste Gattungen: ↑Affenbrotbaum, ↑Balsabaum, ↑Kapokbaum und ↑Seidenwollbaum.

Wollblume: anderer Name der Gattung ↑Königskerze.

Wollgras (Eriophorum): Gattung der Riedgräser mit 15 Arten in Torfmooren der nördlichen gemäßigten Zone; ausdauernde, rasenbildende Kräuter mit meist stielrunden Blättern und in endständiger Ähre stehenden, vielblütigen Ährchen; Blütenhülle nach der Blüte in lange, weiße Haare auswachsend. Von den fünf einheim. Arten ist das bis 60 cm hohe **Schmalblättrige W.** (Eriophorum angustifolium) am häufigsten.

Wolliger Fingerhut: Art der Gattung ↑Fingerhut.

Wolliger Milchling (Erdschieber, Lactarius velereus): häufiger, großer, in Nadel- und Laubwäldern vorkommender weißer Pilz (Milchling) mit weißem Milchsaft und von brennend scharfem Geschmack; Hut trichterförmig, wie der Stiel dicht und filzig behaart.

Wolliger Schneeball: Art der Gattung ↑Schneeball.

Wolliges Honiggras: einheimische Art der Gattung ↑Honiggras.

Wollmispel (Japanmispel, Loquat, Eriobotrya japonica): in China und Japan heimisches Rosengewächs (Unterfamilie Apfelgewächse) der rund 25 Arten umfassenden Gattung **Eriobotrya;** immergrüner Strauch oder kleiner Baum mit 20–25 cm langen, unterseits filzig behaarten Blättern und rosafarbenen, in Trauben stehenden Blüten. Die W. wird wegen ihrer wohlschmeckenden Sammelfrüchte **(Loquats)** in den Subtropen angebaut.

Wruke: mundartlich für ↑Kohlrübe.

Wucherblume (Chrysanthemum): Gattung der Korbblütler mit rund 200 Arten auf der Nordhalbkugel und in Südafrika; Hauptverbreitung im Mittelmeergebiet und in Vorderasien; einjährige oder ausdauernde Kräuter oder Halbsträucher, seltener Sträucher; Blütenköpfchen meist mit ♀ Zungenblüten und zwittrigen, röhrenförmigen Scheibenblüten, klein und in Doldentrauben angeordnet oder groß, einzelnstehend und langgestielt; Hüllblätter der Blütenköpfchen dachziegelartig angeordnet, an den Rändern trockenhäutig; sechs einheimische Arten, darunter ↑Margerite, Rainfarn sowie das weitverbreitete Getreideunkraut **Saat-W.** (Feld-W., Chrysanthemum segetum): mit spateligen, gesägten bis fiederspaltigen, den Stengel halb umfassenden Blättern und 4–5 cm großen Blütenköpfchen mit gelben Zungen- und Scheibenblüten. Zahlreiche Arten sind beliebte Gartenzier- und Schnittpflanzen, u. a. die ca. 50 cm bis 1 m hohe **Riesenmargerite** (Chrysanthemum maximum; die über 8 cm großen Blütenköpfchen mit weißen Strahlen- und gelben Scheibenblüten) und die zahlreichen Sorten der ↑Chrysanthemen.

Wulstlinge (Amanita): Gattung der Lamellenpilze mit rund 60 Arten (in Mitteleuropa 27 Arten); junger Fruchtkörper mit einer Umhüllung (Volva), deren Reste beim ausgewachsenen Pilz oft auf dem Hut als Hautfetzen oder Schuppen, am Stielgrund als Scheide oder am Stiel als Ring zurückbleiben; Lamellen freistehend, hell; viele bekannte Gift- und Speisepilze wie ↑Grüner Knollenblätterpilz, ↑Fliegenpilz, ↑Pantherpilz, ↑Perlpilz.

Wunderbaum (Palma Christi, Christuspalme, Ricinus communis): nur noch in Kultur vorkommendes, formenreiches Wolfsmilchgewächs (einzige Art der Gattung **Ricinus**); bis 3 m hohe, halbstrauchige, in den Tropen auch bis über 10 m hohe, baumartige Pflanzen mit großen, gestielten, handförmigen, viellappigen Blättern und einhäusigen Blüten in bis 20 cm langen Blütenständen; Früchte walnußgroße Kapseln mit bohnengroßen, bunt gefleckten Samen (enthalten etwa 50% **Rizinusöl** und das giftige **Rizin**).

Wunderblume (Mirabilis): Gattung der **Wunderblumengewächse** (Nyctaginaceae; 30 Gattungen, darunter auch ↑ Bougainvillea) mit rund 60 Arten in Amerika und einer Art im westlichen Himalaja und im Südwesten Chinas; Kräuter mit meist in Trugdolden stehenden Blüten mit schmal-trichterförmiger oder glockiger Blütenhülle in verschiedenen Farben. Die bekannteste, in Mitteleuropa einjährig kultivierte Art ist die in Mexiko heimische **Echte W.** (Mirabilis jalapa), eine 60–100 cm hohe Staude mit trichterförmigen, nur für eine Nacht geöffneten Blüten.

Wunderstrauch:

◇ (Quisqualis) Gattung der Langfadengewächse mit 17 Arten in den Tropen der Alten Welt und in Südafrika; bekannteste Art: **Quisqualis indica,** ein kletternder Strauch mit weißen, später rosafarbenen, dann dunkel scharlachroten Blüten.

◇ (Codiaeum) Gattung der Wolfsmilchgewächse mit 14 Arten im tropischen Asien und in Ozeanien; Bäume oder Sträucher mit ledrigen, oft bunten Blättern; Blattspreite zuweilen spiralig gedreht. Die bekannteste, auf Sumatra heimische Art ist **Codiaeum variegatum,** ein bis 2,5 m hoch werdender Strauch mit unsymmetrischen Blättern. Die zahlreichen, im Handel als **Croton** bezeichneten Zuchtsorten mit gelappten oder bandförmigen, leuchtend gefärbten Blättern sind beliebte Zimmerpflanzen.

Wundklee (Anthyllis): Gattung der Schmetterlingsblütler mit über 50 Arten in Europa, Vorderasien und Nordafrika. Die bekannteste, sehr formenreiche Art ist der **Gelbe Klee** (Gemeiner W., Anthyllis vulneraria), ein ausdauerndes oder zweijähriges, 6–60 cm hohes Kraut mit einfachen oder unpaarig gefiederten Blättern und gelben oder roten Blüten in köpfchenförmigen Blütenständen; Futterpflanze; wurde früher als Wundheilmittel verwendet.

Wundschwamm: anderer Name des ↑ Zunderschwamms.

Würgerfeigen (Baumwürger, Mörderfeigen): Bez. für verschiedene Pflanzen aus der Gattung Feige. Die B. keimen auf Bäumen, sie entwickeln sich zunächst zu einem stattlichen Epiphyten und senden dann viele Wurzeln zum Erdboden, die sich zu Stämmen verdicken. Der ursprüngliche Epiphyt wird zu einem auf vielen Stämmen ruhenden Baum, der die Unterlage erstickt.

Wurmfarn (Dryopteris): Gattung der Tüpfelfarngewächse mit rund 150, v. a. auf der Nordhalbkugel verbreiteten Arten, davon sieben Arten einheimisch. Eine in Laub- und Nadelwäldern des gemäßigten Eurasien häufige Art ist der **Gemeine W.** (Dryopteris filix-mas): mit einfach gefiederten, 0,5–1,5 m langen Blättern und hellbraun beschuppten Blattstielen. Aus dem Wurzelstock wurde früher ein als Bandwurmmittel verwendeter Extrakt hergestellt. Eine weitere Art ist der ↑ Dornfarn.

Wurmkraut:

◇ anderer Name des ↑ Rainfarns.

◇ (Artemisia cina) in Iran und Turkestan heimische Beifußart, deren getrocknete, als **Wurmsamen** bezeichnete Blütenköpfchen als Wurmmittel verwendet werden.

Wurmsamen: Varietät des ↑ Teekrauts.

Wurstbaum: anderer Name des ↑ Leberwurstbaums.

Wurstkraut: svw. Echter Majoran (↑ Majoran).

Wurzelmaniok: Art der Gattung ↑ Maniok.

Wurzelpetersilie: Kulturform der ↑ Petersilie.

Wurzelschwamm (Heterobasidion annosum, Fomes annosa): gefürchteter parasitärer, den ↑ Porlingen zugeordneter Ständerpilz, der an der Basis lebender Nadelbäume (v. a. Fichten) wächst; bildet dachziegelartige, braune bis schwärzliche Konsolen von 5–25 cm Größe.

Wurzelsellerie: Kulturform der Echten ↑ Sellerie.

Wurzeltöter (Thanatephorus cucumeris): parasitisch lebender Ständerpilz, dessen Myzel, von der Wurzel ausgehend, die ganze Wirtspflanze wie Filz überziehen kann; meist wird sie aber von der Wurzel her abgetötet.

Wurzeltrüffel (Barttrüffel, Rhizopogon): Gattung der Bauchpilze mit knolligen, meist mit von Myzelfasern umhüllten unterirdischen Fruchtkörpern. In sandigen Kiefernwäldern kommen die eßbare **Gelbliche W.** (Rhizopogon luteolus) mit gelbbräunlichem, 2–6 cm breitem Fruchtkörper und die **Rötende W.** (Rhizopogon rubescens) mit weißen, im Alter und bei Berührung ziegelbraunrot werdenden Fruchtkörpern vor; bis 5 cm Durchmesser.

Wurzelzichorie: Kulturform der Gemeinen ↑ Wegwarte.

X, Y

Xanthium: wissenschaftlicher Name der Gattung ↑ Spitzklette.

Xanthophyceae [zu griech. xanthós = gelb und griech. phỹkos = Tang]: Klasse der Algen mit einzelligen, koloniebildenden oder vielkernigen Arten, die vorwiegend im Süßwasser, aber auch auf dem Erdboden vorkommen; die beweglichen Arten sowie die Fortpflanzungszellen haben zwei ungleich lange Geißeln; Zellwand oft aus zwei Hälften zusammengesetzt; bekannte Gattung: **Botrydium,** mit sechs Arten; einzellig, mehrkernig, birnenförmig; 1–2 mm groß; mittels verzweigter Rhizoide im Süßwasserschlamm festsitzend.

Xanthorrhoea: wissenschaftlicher Name der Gattung ↑ Grasbaum.

Xeranthemum: wissenschaftlicher Name der Gattung ↑ Papierblume.

Yamsbohne: Schreibvariante für ↑ Jamsbohne.

Yamswurzel: Schreibvariante für ↑ Jamswurzel.

Yerbabaum: anderer Name der ↑ Matepflanze.

Ylang-Ylang-Baum ['i:laŋ''i:laŋ] (Ilang-Ilang-Baum, Canangabaum, Cananga odorata): Annonengewächs der vier Arten umfassenden Gattung **Cananga** in Süd- und Südostasien; kleiner Baum oder Strauch mit großen, wohlriechenden, zu 2–4 in den Blattachseln stehenden Blüten, die das **Ylang-Ylang-Öl** (ein Parfümöl) liefern; in den Tropen vielfach kultiviert.

Yohimbinbaum (Yohimbebaum): Bez. für die Rötegewächsgattungen **Corynanthe** (mit neun Arten) im tropischen Afrika und **Pausinystalia** (mit sechs Arten) im tropischen Westafrika; wichtigste Art ist Pausinystalia yohimba, deren Rinde das in der Medizin verwendete Alkaloid **Yohimbin** (erweitert die Gefäße und wird daher gegen Durchblutungsstörungen angewendet) liefert.

Ysop ['i:zɔp ahd. hysop, aus gleichbed. lat. hys(s)opum, von griech. hýssōpos, semit. Ursprungs] (Isop, Josefskraut, Hyssopus officinalis): vom Mittelmeergebiet bis zum Altai verbreiteter Lippenblütler (einzige Art der Gattung); 20–70 cm hoher Halbstrauch mit derben, länglichen Blättern und dunkelblauen, selten hellrosafarbenen Blüten in dichten, endständigen Scheinähren. Die jungen Triebspitzen und Blätter werden zum Würzen u. a. von Suppen, Salat verwendet.

Yucca: wissenschaftlicher Name der Gattung ↑Palmlilie.

Z

Zachunbaum (Zakkumbaum, Balanites aegyptiaca): in den Trockengebieten des tropischen Afrika sowie in Vorder- und Südasien bis Birma verbreitetes Jochblattgewächs der 20 Arten umfassenden Gattung Balanites; bis 6 m hoher, dorniger Strauch oder Baum mit einpaarig gefiederten, graugrünen, ledrigen Blättern, gelblichgrünen Blüten und eßbaren, süß schmeckenden Steinfrüchten, die als **ägyptische Myrobalanen** bezeichnet werden. Aus den Samen wird Speiseöl gewonnen.

Zählinge (Lentinellus): Gattung der Lamellenpilze mit sechs einheimischen Arten, deren Fruchtkörper an faulendem Holz wachsen und rasch zäh werden; z. B. der auf Laubholzstümpfen häufige, stark nach Anis riechende **Aniszähling** (Lentinellus cochleatus) mit unregelmäßig trichterförmigem, gelbbraunem Hut.

Zahme Eberesche: anderer Name für den ↑Speierling.

Zahnmais: Kulturform des Maises (↑Mais).

Zahntrost (Odontites): Gattung der Rachenblütler mit rund 20, v. a. im Mittelmeergebiet beheimateten Arten; einjährige oder ausdauernde Halbschmarotzer mit ungeteilten Blättern und zweilippigen Blüten mit dreilappiger Unterlippe in endständigen Trauben oder Ähren. Bekannte einheimische Arten sind der 20–50 cm hohe **Rote Z.** (Odontites rubra) mit roten, filzig behaarten Blüten und der 15–40 cm hohe **Gelbe Z.** (Odontites lutea) mit gelben, bärtig gewimperten Blüten.

Zahnwurz (Dentaria): Gattung der Kreuzblütler mit fünf einheimischen Arten; ausdauernde Pflanzen mit vierzähliger Blüte, einem fleischigen Wurzelstock und lanzettlich-linealischen Schoten.

Zakkumbaum: anderer Name des ↑Zachunbaums.

Zannichelliaceae: wissenschaftlicher Name der ↑Teichfadengewächse.

Zantedeschia [...'dεskia; nach dem italien. Botaniker G. Zantedeschi, * 1773, † 1846] (Zantedeschie): Gattung der Aronstabgewächse mit acht Arten in Südafrika; Sumpfpflanzen mit spieß- oder pfeilförmigen, bisweilen weißgefleckten Blättern und starker Mittelrippe; Blütenkolben dick, von einer aufrechten Spatha umgeben. Die Art **Zantedeschia aethiopica** mit weißer Spatha und gelbem, duftendem Blütenkolben ist unter dem Namen **Zimmerkalla** eine beliebte Zimmerpflanze.

Zärtling (Faserling, Saumpilz, Psathyrella): Gattung zarter Lamellenpilze mit dünnhäutigem Hut und zuletzt schwarz oder schwarzbraun werdenden Lamellen. Von den rund 90 Arten ist eine bekannte Art der eßbare, an Laubholzstümpfen vorkommende und dort dichte Büschel bildende **Wäßrige Z.** (Brauner Faserling, wäßriger Saumpilz, Weißstiel-Stockschwämmchen, Psathyrella hydrophila) mit feuchtem, braunem, weiß gesäumtem Hut, dichtstehenden, grau- bis dunkelbraunen Lamellen und hellem, seidig glänzendem Stiel.

Zartried: anderer Name für das Frauenhaargras (↑Simse).

Zaubernuß (Hamamelis): Gattung der Z.gewächse mit acht Arten, verbreitet vom östlichen Nordamerika bis Mexiko und in Ostasien; sommergrüne Sträucher oder kleine Bäume mit asymmetrischen, fast runden, gezähnten Blättern und gelben, in Büscheln stehenden Blüten, die nach dem Blattfall im Herbst oder im Spätwinter erscheinen; z. T. Gartenziersträucher. – Der Rindenextrakt der **Virginischen Z.** (Hamamelis virginiana) aus dem östlichen Nordamerika ist Bestandteil von Arzneimitteln und Kosmetikpräparaten.

Zaubernußgewächse (Hamamelidaceae): Familie der Zweikeimblättrigen mit über 100 Arten in 26 Gattungen, meist in subtropischen und warmgemäßigten Gebieten (v. a. in Ostasien); Bäume oder Sträucher mit einfachen Blättern; Blüten in Köpfchen, Ähren oder Trauben; bekannte Gattungen: ↑Zaubernuß, ↑Amberbaum, ↑Scheinhasel.

Zaunlilie: anderer Name der Gattung ↑Graslilie.

Zaunrebe: anderer Name der Gattung ↑Jungfernrebe.

Zaunrübe (Bryonia): Gattung der Kürbisgewächse mit zehn Arten in Europa, im Mittelmeergebiet und in Westasien. Einheimisch kommen als giftige Kletterpflanzen an Zäunen, Hecken und in Auwäldern vor: **Rotbeerige Z.** (Zweihäusige Z., Gichtrübe, Teufelsrübe, Bryonia dioica), mit gelblichgrünen Blüten und scharlachroten Beerenfrüchten; **Schwarzbeerige Z.** (Weiße Z., Bryonia alba), einhäusig; mit grünlichweißen Blüten und schwarzen Beerenfrüchten.

Zaunwicke (Vicia sepium): in Europa, West- und Mittelasien heimische Wickenart; 30–60 cm hohe Staude mit in wenigblütiger Traube stehenden, schmutzigvioletten, selten blaßgelben Blüten und schwarzen Hülsenfrüchten; verbreitet auf Fettwiesen, an Weg- und Ackerrändern.

Zaunwinde (Calystegia): Gattung der Windengewächse mit rund 25 Arten in Europa, Asien und Äthiopien; bis 4 m hoch windende Stauden mit meist großen, trichterförmigen Blüten, deren Kelche von zwei Vorblättern ganz umhüllt werden; einheimische Arten: **Gemeine Z.** (Calystegia sepium), in Wäldern und in Hecken; mit langgestielten, dreieckigen Blättern und bis 5 cm langen, weißen, selten rosafarbenen Blüten; **Strand-Z.** (Calystegia soldanella), auf Küstendünen; meist niederliegend mit langgestielten, fleischigen, nierenförmigen Blättern und rötl., weißgestreiften Blüten.

Zea: wissenschaftlicher Name der Süßgrasgattung ↑Mais.

Zebrina [nlat., nach den zebraartigen Streifen]: Gattung der Kommelinengewächse mit wenigen Arten in Mexiko und Mittelamerika. Als Ampelpflanze kultiviert wird die Art **Z. pendula:** mit unterseits roten, oberseits grün und silbrig gestreiften Blättern und purpurfarbenen Blüten.

Zeder [ahd. cēdar(boum), entlehnt aus lat. cedrus = Zeder(wacholder), von gleichbed. griech. kédros] (Cedrus): Gattung der Kieferngewächse mit vier Arten in den Gebirgen Nordafrikas und Vorderasiens; hohe, immergrüne Bäume mit unregelmäßig ausgebreiteter Krone und dunkelgrauer, an jungen Bäumen glatter, an älteren Bäumen rissigschuppiger Borke; Nadeln drei bis sechs Jahre bleibend, an Langtrieben spiralig angeordnet, an Kurztrieben in dichten Büscheln, steif; Zapfen aufrecht, eiförmig bis zylindrisch, bei der Reife zerfallend. In den Gebirgen Nordafrikas heimisch ist die bis 40 m hohe **Atlas-Z.** (Cedrus atlantica): von pyramidenartigem Wuchs; Nadeln bis 2,5 cm lang, bläulichgrün, büschelig an Kurztrieben; Zapfen 5–7 cm lang, etwa 4 cm dick, hellbraun und aufrechtstehend. – Im Himalaja wächst die bis 50 m hohe **Himalaja-Z.** (Deodar, Cedrus deodara): mit breiter Krone und weit abstehenden Ästen; Nadeln 2,5–5 cm lang, lederartig, steif, oberseits dunkelgrün, unterseits mit zwei weißen Bändern, Zapfen 12 bis 15 cm lang, jung violettpurpurfarben. – Bis 40 m hoch wird die im östlichen Kleinasien und in Libanon heimische **Libanon-Z.** (Cedrus libani): mit fast waagrechten Ästen; in der Jugend mit breit pyramidaler, im Alter mit flacher oder schirmförmiger Krone. Alle Arten sind nur in klimatisch milden Gebieten Deutschlands winterhart. Das fein strukturierte, hellrötliche bis graubraune *Holz* einiger Arten hat einen natürlichen Glanz, duftet aromatisch und ist gut zu bearbeiten; Verwendung als Ausstattungs- und Möbelholz.

Geschichte: Die Libanon-Z. lieferte zur Zeit der mesopotamischen und ägyptischen Hochkulturen ein geschätztes Nutzholz, das zum Bau von Schiffen und Tempeln verwendet wurde. Aus dem aromatischen Holz wurden im alten Orient Balsame für kosmetische und medizinische Zwecke, zum Imprägnieren von Schriftrollen sowie zum Einbalsamieren der Toten hergestellt. In der Bibel wird die Z. als Sinnbild des Hohen und Erhabenen erwähnt. Ende des 17. Jahrhunderts kamen die ersten Zedernarten über England in europäische Ziergärten. – Abb. S. 155.

Zedrachbaum [arab. azadaraht, aus dem Pers.] (Melia): Gattung der Zedrachgewächse mit rund zehn Arten im subtropischen und tropischen Asien und in Australien; sommergrüne oder halbimmergrüne Bäume oder Sträucher mit doppelt gefiederten Blättern und in großen, meist achselständigen Rispen stehenden Blüten. Die wichtigste, aus dem Himalaja stammende Art ist **Melia azedarach:** sie ist seit alters als Zier- und Straßenbaum in Kultur und wird in China und Indien sowie in Süd- und Mittelamerika bei Aufforstungen verwendet.

Zedrachgewächse (Meliaceae): Familie der Zweikeimblättrigen (aus der Ordnung der Balsampflanzen) mit rund 1 400 Arten in rund 50 Gattungen, v. a. in den Tropen; Bäume, Sträucher oder Halbsträucher mit meist einfach, aber auch doppelt gefiederten Blättern und kleinen Blüten in Rispen, Trauben oder Dolden. Zahlreiche Arten liefern wertvolle Nutzhölzer. Bekannte Gattungen sind ↑Surenbaum, ↑Swietenia, ↑Zedrachbaum und ↑Zedrele.

Zedrele (Cedrela) [zu lat. cedrelate = Zedertanne, dies von gleichbed. griech. kedrelátē]: Gattung der Zedrachgewächse mit sieben Arten in den Tropen der Neuen Welt. Das Holz einiger Arten findet als Furnier- und Möbelholz Verwendung.

Die wichtigste Art ist die **Wohlriechende Z.** (Cedrela odorata): auf den Antillen und in Guayana; Baum mit großen, unpaarig gefiederten Blättern; das rote, aromatisch riechende Holz **(Westindisches Zedernholz)** wird oft als Zigarrenkistenholz verwendet.

Zehrwurz: anderer Name der Gattung ↑Taro.

Zeiland:

◊ (Cneorum) Gattung der zweikeimblättrigen Familie **Z.gewächse** (Cneoraceae); mit zwei Arten im westlichen Mittelmeergebiet, auf den Kanarischen Inseln sowie auf Kuba. Die bekannteste Art ist der **Zwergölbaum** (Cneorum tricoccum), ein bis 50 cm hoher Strauch mit immergrünen, linealischen Blättern und kleinen, gelben Blüten; Kalthauspflanze.

◊ Art der Gattung ↑Seidelbast.

Zeitlose (Colchicum): Gattung der Liliengewächse mit rund 60 Arten, verbreitet von Europa bis Zentralasien und in Nordafrika; zum Teil giftige Knollenpflanzen mit einzelnstehenden, lilafarbenen, rötlichen oder weißen (nur bei einer Art gelben) Blüten auf sehr kurzem Schaft und nach der Blüte erscheinenden, grundständigen, linealischen Blättern. Zahlreiche Arten sind Gartenzierpflanzen. Einzige einheimische Art: ↑Herbstzeitlose.

Zentifolie: Art der Gattung ↑Rose.

Zentnerkürbis: andere Bez. für den Riesenkürbis (↑Kürbis).

Zentralsamer (Caryophyllales, Centrospermae): Ordnung der Zweikeimblättrigen, bei deren Fruchtknoten die Samenanlagen durch Reduktion der Fruchtknotenscheidewände an einer zentralen Plazenta stehen. Ein Charakteristikum der Z. ist das Vorkommen von Betacyanen (als Farbstoffe). Zu den Z.n gehören u.a. ↑Nelkengewächse, ↑Fuchsschwanzgewächse, ↑Kaktusgewächse und ↑Gänsefußgewächse.

Zichorie: anderer Name der Gattung ↑Wegwarte.

Ziegenbart: anderer Name der Gattung ↑Keulenpilz.

Ziegenlippe (Filziger Röhrling, Mooshäuptchen, Xerocomus subtomentosus): von Juni bis Oktober an moosigen Waldrändern der Laub- und Nadelwälder häufig wachsender, meist einzelnstehender Pilz (↑Röhrlinge); Hut 5–12 cm breit, halbkugelig bis flach, samtig-weichfilzig, gelblich bis olivbraun, alt mit feldartig zerrissener Oberfläche; Röhren zitronengelb; Stiel 6–12 cm hoch; Fleisch weiß, weich; Geruch und Geschmack obstartig mild; guter Speisepilz.

Zieralgen (Bandalgen, Desmidiaceae): zu den Jochalgen zählende Grünalgenfamilie mit ausschließlich einzelligen, zuweilen Zellkolonien bildenden, nur in Süßgewässern vorkommenden Arten; Zellwand meist aus zwei Hälften bestehend; Zellen scheibenförmig, zylindrisch oder halbmondförmig, mit einem oder zwei oft reich skulpturierten Chloroplasten. Bekannte Gattungen sind ↑Schmuckjochalge und **Closterium;** letztere mit über 80 halbmondförmigen Arten in sauren Gewässern.

Zierbanane (Musa ensete): Bananenstaudenart in Zentral- und Ostafrika mit bis 13 m hohem Scheinstamm; Blätter bis 6 m lang und bis 1 m breit, mit rotem Mittelnerv; Früchte lederartig und trocken. Der Wurzelstock und der junge Scheinstamm werden gegessen. Die Z. wird oft als Zierpflanze in Parks kultiviert.

Zierkirschen: zusammenfassende Bez. für als Ziergehölze beliebte, schönblühende Kirschbäume und

-sträucher, u.a. ↑Japanische Kirschen.

Zierkürbis: Zuchtform des Speisekürbisses mit bis 12 cm großen, ungenießbaren, einfarbigen oder gestreiften, kugeligen, birnen- oder eiförmigen Früchten mit glatter oder höckriger Oberfläche.

Ziernessel: anderer Name der ↑Buntnessel.

Zierquitte: anderer Name der Gattung ↑Scheinquitte.

Ziest [slaw.] (Stachys): Gattung der Lippenblütler mit rund 200 Arten (einschließlich der Arten der früher eigenständigen Gattung Betonie) in den gemäßigten Zonen; einjährige oder ausdauernde Kräuter, Halbsträucher oder Sträucher mit ganzrandigen oder gezähnten Blättern und kleinen rötlichen, gelben oder weißen Blüten in achselständigen Scheinquirlen oder endständigen Ähren. Einheimische Arten: **Wald-Z.** (Stachys sylvatica), 0,3–1 m hohe, unangenehm riechende Staude mit breit-herzförmigen, rauh behaarten Blättern und dunkelroten Blüten; verbreitet in Laubmischwäldern. – **Fuchsschwanz-Z.** (Gelbe Betonie, Stachys alopecuros), mit gelblichweißen Blüten, in den Alpen vorkommend. – **Echter Z.** (Heil-Z., Stachys officinalis), mit roten Blüten; verbreitet in lichten Wäldern, auf Wiesen und Flachmooren.

Zigarettenblümchen: Art der Gattung ↑Höckerblume.

Zimmeraralie (Fatsia): Gattung der Araliengewächse mit der einzigen, in Japan heimischen Art **Fatsia japonica:** immergrüner, 2–5 m hoher Strauch mit tief 7- bis 9fach gelappten, ledrigen, glänzenden Blättern und unscheinbaren weißen Blüten in Dolden; Beerenfrüchte schwarz. Beliebte Zimmerpflanze für kühle Räume.

Zimmerhafer: Art der Gattung ↑Billbergie.

Zimmerhopfen (Beloperone): Gattung der Akanthusgewächse mit rund 30 Arten im subtropischen und tropischen Amerika; meist Sträucher oder Halbsträucher mit zweilippigen, in den Achseln oft großer und dachziegelartig übereinanderliegender Deckblätter stehenden Blüten. Die wichtigste Art ist die oft als Zimmerpflanze gezogene **Beloperone guttata** aus Mexiko, ein bis 1 m hoher Halbstrauch mit eiförmigen Blättern und endständigen, überhängenden, vierkantigen Ähren aus braunroten Deckblättern und weißen Blüten.

Zimmerkalla: Art der Gattung ↑Zantedeschia.

Zimmerlinde (Sparmannia): Gattung der Lindengewächse mit drei Arten im tropischen und südlichen Afrika. Die bekannteste, als Zimmerpflanze kultivierte Art ist **Sparmannia africana,** ein Strauch mit großen, herzförmigen, gezähnten, weichhaarigen Blättern und weißen Blüten mit gelbbraunen, auf Berührungsreize reagierenden Staubblättern.

Zimmertanne (Norfolktanne, Schmucktanne, Araucaria excelsa): auf Norfolk Island heimische Araukarienart; in der Heimat bis 70 m hoher Baum mit pyramidenförmiger Krone; Äste in Quirlen zu 4–7; Nadeln bei jungen Bäumen weich, bis 1,5 cm lang, sichelförmig gebogen, im Alter viel kürzer und derber, einander dicht überdeckend. Die Z. wird auch als Kalthauspflanze kultiviert.

Zimtapfel: Frucht einer Art der Gattung ↑Annone.

Zimtbaum (Cinnamomum): Gattung der Lorbeergewächse mit über 250 Arten in Süd-, Ost-, Südostasien, Australien und Melanesien; immergrüne Bäume und Sträucher. Die wirtschaftlich wichtigste Art ist der **Ceylon-Z.** (Cinnamomum zeylanicum), ein bis 12 m hoher Baum mit ovalen oder lanzettlichen, bis 12 cm langen Blättern; die rötliche Rinde, v. a. von jungen Zweigen, ist reich an ätherischem Öl und liefert das Gewürz **Zimt.** Die Rinde des **Chinesischen Z.s** (Zimtkassie, Cinnamomum aromaticum) aus Süd- und Südostasien liefert den **Chinazimt** sowie – zusammen mit Früchten und Blättern – das zu etwa 90% aus Zimtaldehyd bestehende **Kassiaöl** (Verwendung als Gewürz und als Riechstoff bei der Seifenherstellung). Kultiviert wird auch der ↑Kampferbaum.

Zimterdbeere: Art der ↑Erdbeere.

Zimtkassie: anderer Name des Chinesischen ↑Zimtbaums.

Zimtrindenbaum (Canellabaum, Kanellabaum, Canella winterana): auf den Westindischen Inseln heimisches Kaneelbaumgewächs, dessen weißlichgelbe Rinde **(Kaneelrinde)** den wie Zimt verwendeten sog. **weißen Kaneel** liefert.

Zimtrose: Art der Gattung ↑Rose.

Zindelkraut (Cicendia): Gattung der Enziangewächse mit einer Art im Mittelmeergebiet und in Westeuropa und einer Art in Kalifornien und im gemäßigten Südamerika. Die im Mittelmeergebiet heimische Art **Cicendia filiformis,** eine bis 12 cm hohe, einjährige Pflanze mit lanzettlichen Blättern und gelben, langgestielten Blüten, kommt zerstreut auch auf Sandböden im Nordwesten Deutschlands vor.

Zinerarie [zu lat. cinis, cineris = Asche (mit Bezug auf den häufigen Blattlausbefall, der die Pflanze wie mit Asche bedeckt aussehen läßt)] (Cineraria, Aschenpflanze, Senecio cruentus): auf den Kanarischen Inseln vorkommende Greiskrautart; 40–60 cm hohe Staude mit weichhaarigem Stengel, herzförmigen, behaarten Blättern und zahlreichen in Doldentrauben stehenden Blütenköpfchen aus Zungen- und Scheibenblüten. Die Z. wird in zahlreichen blau-, rot- und weißblühenden Sorten als Topfpflanze angeboten. In Südeuropa wird sie als Gartenzierpflanze kultiviert.

Zingiberaceae: wissenschaftlicher Name der ↑Ingwergewächse.

Zinnensaat: Art der Gattung ↑Löwenzahn (Leontodon).

Zinnie (Zinnia) [nach dem dt. Mediziner und Botaniker J.G. Zinn, * 1727, † 1759]: Gattung der Korbblütler mit 17 Arten in Amerika (v. a. Mexiko); einjährige oder ausdauernde Kräuter oder Halbsträucher mit ganzrandigen, sitzenden Blättern und verschiedenfarbigen Blütenköpfchen. Die zahlreichen als Gartenzierpflanzen beliebten Zuchtformen der Art **Zinnia elegans** besitzen teilweise oder vollständig in Zungenblüten umgewandelte Scheibenblüten.

Zinnkraut: volkstümlicher Name für die Art Ackerschachtelhalm (↑Schachtelhalm).

Zipolle: anderer Name der Küchenzwiebel (↑Zwiebel).

Zirbelkiefer: anderer Name der ↑Arve.

Zirmet (Drehkraut, Tordylium): Gattung der Doldenblütler mit 16 Arten, verbreitet vom Mittelmeergebiet bis zum Iran. Der zweijährige **Große Z.** (Tordylium maximum) mit 30 bis 120 cm hohem Stengel, einfach gefiederten Blättern und weißen, am Rand der Dolde vergrößerten Blüten kommt auch (selten) an Wegrändern in Süddeutschland vor.

Zistrose [erster Wortbestandteil aus lat. cisthos = Zistrose, von gleichbed. griech. kist(h)os] (Cistus):

Gattung der Z.ngewächse mit rund 20 Arten im Mittelmeergebiet; immergrüne, meist niedrige Sträucher mit oft drüsig oder zottig behaarten Zweigen, ganzrandigen, oft ledrigen Blättern und großen, weißen, rosafarbenen oder roten Blüten; Charakterpflanzen der Macchie. Mehrere Arten und Hybriden sind schön blühende Ziersträucher für sehr milde Gebiete bzw. für Kalthäuser. Aus den Drüsenhaaren verschiedener Arten wird ein Balsam **(Ladamum, Cistusharz)** gewonnen, das im Altertum als Räucher- und Einbalsamierungsmittel, im Mittelalter als Heilmittel und später als Duftstoff für Parfüms verwendet wurde.

Zistrosengewächse (Cistaceae): Familie der Zweikeimblättrigen mit über 150 Arten in acht Gattungen, v.a. in den gemäßigten Gebieten der Nordhalbkugel (drei Arten in Südamerika); niedrige Sträucher oder Kräuter mit einfachen, meist ätherische Öle enthaltenden Blättern und großen Blüten; meist an trockenen, warmen Standorten. Gattungen sind u.a. ↑Heideröschen, ↑Sonnenröschen und ↑Zistrose.

Zitronatzitronenbaum (Citrus medica): aus Asien stammende, hauptsächlich auf Korsika, Sizilien und Griechenland angebaute Zitruspflanze mit bis zu 2,5 kg schweren, dickwandigen, fruchtfleischarmen Früchten. Durch Einlegen in konzentrierter Zuckerlösung wird aus den Schalen der unreifen Früchte das v.a. als Kuchengewürz verwendete **Zitronat** hergestellt.

Zitronell: svw. ↑Eberraute.

Zitronellgras (Lemongras): Sammelbez. für verschiedene Süßgrasarten der Bartgrasgattung Cymbopogon, v.a. für die nur in Kultur auf Ceylon, Java und der Halbinsel Malakka bekannte, das rosenähnlich duftende, als Parfümöl verwendete **Zitronellöl** liefernde Art **Cymbopogon nardus** sowie für die in Vorderindien und auf Ceylon vorkommende Art **Cymbopogon confertiflorus.** Als Z. werden auch das in den gesamten Tropen kultivierte **Seregras** (Cymbopogon citratus; liefert das westindische, stark nach Zitronen duftende, als Parfümöl und Aromastoff verwendete **Lemongrasöl**) und die in Vorderindien kultivierte, ostindische Lemongrasöl liefernde Art **Cymbopogon flexuosus** bezeichnet.

Zitronenbaum (Citrus limon): in Vorderindien oder China heimisches, seit langem im subtropischen Asien und seit rund 1000 n.Chr. auch im Mittelmeergebiet in zahlreichen Varietäten kultivierte Art der ↑Zitruspflanzen; etwa 3–7 m hohe Bäume mit bedornten Zweigen, hellgrünen, eiförmigen Blättern und großen, rosafarbenen bis weißen Blüten. Die Früchte **(Zitronen, Limonen)** sind längliche Zitrusfrüchte (↑Zitruspflanzen) mit mehr oder weniger stark vorspringender Fruchtspitze und gelber (auch grüner), dünner Schale. Das saftige, saure Fruchtfleisch enthält rund 3,5–8% Zitronensäure und viel Vitamin C. Die Zitronen werden in der Küche und zur Herstellung von Getränken verwendet. Außerdem werden aus Zitronen Zitronensäure, Zitronenöl und Pektin gewonnen. – Hauptanbauländer sind Italien, USA, Indien, Mexiko, Argentinien, Spanien, Griechenland und Türkei.

Geschichte: Der Z. wurde ursprünglich in Südostasien kultiviert. Von dort kam er nach China und Japan und über Indien im 8. Jahrhundert nach Persien. Die Araber verbreiteten ihn im Mittelmeergebiet, wo er um 1000 n.Chr. den Kreuzfahrern bekannt wurde. Nördlich der

Alpen fand die Zitrone erst im 14. Jahrhundert stärkere Verbreitung. Sie wurde als Mittel gegen die Pest verwendet, ferner galt sie als Symbol des Lebens und als wirksam gegen alle Gifte. Der britische Schiffsarzt J. Lind (* 1716, † 1794) erkannte 1747 die Wirksamkeit des Zitronensaftes gegen Skorbut.

Zitronenkraut:
◊ svw. Zitronenmelisse (↑ Melisse).
◊ anderer Name für den Korbblütler ↑ Eberraute.

Zitronenmelisse: Art der Gattung ↑ Melisse.

Zitruspflanzen [lat. citrus = Zitronenbaum] (Citrus): Gattung der Rautengewächse mit rund 60 in China, Süd- und Südostasien heimischen Arten, die in zahlreichen Kulturformen in allen subtropischen und tropischen Gebieten angebaut werden; immergrüne kleine Bäume oder Sträucher mit blattachselständigen Sproßdornen, einfachen, durch Öldrüsen punktierten Blättern und weißen oder rosafarbenen Blüten mit meist fünf Kronblättern. Aus den 8- bis 15fächrigen Fruchtknoten entwickeln sich die länglichen oder kugeligen Früchte **(Zitrusfrüchte, Agrumen),** die (botanisch gesehen) Beerenfrüchte darstellen und aus mindestens fünf miteinander verwachsenen Fruchtblättern hervorgehen. Das Fruchtfleisch besteht aus keulenförmigen Saftschläuchen, die sich aus der inneren Fruchtwand (Endokarp) entwickeln und die Fruchtfächer ausfüllen. Die Fruchtschale setzt sich aus dem farbigen, zahlreiche Öldrüsen aufweisenden, karotinoidreichen (äußeren) Exokarp und dem weißen, schwammigen Endokarp zusammen. Die Samen enthalten in der Regel mehrere (bis über 30) Embryonen. Einige Orangen- und Mandarinensorten können auch ohne vorheriger Befruchtung Früchte ansetzen (Jungfernfrüchtigkeit). Allgemein sind Zitrusfrüchte reich an Vitaminen (v. a. Vitamin C) und Mineralstoffen (v. a. Kalium).
Die bekanntesten Arten sind: ↑ Pampelmusenbaum, ↑ Grapefruitbaum, ↑ Zitronenbaum, ↑ Zitronatzitronenbaum, ↑ Pomeranze, ↑ Mandarinenbaum, ↑ Orangenpflanze. Daneben spielt der ↑ Limettenbaum eine wirtschaftliche Rolle.

Zittergras (Briza): Gattung der Süßgräser mit 30 von Europa bis Zentralasien und in Mittel- und Südamerika verbreiteten Arten. Die einzige, auf trockenen Böden verbreitete Art in Deutschland ist **Briza media,** ein bis 1 m hohes, ausdauerndes Gras mit in ausgebreiteter Rispe stehenden Ährchen; Rispenäste sehr lang, hängend; mehrere Arten werden als Ziergras kultiviert.

Zitterling (Tremella): Familie der Ständerpilze (Ordnung ↑ Gallertpilze) mit der auf abgestorbenen Laubholzästen wachsenden, leuchtend orange gefärbten Art **Goldgelber Z.** (Tremella mesenterica), deren unregelmäßig faltig-lappige, 2–10 cm große Fruchtkörper von Oktober bis Dezember erscheinen.

Zitterpappel: svw. ↑ Espe.

Zitterpilze: anderer Name der ↑ Gallertpilze.

Zizania: wissenschaftlicher Name der Süßgrasgattung ↑ Wasserreis.

Ziziphus (Zizyphus) [aus dem griech. Pflanzennamen zízyphon]: Gattung der Kreuzdorngewächse mit rund 100 Arten in den Tropen und Subtropen; sommer- oder immergrüne Bäume oder Sträucher mit zu Dornen umgebildeten Nebenblättern und gelben Blüten in achselständigen Trugdolden. Die bekannteste Art ist ↑ Jujube.

Zoochlorellen [tso-o...; griech. zọon = Lebewesen]: symbiontisch lebende einzellige Grünalgen (↑Chlorella).

Zooxanthellen [tso-o...; zu griech. zọon = Lebewesen und griech. xanthós = gelb]: Bez. für die in marinen Protozoen und Wirbellosen endosymbiontisch lebenden ↑Dinoflagellaten. Z. sind durch ihre Photosynthese, die Assimilation von Stoffwechselprodukten des Wirts und ihre biogene Kalkausscheidung eines der wichtigsten Glieder in der Lebensgemeinschaft der Korallenriffe.

Zostera: wissenschaftlicher Name der Gattung ↑Seegras.

Zottelwicke (Vicia villosa): in Süd- und Südosteuropa sowie in Vorderasien heimische Wickenart; bis 1,25 m hohe, zottig behaarte Pflanze mit meist achtpaarig gefiederten Blättern und violetten Blüten. Die Z. wird als Futterpflanze und zur Gründüngung angebaut und kommt auch verwildert vor.

Zottiger Klappertopf: Art der Gattung ↑Klappertopf.

Zuccalmaglio [tsʊkal'maljo] (Z. Renette): ein Tafelapfel (↑Apfelsorten, Übersicht S. 27).

Zucchini [tsʊ'kiːni; italien.] (Zucchetti, Courgettes): Bez. für die bis 25 cm langen, grünen, gurkenähnlichen Früchte einer nichtkriechenden Kulturform des Speisekürbisses. Z.s werden v. a. in Italien angebaut und als Gemüse gegessen.

Zuchtchampignon: Art der Gattung ↑Champignon.

Zuckerahorn (Acer saccharum): Ahornart im östlichen Nordamerika; bis 40 m hoher Baum mit 8–14 cm breiten, drei- bis fünflappigen Blättern nd (vor diesen erscheinenden) grünlichgelben, in Doldentrauben stehenden Blüten. Durch Anschneiden der Rinde wird **Ahornsirup** gewonnen, der als Genuß- und Nahrungsmittel schon den Indianern bekannt war. Das fein strukturierte, harte *Holz* wird besonders für Fußböden und zur Herstellung von Sperrholz verwendet. Bei vielen nicht zur Entwicklung gekommenen Ästen und Ruheaugen ist die weißliche oder rötlichgelbe Maserung des Schälfurniers mit „Punktästchen" übersät (sog. **Vogelaugenahorn**).

Zuckerbirke: Art der Gattung ↑Birke.

Zuckerhirse (Dari, Kaffernhirse, Sorgum saccharatum): im tropischen und südlichen Afrika heimische einjährige Art der Gattung ↑Sorghumhirse; bis 3 m hohes Süßgras mit in ausgebreiteter Rispe stehenden Ährchen. Der zuckerhaltige Stengel wird zur Bierherstellung verwendet, aus den Rispen werden Besen hergestellt.

Zuckermais: Kulturform der Gattung ↑Mais.

Zuckermelone ↑Melone.

Zuckerpalme (Arenga saccharifera): 10–17 m hohe südostasiatische Palme mit bis über 6 m langen Blättern. Aus dem durch Abschneiden der ♂ Blütenstände gewonnenen Blutungssaft wird Zucker gewonnen. Die Blätter liefern Fasern zur Herstellung von Bürsten, Seilen und Matten. Aus dem Mark wird eine besonders quellfähige Stärke (**Sago;** zur Herstellung v. a. von Süßspeisen oder Suppen verwendet) gewonnen.

Zuckerrohr (Saccharum officinarum): nur in Kultur bekannte Süßgrasart, als deren Heimat heute Neuguinea und die umliegenden Inselgruppen angenommen werden. Z. wächst als Staude mit bis 7 m hohen und 2–7 cm dicken Halmen, die von einem weichen, vor der Blüte etwa 13–20 % Rohrzucker enthaltenden, weißen Mark erfüllt sind. Die Blätter

werden 1–2 m lang; die unscheinbaren, kleinen Blüten sind in einer bis 80 cm langen, pyramidenförmigen Rispe angeordnet.
Das Z. benötigt ganzjährig eine Temperatur von 25–28 °C und mindestens 1 000–1 250 mm Jahresniederschläge, so daß der Anbau auf die tropischen und wärmeren subtropischen Gebiete beschränkt ist. Das Mark liefert den wirtschaftlich wichtigen **Rohrzucker** und die **Z.melasse** (aus der Rum und Arrak hergestellt werden). Die zellulosehaltigen Rückstände bei der Verarbeitung der Halme **(Bagasse)** werden zur Herstellung von Karton und Papier verwendet.

Geschichte: Das Z. wurde im 4. Jahrhundert v. Chr. durch die Feldzüge Alexanders des Großen bekannt. Der Anbau läßt sich für Indien jedoch erst seit dem 3. Jahrhundert n. Chr. nachweisen. Gesüßt wurde zunächst mit dem Zuckerrohrsaft. Die Kristallisation von Zucker aus dem Saft wurde im 4. Jahrhundert n. Chr. in Indien entdeckt. Die Araber vervollkommneten die Raffinationsmethoden. Der Z.anbau verbreitete sich im 5. Jahrhundert nach Südpersien und im 7. Jahrhundert durch die Araber im Mittelmeergebiet. Im 15. Jahrhundert wurde Z. auf den Kanarischen Inseln angepflanzt; von dort brachte Kolumbus es auf die Westindischen Inseln. In der ersten Hälfte des 16. Jahrhunderts wurde es in Brasilien und in Mexiko eingeführt.

Zuckerrübe: sortenreiche Kulturform der Gemeinen Runkelrübe, die eine Blattrosette und eine überwiegend aus der Hauptwurzel gebildete, fast vollständig in der Erde steckende Rübe bildet. Sie enthält 12–21 % **Rübenzucker (Saccharose);** bei der tetraploiden Zuchtform, der sog. **Ertragsrübe,** ist der Rübenzuckeranteil noch höher. Der Anbau erfolgt in der gemäßigten Zone in Gebieten in nicht zu feuchtem Klima. Die Rübenabfälle und die Blätter dienen als Viehfutter.

Geschichte: Die Z. ist eine realtiv junge Kulturpflanze. Der deutsche Chemiker A. S. Marggraf wies 1747 erstmals Saccharose in der Gemeinen Runkelrübe nach. Aus besonders zuckerreichen Sorten wurde Anfang des 19. Jahrhunderts die Z. gezüchtet. Wirtschaftliche Bedeutung erlangte die Z. besonders während der Kontinentalsperre.

Zuckertang: Art der Braunalgengattung ↑ Laminaria.

Zunderschwamm (Blutschwamm, Falscher Feuerschwamm, Wundschwamm, Fomes fomentarius): den ↑ Porlingen zugeordneter Ständerpilz, der besonders auf Buchen Weißfäule erzeugt. Sein konsolenförmiger Fruchtkörper ist bis 40 cm breit und bis 20 cm dick. Die Oberseite wird von einer harten, meist grauen bis braunen Kruste überzogen, während die Unterseite eine dicke Röhrenschicht aufweist.

Geschichte: Die von oberer Rinde und unterer Röhrenschicht befreite Mittelschicht wurde früher zum Feueranzünden verwendet, wobei sie mehrmals gekocht, gewalkt, mit Salpeterlösung getränkt und getrocknet wurde. Der so präparierte **Zunder** läßt sich durch auftreffende Funken zum Glimmen bringen. – Vor der Erfindung der Verbandwatte diente der Z. auch als Blutstillungs- und Verbandstoff.

Zürgelbaum (Celtis): Gattung der Ulmengewächse mit rund 80 Arten, v. a. in den Tropen, einige Arten auch in der nördlichen gemäßigten Zone; sommergrüne, in den Tropen auch immergrüne Bäume oder Sträucher mit ganzrandigen oder gesägten Blättern, unscheinbaren, einhäusigen oder zwittrigen Blüten und kugeligen Steinfrüchten. Die bekanntesten Arten sind der bis 25 m hoch werdende, in Südeuropa, Nordafrika und Westasien heimische **Südliche Z.** (Celtis australis), dessen zähe, elastischen Zweige früher zu Peitschenstielen verarbeitet wurden, sowie der **Westliche Z.** (Celtis occidentalis). Beide Arten werden auch als Straßenbäume gepflanzt.

Zweiblatt (Listera): Orchideengattung mit rund 30 Arten in der nördlichen gemäßigten Zone; Erdorchideen mit nur zwei Stengelblättern; Blüten mit linealischer, zweizipfeliger Lippe, in Trauben stehend. Einheimisch ist das unter Naturschutz stehende, bis 20 cm hohe **Berg-Z.** (Kleines Z., Listera cordata): mit 6–9 grünlichen, innen rötlichen Blüten; in feuchten Nadelwäldern und Mooren besonders der montanen Region.

Zweigfadenalge (Cladophora): Gattung der ↑Grünalgen mit über 100 vorwiegend im Meer lebenden Arten; Thallus festsitzend, fädig, büschelig verzweigt, besteht aus großen mehrkernigen Zellen mit unregelmäßig netzförmigen Chromatophoren. Eine häufige, oft in großen Beständen vorkommende Süßwasserart ist **Cladophora glomerata:** bildet bis 25 cm lange, dunkelgrüne, auf Steinen festgewachsene, flutende Büschel in mäßig verschmutzten, fließenden Gewässern.

Zweikeimblättrige (Zweikeimblättrige Pflanzen, Dikotylen, Dikotyledonen, Dicotyledoneae, Magnoliatae): Klasse der ↑Bedecktsamer mit rund 170 000 Arten, die (bis auf wenige Ausnahmen) zwei Keimblätter aufweisen. Die Hauptwurzel bleibt bei den meisten Z.n zeitlebens erhalten. Die Leitbündel sind auf dem Sproßachsenquerschnitt i. d. R. in einem Kreis angeordnet und besitzen ein Leitbündelkambium als Ausgangspunkt des sekundären Dickenwachstums. Die Blätter sind meist deutlich gestielt und netzadrig, oft auch zusammengesetzt; häufig sind Nebenblätter vorhanden. 4- oder 5zählige Blüten überwiegen. – Zu den Z.n gehören (mit Ausnahme der Palmen) alle Holzgewächse. – ↑auch Einkeimblättrige.

Zweikorn: andere Bez. für die Kulturweizenart ↑Emmer.

Zweizahn (Scheindahlie, Bidens): Gattung der Korbblütler mit knapp 250 Arten auf der ganzen Erde, v. a. in Amerika; einjährige oder ausdauernde Kräuter mit gegenständigen Blättern und meist 2–4 mit Widerhaken besetzten Früchten **(Klettfrüchte);** einheimisch u. a. der an Ufersäumen, auf Sümpfen und Äckern vorkommende, 0,15–1 m hohe **Dreiteilige Z.** (Bidens tripartita): mit meist 3- bis 5teiligen Blättern und oft nur aus braungelben Scheibenblüten bestehenden, 15–25 mm breiten Köpfchen.

Zwergalpenrose (Rhodothamnus chamaecistus): in den Alpen vorkommendes, 20–40 cm hohes Heidekrautgewächs mit immergrünen, ledrigen, eiförmig-lanzettlichen, am Rande gewimperten Blätter und hellrosafarbenen Blüten.

Zwergbambus (Sasa): Gattung der ↑Bambusgewächse mit rund 70 Arten in Ostasien; bis 2 m hohe, strauchige Gräser mit kriechendem Wurzelstock und stielrunden, hohlen Stämmchen mit an den Enden der Seitenzweige gehäuften Blättern. Mehrere Arten sind als winterharte Zierpflanzen kultivierbar.

Zwergbirke (Betula nana): in Nordeurasien und im nördlichen

Nordamerika heimische Birkenart; 20–60 cm hoher Strauch mit runden, gekerbten Blättern. Die Z. ist ein Überbleibsel aus der Eiszeit und kommt in Deutschland sehr selten (in Hochmooren) vor.

Zwergbofist (Bovista plumbea): von Juli bis Oktober auf Wiesen, Grasplätzen und Weiden häufig vorkommender Pilz (↑Bofist); mit 1–3 cm breiten, grauweißen Fruchtkörpern, die bei der Reife bleigrau werden und sich an der Spitze öffnen; Sporen braun; jung eßbar.

Zwergbuchs (Buchsblättrige Kreuzblume, Polygala chamaebuxus): bis 30 cm hoher Halbstrauch (Gattung ↑Kreuzblume) mit immergrünen, elliptischen oder lanzettlichen Blättern und gelben oder rötlichen Blüten; verbreitet an warmen und trockenen Standorten in den Mittelgebirgen und den Alpen.

Zwergheideröschen: Art der Gattung ↑Heideröschen.

Zwergholunder: svw. Attich (↑Holunder).

Zwergknabenkraut: gleichbed. mit ↑Zwergstendel.

Zwergknäuling (Panellus): Gattung der Blätterpilze; auf Holz lebende, kleine Pilze, meist mit rudimentärem Stiel und zähem Fleisch.

Zwerglinse (Wolffia): Gattung wurzelloser Wasserlinsengewächse mit über zehn Arten in den tropischen und gemäßigten Gebieten; darunter mit maximal 1,5 mm Länge die kleinste rezente Blütenpflanze **Wolffia arrhiza,** die vom tropischen Afrika und Asien bis nach Deutschland vorgedrungen ist.

Zwerglorbeer: anderer Name der Gattung ↑Torfgränke.

Zwergmandel (Prunus tenella): Art der Gattung ↑Prunus, verbreitet von den Donausteppen bis Ostsibirien; bis 1,5 m hoher Strauch mit lanzettlichen Blättern und bis 3 cm großen, rosaroten Blüten. Die Z. wird häufig als Zierstrauch kultiviert.

Zwergmispel (Steinmispel, Steinquitte, Quittenmispel, Cotoneaster): Gattung der Rosengewächse mit rund 100 Arten im gemäßigten Asien, vereinzelt auch in Europa und Nordafrika; immer- oder sommergrüne Sträucher mit ganzrandigen Blättern und schmalen Nebenblättern; Blüten klein, meist rötlich oder weiß; Steinapfelfrüchte. In Deutschland kommen drei Arten vor, u.a. in Mittel- und Süddeutschland die bis 1,5 m hohe **Gemeine Z.** (Cotoneaster integerrimus): mit unterseits stark filzigen Blättern, kleinen, blaßroten Blüten und purpurroten Früchten. Zahlreiche ausländische Arten und ihre Sorten werden v.a. als Bodendecker angepflanzt.

Zwergölbaum: Art der Gattung ↑Zeiland.

Zwergorangen: anderer Name der ↑Kumquats.

Zwergpalme (Chamaerops humilis): formenreiche Palmenart in den Mittelmeerländern; niedrige, sich buschig verzweigende und meist etwa 1 m hohe (im Alter auch bis 7 m hohe) Stämme bildende Fächerpalme; Blätter endständig, halbkreisrund oder keilartig fächerförmig, tief geschlitzt, mit scharf bedorntem Blattstiel; Blüten gelb; Früchte rötlich. Die Z. ist die einzige in Europa heim. Palme. Sie wird oft als Kalthaus-, Kübel- oder Zimmerpalme kultiviert.

Zwergpfeffer: anderer Name der Gattung ↑Pfefferkraut.

Zwergschlüsselblume (Primula minima): etwa 1–5 cm hohe Primelart auf Steinschutt und Magerrasen in den Alpen; mit ungestielten, fleischigen Blättern und weißen, rot gesäumten Blüten.

Zwergseerose (Nymphaea baumii): kleinste Art der ↑Seerose, heimisch in Angola; mit 2–3 cm großen, lederartigen, herzförmigen bis kreisrunden, glänzend grünen Blättern und 2–2,5 cm breiten, weißen Blüten; ist als Warmwasseraquarienpflanze in Kultur.

Zwergstendel (Zwergknabenkraut, Chamorchis): Gattung der Orchideen mit der einzigen Art **Chamorchis alpina:** in den Alpen, Karpaten, der Tatra, in Siebenbürgen und Skandinavien; 5–12 cm hohe Staude mit kantigem, gestreiftem, blaßgrünem Stengel und wenigen kleinen, grünlichgelben bis violettbraunen Blüten.

Zwergwacholder (Juniperus sibirica): in den Hochgebirgen Mitteleuropas, Nordeurasiens und Nordamerikas vorkommender ↑Wacholder; niederliegender, bis 1 m hoher Strauch mit unregelmäßig gebogenen Ästen; Nadeln gekrümmt, 5–12 mm lang, nicht stechend. Einige Varietäten werden als Gartenformen kultiviert.

Zwetsche (Zwetschge): Unterart des ↑Pflaumenbaums.

Zwiebel [ahd. zwibollo, cipolle, durch roman. Vermittlung aus (spät)lat. cepul(l)a, einer Verkleinerungsbildung zu lat. cepa = Zwiebel]: (Küchen-Z., Speise-Z., Sommer-Z., Zipolle, Allium cepa): aus Westasien stammende, in zahlreichen Sorten kultivierte Lauchart; ausdauerndes (in Kultur zweijähriges) Kraut mit grünlichweißen Blüten in kugeliger Trugdolde und einer Schalenzwiebel. – Die Z. wird roh oder gekocht als Gemüse oder Gewürz gegessen, getrocknet zu Z.salz verarbeitet sowie medizinisch in Magen-, Husten-, Blutreinigungs-, harntreibenden und blutzuckersenkenden Mitteln verwendet. Die trockenen Schalen dienen zuweilen zum Färben.

Zwiebelblatt (Bulbophyllum): Gattung auf Bäumen lebender (epiphytischer) Orchideen mit rund 1 500 Arten in den Tropen und Subtropen v. a. der Alten Welt; mit kriechenden Rhizomen, auf denen ein- bis zweiblättrige knollenartige Verdickungen (Pseudobulbus) und der ein- bis vielblütige Blütenschaft entspringen.

Zwiebelfenchel: svw. Gemüsefenchel (↑Fenchel).

Zygomycetales (Zygomyzeten): wissenschaftlicher Name der ↑Jochpilze.

Zygopetalum (Zygopetalon) [griech. zygón = Joch und griech. pétalon = Blatt]: Gattung der Orchideen mit rund 20 Arten, v. a. in Brasilien; auf Bäumen wachsende (epiphytische) Pflanzen mit meist schmalen, gerippten Blättern und drei- bis zehnblütigem Blütenstand; Blüten groß, mit einer Lippe, die meist einen großen Vorderlappen bildet. Mehrere Arten werden (hauptsächlich als Schnittblumen) kultiviert.

Zylinderputzer: anderer Name der Myrtengewächsgattung ↑Schönfaden.

Zymbelkraut [zu griech. kýmbalon = Zimbel, Schallbecken (nach der Form der Blätter)] (Cymbalaria): Gattung der ↑Rachenblütler mit zehn Arten in Westeuropa und im Mittelmeergebiet. Die bekannteste Art ist das **Mauer-Z.** (Venusnabel, Cymbalaria muralis), eine in Süddeutschland auf Mauern und Felsen vorkommende Pflanze mit kriechendem, dünnem Stengel, fünf- bis siebenlappigen Blättern und kleinen, hellvioletten Blüten.

Zypergras [lat. cyperos, von griech. kýpeiros = Zypergras (nach der Insel Zypern)] (Cyperus): Gattung der ↑Riedgräser, deren über 600 Arten vorwiegend tropische und subtropische Sumpf- und Uferpflanzen sind. Ihre bis zum Blütenstand unverzweigten, meist dreikantigen Stengel entwickeln am Stengelgrund nur wenige, dafür oft lange Blätter. Die Ährchen stehen in ährigen, köpfchenförmigen oder doldigen, von Blättern umhüllten Blütenständen.

Mehrere Arten des Z.es sind Zierpflanzen. Andere Arten hatten bzw. haben als Nutzpflanzen Bedeutung; dazu gehören: die 1–3 m hohe, ausdauernde **Papyrusstaude** (Papierstaude, Cyperus papyrus): ursprünglich in ausgedehnten Papyrussümpfen des tropischen Zentralafrikas und des oberen Stromgebietes des Weißen Nils verbreitet; gelangte früh nach Süden (Angola, Rhodesien) und nach Norden (Ägypten; von dort nach Palästina und Süditalien); Staude mit fleischigem Wurzelstock und aufrechten, dreieckigen Halmen, oben mit einem Schopf von Blättern und Blütenähren. Die Papyrusstaude wurde seit dem Altertum häufig kultiviert (hauptsächlich am unteren Nil) und zur Herstellung von Flößen, Booten, Matten, Seilen und von Papyrus verwendet. Heute werden die Stengel als Flechtmaterial gebraucht, auch zur Papierherstellung. – **Erdmandelgras** (Cyperus esculentus), 20–90 cm hoch; an schlammigen Standorten des Mittelmeergebietes, des tropischen Afrika, Indiens und Amerikas. Die unterirdischen Ausläufer schwellen im Spitzenbereich zu haselnußgroßen, nährstoffreichen (8% Eiweiß, 40% Kohlenhydrate, 20% Fett) Knöllchen an **(Erdmandeln, Chufa),** die als Gemüse sowie als Mandel-, Kakao- und Kaffee-Ersatz verwendet werden.

Zypresse [aus lat. cypressus, von griech. kypárissos = Zypresse] (Cupressus): Gattung der Zypressengewächse mit 15 Arten, verbreitet vom Mittelmeergebiet bis zum Himalaja, in der Sahara und im Südwesten Nordamerikas; immergrüne, meist hohe Bäume mit vierkantigen oder stielrunden Trieben, kleinen, schuppenförmigen Blättern und einhäusigen Blüten. Die walnußgroßen, kugeligen, im zweiten Jahr verholzenden Zapfen sind aus 6–12 schildförmigen Schuppen zusammengesetzt. Die bekannteste Art ist die aus dem östlichen Mittelmeergebiet stammende, heute (neben der ↑Pinie) im gesamten Mittelmeerraum verbreitete, bis 25 m hohe **Echte Z.** (Mittelmeer-Z., Cupressus sempervirens) mit seitlich ausgebreiteten (Wildform) oder hochstrebenden, eine dichte, schmale Pyramide formenden Ästen (**Säulen-Z.,** Trauerbaum).

Geschichte: Bei Assyrern und Phönikern war die Echte Z. der heilige Baum der Göttin Astarte. Aus dem dauerhaften Holz wurden in der Antike Gebrauchsgegenstände und Götterstatuen gefertigt. Bei den Römern und später im Islam und Christentum galt die Säulen-Z. als Baum des Todes. In der Antike und im Mittelalter wurden Holz, Zweige und Zapfen vielfach medizinisch verwendet. Der Rauch verbrannter Zweige galt als Abwehrmittel gegen böse Geister und Seuchen.

Zypressengewächse (Cupressaceae): mit rund 130 Arten weitverbreitete Familie der Nadelhölzer; aufrechte oder niederliegende, reich verzweigte Bäume oder Sträucher mit kreuzgegenständigen oder zu dreien bis vieren in Quirlen stehenden, meist schuppenförmigen Blättern. Die ♂ Zapfen sind klein; sie stehen i.d.R. einzeln an den

Zweigenden. Die ♀ Zapfen haben nur wenige fruchtbare Deckschuppen. In reifem Zustand sind die Zapfen der Z. entweder holzig, ledrig oder fleischig. – Die wichtigsten Gattungen sind: ↑Lebensbaum, ↑Lebensbaumzypresse, ↑Wacholder und ↑Zypresse.

Zypressenkraut: Art der Gattung ↑Heiligenkraut.

Zypressenwolfsmilch: Art der Gattung ↑Wolfsmilch.